觉醒与沉沦

马勇 作品

四川人民出版社

图书在版编目（CIP）数据

觉醒与沉沦/马勇著. —成都：四川人民出版社，2019.11

ISBN 978－7－220－11432－8

Ⅰ. ①觉…　Ⅱ. ①马…　Ⅲ. ①戊戌变法—研究　Ⅳ. ①K256.507

中国版本图书馆 CIP 数据核字（2019）第 107245 号

JUEXING YU CHENLUN

觉醒与沉沦

马　勇　著

责任编辑	李明犊　陈　欣　叶　驰　王卓熙
封面设计	张　科
内文设计	戴雨虹
责任校对	吴　玥　林　泉
责任印制	李　剑
出版发行	四川人民出版社（成都槐树街 2 号）
网　　址	http://www.scpph.com
E-mail	scrmcbs@sina.com
新浪微博	@四川人民出版社
微信公众号	四川人民出版社
发行部业务电话	（028）86259624　86259453
防盗版举报电话	（028）86259624
照　　排	成都勤慧彩色制版印务有限公司
印　　刷	成都东江印务有限公司
成品尺寸	170mm×240mm
印　　张	39.25
字　　数	502 千
版　　次	2019 年 11 月第 1 版
印　　次	2019 年 11 月第 1 次印刷
书　　号	ISBN 978－7－220－11432－8
定　　价	118.00 元

题记

2018年，又见戊戌。

这意味着一百二十年前惊天动地的戊戌变政与戊戌政变又到了一个重要的纪念日。一百二十年，中国历史发生了巨大变化，当年的改革主导者固然不必说已经成历史人物，任人评说。更让人唏嘘不已的是，戊戌变政、政变，都是为了大清帝国的利益，但是正像进入民国严复所追问的那样，当年康有为、梁启超等的主观诉求或许是为了大清之江山永续，但结果却是葬送了大清，甚至葬送了光绪帝："今夫亡有清二百六十年社稷者，非他，康、梁也。何以言之？德宗固有意向之人君，向使无康、梁，其母子固未必生衅，西太后天年易尽，俟其百年，政权独揽，徐起更张，此不独其祖宗之所式凭，而亦四百兆人民之洪福。而康乃踵商君故智，卒然得君，不察其所处之地位为何如，所当之沮力为何等，卤莽灭裂，轻易猖狂，驯至于幽其君而杀其友，已则逍遥海外，立名目以敛人财，恬然不以为耻。夫曰保皇，试问其所保者今安在耶？必谓其有意误君，固为太过，而狂谬妄发，自许太过，祸人家国而不自知非，则虽百仪、秦不能为南海作辩护也。"①

---

① 严复：《与熊纯如书之三十》，严复著，王栻主编：《严复集》，中华书局1986年版，第632页。

严复的说法当然并不全对，康、梁当年的爱国热情、救世情怀，无论如何依然值得肯定。只是两个甲子过去了，文化人、知识人，也应该认真反省，这场原本可以进行下去的改革究竟是因什么原因而夭折？满洲贵族之守旧者不思进取，不懂分权，不知现代政治为何物，固然是变政失败的直接原因，但是除此之外，是否还有值得检讨的空间呢？

过去二十多年，我的主要兴趣在研究近代中国的大转型，因为我觉得这个转型就是从农业文明转向工业文明，从传统社会转向现代社会。这是中国历史上第三次巨变，我们还在这个变化之中而不是之后。因而，晚清，不论是甲午，还是戊戌、庚子，都是我阅读的重点，断断续续也写了一些感想。值此重大历史节点之纪念，四川人民出版社李明犊先生约请写一本戊戌文人的书，由于与我的理念极为接近，于是欣然从命，有了这本小书。

我希望通过这本小书，探讨中国知识人群体在甲午战争之后的觉醒，对维新思潮、实践的推动。由于现代知识体系在这个时候尚未真正形成，戊戌文人还带有浓厚的尚未分化的士大夫情怀，因而他们一方面推动了中国社会的发育、进步，另一方面存在相当多的问题，引发一系列完全可以不必发生的冲突、意外，进而使一场改变中国历史走向的变革戛然而止。因而，我也希望从一个知识人的视角反省政治的专业性，知识人对政治干预的边界、限度与惊醒。

马　勇

2018 年 2 月 28 日星期三

目录

第一章

成也文人，败也文人

尽管不是所有中国人都赞同甲午战后的维新选择，然而由于实实在在的危机深深刺激着，中国朝野在《马关条约》签订后，并没有犹豫徘徊，而是迅速放弃了先前“跛足的现代化方案”，转身向东，学习日本，开始了一个维新时代。

第一节　外交新麻烦

经过大约两年时间的奋斗，中国的面貌焕然一新，大有三年初见成效之气象。然而不到三年，“胶州湾事件”突然发生，不仅破灭了中国三年初见成效的美梦，给中国带来了一个郁闷的新年，而且因此导致中国政治发展根本逆转。

胶州湾事件并非突兀而起，实际上是甲午战争，尤其是《马关条约》的后遗症之一。日本的战争目标，当然不是为了使朝鲜脱离中国那样简单，日本即便没有将中国此时此刻吞并的能力，但日本政界、军界、舆论界几乎一致主张将中国肢解，尽可能多地占据中国土地。日本海军部主张割取台湾全岛，陆军部主张占领辽东半岛，日本政坛对外强硬派主张割取盛京及台湾，改进及革新两党则主张日本占据山东、江苏、福建、广东四省，自由党主张割取吉林、盛京、黑龙江三省及台湾。[①]

日本的领土野心引起列强高度关注，它们为了维护自己在华利益不受损害，在某种程度上并不赞成日本对中国的领土野心，所以，它们不能不积极调整在远东的外交政策。

英国原本是鼓励日本发动侵华战争的主要国家之一，它试图通过扶植日本，以牵制俄国在远东的扩张。但是，日本的领土野心已经开始损害英国的在华利益，英国如果不采取适当步骤制止日本的领土野心，英国就很难维持其在华，尤其是在长江流域所获得的独占权利。

俄国与中国有漫长的边界线，它的在华利益主要在中国北部，尤其是东三省。日本对中国大陆特别是东三省、辽东半岛的领土野心极大损害了俄国利益，俄国无法坐视日本在远东的扩张。1895 年 2 月 14 日，俄国驻日公使明确告诉日本外相陆奥宗光，日本割取台湾，俄国并不表示异议。但日本若弃岛国之位置，扩张版图于中国大陆，那么俄国将必然反对。4 月 12 日，俄国政府确认保持中国大陆领土现状外交政策原则，决定劝告日本退出辽东半岛，若日本政府拒绝此项劝告，俄国将邀请欧洲列强对日采取一致行动。

德国早就意识到，当战争结束的时候，必将出现掠夺领土的可能。但是德国不赞成在这个时候瓜分中国，因为此时瓜分中国，它所得到的份额肯定很少。德国也知道，英国也反对于此时瓜分中国。所以，德国的政策是，保持行动的自由，并等待英俄两国间竞争、猜疑。不过，德国政府也急于想知道，当瓜分不可避免的时候，它应该向中国提出哪些领土要求。德国很早就想在中国海岸建立一个“煤站”，以便它的舰队在巡弋太平洋的时候能够很快获得必要补充。但这个煤站究竟应该建在什么地方，德国

① ［日］陆奥宗光：《蹇蹇录》，商务印书馆 1963 年版，第 101 页。

的技术人员对胶州湾、澎湖列岛、台湾、舟山、厦门、烟台、大鹏湾、定海、威海卫、三门湾等处都进行了详尽勘察，各有利弊，难以定夺。[①]

俄国为了诱使德国参加对日本干涉，明确向德国表明不反对德国在远东建立一海军基地；而德国为了把俄国注意力引向远东，以减轻德奥东部边境所受压力，因此也极容易认同、支持俄国对日干涉。而法国是俄国在欧洲的盟国，法国为了自己在欧洲的利益，并不愿意看到俄国力量离开欧洲，转向远东，因此它在最初阶段并不赞成俄国对日干涉，而是鼓励俄国在容忍日本侵占中国大陆领土时，趁机在中国或朝鲜索取某些特权作为补偿，而它自己也期望在这一过程中能够在海南岛旁占领一个小岛作为自己的基地。但在俄国政府执意对日进行干涉时，法国也只好屈从俄国旨意，表示支持俄国在远东的行动。

德俄法英诸国立场也为中国方面所大致了解。1895 年 2 月 21 日，李鸿章在交卸直隶总督、北洋大臣职后来到北京，在此后几天时间里，他除了和光绪帝，以及军机处同僚讨论谈判预案、对策外，更拿出时间、精力与各国公使交涉，寻求帮助。24 日，李鸿章前往各国使馆拜访，其实就是探讨各国究竟会在什么时候出手相助，各国能在多大程度上出手相助。各国公使在当天的面谈中并没有给予肯定答复，因为他们也要和各自政府沟通商量。当天，李鸿章致电出使英、俄大臣，让他们务必动用一切资源，请求两国设法出手救助中国，遏制日本。

李鸿章的请求，其实正合乎各国利益和要求，英、法、俄三国密切磋商，至少在 2 月 25 日就达成基本共识，表示一旦日本公布了索要价码，而中国政府又感到为难，那么它们就会联手相助，劝告日本。这多少应该有助于中国政府特别是李鸿章重建信心。

---

① ［英］菲利浦·约瑟夫：《列强对华外交》，商务印书馆 1959 年版，第 57 页。

有了这点信心，中国政府的做法便趋向于积极主动。3 月 2 日，朝廷命出使各大臣向英、俄、法、德递交国书，请求这几个国家务必出面劝说日本公道议和，不要欺人太甚。

清政府的请求与劝说很快有了回应。3 月 8 日，德国劝说日本不要谋划割让亚洲大陆土地。这个劝说与俄国先前劝说大致相同，尽管它们两国的目的南辕北辙。13 日，英国政府也对中国的请求给予回复，答应将相机劝助中日议和。英国的态度稍微显得消极，不似德、俄两国那样积极。

3 月 19 日，李鸿章一行抵达马关；3 月 30 日，中日就停战条款达成协议，4 月 1 日，日本政府提出媾和条件四大项，即朝鲜独立，割让辽东、台湾及澎湖，赔款三万万两（库平银），减低子口税等。

割让辽东半岛问题提出后，理所当然遭到了清政府、李鸿章反对，但日方丝毫不让步。

虽然中国没有力量在谈判桌上说服日本人，但列强决不希望日本人在中国抢占那么多地方。4 月 8 日，俄国正式邀请英、德等国共同干预日本对辽东的要求。德国人对这个要求欣然答应，而英国人婉拒。俄国人再找法国人商量，法国人同意与俄国等一道劝说日本。

在获得了德国、法国支持后，俄国政府底气更足，遂于 4 月 11 日决定不会允许日本人占有南满，也就是中日间争执的辽东半岛。16 日，俄国御前会议决定对日干涉，德皇也在这一天致书俄皇，表示支持其在远东的行动，稍后即训令德国驻华舰队与俄国舰队一致行动。

三国愿意出面劝阻辽东半岛的割让当然不是无代价的支援中国，而是各有各的想法、目的。法国公使施阿兰于 4 月 13 日向总理衙门要求将云南勐乌、乌得划归越南，实际上就是划给法国，因为越南其实就是法国的殖民地；德皇于 4 月 16 日致信俄皇表示支持俄国在远东行动时，明确表示德国希望在中国得到一个港口。由此就为两年后胶州湾交涉埋下了一个重要伏笔，而胶州湾危机又引发 1898 年政治变动。德国坚定支持俄国对日本进行干预，还有另外一个战略考虑，那就是想着法子将俄国势力引向东方，以减弱正在崛起的俄国对德国所形成的巨大压力。

至于俄国，它的利益更明显，日本在亚洲大陆每前进一步，都以侵害俄国影响力为代价。日本在朝鲜开战后，俄国人就感到了紧张，以为日本踏上大陆，终将侵害其在亚洲的利益，但是俄国此时并不愿帮助中国与日本对打，而是看着中日两国厮杀，等待双方筋疲力尽时，俄国人适时出手，四两拨千斤，不论是日本还是中国，都只能认俄国为“带头大哥”。

所以，三国同盟虽然在干涉劝阻日本时是一致的，但它们的各自想法也是令中国人头痛的一件大事。只是这个头痛并不立马发作，所以中国人还是很乐于甚至很期待接受三国干涉与调停。

但是不管怎么说，三国同盟软硬兼施终于使日本最终放弃了辽东半岛，中国渡过了暂时的危机，大致保持了大陆部分的领土完整。只是“还辽”后患实在太大，除了深刻影响后来上百年的台湾问题，一个最直接的结果就是胶州湾事件的发生。

作为参与三国干涉还辽的国家之一，德国在甲午战后也一直在谋求在华的最大利益，而且是第一个获得“酬劳”的国家。当辽东半岛的归还根本没有头绪的时候，德国驻华公使绅珂就于 1895 年 9 月奉命向中国政府提出要求，表示到目前为止，德国还没有像其他列强那样在中国拥有租界，因此他希望中国政府同意德国在天津、汉口两地开辟专管租界，以扩展德国在当地的商务。

与此同时，德国外交大臣马沙尔也在柏林向中国驻德公使许景澄提交“租界节略”，称中国通商口岸之有英租界，或间有法租界，已多年矣。而在中国之德国商人，因无本国租界，不免散居他国租界内，几作英、法诸国之寓客，事多不便。鉴于中德之间的商业往来日趋增多，不便之处越来越明显，所以德国商业界希望由政府出面，与中国政府协调此事，在中国相宜口岸建立自己的租界。[①]

中国是一个知恩图报的国家，并不会轻易忘记在危难中帮助过自己的人。为了感激德国在迫使日本归还辽东半岛时的帮助，总理衙门迅即同意了德国人的要求。1895 年 10 月 3 日，中德两国政府签订了《汉口租界合同》，同意德国在汉口无偿获得六百亩永久租界；10 月 30 日，双方又签订《天津租界合同》，同意德国在天津地面获得一千余亩永久租界，不过这些土地不再是中国政府无偿提供，而要由德国政府出价收购。不过合同之中也约定，凡中国人在划定的租界内享有土地所有权而不愿出卖者，由中国政府负责以强迫手段执行。

汉口、天津租界的设立，使德国在中国沿海和长江沿岸获得了立足点，德国成为继英、法、美之后第四个在中国辟有专管租界的国家。但是，德国并不以此为满足，它的目标是在中国沿海获得一个海军基地。

早在 1895 年 9 月，德国就考虑过向中国政府租借胶州湾[②]，后因故未能成立。12 月 29 日，马沙尔在与中国驻德公使许景澄面晤时表示，由于德国军舰在中国没有基地确实存在着许多不便，希望中国政府或租或借，允划一地储煤屯船，一是有利于保护中德之间的商业往来，一是有利于远东国际局势的稳定与均衡。果如此，以后一旦远东有事，或者中国万一再遇到什么麻烦，德国就能够方便、及时出面协调或干预，这对中国亦甚有好处。马沙尔还对此解释称，德国政府的这个要求，只是出于对远东均势的考虑，“非有占地他意，请勿疑”。对于马沙尔的请求与解释，许景澄当

① 许景澄：《致总理衙门总办函》（光绪二十一年七月），《许文肃公遗稿》卷八，外交部图书处 1918 年刊本，第 47 页。

② ［美］马士、宓亨利：《远东国际关系史》，上海书店出版社 1998 年版，第 405 页。

场予以答复，中国政府对于德国的要求与诚意决不会怀疑，然而困难在于，中国如果允许德国租借港口，其他国家势必仿效，恐怕中国无法答应。[①] 德国租借港口的要求被婉言拒绝。

翌年（1896）6月，李鸿章在参加沙皇尼古拉二世加冕典礼后返国途中顺访德国。德国政府乘此机会又向李鸿章提出租借一个海军基地的要求，德国的理由是，为了实现维护亚洲的均势和中国完整的政策，所以需要为德国的舰队获得一个基地，这是德国远东政策必不可少的条件。而且，德国政府进一步诱导李鸿章，如果中国政府同意德国的要求，德国政府准备同意中国政府增加关税。对于德国的要求，李鸿章并不表示认同，他除了含糊地表示将在北京支持德国租借一个港口外，并没有对德国人做出任何承诺。[②]

同年8月，德皇威廉二世派遣海军大将蒂尔匹兹到远东担任德国驻华舰队司令。蒂尔匹兹在中国沿海一带经过仔细勘察后，认定胶州湾最适宜于建立德国海军基地，在他看来，胶州湾有良好的停泊场所，易于设防，且所费不多，附近有煤田，气候适宜于欧洲人。

蒂尔匹兹的看法获得了德国人的共鸣，曾任德国驻天津领事及天津海关税务司的德国人德璀琳也认为胶州湾适宜于建立德国海军基地，其优点有：1. 它的位置不仅便于控制山东，而且便于控制整个华北乃至整个中国北部；2. 它适宜于修筑船坞和码头；3. 它能提供足够开发的富饶腹地；4. 交通路线易于修筑；5. 它对修筑一条铁路通往北京来说是一个好地方；6. 它的居民体力和智力在中国都是最强的。

---

① 许景澄：《致总理衙门电》（光绪二十一年十一月十四日），《许文肃公遗稿》卷十，第22页。

② ［英］菲利普·约瑟夫：《列强对华外交》，商务印书馆1959年版，第180页。

德璀琳1864年来华，为中国海关四等帮办，后累升至税务司职。为人精明能干，获得北洋大臣李鸿章的赏识。1878年，李鸿章向总署举荐时任天津海关税务司的德璀琳协助英人赫德兴办华洋书信局，此为近代中国邮政事业的肇始。1880年，李鸿章委派德璀琳为总办，为北洋水师修造大沽船坞，于是德璀琳对中国的海军以及中国沿江沿海的地形地势都有着非常深入的了解，所以他的六点分析不乏真知，于是获得了蒂尔匹兹的认同。

蒂尔匹兹与德璀琳的分析与建议获得了德国政府的接纳，于是德国政府决定在将来一个适当的机会设法占有胶州湾，修建德国海军基地。

德国在维护、扩展自己利益方面真是一个高效率的民族，政府刚刚决定在“将来”某一个时间设法占有胶州湾，这一方案既没有征得中国政府的同意，甚至根本就没有向中国政府通报，可是德国政府竟然于当年11月29日委派水利工程师福兰西斯访华，对胶州湾的地理、气候、物产、人口等各方面进行详尽调查，制订了一个占领胶州湾的行动计划。

有了明确的行动计划，德国人开始按照自己的时间表行动。1896年12月14日，德国驻华公使海靖向总理衙门正式提出租借胶州湾五十年的要求，只是其理由毫无新意，这当然给中国政府婉拒提供了借口，总理衙门依然以先前同样的理由表示担心其他国家援例。

德国政府没有能够通过和平的手段实现租借胶州湾的愿望。不过，总理衙门也没有彻底关闭讨论这一问题的大门，而是提出如果德国能够向中国保证其他列强如法国不会提出类似的要求，那么中国方面或许可以开始与德国讨论这一问题。

对于清政府的一再婉言拒绝，德国政府也制定了应对策略，他们决定依赖在华传教士和军事教官制造事端，这样德国方面就可以利用报复的机会，乘机强占，造成既成事实，然后再同中国政府讨价还价，迫使中国政府接受。

对于强占胶州湾可能引起的外交困难，德国政府也做了详尽的沙盘推演。他们认为英国人对此可能不会反对，法国也许会有一点小麻烦，但主要的麻烦可能来自俄国，因为清政府曾经允许俄国舰队在胶州湾过冬，俄国政府可能会把德国的强占视为侵犯了自己的利益。为了化解可能来自俄国政府的干预，德皇威廉二世亲自出马，于 1897 年 8 月出访俄国，当面直率试探沙皇尼古拉二世的态度。俄国方面表示，俄国的在华利益主要在中国东北地区，对俄国来说最重要的港口应该在辽东半岛而不是胶州湾。

有了俄国政府的默许，德国方面开始实施军事占领的计划，随时准备利用中德之间可能爆发的一切危机为其实施军事占领提供借口。

耐心的等待终于为德国提供了绝佳的机会。1897 年 11 月 1 日，德国传教士韩理和能方济在山东曹州府巨野县磨盘庄被当地的大刀会杀死。

巨野教案的爆发有着复杂且深刻的历史原因和政治背景，只是毫无疑问的是，这个对德国人来说原本应该视为惨案的事情，却成了德国人无法掩饰的期待。11 月 6 日，德皇威廉二世接到了这一案件的官方报告后，对两名德国传教士的不幸被杀并没有表现出多大的哀伤，反而情不自禁地表示中国人终于给德国提供了期待已久的理由与事件，公然叫嚷要“采取严重报复手段”，“以极野蛮的行为对付华人”，于是立即命令德国远东舰队迅速从吴淞口驶往胶州湾，不惜代价，强行“占领要隘、城市或其他适当地点”①。

11 月 13 日，德国远东舰队司令棣利士率三艘兵舰驶抵胶州湾，并于次日晨强行登陆，占领胶州湾周围各个山头。稍后，德军给清军守将章高元发出最后通牒，要求中国在胶州湾一带的驻防兵勇必须在限定的四十八

① 廉立之、王守中：《山东教案史料》，齐鲁书社 1980 年版，第 195 页。

小时内全部撤退，否则后果很严重。[①] 德国占领军还狂妄地张贴告示，宣称他们之所以出兵占领胶州，是因为有两名传教士在山东被杀，要求青岛口等处地方各色商民人等知悉，务必仍照常安分营业，不得轻信谣言煽惑。否则，按德国军法从事。[②]

德军的狂妄无疑欺人太甚，但清政府方面考虑到德国肯定是在借巨野教案为由进行要挟，于是不愿为德国方面留下更多的口实，遂命章高元率部和平撤退，不要轻起兵衅，以免引起更多的外交麻烦。

对于德国政府的企图，中国政府非常清楚。当巨野教案发生、德军出兵强占胶州湾之初，山东巡抚李秉衡就报告清政府，指出德国借巨野教案出兵占领胶州湾是蓄谋已久的阴谋，即便没有巨野教案，德国方面也会制造或利用其他的事件以达到其占领胶州湾的政治目的。李秉衡建议清政府应该做好两手准备，一方面通过外交手段迫使德国从胶州湾退出，另一方面如果德国方面不听从中国的劝告坚持军事强占胶州湾的话，那么中国必须坚守强硬的立场，增添兵勇，与之决战。[③]

对于李秉衡的分析与建议，清政府部分同意并接受，承认德国强占胶州湾确实是其蓄谋已久的阴谋，同意山东方面为此增添兵勇，除了由总理衙门与德国驻华公使进行交涉外，也指示中国驻德国公使与德国政府进行直接交涉。但是对于李秉衡及山东地方有意与德国军队进行决战的请求，清政府表示不能同意。其理由是，既然德国强占胶州湾是蓄谋已久的阴

① 《山东巡抚李秉衡电报》（光绪二十三年十月二十一日），国家档案局明清档案馆编：《义和团档案史料》上，中华书局 1959 年版，第 9 页。

② 中国社会科学院近代史研究所《近代史资料》编辑组编：《义和团史料》上，中国社会科学出版社 1982 年版，第 278 页。

③ 《山东巡抚李秉衡电报》（光绪二十三年十月二十一日），《义和团档案史料》上，第 9—10 页。

谋，那么中国方面就不能被其阴谋所左右，中国军队只有镇静以待，任其恫吓而不为之所动，断不可先行动手，以免让德国寻找新的理由与借口。否则，轻言决战，立起兵端，必致震动海疆，贻误大局，恐怕将来更难收拾。①

从清政府的立场看，这种委曲求全以免贻误大局的决策自有其道理，因为中国刚刚经历过惨痛的甲午战败，尚未从这次惨败中恢复过来，如果中国此时轻起兵衅，不论从军事实力而言，还是从综合国力来看，中国都未必是德国的对手，中国很可能因此而蒙受更大的屈辱。毕竟德国强占胶州湾是因巨野教案而起，无论如何两名德国传教士在巨野被杀都是中国道义上的一个责任，为了能够从外交上阻止或劝退德国军队，中国必须有效地解决巨野教案，给德国方面一个相对满意的答复。

清政府避战求和的心态当然也无法瞒过德国方面，德国政府充分利用了中国政府的这一心态。当中国政府向德国公使表示中国将严肃处理巨野教案，必将给德国一个满意的结果时，德国公使却表示德国政府不可能满足于“一般性质的要求”，因为巨野教案确实具有特别重要的意义。11 月 15 日，德国政府内部决定，为了达到继续占领并最终拥有胶州湾的目的，必须充分利用巨野教案极大提高德国政府的要求，这些过高的要求务必使中国政府根本无法履行，这样德国就有足够的理由继续拖延军事占领，并最终达到拥有胶州湾的目的。

根据德国政府内定方案及指示，德国驻华公使海靖于第二天（11 月 16 日）向总理衙门提出极端苛刻的六项要求：

一、革除山东巡抚李秉衡的职务，永不叙用；

① 《军机处寄山东巡抚李秉衡电旨》（光绪二十三年十月二十三日），《义和团档案史料》上，第 10 页。

二、给天主堂建筑费六万六千两，赔偿盗窃物品银三千两；

三、巨野、菏泽、郓城、单县、曹县、鱼台、武涉七处，各建教士住房，共给工费二万四千两；

四、保证此后不再发生类似事件；

五、以中德两国人资本设立德华公司，承修山东全省铁路，并许开采铁路附近之矿山的权力；

六、德国办理此案的全部费用，均由中国方面承担。①

胶州湾事件是巨野教案的逻辑结果，德国已经在事实上军事占领了胶州湾，但在这六项要求中却闭口不谈胶州湾的事情，德国的用意显然是期待以胶州湾为“抵押品”，尽最大可能提高巨野教案的要求，最后迫使中国政府在德国租借胶州湾的问题上让步。

中国政府当然清楚德国的用意。11 月 20 日，总理衙门向德使表示同意与德国政府就巨野教案的善后问题以六项要求为基础进行谈判，但前提条件是德国必须从胶州湾撤军。

对于中国政府的撤军要求，德国政府当然也不会同意。德使海靖表示，德国军队占领胶州湾是因巨野教案而起，在巨野教案没有获得圆满的解决之前，德国军队不能撤出胶州湾，德国需要舰队留在那里监视山东地方当局是否如实执行清政府的命令，所以撤军是德国方面根本不予考虑的问题，也是德国政府与清政府唯一不能谈判之点。德国政府必须以继续占领胶州湾保持对清政府的外交、军事压力，迫使中国能够做好巨野教案的善后工作。

德国军队不可能轻易撤出胶州湾，这一点清政府内部早有明确的判断，当胶州湾危机发生之初，清政府就期待由列强出面干预迫使德国撤

---

① 赵尔巽等：《清史稿》，中华书局 1998 年版，第 4604 页。

军。清政府内部相当一部分人认为德国的强行占领破坏了国际尤其是远东的政治格局，破坏了列强在远东在中国的利益平衡和均势，尤其损害了俄国人的利益。出于这种判断，当胶州警讯传到北京的当天（11 月 15 日）晚上，李鸿章就秘密前往俄国驻华公使馆，请求俄国出面劝退德国。

俄国政府在胶州湾问题上有着自己的想法与判断，沙皇尼古拉二世确曾当面向德皇威廉二世表示过不反对德国占有胶州湾，所以德国政府在下令海军舰队从吴淞口驶往胶州湾的时候，也曾询问俄国政府是否同意。此时，俄国政府的想法有了变化，他们觉得有必要利用胶州湾危机与清政府进行一次交易，于是沙皇尼古拉二世用模棱两可的语言回答德皇威廉二世说："对你派遣德国舰队去胶州的命令，我不能表示赞成或不赞成，因为我不久前才知道，这一港湾只在 1895 年—1896 年间暂时归我们使用。"①所以当李鸿章向俄使求助的时候，俄国方面很爽快地答应了中国的请求，称愿意帮助中国劝说德国退出胶州湾，"以友谊论，俄国故不能漠视；以大局而论，俄尤不容其久踞"②。俄使甚至故作神秘地帮助李鸿章分析，俄国政府劝说德国从胶州湾撤军并不难，只是现在英国水师也有前往胶州湾的动向，一旦英德联手，勾结一气，事情可能就比较麻烦。显然，俄国有意夸大胶州湾危机，为其直接出兵干预留下伏笔。

11 月 16 日，俄国政府向德国政府表示，中国政府曾经允诺俄国军舰在胶州湾过冬，因此俄国对胶州湾享有停泊优先权，德国军舰未经俄国同意驶入胶州湾不仅损害了俄国的利益，而且势必引起英国和法国的不满，如果英法也派军舰进入胶州湾，极可能破坏远东政治格局的平衡与均势。

---

① 转引自丁名楠等《帝国主义侵华史》卷二，人民出版社 1986 年版，第 41 页。

② 李鸿章致庆亲王奕劻的信（1897 年 12 月 9 日），转引自孔祥吉《胶州湾危机与维新运动的兴起》，王晓秋主编：《戊戌维新与近代中国的改革——戊戌维新一百周年国际学术讨论会论文集》，社会科学文献出版社 2000 年版，第 41 页。

俄国劝告德国从胶州湾撤兵，并暗示俄国同意并支持德国可以在上海以南取得一个港口以替代胶州。同一天，俄国政府派太平洋水师提督率十六艘兵船开赴胶州湾，声称要“从旁相机密看”[①]。

对于俄国的这些说法与劝告，特别是做法，德国方面不能同意。德国驻俄代办提醒俄国政府说，沙皇尼古拉二世对德皇威廉二世的回电已充分表明俄国对胶州湾毫不关心，因此俄国现在关于胶州湾的一切说法都是德国政府难以接受的。对于德国的态度，俄国政府予以驳斥，宣称尼古拉二世的回电仅仅证实了一个事实，那就是胶州湾目前对外国军队是不开放的，俄国不会在外国船只侵入胶州时主动放弃该地。

至此，德国政府已经清楚俄国的所谓干涉与劝说只是在与德国讨价还价，并不是真的在帮助中国人。俄国政府只是希望获得德国政府对他们的承诺与支持，以保证俄国在远东的利益不受到损害。基于这样一种判断，德国政府适度调整了对俄国的关系，11 月 20 日，德国政府向俄国政府明确表示支持俄国的外交政策，并暗示如果俄国能够同意德国占有胶州湾，德国政府不对俄国将整个中国北部划为自己的势力范围表示异议，也不反对俄国军舰在胶州湾停泊。如果俄国在胶州湾问题上向德国要价过高，德国有可能转而支持英国的东亚政策。

德国政府的“慷慨”终于打动了俄国。11 月 30 日，俄国政府向德国政府表示，俄德两国在胶州湾问题上只是有一点误会，俄国政府期待德国政府消除误会积极合作。第二天，俄国政府向德国政府声明俄国可以不反对德国对胶州湾的军事占领，也充分相信中国政府一定能够满足德国方面

---

① 《光绪二十三年山东教案史料》，故宫博物院明清档案部编：《清代档案史料丛编》卷三，中华书局 1978 年版，第 166 页。

的要求。[①] 与此同时，俄国政府又向中国政府索要条件，宣称如果中国政府能够满足它的条件，俄国政府仍愿意劝说德国退出胶州湾。这三个条件是：

一、俄国水师提督兵船开至胶州时，清政府应饬地方官照应一切；

二、中国北方各省所用德国及他国教习，必须一概撤退，换用俄国人；

三、东北各铁路建造时，用俄国人及俄国贷款；

又，松花江、嫩江俱准俄船行走，黑龙江下游不准中国行船。[②]

中国政府原本指望俄国政府出面干涉促使德国尽快从胶州撤兵，现在看来俄国政府不仅没有足够的把握劝说德国撤兵，反而乘机向中国索要更多的利益。在这种情况下，中国政府只能改变先前先撤兵后谈判的前提条件，同意与德国政府就巨野教案依照德国政府提出的六项要求进行直接交涉。12 月 4 日，总理衙门与德国公使达成初步协议，同意接受德国政府六项要求的前三项，以此诚意换取德国能够从胶州湾撤兵。然而中国政府的诚意并没有取得如期的效果，反而坚定了德国继续占有胶州湾的信心。德国公使至此明确提出租借胶州湾作为德国当年参与干涉还辽的报酬，总理衙门表示完整地将胶州租借给德国可能会有困难，但中国政府可以考虑开放胶州，并承诺不会将胶州租借、割让给其他国家，德国可以在胶州设立租界、建造铁路。至于德国希望在中国沿海寻求一个不冻港，中国政府可以考虑将华南某一港口租借或者直接割让给德国。

对于中国政府的建议，德国方面毫不犹豫地予以拒绝，德国政府似乎

---

① 孙瑞芹译：《驻彼得堡代办齐尔绪基致外部电》（1897 年 12 月 1 日），《德国外交文件有关中国交涉史料选译》卷一，商务印书馆 1960 年版，第 183 页。

② 《清代档案史料丛编》卷三，第 178 页。

意识到中国政府的方案实际上是在玩弄“以夷制夷”的外交手腕，是希望将德国引入英国的势力范围，造成英德之间的冲突。因此，德国政府将计就计，在拒绝中国政府建议的同时，还巧妙地将这一方案告诉英国政府，以此换取英国政府对德国占领胶州湾的支持。对于法国和日本，德国也进行了安抚外交，重申支持它们在中国的利益，强调德国占领或租借胶州湾，决不会侵害它们在中国的利益。这样，英、日、法等国在相当程度上已经默认了德国对胶州湾的占领。

第二节　新教育与新政治

或许是机缘巧合，当巨野教案发生前四天即十月初一日（1897 年 10 月 26 日），一张仿英国《泰晤士报》的中国报纸在天津紫竹林租界地面诞生，此即后来影响深远的《国闻报》。正是由于这张报纸的诞生，使我们看到了中国知识分子在胶州湾事件过程中的态度，以及改革思想是怎样酝酿的。

《国闻报》的创办人为严复、王修植、夏曾佑、杭辛斋等。严复此时的本职工作是北洋水师学堂总教习，他对中国现实政治的兴趣主要发生在甲午战争之后。甲午海战使中国海军蒙受了巨大打击，所牺牲的将士或是严复福州船政学堂的同学，或为留学英国的战友，或为其北洋水师学堂的门生，因此严复所受到的刺激远比一般人来得更强烈，于是他在此后一段时间奋笔疾书，探究中国失败的根源，提出中国发展的方向。在甲午战后短短的两年时间里，严复的一系列政论文章奠定了其在近代中国思想界、政论界的地位，与在南方鼓吹维新思想的梁启超一起被誉为“南梁北严”。

《国闻报》的创办宗旨，只有一句话，即“将以求通焉耳”。怎样“求通”？只有两句话：夫通之道有二：一曰通上下之情，一曰通中外之故。

具体而言，观于一国之事，则足以通上下之情；观于各国之事，则足以通中外之情。上下之情通而后人不自私其利，中外之情通而后国不自私其治。人不自私其利，则积一人之智力以为一群之智力，而吾之群强；国不自私其治，则取各国之政教以为一国之政教，而吾之国强。[①]

基于这样的办报宗旨，所以当巨野教案发生尤其是胶州湾事件发生后，《国闻报》理所当然地站在民族、国家立场上，及时翻译、介绍、评论西方国家消息、动态，发表一系列社论，痛斥列强对中国的觊觎、蚕食，批判清政府愚昧、无知，对于稍后全国性的民族主义思潮、运动的高涨，起到了推波助澜的先导作用。

当严复在北方放言高论时，胶州湾事件也深深刺激了南部中国知识人，谭嗣同、梁启超等人试图改变三年来湖南维新运动的性质，为由胶州湾事件而引发的民族危机做最坏的准备。他们的计划是，一旦北方局势持续恶化，就以湖南为基地策动南部中国的独立。

1897 年 12 月 14 日，由梁启超撰写的《南学会叙》在《湘学报》上发表。在这篇文章中，梁启超刻意强调湖南在中国未来政治格局中的作用，希望湖南等南方各省能够像日本幕府末年萨摩、长洲、土佐、肥前四藩那样，成为推动全国维新变法运动、复兴的重要基地。他指出，中国地域辽阔，积弊已久，期望中国能够坚实地联合一体，共同发展，恐怕并不可能成为现实。中国具体的国情决定了中国发展在区域上的不平衡性，所以中国未来的真正希望之所在，可能就是先由一些省份的局部试验推而广之，成为风气，相邻诸省逐步联合，然后形成全国性的维新变法格局，推动中国在整体上的进步与发展。湖南居天下之中，有着良好的学术文化传统，人才辈出，其任侠尚气的民风民俗，也与日本幕府末期的萨摩长门藩士的

---

① 严复：《国闻报缘起》，《严复集》，第 455 页。

情形相类似。前有魏源、郭嵩焘、曾纪泽诸先贤精神的遗存，后有过去几年湖南巡抚陈宝箴的经营与影响，“官与绅一气，士与民一心，百废俱举，异于他日”，具有其他各省所不具备的政治环境与人气，故将来强天下而保中国者，舍湘人则难成。[①]

胶州湾事件强烈刺激了中国知识人敏感的神经，两年前在北京出尽风头的康有为此时恰巧因事途经上海北上，无意中卷入一场大事变，中国历史由此改写。

在上海，康有为拜会了正在那里的文廷式，向他讨教北京官场的情况。文廷式是光绪帝珍妃的老师，不仅师生关系非同寻常，而且因光绪帝宠爱珍妃，所以爱屋及乌，皇上对文廷式自然是另眼相看，而文廷式则自以为当今帝师，有时不免不知收敛，无形中不知惹得多少显贵不舒服。

但不管怎么说，文廷式是京城乃至全国范围内的显要名流，只是由于他深深介入了宫廷内部纷争，于是在甲午战后失宠于慈禧太后，又受到言官弹劾，遂被驱逐回江西原籍，郁闷中经营煤矿，坐待时机，东山再起。所以，文廷式不仅对京城官场的人脉了如指掌，而且自认为帝党中坚，当然乐意为帝党物色康有为这样的青年才俊。

康有为与文廷式也不是初次认识，他们于《马关条约》签订前后，一起在京师从事过救亡运动，文廷式在甲午战后力主追究李鸿章的责任，并予以严惩。对于《马关条约》，文廷式痛心疾首，力主拒约、迁都、抗战，这些主张都深刻影响了此时正在京师的康有为。

稍后，文廷式为改革现状，挽救国家，在北京发起成立强学会，思开风气，变法图强。康有为、梁启超闻讯加入，并逐渐成为该会领袖人物。

---

① 梁启超：《南学会叙》，氏著：《饮冰室合集》文集之二，中华书局1989年版，第66页。

所以说，康有为与文廷式不仅久已相识，而且政治理念也比较一致。因此，文廷式也就乐于为康有为写了数通密札，为康有为到了北京之后疏通与各方面的关系。

康有为至京师，正值胶州湾事件发生。因文廷式等人关系，康有为接触了不少像李鸿章、翁同龢这样的朝中大臣，他与他们的地位虽然比较悬殊，但这并不影响他对他们发表自己对这些外交危机的看法，因为在过去的若干年中，康有为曾就中国政治发展中的重大问题向清政府表达过意见，这几次上书虽然都没有取得具体效果，但康有为的名字在京城官场并不陌生。所以，胶州湾危机可能是清政府的外交难题，但对康有为来说，无疑他因此而获得了一个难得的发言机会。据他自己后来描述，胶州湾事件给他极度脆弱的心灵以致命打击，爱国保种之心油然而生，中夜屑涕，仰天痛哭，于是奋笔疾书，上书言事，很快草就《外衅危迫，分割洊至，急宜及时发愤，革旧图新，以少存国祚呈》，期待由此重演 1895 年公车故事。

在这份后来被称为上清帝第五书的文件中，康有为详尽分析了当时中国所处的国际环境，以为甲午战后三年来，万国报馆议论沸腾，咸以瓜分中国为言。其分割之图，传遍大地，筹划详明，绝无隐讳。康有为推测，德国出兵强占胶州湾，实在为列强瓜分中国开了一个很不好的先例，德如成功，列强必群起而效尤，诸国咸来，并思一脔，瓜分豆剖，渐露机牙，犹如地雷四伏，导管遍布，一处火燃，四面皆应，胶州湾事件只不过是列强的借口而已。于是，康有为郑重警告清廷主政诸公：列强计谋得逞，恐皇上与诸臣，求为长安布衣而不可得矣。[①]

---

① 康有为："上清帝第五书"，康有为著，汤志钧编：《康有为政论集》上，中华书局 1981 年版，第 201 页。

康有为上清帝第五书并没有顺利抵达政治高层，但其活动、言论，依然引起光绪帝注意。戊戌年正月初三（1898 年 1 月 24 日），康有为奉命至西花厅与总理衙门诸大臣荣禄、李鸿章、翁同龢，以及刑部尚书廖寿恒、户部左侍郎张荫桓等人谈话。这次谈话迄今尚未发现翔实的档案记录，据翁同龢日记："传康有为到署，高谈时局，以变法为主。立制度局、新政局，练民兵，开铁路，广借洋债数大端。狂甚。"[①] 从内容上看，康有为将自己多年来的见解尽情发挥，各位大臣也就自己所关心的问题与康有为进行了探讨。但从气氛上看，康有为似乎并没有在各位重臣面前赢得多少好感，即便对他不薄的翁同龢都觉得他"狂甚"，那么其他几位对他素来有成见的大臣如荣禄等人就很难留下什么好的印象了。

第二天，光绪皇帝召见枢臣，翁同龢便将西花厅问话情形上报皇帝。翁同龢倾向性描述引起了光绪帝的兴趣，光绪觉得有必要召见康有为直接谈谈，以便能够理清中国未来发展的思路。光绪的决定遭到恭亲王奕䜣反对，奕䜣的理由只是祖宗仪礼传统。不过，奕䜣建议皇帝命康有为将书面意见呈报，如从中发现确有价值，可以考虑用什么办法安排召见。此后，康有为向皇帝上了《请大誓臣工开制度局革旧图新以存国祚折》，及《日本变政考》《俄罗斯大彼得变政记》等。

《请大誓臣工开制度局革旧图新以存国祚折》是康有为的上清帝第六书，或简称为《应诏统筹全局折》。这是康有为在戊戌年间留下的最重要的政治文件之一，是康有为关于中国政治体制改革的总体设计。在这份文件中，康有为从国际政治格局的变化，引证波兰、埃及、土耳其、缅甸等国墨守成规，不思变革，最终导致亡国或被瓜分的惨痛教训，以为国际社会正处在一个新的组合分化过程中，中国应该把握这一机遇，尽快将中国

---

① 翁同龢著，陈义杰整理：《翁同龢日记》卷六，中华书局 2006 年版，第 3086 页。

改造成一个近代国家，成为国际主流社会中的一员。康有为强调，能变则全，不变则亡；全变则强，小变仍亡。中国只有彻底地弃旧图新，才能摆脱被动的外交局面；中国只有从内部发生真正的变化，才能赢得国际社会的尊重与平等。总之，中国只要在国内政治上有办法，外交上就有办法；而国内政治的唯一办法，就是进行政治体制改革，就是仿行西方近代国家的政治体制，改造中国自古以来几百年乃至数千年不变的政治体制，使中国转变成与现代西方国家比较一致的正常国家，这样在国际社会就可享有平等的待遇。

康有为政治改革等建议引起包括光绪帝在内的许多人的兴趣，但在清帝国拥有重要权力的恭亲王奕䜣对康有为的建议，特别是康有为的人品却很不以为然。他认为，中国确实到了需要改变的时候了，但任何改变都必须慎之又慎，“闻有广东举人主张变法，当慎重，不可轻任小人”①。恭亲王的警惕阻止了康有为。然而无法阻止的是，四月十日（5 月 29 日）恭亲王病逝。

恭亲王之死是戊戌年中国政治生活中的一件大事，在朝野中外均激起巨大反响。朝中比较活跃且与恭亲王奕䜣生命的最后几年多有接触的大臣张荫桓在日记中写道：“恭邸已矣，全受全归，福命不薄，其如时事何哉?”② 对未来政局走向稍感困惑。宋育仁在得知奕䜣去世的消息后顿足叹息，以为大局从此危矣③；与翁同龢有师生之谊的张謇在 5 月 30 日得知奕䜣去世的消息后就预测中国政治格局将发生重大变化，但是怎样变，张謇

① 胡思敬：《戊戌履霜录》，“中国近代史资料丛刊”《戊戌变法》卷一，神州国光社 1953 年版，第 358 页。

② 张荫桓著，任青、马忠文整理：《张荫桓日记》，上海书店出版社 2004 年版，第 535 页。

③ 宋育仁：《恭忠亲王》，氏撰：《问琴阁诗录》，协美印刷公司民国 20 年排印本。

似乎还难以预测。[①] 几乎所有关注中国政局演变的人都预感到政随人亡的千年规律不可逾越，中国先前几十年只注重学习西方的技术，发展经济的所谓洋务运动必将随着奕䜣的去世而寿终正寝，中国的政治体制必将随着中国经济基础的变化而进行调整，中国的政治局面也必将根本改观。特别是那些急于进行政治改革的年轻一代如康有为等人，他们觉得奕䜣的死实在是一个不可多得、难得一遇的良机，于是他们利用自己的政治关系，通过翁同龢促使光绪皇帝利用奕䜣去世之后的政治权力真空从速变法，“勿失时”[②]，通过变法尽快控制住权力。

6月1日，康有为以山东道监察御史杨深秀名义上奏光绪皇帝，诱导光绪皇帝利用当前的时机“明降谕旨，著定国是，宣布维新之意，痛斥守旧之弊”[③]。6日，康有为上书促请皇帝大誓群臣，以定国是而一人心，以变法维新为行政方针，天下更始。[④] 8日，康有为又代翰林院侍读学士徐致靖拟定一个奏折，请明定国是。

6月9日，阴。午正黑云垂垂，雨只数点，地未湿，而城中下午雨大。这一天，光绪皇帝先在宫中保和殿仿历代故事策问新进士三百四十二人，从这篇策问中可以感到光绪帝目前所思所想几乎都是怎样才能有效地发现人才，怎样才能有效地改革兵制，建立强大的近代化军队，怎样处理日趋复杂的外交事务，怎样办理税收与理财，使国家财政能够有一个根本的好转，“凡此皆宰世之宏纲，经邦之要务也。朕以藐躬膺祖宗付托之重，宵

① 张謇研究中心、南通市图书馆编：《张謇全集》卷六，江苏古籍出版社1994年版，第409页。

② 《康南海自编年谱》，宏业书局1976年版，第40页。

③ 《山东道监察御史杨深秀折》（光绪二十四年四月十三日），国家档案局明清档案馆编：《戊戌变法档案史料》，中华书局1958年版，第2页。

④ 《请告天祖誓群臣以变法定国是折》（1898年6月），《康有为政论集》上，第257页。

旰忧勤，辟门吁俊，尔多士各殚见闻，毋泛毋隐，朕将亲览焉”①。策问了这些新进士之后，光绪皇帝于午前匆忙从城里赶往颐和园，先在倚虹堂稍坐，遂至乐寿堂向慈禧太后请安，之后奉太后至景福阁，侍太后中餐及晚餐。晚，光绪帝住在颐和园玉澜堂。这一天，光绪帝处理的政务还有，谕内阁著前国子监祭酒王懿荣仍在南书房行走。

6月10日，晴，早凉晚热。这一天，光绪皇帝继续住在颐和园，曾到乐寿堂向太后请安。所处理的政务有，著荣禄补授大学士，兼管户部事务；著刚毅调补兵部尚书，协办大学士；著崇礼补授刑部尚书。这三项人事调整虽然与后来的变法与政变有着直接的关系，但光绪皇帝既然是在慈禧太后所居住的颐和园所发布，想必他没有任何必要不与太后商量。实际上，这几项人事调整可能正是慈禧太后的意思。强硬的荣禄与刚毅实际上都是慈禧太后的心腹，由他们来掌管内阁，协助光绪帝进行后来的变法，应该说能够获得慈禧太后的同意。

6月11日（光绪二十四年四月二十三日），晴朗，热。光绪皇帝先是到乐寿堂向慈禧太后例行请安，之后奉太后到景福阁，侍太后早餐毕，光绪皇帝离开颐和园，返回皇宫的养心殿召集群臣，宣布两道谕旨：

第一，宣布创立京师大学堂。以为数年以来，中外臣工讲究时务，大多数人主张变法自强。朝廷对于这些变法自强的主张深感欣慰，也曾竭力支持，最近一段时间，朝廷就一些可以立即或即将进行的改革进行了审慎的研究，筹之至熟，遂作出了决定，这些决定已经通过诏书的形式颁布，如开特科、裁冗员、改武科制度、立大小学堂等，希望这些措施有助于改善目前中国某些不足的地方，只是由于国内许多地方的风气尚不够开放，论说莫衷一是，或托于老成忧国，以为旧章必应墨守，新法必当摈除。议

---

① 《清实录·德宗实录》卷六，中华书局1987年版，第481页。

论纷纭，空言无补。试问今日时局如此，国势如此，若仍以不练之兵，有限之饷，士无实学，工无良师，强弱相形，贫富悬绝，岂真能制梃以挞坚甲利兵乎？

光绪皇帝在《明定国是诏》中的意思不外乎是表明清廷对改革的坚定立场，希望那些守旧势力能够认真体察国情，支持政府已经进行和将要进行的某些改革。他强调，当此国是不定的时候，号令不一，极其流弊，必至门户纷争，互相水火，徒蹈宋明儒学之积弊，于时政毫无裨益。即以中国数千年来的大经大法而论，五帝三王不相沿袭，譬之冬裘夏葛，势不两存。光绪皇帝据此明白宣示，此后中外大小臣工，自王公以至士庶，各宜努力向上，发愤为雄，以圣贤义理之学植其根本，又须博采西方近代学术之有切于中国时务者，实力讲究，以救空疏迂谬之弊，专心致志，精益求精，不要徒袭西学之皮毛，而要真正掌握和真正领悟西方学术的精髓或真精神，真切理解西方国家之所以强大的根本原因；不要腾其口说，泛泛空言，总期化无用为有用，以成通经济变之才。至于怎样才能达到这个目的，《明定国是诏》提出以创办京师大学堂为最亟要务，责成军机大臣、总理各国事务王大臣，会同妥速议奏，提出具体的创办方案。将来所有的翰林院编检，各部院司员，大内侍卫，候补候选道、府、州、县以下官员，大员子弟，八旗世职，各省武职后裔，其愿入京师大学堂就学者，均应为其提供方便，准许入学，以期人才辈出，共济时艰。所有内外臣工不得对此敷衍因循，徇私援引，致负朝廷谆谆告诫之至意。①

在第二道诏书中，光绪皇帝指出，方今各国交流越来越多，外交人才已经成为当务之急。兹命各省督抚于平日所知品学端正、通达时务、不染习气者，无论官职大小，酌情保荐一批交总理各国事务衙门带领引见，以

① 《清实录·德宗实录》卷六，第 482 页。

备政府选用。

从内容上看，6 月 11 日的两道诏书，虽然标志着百日维新运动的正式开始，但这两份诏书实在是再平常不过了，除了决定设立京师大学堂这一具体事项外，不外乎是政府有意刷新政治，渴求人才，希望中外大小臣工能够体察政府的深意，各司其职，发愤为雄。在怎样对待西学与中国传统文化方面，这两道诏书立论平实，不偏不倚，既强调要博采西学之长为我所用，也反对徒袭西学之皮毛的食洋不化；既强调要以代代相传的圣贤义理之学植其根本，也反对徒蹈宋明儒学之积弊，空谈性命义理，无补于时艰。这样两份立论平实，不偏不倚的诏书，实在很难引起一般社会公众和外国政治观察家的注意[①]，只是到了随后几天翩然而至的另外一批诏书的颁布，方才引起社会各界的广泛议论以及外国观察家的密切关注，或以为这些诏书将极大地损害他们的利益，或以为中国将从此进入一个体制创新的艰难过程。

就本质而言，1898 年的百日维新是从外交困境开始，而外交上没办

---

① 康、梁在戊戌政变后竭力夸大所谓《明定国是诏》在当时的影响力，康有为《自编年谱》中以为这两道诏书是在他的多次影响下颁布的，所以他个人或许在当日确实“欢欣”鼓舞，但很难说“举国欢欣”。山东道监察御史宋伯鲁在一份奏折中称“臣民捧读（《明定国是诏》）感泣，想望中兴”（《戊戌变法档案史料》，第 3 页）。但这份奏折实际上是康有为代笔，只是反映了康的个人感受，并不足以说明什么问题。至于梁启超在《戊戌政变记》中绘声绘色的描写，更是小说家言，不足信。比如他说光绪皇帝“召军机全堂下此诏书，宣示天下，斥墨守旧章之非，著托于老成之谬，定水火门户之争，明夏葛冬裘之尚，以变法为号令之宗旨，以西学为臣民之讲求，著为国是，以定众向，然后变法之事乃决，人心乃一，趋向乃定。自是天下响风，上自朝廷，下至士人，纷纷言变法，盖为四千年拨旧开新之大举”。这种描述显然不能当作历史来读。从比较密切关注中国政局演变的赫德的记录看，他在当时似乎并没有注意到这两份诏书具有什么特别的意义，而马士的《中华帝国对外关系史》（第 144 页）更是称这两份诏书是一般性的宣示变法的必要性和预示京师大学堂成立的诏书，并不具有更多的意义。

法，是因为中国的经济没办法；中国经济没办法，又是因为中国政治没办法。所以，这样一环扣一环地推进，终于酿成了一场轰轰烈烈的政治变动。但是要说百日维新的起点，就必须从改组后的新政府重建具有近代特征的经济体制说起。

建立具有近代特征的经济体制，是洋务运动以来清政府一直在进行的工作。在曾国藩、李鸿章、奕䜣等人相继主持下，中国经济成分中的近代因素经过短短三十余年的发展，应该说已有许多。但是，甲午战败后，反思中国过去走过的道路，人们很难满足过去已取得的成绩，因为中国毕竟是个战败国，中国毕竟没有拿出足够的经济实力与日本进行抗衡。所以，自甲午后，清政府就有意识地对经济体制进行必要的调整，废除过去几十年阻碍经济发展的清规戒律，重建更具有近代特征的经济体制。

光绪皇帝宣布明定国是第二天，又发布一道上谕，强调“商务为富强要图”，要求各省督抚结合各地的实际情况，妥速于各省会筹办商务局，公举殷实绅商派充局董，详定章程，认真讲究，总期联络商情，上下一气，振兴商务。同时要求各地着力整顿商务、矿务，以开利源，推动中国经济的发展。

7 月 25 日发布的上谕中要求两江总督刘坤一、湖广总督张之洞选派通达商务、明白公正之员绅，试办商务局，并先就沿海沿江如上海、汉口等地，调查资源，提出方案，就如何设立商学、商报、商会等制定切实可行的规划。①

振兴商务，特别是要建立具有近代特征的商业流通体系，就必须有近代金融手段，必须设立相应的国家银行和各种商业银行。设立国家银行的准备工作早在 1897 年初就已由盛宣怀负责进行，当年 5 月 27 日在上海设

① 《上谕之一零六》，《戊戌变法》卷二，第 48 页。

立总行，自夏徂冬，先后在天津、汉口、广州、汕头、烟台、镇江等地设立了分行，1898 年初在北京设立了京城银行。至此，具有近代特征的金融体系初步形成，此后自京畿以迄各通商码头，泉府机括，血脉贯通，或不致如先前仅为洋商所把持，中国自主的金融管理与经营系统大体确立。因此，当清政府宣布变法维新的前后，盛宣怀觉得有必要将已经建立的金融系统提升为国家银行，于是他在百日维新开始前后即向清政府提出设立中国通商银行这一具有国家银行性质的方案。1898 年 7 月 8 日，光绪皇帝原则批准了这个方案，交户部速议具奏。

商务为社会经济最重要的流通环节，而农业则是社会经济的基础，尤其是在以农立国背景下的中国，农业的萧条不仅影响经济的发展，而且势必导致严重的经济问题。所以，清政府在宣布振兴商务的同时，也格外注意农业的进步，6 月 20 日，总署奉旨妥议提倡学艺农工矿业事宜。7 月 4 日，清政府发布上谕，命各省督抚督饬该地地方官劝谕绅民兼采中西各法，切实振兴农业。上谕强调，讲究农政在中国已有久远的传统，这本是中国古代“劳农相劝”的意思，所以各地各级官吏对此要随时维持保护，实力奉行。如果哪个地方办得确有成效，准该督抚奏请奖叙。该上谕还称，听说罗振玉等人在上海创办了农学会，对于转移风气，促进农业的进步起到了很好的示范作用，命两江总督刘坤一查明上海农学会的章程，咨送总理衙门查核颁布，供各地参考。同时也希望各地注意外国农学图书的翻译与介绍，总期为农业的复兴提供帮助。

至于铁路、矿务等方面的建设，自甲午战后因外国大规模地向中国借款久已开始，戊戌年间的新政在这方面也有许多指示和举措，大要是要求各地官吏积极进行。6 月 14 日，新政伊始，湖南巡抚陈宝箴就上书清廷，建议仿行西方，加强铁路建设和开发矿产。[①]

7月23日，出使美国、日本、秘鲁三国大臣伍廷芳也上书清政府，根据他对西方国家矿产资源开发经验的了解，建议清政府大胆使用外国资本：查欧洲诸国有招他国开矿而坐收其利者，有许异籍入股而分沾其利者。货恶其弃于地力，可以取诸人，此特生财之常，无与争地之事。诚能严为限制，明立章程，可免喧宾夺主之嫌而收集腋成裘之实效。若过于顾虑，坐失事机，中国既不能依靠自己的资金与技术独办，又怵他人之争趋。始则深藏固闭而恐其来，继则豪夺强求而反徇其欲，是则无策之甚者。[②]

陈宝箴、伍廷芳等人的建议引起光绪皇帝的重视。7月12日，光绪帝在陈宝箴的奏折上批示令总理衙门妥速筹议具奏。8月10日，总理衙门就陈宝箴的建议提出方案，除了介绍目前已经开办的各条铁路及各省兴办的矿务外，更抱怨资金难以筹集，人才匮乏，拟再请旨饬下承办铁路大臣各于铁路扼要之区，增设学堂，招集生徒，切实教导，培养人才。[③]

经费的短缺、人才的匮乏并没有完全束缚住清政府的手脚，清政府在加强人才培养、筹措资金的同时，也尽可能地采取措施推动铁路的筹建及各省矿产资源的开发。7月28日，清政府委任荣禄会同张之洞率盛宣怀等着手筹办芦汉铁路等处的铁路建设。8月2日，清政府决定在京师成立矿务铁路总局，特派总理各国事务大臣王文韶、张荫桓专理其事，所有各省

---

① 《湖南巡抚陈宝箴折》（光绪二十四年四月二十六日），《戊戌变法档案史料》，第25页。

② 《出使美国日国秘国大臣伍廷芳折》（光绪二十四年六月初五日），《戊戌变法档案史料》，第36页。

③ 《总理各国事务奕劻等折》（光绪二十四年六月二十三日），《戊戌变法档案史料》，第29页。

开矿、筑路一切公司事宜均归矿务铁路总局统辖。此上谕强调铁路、矿务为时政之最要关键，现在津榆、津芦铁路早已竣工，由山海关至大凌河一线正在筹款接办，其粤汉、芦汉两路均归总公司建造，至此干路规模大段已具。矿务以开平、漠河两处办理最为得法，成效已著，现在正在推广。唯铁路、矿务方面的事务格外繁重，各省的办法也不甚一致，或致章程歧出，动多窒碍，因此有必要成立一全国性的机构进行协调。[①] 这实际上隐含有将全国的铁路、矿务等涉及国家战略的重大基础建设一律收归国家主办的意思，是以国家的力量控制那些事关国计民生重大领域的一大举措。

戊戌年间新政中最具有重建近代中国经济体制意味的举措是颁布了一系列奖励、鼓励发明与著作的政策，特别是其具有保护专利色彩的相关法律的制定对后来的中国经济发展起到了相当重要的启示意义。7 月 5 日，光绪皇帝发布上谕，同意康有为关于设立专利制度的建议。

总理衙门根据光绪皇帝的指示，迅速拟定了专利和奖励章程十二条，对创造发明的范围、性质以及奖励的标准、提升职务的级别、专利的保护年限等，都做出了具体的规定。7 月 13 日，光绪皇帝再发谕旨，公布总理衙门议定的专利奖励章程，并称朝廷鼓励人才，不靳破格之赏，但仍应严防假冒与泛滥，所有著书及创造发明，都应由相关部门聘请相关专家认真考察、检验，严定罚惩，以期无负振兴庶务、实事求是之至意。[②]

第三节　党争与想象的保守派

戊戌年的经济体制调整、政治架构调整，尽管在政策制定过程中也有

---

① 《上谕之一一七》，《戊戌变法》卷二，第 48 页。

② 《上谕之八九》，《戊戌变法》卷二，第 37 页。

许多争论，但总体而言，改革都在稳步推进，光绪帝渐渐表现出领袖风范，他内心深处希望模仿的，应该是引领日本走向富强、走向现代国家的明治天皇。假如不发生政治意外，二十八岁的光绪帝应该能够实现自己的理想。然而遗憾的是，戊戌年出了一个康有为，他的天才，他的想象，让政治局面走向了另一个方向。

偶然事件导致历史进程转向，在历史上的例子举不胜举。康有为在上清帝第五书无果后，原本按计划返回广东，继续他与朋友合作的移民巴西生意。不料他在向翁同龢辞行时，翁却告诉他："毋行，吾今晨力荐君于上矣，谓'康有为之才过臣百倍，请举国以听'。上将大用君矣，不可行。"

对于翁同龢的诚恳挽留，康有为感激至深。他在后来的一首诗中比较真切地留存了这次晤面对其后来的深刻影响。诗中写道：

胶西警近圣人居，伏阙忧危数上书。
已格九关空痛哭，但思吾党赋归欤？
早携书剑将行马，忽枉轩裳特执裾。
深惜追亡萧相国，天心存汉果何如？

诗意虽然比较隐晦，但多少透露出他与翁同龢谈话的信息。他把自己与翁同龢的关系比喻为汉朝的韩信与萧何，说翁同龢深夜挽留，就是汉朝萧何月夜追韩信，是大清王朝礼聘能够辅佐江山的能臣贤相。他在这首诗的"题记"中说得更明白："胶变，上书不达，思万木草堂学者，于十一月十九（12月12日）晓，束装决归。是日朝，常熟力荐于上，凌晨来南海馆，吾卧未起，排闼入汗漫舫，留行，遂不获归。"[①] 不过这次见面及翁

① 康有为：《怀翁常熟去国》，上海市文物保管委员会文献研究部编：《万木草堂诗集》，上海人民出版社1996年版，第90页。

同龢的话，均不见翁的日记。

翁同龢，甚至还有张荫桓等朝中大臣欣赏康有为，推荐康有为，并非虚言。戊戌年正月初三（1898年1月24日），总理衙门总办根据清廷政治高层的决定，书面通知康有为第二天到总理衙门接受王大臣的面询。翌日下午三时，康有为如约前往总理衙门所在西花厅，在那里接受了荣禄、李鸿章、翁同龢以及刑部尚书廖寿恒、户部左侍郎张荫桓等人的问话①，康乘此机会将先前并没有送达的上清帝第五书直接呈递给政府最高当局。

西花厅问话至今没有发现翔实的档案记录。从内容上看，康有为将自己多年来的见解尽情发挥，各位大臣也就自己所关心的问题与康有为进行了探讨。但从气氛上看，康有为似乎并没有在各位重臣面前赢得多少好感。

多年后，康有为回忆这次问话时，也隐含着这样一种气氛。在他慷慨陈词地讲述了自己的变法主张后，荣禄似乎也是不经意地提醒他“祖宗之法不能变”，而康有为也不客气地回应道：“祖宗之法，以治祖宗之地也。今祖宗之地不能守，何有于祖宗之法乎？即如此地为外交之署，亦非祖宗之法所有也。因时制宜，诚非得已。”康有为的辩论自然有足够的道理，如果他当时确实以这种口气回应荣禄的提问，即便荣禄有宰相之腹，也很难容忍康有为这样的小狂生。由此也为后来的政治发展留下了伏笔。②

狂傲之人一般说来必有狂傲的本钱。康有为在那个时代确实属于通知

① 据张荫桓回忆，他确实参加了这次谈话，但“语未终，余以有事去，不知作何究竟”。见《驿舍探幽录》，《戊戌变法》卷一，第492页；而据其日记，张荫桓那天先是陪同恭亲王奕䜣、庆亲王奕劻接见英国公使窦纳乐，“并无成见，不欢而去”，接着，又陪同两邸接见俄国公使，“俄使亦如是云”。两使既去，约康有为来见。李鸿章、翁同龢、廖寿恒见之，“余与荣相续出，晤长素高论。荣相先散，余回西堂料理问答。灯后归”。见《张荫桓日记》，第507页；而康有为在《自编年谱》中谈及此次问话，“至昏乃散，荣禄先行。是日恭、庆两邸不到”。

② 《康南海自编年谱》，第37页。

中西古今的博学之士，而且具有救世济民的情怀，所以当光绪帝在恭亲王去世后加快变革时，康有为理所当然成为光绪帝希望咨询的“专业人士”。

6月16日，光绪帝召见康有为。这既是康有为毕生第一次见到光绪皇帝，也是其一生中见到光绪皇帝的唯一一次。可是这次会见似乎给康有为留下很深的印象，他在后来的岁月里不论是炫耀自己的辉煌，还是鼓励他那些追随者，他都反复强调这次召见的重大意义。这是康有为的重要政治资本。

16日清晨，康有为入东宫门内的朝房，等候光绪皇帝的召见。在那里，他遇见已获任命的直隶总督荣禄也在等候面见皇上谢恩。

荣禄当然知道康有为是在等候皇帝的召见，于是他问康有为：“以子槃槃大才，亦将有补救时局之术否?”

康有为重申他几年来的思考，答道：“非变法不可。”

荣禄接着问道：“固知法当变也，但一二百年之成法，一旦能遽变乎?”[①]

康有为直截了当地说：“杀二品以上阻挠新法大臣，则新法行矣。”[②]

康有为与荣禄的这段对话细节不见于康有为后来编著的自定年谱，但自定年谱也承认他在朝房等候光绪皇帝召见的时候确曾与荣禄“谈变法事”[③]。但由于后来政变的原因，特别是因为荣禄后来成为政变的实际主导者，因此包括康有为在内的所有后来解读者都将这段对话的情景作了恶意的解读，以为康、荣二人由此真正结仇，并由此导致了后来一系列的变故。这种解释虽然可以自备一说，但实在有点以小人之心度君子之腹的

① 苏继祖：《清廷戊戌朝变记》，《戊戌变法》卷一，第354页。

② 曹孟其：《说林》，《戊戌变法》卷四，第322页。

③ 《康南海自编年谱》，第41页。

嫌疑。

根据康有为自定年谱追忆，这次会面主要是光绪问，康有为答。光绪似乎静静听康有为侃侃而谈。康谈到，如今西方列强环视中国，步步紧逼，试图分割中国，中国的危亡就在眼前。对此，光绪接着说："皆守旧者致之耳。"

听了皇帝的叹息，康有为对道："皇上圣明，洞悉病源；既知病源，则药即在此；既知守旧之致祸败，则非变法与之维新不能自强。"

对于康有为的这种说法，皇帝表示赞同：今日诚非变法不可。至于应该怎样变，这就是今天的谈话内容，他当然希望康有为尽其所知谈谈自己的看法。康有为说：现在的问题似乎已经不是变法还是不变法，而是小变还是大变，是枝节的改良，还是根本的彻底的变革。康的意思很明显，他不赞成枝节的改良，他期待彻底的变革。他称少变而不全变，举其一而不其二，连类并败，必至无功。这就像一座宫殿，既然它的基本材料已经败坏，那么小修小补已经很难从根本上挽救其倾覆。正确的办法谁都知道应该是拆而更筑，乃可庇护。然更筑新基，则地之广袤，度之高下，砖石楹角之多寡，窗门槛棂之阔窄，灰钉竹屑之琐细，皆须全局统算。然后将设计方案交给施工者，新的建筑就可成功了。在设计上如果存在缺陷，那么新的建筑即便建起来了，也很难经得起风雨考验。对于康有为这些并不难懂的道理，光绪皇帝表示赞同。

在谈到开民智问题时，康有为说，今日中国之患，主要在于民智不开，所以尽管中国人口众多，但真正有效率、能够使用的各方面人才实在是太少。造成这种局面的原因可能很多，但一个最直接、最根本的原因就是国家以八股、科举考试作为选拔人才的唯一途径可能严重妨碍了有经世实用之才的成长。学八股者，不必读秦汉以后之书，更不必考察世界各国的实际情况，只要熟读那些八股经典以及熟悉作文章的套路，再凭借自己的运气就可以通籍累致大官。所以满朝文武人才济济，但这些人才无以应对外交难题，从而使中国的外交陷入日趋被动的境地。扪心自问，这都是八股考试的必然结果。在一定程度上也可以这样说，甲午战争的失败，尤其是台湾及辽东半岛的割让，不割于朝廷而割于八股；二万万战争赔款不赔于朝廷而赔于八股；胶州、旅大、威海、广州湾之割，不割于朝廷而割于八股。所有这些，都可以看作是八股的危害。

对八股科举考试制度的非议在清朝已有很久的历史。自清中期以来，已有许多志士仁人看到了八股制度扼杀人才的危害，但国家选拔人才制度的稳定性，也使这一尽管有着无数弊端的制度长期有效地运转，因此无数的青年才俊正在八股科举的考试征途中跋涉，任何时间下令取消这一制度都会造成一批无辜的牺牲者，所以清政府的最高决策层对于是否继续沿用这一人才选拔制度一直犹豫不决。不过，为了弥补这一制度的缺陷，清政府自发现这一制度的缺陷后也采取了一些补救措施，诸如早些年就开始实行的幼童出洋留学、鼓励各方面的特异之士脱颖而出的特殊政策等，也或多或少地弥补了这一制度缺陷。只是从总体上说，不对八股科举进行根本改革，便无法为人才成长提供一个优良的环境，所以康有为继续前人与时贤的讨论，在光绪皇帝召见时再次提及八股考试的弊端，直接刺激政府最高层的敏感神经，应该说还是有价值、有意义的。光绪皇帝赞成康有为的这些分析，他接过来说："然。西人皆为有用之学，而吾中国皆为无用之学，故致此。"

康有为对曰："皇上既知八股之害，废之可乎？"

光绪皇帝明确回答："可。"

康有为再对曰："皇上既以为可废，请上自下明诏，勿交部议。若交部议，部臣必驳矣。"

皇上曰："可。"

根据康有为的记录，君臣之间还谈到经济改革、货币制度、股票发行、用人行政等问题，由于这些问题并不是康有为的专长，因而光绪帝听得似乎有点不耐烦了，于是告诉康有为："汝下去歇歇"，并嘱咐："汝尚有言，可具折条陈来"，似乎已无意再与这位"康圣人"面谈了。而康有为听了光绪皇帝结束谈话的命令之后也如释重负，匆匆告退。[①] 这次谈话前后大约一个小时。[②]

康有为这次与光绪皇帝的谈话目前尚未见到清政府方面的官方记载，所有内容与情形都是康有为后来的追忆。这里显然有后来的感觉与变异，但大体上应该说比较真实地反映了当天谈话的大概情况。基于这种判断，我们很容易看到康有为这次面见皇上的对奏不仅不成功，甚至可以说是一次败笔。他所谈论的范围没有超出他自己先前的奏折和其他文章，其深度更不及他的著述。他的口头表达能力在光绪皇帝的气势压抑下似乎也没有获得发挥，甚至他的那些并不太标准的官话可能都影响了他表达。至于那些见解，某些方面有自己的特长，更多方面似乎并不特别优秀，只是与时贤的见解大体相似略有不同而已。像废八股、改科举的主张与理由，他似乎并没有严复的分析有条理、有深度。

如果从学理上说，康有为许多议论都显得偏颇、偏激，然而正因为如此，康有为的许多看法有着"片面深刻"的特性，不论人们能否接受，都必须正视其存在。谈话第二天（6 月 17 日），光绪帝将御史宋伯鲁一份关于科举制存废问题的奏折批转枢臣研究拟旨，而协办大学士兼兵部尚书刚毅则建议将此事交给负责这方面事务的礼部去讨论并提出方案，光绪帝突

---

① 《康南海自编年谱》，第 44 页。

② 《康南海自编年谱》追忆为"逾十刻钟"，而当时在康有为之后等待光绪帝召见的张元济称康与皇上的谈话进行了大约一个小时。问见张树年主编《张元济年谱》，商务印书馆 1991 年版，第 26 页。

然想起康有为昨天的忠告，明确告诉刚毅："若下礼部，彼等必驳我矣。"而刚毅则认为，此事重大，行之数百年，不可遂废，请上细思。刚毅的固执激怒了光绪帝，帝闻言厉声斥责："汝欲阻挠我耶?"刚毅乃言不敢。及退朝，刚毅仍提醒皇帝此事重大，最好由皇上请示慈禧太后之后再做决定。刚毅的建议似乎也是一种审慎的选择，本身并没有什么过错。皇上也只好接受。但光绪皇帝命枢臣拟旨的消息不知何故传了出来，京师哗然，人人争传废八股，喜色动人。[1] 这实际上都为重大决策的进行留下了隐患，只是康、梁等人当时不自觉而已。

刚毅的反对只是一种程序上的反对，作为一名军机大臣和总理衙门大臣，他劝光绪皇帝对这已经实行数百年的重大制度进行改革时取审慎态度，似乎也没有大错。但是，当时的康有为出于焦躁的心情当然无法理解刚毅等人的言行，他们认为刚毅对废科举的阻挠就是对新政的阻挠。当然，他们也不敢直接攻击刚毅，于是找到了与刚毅关系比较密切，且对废八股这一重大举措也持异议的礼部尚书许应骙作为攻击的目标，以期通过攻击许应骙而达到攻击刚毅的目的。

6 月 20 日，康有为利用言官特权，代山东道监察御史宋伯鲁、山东道监察御史杨深秀草拟一封弹劾"守旧礼臣"的告状信，上书清廷点名指责礼部尚书、总理各国事务大臣许应骙守旧迂谬，阻挠新政，甚至不惜人身攻击，称许应骙品行平常，见识庸谬，妄自尊大，刚愎自用，贻笑邻使。身为掌管教育的文学之官，却对皇上准备进行的科举制度改革心怀不满，腹诽朝旨，在礼部堂上公开宣称政府已经决定设立的经济科之无益，甚至扬言务欲裁减其额，使之推广困难，就之者寡，然后其心始快。此外，该奏折还指责许应骙凡见诏书有关乎开新弃旧下礼部讨论执行者，便多方阻

① 《康南海自编年谱》，第 45 页。

挠；其接见门生后辈，辄痛诋西学；遇有通达时务之士，则嫉之如仇。奏折强调，皇上日患经济之才少而思所以养之，而许应骙日患经济之才多而思所以遏之。至于许应骙在外交方面的失误，奏折更是耸人听闻地编排许应骙笑话百出，不胜枚举。所以，该奏折建议清廷最高当局应该将阻挠新政的许应骙解除职务，既为守旧误国者诫，庶几内可以去新政之壅蔽，外可以免友邦之笑柄。[①]

许应骙的人品、见识是否如此低劣，我们不必完全相信康有为的指控，因为朝廷的内部决策环节绝不可能像康有为所想象的那样简单。不过，待光绪皇帝收到康有为代拟的弹劾奏折后极为愤怒，因为事实确乎验证了康有为的判断：不要将废八股的决定交给“部议”，否则他们就会利用自己的权力提出驳议。光绪皇帝在这份弹劾奏折上批道：“御史宋伯鲁、杨深秀奏礼臣守旧迂谬、阻挠新政一折，著许应骙按照所参各节明白回奏。”即要求许应骙对弹劾奏折所涉及的问题说说清楚。

皇上的谕旨必须执行，许应骙找到刚毅，希望他能在皇上面前美言几句以保护他过关，至少他也希望刚毅能够给他出出主意，怎样才能渡过这一难关。

刚毅对废八股确实也有自己的看法，他确曾当面建议光绪皇帝慎重考虑，所以他对许应骙的请求并不感到意外，在他力所能及的条件下，他也曾向光绪皇帝为许应骙“乞恩”。在他得知弹劾许应骙的奏折出于康有为之手后，他也曾劝许应骙应该反守为攻，不要只急于辩白自己，更要敢于揭露、攻击康有为。

遵照刚毅的建议，6 月 22 日，许应骙“明白回奏”，对康有为代拟的弹劾奏折所指责的几件事情进行了全面辩解。按照他的辩解，没有一件可

① 《掌山东道监察御史宋伯鲁等折》，《戊戌变法档案史料》，第 6 页。

以成立。比如弹劾折指责他“腹诽朝旨，在礼部倡言经济科无益，务使裁减其额，使得之极难，就之者寡”一节，许的辩解是：查严修奏请创设经济科一折，系下总署核议，臣与李鸿章等以其延揽人才转移风气起见，当经议准复陈。若臣意见参差，可不随同画稿，何至朝旨既下，忽生腹诽？再者说，诽存于腹，该御史奚从知之？任意捏造，已可概见。应该承认，许应骙的这个解释是合乎逻辑，估计也是合乎事实的。按照这种解释，许应骙不仅不是经济科的反对者，而且是最早、最有力的支持者。

至于原奏中指责许应骙在接见门生后辈时痛诋西学，遇有通达时务之士则嫉之如仇一节，许应骙也做了完全相反的解释。他强调他个人来自风气开化最早的广东沿海，洋务夙所习闻，数十年来讲究西法，物色通才，如熟悉洋务的华廷春、精练枪队的方耀、善制火器的赖长等，均由他先后保奏朝廷，委以重任。方今时事多艰，需才愈急，凡有一技之长堪资实用者，他作为礼部尚书从来不愿失之交臂，即平日接见门生后辈，无不虚衷谘访，以便发现人才，冀有所益；并不时训导诸生务求实际，无尚虚华，从来没有痛诋过西学、仇视过通达时务之士。

紧接着，许应骙谈锋一转，称原奏指责他仇视通达时务之士也不能说毫无依据，他回想之后认为这项指责可能是指他对康有为的态度。他解释道，康和他是同乡，稔知其少年时代即无行乡里，名声极坏。待到康有为通籍旋里，屡次与乡里人士发生冲突，为众论所不容。始行晋京，意图倖达，终日联络台谏，夤缘要津，托词西学，以耸听观。即我许应骙的寓所，康有为也干谒再三，只是我甚鄙视其为人，概予谢绝。这大概就是弹劾奏折中所说的“仇视通达时务之士”的例证。许应骙在回奏中还说，此后，康有为在广东会馆私自立会，聚众至二百余人，我许应骙作为礼部大臣恐其滋事，复为禁止，这就是我许应骙修怨于康有为之所由来。所有这些，都是许应骙与康有为之间的私人关系，许应骙要借此说明康之所以要弹劾他，完全是因为他们二人之间的私人恩怨。

至于康有为的问题，许应骙在这份奏折中说得更多，他指责康有为是政治小人，狂妄至极：当朝廷下令康有为准备入对时，康即以大用自负，甚至向乡人扬言，他即将奉旨充任总理衙门章京，不无觖望。显然，康有为果真如此，这可是中国官场最忌讳的。许应骙还借前协办大学士李鸿藻的话说，“今之以西学自炫者，绝无心得，不过借端牟利，借径弋名”。许应骙指出，现在康有为逞厥横议，广通声气，袭西报之陈说，轻中朝之典章，其建言既不可行，其居心尤不可测。若不将康有为罢黜回籍，任其久居总署，必刺探机密，漏言生事；常住京邸，必勾结朋党，快意排挤，摇惑人心，混淆国事，关系非浅。①

许应骙反守为攻的攻击，应该说具有相当大的杀伤力。康有为当然并不像许应骙所指责的那样邪恶，清廷似乎也没有立即听取许的建议对康有为采取什么措施，但在那些久居官场的老政治家眼里，政治边缘人出身的康有为所从事的一切除了他的爱国真诚外，似乎也有着不可估量的个人野心。凡此，都为康有为后来的政治处境埋下了伏笔。戊戌新政之所以百日夭折，从这里多少可以获得新旧党争所带来的信息。

由康有为策动的对所谓守旧派的第一次主动进攻实际上以失败而告终，光绪皇帝在收到许应骙的回奏后似乎很快原谅了许应骙，他在就此所发布的上谕中指出：许应骙奏遵旨明白回奏一折，该尚书被参各节，既据逐一陈明并无阻挠等情，即着毋庸置议。礼部有总司选举学校之责，总理衙门办理交涉事件，均关紧要。该尚书此后遇事务当益加勉励，与各堂官和衷商榷，毋负委任。②

---

① 朱寿朋编：《光绪朝东华录》卷四，中华书局 1958 年版，第 4100 页。

② 朱寿朋编：《光绪朝东华录》卷四，第 1019 页。

康有为当然不会就此止步。6月30日，康有为再借御史宋伯鲁之口上书清廷，重申守旧之徒阻挠新政、反对八股考试制度改革，是因为他们的利益受到了侵害，守旧之徒舍此无所为学，一旦改革，失所凭借，必有起而力争者。任何改革从来都是利益分配的重新调整，总是要以某些人或某些利益集团的损失为代价，所以康有为郑重建议光绪皇帝和清廷最高决策者不要因这部分人的反对而动摇，并申下谕旨，如有奏请复用八股试士者，必系自私误国之流，重则斥革降调，轻亦严旨申饬，庶几旧焰消沮，人心大定。① 期待以政治压力消灭一切政治反对派。

康有为这两份代拟奏折虽然没有明言守旧、阻挠新政者为谁，但鉴于其前此与许应骙等人的政治冲突，政治场上的对号入座在这里发挥了作用，具有相当政治敏感性的许应骙、文悌等自然知道康有为所指为谁。于是，同样具有政治豁免权的御史文悌反守为攻，于7月8日上折严参康有为、宋伯鲁及杨深秀等人"以言官结党"，触犯国朝之大禁，建议清政府重新考虑康有为是否可用，应如何办理。至于宋伯鲁、杨深秀等言官的行为，在文悌看来也显然违反了言官的行事准则，建议清廷重新考虑他们二人是否堪胜御史之责。由此开启戊戌年间规模颇大的另一次新旧党争，并由此深深影响了后来的政治进程。

根据文悌在这份弹劾奏折中的陈述，满洲正黄旗出身的文悌与康有为早有交往，至少在京师保国会成立不久，他就担心康有为等人的这一政治举措居心不良。他指出，根据他的了解，保国会之会规设议员，立总办，收捐款，竟与会匪无异。因此清政府如果对保国会这类政治组织不予取缔，其结果必然是四民解体，大盗生心，藉此以集聚匪徒，招诱党羽，因而犯上作乱，必然给大清王朝的政治稳定带来极大的危害。文悌强调，康

① 《掌山东道监察御史宋伯鲁片》，《戊戌变法档案史料》，第217页。

有为的保国会“名为保国，势必乱国而后已”。所以他建议清政府对保国会严加取缔，对康有为等人绳之以法，将一切危害社会稳定的不利因素消灭在萌芽状态之中。[①]

按照康有为的说法，宋伯鲁、杨深秀的许多奏折确为他或其弟子所代拟，宋伯鲁、杨深秀作为享有政治豁免权的言官，其行为确乎有失言官的行事准则，这都是不容辩解的事实。问题在于，以宋伯鲁、杨深秀的名义弹劾许应骙的奏折以及许应骙的“明白回奏”已经光绪皇帝的批准，清廷已经相信许应骙的解释，不仅没有追究许应骙所谓阻挠新政的责任，而且事实上默认了许应骙对康有为等人的揭露。现在文悌以御史的身份旧事重提，但在揭发康有为等人问题时似乎并没有提供多少有说服力的证据。所以，当文悌的奏折呈递到军机处之后，对康有为等人素来有所不满的大臣们一度非常高兴，他们以为有了这份弹劾，康有为的政治前途大概也就走到头了。因此，他们迅速将这份弹劾奏折呈递给光绪皇帝，希望光绪皇帝能够根据这份奏折的建议，罢斥驱逐康有为，并追究宋伯鲁、杨深秀等人的责任。

对康有为心怀不满的军机大臣们高兴得太早了。光绪皇帝于 7 月 8 日阅读了这份奏折后十分恼怒，因为光绪皇帝很容易看出这份奏折明显受到了许应骙的指使，如果按照这份奏折的建议进行处理，除了引起不必要的新旧党争外，似乎于新政的推行并无益处。于是光绪皇帝采取以其人之道还治其人之身的手段，借用文悌原折中“整肃台规”的理由，不是罢斥驱逐康有为，而是将文悌革去御史的职务，命文悌回担任御史之前的原衙门行走。[②]

---

① 文悌：《严参康有为折稿》，《戊戌变法》卷二，第 489 页。

② 朱寿朋编：《光绪朝东华录》卷四，第 4121 页。

光绪帝主导的戊戌变法确实并不止于经济体制、富国强兵，他确实在思考怎样稳步有序推动政治变革，重建一个新体制。8月2日，光绪帝发布一道谕旨，鼓励大小臣工就当前的改革与新政各抒谠论，以备采择，同时规定中央各部院司员有条陈事件者，可由各堂官代奏；一般百姓（士民）有上书言事者，可赴都察院呈递。要求中央各部院堂官不得碍于旧制拘牵忌讳，稍有阻格，以便符合朝廷最近期"迩言必察"之至意。[①] 用开放言论的办法广泛征集各方面的意见。

开放言论的上谕赢得了下层官吏的欢迎，原本对现实政治高度关注的年轻一代官僚自然会充分利用这一条件上书言事，表达自己的看法。礼部主事王照在光绪皇帝的上谕发布之后写了一份极具内容的建议书，向清政府政治高层提出自己对一些重大问题的看法。

按照王照1926年的回忆，他之所以在光绪皇帝开放言论的上谕发布后上书言事，主要是基于他实在看不惯光绪皇帝的权臣张荫桓的弄权与对皇帝的误导：是时光绪皇帝最亲信之臣，以张荫桓为第一。其人最奸贪，尝独吞洋债回扣，是年春慈禧太后命抄其家产，懿旨已出，张荫桓求庆亲王奕劻急进奉十五万，得以收回查抄之命，故张荫桓与太后势不两立。

按照王照的说法，张荫桓还利用光绪皇帝对自己的信任，肆意挑拨太后与光绪皇帝两宫之间的关系，致使帝党与后党之间不自觉成为张荫桓利用的工具。更有甚者，作为戊戌年间维新思潮的发动者和新政的主导者康有为，对张荫桓也信任有加，偏信张的一些看法与建议，俨然以帝党利益的代表者自居，肆无忌惮地与所谓后党进行斗争，进行一些无谓的冲突。而王照认为，在当时大清王朝体制下，本不存在什么帝党与后党，慈禧太后与光绪皇帝即便在某些问题上的看法有分歧，那也只不过是帝王家庭中

① 《上谕之一一五》，《戊戌变法》卷二，第48页。

的一些内部纠纷，并不会影响他们在一些重大问题上的看法。作为臣子，当然应该有忠君报国的政治信念，但是无论如何都不应该去挑拨最高政治权力中心的关系，更何况在改革这一重大问题上，慈禧太后从来都是坚定的支持者，如果没有她的支持，一切都无从谈起。至于慈禧太后的问题，王照认为太后只是对名分看得太重，为了大清王朝的长治久安，太后不愿意放弃权力，她更不愿意不在她的主导下进行什么改革。所以在王照看来，作为臣子的正确选择，是应该利用与光绪皇帝的亲近关系，劝说光绪皇帝时时处处尊重慈禧太后的意见，多请示多汇报，要时刻告诫光绪皇帝不要让那些别有用心的权臣、奸臣利用两宫之间的关系做文章。基于这样的看法，王照也曾利用与康有为的亲近关系竭力劝说康有为：慈禧太后本好名之人，若皇上竭力尊奉，善则归亲，家庭间虽有小小嫌隙，何至不可感化？

而自负的康有为根本听不进王照的劝诫，他很不高兴地回敬王照称："小航兄，你对于令弟感化之术何如？乃欲责皇上耶？"[①]

康有为的傲慢堵住了王照通过他向皇上转达自己看法的渠道，而光绪皇帝开放言论的上谕却为王照带来了新的机会。他在这份奏折中提出三点建议：一是请旨宣示削亡之祸已在目前，竭力挽回犹恐不及，勿空言万全以贻误。

建议的第二点是请皇上奉皇太后圣驾巡幸中外以益光荣而定趋向。这是王照这份建议书最核心的部分。他指出，自从中西不可分离地进行交流之后，慈禧太后听政达 30 年之久，忧劳备至，贡献良多，为中国社会的转型与发展做出了巨大的贡献，奠定了基础。我皇上现在所进行的改革实际上都是继续皇太后所开创的事业，是慈禧太后倡导与执行几十年的基本

① 王照：《礼部代递奏稿》后记（1926），《戊戌变法》卷二，第 355 页。

国策的当然延续，慈禧太后对中国历史和大清王朝的贡献无论怎样评价都不过分，如果一定要进行比较的话，也只有对英国发展做出过巨大贡献的维多利亚女王可以与慈禧太后并列为东西方最伟大的太后。慈禧太后在国内外享有崇高的威望，当此新政开启、困难重重之际，皇上应该充分利用慈禧太后的政治资源和政治智慧，今者合万国之欢心以隆教养，正宜奉慈驾游历邻邦，藉以考证得失，决定从违。王照的根本用意在于建议光绪皇帝主动尊奉慈禧太后为中国的最高实际统治者，借助于皇太后的政治资源、政治智慧与政治权威，以天子的身份再挟太后以令诸侯，如此既可轻易镇服那些权臣与各地督抚，又可使“好名”的皇太后心满意足，全力支持皇上的改革，维护皇权中心的统一。

第三条建议是请专设教部，以重教部而去纠纷。

三条建议的核心是第二条，也就是他不惜冒险劝说光绪皇帝不要与慈禧太后发生冲突，相反应该尊奉太后为最高的、最具权威的领导人，这样就可以有效地化解改革阻力，有力推动新政的展开。王照之所以提出这样的建议，是因为他从自己的切身感受尤其是与康有为、梁启超、张荫桓等人直接接触中深切地感到在当时的政治背景下并不真的存在一个反对改革的阵营。正如后来他所明白揭示的那样，戊戌年间的新政及政变，十之六七皆争利争权之事，假政见以济之。[①] 所以他告诫光绪皇帝不要上那些政治小人和权臣、弄臣等人的当，要维护皇权中心的至上地位与统一团结。可惜，光绪皇帝乃至慈禧太后等人都没有听进王照的忠言，历史的后来变故却刚好沿着王照如此不吉祥的预言而发展、而变迁。

王照的这份奏折本是响应光绪皇帝开放言论的上谕而作，他当然愿意以礼部主事的身份通过正常的渠道将这份奏折呈递给光绪皇帝，不料礼部

---

① 王照：《礼部代递奏稿》（光绪二十四年六月），《戊戌变法》卷二，第 355 页。

满汉两尚书怀塔布、许应骙拒绝接受和代呈，王照如鲠在喉、不吐不快的忠言有可能因此而如泥牛入海无消息，其内心的不满可想而知。王照与怀塔布、许应骙等人据理力争，坚请由礼部代呈，表示自己在上书中的建议是否被皇上采纳应该由皇上决定，不应该由礼部主管官员代为拒绝，以遮蔽皇上的见闻。[①] 他的态度相当坚决，言语也相当决绝，许应骙后来向光绪皇帝描述为“咆哮署堂，借端挟制”恐怕稍有夸大[②]，但双方的冲突一定相当激烈则是不争的事实。

怀塔布、许应骙拒绝代奏王照的上书，显然违反了光绪皇帝 8 月 2 日上谕的规定。从制度层面来说，怀塔布、许应骙当然不能这样做，而其之所以置皇帝上谕于不顾，据其后来的说法是为了维护帝国的整体利益，是因为他们看到王照建议皇帝奉皇太后圣驾游历邻邦日本，以为这个建议过于荒唐，是置皇上、皇太后的安危于不顾：妄请乘舆出游异国，陷之险地。日本素多刺客，昔俄太子出游及李鸿章奉使皆遭毒手。王照用心不轨，故臣等不敢代递。

王照上书受挫的消息自然也为康有为等人所关注。具有好斗性格的康有为对于王照上书受挫没有进行安抚，相反他和他的朋友们却认为这又是他们与那些所谓守旧势力进行斗争的绝佳机会。康有为的弟弟康广仁鼓动王照说：“皇上明目达聪，广开言路，岂容大臣阻蔽不达？”[③] 他建议王照就此继续上书，公开弹劾怀塔布、许应骙违反皇上的规定。而王照本属年轻气盛的少壮派，原本就对怀塔布、许应骙阻止他上书有很多不满，于是在康氏兄弟的鼓动下，他再次上书，具折弹劾礼部尚书怀塔布、许应骙阻

① 《国闻报》光绪二十四年七月二十五日。

② 梁启超：《戊戌政变记》，《饮冰室合集》专集之一，第 44 页。

③ 《康南海自编年谱》，第 54 页。

挠新政。

王照弹劾怀塔布、许应骙的奏折很快呈递到其所服务的礼部，而礼部在堂轮值侍郎看到王照的奏折内容，根本不敢收下。王照称，你们如果坚持不收不转，那我就只好直接提交给都察院，由此而发生的全部后果将由你们承担。在这两难情况下，礼部在堂轮值侍郎权衡利弊，只好将王照的弹劾奏折收下。

怀塔布、许应骙收到王照弹劾奏折后，经过缜密的研究，觉得如果再一味阻止王照上书，可能会造成政治上的被动，于是他们反被动为主动，将王照的第一份奏折及弹劾奏折等一并附在他们起草的一份奏折中呈递给光绪皇帝。他们在奏折中表示先前之所以扣押王照的上书没有上达，主要是考虑王照的奏折过于荒唐，其出游邻国的建议是置皇上及皇太后安危于不顾，并不具有可操作性。后在王照一再无理取闹的情况下，不得已只好将这份奏折呈递皇上御览，一切由皇上定夺。

9 月 1 日，光绪皇帝就怀塔布、许应骙的奏折做出批示，称怀塔布等奏司员呈递条陈请旨办理一折，据称礼部主事王照条陈时务藉端挟制等语。朝廷广开言路，本期明目达聪，迩言必察。前经降旨部院司员有条陈事件者，可由各堂官代奏，不得碍于旧制拘牵忌讳，稍有阻格。至于是非得失，朕心自有权衡，无烦该堂官等鳃鳃过滤。若如该尚书等所奏，辄以语多偏僻，抑不上闻，即系狃于积习，致成壅蔽之一端，岂于前奉谕旨毫无体会耶？怀塔布等均著交部议处。此后各衙门司员等条陈事件呈请堂官代递，即由各该堂官原封呈进，毋庸拆看。王照原呈，著留览。[①] 至于对怀塔布、许应骙等人究竟应该如何处理，光绪皇帝批给吏部按照相关规定议处。

---

① 《光绪朝东华录》卷四，第 4172 页。

遵照谕旨，吏部9月4日根据王朝成例，就礼部尚书怀塔布、许应骙等人阻格司员上书的责任向光绪皇帝提出处理建议：查律载，应奏而不奏者杖八十，系私罪降三级调用。吏部建议光绪皇帝根据这一成例进行处理，将礼部尚书怀塔布、许应骙以及与此案相关的礼部左侍郎堃岫、署左侍郎徐会澧、右侍郎宗室溥颋、署右侍郎都察院左副都御史曾广汉等六人均参照应奏而不奏降三级调用的规定予以处理。

吏部的处理意见是根据清廷几百年来成例以及大清律中的相关规定，应该说是一种比较标准也比较稳妥的处理，只是这种标准与稳妥显然不合乎光绪皇帝新政时期的精神与要求，显然不能达到光绪皇帝杀一儆百的目的。于是光绪皇帝对吏部提出的处理意见极为不满，他在稍后发布的上谕中宣布将怀塔布、许应骙等六人即行革职，其理由是：朕近来屡次降旨戒谕群臣，令其破除积习，共矢公忠，并以部院司员及士民有上书言事者，均不得稍有阻格。原期明目达聪，不妨刍荛兼采，并藉此可觇中国人之才识。各部院大臣均宜共体朕心，遵照办理。乃不料礼部尚书怀塔布等竟敢首先抗违，藉口于献可替否，将该部主事王照条陈一再驳斥，经该主事面斥其显违谕旨，始不得已勉强代奏。似此故意抑格，岂以朕之谕旨为不足遵耶？若不予以严惩，无以儆戒将来。① 故下令将怀塔布等礼部六堂官即行革职，并对王照不畏强御的精神给予表彰，赏给三品顶戴，以四品京堂候补。

光绪皇帝将礼部六堂官一并即行革职的决绝处分以及对王照的奖赏震动了朝野，积极的反应是此后各部院主管对于臣民的上书一般说来再也不敢无故拒绝，行政效率有所提高；而一般士民特别是青年一代知识分子和年轻官僚，更加关心国政，勇于上书言事，就重大问题提出建设性的意

① 《光绪朝东华录》卷四，第4176页。

见。在此后半个多月中，各衙门所收到的建议书越来越多，政治的开放度也越来越大，光绪新政获得越来越多的认同。

不过从消极的方面说，光绪皇帝对礼部六堂官的革职处分以及对王照的提升也加剧了高层政治圈的分裂，那些原本并不有意反对新政的臣僚们或因稳健或因政策性的不同看法而被推到了政治反对面。因此从这个意义上说，黜旧人、擢新人的政治举措既有助于新政的展开，也加剧了政治层面的分裂，为后来的政变提供了许多复杂的因素。叶昌炽在其日记中记载同人阅读了光绪皇帝罢免礼部六堂官及擢拔王照的上谕之后相顾错愕，以为自通籍以来未见此不测之赏罚。[①] 由此可见这一上谕在政治层面引起的震动。

第四节　多重误解误读

礼部六堂官被革职是戊戌年重大事件，这些被革职的大臣错不至此，因而为后来的变故留下了隐患。

在礼部六堂官被革职的同一天（9 月 5 日），光绪皇帝对内阁候补侍读杨锐、刑部候补主事刘光第、内阁候补中书林旭、江苏候补知府谭嗣同四人赏加四品卿衔，命在军机章京上行走，参与新政事宜。

军机四章京的提拔是戊戌年政治生活中的一件大事，当然这件事并不是因为礼部六堂官，人事调整有一套完整的程序，而且也有一个并不算短的时间。杨锐等四人在政治倾向上都主张中国应该进行改革，都具有新思想和相当的行政能力，但他们在当时政治格局中所从属的阵营并不一致。

杨锐字叔峤，祖籍四川绵竹，1857 年生，时年三十九岁。杨锐 1885

① 《戊戌变法》卷一，第 530 页。

年中举，为张之洞登堂入室第一亲厚之弟子，曾在张之洞身边工作多年。1898 年离开张之洞供职京师，成为张之洞在中央政府的一个重要耳目，多年来不间断地向张之洞提供京城中的重要消息。在政治倾向上，杨锐比较认同康有为的政治改革主张，为维新运动中重要组织蜀学会的首要人物，但对康有为过于激进以及树敌太多也甚为不满，并不以为康有为是主导改革的理想人物，所以他与康、梁系的关系若即若离，他心目中最有能力主导中国全面改革的理想人物当然还是他的恩师张之洞。

与杨锐的情况相类似，刘光第生于 1859 年，比杨锐小两岁，时年三十七岁。刘光第字裴村，四川富顺人，1883 年中举，曾任刑部主事十余年，也是张之洞的亲信与心腹，对于康、梁学术思想与政治见解很不以为然，似乎也不愿与康有为有过多接触。他之所以被任命为军机章京上行走，与杨锐一样，都是陈宝箴接受张之洞的示意而保荐。

林旭的情况与杨锐、刘光第稍有不同。杨、刘为四川人，与曾任四川学政的张之洞关系密切，而林旭为福建侯官人，字暾谷，号晚翠，生于 1875 年，时年仅二十三岁。林旭少负才名，1893 年十八岁中举，为晚清重臣沈葆桢的孙女婿，与康有为关系比较密切，自认为康门弟子，对于康的学术思想与政治主张也比较佩服，为维新运动中重要组织闽学会的会长。但是他的升迁与康有为并没有多大的关系，相反却是康有为的政治对手荣禄的幕中人物。

至于谭嗣同，他的出身与杨锐、刘光第、林旭都不同，他的父亲谭继洵官至湖北巡抚，因此他不仅拥有很好的行政资源，而且见多识广，博学多闻，青年时代就由于家庭原因远走新疆数年，后周游各省，历时十载，遍识天下英才，结交各方面的朋友，获益良多，与康、梁的关系也相对说来比较密切。1897 年，当湖南维新运动蓬蓬勃勃发展起来之后，谭嗣同应邀返回故里，协助湖南巡抚陈宝箴举办新政，参与时务学堂、南学会、

《湘学新报》的创建与活动，是湖南维新运动中的重要人物。他在南学会的一系列演讲，慷慨激昂，声情并茂，对于唤醒湖南人的觉醒，对于湖南局部维新风气的形成起到过重要的作用，与湖南巡抚陈宝箴、按察使黄遵宪、学政徐仁铸以及维新派的重要人物梁启超、唐才常等都建立起比较密切的关系。

在政治倾向上，谭嗣同不仅高度认同康有为的变法维新主张，而且在很大程度上比康有为走得更远，他甚至认为一个新的中国不应该重建君主立宪的政治体制，而是要废除君主专制体制。因为君主以天下为个人的私有财产，是一切罪恶的根源。他发誓要冲决网罗，荡涤旧俗，重建一种新的理想社会形态。

新进军机四章京的政治品格无可挑剔，就其政治倾向性而言，也基本上都认同于以光绪皇帝为主导的新政改革，他们受命于光绪皇帝，效忠于光绪皇帝，这是他们一致的地方。但是，由于年龄、性格、出身以及各自复杂的人际关系的影响，他们四人在行为方式等方面还是有着比较大的差异。相对说来，谭嗣同在政治上比较坚定与坚持，自然也就比较偏激与激进，受康、梁的影响也比较大；由于张之洞的影响，杨锐比较稳重与老成，在政治上比较倾向于稳健的改革，主张用新人而不弃旧人，举凡涉及人事的变动，强调以稳妥为主，不要人为地制造改革的对立面，不要将那些原本并不坚定反对改革的人推到改革的对立面；刘光第属于另外一种类型，他本性纯朴，富有正义感和事业心，但由于久居京师，熟悉官场，所以他在政治上和杨锐一样，不主张采取激进的变革措施，更没有康、梁式的凡事必须分出新旧的思维逻辑，而是强调任何改革都应该尽量团结所有的人，所有的改革措施都应该循序渐进，以社会的承受力为衡量改革力度的尺度。军机四章京中年龄相对比较小，也比较盛气凌人、恃才自傲的可能是林旭，光绪皇帝的赏识，荣禄的提拔，康有为的看重，都使林旭觉得有一种舍我其谁的自负，这势必在有意无意中恶化军机四章京与各方面势力乃至军机四章京内部的关系。据杨锐在家书中自述，根据分工，他与林旭同在一班轮值，谭嗣同与刘光第在另一班。他们每天的工作十分繁忙，对于所有发下来的条陈都必须仔细阅读，签署意见，分别是否可行，然后决定是否进呈御览。这些工作相当繁重，他们四人与其他章京的关系也已相当紧张，但他们四人之间也并不能够很容易获得一致，而每每发生不必要的分歧。据他的看法，谭嗣同与康、梁的关系最好，处处按照康、梁的意思去办，不过谭嗣同为人尚算正直，在轮值的时候"尚称安静"，按照规矩办事；而林旭"则随事都欲取巧"，对于所批阅的文件、条陈似乎并不太上心，签署的意见"有甚不妥者"，对此，杨锐必须三番五次地"强令"林旭修改，有时甚至强令修改三四次方能通过，杨锐担心这样下去他与林旭的关系很难处。①

随着改革的推进，行政机构的关停并转，以及创立，都是改革的应有之义。而且自甲午以来，知识界、政界，以及传教士、外国观察家，也都对中国未来的行政架构有过不少建议，总括起来，中国应该将行政、议政分开，应该有一个专责制度设计的机构。至于这个机构叫什么名字，康有为、张元济、李端棻、岑春煊、徐致靖、黄思永等各有建议，制度局、新政局、懋勤殿、集贤院不一而足，甚至也有人直接提出设议院②，庆亲王奕劻、军机大臣王文韶、总理衙门大臣孙家鼐等也有不同的讨论。

不论是集贤院，还是议政局、懋勤殿，其本质都是欲在现有的行政执行系统之外另外成立一个专门的议政机构，其功能说到底也只是为皇帝备

① 汤志钧：《戊戌变法人物传稿》（增订本）上，中华书局1982年版，第135页。

② 《内阁中书阔普通武折》（光绪二十四年七月初三日），《戊戌变法档案史料》，第172页。

顾问咨询而已。所以对这一新设机构最有兴趣的莫过于光绪皇帝本人，以及那几位新进的军机章京。因此，在外有康有为等人的鼓吹，内有新进军机章京的鼓动，原本就曾与翁同龢商量过设立制度局以统筹全局的光绪皇帝便不能不对这种舆论表示关切。9月13日，光绪皇帝终于下定决心于内廷设置懋勤殿，选集通国英才数十人，并延聘东西洋各国政治专家共议制度，统筹全局，将一切应举、应革之事全盘筹定，定一详细规则，然后施行。是日晨，光绪皇帝召见湖北补用知府钱恂，试图通过与张之洞关系密切的钱恂了解张氏对设立议政局的看法，并向钱恂允诺“议政局必设”①。

为了郑重其事，光绪皇帝于同一天（9月13日）特派遣内侍持《历朝圣训》等相关图书送给谭嗣同，命谭氏查考雍正、乾隆、嘉庆三朝设置懋勤殿的故事并拟一上谕。光绪帝此时又多说了一句话，之所以让谭嗣同整理一份资料，是以便其赴颐和园面见慈禧太后时，有个讨论的依据。②

重设懋勤殿以议新政在光绪皇帝那里或许是出于对大清王朝未来命运的真诚考虑，但在另外一些推动者那里则未必不包含有某种其他目的。偏激的谭嗣同对于新政改革怀有至诚之心，但守旧势力的庞大使他对新政的前途越来越灰心。为了冲决守旧势力的束缚，他是四位新进军机章京中最“亟亟欲举新政”者③，也是他利用与光绪皇帝近距离接触的特殊条件“日言议政院”，成为最终说服光绪皇帝的重要人物之一。④ 所以，当他接到光绪皇帝代拟上谕的指示后，很快便完成了任务。

代拟谕旨原本是谭嗣同的职责，但此次代拟谕旨对于谭嗣同来说却引

---

① 《张之洞书牍》附《钱守来电》（光绪二十四年八月初二日午刻到），《戊戌变法》卷二，第614页。

② 梁启超：《戊戌政变记》，《饮冰室合集》专集之一，第73页。

③ 《康南海自编年谱》，第56页。

④ 杨锐：《杨锐家书》，转引自《戊戌变法人物传稿》（增订本）上，第135页。

起了极大的心灵震撼，他由此感到光绪皇帝与慈禧太后之间的关系可能确如康有为等人一直所认知的那样并不和谐，而光绪皇帝的权力也并不像新政开始以来历次诏书所感觉的那样至高无上，真实的情况可能是大权依然掌握在慈禧太后的手里，光绪皇帝不过是一个政治傀儡而已，“今而知皇上之真无权矣”[①]。退朝之后的谭嗣同将这种感觉告诉了康有为等人，并似乎向康等人透露了其代拟谕旨的部分内容。

谭嗣同的不祥感觉并没有迅速传染给康有为，更没有影响康有为的情绪，甚至与谭嗣同的感觉相反，康有为觉得光绪皇帝既然已下令谭嗣同代拟上谕，既然准备将这份上谕向慈禧太后提出，那么可见光绪皇帝已下定了决心，帝后之间的最终摊牌即将到来，光绪皇帝与慈禧太后的权力再分配肯定将因此而进行。于是康有为于同一天代宋伯鲁草拟《请选通才以备顾问折》，建议清政府于内廷开设懋勤殿，由皇上亲自选聘天下通才十人入值懋勤殿，作为皇帝的高级顾问，并在此折中推荐黄遵宪、梁启超二人。[②]

与此同时，康有为在京城政治场大肆活动，致使京城政治场人人咸知光绪皇帝已决定设置懋勤殿，以为今日谕旨将下而卒不下，于是益知慈禧太后与光绪皇帝之不相容。[③] 原本因大规模裁撤冗署、冗员而高度恐慌的京城政治场更加动荡不安，谣言四起。凡此，都无形增加了后来政治变动的概率。

其实，光绪帝此次前往颐和园看望慈禧太后并没有谈及此事，因为那

① 梁启超：《戊戌政变记》，《饮冰室合集》专集之一，第107页；康有为后来也曾回忆说：“先是语复生以上无权，荣禄不臣，复生不信，至是乃悟。”见《康南海自编年谱》，第57页。

② 《康南海自编年谱》，第56页。

③ 梁启超：《戊戌政变记》，《饮冰室合集》专集之一，第107页。

几天慈禧太后正为礼部六堂官罢官而郁闷。几天来，怀塔布夫妇利用与总管内务府太监李莲英的特殊关系不停顿地向慈禧太后哭诉自己的委屈，并离间太后与光绪帝的关系，称“皇上为左右荧惑，变乱朝政，求老佛爷作主”[①]。而那些被怀塔布收买的大小太监们也可能因为新政的改革最终将侵害他们的利益，于是他们也随着怀塔布在慈禧太后面前肆意诋毁由光绪皇帝主导的新政改革。

母子二人见面后，慈禧太后先向光绪皇帝谈到礼部六堂官尤其是怀塔布革职所产生的后果，尽管慈禧太后也承认怀塔布之类的满族贵族政客确为“老谬昏庸之大臣”，但出于政治层面的考量，她似乎也有意劝告光绪皇帝在人事处理上不可操之过急，不要将此辈老谬昏庸之大臣轻易罢黜，更不要将那些年轻的汉人政治新锐提拔到政治高层，更不能改变大清王朝的既成体制，由这些所谓“通达英勇之人”去议政。慈禧太后的担心是，如果一味在人事布局上进行变动，那么极有可能因此而失去人心，特别是失去满族贵族的信任。果如此，满族贵族所组成的“寡头政治集团”就不可能对现有的皇权中心继续支持。

对于慈禧太后的指责与劝诫，光绪皇帝有些能够接受，有些则不免要解释与辩白。当他并不知道太后指责的背后故事时，他的这些解释与辩白不仅不能说服太后，反而激起了太后的愤怒，正好验证了几天来怀塔布等人在她面前的那些离间。于是慈禧太后毫不客气地批评光绪皇帝：“小子为左右荧惑，使祖宗之法自汝坏之，如祖宗何?”

太后的愤怒终于勾起了光绪帝的满腹委屈，他边哭边向太后说：“时事至此，敌骄民困，不可不更张以救，祖宗在亦必自变法。臣宁变祖宗之

① 费行简：《慈禧传信录》，参见汤志钧《怀塔布传》，《戊戌变法人物传稿》（增订本）下，第538页。

法，不忍弃祖宗之民、失祖宗之地，为天下后人笑，而负祖宗及太后之付托也。”①

母子冲突仅在政策层面，并不会影响二人的感情。光绪帝也有反省，他觉得自己在这个事情上确实没有处理好。如何弥补缺憾，光绪帝在第二天（9 月 15 日）找来颇通世故人情的新任军机章京杨锐，希望杨锐能够为他出个主意。

杨锐对皇上的请求坦然拒绝，他的理由是：“此陛下家事，当与大臣谋之。臣人微言轻，徒取罪戾，无益也。”

杨锐的拒绝应该是基于对清廷旧有体制的恐惧，清廷旧例严格禁止官员议论、介入皇族内部的纠纷，特别是汉大臣更无权干预皇族的内部事务，这是体制使然。或许为了克服杨锐的这一恐惧，光绪皇帝特别向杨锐下达了一份密诏，以便杨锐将来因此而获罪时能够得到一定程度的解脱：“近来仰窥皇太后圣意，不愿将法尽变，并不欲将此辈老谬昏庸之大臣罢黜，而登用英勇通达之人，令其议政，以为恐失人心。虽经朕累次降旨整饬，而并且有随时几谏之事，但圣意坚定，终恐无济于事。即如十九日朱谕，皇太后已以为过重，故不得不徐图之，此近来之实在为难情形也。朕亦岂不知中国积弱不振至于阽危，皆由此辈所误。但必欲朕一早［旦］痛切降旨，将旧法尽变而尽黜此辈昏庸之人，则朕之权力，实有未足。果使如此，则朕位且不能保，何况其他？今朕问汝，可有何良策，俾旧法可以渐变，将老谬昏庸之大臣尽行罢黜，而登进英勇通达之人，令其议政。使中国转危为安，化弱为强，而又不致有拂圣意？尔等与林旭、谭嗣同、刘光第及诸同志等妥速筹商，密缮封奏，由军机大臣代递，候朕熟思审处，

① 清华大学历史系编：《戊戌变法文献资料系日》，上海书店出版社 1998 年版，第 135 页。

再行办理。朕实不胜紧急翘盼之至。特谕。”①

有了皇帝的特许令，杨锐提出三点建议：

第一，杨锐建议清廷重建皇权中心的权威与秩序，由慈禧太后郑重其事地举行一次授权仪式，亲挈天下以授之皇上，而皇上也应该确认太后在王朝政治决策中的至上地位，即同意太后拥有政治决策的最终否决权，不宜固执己意；

第二，鉴于新政推行以来的秩序混乱，杨锐建议光绪皇帝要对所有将要进行的改革方案通盘考虑，宜有先后，宜有次第，不能再如过去一段时间那样，新政诏书联翩而下，臣民目不暇接，政治上虽然获得一些舆论的表面支持，而实际效果却极差；

第三，杨锐认为人事变动至关重要，在新政推行期间进退大臣不宜太骤，以免在政治上引起不必要的纠纷与反弹。

杨锐相信，光绪皇帝如果能够在这三个方面有所改善，其与太后之间的关系并不难协调，新政推行中的困难也不难克服。

鉴于光绪皇帝这一系列失误或者说被慈禧太后看作是失误的主要原因都是因为偏听偏信了康有为误导的事实，杨锐在这次面见中或书面的意见中建议光绪皇帝一定要尽快与康有为脱离关系，不要因康有为而贻误大清王朝的前途和光绪皇帝本人的地位，杨锐的原话是：“康不得去，祸不得息也。”②

光绪帝大致同意了杨锐的三点建议，但如何“去康”颇费思量，毕竟康有为没有任何不可饶恕的罪行，毕竟在过去几年、几个月，康有为都在呼吁改革，推动改革，如何“调虎离山”并不是那么容易的。9 月 17 日，

① 《上谕之二二八》，《戊戌变法》卷二，第 92 页。

② 《杨参政公事略》，转引自《戊戌变法人物传稿》（增订本）上，第 141 页。

光绪帝发布一道谕旨，命康有为迅速出京，前往上海督办官报：“谕工部主事康有为，前命其督办官报局，此时闻尚未出京，实堪诧异。朕深念时艰，思得通达时务之人与商治法。康有为素日讲求，是以召见一次，令其督办官报，诚以报馆为开民智之本，职任不为不重。现筹有的款，著康有为迅速前往上海，毋得迁延观望。”①

应该说，清政府以光绪皇帝的名义公开发布的这份明诏，已经给康有为留了足够的面子，可惜的是这份明诏在不同的解读者那里却引起了不同的回应。康有为在多年之后的回忆中依然以为这份明谕表明政变已经发生或即将发生。他认为，明诏敦促我出京，于是国人骇悚，知祸作矣。以向例非大事不明降谕旨，有要事由军机大臣面传谕旨而已。至逗留促行一事，非将帅统分逼挠，无明降谕旨之理，况吾为微官，报亦小事，何值得明发上谕？既严责诧异，便当革职，何得谓欲得通达时务之人与商治法，闻康有为素日讲求，反与奖语耶？又上召见臣工，无烦自明，乃声明召见一次，亦从来未有之事，故国人皆哓然。②

杨锐、光绪帝或许对明发谕旨的效果有过预估，因而杨锐在那几天找到与康有为关系特别密切的林旭做工作，希望林旭利用与康有为的关系，劝他早日离开北京。也可以相信，正是在与林旭交换看法过程中，杨锐将光绪帝给他的密诏交林旭过目，以加深林旭的信任，使林旭能够对正在发生的事情引起足够的重视，能够在适当的场合与适当的机会劝告康有为不要继续如此激烈的举动。③

对于杨锐的批评与指责，林旭默然无声，表示接受，相信他们二人也

---

① 《光绪朝东华录》卷四，第 4195 页。

② 《康南海自编年谱》，第 58 页。

③ 《杨参政公事略》，转引自《戊戌变法人物传稿》（增订本）上，第 141 页。

一同思考了一些善后办法，因为按照计划林旭将于 9 月 17 日被光绪皇帝召见，杨锐似乎要劝告林旭不要再给光绪皇帝出那些激进的主意，劝告林旭最好与康、梁等人保持一定的距离。这可能也是杨锐急于找到林旭通报情况的原因之一。

17 日，林旭退朝后曾去找过康有为，但由于康有为没有在寓所，林旭也就没有继续等待，只是留有一个字条，称来而不遇，嘱康明日勿出，有要事相告。[①] 由此细节也可反证林旭手中没有光绪皇帝的成文谕旨，否则他应该于当天无论如何也必须找到康有为宣旨。而且还可证明，光绪皇帝及林旭虽然觉得康有为必须迅速出京，但也没有急迫到必须当天执行的程度。

因懋勤殿、裁撤衙门等事情的连续发生，京城中各种谣言满天飞，康有为或许已经预感到局势正在出现某种危机，但对这两天所发生的事情如光绪皇帝颁给杨锐的密诏以及林旭与光绪皇帝的谈话等，他肯定也不知道，否则他就不会外出不归，而是会在寓所等待消息。据康有为自己说，那天晚上他在宋伯鲁家喝酒，同席还有他的同道李端棻、徐致靖，唱昆曲极乐，而声带变徵，曲终哀动，谈事变之急，相与忧叹。[②] 由于不知道发生了什么具体的事情，他们也只能在寻欢作乐之余发发感慨而已，并没有什么具体决策与举动。至深夜，康有为返回寓所，一是看到敦促他迅速出京的那份明降的谕旨，他对此似乎久有心理准备，故而也没有太在意；二是看到林旭留下的字条，由于字条也没有说什么具体的事情，他似乎也没有怎样介意，遂于醉醺醺中安然入睡。

第二天（八月初三日，9 月 18 日）一大早，林旭如约前来拜见康有

① 《康南海自编年谱》，第 59 页。

② 《康南海自编年谱》，第 59 页。

为，他先是向康有为转述了光绪皇帝 9 月 15 日给杨锐密诏的大致内容，劝说康有为遵旨尽快离京，前往上海督办官报。对于林旭的劝说以及林旭转述的密诏内容，康有为或许半信半疑，在这种情况下，林旭或许向他通报了自己昨天面见光绪皇帝的情况，并概括口述光绪皇帝的口谕如下："朕今命汝督办官报，实有不得已之苦衷，非楮墨所能罄也。汝可速外出，不可延迟。汝一片忠爱热肠，朕所深悉。其爱惜身体，善自调摄，将来更效驰驱，朕有厚望焉。特谕。"①

从这份上谕的用词与语气看，正如许多研究者已经指出的那样不像是成文朱谕，更像口谕，所以这段文字不仅在后来的引用者那里出现不少文字上的差异，即便是当事人康有为本人在后来的历次引用中，也有文字方面的不同。凡此，不能说都是康氏的伪造，如果真的要伪造，康势必会在各个版本中保持一致。这是最起码的常识。

真实的情况应该是，林旭作为唯一在昨天与光绪帝见过面的直接当事人的转述引起了康有为的高度关切，他肯定觉得这件事太不同寻常了，清政府既然以光绪皇帝的名义明降了谕旨，何以又让林旭面传光绪皇帝的口谕呢？朝廷究竟发生了什么事？难道圣明的光绪皇帝已经被以慈禧太后为首的守旧派所控制而不得自由了吗？基于这些无限的想象空间，康有为不敢继续猜想下去，于是他一面草拟密折谢恩，并宣称誓死救皇上，请林旭持还复命；又奏报自己肯定将在第二天启程赴上海督办官报，并启用官报官防；一面差人招来谭嗣同、梁启超、徐仁镜、徐仁录及乃弟康广仁等，一起商量应对之策。袁世凯的重要幕僚徐世昌不知何故亦来康有为的寓所，并与他们一起参与讨论。

---

① 《新闻报》（光绪二十四年九月初五日），转引自汤志钧《戊戌变法史》（修订本），上海社会科学院出版社 2003 年版，第 569 页。

第五节　政变，谁的政变？

当康有为组织这些门徒或支持者进行讨论的时候，大概林旭已持康有为的奏折而离去，康有为凭借自己的记忆向他们转述了光绪皇帝先后向杨锐及林旭颁布的两道密诏。由于康有为始终抱怨大清王朝政治高层内部存在一个守旧派，因此他的转述与分析无疑会夸大危机的程度，以为由他鼓吹、由光绪皇帝主导的新政已经在以慈禧太后为首的守旧势力的反扑下彻底失败，圣明的光绪皇帝可能已经被那些守旧势力所干掉。在康有为的煽惑下，包括徐世昌在内的所有与会者都抱头痛哭。激于义愤，他们决心不惜牺牲自己去拯救皇上，并由此将他们心目中的慈禧太后由先前的守旧势力头目设想为真正的敌人。讨论的结果是尽快准备武力或设法动用清朝已有的军队武力解决问题。

对和平变革步履维艰早就不耐烦的康有为很早就期待军事解决问题，他以为他所信任也是对他最为信任的光绪皇帝如果能够拥有一支自己的军队，那么情况肯定会好些。据他后来的回忆，当新政开始之初，当清政府以荣禄替代汉大臣王文韶出任直隶总督兼北洋大臣的时候，他就敏感地意识到守旧势力实际上是在政治上无法阻止中国的变革之后在军事上所采取的一个重要步骤。后来，随着天津阅兵日期的日趋迫近，各种政治传闻层出不穷，他由此愈益担心守旧势力可能会借天津阅兵的机会除掉光绪皇帝，拥戴慈禧太后重新出山，他的忧虑也随之严重。至光绪皇帝下决心开懋勤殿征用通达时务之士以议新政的时候，因光绪皇帝一个小小的细节处理不慎，遂引起这些“小臣”以小人之心度君子之腹。

光绪皇帝一个小小的细节，就是 9 月 13 日准备向慈禧太后汇报关于懋勤殿的准备情况并准备征求太后的同意时，曾责成新任军机章京谭嗣同就大清王朝的往例寻找根据，以便慈禧太后当面问及时有所交代。这一原本正常的政治运作并没有多少深意，但被康有为等人解读之后却证实光绪皇帝只不过是一个徒具虚名的政治傀儡，大清王朝的所有政治权力依然掌握在慈禧太后一人手里。此事经过康有为的不断渲染，不仅使先前根本不相信这种说法的谭嗣同信以为真，就连康有为本人也被自己的猜测所迷惑，将自己的假设当作政治真实，于是他在此后的几天时间里连日草拟一份极端重要的奏折，建议光绪皇帝仿日本的军事体制，建立属于自己所统帅的参谋本部，选天下虎罴之士、不二心之臣于左右，上亲擐甲胄而统之；又建议光绪皇帝将光绪二十四年改为“维新元年”以新天下耳目；又建议光绪皇帝变衣服而易旧党心志；又请光绪皇帝迁都上海，借行幸以定之，但率通才数十人，从办事，百官留守，即以弃旧京矣。力言旧京旅大、胶威门户尽失，俄人屯重兵于旅顺，扼吾之吭，无可守矣。又北京连年水灾，城崩屡次，尘土坌天，泉恶脉坏，王气已绝。又旗人环拥，旧党弥塞，下则市侩吏胥，中则琐例繁礼，种种皆亡国之具，不易扫除，非迁都避之无裨易种新邑，不能维新也。借行幸举之，则定天下于无形。精选参谋本部之兵、才武之将，以师兵铁舰为卫，居于上海通达之地，以控御天下，其于新政最便。[①]

如果离开当时清廷内部复杂的矛盾，在一个比较和谐的皇权中心指导下，康有为的建议未尝不可以一试。中国的军事体制确实应该改革，旧有的朝服也确实不太适合当时的国际交往，至于北京的守旧氛围尤其是其资源短缺、污染严重也都是不争的事实，但是康有为这样直言不讳地向光绪皇帝建议，其后果无疑是严重的。这既是挑战慈禧太后从来不允许挑战的政治权威，事实上甚至康有为的主观目的也是要人为地造成清政府最高政

① 《康南海自编年谱》，第57页。

治层的分裂。凡此，不但慈禧太后不能同意，即便是光绪皇帝一旦从整个大局来考虑，也不会同意康有为这种鲁莽的主张。

可惜的是，年轻的光绪皇帝并没有始终把握住全局，他被康有为这些比较新颖的见解所吸引，“上皆然之”[1]。这应该是慈禧太后得悉这些情报之后之所以指责光绪皇帝的根本原因之一。

康有为在这里所提出的几项改革建议实际上在过去的几年里都有人分别提出，如迁都的问题，在《马关条约》签订前后曾经引起国内高层的普遍关注；至于仿行东西洋各国重建军队体制，不仅是甲午战败后国内思想界的共识，而且实际上已经进行过不少试验，其中最著名也最有成效的当属袁世凯所练的新军，这支人数并不太多的新式军队已经成为中国军队未来改革的模式。所以当康有为提出仿照日本的军队建制成立以皇帝为最高统帅的参谋本部的建议时，自然容易获得一心想富国强兵的光绪皇帝的支持。而必须考虑到的因素是，光绪皇帝支持建立参谋本部，是为了重建中国的军事体制；而康有为的主张除了此点外，还明显具有未来一旦新政发生危机，或他假想中守旧派一旦准备动手的时候，他或他心目中的维新派就可以依靠这支自家军队出兵勤王，或一举将守旧势力摧毁。这是康有为始终没有向光绪皇帝说明的真实心迹，也是后来慈禧太后之所以严厉指责康有为谋反而并不因此而株连光绪皇帝的根本原因，因为康有为的所有谋反活动，实际上都是背着光绪皇帝干的。

重建一支属于自己的正式军队或收买一支现成的军队为我所用，都需要相当的时间，这一点康有为和他的弟子及追随者都很清楚。然而时不我待，政治局势的日趋恶化迫使康有为等人做出极端冒险的决策。他们一方面继续设法拉拢袁世凯和其他军队领导人之外，还运用最便当的办法，组

---

① 《康南海自编年谱》，第 57 页。

织或利用会党进行军事冒险。按照康有为等人的计划，只要他们能够调集一批绿林好汉，由这批绿林好汉出面发难，挟制慈禧太后，迫使慈禧太后同意放权或放手让光绪皇帝进行政治改革，这样他们的新政计划就可以继续进行。一旦被挟制的慈禧太后拒绝合作，不愿放权或不愿放手让光绪皇帝进行政治改革，他们就可以将挟制在手的慈禧太后予以废黜。

康有为的这些计划得到了谭嗣同等人的回应，或者说是谭嗣同等人最先提出这样的计划也未可知。谭嗣同出身世宦大家，按理说与绿林中的人物不应该有多少关系，但特殊的经历却使他和一般的世宦子弟明显不同，他为人豪爽，在先前参与湖南新政的那段时间里与两湖地区的会党建立了密切关系，实际上成为会党中的重要人物。所以，一旦谭嗣同觉悟到光绪皇帝不过是个傀儡，真正的实权人物还是慈禧太后，只有除掉慈禧太后才能推动中国维新运动的时候，他的正义感很自然地使他想到了那批绿林兄弟。

作为军机章京上行走，谭嗣同官品虽说不高，但无论怎样也是清廷的命官，他自己心中也应该很清楚，一旦启动利用会党发动政变的程序，废黜慈禧太后，不管其目的具有怎样的正义性，但实质上都是犯上作乱，所以在那些天里，谭嗣同的内心一定也进行着艰苦的自我斗争。他后来之所以不愿出逃，静待清廷诛戮，实际上都可由此看出其内心的矛盾与惶惑。所以从这一点进行判断，谭嗣同虽然认同了康有为以武力解决僵局的计划，但在与会党方面的联系方面可能在一定程度上还是出于被动。

经过一番密谋，康有为、谭嗣同等人决定去找袁世凯试试。他们认为袁世凯具有维新思想，又是光绪帝刚刚提拔的政治新秀。在过去几年，袁世凯对康有为也很尊重，也有来往，他们觉得袁世凯应该愿意出来保护皇上，反对慈禧太后。9 月 18 日晚，谭嗣同只身前往袁世凯在北京的临时居处法华寺，开门见山，明白告诉袁世凯："公受此破格特恩，必将有以图报。上方有大难，非公莫能救。”

袁世凯闻言失色，急忙向嗣同辩白道：“予世受国恩，本应力图报称，况己身又受不次之赏，敢不肝脑涂地，图报天恩？但不知难在何处？”

有了袁世凯的表态，谭嗣同于是直截了当地告诉袁世凯，根据他们所获得的情报，荣禄最近向慈禧太后献策，将废立弑君，你作为荣禄的重要部下，难道不知道这件事情？

袁世凯称，在天津的时候，也常与荣禄晤谈，察其词意，颇有忠义，毫无废立弑君的意思。所以阁下所得到的情报恐怕与事实不符，肯定是什么人有意造谣，断不足信。

听了袁世凯这些冠冕堂皇的言辞，谭嗣同根据康有为等人的先前分析，似乎觉得袁世凯与荣禄之间的关系绝不是袁世凯所说的那样简单与纯洁，他们二人长期交往及其隶属关系，总不可能没有可利用的裂缝。谭嗣同接着说，你袁世凯固然是光明磊落的人物，但你不知道荣禄此人极其狡诈，他表面上对你信任，让别人都觉得他对你袁世凯很好，实际上荣禄在内心深处对你袁世凯猜疑、防范甚多。试想，你袁世凯辛苦那么多年，成绩显著，中外钦佩，去年你仅仅晋升一阶，这是什么原因？说白了，就是荣禄故意抑制你。

谭嗣同甚至不惜编造故事，称南海康有为先生与你的交情你是知道的，康先生非常器重你，曾在光绪皇帝面前保荐过你。但皇上说：“闻诸慈圣，荣禄常常说袁世凯此人跋扈，不可用。”这个消息是确实的，知道的人也很多。至于我谭某亦在光绪皇帝面前迭次力保，均为荣禄所阻。就连皇上后来都说，袁世凯办事甚为明白，但不知为什么总有人说他不可用。说实话，你这次之所以能够获得破格提升，皇上费力甚大，你袁世凯如真心救皇上，我谭某倒有一策，不知你是否有兴趣？

袁世凯表示愿闻其详。谭嗣同遂出一草稿，如名片式，内有荣禄“谋废立弑君，大逆不道，若不速除，上位不能保，即性命亦不能保。袁世凯初五请训，请面付朱谕一道，令其带本部兵赴津，见荣某，出朱谕宣读，立即正法。即以袁某代为直督，传谕僚属，张挂告示，布告荣某大逆罪状，即封禁电报局、铁路，迅速载袁某部兵入京，派一半围颐和园，一半守宫，大事可定。如不听臣策，即死在上前”等语。

阅读了这份草稿并听了谭嗣同不动声色的解释，袁世凯大汗淋漓，魂飞天外，此类据兵谋反的主意，才真正是大逆不道。他不禁问道：“派兵围颐和园意欲何为?”

谭嗣同答道：“慈禧太后是最大的祸首与罪魁，不除此老朽，国不能保。这件事有我谭嗣同去办，你不必过问。”

慈禧太后是当时中国实际上的最高领导者，谭嗣同等人竟然准备对慈禧太后动手，这件事实在是非同小可。同时，袁世凯也深知，多年的训练与影响，慈禧太后的地位不仅在内外大臣的心目中至高无上，即便是一般的士兵，也对太后怀有无限的崇拜与景仰，以这种军队去捕杀太后，根本就不能成功。他告诉谭嗣同：“皇太后听政三十余年，迭平大难，深得人心。我之部下，常以忠义为训戒，如令以作乱，必不可行。”

谭嗣同对袁世凯的担忧不以为然，他自信地告诉袁世凯：“我雇有好汉数十人，并电湖南召集好将多人，不日可到，去此老朽，在我而已，无须用公。但要公以二事：诛荣某、围颐和园耳。如不许我，即死在公前。公之性命在我手，我之性命亦在公手。今晚必须定议，我即诣宫请旨办理。”

既然谭嗣同把话说到这个份上，袁世凯已无退路可言。但毕竟此事太过于重大，除了恐惧之外，也必须冷静地面对。久经沙场见过世面的袁世凯并没有被谭嗣同逼到死角，他从容地告诉谭嗣同：“此事关系太重，断非草率所能定。今晚即杀我，亦决不能定。且你今晚请旨，上亦未必允准也。”

对于袁世凯的疑虑，谭嗣同充满自信，他告诉袁世凯：“我有挟制之法，必不能不准。初五定有朱谕一道面交公。”

据袁世凯事后描述，由于当时他看到谭嗣同“气焰凶狠，类似疯狂，然伊为天子近臣，又未知有何来历，如显拒变脸，恐激生他变，所损必多，只好设词推宕”。他对谭嗣同分析道：天津为各国聚处之地，若忽杀总督，中外官民必将大讧，国势即将瓜分。且北洋有宋庆、董福祥、聂士成各军四五万人，淮练各军又有七十多营，京内旗兵亦不下数万，本军只七千人，出兵至多不过六千，如何能办此事？恐在外一动兵，而京内必即设防，上已先危。

对于袁世凯的设词，谭嗣同不以为然。他建议袁世凯：“公可给以迅雷不及掩耳。俟动兵时，即分给诸军朱谕，并照会各国，谁敢乱动？”

袁世凯又接着设词称：“本军粮械子弹均在天津营内，存者极少，必须先将粮弹领运足用，方可用兵。”

对于袁世凯的实际困难，谭嗣同也略表同情。他说：“可请上先将朱谕交给存收，俟布置妥当，一面密告我日期，一面动手。”从这段话分析，谭嗣同等人虽然在预案中意识到政局可能会发生转变，但似乎并没有危急到必须立即发动的份上，似乎还有从容准备的时间。

谭嗣同的建议又引起袁世凯新的疑虑，袁告诉谭：“我万不敢惜死，恐或泄漏，必将累及皇上，臣子死有余辜，一经纸笔，便不慎密，切不可先交朱谕。你先回，容我熟思，布置半月，二十日方可复告你如何办法。”

对于袁世凯的有意拖延，谭嗣同当然不会同意，他和康、梁等人先前似乎也考虑到这一点而有所准备，他一面告诉袁世凯：“上意甚急，我有朱谕在手，必须即刻定准一个办法，方可复命。”一面从容地拿出一份所谓朱谕。此份朱谕为墨笔所书，字甚工，亦很像光绪皇帝的口气，内有

“朕锐意变法，诸老臣均不顺手，如操之太急，又恐慈圣不悦，饬杨锐、刘光第、林旭、谭嗣同另议良法”等语。显然，这份所谓朱谕只是光绪皇帝交给杨锐的第一道密诏的抄本，且并不是逐字逐句的照抄，而是杨锐交给林旭看了之后，林旭凭借自己的记忆口述给康有为，然后再由康有为凭记忆默写出来的。

这份可疑的朱谕引起了袁世凯的联想，他以为即便这份朱谕为真，其大概语意一若新任军机四章京请求皇上急变法，而光绪皇帝设婉辞以却之者而已。于是袁世凯就此向谭嗣同提出疑问：“此非朱谕，且无诛荣禄、围颐和园之说。”谭嗣同回答道：“朱谕在林旭手，此为杨锐抄给我看的，确有此朱谕，在三日前所发交者。林旭等极可恶，不立即交我，几误大事。谕内另议良法者，即有二事在其内。”

谭嗣同的解释应该是真诚的，但由此可知：第一，他并没有亲眼看到过光绪皇帝颁给杨锐的密诏之原件；第二，由于他的真诚，也使极富政治经验的袁世凯看到了谭嗣同及其背后那些人作伪的痕迹，从而使袁世凯可以更加从容地应对此事的发展，他已经没有谭嗣同刚到时的恐惧感了。他告诉谭嗣同：“青天在上，袁世凯断不敢辜负天恩。但恐累及皇上，必须妥筹详商，以期万全，我无此胆量，决不敢造次为天下罪人。”实际上是拒绝与谭嗣同等人合谋。

对于袁世凯的态度，谭嗣同也心知肚明，但既然已将所有的计划向袁世凯和盘托出，他也只好继续使用挟制的办法来对付，他再三催促袁世凯立即召开会议，拟订详细计划，以待他向光绪皇帝汇报。几至声色俱厉，愤怒异常。袁世凯也看到谭嗣同腰间衣襟高起，似有凶器，于是知道谭嗣同不从他这里得到准确的回答决不会轻易离开。稍加考虑，袁世凯告诉谭嗣同：“皇上很快即将巡幸天津，待至伊时军队咸集，皇上下一寸纸条，谁敢不遵，又何事不成?”

谭嗣同对曰："等不到皇上巡幸天津即将废弑，势甚迫急。"

袁世凯道："既有皇上巡幸之命，必不至遽有意外，必须至下月方可万全。"

谭嗣同曰："如皇上不出巡幸，将奈至何？"

袁世凯曰："现已预备妥当，计费数十万金，我可请荣相力请慈圣，必将出巡，保可不至中止。此事在我，你可放心。"

谭嗣同云："报君恩，救君难，立奇功大业，天下事入公掌握，在于公；如贪图富贵，告变封侯，害及天子，亦在公；惟公自裁。"

袁世凯闻言而怒，信誓旦旦地告诉谭嗣同："你以我为何如人？我三世受国恩深，断不至丧心病狂，贻误大局，但能有益于君国，必当死生以之。"

对于袁世凯的这一表态，谭嗣同似乎比较满意，也愿意相信，遂起立向袁氏作揖致敬，并称赞袁世凯为奇男子。

有了谭嗣同的初步信任，袁世凯又说："你我二人素不相识，你夤夜突来，我随身所带来的员弁必生疑心，设或漏泄于外人，将谓我们有密谋。因你为近臣，我有兵权，最易招疑，你可从此称病多日，不可入内，亦不可再来。"对于袁世凯的这种安全交代，谭嗣同深以为然。谈话气氛也开始转变。

接下来，袁世凯询问两宫之间不和，其原因究竟何在？谭嗣同对曰："因变法罢去礼部六卿，诸内臣环泣于慈圣之前，纷进谗言危词，怀塔布、立山、杨崇伊等曾潜往天津，与荣禄密谈，故意见更深。"

听了谭嗣同的介绍，袁世凯说："何不请上将必须变法时势，详陈于慈圣之前，并事事请示；又不妨将六卿开复，以释意见；且变法易顺舆情，未可操切，缓办亦可，亦何必如此亟亟，至激他变？"

谭嗣同说："自古非流血不能变法，必须将一群老朽全行杀去，始可办事。”

如此血淋淋的话语给袁世凯极大的心灵震动，他在内心深处实在是无法认同于谭嗣同等人的想法与做法，他觉得谭嗣同等人“志在杀人作乱，无可再说”，且夜色已晚，遂托词还要赶着写明天将要用的奏折，请谭离去。①

袁世凯的婉拒，制止了一场不必要的混乱，但对康有为等人来说，却是使私人圈子的一个秘密扩大了范围，毕竟袁世凯属于体制内的高官，谁知道袁世凯什么时候会说出这件事情呢?

等了大约三个小时左右，深夜三时许（实际上应该说是9月19日凌晨三时许），与袁世凯长谈而并没有获得实际结果的谭嗣同按照原先的约定来到金顶庙容闳的寓所，向康有为、梁启超及容闳通报与袁世凯谈话的情况，谭嗣同的判断肯定不太乐观，他们得出的一个共同结论是袁世凯不可能“举兵扶上，清君侧”。虽然这一结果也在他们的预料之中，然而一旦被证实还是不免令人失望。“无如何”，康有为决计按照先前已确定的计划，尽早离开京城，赶赴上海，另想办法。

在容闳寓所谈话的时候，康有为、梁启超、谭嗣同等人的深深失望似乎也深深地感动了容闳，容闳建议由他出面请求美国驻华公使进行外交干预，以避免慈禧太后真的如康有为所预测的那样将光绪皇帝废黜。然而康有为等人认为，美国并没有在中国或中国周边驻有军队，没有军事上的压力，仅仅凭借外交手段根本无济于事，反而白白浪费时间，于是他们谢绝容闳的好意。

容闳的好意无法执行，但这一思路无疑又启发了康有为，使康有为觉得既然美国公使手中无兵，干预无力，那么手中拥有相当军事力量的英

---

① 袁世凯：《戊戌日记》，《戊戌变法》卷一，第553页。

国、日本或许有办法干预此事。于是康有为在稍事休息了两三个钟头之后，即于9月19日上午九时许拜访李提摩太，希望在说服英国公使出面干预方面能够获得李提摩太的支持。

对于康有为所描述的光绪皇帝的可能处境以及中国黯淡的未来，李提摩太深表同情，然而他不过是一个传教士，他虽然与英国公使有相当多交往，但毕竟英国公使窦纳乐此时不在北京，正在北戴河避暑。远水解不了近渴，康有为只好放弃向英国公使的求救，转而寻求伊藤博文及日本的支持。

9月19日下午三时许，康有为来到伊藤博文的寓所进行拜访，两人进行了长达三个小时的谈话。关于这次谈话的主旨，正如康有为后来所说的那样，由于他担心清政府可能会指责他“假权外人”，故而他改变了谈话的策略，不再像与李提摩太的谈话那样请求伊藤博文“救援”皇上，而是转为“请其说太后而已”，即请伊藤博文在觐见慈禧太后的时候，尽最大可能为光绪皇帝及康有为等人说情，尽量以客观公正的姿态向慈禧太后说明光绪皇帝和他康有为及那些维新志士并没有其他的用心，他们的所有作为都是为了大清王朝的根本利益，为了中国的未来。

按照这个策略，康有为确实说服了伊藤博文，伊藤几乎全部答应了康的请求，答应如果能够见到慈禧太后，他一定尽其所能劝说慈禧太后，尽力化解两宫之间的误会。可惜的是，伊藤博文最终并没有见到慈禧太后，他的这种承诺实际上并没有发挥作用。

几个小时的紧张谈话结束之后，暮色已晚，待他出城回到南海会馆的时候，他突然发现南海会馆“屋室墙倾覆”，这不同寻常的变化自然增加了康的疑虑，也更坚定了他离京出走的决心。

是日晚，翰林院侍读黄绍箕为康有为设宴饯行。席间，他们互相通报了相关情况，黄绍箕告诉康有为，据他所得到的消息（其实都不过是传言），现在局势非常危险，直隶总督兼北洋大臣荣禄对你康有为非常恼火，估计荣禄可能会采取非常措施加害于你康先生。为了康的安全，黄绍箕建议康有为改穿西服出京，直奔山东，不要经过荣禄的辖地天津；或易僧服避入蒙古。黄绍箕似乎相信，康有为只要躲过了荣禄的捕杀，就没有大的危险。黄绍箕的信息与建议当然同样引起了康有为的重视，这更促使他必须尽快离开北京这个是非之地。

辞别了黄绍箕的饯行宴，康有为郁郁不乐地回到了南海会馆。不一时，林旭来谈，林旭告诉康有为，据他所知道的消息，英国与俄国今天已经开仗，今天晚上慈禧太后也突然提前从颐和园返回宫中。这一新的变化自然引起康有为的注意，他又开始侥幸地认为，外交危机的突然到来，或许能够缓解国内的政治冲突。他觉得慈禧太后等那些守旧势力无论怎样痛恨他们这些维新派，也不会在外交危机的严重关头发动政变，于是稍为安心，对于已经确定的离京出走计划又表示了犹豫。①

康有为的犹豫在其门生弟子中引起了激烈的反响，他们似乎判断，只要康有为能够顺利逃脱，即便他们留在京城有什么危险，那么凭借康有为与西方各国的关系，也一定会设法救助，他们便不会有真正的危险。于是谭嗣同拔刀以救皇上自任，促康有为快点成行；梁启超、康广仁等甚至下跪恳求康有为尽快微服出行。然而康有为此时似乎觉得既然已经发生了外交危机，他个人的危险可能不会很快就发生，所以他并不想立刻逃走，他说："死生命也，过去我在广州归德门之华德里行走的时候，有飞砖突然坠地，掠面而下，若移寸许，必死无疑。"② 以生死有命，听其自然的姿态面对或许真的将要到来的危机。

---

① 《康南海自编年谱》，第 60 页。

② 康有为：《康南海先生墨迹》，《戊戌变法》卷一，第 418 页。

康有为的这种坚持无法获得其弟子门生的认同，他们似乎都感觉到他们以武力解决问题的计划可能已经暴露，康有为如果坚持在北京不走，清政府就有可能将他们一网打尽，这样他们就毫无反抗的可能，而且其罪名也将是非常难听的谋反、犯上等之类。

在弟子门生的强烈要求下，康有为同意留下梁启超、康广仁等人继续在京城“谋救”皇上，他个人被迫携仆人李唐于 9 月 20 日天未明时凄凉离京出走，丝毫没有奉谕旨赴上海督办官报的“钦差大臣”之感。

第六节 变革戛然而止

假如康有为只是一个无足轻重的人物，他的悄然出走在京城大概可以了无声息。毕竟，康有为是风光一时的大改革家，朝野内外，甚至一些外国观察家、传教士，也对康有为极为关注，更何况，康有为是朝廷“在册高官”，是奉有谕旨的“钦差大臣”，他的悄然出走，可以瞒得了一时，但瞒不了很久。

康有为凄凉逃出京城的当天，清廷内部也发生了一连串的大事。

这一天，袁世凯第三次觐见光绪皇帝谢恩请旨，这也是他被迫接受谭嗣同来访并得知康有为谋围颐和园挟制皇太后的阴谋之后似乎第一次离开他在京寓所。经过一番痛苦思索，袁世凯没有向光绪皇帝透露康有为的任何阴谋。但也正如他自己后来所说的那样，出于对皇上的真情，他请求皇上最好调老成持重的张之洞来京主持政府的日常事务，请求皇上对那些年轻一代政治新锐的激进政治主张可以听取，不过在政治实践上不要轻易实行，以免引起社会特别是政治场上不必要的恐慌，贻误富国强兵之大计。

袁世凯的暗示是否使光绪皇帝有所明白，我们不得而知，但这种暗示肯定对清廷那一天的政治决策起到过某种促进作用。

这一天的另外一件大事是光绪皇帝按照先前的计划接见伊藤博文，他们二人的谈话虽然仅仅局限在外交的言辞，没有多少实质性的内容，但这一事件本身至少向世人表明清廷内部的政治运作一如既往，并没有发生什么大事。

光绪皇帝接见伊藤博文的活动大约在是日中午一时左右结束，紧接着庆亲王奕劻为伊藤博文举行了一个午餐会，双方也尽情谈至三时左右结束。大约傍晚时分，光绪皇帝向昨日回到宫中的慈禧太后例行请安，或者是回到宫中的慈禧太后本来就有话要找光绪皇帝说说。总之，这一天傍晚至夜间慈禧太后与光绪皇帝肯定见过面，而且二人一定也就最近一段时间所发生的一系列事件进一步交谈。因为大约一周前（9 月 14 日），光绪皇帝为了在内廷开设懋勤殿的事情曾经专门到颐和园咨询过慈禧太后的意见，那时可能是由于刚刚将礼部六堂官罢黜，而礼部六堂官中的领军人物怀塔布不仅有荣禄在背后支持，而且其妻子就很受太后的宠爱，故而太后可能会就此事说过光绪皇帝，二人之间为此很不愉快。然而事情过后，光绪皇帝也有所反省，他在稍后发给杨锐的密诏中实际上是要杨锐等人考虑，怎样能够找到一个既能推进中国的政治改革，又不使太后及那些所谓的守旧势力或既得利益者反对的举措。然而不管怎么说，9 月 14 日帝后二人的不欢而散是事实。至于太后 9 月 19 日突然提前回宫，也肯定是有些新的情况要与光绪皇帝沟通，有些事情要商量。所以，9 月 20 日傍晚及夜间，帝后二人或许还有庆亲王奕劻在一起商量过最近所发生的一些事情。这些事情当然也包括康有为当天并不正常地逃离北京。

应该说，康有为既然作为清廷任命的钦差去上海督办官报，他就应该正大光明地离开北京，然而他的出走实在给人们留下了想象的空间，使人们不能不怀疑他自己是否真的有什么问题。康有为的出走在当天也肯定被最高当局所获知，慈禧太后也肯定就此询问过光绪皇帝。光绪皇帝当然可以给予比较圆满的答复，那就是他曾经通过内阁向康有为“明降谕旨”，希望他离开京城前往上海督办官报。不过光绪皇帝无法解释的是，康有为既然是奉旨前往上海，何以偷偷摸摸？这或许是帝后二人之间要谈的第一件事。

慈禧太后要向光绪皇帝通报的另一件事应该是9月18日御史杨崇伊专赴颐和园向慈禧太后呈递的一份请求太后出园训政的奏折。由于这份奏折事关时局的发展与演变，故不妨照录如次：“臣维皇上入承大统，兢兢业业二十余年，自东瀛发难，革员文廷式等昌言用兵，遂致割地偿款。兵祸甫息，文廷式假托忠愤，与工部主事康有为等号召浮薄，创立南北强学会，幸先后奉旨封禁革逐，未见其害。乃文廷式不思悔过，又创大同学会，外奉广东叛民孙文为主，内奉康有为为主，得黄遵宪、陈三立标榜之力，先在湖南省城开讲，抚臣陈宝箴倾信崇奉，专以讪谤朝廷为事，湘民莫不痛恨。今春会试，公车骈集，康有为偕其弟康广仁及梁启超来京讲学，将以煽动天下之士心。幸士子读书明理，会讲一二次，即烛其奸诈，京官亦深知其妄，偶有贪鄙者依附之，而吐骂者十居七八。不知何缘，引入内廷，两月以来变更成法，斥逐老成藉口言路之开，以位置党羽。风闻东洋故相伊藤博文即日到京，将专政柄。臣虽得自传闻，然近来传闻之言，其应如响。伊藤果用，则祖宗所传之天下，不啻拱手让人。臣身受国恩，不忍缄默，再四思维，惟有仰恳皇太后追溯祖宗缔造之艰，俯念臣庶呼吁之切，即日训政，召见大臣，周谘博访，密拿大同会中人，分别严办，以正人心。庶皇上仰承懿训，天下可以转危为安。”①

从杨崇伊奏折中可以看出，他虽然请求慈禧太后出园训政，但并没有

① 《掌广西道监察御史杨崇伊折》（光绪二十四年八月初三日），《戊戌变法档案史料》，第461页。

就此建议剥夺光绪皇帝的权力，他只是建议如同先前一样，请慈禧太后从幕后走上台前，用自己的政治经验和政治智慧帮助光绪皇帝，使中国政治能够尽快走上正轨。至于中国政治之所以在杨崇伊看来目前没有走上正轨，他在奏折中说得也很明白，那就是皇上自甲午战前开始听信革员文廷式的建议力主开战，此后又听信文廷式、康有为等人的煽惑，力主进行什么政治革新，结果却是斥逐老成，扰乱天下，使大清王朝的政治脱离正常发展轨道。

至于奏折中所说康有为、文廷式勾结“叛民”孙文，以及康有为建议清政府聘请伊藤博文为客卿等，杨崇伊也表示这是听自“传闻”，只是他强调最近的一些传闻“其应如响”，总是有所根据。所以在这种情况下，在杨崇伊看来唯一的可行办法是请慈禧太后出面纠正过去三个月所谓新政中的问题。因为道理很简单，如果指望光绪皇帝自己去纠正先前的问题，可能是比较困难的。

在 1898 年中国故事中，杨崇伊是一个非常关键的人物。如果说他的这份奏折触动了慈禧太后的敏感神经，那是因为他反复提及孙文，孙文的暴力活动确实已成为清政府的一块心病。杨崇伊在戊戌政变事件发生之后还有一份密折专送慈禧太后，并嘱慈禧太后连军机大臣都不要告诉。在这份密折中，杨崇伊分析了戊戌变法及戊戌政变的全部过程，并将之归为孙文的阴谋，称康有为谋逆只是孙文三策中的第二策，只是孙文全部计划中的一个环节而已。毫无疑问，杨崇伊的说法触动了慈禧太后的敏感神经。

杨崇伊的奏折，特别是康有为鬼鬼祟祟地出走、袁世凯在召对时的暗示等一连串的反常事情，使光绪皇帝有所警醒。经过一番讨论，光绪皇帝在这一天晚上接受慈禧太后的建议、劝说，同意捉拿康有为归案，以便进一步弄清真实情况。所以这一天（9 月 20 日）夜里拟定的谕旨是：“谕。工部候补主事康有为结党营私，诱言乱政，屡经被人参奏，著革职。并其弟康广仁，均著步军统领衙门拿交刑部按律治罪。”[1]

9月21日一大早，步军统领衙门奉“密旨”派缇骑数百人分别包围了南海会馆及张荫桓的官邸严拿康有为兄弟，然而他们只是抓到了康有为的弟弟康广仁及康有为的门人程式谷（子良）、钱维骥（君白），并仆人王升、王贵、田叔等，并查获康有为收到的书函百余封、门簿一本等文件。[2]而康有为正如我们知道的那样，已早一天悄然离京出走。

康广仁等人的被捕使事情发生了意想不到的变化。可以想象得到，当数百名武装缇骑将康广仁押往步军统领衙门之后，他们不可能不立即提审康广仁。审讯者问康广仁，康有为藏到哪里去了，康广仁从容对答已出天津前往上海。而在此后这一天的审讯中，没有材料说康广仁一言不发，相反却有传言称康广仁在这一天的审讯过程中竟“诬攀百数十人”[3]。言下之意，康广仁有变节求荣或出卖同志的嫌疑。

由于这一说法牵涉到对康广仁等一大批维新志士的历史评价，所以数年来从没有人怀疑康广仁这一天究竟说了什么或做了什么，而他的这些言行又对后来的政治发展产生过怎样的影响。

我们不必设想康广仁会出卖同志，更不必去猜测他会变节求荣。但我们可以相信的一点是，在步军统领衙门的一系列审讯中，康广仁作为维新志士一定是侃侃而谈，他甚至以毫不畏死的精神滔滔不绝，甚至可以说带有几分炫耀也带有几分遗憾地谈到了他们的计划，他甚至会说，如果不是你们这些该死的动手早了一步，那么他们就可以获得成功，他们就可能已经挟制了那个守旧的、保守的、该死的老太后，可能已经将政权移交到了

---

① 《光绪朝东华录》卷四，第4200页。

② 叶昌炽：《缘督庐日记钞》，《戊戌变法》卷一，第531页。

③ 参见蔡乐苏、张勇、王宪明《戊戌变法史述论稿》，清华大学出版社2001年版，第889页。

光绪皇帝这样圣明的君主手里。可惜的是，你们这些家伙仅仅早了一步，所以他们的计划就没有实现。①

康广仁的交代或者说陈述引起了清政府政治高层的高度恐慌，如果康广仁所说的这些都是事实的话，那么毫无疑问光绪皇帝必然负有不可推卸的失察责任，所以我们相信当光绪皇帝获知康广仁在审讯中交代的那些内容时，特别是当他得知康有为等人竟然背着他而又以他的名义搞什么谋围颐和园挟制皇太后的阴谋后，光绪皇帝真是跳到黄河也洗不清，因为他也确实与康有为这些人有过单独的接触，他确实曾经不顾许多大臣的反对而格外青睐这些政治新锐。现在，他出于最本能的保护自己的反应，也只有像杨崇伊奏折所提醒的那样，恭请慈禧太后再次出园训政，既能由此稳定大局，也可由此减少自己的失察责任。因此我们看到，尽管慈禧太后在这一天已轻松愉快地“驾幸颐和园”，然而光绪皇帝却又发布了一个使很多研究者多年来弄不明白的恭请慈禧太后训政的上谕：“谕。现在国事艰难，庶务待理。朕勤劳宵旰，日综万机，兢业之余，时遇丛脞。恭溯同治年间以来，慈禧端佑康颐昭豫庄诚寿恭钦献崇熙皇太后两次垂帘听政，办理朝政，宏济时艰，无不尽美尽善。因念宗社为重，再三吁恳慈恩训政。仰蒙俯如所请，此乃天下臣民之福。由今日始，在便殿办事。本月初八日，朕率诸王大臣在勤政殿行礼仪，著各该衙门敬谨预备。”②

光绪皇帝的这个谕旨或许是他自己出于主动而提出的，或许是与诸如

---

① 康有为后来根据各方面的传说记载康广仁在步军统领衙门待了差不多一天，第二天早上四点钟的时候方由步军统领衙门移交给刑部，而刑部堂官亲自提审，依然关心的是康有为的下落，对这一点，康广仁并不忌讳，他答称康有为已经出天津前往上海，审讯者指责康有为何以私逃？康广仁便非常充满正义地称：“是奉旨敦促，经奏报初四日启程，并非私逃。”堂官曰：“汝兄不来，必不释汝，必写信令汝兄来方释汝。”而移交给刑部的第二天，康之门人及仆人均获释。见《康南海自编年谱》，第 62 页。

② 《光绪朝东华录》卷四，第 4200 页。

庆亲王奕劻等诸王大臣一起商量决定的。总之从这个谕旨的口气看，这是一个已经决定了的谕旨，之所以公布是要告知天下臣民。而且从稳定社会的角度看，由于当时京城乃至整个中国的政治场都已对康有为促动的所谓新政有所厌倦，人们从这一系列改革中不仅没有得到多少真正的好处与实惠，相反却失去了许多。那时京城内外要求慈禧太后再次垂帘听政的声音应该说正像杨崇伊奏折中所说的那样已有不少，许多官场上的人似乎都觉得如果慈禧太后不出来收拾局面，那么继续让光绪皇帝掌控中国的最高权力，大清王朝极有可能很快玩完，更何况光绪皇帝恭请慈禧太后出园训政也是一种勇于负责任的表现呢?①

光绪皇帝政治立场的急剧性变化并没有立即平息慈禧太后的愤怒，大概在审讯康广仁及当天被捕的那几个门人的时候，他们已经供出或者说陈述的某些阴谋尤其是谋围颐和园挟制皇太后的阴谋不仅使慈禧太后极端震怒，而且这些陈述很可能将光绪皇帝也牵连了进去，因为光绪皇帝并不知道这些阴谋，但康有为等人的用意不还是为了保护光绪皇帝的地位而除去慈禧太后吗？符合情理的推理应该是，当一切真相都没有弄明白的时候，光绪皇帝只能是设法摆脱康有为这一系列政治阴谋的干系。所以，不管是光绪皇帝出于主动还是被动恭请慈禧太后再次出园训政，而慈禧太后的最初反应只能是痛恨光绪皇帝不争气，竟然与别人一起谋害她。只有从这个

① 苏继祖在谈到当时清廷的内部矛盾时，并不认为诸大臣与光绪皇帝有矛盾，诸大臣主要是对康有为不满，且以为康有为蒙骗、蛊惑了光绪皇帝。他说："诸大臣并非皆与皇上有嫌，皆与康有为不两立耳。所以然者，忌之、恨之、畏之。盖康之上书曾有云'缓变不如急变，小变不如全变'。又云：'变法尤需变人。'又曰：'衰老大臣精力不足以辅新政。'兼之裁冗官，许言事，用新进，凡诸臣之求富贵保身家之道，将尽行蔽塞之矣，安得不以死命争之？非禁制皇上，不能去康有为也，故谤之诅之，思求其得以禁制皇上之道，不遗余力以谋之，遂激成八月之变。训政后，此辈皆告其戚友曰：'数月来，寝不安，食不饱，今始有命焉，非我皇太后如何得了也。'"见苏继祖《清廷戊戌朝变记》，《戊戌变法》卷一，第 351 页。

角度进行理解，先前那些比较矛盾的资料才能获得比较圆满的解释。

心情原本轻松愉快的慈禧太后于 9 月 21 日返回颐和园，但当她得到审讯康广仁等人之后的报告后火速赶回宫中，据说抵达宫中的时候已在 21 日深夜或 22 日凌晨时分。①

返回宫中的慈禧太后立即在便殿召集紧急会议，庆王、端王、军机御前大臣跪于案右，光绪皇帝跪于案左，慈禧太后并设朱杖于座前，疾声厉色问皇上曰："天下者，祖宗之天下也，汝何敢任意妄为？诸臣者，皆我多年历选，留以辅汝，汝何敢任意不用？乃竟敢听信叛逆蛊惑，变乱典型。何物康有为，能胜于我选用之人？康有为之法，能胜于祖宗所立之法？汝何昏聩，不肖乃尔！"

在训斥了光绪皇帝之后，慈禧太后也没有忘记训斥诸王大臣："皇帝无知，汝等何不力谏？以为我真不管，听他亡国败家乎？我早已知他不足以承大业，不过时事多艰，不易轻举妄动，只得留心稽查管束；我虽人在颐和园，而心时时在朝中也。我惟恐有奸人蛊惑，所以常嘱汝等不可因他不肖，便不肯尽心国事；现幸我还康健，必不负汝等也。今春奕劻再四说，皇上既肯励精图治，谓我亦可省心，我因想外臣不知其详，并有不学无术之人，反以为我把持，不许他放手办事，今日可知其不行矣。他是我拥立者，他若亡国，其罪在我，我能不问乎？汝等不力诤，是汝等罪也。"

听了太后的指责，光绪皇帝战栗对曰："是固自己糊涂，洋人逼迫太急，欲保存国脉，通融试用西法，并不敢听信康有为之法也。"

太后闻言厉声怒曰："难道祖宗不如西法，鬼子反重于祖宗乎？康有为叛逆，图谋于我，汝不知乎？尚敢回护也！"

光绪皇帝早已吓得魂飞齿震，面对太后的愤怒，根本不知如何应对。

① 参见陈声暨《陈衍年谱》，《戊戌变法》卷四，第 208 页。

太后复厉声问："汝知之乎，抑同谋乎？"

光绪皇帝战栗对曰："知道。"

太后曰："既知道还不正法，反要放走？"

皇上即云："拿杀。"①

这段记载虽然有不少"小说家言"，其时间上似乎也比实际发生的时间提前了一天，但这段记载大体上反映了慈禧太后获知康有为谋围颐和园情报后的心态，由此也就容易理解此后清廷的一系列部署及善后。

9 月 23 日一大早，慈禧太后在勤政殿举行重新出园训政的正式典礼，接受光绪皇帝及百官的恭贺。典礼毕，慈禧太后复于便殿召集群臣继续质询光绪皇帝，并将所抄皇上书房中及康有为寓中奏章说帖等件，逐条审讯，以诸臣质之。内有杨锐、林旭述上意催康有为迅速出京之函，慈禧太后大怒，问皇上，皇上不敢认，推托为杨锐的意思。其实，慈禧太后此时已从荣禄那里获知袁世凯的报告，对康有为、谭嗣同的密谋已有大概了解，但她似乎还不知道此事与光绪皇帝是否真的有牵连，所以她问皇上康有为的这一计划究竟是什么意思。康有为谋围颐和园挟制皇太后的计划其实根本就没有明白告诉过光绪皇帝，因此光绪皇帝也就很难说出康计划的真实企图，只得将此计划的责任推到康有为一人头上。

康有为等人谋围颐和园挟制皇太后的计划确实震惊了慈禧太后，而且此一事件很显然不可能是康有为和几个身边的人物所能完成，而综合荣禄的报告及步军统领衙门、刑部的审讯结果，清廷最高政治层决定立即逮捕与康有为关系密切的张荫桓及杨深秀。这天上午八时左右，步军统领崇礼派遣翼尉率缇骑数人至张宅，"邀请"张荫桓到提督衙门接旨，实际上已

---

① 苏继祖：《清廷戊戌朝变记》，《戊戌变法》卷一，第 347 页。

将张荫桓软禁起来。[①]

至于杨深秀的被捕，可能因其与康有为关系过于密切，康在百日维新期间的重要奏折有相当一部分是由杨深秀呈递，而且在康有为离京出走的前夕，杨深秀曾向康有为话别，通报过相关情况。至于平时，杨深秀从不隐瞒他对慈禧太后不放权的不满，他甚至当着文悌的面声称得三千杆毛瑟枪围颐和园有余也。[②] 待慈禧太后重新垂帘听政之后，杨深秀不仅诘问光绪皇帝被废之故，请求太后迅速撤帘归政，而且计划亲自前往董福祥处，劝以忠义，俾救主上。[③] 杨深秀是一个坦诚的人，他的这些计划并不隐藏在自己胸中，究竟是哪一个渠道将他的计划泄露给清廷最高层，我们并不清楚，只是可以肯定的一点是，由于他是一个坚定的光绪皇帝的支持者，又是一个坚定的慈禧太后的反对者，甚至不惜煽动军队进行所谓勤王，甚至自诩为骆宾王第二，期待满洲八旗中有徐敬业者出来推翻慈禧太后。[④] 凡此，都导致他于 9 月 23 日与张荫桓一起成为第二批被逮捕的人物。

9 月 24 日，步军统领衙门续奉上谕：张荫桓、徐致靖、杨深秀、杨锐、林旭、谭嗣同、刘光第，均著先行革职，交步军统领衙门拿解刑部审讯。步军统领衙门当天即将张荫桓等七人拿获，稍经审讯，于第二天（9 月 25 日）一并解送刑部，分别收监。[⑤] 至此，戊戌年间以康有为谋反罪名而受牵连人员已增加至十人左右，而康有为、梁启超、王照等人则通过各种不同的渠道逃离京师，开始了流亡生涯。

军机四章京的被捕，特别是光绪皇帝最为信赖的宠臣张荫桓的下狱，

---

① 王庆保、曹景郕：《驿舍探幽录》，《戊戌变法》卷一，第 489 页。

② 《陈衍年谱》，《戊戌变法》卷四，第 208 页。

③ 《杨深秀》，《戊戌变法人物传稿》（增订本）上，第 118 页。

④ 胡思敬：《记杨深秀》，《戊戌履霜录》卷四，参见《戊戌变法》卷四，第 61 页。

⑤ 《光绪朝东华录》卷四，第 4201 页。

实际上势必追究光绪皇帝的责任。在这种情况下，光绪皇帝在事实上也已经无法正常工作，然而传统中国的政治体制是国不可一日无主，在没有确凿的证据证明光绪皇帝领导或指使康有为等人谋反弑后的情况下，慈禧太后即便权威再大，光绪皇帝的反对者势力再强，也无法从根本上动摇光绪皇帝的帝位，即无法很快找到一个能够替代光绪皇帝的皇权中心。在这种情况下，光绪皇帝既不能引咎辞职，也无法在第一线坚持工作、处理朝政，于是一个变通的办法应运而出。9 月 25 日，皇帝诏曰："朕躬自四月以来，屡有不适，调治日久，尚无大效。京外如有精通医理之人，即著内外臣工切实保荐候旨。其现在外省者，即日驰送来京，勿稍延缓。"[①]

光绪皇帝的身体不好，在当时实际上也是一个公开的秘密，至少在相当层面的大臣那里，这一点并不刻意保密。张荫桓后来在流放途中曾对此描述说，皇上病势渐成虚损，已入膏肓，服药无效，惟贴庆邸所进膏药稍可，庆邸已将呈进情节奏知太后。[②] 显然在相当层面光绪皇帝的病情并不太保密，不过在这急剧的政治变化敏感关头，光绪皇帝公开声称自己自四月以来实际上就是自新政开始以来屡有不适，调治日久，尚无大效，其政治方面的含义显然也大于真实的病情。因此皇帝的这道谕旨自然引起各方面的猜测，一个比较一致的看法可能是慈禧太后有意于废黜光绪皇帝，另立新的皇帝。

9 月 26 日，清廷发布上谕称：所有官犯徐致靖、杨深秀、杨锐、林旭、谭嗣同、刘光第并康有为之弟康广仁，著派军机大臣会同刑部、都察院严行审讯。其张荫桓虽经有人参奏，劣迹昭著，惟尚非康有为之党，著刑部暂行看管，听候谕旨。至康有为结党营私，情罪重大，业将附和该犯

① 《光绪朝东华录》卷四，第 4202 页。

② 王庆保、曹景郕：《驿舍探幽录》，《戊戌变法》卷一，第 504 页。

之徐致靖等交部刑讯。此外官绅中被其诱惑之人，朝廷政存宽大，概不深究株连，以示明慎用刑至意。[①] 清政府公布的这一政策底线为后来处理康案及善后提供了方便。清廷还宣布，先前的改革暂且停止，不论是机构改革，还是政策调整，一律回到改革前，也就是回到光绪帝宣布《明定国是诏》的 1898 年 6 月 11 日前。

一场轰轰烈烈的变革至此戛然而止。

① 《光绪朝东华录》卷四，第 4203 页。

第二章

康有为七上皇帝书：背景与志趣

梁启超在《戊戌政变记》开篇即说："孟子曰入则无法家拂士，出则无敌国外患者，国恒亡。信哉言乎？吾国四千年大梦之唤醒，实自甲午战败割台湾，偿二百兆以后始也。我皇上赫然发愤，排众议，冒疑难，以实行变法自强之策，实自失胶州、旅顺、大连湾、威海卫以后始也。自光绪十四年（1888），康有为以布衣伏阙上书，极陈外国相逼，中国危险之状，并发俄人蚕食东方之阴谋，称道日本变法致强之故事，请釐革积弊，修明内政，取法泰西，实行改革。当时举京师之人，咸以康为病狂。大臣阻格，不为代达，康乃归广东开塾讲学，以实学教授弟子。及乙未（1895）之役，复至京师，将有所陈，适和议甫就，乃上万言书，力陈变法之不可缓，谓宜乘和议既定，国耻方新之时，下哀痛之诏，作士民之气，则转败为功，重建国基，亦自易易。书中言改革之条理甚详。既上，皇上嘉许，命阁臣抄录副本三份，以一份呈西后；以一份留乾清宫南窗，以备己览；以一份发各省督抚会议。康有为之初乘宸眷，实自此始，时光绪二十一年（1895）四月也。"[①] 梁启超这段述说，有正有误，为后来一百多年戊戌叙事奠定了一个基础。不管我们是否承认康有为在戊戌故事中具有决定性的

① 梁启超：《戊戌政变记》，《饮冰室合集》专集之一，第1页。

意义，康有为担负着很重要的历史角色，戊戌政治之所以发生，确实都与康有为，尤其是他那些上书有着重要的因果关联。

第一节　上清帝第一书：何来维新

据康有为自编年谱，光绪十四年（1888），张鼎华“频招游京师，是年乡试，五月遂决行。是时学有所得，超然物表，而游于人中，倜傥自喜”。康有为在京师，除了与各方面旧友新知往来外，“八月谒明陵，单骑出居庸关，登万里长城，出八达岭，一日而还，游汤山乃归，得诗数十章。九月游西山”[①]。由此可见康有为的心情不错，借着如此情绪，康有为在北京做了一件惊天动地的大事情，并从此开始他的政治生涯。

当康有为正在北京的时候，光绪十四年六月十九日（1888 年 7 月 27 日），慈禧太后发布懿旨，宣布“两年以来，皇帝几于典学，益臻精进，于军国大小事务，均能随时剖决措置合宜。深宫甚以为欣慰。明年正月大婚礼成，应即亲裁大政，以慰天下臣民之望。著钦天监于明年二月内敬谨选择归政吉期具奏”[②]。按照这个指示进行，清帝国一个全新时代即将开始。

慈禧太后的宣布引起各方面的高度关注，正在北京的康有为也就乘着这个机会给即将亲裁大政的光绪帝写了一份上书，提出一些建议。康有为后来追述自己写这份上书的想法时说：“九月游西山。时讲求中外事已久，登高极望，辄有山河人民之感。计自马江败后，国势日蹙，中国发愤，只有此数年闲暇，及时变法，犹可支持，过此不治，后欲为之，外患日逼，

① 《康南海自编年谱》，第 18 页。

② 《清实录·德宗实录》卷二五六，第 446 页。

势无及矣。时公卿中潘文勤公（祖荫）、常熟翁师傅（同龢）、徐桐有时名，以书陈大计而责之，京师哗然。值祖陵山崩千余丈，乃发愤上书万言，极言时危，请及时变法，黄仲弢编修（绍箕）、沈子培刑部（曾植）、屠梅君侍御（仁守）实左右其事。自黎纯斋后，无以诸生上书者，当时大恶洋务，更未有请变法之人。吾以至微贱，首昌此论，朝士大攻之。”[①]

康有为上清帝第一书撰于光绪十四年十一月初八日（1888 年 12 月 10 日），确实是自同治元年（1862）黎纯斋上书言事后，数十年无布衣诸生上书言事之后的壮举，咸骇为非常之举，京师哗然，可想而知。康有为此书主旨是鉴于中法战争之后，南部边陲尽失，洋务新政已经露出破产的迹象，康有为以平民身份上书言政，呼吁改革，请求变法。就时序而言，康有为这份上书，确实是戊戌时代渐进改良主义者第一次上书言事，提出变法建议。“戊子十月，祖陵奇变。十一月，南海先生上书，极言外夷之交迫，变法之宜亟。初呈国子监，管监事者常熟翁尚书暨盛伯熙祭酒欲以上闻。因书中有‘谗言中于左右’数语，时张幼樵副宪得罪罢官，朝廷不喜新进之士，虑以斯言，上触盛怒，若问谗言为谁，何由得知，恐获重罪，故不为代递，意在保全也。移至都察院，亦不纳，遂罢其事。”[②] 以为各衙门之所以不敢接纳代转康有为这份上书，主要是因为这份文件中的言辞太过于激烈。这个说法当然有道理，但又不尽然。

在这份上书中，康有为借鉴传统中国最老套的手法，以“祖陵奇变”为由，请求朝廷下诏罪己，及时图治。康有为看到了中国面临的属国危机，“窃见方今外夷交迫，自琉球灭，安南失，缅甸亡，羽翼尽翦，将及

---

① 《康南海自编年谱》，第 18 页。

② 徐勤：《南海先生四上书杂记》，夏晓红编：《追忆康有为》，三联书店 2009 年版，第 292 页。

腹心。比者日谋高丽，而伺吉林于东；英启藏卫，而窥川滇于西；俄筑铁路于北，而迫盛京；法煽乱民于南，以取滇粤；教民会党遍江楚河陇间，将乱于内”。在康有为眼里，内外形势显然都不容乐观。至于经济社会，康有为所见也是一塌糊涂：“臣到京师来，见兵弱财穷，节颓俗败，纲纪散乱，人情偷惰，上兴土木之功，下习宴游之乐，晏安欢愉，若贺太平。顷河决久不塞，兖豫之民，荡析愁苦，沿江淮间，地多苦旱，广东大水，京师大风，拔木百余，甚至地震山倾，皆未有之灾也。”① 这是康有为的看法，我们当然承认这些描述都是事实，或为康有为亲见，或为康有为耳闻。但是，如果放到大历史背景看，康有为这些描述，只是大时代的一个方面，并不足以给那个时代如此定论。这大概是康有为这份上书不受待见的根本原因。

清帝国在那之前若干年，确实面临一系列困难，南部边陲各个属国相继离去。这肯定不是清帝国愿意看到的结果，但是如果从大历史看，属国解体，主要原因是中国式的属国体制遇到了真正的近代殖民主义的挑战，中国既然无法回应近代殖民主义的挑战，唯一可以做的就是听任属国转身离开。一来各属国独自回应西方是它们本来就具有的权利，明清两代建构的属国体制均大致遵循了属国自主的原则；二来对清帝国来说，属国相继离开也未尝只是坏事。翰林院学士周德润在光绪七年（1881）就明确意识到：“臣闻天子守在四夷，此诚虑远忧深之计。古来敌国外患，伏之甚微，而蓄之甚早。不守四夷而守边境，则已无及矣；不守边境而守腹地，则更无及矣。我朝幅员广辟，龙沙雁海尽列藩封。以琉球守东南，以高丽守东北，以蒙古守西北，以越南守西南：非所谓山河带砺，与国同休戚者哉？”针对周德润的这段话，蒋廷黻指出，“换句话说，在历史上属国是我们的

① 康有为：“上清帝第一书”，《康有为政论集》上，第52页。

国防外线，是代我守门户的。在古代，这种言论有相当的道理；到了近代，局势就大不同了。英国在道光年间直攻了广东、福建、浙江、江苏，英法联军直打进了北京，所谓国防外线简直没有用处。倘使在这种时代我们还要保存外线，我们也应该变更方案。我们应该协助这些弱小国家独立，因为独立的高丽、琉球、缅甸绝不能侵略我们。所怕的不是他们独立，是怕他们做帝国主义者的傀儡"[1]。清帝国当然也没有像蒋廷黻所设想的那样去帮助这些属国建立独立的近代国家，但是由此反过来看，清帝国对于属国转身而去，可能并没有康有为那样的悲伤、不舍。

至于康有为描述的贫困、饥馑，这是古代中国的普遍现象，并不是康有为所见的突然发生的惨剧。我们知道，康有为写这份上清帝第一书时，正是同光中兴的关键年份。这一年，慈禧太后之所以愿意退位，是因为经过二十多年的发展，清帝国已经摆脱了两次鸦片战争、中法战争、太平天国运动带来的困扰，洋务新政已经取得了突破性的成绩，最具标志性的就是这一年北洋海军成军。这是中国历史上的一件大事，北洋海军是中国历史上第一支现代化的海军，其规模一度被誉为亚洲第一、世界第八。后来人可以说这些不过是形象工程，不堪一击，但在当时确实让清帝国主政者信心满满，并没有康有为式的忧患意识，更不存在康有为式的改革可能。由此也就不难理解康有为上清帝第一书为什么泥牛入海无消息。

康有为和他的追随者在后来讨论上清帝第一书时，都格外强调这是自同治元年（1862）黎纯斋以平民身份上书之后第一次突破，也是康有为在北京参加科举考试时顺便为之。黎纯斋，即黎庶昌，他以平民身份上书言事并获得重用，应该是康有为此次上书言事的直接动因，甚至是亦步亦趋地模仿。

---

① 蒋廷黻：《中国近代史》（外三种），岳麓书社 1986 年版，第 64 页。

黎庶昌后来是著名的文学家、外交家，但说起来他在科举路上并不顺利。在他六岁时，乃父卒于开州训导任上。黎庶昌尽管天资聪明，也很勤奋，他的伯父、兄长也很负责，严厉敦促，博览群书，学乃大成，但在考场每每掉链子，辛酉、壬戌两试不第，困寓京师，回乡无望，报国无门。这点也与康有为光绪十四年（1888）的处境极为相似。

机遇总是留给那些有准备的人。同治元年（1862）七月，星变。从今天的眼光看，只是一个自然异象，但在那时的统治者却像董仲舒当年所设计的那样，借助这些异常的天象调整政策，以星变下诏求直言。这对其他官运亨通的人或许不算什么，但对困居京师的黎庶昌来说无疑是一个机会。黎庶昌"昧死"拟就时务一书，并派家人送至都察院，求恳代奏。黎庶昌的文字太感人了，他的运气也太好了，不久，"奉内阁上谕：著都察院将黎庶昌传至该衙门，令其将应陈事件，条分缕析，详细具呈，仍由该院代奏"[①]。接着，黎庶昌又上清帝第二书。

在这两篇上书中，黎庶昌主要针对时弊，提出"重守令之权，讲取士之法，宽用贤之格，宏听言之路，除冗官之害，罢开捐之途，去满汉之闲，破律例之习，复钞币之法，修兵政之坏"等建议，这些建议引起朝野震惊，全国习诵。当朝大臣李棠阶等名儒竭力推崇，建议朝廷破格擢用，风示天下。朝廷接受了这些建议，加恩以廪贡生授知县，交曾国藩差序。黎庶昌因此疏正式踏入仕途，相继在曾国藩、郭嵩焘手下做了许多有益的事情。

黎庶昌的经历、奇迹是康有为的模板，康有为不仅在形式上模仿了黎庶昌，即便在思路上、在文字上也以黎庶昌的两份奏折为原本，正如研究者所指出的那样，"其中关于科考罢去八比、小楷、试帖，会试后附试绝

① 转引自田玉隆《评黎庶昌"论世务"疏》，《贵州大学学报》1994年第一期。

学，殿试改试策问并许悉意敷陈时政，饬外大臣举贤良，允许其人经商等建议中的基本思想，三十余年后，在康有为的部分维新建议，乃至光绪皇帝戊戌新政的一些内容中，均可找到其影响”①。

康有为对属国体制危机形势的分析自有其逻辑，但由此而提出的几点所谓改革建议则犹如龚自珍、黎庶昌当年那样，“药方只贩古时丹”，康有为开列的所谓变革措施，诸如变成法，通下情，慎左右三点建议②，其实就是贾谊以来中国读书人最常说的“政治正确”，并不涉及时代主题。

时代主题还不是变法、维新，所以康有为耸人听闻的危机言辞尽管激起各方面强烈反应，但事实上很难获得认同。“十月，递与祭酒盛伯义先生（昱），祭酒素亢直，许上之。时翁常熟管监，以文中有言及马江败后，不复登用人才，以为人才各有所宜，能言治者，未必知兵。若归咎于朝廷之用人失宜者，时张佩纶获罪，无人敢言，常熟恐以此获罪，保护之不敢上。时适冬至，翁与许应骙、李文田，同侍祠天坛，许李交攻，故翁不敢上。时乡人许、李，皆位侍郎，怪吾不谒彼。吾谓彼若以吾为贤也，则彼可来先我。我布衣也，到京师不拜客者多矣，何独怪我，卒不谒，故见恨甚至也。国子监既不得达，盛祭酒持吾文见都御史祁文恪公（世长），文恪公极称其忠义，许代上，约以十一月初八日到都察院递之，御史屠梅君派人候焉。吾居米市胡同南海馆，出口即菜也，既衣冠将出，仆人谭柏来告，菜市口方杀人，车不能行，心为之动。私念吾上书而遇杀人，兆大不吉，家有老母，岂可遂死。继而思吾既为救天下矣，生死有命，岂可中道畏缩，慷慨登车，从南绕道行，出及门，屠御史遣人来告，云祁公车患鼻

---

① 参见刘毅翔《贵州开眼看世界的第一人——黎庶昌》，《贵州社会科学》1992年第九期。

② 康有为：“上清帝第一书”，《康有为政论集》上，第61页。

血，眩晕而归，须改期，遂还车。祁公以病请假，候之，而津海已冰不能归，遂留京师。祁公继续请假，至正月，屠梅君以言事革职，永不叙用。归政大婚，典礼重叠，吉祥止止，非痛苦流涕之时，朝士久未闻此事，皆大哗，乡人至有创论欲相逐者。沈子培劝勿言国事，宜以金石陶遣，时徙居馆之汗漫房，老树蔽天，日以读碑为事，尽观京师藏家之金石凡数千种，自光绪十三年以前者，略尽睹矣，拟著一金石书，以人多为之者，乃续包慎伯为《广艺舟双楫》焉。”①

康有为上清帝第一书无疾而终，过去很多年都据康有为自述，将这一结果看作是康有为的失败，也看作是清廷不通下情的弊政。其实，按照清廷体制，康有为原本就没有资格上皇帝书，他的这份上书递不上去，除了内容平淡无奇，也有体制方面因素，但无论如何不能说失败，因为这份上书并不具有必然成功的逻辑。康有为只是传统社会心怀侥幸的士子寄希望于万一，属于有枣没枣打三杆子。

当然，实事求是说，康有为从这次上书未果事件中也获得了巨大利益，首先是极大扩展了他的活动空间，朝野内外知道他的人越来越多，即便是帝师翁同龢不便不愿代转他的奏折，但依然在自己的日记中留下了这件事情的记录，说明自己主要是因为康有为的这份上书“语太讦直，无益只生衅耳，有害无益，因而无法代递”②。就此而言，至少，翁同龢牢牢记住了这个广东考生康有为。这就是康有为的“存在感”。

上书事件后，康有为并没有急于离开北京，他又在京师待了一段时间，至光绪十五年（1889）九月出京。

离开京师时，康有为有一首诗记录了自己的心情：

---

① 《康南海自编年谱》，第 20 页。

② 《翁同龢日记》卷四，第 2235 页。

眼中战果成争鹿，海内人才孰卧龙？

抚剑长号归去也，千山万水啸青锋。①

康有为很自负地将自己比喻为卧龙先生诸葛亮。他虽然不得已抚剑长号归去，但似乎有再回京师一展宏图的信心。

一路无话，康有为冒雨游西湖，自杭州至苏州，再游虎丘、狮子林诸名胜，破长江，登石钟山，抚曾彭之余风，左江右湖，其乐无有。入九江，游庐山，谒朱子白鹿洞，望鄱阳湖。四月溯江上游武昌，登黄鹤楼、晴晖阁，游汉阳城，至十二月返粤。此后数年，康有为大致上在老家读书讲学，与弟子共学，安心备考，争取下一次鲤鱼跳龙门，金榜题名。所以，一定要说康有为在那几年去建构什么变法维新理论体系，其实都是康有为后来“倒放电影”讲的故事，并不是他的预设，更不是规划。

实事求是考察康有为那几年的活动，很难说他已有了一种政治变革的自觉，不是他没有这个能力，而是那时的中国正处在蒸蒸日上的同光新政鼎盛期，即便真具有危机、忧患意识的郑观应也不能不承认这是一个“盛世”，只是居安思危，盛世中要想到问题，想到不足，要有一种危机意识，敢于发声，敢于讲出那些不祥的未来（危言），而郑观应的这些思考，其基本路数还是中国传统知识人的忧患意识，并不是现实真的到了无法继续的地步。兵部尚书彭玉麟称《盛世危言》为“时务切要之言”，头品顶戴江苏布政司布政使邓华熙光绪二十一年（1895）三月二十六日郑重其事向皇上推荐，以为《盛世危言》“于中西利弊透辟无遗，皆可施诸实事”②。

很显然，光绪十五年（1889）的康有为还不可能具有这样的认识。康

① 康有为：《出都留别诸公》，《康有为政论集》上，第 73 页。《清议报》第 16 册发表时“千山万水啸青锋”一句作“千山云雨护青锋”。

② 郑观应：《头品顶戴江苏布政司布政使臣邓华熙跪奏》，氏著：《郑观应集》上，上海人民出版社 1982 年版，第 226 页。

有为回到广州，继续自己原来的生活。不过，没有多久，康有为的生活因为其他原因而改变。据其回忆，光绪十六年（1890），三十三岁，“春，居徽州会馆，有池石之胜，继而移家羊城之云衢书屋，先曾祖之老屋也。三月，陈千秋来见，六月来及吾门。八月梁启超来学。陈通甫又字礼吉，时读书甚多，能考据，以客礼来见，凡三与论诗礼，泛及诸经，吾乃告之以孔子改制之意，仁道合群之原，破弃考据旧学之无用，礼吉恍然悟，首来受学。语及身世家难，哀感涕下，因以生死之理告知。礼吉超然，蹈道自在矣。凡论今古天下奇伟之说，诸经真伪之故，闻则信而证之。继而告以尧舜三代之文明，皆孔子所托，闻则信而证之。继而告以人生马，马生人，人自猿猴变出，则信而证之。乃告以诸天之界，诸星之界，大地之界，人身之界，血轮之界，各有国土、人民、物类、政教、礼乐、文章，则信而证之。又告以大地界中三世，后此大同之世，复有三统，则信而证之。天才亮特，闻一知二，志宏而思深，气刚而力毅，学者之所未见也。是岁既与世绝，专意著述，著《婆罗门教考》《王制义证》《毛诗伪证》《周礼伪证》《说文伪证》《尔雅伪证》”[①]。此时的康有为虽有救世情怀，但大体而言，依然是一个读书穷理的知识人，只是他对儒家经典的解读别有一番心得而已。

第二节　上清帝第二书：公车，拒和、迁都、变法

光绪二十一年（1895）二月十二日，康有为因参加乙未科会试，在梁启超、梁小山二人陪同下，离开广州前往北京，途经上海，大约二十三日

① 《康南海自编年谱》，第22页。

抵达天津，稍后进京，入住东华门外烧酒胡同金顶庙。[1]

康有为此行主要任务是考试，但是此时的中国正处在生死攸关的战争状态。中日之间甲午年发生的一场局部冲突让大清帝国狼狈不堪，威信扫地。朝鲜战场一溃千里，望风披靡；黄海大东沟北洋海军与日本海军不期而遇，五个小时，互有胜负。但在后续安排中，北洋海军不再出海约战，甚至不再迎战，但是日本不仅派遣大军在山东、辽东登陆作战，直逼北京，而且派遣海军登陆山东半岛，团团包围北洋海军大本营，北洋海军在增援无望、困守不能继续的情况下，主要将领无畏自杀，壮烈殉国，剩余部分缴械投降。中方在战前的乐观、胜算，不可一世，荡然无存，政治精英、知识精英，突然陷入不可名状的困惑中。接着打持久战，中国确实未必败给日本，就像半个世纪之后的抗日战争，中国不也是迅速败退，大半国土沦丧，大半国民沦为俘虏，沦为人质了吗？但是，蒋介石尽管可以逃往大后方，可以躲在峨眉山不再下山，不再迎战，更不会反攻。但是他始终不投降，始终等待机会，苦撑待变，等待国际格局的调整，因而迎来了争取历史性胜利的机会。

而这一次，1894 年，甲午年的这一次中日冲突，慈禧太后、光绪帝、恭亲王，以及李鸿章等高层决策者就没有这样想，他们思考的重点是，既然打不过日本人，那么就应该及早止损，最大限度减少损失，最大程度维持清帝国的体面。基于这种考量，清帝国最高决策层一而再再而三派遣使节向日本求和，希望用谈判手段解决中日分歧。当然，清廷并没有使用“求和”这样的字眼，而是使用了“讲和”。这样，就显得并非清帝国不敢战，并非要投降，而是为了止损，为了最大限度维护帝国利益。于是，清帝国一品大员李鸿章在德璀琳，以及张荫桓、邵友濂两拨东渡无果后第三

① 茅海建：《从甲午到戊戌：康有为〈我史〉鉴注》，三联书店 2009 年版，第 62 页。

次东渡，历经艰辛，甚至生死考验，终于在李鸿章被日本浪人打了一枪之后，光绪二十一年三月初五日（1895 年 3 月 30 日），李鸿章在病榻上与日本首相伊藤博文商讨《停战协定》六款，为中国赢得一点缓口气的时间。第二天，日方如约提交中日讲和条约的底稿，要求中方在三四天内作出是否全部同意或就部分条款提出修改意见的答复。其条款主要内容有：朝鲜完全自主；中国将辽东、台湾、澎湖割让于日本；中国赔款三万万两（库平银）；中国增开顺天府、沙市、湘潭、重庆、梧州、苏州、杭州为通商口岸并减免子口税等。[①]

对于这些条款，李鸿章读后极为震惊，迅即与美籍顾问科士达商量对策。科士达也认为日本的条件太过分了，中国不能答应。“科士达拟请总署密告英俄法三公使，现日本已将和局条款出示，其最要者：一、朝鲜自主；二、奉天南面各地、台湾澎湖各岛尽让于日本；三、赔兵费库平银三百兆两。查日本所索兵费过奢，无论中国万不能从。纵使一时勉行应允，必至公私交困，所有拟办善后事宜，势必无力筹办。且奉天为满洲腹地，中国亦不能让。日本如不将拟索兵费大加删减，并将拟索奉天南边各地一律删去，和局必不能成，两国惟有苦战到底。”李鸿章显然高度认同科士达的分析，他不仅将科士达的这些意见电报总署，而且叮嘱总署将“以上情节，并祈详密告知三国公使。至日本所拟通商新约详细节目，一时务乞勿庸告知各国，恐见其有利可沾，彼将协而谋我”[②]。

这些信息、分析传至北京，引起各方面高度关注。初十日，光绪帝召见恭亲王等，讨论日本人的条款该如何应对。据翁同龢记录，光绪帝“意

① 李鸿章：《寄译署》（光绪二十一年三月初七日酉刻自马关），顾廷龙、戴逸主编：《李鸿章全集》册二十六，安徽教育出版社 2007 年版，第 90 页。

② 李鸿章：《寄译署》（光绪二十一年三月初七日酉刻自马关），《李鸿章全集》册二十六，第 90 页。

总在速成”，希望中日谈判尽早结束，恭亲王、庆亲王的意思似乎与光绪帝相似，唯翁同龢“力陈台不可弃，与二邸语不洽。退而拟电，又删去秉笔之稿十余行，巳正退。小憩一刻遂行，偕庆礼二王及诸公同诣恭邸处，以今日电旨与商。邸欲廷议，而持之不坚。孙公力争，并言战字不能再提。邸疾甚，唯唯，执其手曰是，遂出”①。孙公，即孙毓汶，时任军机大臣、兵部尚书，被梁济誉为真正懂得世界大势，真的懂得战争，知兵，是真爱国，有真知卓见。梁济指出，“余乙酉中举后莱丈（孙毓汶）方柄政，声势烜赫，余不敢谒之。甲午、乙未攻击者极多，竟有欲杀之心。其实皆由争权者嫉忌，嗾使无耻文人交章弹劾，以逞其门户之私耳。丈当国十年岂可无议之处？然其见事明快，听信合肥，能知敌情，不轻主战，比较同朝诸老，如徐荫轩之愚蒙，李高阳之沽誉，翁常熟之轻信人言，号称忠义，而实懵于国情，致误大局者，相去天渊”②。

或许因为孙毓汶这样的人坚持，或许因为孙毓汶、李鸿章内外配合，从而使清廷最高层没有听信翁同龢等人的意见，而大致认同李鸿章在谈判一线的感觉、决定，而翁同龢反而成了无足轻重的少数。三月十二日，在一大早的御前会议上，翁同龢痛心疾首，“力言台不可弃，气已激昂，适封事中也有以此为言者，余以为是，同官不谓然也，因而大龃龉。既而力争于上前，余言恐从此失天下人心。彼则谓陪都重地，密迩京师，孰重孰轻，何待再计，盖老谋深算，蟠伏于合肥衔命之时久矣。见起三刻，书房一刻，不觉流涕。再到直房，将稿删改数十百字，然已落彀中矣。余之不敏不明，真可愧死。同诸公散直径访恭王府，以稿呈阅，王亦无所可否，

① 《翁同龢日记》卷五，2772 页。

② 梁漱溟：《桂林梁先生遗书》，氏著：《梁漱溟全集》卷一，山东人民出版社 1989 年版，第 571 页。

似已入两邸之言，嫌余讦直也”[①]。尴尬的少数让翁同龢心里极不舒服，一心为了朝廷，为了大清，好像弄得他最不通时务，最不了解世界，最不了解国情。

朝廷内部的不同意见，不可能不向外界透露，特别是朝廷内部各派政治势力具有不同的倾向，就像翁同龢所意识到的那样，甚至李鸿章与孙毓汶在李鸿章受命出使的时候就已达成合作的意向。因此之故，中日谈判的细节即便没有及时公开，但谈判的大致思路，日本的大致条件，中国应对策略，并不难被正在北京的各省举人获知。尽管他们此时的使命、职责，甚至唯一任务是考试，是鲤鱼跳龙门，但是这些年轻的读书人，不可能对这样的大事充耳不闻，视而不见。据康有为回忆，“命大学士李鸿章求和，议定割辽、台，并偿款二万万两。三月二十一日，电到京。吾先知消息，即令卓如鼓动各省，并先鼓动粤中公车，上折拒和议，湖南人和之，于二十八日粤楚同递。粤士八十余人，楚则全省矣。与卓如分托朝士鼓动，各直省莫不发愤，连日并递章都察院，衣冠塞途，围其长官之车。台湾举人垂涕而请命，莫不哀之”[②]。这就是近代史上著名的“公车上书”。

其实，面对日本的强势、跋扈，此时上书言事，建议拒和的“公车上书”并不只有康有为主导的这一次，只是因为康有为后来太有名气了，且不断言说，好像此时只有他在上书言事，建议拒和。这显然不准确。据记载，“中日和约十一款，全权大臣既画押，电至京师，举国哗然，内之郎曹，外之疆吏，咸有争论，而声势最盛言论最激者，莫如公车上书一事。初则广东举人梁启超联名百余，湖南举人任锡纯、文俊铎、谭绍裳各联名数十，首诣都察院，呈请代奏。既而福建、四川、江西、贵州诸省继之。

① 《翁同龢日记》卷五，第 2792 页。

② 《康南海自编年谱》，第 30 页。

又既而直隶、山东、山西、河南、云南诸省继之。盖自三月二十八日、三十日，四月初二、初四、初六等日（都察院双日堂期）察院门外车马阗盈，冠袵杂遝，言论滂积者，殆无虚晷焉”①。

此时，参与公车上书的确实不少。据茅海建先生考订，“查军机处相关档册，此时入京会试的公车有着大规模的上书活动：四月初六日，都察院代奏7件；四月初七日，都察院代奏5件；四月初八日，都察院代奏9件；四月初九日，督办军务处代奏1件，都察院代奏8件；四月十一日，都察院代奏5件；四月十五日，都察院代奏2件。以上所各省公车单独或联名上书为31次，加入人数为1555人次；公车参加官员领衔的上书为7次，加入人数为135人次。除此之外，从二月二十七日至四月二十一日，在两个多月的日子里，官员们的电奏、上奏及代奏的上书达123次，加入的人数829人次。官员是拒和上奏的主体”②。

人心趋同，反对清廷在没有殊死抵抗就接受日本苛刻的讲和条件，就割让台湾、澎湖与辽东，这些反对的声音应该远超康有为、梁启超等人很小的粤省公车的范围，只是基于见闻、信息，康有为并不太知道别人的情形，更不知道整体情形，而又看到清廷面对他们的上书之后引起的变化，因而难免自觉不自觉夸大粤省公车上书的影响力。这是人之常情，不必从道德层面过多分析，毕竟康有为不是在写戊戌政治史，他只是在描写自己经历或知道的事情，抬举了自己，并无恶意对别人。

从后来所知道的历史事实看，初十日，也就是光绪帝召集御前会议讨论日本提交的议和条件那一天，直隶总督兼北洋大臣王文韶就通过袁世凯获知大概情形，他虽然对日本政府向中国提出的苛刻条件感到愤怒，但也

① “沪上哀时老人未还氏”：《公车上书记序》，《戊戌变法》卷二，第154页。

② 《从甲午到戊戌：康有为〈我史〉鉴注》，第68页。

深知中国如果拒绝日本的条件可能会出现的问题。中国实际上陷入两难境地："蔚庭电来述议款大致，不允则目前无以自强，允之则日后何以自立，忧愤交萦，殆难言状。"① 中国既不能接受日本的要挟，也不能拒绝日本的要挟。

声势浩大的请愿活动极大激励了康有为，"时以士气可用，乃合十八省举人于松筠庵会议，与名者千二百余人，以一昼二夜草万言书，请拒和、迁都、变法三者。卓如、孺博书之，并日缮写（京师无点石者，无自传观，否则尚不止一千二百人也），遍传都下，士气愤涌，联轨察院前里许，至四月八日投递，则察院以既已用宝，无法挽回，却不收"②。康有为起草的这份文件，就是著名的上清帝第二书。③

上清帝第二书并没有送到政治高层，但并不是康有为这里说的"察院以既已用宝，无法挽回，却不收"，而是康有为他们根本就没有将这份文件送出："康有为在各省公车上书的热潮中，组织了联省公车上书，并在四月初七日、初八日、初九日假松筠庵进行会议，各省公车陆续到来传观。由于四月初八日光绪帝已批准条约，初九日已来人甚少，联省公车上书的行动自然中止。都察院没有拒收上书，而是康有为根本没有去投。"④

公车上书没有影响实际政治的运转，仅具有思想史的意义，但这份上书确实又是康有为政治思想最集中的展示，对于之后几年中国政治发展，还是或多或少起到了某种作用。而且由于这份上书并没有送出，更没有政

---

① 袁英光、胡逢祥整理：《王文韶日记》，中华书局1989年版，第880页。

② 《康南海自编年谱》，第30页。

③ 至此可知，近代史上的所谓"公车上书"包含两层意思：第一，从广义上说，大致指二月二十七日至四月二十一日差不多两个多月里，官员们的电奏、上奏及代奏一百多次，参与者数百人。第二，是比较狭义的理解，则专指康有为的上清帝第二书。

④ 《从甲午到戊戌：康有为〈我史〉鉴注》，第75页。

治高层看到，因而其主要内容，或者说基本思路，又被康有为写进后来的上清帝第三书，题为《为安危大计乞及时变法呈》。

在上清帝第二书中，康有为力言当时战守之方，他日自强之道，竭力反对割让台湾，忧心台湾一割，天下离心，士民涣散，西方列强必将效法日本之所为，接踵而来，瓜分中国。中国必将在列强的瓜分下土崩瓦解。所以，康有为在这份请愿书中警告清廷：割地之事小，亡国之事大。一旦开了割地的先例，清帝国就更没有能力阻止西方列强的瓜分，清廷若是一一答应了它们，那就等于："自啖其肉，手足腹心，应时殆尽，仅存元首，岂能生存？且行省已尽，何以为都畿也?"①

清帝国已处于危难之中，那么有什么办法可以使清帝国摆脱困境，重塑辉煌呢？为此，康有为在这份请愿书中提出四点方案：

一、下诏鼓天下之气

康有为在方案中建议光绪帝速下三诏，一是仿历代先例，下诏罪已，激励天下，共雪国耻；二是下明罚之诏，严厉惩办那些主和辱国、割地赔款的大臣，严厉追究那些战阵不力、丧师失地的将帅，以及那些调度非人、守御无备疆吏，以期刷新朝政，一新士气；三是下求才之诏，破格提拔那些有作为、有能力、有胆有识、有谋有略的将帅和封疆大吏，甚至还可以采用一些非常手段，延聘山林隐逸、举贡生监、佐贰杂职，以便使天下之士既怀国耻，又感知遇之恩，为国出力，报效国家。

二、迁都定天下之本

迁都的想法是当时朝野均为关注的问题，尤其是《马关条约》同意日本占领辽东半岛之后，京师的屏障已不复存在，实际上处在危险的境地。

---

① 康有为："上清帝第二书"，康有为撰，姜义华、张荣华编校：《康有为全集》卷二，中国人民大学出版社2007年版，第32页。

迁都之事，非同寻常，不到万不得已，实在是很难痛下决心。在清廷内部，当战局紧张的时刻，也曾提到过“西狩”的方案，就是将首都暂时转移到西安，待时局稳定之后再迁回北京。这个方案在朝野都有人支持，翁同龢、李鸿藻等，“皆主西行”[①]；不过，也有人认为，“西狩不如南巡”[②]；但是，不管怎么说，迁都是再战的前提条件：“今日之事，惟迁都则可毁约，苟恋京师，智者不能谋也”；“窃念和议之发，特以京师受逼而已。不知欲全京师而弃辽东，则奉省先被其害，国家根本似以奉天为尤重，陵寝所在岂不更重于都邑乎？今即与决战，亦未必遽失京师，而容忍求和，使彼立足既牢，京师及东三省必相继受逼而不能守。他日之弃乃真弃也。”[③]

京师危机是近代中国对外战争中不时出现的难题，两次鸦片战争，后来的庚子之役，乃至二十世纪中期的中日战争，不论北京，还是南京，首都总是每每成为束缚中国政府的因素。这里的原因究竟何在？很值得讨论。二十世纪四十年代中晚期知识界的讨论对此有详尽的分析。

京师危机是清帝国马关议和被动的根源之一，所以康有为在其上书中，列举最近五十年来列强动辄出兵进攻京师，索巨款、开商埠、割领土，佯攻首都以索边省的事实，说明中国之所以在历次外交冲突与交涉中屡屡被动，最根本的原因之一就是京师距海太近。他批评过去五十年割天下万里之地，弃千万之民，以保区区一都城的政策是至愚至狂，以后事料之，列强知中国不肯迁都为政策底线，必借此对中国进行要挟。所以，中国如欲改变被动的局面，必须痛下决心将京师迁往内地。否则，智者无所骋其谋，勇者无所竭其力，必将坐困区区京城，受列强的胁迫，将边省割

① 郑孝胥著，中国历史博物馆编，劳祖德整理：《郑孝胥日记》卷一，中华书局1993年版，第487页。

② 《郑孝胥日记》卷一，第485页。

③ 《郑孝胥日记》卷一，第486页。

尽而后已。反之，如果将京师迅速迁往西安，深藏首都于中华腹地，即便列强攻占天津、塘沽，即便沿海地区糜烂，即便攻占北京，但朝廷深固，不为震慑，犹可聚兵与来犯者决一死战。因此，康有为相信迁都是目前中国缓解危机的唯一办法。

三、练兵强天下之势

中国在甲午战争中失败的原因比较复杂，但将衰、兵弱、器窳则是不争的事实。鉴于这种事实，康有为建议选将之道贵新不贵陈，用贱不用贵。中国军队的那些老将们基于自己过去的经验，不思进取，不思改革。中国如欲在未来的战争中战而胜之，就必须不拘资格选拔将才，用这些新的将领替换那些已经明显落伍的旧将领，然后再由这些新将领各自训练新兵若干，以应付未来可能遇到的外患。与此同时，鉴于列强讲究枪炮，制作日新的现实，康有为建议，为了建设强大的军队，必须注意向西方先进国家购买新式武器，这样就可以做到器械精锐，有恃无恐，稳操胜券。

四、变法成天下之治

下诏鼓天下之气、迁都定天下之本、练兵强天下之势三策，在康有为看来都是权宜应敌之谋，而非立国自强之策。真正的立国自强之策，康有为认为，就是变天下之成法。

变天下之成法，是那几年康有为思考的重心。他以为，清朝的法度主要是沿袭明朝而有所变更，至今已有数百年之久。物久则废，器久则坏，法久则弊。而中国的外部环境也发生了与明朝时期根本不同的变化，方今当数十国之觊觎，值四千年之变局。如果当今统治者仍沿用过去的旧方法去治理天下，那就像盛夏已至而不释重裘，病症已变而犹用旧方，结果则是可想而知。康有为认为，当今中国变法的根本要义，就是要求当今的统治者以开创之势治天下，不当以守成之势治天下；当以列国并立之势治天下，不当以一统垂裳之势治天下。道理很简单，盖开创则更新百度，守成则率由旧章；列国并立则争雄角智，一统垂裳则拱手无为。言率由而外变相迫，必至不守不成；言无为而诸夷角争，必至四分五裂。这是就大的原则而立论，在具体的变革方案中，康有为提出当时应该做而且能够做到的是富国六法、养民四法、教民四法。所谓富国六法，即钞法、铁路、机器轮舟、开矿、铸银、邮政；而所谓养民四法，即务农、劝工、惠商、恤穷；所谓教民四法，即普及教育、改革科举、开设报馆、设立道学。除了设立道学具有康有为的独特创造性外，其他各法似乎都是先前十几年间洋务派的思想家曾经提出而清政府不及实行的方案。设立道学的基本意思，用康有为的话来说，就是“其有讲学大儒，发明孔子之道者，不论资格，并加徵礼，量授国子之官，或备学政之选”，即提倡以儒家伦理为武器挽救近日风俗人心之坏，抵制西方基督教对中国民间的影响。这实际上也是康有为后来意欲开创孔子圣教新宗教的思想萌芽形态。

此外，康有为在这份一万八千字上书中还提出一些积极建议，诸如建议裁撤冗员，紧缩机构，澄清吏治，改革官制等，都具有相当重要的意义。尤其是他提出的所谓“议郎”制，不仅继承了中国传统社会举荐体制的官吏选拔优点，而且赋予议郎们“上驳诏书，下达民词”的权力，实际上是要求建立西方近代国家比较普遍实行的代议制，最终达到“天下奔走鼓舞，能者竭力，富者纾财，共赞富强，君民同体，情谊交孚，中国一家，休戚与共”的政治局面[①]，具有浓厚的政治体制改革意味。

康有为起草的这份上清帝第二书，既是他个人的思想主张，也经过各省公车松筠庵会议的讨论，至少是传观，尽管后来这份文件没有递给政治高层，但在京师知识界、官场，看过这份文件的应该不少。据记载，“文

① 康有为：“上清帝第二书”，《康有为全集》卷二，第44页。

既脱稿，乃在宣武城松筠庵草堂传观会议。庵者，前明杨椒山先生故宅也。和款本定于四月十四日在烟台换约，故公呈亦拟定于初十日在察院投递。而七、八、九三日为会议之期，乃一时订和之使，主和之臣，恐人心汹涌，局将有变，遽于初八日请将和款盖用御宝，发使赍行。是日，天本晴丽，风日晴爽；忽以晌午后大雨震电，风雹交作，逾刻而止，即其时也。是时松筠庵坐中议者尚数十百人，咸未稔用宝之举，但觉气象愁惨，相对唏嘘，愤悒不得语，盖气机之感召然也？是夕议者既散归，则闻局已大定，不复可救，于是群议涣散，有谓仍当力争以图万一者，亦有谓成事不说无为蛇足者。盖各省坐是取回知单者又数百人，而初九日松筠之足音跫然矣。议遂中寝，惜哉，惜哉！此事若先数日为之，则必能上达圣听，虽未必见用，亦庶几以见我中国人心之固，士气之昌。其主持和局者不过数人，而攘臂扼腕，望阙感愤，怀郁国耻如报私仇者，尚千数百辈，未始非国家数百年养士之报也”①。

康有为起草的这封上清帝第二书没有递上去，但据康有为自编年谱，在松筠庵传观的几天时间里，“与名者千二百余人”，他甚至表示，由于当时没有更好的印刷工具，只是他一昼两夜一挥而就，立等可取，然后由梁启超、麦孟华两人“书之，并日缮写”，“否则尚不止一千二百人也”②。诚哉斯言。但是，据《公车上书题名》，“仅得十六省凡六百零三人”③。

---

① “沪上哀时老人未还氏”：《公车上书记序》，《戊戌变法》卷二，第 154 页。

② 《康南海自编年谱》，第 30 页。

③ 康有为：《公车上书题名》，《康有为全集》卷二，第 47 页；又见《康有为政论集》，第 138 页注释。

第三节　上清帝第三书：变法下手处

上清帝第二书没有在实际政治中发挥作用，但在上书第二天，却被美国公使田贝“索稿，为人传抄，刻遍天下，题曰《公车上书》”。康有为的说法虽然有点耸人听闻，夸大其词，但田贝“索稿”如此具体的事情，相信康有为不会无中生有：“海东龙泣舰沉波，上相輶轩出议和。辽台膴膴割山河，抗章伏阙公车多。联名三千毂相摩，联轸五里塞巷过。台人号泣秦桧歌，九城谣谍遍网罗。杠棺摩拳，击鼓三挝。桧避不朝，辞位畏诃。美使田贝惊士气则那，索稿传抄天下墨争磨。呜呼，椎秦不成奈若何?”①

公车上书不了了之，朝廷接受李鸿章的警示，仍然按照原议在和约上用宝，并按时与日本换约，中日甲午战争至此全部结束。旧的一页翻过，新的一页重新开始。在这个过程中，康有为和其他公车一样，重回书斋，不忘此行使命。越日发榜中进士第八名。“十一日引见，授工部主事。自知非吏才，不能供奔走。又平生讲学著书，自分以布衣终，以迫于母命，屈折就试，原无意于科第，况仕宦乎？未能为五斗折腰，故不到署。徐公树铭至累揖相劝，吾卒不行。前书不能上，二十八日朝考后无事，乃上拒和之论而增末节，于闰四月（按是年为闰五月，此作四月，实误）六日递之察院，以十一日上于朝，上览而喜之，甫发下枢垣一时许，枢臣读未毕，恭邸阅至论矿务一条，以手作圈状。上既追入，旋发下军机，命即日

① “东事战败，联十八省举人三千人上书，次日美使田贝索稿，为人传抄，刻遍天下，题曰‘公车上书记’。是时主和者为军机大臣孙毓汶，众怒甚，孙畏不朝，遂辞位”，见《康有为政论集》，第 138 页。

抄四份，军机处本无抄手，乃调自内阁，即日抄呈，以一呈太后，以一存军机处，发各省督抚将军议，以一存乾清宫南窗小箧，以一存勤政殿备览观。”① 如果从康有为第一次上清帝书算起，前后经历了七年时间，康有为终于实现了理想。不过，仍需注意的是，康有为仍然不是以平民身份上书，他此时毕竟已获得功名，毕竟已成为体制内级别的工部主事，级别不算太高，但毕竟有了名分。

受到光绪帝、清廷政治高层重视的康有为上清帝第三书，诚如康有为自己所说，一是因为前次起草的那封《公车上书》没有递交上去，二是因为“朝考后无事”，于是利用这个机会作了修订，主要是“增末节”，所以上清帝第三书的主旨、结构、行文，大致与第二书相同，甚至就是第二书。

据徐勤《南海先生四上书杂记》，上清帝第三书上书日期应为五月初六日；都察院代奏日期为五月十一日，缘起、结果，徐勤都有清晰的记录：“和议既定，肉食衮衮，举若无事；其一二稍有心之人者，亦以为积弱至此，天运使然，无可如何，太息而已。先生以为，先事不图，临事无益；亡羊补牢，犹未为迟。中国及此速图自强，尚可拯救。于是取公车联衔之书，乙其下篇言变法者，加以引申，并详及用人行政之本，复为一书，于五月初六日在都察院递之。十一日，都察院据以上闻。是日发下，半时许，再传旨取回。留至十五日发下，有旨命抄三份，限一日抄讫。一呈懿览，二存御匣，三贮乾清宫北窗。十六日抄就，呈懿览，留览十日，二十六日乃发下。闰五月发各省督抚会议复奏。”②

都察院五月十一日代奏原折称：“据广东进士康有为条陈善后事宜一

---

① 《康南海自编年谱》，第32页。

② 徐勤：《南海先生四上书杂记》，《追忆康有为》，第293页。

件，赴臣衙门呈请代奏。臣等公同阅看，该条陈尚无违碍之处，既据该进士取据同乡官印结呈递前来，臣等未敢壅于上闻。再，原呈字数较多，若照例抄录进呈，恐致耽延时日，是以未便拘泥成例，谨将原呈一件，恭呈御览，伏乞圣鉴。”①

上清帝第三书长达一万三千字，补充和发挥了公车上书未及提出的问题，详细讨论了变法下手之方及先后缓急的顺序，充分说明中国必须利用甲午战败后的形势，赶紧变法的理由。康有为指出，甲午战败的后果是有清二百余年从未有过的奇耻大辱，也是中国五千年文明史上所罕见，中国经此剧痛，应该像越王勾践那样卧薪尝胆、深刻反省，急筹自强大计，而不应该上下熙熙攘攘、浑浑噩噩、复庆太平。

在具体的变法主张上，康有为重申了公车上书中的富国、养民、教士三个问题，另外增加了练兵一条。他强调，练兵之策，一定要改变过去大一统的陈旧办法，建议采用如下六法：1. 汰冗兵而营勇；2. 起民兵而立团练；3. 练旗兵而振满蒙；4. 募新制而精器械；5. 广学堂而练将才；6. 厚海军以威海外。康有为相信，如果按照这个办法进行，水陆并练，那么以中国之地大物博，则将来饮马南洋、秣兵欧土也并不是一件什么难事，何况区区一个小小的岛国日本呢？

中国重塑辉煌并不是一件难事，但要实现这个目标，就必须不拘一格地选用合适人才。康有为真诚希望统治者能够求人才而擢不次，慎左右而广其选，通下情而合其力。因为处非常之世，应非常之变，必须启用非常之才，而过去那些寻常守旧、苟且偷安、奉行文书、按循资格的庸谨之才，虽然可以守常，但决不足以应变，决不可能将中国引向一个自强、繁荣的坦途。他建议光绪帝务必要将选拔人才作为头等大事抓起来，垂意旁

① 《从甲午到戊戌：康有为〈我史〉鉴注》，第 96 页。

求，日夜钩访，尽知天下之名士，尽知其数，尽知其所在，悉令引见，询以时事，破除常规，越次擢用，这样天下之士必踊跃发奋，冀酬知遇之恩，必出而为国家效力，辅佐皇上，共谋中兴大业。

从康有为列举的条件看，最关键的条件是要皇帝保持清醒的头脑，明白今日中国所处的环境及存在的问题，“仍在皇上自强之一心，畏敬之一念而已”。理由很简单，因为自古非常之事，必待大有为之君，自强为天下之健。康有为恳切地希望光绪帝能够接受他的建议，远鉴中国早期圣哲的谆谆告诫，近鉴俄罗斯、土耳其变革昌盛、不变革则亡的正反两个方面的经验教训，独揽乾纲，破除旧习，勿摇于左右之言，勿惑于流俗之说，权其轻重，断自圣衷，更新大政，厉行改革，将中国引向光明灿烂之途。①

第四节　上清帝第四书：变法体要

光绪帝的关注，高层普遍认同，让康有为受到极大鼓舞。“五月，迁出南海馆，再草一书，言变法次第曲折之故，凡万余言，尤详尽矣。至察院递之，都御史徐郙使人告以吾已有衙门，例不得收，令还本衙门代递。时孙家鼐长工部，颇相慕，友人多劝到工部递，乃于五月十一日到工部递之，孙家鼐面为称道之词。许为代递，五堂皆画押矣。李文田适署工部，独挟前嫌，不肯画押。孙家鼐碍于情面，累书并面责之，卒不递。再与卓如、孺博联名都察院，不肯收。又交袁世凯递督办处，荣禄亦不收，遂决意归。”②

① 康有为：“上清帝第三书”，《康有为全集》卷二，第69页。此折原名《为安危大计乞及时变法富国养民教士治兵求人才而慎左右通下情而图自强以雪国耻而保疆圉呈》，进呈本载《历史档案》1986年第1期，与坊间刻本文字稍异。《康有为全集》有校注。

② 《康南海自编年谱》，第32页。

按照康有为的说法，他和李文田结怨是因为时为侍郎的“乡人”李文田谓康有为在北京上蹿下跳，到处活动，却不向其拜谒。而康有为的辩解是，“吾谓彼若以为吾为贤也，则彼可来先我，我布衣也，到京师不拜客者多矣，何独怪我？卒不谒，故见恨甚至也”[①]。但按徐勤的说法，则另有原因在：“（康有为）先生以为，前书所陈，条理节目详细繁重，末由一旦具举，故复草一书，力言缓急先后之序，深察中国之势，期于可行，扫拨陈言，曲折层累，冀以上启圣聪，立救危败。时已授官，分隶工部，于闰五月八日在本部递之，部之五堂悉画稿允奏。顺德李文田方摄部事，误中构扇之言，谓（康有为）先生所著《广艺舟双楫》于其书法颇有微辞，因抱嫌排挤，独梗僚议，甘为炀灶。实则先生于李某，向薄其人，而爱其书，《广艺舟双楫》中未尝攻之也。本部既阻，乃移而之都察院、督办处，皆以李既阻阏，不便因此失欢，遂壅上闻。”[②]

茅海建先生指出，“徐勤的说法，与康说大同小异。然工部为何不为康有为代奏？康称孙家鼐对其上书有‘称道之词’，并称‘累书并面责之’，很可能是夸张之词。孙为人沉静，似不可能去奉迎刚刚分发到部的新进士。至于李文田为何拒绝代奏，康称与李有‘宿嫌’、徐勤称康在《广艺舟双楫》中对李有微词，皆难让人信服。孔祥吉对此另有看法，认为‘康有为以公羊三世说为救世的良药，而李文田则反对公羊学，二者学术宗旨不同，已成冰炭，这似乎是李氏不递康氏上清帝第四书的主要原因’。从更广泛的视角来看，康与京中同乡高官的关系，除张荫桓外，都不太好，很可能这些同乡高官对康的学术与为人有着大体一致的负面看

① 《康南海自编年谱》，第 16 页。

② 《南海先生四上书杂记》，《追忆康有为》，第 294 页。

法”①。这当然也可以自成一说。

对于康有为来说，上清帝第四书是一部很重要的文献，因为第三次上书只谈“通变之方”，未发“体要及先后缓急之宜”的缺憾，在第四次上书中专谈变法体要、先后缓急及下手之法。

在上清帝第四书中，康有为指出，治国之道，在于审势度理。势就是大势所趋，本无强弱大小之分，一切都是相比较而存在；理就是道理，难定美恶，其是非而言是随着时代的变化而变化。古来的治国之道的不断变化、不断创新的事实已经充分说明了这一点，这个道理甚为明白。时代发展到今天，国际、国内的环境都与往昔有了很大的不同，中外通商的开始与实行，不论中国是主动，还是被迫，实际上都迫使中国加入一个与自己往昔社会完全不同的国际经济体系之中。同时，由于中国加入国际经济体系的过程在很大程度上是被迫的，而西方列强对市场的觊觎是主动的，因此，中国目前所面临的环境就是“外国环逼，既与彼我对立，则如两军相当”。这种往昔中国从未遇到的新情况就迫使中国的执政者无法继续沿用过去的经验与政策，而必须以变化了的形势为基点，研究西方所以富强、中国所以积弱积贫的原因。

关于西方诸国之所以富强的原因，康有为在上清帝第四书中充分吸收前此改良主义思想家的观点，认为西方诸国之所以富强并不单单是西方依靠军事上的强大、向外不断扩张、不断寻求殖民地的结果，而是在强兵之外，尚有治法与文学。具体而言，至少有三点可以给中国的改革以有益的启示：

一是千百年来西方诸国并立，竞争激烈，若其内政稍有不振、稍有疏漏，就有可能被其他的国家所灭亡，所以西方国家为了自己的生存，故上

---

① 《从甲午到戊戌：康有为〈我史〉鉴注》，第107页。

下励精图治，日夜戒惧，尊贤而尚功，保民而亲下，其国君、大臣对于其一士一民，皆思用之，故其国内政治的设施与措施，对于民众多护养之意而少防制之意；相对待而存在，西方国家的臣民对于其国家、其政府，皆能亲之。所以西方国家从总体上而言，有情而必通，有才而必用，其国人之精神议论，咸注意于邻国与他国，一发现邻国与他国有什么良法新制，必思步武而争胜之，有外交内政，必思离散而窥伺之。盖西方国家事事有相忌相畏之心，故时时有相牵相胜之意，所以西方国家讲法立政，精益求精，而后也能相持不衰，不断向别国学习，不断创新。分析康有为这段描述的深意，似乎是在说中国作为一个地域辽阔的大帝国，几乎一直没有遇到过强邻的入侵和挑衅，中国君臣乃至一般民众的危机意识较之西方诸国实在差得太远，结果使中国人养成不思进取、不思变革、因循守旧的劣习。

二是改革体制，鼓励发明与创新。康有为指出，大约当中国宋元时代，处在中世纪的西方诸国因为宗教的愚昧，相当的贫弱。到了明永乐的时候，英国哲人培根提出新的主张，以为聪明凿而愈出，事物踵而增华，主启新不主仍旧，主宜今不主泥古。建议政府改革旧有的体制，立科鼓励发明与创新。此后，西方知识分子著有新书发前人未创之说者，赏以较高的地位及待遇；其技术人才每有新器之制作，发从来没有之巧者，政府就给予优厚的奖励，并允许其拥有此项专利。西方国家鼓励科学发明创新的这些措施，在不太长的时间里就收到了良好的效果，国人踊跃，各竭心思，争求新法，以取富贵。从此之后，西方科学技术获得了日新月异的大发展，将具有几千年文明历史的中国远远地抛在了后面，中西之间的差距越拉越大。所以，康有为建议中国政府应该从体制上考虑科学技术创新的问题，以便为中国的恢复与发展提供强有力的智力支援。

三是设议院以通下情。这是康有为在上清帝第四书中最重要的建议，也是引起争论最多的建议。他认为，设议院具有很多出人意料的好处，也是西方走向富强的制度化保证，“人皆来自四方，故疾苦无不上闻；政皆出于一堂，故德意无不下达；事皆本诸众议，故权奸无所容私；动皆溢于众听，故中饱无所容其弊”。康有为强调，西方国家正是因为这三点制度化的保证，从而使西方百度并举，以致富强。

从康有为的观点看，西方国家的三大特点或者说优点，正是中国所不具备，所需要学习的地方。但是，由于中国积习太深，若不能尽弃旧习，再立堂构，无以涤除旧弊，维新气象。所以，康有为建议光绪帝，如欲变法图强，就必须痛下决心，革除弊政，从根本上进行改革，建立中国发展、富强的制度化保障。为了实现这一目标，康有为提出五点具体办法：

一、下诏求言，破除壅蔽，罢去忌讳，准许天下言事之人到午门递折，令御史轮值监收，谓之上书处，如汉代公车之例，皆不必由堂官呈递，亦不得以违碍阻格，永以为例。若言有可采，温旨褒奖，或令面对，详加询问，庶辟门明目，洞见万里。

二、开门集议，令天下郡邑每十万户推举一人，凡有政事，皇上御门令之会议，三占从二，立即施行，其省府州县咸令开设，并许受条陈以通下情。

三、设立顾问馆，请皇上打开便殿，广陈图书，皇上每日办事之暇，以一时左右的时间到此燕坐，顾问之员轮二十员分班侍值，皇上翻阅图书，随宜咨问，访以中外之故，古今之宜，经义之精，民间之苦，吏治之弊，地方之情，顾问们应尽其所知，无所避讳，提供咨询，上以启皇帝之圣聪，即广所未闻，下以观人才，即励其未学。

四、中国百弊，皆由蔽隔，解蔽之方，在康有为看来，莫若开放言论，命令直省要郡开设报馆，州县乡镇亦视条件令其续开，日月进呈，并备数十副本分送各衙门参考。至于外国出版的各种报纸，康有为也建议政府多加采购，外国一些著名的报纸应该由总理衙门负责派人每日翻译其政艺、言论，除了供皇上阅览外，也应多印副本，随邸报同发，供各衙门参考。

五、鉴于中国各级官吏的实际情况，康有为建议恢复汉代行之有效的幕府体制，使从中央到各省督抚、各县县令都广开幕府，延揽天下之英才，合天下之知以为知，取天下之才以为才，然后兴举新法，经营百度，昭明融洽，天下一家，无几微之弊而不去，无几微之利而不举。

至于这五项措施实行的先后顺序及轻重缓急，康有为建议，先由皇上下诏罪己，以收天下之心；次赏功罚罪，以申天下之气；然后举逸起废，求言广听，广顾问以尽人才，置议郎以通下情，数诏一发，天下雷动，变法维新运动自然就能推动起来。

康有为上清帝第四书的核心问题是要解决洋务思想家早就意识到的“君民之隔”，康有为的方案是建立议院体制，并在各省府州县都设立相应的议院，这是在体制内解决问题。另一方面，康有为在第四书中还第一次提出设立报馆与学会，这是体制外保证中国能够像西方近代国家一样彻底解决君民之隔的问题。如果中国真的能从这两个方面解决问题，那么中国的政治体制不仅能从制度上保证决策的合理化、理性化，而且势必引导中国向近代国家发展，这应该说是康有为为近代中国贡献的一个重要的政治思想，在后来的维新运动中，维新派与守旧派之间的反复争议，实际上也是围绕着这一问题展开的。守旧派没有弄懂康有为的真实意图，总以为如果实行了这些政治体制的改革，势必影响皇权的至上性，实际上康有为并没有否认皇权的至上性，他只是觉得中国问题的真解决，是政治上必须有办法，只有政治上有办法，其他的一切才可迎刃而解。[①]

① “上清帝第四书”全称《为变通善后讲求体要乞速行乾断以图自强呈》，见《康有为全集》卷二，第81页。

第五节　上清帝第五书：亡后之图

康有为上清帝第四书因为工部、都察院的原因，没有递到政治高层。但康有为并没有就此灰心丧气，而是接受朋友的建议，留在北京讲学、著书、办报刊，设组织，启官智，开民智，与官场结交，并与当朝帝师翁同龢建立了比较密切的关系，随着朝廷主导的维新运动渐次开启，康有为的变法维新思想也日趋成熟。后因公私诸事，离开北京，返回广州，继续在万木草堂开办讲课，传播思想。

光绪二十三年（1897）八月底，康有为携长女同薇至上海，九月游西湖，十月还上海。“中国人满久矣，美及澳洲皆禁吾民往，又乱离迫至，遍考大地，可以殖吾民者，惟巴西经纬度与吾近，地域数千里，亚马逊河贯之，肥饶衍沃，人民仅八百万，吾若迁民往，可以为新中国，当乙未，吾欲办此未成。与次亮别，曰君维持旧国，吾开辟新国。时经割台后，一切不变，压制更甚，心虑必亡，故欲开巴西以存吾种。乙未之归，遇葡人及曾游巴西者，知巴西曾来约通商招工。其使来至香港而东事起，巴使在香港候吾事定。至数月，东事益剧，知不谐，乃归。吾港澳商咸乐任此，何君穗田擘画甚详，任雇船招工之事。于是，拟入京举此。”康有为此次入境的目的，纯粹为了移民巴西的商业事务，不料此行引起政治上的巨变，“适胶州案起，德人踞之，乃上书言事，工部长官淞溎读至‘恐偏安不可得’语，大怒，不肯代递”[①]。这就是康有为的上清帝第五书的由来。[②]

---

① 《康南海自编年谱》，第 39 页。

② 康有为：“上清帝第五书”，《康有为全集》卷四，第 2 页。

“胶州案”，就是德国强占，进而租借胶州湾一百年的大事变。这是近代史上的一件大事，更是甲午战后，《马关条约》签署后改变中国历史进程的一件大事。特别是清政府后来不仅同意将胶州湾租借给德国，将广州湾租借给法国，将旅顺、大连湾租借给俄国，并与英国也谈判了扩大租借的协议，短短几个月，中国南部、东部沿岸，从南往北，除了与台湾隔海相望的福建沿海没有租借，几乎全部租给了德法俄英诸大国，租借期限也差不多都是一百年。对这些事情究竟如何看，从开始直至一百多年后的今天，都是一个极为撕裂的话题。其实，如果从全球资本发展轨迹看，十九世纪晚期确实有一个国际资本东来的浪潮，特别是甲午战争结束后，中国跨出了维新的步伐，资本管制基本上放开，国际资本看好中国，中国成为国际资本赚钱的最好去处。所以国际资本在《马关条约》之后用了不长时间，将中国人之前几十年想做而没有做到的修铁路开矿山等大型基础性建设都做起来了。

在这些国际资本中，毫无疑问，德国资本势头最猛。这是因为正像传统话语中所说的那样，德国统一太晚了，属于资本主义盛宴上的迟到者，因而德国资本进入中国之后，较之于英美法各国，都显得极为紧迫，后来中国近代史上发生那么多问题，其实都应从这个背景去考虑。①

清政府当时处理这些事件时，意识到了资本进入中国的意义，因而这些谈判除了中德谈判用了很长时间，寻找方案，其他的几个谈判基本上照葫芦画瓢，一个模式用到底。这也说明清政府并不将这些协议看作是对中国的致命伤害。但是，清政府太傲慢了。清政府不仅不将这些情况、设想、未来向人民说清楚，即便相当一部分知识精英、政治精英也不清楚，

① 更详尽的讨论参见拙文《胶州湾事件：缘起、交涉及症结》，《华东师大学报》2013年第四期。

更想不到。严复对西方有极深的理解，也是一直倡导中国向西方学习的先行者，但当他得知胶州湾事件发生时也极为愤怒，以为德国的帝国主义行径是对中国的伤害，建议清政府为了胶州湾不妨对德一战。[①]

谭嗣同等湖南志士，以及梁启超，也都认为胶州湾事件比甲午战争、《马关条约》还要严重，开始考虑作“亡后之图”，计划以湖南独立获取未来发展空间，“而独立之举，非可空言，必其人民习于政术，能有自治之实际然后可”。基于这种考虑，谭嗣同向湖南巡抚陈宝箴建议设立南学会，“以为他日之基，且将因此而推诸于南部各省，则他日虽遇分割，而南支那犹可以不亡，此会之所以名为南学也”[②]。期望在大局不保情况下，以地方独立、自治换取南方各省继续发展。这个想法与几年后的东南互保有点相似。康有为的上清帝第五书就是在这样的背景、这样的朋友圈气氛中完成的，戊戌年初逐步传出来。[③]

在上清帝第五书中，康有为详尽分析了当时中国所处的国际环境，以为中国如欲摆脱被动的国际环境，只有在内功上下功夫，使中国尽快以近代国家形态出现在世界舞台。为达此目的，康有为向清政府提出了三点建议，一是取法俄国、日本等与中国国情比较类似的国家已经走过的成功道路，尽快开始变法，从根本上铲除旧制度的根基，建立一套全新的政治制度，即建立俄国、日本式的君主立宪体制。为此，康有为建议光绪帝乘胶州湾危机这一背景，下诏罪己，激励人心，明定国是，与海内更始，建立

---

① 严复：《驳英〈太晤士报〉论德据胶澳事》，《严复集》，第 57 页。

② 梁启超：《戊戌政变记》附录二《湖南广东情形》，《饮冰室合集》专集之一，第 138 页。

③ 关于康有为上清帝第五书上书时间，学界向来争议甚多，或丁酉年底，或戊戌年初，其实都是根据康有为自编年谱中的提示。参见刘振岚《戊戌维新运动专题研究》，首都师范大学出版社 1999 年版，第 101 页。

国会以通上下之情，尽革旧俗，一意维新。采择万国律例，定宪法公私之分。康有为相信，这一新的政治体制的建立必将为中国的未来发展提供必要的保障，也有助于克服因胶州湾危机而导致的困局；二是大集群才，集思广益而谋变法；三是听任疆臣各自变法，以局部的试验为全国性的变法提供经验。

康有为三点建议的后两点应该说并没有多少新意，这也是当时的一般激进知识分子和政府内部中层开明官僚如袁世凯之辈的思考，袁世凯在戊戌年初向翁同龢提出的第二份建议书中也曾建议清政府要允许那些“忠诚明练”的督抚在自己的辖区进行改革试验，待这些局部性的试验取得一定的成效之后再向全国大范围推广。① 至于大集人才，集思广益，更是当时所有有识之士的共同看法。康有为三点建议最有价值也是后来引起震动最大的是其第一条即取法俄国、日本进行政治制度变革的主张，根据这个主张，中国势必要对已有的政治体制进行根本改造，开国会、定宪法也就是这一建议中的应有之义了。②

第六节　上清帝第六书：统筹全局

制度性变革或许是当时中国唯一出路，但康有为工部主事的小臣身份使他的建议无法直达清政府高层。当他将这份建议书循例呈递给工部主管当局时，内中那些直率的言辞、超越清廷已有政策底线的制度性变革建议

① 参见孔祥吉《晚清佚闻丛考》，巴蜀书社1998年版，第169页。

② 康有为是否在上清帝第五书中提出过开国会、定宪法的建议，自从黄彰健发现康有为在后来曾对戊戌时期奏稿进行不少改窜后，确实引起许多学者怀疑，发表过不少探讨性文章，或肯定或否定。如果从思想演变角度观察，应该相信康有为在上清帝第五书中肯定会有开国会、定宪法的意识。

实在是吓坏了工部主管们。从保全自己和保护康有为，以及忠诚清廷等任何一个角度考虑，他们都不敢也不愿将这份建议书直接呈送清政府高层，而是压了下来。

不甘寂寞的康有为当然不能容忍工部当局的做法，他在向工部当局呈递这份建议时，也向其他相关方面提供了副本，以唤起各方面同情或支持，“京师一时传抄，海上刊刻，诸大臣、士人皆见之，莫不嗟悚”。所以当工部主管当局扣压了他的上清帝第五书不久，给事中高燮曾“见其书叹其忠，乃抗疏荐之，请皇上召见。皇上将如所请，恭亲王进谏，曰本朝成例，非四品以上官不能召见。今康有为乃小臣，皇上如欲有所询问，命大臣传语可也。皇上不得已，正月初三日遂命王大臣延康有为于总署，询问天下大计变法之宜，并令如有所见，及有著述论政治者，可由总署进呈。于是其书卒得达，皇上览之，肃然动容，指篇中求为长安布衣而不可得，及不忍见煤山前事等语，而语军机大臣，曰非忠肝义胆，不顾死生之人，安敢以此直言陈于朕前乎？叹息者久之。康之此书，以去年十一月上于工部，至今年五月始得达御览。皇上乃命总署诸臣，自后康有为如有条陈，即日呈递，无许阻格。并宣取康有为所著《日本变政考》《俄罗斯大彼得变政记》等书。而翁同龢复面荐于上，谓康有为之才，过臣百倍，请皇上举国一听，自此倾心向用矣。上命康有为具折上言。正月初八日，康有为上书统筹全局”①。

梁启超的这些说法，大致来自康有为。据康有为追记，光绪二十四年正月初三下午，他奉命与王大臣西花厅会晤后，“阅日召见枢臣，翁以吾言入奏，上命召见，恭邸谓请令其条陈所见，若可采取，乃令召见。上乃令条陈所见，并进呈《日本变政考》及《俄罗斯大彼得变政记》。七日乃

① 梁启超：《戊戌政变记》，《饮冰室合集》专集之一，第 10 页。

奏陈《请誓群臣以定国是，开制度局以定新制，别开法律局、度支局、学校局、农局、商局、工局、矿务、邮信、会社、海军、陆军十二局，以行新法，各省设民政局，举行地方自治》。于是昼夜缮写《日本变政考》《俄罗斯大彼得变政记》二书，忙甚”[①]。这就是上清帝第六书的由来。

上清帝第六书，是康有为上清帝七书中争议最大、问题最多的一篇。朱维铮先生说，“清宫原存题作‘请大誓臣工开制度新局折’的第六书，在《戊戌奏稿》中，不但题目改了，改作‘应诏统筹全局折’，内容更新增了原折所没有的‘定宪法’、‘三权立’等论述。似乎他康有为在戊戌年没有‘幡然变计’，如政变后梁启超亡命日本初期与日本人的笔谈所说，‘专务扶翼主权，以行新政’。主权即君权”[②]。

最先意识到上清帝第六书可能存在问题的是黄彰健。他指出，“康有为上光绪第六书，在康《戊戌奏稿》中名为《应诏统筹全局折》。这个折子最早见于梁启超《戊戌政变记》卷一《光绪向用康始末》章。我因该折所载康建议，与戊戌五月十四日庆亲王奕劻《遵旨妥议折》所载康建议不合，遂断定《戊戌奏稿》及《戊戌政变记》所载该折系政变后为了攻击旧党及需叙述《光绪向用康始末》而伪作”[③]。黄彰健当时并没有看到清宫旧藏，但他的敏锐、天才猜测无疑是对的。

1981 年，陈凤鸣在故宫博物院图书馆发现了《杰士上书汇录》清内府抄本。[④] 这本书总计录存康有为戊戌年间真奏稿凡十八件。第一件即为康

① 《康南海自编年谱》，第 43 页。

② 朱维铮、龙应台：《维新旧梦录》，三联书店 2000 年版，第 254 页。

③ 黄彰健：《论〈杰士上书汇录〉所载康有为上光绪第六书第七书曾经光绪改易，并论康有为上光绪第五书确由总署递上》，《清史研究》1996 年第四期。

④ 陈凤鸣：《康有为戊戌条陈汇录：故宫藏清光绪二十四年内府抄本〈杰士上书汇录〉简介》，《故宫博物院院刊》1981 年第一期。

有为上清帝第六书，总署于戊戌二月十九日代递，翁同龢日记戊戌二月十八日日记“明日代递康有为折”，即记此事。《杰士上书汇录》本中的康有为上清帝第六书内容与庆亲王《遵旨妥议折》所引相合。

现在的问题是，康有为当年提交的上清帝第七书与后来整理出版的《戊戌奏稿》存在很大差别。这些差别究竟是什么原因，究竟是什么用意，在过去几十年中引起研究者激烈争辩，比较主流的看法差不多都认为康有为人品有问题，喜欢造假，喜欢修改自己的历史文字，从而给研究造成许多迷障，形成许多问题。

仔细阅读康有为的这两份文件，即由总理衙门代奏的《外衅危迫分割洊至急宜及时发愤大誓臣公开制度新政局折》[①] 和上清帝第六书（《应诏统筹全局折》）[②]，可以很容易发现这两份文件实际上是一个文件，只是文字表达等方面存在差异。这种差异并不是颠覆性的，并不影响对其思想的理解、把握。至于这些差异究竟是如何形成的，我个人的看法，还是不能以恶意去揣测古人，用阴谋论去讨论历史问题，还是应该回到历史本身，设身处地去分析究竟如何发生的这些差异。

沿着前贤时贤的研究思路继续，我的猜想是这样的：康有为在戊戌年间最得势最得意的时候确实给皇帝、给清廷上了一些折子。这些折子在戊戌当年就被清廷，甚至可以说是光绪帝整理编排成了《杰士上书汇录》。黄彰健说，“由于该书称康为杰士，故知该书系光绪亲自命的名；该书原藏昭仁殿，为光绪书房，故知该书所录康折极为光绪所重视。该书计录存戊戌正月至七月康上的真奏者凡十八件”。因而可以断定，《杰士上书汇录》中的上清帝第七书是无须怀疑的，是曾经上达天听的“真奏折”。这

① 《康有为全集》卷四，第 11 页。

② 《康有为全集》卷四，第 17 页。

个真奏折还见于台北故宫博物院旧藏《光绪朝筹办夷务始末记》稿本中，但经黄彰健核对，却发现《杰士上书汇录》所收康有为上清帝第六书有删节改易。[①]

作为一个历史文件，清宫旧藏无疑最可信，至于《光绪朝筹办夷务始末记》的改动，由于不涉及原则问题，也只可视为技术性编辑、技术性删减，也大致可信。问题最大，也是引起争议最大的是后出的《戊戌奏稿》，以及在《知新报》发表的《康工部请及时变法折》，还有梁启超在《清议报》刊出的《戊戌政变记》征引的这个文件。这些后出的资料与清宫旧藏不仅文字存在巨大差异，甚至引申讨论，就像很多研究者所感觉的那样，意思、主旨，似乎都有很大调整。如何理解这个差异？过去很多研究者认为是因为康有为人格低劣，因而伪作。其实，平心静气思索，我比较赞成这样的分析："戊戌政变后，康有为流亡日本，由于当时未能携带其文稿，便重新炮制其改革纲领'上清帝第六书'。光绪二十四年十二月出版的《知新报》第七十七册，以'康工部请及时变法折'为题，发表其在东京重写的'上清帝第六书'，内容大变。与此同时，梁启超在《清议报》上发表其《戊戌政变记》，也刊出这一新写版。从时间上看，'上清帝第六书'的重新炮制与《我史》的写作，几乎是同时。"[②]

说"重新炮制"稍嫌刻薄，如果转换成这样的表达，可能更显得接近历史真实："戊戌八月初五，康仓皇逃离北京，未将奏折底稿带出。政变后，康逃到日本，为了攻击旧党及需叙述《光绪向用康始末》而凭记忆补作。凭记忆补作，因此所记康建议就不可能与康原来的建议相合了。"[③] 这

① 黄彰健：《论〈杰士上书汇录〉所载康有为上光绪第六书第七书曾经光绪改易，并论康有为上光绪第五书确由总署递上》，《清史研究》1996 年第四期。

② 《从甲午到戊戌：康有为〈我史〉鉴注》，第 300 页。

③ 黄彰健：《康有为与戊戌变法：答汪荣祖先生》，《清史研究》1993 年第四期。

个分析更显得合乎历史尤其是历史的逻辑。

基于这样的分析，康有为后来“凭记忆重写”的所谓《应诏统筹全局折》只具有思想史的意义，并不是我们在这里分析的“康有为七上皇帝书”中的第六篇。回到本文，我们还是应该看看康有为上清帝第六书究竟说了些什么。

这篇正式题目还是应该使用《杰士上书汇录》中规范的《请大誓臣工开制度新政局革旧图新以存国祚折》[①]。这是康有为在戊戌年间留下的最重要的政治文件，是康有为关于中国政治体制改革的总体设计。在这份文件中，康有为从国际政治格局的变化，引证当时波兰、埃及、土耳其、缅甸等国墨守成规，不思变革，最终导致亡国或被瓜分的惨痛教训，以为国际社会正处在一个新的组合分化过程中，中国应该把握这一机遇，尽快将中国改造成一个近代国家，成为国际主流社会中的一员。他说：“故当今日而思图存，舍变法外更无他巧，此固万国谋自强者，所殊途而一辙，亦中外谈经济者，所异口而同词。臣民想望，有不可不变之心；外国逼迫，有不能不变之势。然则今日之国是，莫有出于尽革旧习变法维新者矣。”[②] 中国只有彻底地弃旧图新，才能摆脱被动的外交局面；中国只有从内部发生真正的变化，才能赢得国际社会的尊重与平等。总之，只要国内政治有办法，外交上就有办法。而国内政治的唯一办法，就是进行政治体制改革，就是仿行东西各国政治体制改造中国自古以来几百年乃至数千年不变的政治体制。

在这份奏折中，康有为没有过多地论述中国应该进行变法改革的理

① 黄明同、吴熙钊主编：《康有为早期遗稿述评》，中山大学出版社 1988 年版，第 262 页。

② 《康有为早期遗稿述评》，第 266 页。

由，因为中国不变则亡的道理在当时已经是朝野各界共识。所以康有为在这份奏折中的思考重点是中国应该怎样去变，即中国的政治体制改革究竟应该怎样开始和进行。

康有为认为，中国的国情与日本、俄国进行改革前的国情比较相似，日俄两国通过政治改革极大地动员了国内各方面的力量，从而促使两国的经济、社会乃至军事力量等都获得了很大的发展，它们的成功为中国树立了很好的典范，中国应该仿照日俄两国的政治改革尤其是日本的明治维新所走过的道路、所采取的措施。而日本明治维新中最重要的举措实际上只有三点，一是大誓群臣以定国是，在政府高层内部形成必须进行政治改革的基本共识；二是广开言路和征求人才的通道，愿天下所有英才为我所用；三是开制度局而定宪法，以宪法去约束人的活动，从而使日本一跃成为近代民族、民主国家。

基于日本的经验，康有为向清政府的最高决策层郑重建议做好三件事，便可保证变法维新的政治改革获得成功：

第一，由光绪皇帝在天坛或太庙或乾清门大誓群臣，诏定国是，宣布变法维新正式开始，坚定群臣革旧维新的信心与信念，宣布广采天下舆论，广取万国良法，重建中国全新的政治体制。

第二，由政府最高层在午门设立待诏所，委派两名御史专司此事，允许上下臣工、草民百姓尽自己所知上书言事，对国家的政治发展、经济建设及所有方面提出建议。所有上书不得如旧体制由堂官代递，以免阻挠。凡上书中有可取之处者，可由皇帝或其他相关部门的主管予以召见，量才录用，人尽其能。

第三，开制度局于宫中，征天下通才二十人参与其事，统筹全局，下设法律、税计、学校、农商、工务、矿政、铁路、邮政、造币、游历、社会以及武备等十二个分支机构，将一切政事制度从新商定，改革乃至重建中央行政体制，重建新的政治体制及相适应的各项制度章程。至于中央以下各级行政机构的改革及经济、文化等方面的变动，康有为也在这份奏折中提出一些设想，大要不外乎是本着政情上通下达、弃旧图新的原则。[①]

统观康有为上清帝第六书，其核心是设立专责制度建设的制度局。或许是因为当时对政治变革反对的势力太大，或许是接受了某些人善意的忠告，康有为在这份上清帝第六书中暂时放弃了先前上清帝第五书中提出的开国会、定宪法等更为激进的政治主张，而改为设立制度局这一具有明显渐进色彩的主张，这样或许可以避免许多不必要的争执，便于新政的推行。

设立统筹全局的制度局是康有为维新变法思想体系中的重要一环，他认为这是变法维新能否成功的关键之所在。所以在提出这一建议之后的一个月左右，康有为又在代宋伯鲁御史拟定《请设议政处折》中再次强调设立专门议政机构的重要性，为制度局的创立提供舆论支持。此后，康有为还多次上书催促清廷尽快开设制度局，向光绪皇帝特别强调制度变革的重要性。在他看来，制度局犹如航行在沧海中巨轮的导航仪，有了它可以克服惊涛骇浪、千难万险，顺利地抵达目的地；反之，则结果可知。

康有为的上清帝第六书深获光绪皇帝的赞赏。光绪皇帝在收到这些文件后，日加批览，"于万国之故更明，变法之志更决"[②]，对于后来的政治发展与演变，上清帝第六书起到过重要作用。

正如许多研究者所指出的那样，康有为的上清帝第六书确乎为戊戌年间变法维新的纲领性文件，中国未来发展的政治诉求在这份文件中都有很深入的表达。不过正因为如此，这份文件也受到极为强烈的批评和质疑，反对者对这份文件欲摆脱现存的行政运行体制而另起炉灶的真实动机不能

① 《康有为早期遗稿述评》，第268页。

② 梁启超：《戊戌政变记》，《饮冰室合集》专集之一，第15页。

不引起怀疑。按照康有为等人的设计，他们计划开办制度局专责改革要务；设立民政局，有仿行西方近代国家的下议院的意思；准备设立的议政局，类似于西方近代国家的上议院。这样一来，原有的行政体制势必全部瘫痪或废除，原有的官吏队伍也势必面临着生存危机。于是，原本有意推动政治体制改革的设立制度局构想反而成为阻碍改革进程的馊主意。反对者批评康有为等人动机不纯，他们只不过是一些权力的边缘人，他们基于自己边缘人的立场试图通过新设机构夺取权力，所谓制度局云云，不过是想夺取枢府之权的托辞；所谓十二分局的构造，不过是将原有的中央六部分解功能而已；至于康有为在上清帝第六书中提出的各道设立民政局的建议，更是居心叵测，是试图以民政局夺取各省督抚将军之权。清政府如果听任康有为这些人胡作非为，其最后的结果便不是中国走上强盛的发展道路，反而是“天子孤立于上，内外盘踞皆康党私人，祸将不忍言矣”①。

康有为等政治新人的心态决不会像反对者所猜测的那样肮脏，但毫无疑问的是，作为“边缘化”的政治新人，康有为等人是无法与那些政治老人和睦相处的，他们即便出于对中国未来前途的极端负责任的政治焦虑，也确实会希望能够利用光绪皇帝的政治权威扫除旧人，重用新人。而政治运转的规律从来都不可能按照任何一方的主观意图去行事，作为清廷政治权力的中心，光绪皇帝实际上受到各方面的制约，他不可能甚至也不愿意完全听从康有为等政治新人的摆布，所以康有为创设制度局的建议尽管获得光绪皇帝的激赏，但操作的步骤却是一拖再拖，从而使康有为也觉得完全依靠清廷内部的力量去推动中国的改革与发展可能具有相当大的困难，于是他又将精力转向民间，期待民间的进步力量能够形成相当的气候，然

① 胡思敬：《应诏陈言记》，《戊戌履霜录》卷三，“中国近代史资料丛刊”《戊戌变法》卷一，上海人民出版社1957年版，第385页。

后再与这些政治边缘人一道去推动清政府走上政治体制改革的道路。

第七节　上清帝第七书

光绪二十四年正月初三，康有为奉命与总理衙门王大臣李鸿章、翁同龢等人谈了一次话。这也应该是康有为戊戌年间与政治高层真正意义上的为数不多的正面接触。总体而言，这次谈话还是比较成功和有意义的。康有为在谈话中还顺便提及："日本维新，仿效西法，法制甚备，与我相近，最易仿摹，近来编辑有《日本变政考》及《俄罗斯大彼得变政记》，可以采鉴焉。"康有为的谈话，给翁同龢留下深刻印象，"阅日，召见枢臣，翁以吾言入奏，上命召见，恭邸谓请令其条陈所见，若可采取，乃令召见。上乃令条陈所见，并进呈《日本变法考》及《俄罗斯大彼得变政记》"。于是，康有为昼夜缮写《日本变政考》《俄罗斯大彼得变政记》二书。①

三月初三日，总理衙门代奏康有为条陈称："总理各国事务王大臣等跪奏：为据情代奏，仰乞圣鉴事。窃工部主事康有为前至总理衙门呈递条陈，经臣等于本年二月十九日代奏，本日准军机处片交军机大臣面奉谕旨：著总理衙门事务王大臣妥议具奏。钦此。除该主事前递条陈由臣等另行妥议外，兹于本年二月二十日复据该主事至臣衙门续递条陈一件，并译纂《俄罗斯大彼得变政记》一册。正拟代奏间，复于本月二十七日又据该主事递到条陈一件，均恳请代为具奏。臣等未敢壅于上闻，谨照录该主事续递条陈及所递《俄罗斯大彼得变政记》，恭折进呈御览，伏乞皇上圣鉴。谨奏。"②"据此可知，总理衙门首次代奏康有为条陈的次日，二月二十日，

① 《康南海自编年谱》，第 43 页。

② 《康有为早期遗稿述评》，第 272 页。

康即将译纂《俄罗斯大彼得变政记》成书呈递到总理衙门。该呈被康党称作“上清帝第七书”[①]。

在康有为的改革构想中，日本、俄国一直占有相当重要的地位。上清帝第七书就是专门为了递呈他的《俄罗斯大彼得变政记》而作。康有为指出，“臣窃考之地球，福乐莫如美，而民主之制与中国不同；强盛莫如英德，而君民共主之制仍与中国稍异。惟俄国其君权最尊，体制崇严，与中国同；其始为瑞典削弱，为泰西摈鄙，亦与中国同。然其以君权变法，转弱为强、化衰为盛之速者，莫如俄前主大彼得。故中国变法，莫如法俄；以君权变法，莫如采法彼得”[②]。这是康有为编撰这本《俄罗斯大彼得变政记》并愿将其贡献给皇上的唯一理由。

俄国的经验，彼得做法，在康有为看来，就是要学习西方，而且要由皇上带头学习西方，“考彼得之能辟地万里、创霸大地者，岂有他哉？不过纡尊降贵，游历师学而已。以欲变法自强之故，而师学他国；非徒纡尊降贵，且不惜易服为仆隶、辱身为工匠焉。凡强敌之长技，必通晓而模仿之；凡万国之美法，必采择而变行之。此其神武独授，破尽格式，操纵自在，动作非常，以发扬神智，丕变国俗。其举动为千古英王之所无，故其创业遂为大地万国之雄霸”。反过来说，“盖虚骄尊大者祸之媒，卑飞敛翼者击之渐。人主之不患体制之不尊，而患太尊；天下不患治安之无策，而患不取。此所以危败接踵也”[③]。

回看中国之所以败弱如此，百弊丛积，皆由于体制尊隔之故。自知县号称亲民，而吏役千数人盘隔于内，山野数百里辽隔于外，小民有冤，呼

---

① 《从甲午到戊戌：康有为〈我史〉鉴注》，第 307 页。

② 康有为：《为译纂〈俄罗斯大彼得变政记〉成书可考由弱致强之故呈请代奏折》(1898 年 3 月 12 日)，《康有为全集》卷四，第 26 页。

③ 《康有为全集》卷四，第 27 页。

号而不能达。小小知县已与底层如此隔膜，更不要说上面的知府督抚了。“京师百僚千万，非无人才，而惟九卿台谏方能上达。故直省民数虽四万万，而达官仅数十，余皆隔绝。是虽有四万万人，而实俱弃之。枢臣位尊体重，礼绝百僚，卿贰大臣，不易得见。至与群僚益复迴隔，东阁不开，谘谋无人，自塞耳目，自障聪明。故有利病而不知，有贤才而不识，惟有引体尊高，望若霄汉。”康有为认为，这是中国面临的一个巨大问题，是体制性危机。

康有为接着指出：“尊严既甚，忌讳遂多。上虽有好言之诚，臣善为行意之媚，乐作太平颂圣之词，畏言危败乱贼之事。故人才隔绝而不举，积弊日深而不发，至中国败坏之由，外夷强盛之故，非不深知，实不敢言。昔黎庶昌奉使日本，有所条陈，但请亲王出游，不能上达。其他关切皇上之事，皆知而不言，言之而不达，达之而不动，动之而不行。皇上虽天亶聪明，而深居法宫，一切壅塞；既未尝遍阅万国以比较政治之得失，并未遍见中国而熟知小民之困穷。所见惟宫妾宦官，所遇皆窳拙旧物，谐媚日接于耳目，局促日困其心灵，外国宫室、桥梁、道路、器艺、军械之环奇新丽，孰从而道之？故欲坐一室而知四海，较中外而求自强，其道无由。”如此内外困境、体制弊端，在康有为看来，唯一解决之道，就是要像彼得大帝那样大胆改革，举动奇绝，推动国家进步。他希望编辑的这部《俄罗斯大彼得变政记》能够有所帮助，“伏愿几暇垂鉴此书，日置左右，彼得举动，日存圣意，摩暨激动，珍越于中，必有赫然发愤不能自已者。非必全摩彼得，而神武举动，绝出寻常，雷霆震声，皎日照耀，一鸣惊人，万物照苏，必能令天下回首面内，强邻改视听。其治效之速、奏功之奇，有非臣下所能窥测者。以中国二万万方里之地、四万万之民，皇上举而陶冶之，岂可量哉?”[①] 在康有为看来，走俄国人的路，是当时中国政治格局、政治环境下最好的选择。

可惜的是，康有为上清帝第七书并没有在政治高层获得积极回响，更没有付诸实践。三月二十三日，光绪帝命将该呈与该书与康有为其他奏议等件，一并送呈慈禧太后“慈览”[②]。

① 《康有为全集》卷四，第 28 页。

② 《从甲午到戊戌：康有为〈我史〉鉴注》，第 334 页。

第三章

康有为对儒家精神的理解与误解

“中体西用”的思路是十九世纪下半叶中国发展的方向。正是在这一思想的指引下，中国在十九世纪六十年代之后三十年时间里获得了长足发展，此即“洋务新政”时期。洋务新政使中国的工业、城市、海军等近代化设施从零到有，从小到大，确实增强了中国的综合国力，使大清帝国因两次鸦片战争、太平天国运动而丧失的元气基本获得恢复，使中国的工业化、城市化、现代化迈出了历史性的第一步。

第一节　综合汉宋

然而到了十九世纪八十年代，中国的外部环境发生了微妙变化。外国资本不满足于两次鸦片战争所获得的好处，实际上就是中国市场的巨大空间让先发的资本主义垂涎三尺，希望中国开放更多更大的市场。资本主义发展到这个时期已经到了列宁说的帝国主义阶段，巨大的产能过剩、资本过剩，都需要巨大的市场。列强利用自己经济的、军事的力量，试图进入更广大的内地，试图将整个中国都纳入它们的世界市场体系。为此目的，外国势力不断在中国周边、边境蚕食，北有沙俄，南有法国，西有英国，东面则是日本、美国对台湾和朝鲜的骚扰，并最终导致了八十年代中期的中法战争和九十年代早期的中日战争。而恰恰这两次战争又都以中国的失败而告终，这便自然引起人们对洋务新政是否真的能解决中国问题，“中体西用”的思路是否能给中国带来繁荣与富强的根本怀疑，于是有康有为托古改制的新建议、新思路。

康有为和他的同志差不多都生长在传统文化背景下，他们对西学表示过无限向往、渴慕，主张向西方学习，但他们割不断与传统文化千丝万缕的联系。何况他们是出于现实需要而构筑思想体系，不可能冷静、从容不迫地从事中西文化研究、比较，而只能匆忙地从古今中外各家各派思想学说中尽量寻觅适合现实需要的理论武器。此点诚如梁启超后来所反省的那样，“康有为、梁启超、谭嗣同辈，即生育于此种学问饥荒之环境中，冥思苦索，欲以构成一种不中不西即中即西之新学派，而已为时代所不容。盖固有之旧思想，既根深蒂固，而外来之思想，又来源浅觳，汲而易竭；其支绌灭裂，固其宜矣”[①]。有鉴于此，康有为等人不能不从传统文化中寻求理论支持。比如他所演绎的《公羊》“三世说”的历史进化论，与其说是他接受了西方近代进化论的思想，不如说是他受西方自然科学的启发而大胆发掘传统文化的结果。在那种历史、知识条件制约下，康有为那一代知识人不可能与传统实行彻底的决裂，也不可能继续以传统抵抗西方，而只能在传统幽灵庇护下进行改革。

那时中国的改革方式，不可能是动员底层社会的暴力革命，唯一可以凭借的方式，就是期待圣明天子出，引领清帝国渐进踏上变革的轨道，其表现方式，也是传统中国上书、请愿、呼吁。故而梁启超在讨论戊戌变法历史时指出：“吾国四千年大梦之唤醒，实自甲午战败割台湾偿二百兆以

① 梁启超：《清代学术概论》，梁启超著，朱维铮校注：《梁启超论清学史二种》，复旦大学出版社1985年版，第79页。

后始也。我皇上赫然发愤，排众议，冒疑难，以实行变法自强之策，实自失胶州、旅顺、大连湾、威海卫以后始也。……及乙未（1895）之役，（康有为）复至京师，将有所陈，适合议甫就，乃上万言书，力陈变法之不可缓，谓宜乘和议既定，国耻方新之时，下哀痛之诏，作士民之气，则转败为功，重建国基，亦自易易。书中言改革之条理甚详。既上，皇上嘉许，命阁臣抄录副本三份，以一份呈西后，以一份留乾清宫南窗，以备己览，以一份发各省督抚会议。康有为之初乘宸眷，实自此始，时光绪二十一年（1895）四月也。"[①] 在梁启超的概念中，戊戌年间所有重大变化均始于甲午战争，始于康有为的觉醒、鼓吹，而康有为的鼓吹方式，就是传统中国政治形态中最老套的上书。康有为的上书改变了历史，也改变了其自身。又由于特殊的政治际遇，让康有为在变法高潮时突然出走流亡海外长达十几年，因而其后来发布的戊戌时期的奏折，与宫中所藏清廷实际收到的奏折不太一致，因而很长时期受到政治反对派、历史学家的质疑，人们不仅怀疑康有为这些上书的真实性，而且进而怀疑康有为的人品、操守。其实，回到历史，这些疑问，也并不难解释。

清咸丰八年戊午二月初五日（1858 年 3 月 19 日），康有为生于其乡敦仁里老屋中，初名有钦，又名有为[②]、祖诒，字广夏，号长素，又号更生，一作更甡。广东南海人，故学术史上又称"南海先生"。

康氏为广东名族，以理学传家。曾祖建昌，又名式鹏，号云衢，讲学于乡，称醇儒，诰封资政大夫福建按察使。祖父赞修，又名以乾，号述之，道光举人，升用教授连州训导，专以程朱之学提倡后进，粤中士林，

① 梁启超：《戊戌政变记》，《饮冰室合集》专集之一，第 1 页。

② 康有为撰，楼宇烈整理：《康南海自编年谱》（外二种），中华书局 2012 年版，第 2 页。

咸宗仰焉。从祖国器，当咸同间，从左军，以功至广西巡抚。康有为的父亲达初公，字植谋，号少农，提举衔，江西补用知县①，不幸早逝②，因而康有为早年主要依靠乃祖赞修公抚育、启蒙。

康赞修是广东地区有名的儒家学者，康有为从他那里接受的早期教育可想而知。少年康有为聪明绝人，每诵读，过目不忘。七岁能属文，有神童之誉。然家学既正，秉性纯厚，不苟言笑。在其祖父影响下，康有为较早便接受了程朱理学思想影响，成童之时便有志于儒家圣贤之学，开口便曰圣人、圣人，乡里俗子笑之，戏称康有为为“圣人为”。

光绪二年（1876），十九岁的康有为接续乃父及伯叔父，追随年已七十岁的著名学者朱次琦从学，逐步放弃先前所接受的程朱理学，渐渐厌弃在故纸堆中讨生活“究复何用”之考据之学，转而对与程朱理学相对的陆王心学发生浓厚兴趣。

朱次琦，号子襄，又号稚圭，广东南海九江堡人，故人称朱九江或九江先生。朱次琦生于嘉庆十二年（1807），以早慧受知于阮元，道光年间进士，“硕德高行，博极群书，其品诣学术，在涑水（指司马光）、东莱（指吕祖谦）之间，与国朝亭林、船山为近，而德器过之”③。一度出仕，有政声，后讲学于邑之礼山，三十年累召不出，为岭南影响力最大的名儒，对岭南学术发展产生过重要影响。

就学术传承而言，朱次琦为学基本宗旨是宋明理学，强调以程朱理学为学术骨干、根基，但也不废陆王心学，以为陆王心学所论也有程朱理学家所不及处。于是主张以程朱理学为主，兼采陆王心学，融合汉宋，而探

① 《康南海自编年谱》（外二种），第1页。

② 据《康南海自编年谱》（外二种），第4页，“知县公”病逝于同治七年正月。

③ 《康南海自编年谱》（外二种），第6页。

源于孔子，从而形成以“济世经世，不为无用之空谈高论”为主要特征的学术思想体系。尝谓“孔子没而微言绝，七十子终而大谊乖，岂不然哉？天下学术之变久矣。今日之变，则变之变者也。秦人灭学，幸犹未坠。汉之学，郑康成集之；宋之学，朱子集之。朱子又即汉学而稽之者也。会同六经，权衡四书，使孔子之道大著于天下。宋末以来，杀身成仁之士，远轶前古，皆朱子之力也。朱子，百世之师也。事师无犯无隐焉者也。然而攻之者互起，有明姚江之学，以致良知为宗，则攻朱子之格物。乾嘉中叶至于今日，天下之学，皆尊汉而退宋，以考据为宗，则攻朱子为空疏。一朱子也，而攻之者乃相矛盾。呜呼！学术之变，古未有其变也；呜呼，古之言异学者，畔之于道外，而孔子之道隐。今之言汉学、宋学者，咻之于道中，而孔子之道歧。何天下之不幸也，彼考据者，不宋学而汉学矣，而猎剿文、蠹大谊、丛脞无用，汉学之长有如是哉？孔子曰德之不修，学之不讲，是吾忧也。吾今为二三子告，蕲至于古之实学而已矣”[①]。

显然，朱次琦看到了乾嘉汉学内在不足的问题，故而主张汉宋兼容并重。他常对弟子说：“孔子之学，无汉学，无宋学也。修身读书，此其实也。”[②]“先生厉行于后汉，探义理于宋人。既则舍康成，释紫阳，一以孔子为归。”[③] 修身读书，又被朱九江概括为“四行五学”。所谓四行者，即修身之四目，曰敦行孝悌、崇尚名节、变化气质、检摄威仪。所谓五学者，即学者必须掌握的五个学术范围，曰经学、史学、掌故之学、性理之学、辞章之学。对此，钱穆指出，“东塾之旨，在融朱子于康成；九江之论，则在纳康成于朱子。故曰朱子又即汉学而稽之，会同六及，权衡四

① 简朝亮：《朱九江先生年谱》，台北商务印书馆1978年版，第215页。

② 《朱九江先生年谱》，第215页。

③ 康有为：《朱九江先生遗集序》，见简朝亮编《朱九江先生遗集》卷首，光绪二十三年读书草堂刊本。

书，为百世师。故东塾教人，不免于读注疏，而子襄居九江，讲学礼山下，诏学者以四行五学焉”①。

据康有为后来回忆，当他初列朱先生门墙时，朱次琦已年过古稀，但其行如碧霄青云，其德如粹玉馨兰，其学如海，其文如山，以躬行为宗，以无欲为尚，气节摩青苍，为有清两百年少见的巨儒大贤。正是在朱次琦的深刻影响下，康有为才得以“粗闻大道之传，决以圣人为可学，而尽弃俗学”而学焉。② 从那以后，康有为“乃洗心绝欲，一意归依，以圣贤为必可期，以群书为三十岁前必可尽读，以一身为必能有立，天下为必可为。从此谢绝科举之文，士芥富贵之事，超然立于群伦之表，与古贤豪君子为群”③。

按照钱穆分析，朱次琦“四行五学”说是他的一大“卓见”：“乾嘉专经而不能通之以史，所以致至于丛脞而无用。章实斋、魏默深非皆已微窥其意，至稚圭乃始明白昌言之。稚圭曰史之于经，犹医案也。故治史必通经。又分史与掌故为二，盖史明事变，掌故以通制度，即李申耆以下，以通鉴、通考为二通之说也。章实斋六经皆史，皆谓王官之所掌，此则偏掌故言。又谓浙东史学皆本心性，此史指事变言。稚圭分而二之，则更明显矣。稚圭言理学，义旨更宏达。理学中本应包经史掌故。凡以经世致用之学，皆吾分内事。若管、姚、李、张诸人，非无功业，而滋诟病，以其不知理学也。故务功业者不能不通理学，而理学中自应有功业，非可排除功业以自成其为理学也。理学家忽视文章，特为一病。稚圭于经史掌故性理之外，又特增辞章一门，更为宏达之见。其前如戴东原、姚惜抱，言学皆

① 钱穆：《中国近三百年学术史》，商务印书馆1997年版，第640页。

② 康有为：《朱九江先生佚文序》，康有为著，陈永正编注：《康有为诗文选》，广东人民出版社1983年版，第587页。

③ 《康南海自编年谱》（外二种），第7页。

分义理、考据、辞章，曾涤生又加经济一项，以稚圭意绳之，皆为未当。乾嘉诸儒意欲以汉学摈宋学，遂言考据。考据乃治学中所有事，岂能自成为学，稚圭言五学，独不及考据，其识卓矣。抑且五学实一学也，如戴、姚之割裂而三分之，决无当于孔子论学之道，亦无当于朱子论学之道也。”①

康有为追随朱次琦究心于中国传统旧学的第三年，即光绪四年（1878），他的知识已有很大长进，儒家典籍、先秦诸子、汉宋以来重要著作，康有为都曾系统阅读，许多重要典籍甚至能够出口成诵。不过随着知识积累，康有为开始与乃师朱九江的学术见解发生分歧，最突出的分歧发生在对韩愈的看法上。朱九江素来推崇韩愈的文章，而康有为却觉得韩愈道术浅薄，以致宋明以来的文章大家受其影响，皆徒有虚名，探其实际，皆空疏无有。所谓韩愈文章，不过为文工于抑扬顿挫，便于朗读，但能言耳，于道无益，于文化积累，文明增长，于儒家精神传承、发展，并没有多少实际用处。即便被称为千古名篇的《原道》，如果仔细分析，也是浪得大名，极为肤浅。由此认识继续发展，康有为开始怀疑以全副精力埋首于故纸堆“汩其灵明”的实际意义，开始反省考据学大家诸如戴震等人的学术“究复何用”。于是他逐步地厌弃故纸堆的生活，“而私心好求安心立命之所，忽绝学捐书，闭户谢友朋，静坐养心”。静坐时，忽见天地万物皆我一体，大放光明，自以为圣人，则欣喜而笑；忽思苍生困苦，则闷然而哭；忽思有亲不事，何学为？其歌苦无常，同门遂以为狂而有心疾矣。②

其无常的精神状态显然无法使康有为继续师从朱九江求学。光绪四年（1878）冬，康有为辞别师事三年的恩师朱九江，来到山水幽胜的西樵山，

① 钱穆：《朱九江学述》，《中国学术思想史论丛》卷八，三联书店 2009 年版，第 321 页。
② 《康南海自编年谱》，第 8 页。

居白云洞，“专讲佛、道之书，养神明，弃渣滓”，时或啸歌为诗文，徘徊散发，枕卧石窟瀑布泉水之间，席芳草，临清流，常常整夜无眠，恣意游思，天上人间，极苦极乐，皆如亲身尝试一般。然而，“偶有遁逃聊学佛”的结果，仍旧“忧患百经未闻道”[①]。既而以事出城，遂断此学，佛道理论依然不能满足康有为的精神饥渴、思想需要。

居住在西樵山白云洞静养时，翰林院编修张鼎华（字延秋）与朝士四五人来游西樵山。张鼎华素以文学有盛名于京师，康有为对之亦仰慕已久。至是两人相见，本该相谈甚欢。无奈议论不合，张鼎华遭到了康有为大声呵诋，愤恨中拂袖而去。不过，涵养深厚的张鼎华并没有计较康有为不敬不逊，他对康有为的某些见解虽不认同，但还是佩服康有为的精神与为人，他在回到广州省城后逢人便说“来西樵但见一土山，惟见一异人”[②]。自是粤中士大夫开始注意康有为。

张鼎华的雅量感动了康有为，康氏遂以优美的骈体文字致书求见。张氏得读康有为的来书极为欣赏，谓粤人无此文。康张二人由是订交。两人在省城的相晤通宵达旦，从张那里，康有为“尽知京朝风气，近时人才及各种新书，道咸同三朝掌故，皆得咨访焉”。康有为的思想从此发生重大转折，张鼎华在此起到了极为重要的作用。康有为后来深情回忆张鼎华在他这一思想转变中的重要性时说：“张君聪明绝世，强记过人，神锋朗照，谈词如云。吾自师九江先生，而得闻圣贤大道之绪，自友延秋先生，而得博中原文献之传。”[③] 将张鼎华与朱九江并列，尊为自己思想学术成长过程

① 康有为：《澹如楼读书》，姜义华、张荣华主编：《康有为全集》卷十二，中国人民大学出版社2007年版，第143页。

② 《康南海自编年谱》（外二种），第9页。

③ 《康南海自编年谱》（外二种），第9页。

中的引路人，又有诗为证：“南望九江北京国，搿心知己总酸辛。”[①]

受张鼎华影响，康有为从此舍弃中国传统知识分子安身立命的考据帖括之学，专意养心，“既念民生艰难，天与我聪明才力拯救之，乃哀物悼世，以经营天下为志”[②]。开始研读具有经世致用特征的《周礼·王制》《文献通考》《经世文编》《天下郡国利病书》《读史方舆纪要》等，既而得《西国近事汇编》《环游地球新录》等，他的思想境界更进一层。

光绪五年（1879），康有为因一个偶然机会到殖民统治下的香港旅游，一个与自己生活在其中且厌倦的旧世界全然不同的新天地，给他以前所未有的心灵震荡，“览西人宫室之瑰丽，道路之整洁，巡捕之严密，乃始知西人治国有法度，不得以古旧之夷狄视之”[③]。乃复阅《海国图志》《瀛寰志略》等书，购地球图，渐收西学之书，开始了向西方学习的艰难历程。

光绪八年（1882）五月，康有为因应顺天乡试第一次来到北京，虽名落孙山，但借此机会谒太学，叩石鼓，瞻宫阙，购碑刻讲金石之学，扩大了视野，增长了见闻。返乡途中，游扬州、镇江。道经上海之繁盛，“益知西人治术之有本”，舟车行路，大购西书以归讲求焉。十一月还家，“自是大讲西学，始尽释故见”[④]。

对西学文献的阅读，让康有为的思想发生一些变化，俯读仰思，所悟日深：“因显微镜之万数千倍者，视虱如轮，见蚁如象，而悟大小齐同之理；因电机光线一秒数十万里，而悟久速齐同之理。知至大之外，尚有大者；至小之内，尚包小者。剖一而无尽，吹万而不同，根元气之混仑，推

① 康有为：《苏村卧病书怀》，《康有为政论集》上，第 20 页。

② 《康南海自编年谱》（外二种），第 9 页。

③ 《康南海自编年谱》（外二种），第 9 页。

④ 《康南海自编年谱》（外二种），第 9 页。

太平之世。”[①] 开始有营造自己思想体系的冲动。

光绪十一年（1885），康有为二十八岁，从事算学，“乃手定大同之制”，以几何著《人类公理》，甚至自负地以为“吾既闻道，既定大同，可以死矣”[②]。在《人类公理》这部书中，康有为以西方近代资产阶级自由、平等、博爱的理论，猛烈抨击中国传统社会制度和传统意识形态，在近代中国最先提出“人的解放”这一口号，并绘制了一个独特的理想世界蓝图。

自以为学有所成，也自以为“头痛大作，几死”，因而康有为加快了著书立说的步伐。光绪十二年（1886），二十九岁的康有为春秋居城，五月复居乡之澹如楼。是岁，作《康子内外篇》，内篇言天地人物之理，外篇言政教艺乐之事。又作《教学通议》，以为“今天下治之不举，由教学之不修也”；“教学之不修”，是因为“患其不师古也”。而世人所学只是“师古之糟粕，不得其精意”。而康有为认为，“善言古者，必切于今；善言教者，必通于治”。所以他著《教学通议》的目的就是言教通治，言古切今。[③] 于是康有为循周公典范，以《周礼》为蓝本，敷教言治，表现出浓厚的古文经学倾向。至于康有为之与今文经学的关系，据梁启超的说法，那是后来的思想演进：“今文学运动之中心，曰南海康有为。然有为盖斯学之集成者，非其创作者也。有为早年，酷好《周礼》，尝贯穴之著《政学通议》，后见廖平所著书，乃尽弃其旧说。”[④]

---

① 《康南海自编年谱》（外二种），第 12 页。

② 《康南海自编年谱》（外二种），第 13 页。

③ 康有为：《教学通议序》，《康有为全集》卷一，第 81 页。

④ 梁启超：《清代学术概论》，《梁启超论清学史二种》，第 63 页。

第二节　何来维新

在乡间那些年，康有为在大量阅读中西典籍、营造自己的思想体系的同时，也一直积极准备科举考试的内容。在那个时代，科举考试是青年知识人走向仕途、走向成功的唯一途径。

光绪十四年（1888），康有为前往北京参加科举考试，名落孙山后顺手以平民之身给刚刚亲政的光绪皇帝上了一个折子，寄希望于万一。理想不能没有，万一成功了呢？只是康有为这一次太不幸运了，或者也可以说太正常了，康有为的这份上书，也即后来被称为“上清帝第一书”的折子，泥牛入海无消息。这个结果应在情理之中，因而康有为在第一封上书无果打道回府，不久徇弟子陈千秋、梁启超等人所请，在万木草堂挂牌招生，开始亦教亦学的生涯。

陈千秋是康有为的第一个登堂入室的大弟子，稍后又因陈千秋的关系，梁启超也成为康有为的入室弟子。据梁启超《三十自述》，“其年秋，始交陈通甫，通甫时亦肄业学海堂，以高才生闻。继而通甫相语，曰吾闻南海康先生上书请变法，不达，新从京师归，吾往谒焉。其学乃为吾与子所未梦及，吾与子今得师矣。于是乃因通甫修弟子礼，事南海先生。时余以少年科第，且于时流所推重之训诂词章学，颇有所知，辄沾沾自喜。先生乃以大海潮音作狮子吼，取其所挟持之数百年无用旧学更端驳诘，悉举而摧陷廓清之，自辰入见，及戌始退，冷水浇背，当头一棒，一旦尽失其故垒，惘惘然不知所从事，且惊且喜，且怨且爱，且疑且惧，与通甫联床，竟夕不能寐。明日再谒，请为学方针。先生乃教以陆王心学，而并及史学西学之梗概。自是决然舍去旧学，自退出学海堂，而间日请业南海之门，生平知有学自兹始”①。按照梁启超的这个说法，康有为此时大概情形是，一方面自己继续复习，准备应对下一次的考试，另一方面招收了陈千秋、梁启超等第一批弟子共学。

假如不是遇到廖平，康有为此后的学术道路，甚至人生道路都可能相当平凡，极大可能没有办法与其老师朱次琦相比。与廖平相遇，是康有为生命历程的一个巨大的转折点，彻底激活了其思想深处那些异端，求新求变。

廖平，原名登廷，字旭陔，又字勖斋，后改讳平，字季平，初号四益，旋改号四译，晚年更号五译，又更号六译。初名其堂曰小世彩堂，曰双鲤堂，五十前后曰则柯轩主人。② 四川井研人。生于咸丰二年（1852），卒于民国 21 年（1932），年八十一。同治十三年（1874），入县学为诸生。光绪二年（1876），通过科举考试，进入四川尊经书院读书，“由此得专心古学”。③

当此时，四川总督丁宝桢，督学张之洞，尊经书院山长为丁、张专门请来的湖南大学者王闿运，廖平也就理所当然成了王闿运登堂入室的大弟子了。

王闿运生于道光十二年（1832），卒于民国 5 年（1916），享年八十五。字壬秋，一字壬父，因所居名“湘绮楼”，故晚年号“湘绮老人”，学者称“湘绮先生”。湖南湘潭人。咸丰七年丁巳（1857）补行壬子、乙卯两科乡试时，领乡荐，中式第五名举人，时年二十六，即以文才有名于时。后入京应礼部试，落第。

---

① 《梁任公先生年谱长编》（初稿），中华书局 2012 年版，第 23 页。

② 廖宗泽：《六译先生年谱》，廖幼平编：《廖季平年谱》，巴蜀书社 1985 年版，第 1 页。

③ 廖平：《经话甲》，廖平著，李耀仙主编：《廖平选集》，巴蜀书社 1998 年版，第 450 页。

落第后的王闿运一度在京逗留，依附主持朝政的肃顺，及肃顺被诛，即返回乡里不出。后参与曾国藩幕，“而国藩不能用。独谓闿运文不慧业，目为著述之才。闿运亦自负其才，睥睨一世，貌似和谐，内实骄矜，故每到一处，都与人不和。于是退息林泉，无意用世，以教学著书终其身”①。

就学术成就而言，对王闿运的评估自晚清以来便很不一致。皮锡瑞认为，“王先生说《易》先通文理，不用象数爻辰，其旨亦本于焦理堂而推阐之。《诗》不主《毛》，亦非尽用三家。《春秋》兼用《公羊》《穀梁》新义，间出前人之外。《礼经》尤精，说《易》及《诗》，皆以《礼》证之，故其说虽新而有据，异于宋明诸人，与予说经之旨相同，惟予不敢过求新矣耳”②。这是对王的学说持赞成态度的评价。

更多的学者则认为，王闿运虽以治《公羊》闻于世，然故文人耳，经学造诣甚浅，所著《春秋公羊传笺》凡十一卷，“然拘拘于例，无甚发明。其弟子廖季平（平）关于《公羊》著述尤多，然穿凿过甚，几成怪了。康先生（有为）从廖氏一转手而归于纯正，著有《春秋董氏学》《孔子改制考》等书，于新思想之发生，间接有力焉”③。据梁启超说，王闿运“以治《公羊》闻于世，然故文人耳，经学所造甚浅”④，其所著《春秋公羊传笺》学术水准甚低，远逊于常州学派今文学者孔广森。“要之，壬秋颇有小慧而学无本原，学问已成的人，读他的书有时可以助理解，初学则以不读为妙。”⑤“大抵王氏说经，想摆脱旧有传注，自成一家。其流弊乃至杜撰出奇，为世所讥。有人骂他‘开著书简易之路，成末流蔑古之风’，不是没

① 张舜徽：《清儒学记》，华中师范大学出版社2005年版，第233页。

② 皮名振：《皮鹿门年谱》，商务印书馆1981年版，第26页。

③ 梁启超：《中国近三百年学术史》，《梁启超论清学史二种》，第315页。

④ 梁启超：《清代学术概论》二十三，《梁启超论清学史二种》，第63页。

⑤ 梁启超：《中国近三百年学术史》，《梁启超论清学史二种》，第360页。

有根据的。……大抵他的一生治学，不外以抄书为注书，以翻史为读史，恃其才大，不能仔细做朴学笃实功夫，所以著述虽多，可传者少。”[①]

从学术史上看，王闿运的学问确实问题多多，但其思想的活跃，知识的广博，也在在深刻影响了廖平、杨度等及门弟子，其清末民初如此巨大的名头、影响力，也并非浪得虚名，徒有其表。

受王闿运的影响，廖平毕生致力于经学尤其是《公羊春秋》学的研究，称高弟，与绵竹杨锐、汉川张祥龄齐名。[②] 廖平著书甚多，结集为“四益馆经学丛书”十数种，颇知守今文及家法。不过其前后期的思想变化也很大。他最初认为，今文经学与古文经学的重要区别在于礼制不同，今文经学的礼制祖《王制》，古文经学的礼制宗《周礼》。此即其思想之第一变。稍后他认为，今文经学为孔学之真，所谓古文经基本是刘歆所伪。因此他竭力攻击王莽、刘歆的古文经学，以为古文经学与西汉正统的今文经学“天涯地角，不可同日语”。又鼓吹孔子受命改制，为“素王”。凡此，都表现出他鲜明的今文经学家的观点。

光绪十五年（1889），廖平先去北京参加恩科会试，中式第三十二名。七月，或稍后，廖平应张之洞之召赴广州，居广雅书院。就在这一次，“南海康有为从沈子丰得（廖平）先生《今古学考》，引为知己”。

廖平的学术看法影响了康有为，康有为的一些看法也引起了廖平的重视。这是一个互动的过程，至于谁接受对方的更多一些，研究者可以继续研究。但从学术史的观点看，王闿运、廖平、康有为，都是在接续近代早期迅猛兴起的今文经学思潮，也和历代今文学派一样，敏锐意识到了社会政治必将大变，因而期望从儒家思想宝库中寻找可以推动、帮助变革的因

① 张舜徽：《清儒学记》，第 236 页。

② 夏敬观：《廖平传》，《国史馆馆刊》1948 年第 1 期。

素。从这个意义上说，康有为接受、采纳廖平的一些论述，并无任何问题。

而且，廖平的学术看法并不是到这儿止步，他毕生为学宗旨频繁转换，前后期不尽一致。在这一点上，康有为似乎并不相同，康有为曾经极为自负地说自己的学问在三十岁之后就没有根本变化，基本上定型。

廖平《经学四变记·自序》谓，"初以《王制》《周礼》同治中国，分周孔同异，袭用东汉法也。继以《周礼》与《王制》不两立，归狱歆莽，用西汉法。然今学囿于《王制》，则六艺虽博，特中国一隅之书耳。戊戌以后，始言大同，乃订《周礼》为皇帝书，与《王制》大小不同，一内一外，两得其所。凡有血气，莫不尊亲。盖邹衍之说大明，孔子乃免拘墟"[①]。可见，廖平的学术观点并非一成不变，康有为从中受到启发，但是仍有自己的心得和独特的学术路径。

研究表明，廖平作品对康有为最具影响的当数《今古学考》以及由《今古学考》而改写的《知圣篇》和《辟刘篇》。

《今古学考》成书于光绪十二年（1886），时廖平年三十五。自谓不过其初变二变萌蘖之生耳。其书宗旨为"据《五经异义》所立今古二百余条，专裁礼制，不载文字，定为今学主《王制》孔子，古学主《周礼》周公"。据此，廖平在这部书中指出，"《左氏》出于今学方盛之时，故虽有简编，无人诵习，仅存秘府而已。至于哀平之间，今学已盛而将微，古学方兴而未艾，刘子骏目为此编，遂据以为今学之敌，倡言求立。至于东汉，遂古盛而今微，此风气盛衰迭变之所由也"。再，"刘子骏移太常书只云臧生等与同，不云其书先见。班书又云歆校书见《左传》而好之，是歆未校书以前，不见《左传》也"。而后来到郑玄"混合今古"，实在是"违

---

① 《廖平选集》上，第545页。

古”：“古今之混乱，始于郑君，而成于王子雍。大约汉人分别古今甚严，魏晋之间厌其纷争，同思划一。郑君既主今古混合，王子雍苟欲争胜，力返古法，足以摧毁郑君矣。庶乃尤而效之，更且加厉。《家语》《孔丛》皆其伪撰，乃将群经古今不同之礼，托于孔子说而牵和之。”这实在是中国学术史上一个最大的人为混乱。①

然到了光绪十四年（1888）戊子，廖平又自变其说，以为六艺皆新经，非旧史。以尊经者作《知圣篇》，辟古者作《辟刘篇》。则所谓尊今抑古之候也：“盖当时分教尊经，与同学二三百人，朝夕研究，折群言而定一尊，于是考究古文家渊源，则皆出许、郑以后之伪撰。所有古文家师说，则全出刘歆以后据《周礼》《左氏》之推衍。又考西汉以前，言经学者皆主孔子，并无周公。六艺皆为新经，并非旧史。于是以尊经者作为《知刘篇》，辟古者作为《辟刘篇》。”这个看法，深刻影响了康有为。廖平丝毫不为之隐讳，他在接下来的自注中直接表明：“外间所（祖述）[传]之《改制考》，即祖述《知圣篇》，《伪经考》即祖述《辟刘篇》。而多失其宗旨。”②

在《知圣篇》中，廖平指出，“惠、戴挺出，独标汉帜，收残拾坠，零璧断圭，颇近古董家。名衍汉学，实则宗法莽、歆，与西汉天涯地角，不可同日语。”“孔子受命制作，为生知，为素王，此经学微言传授大义。帝王见诸事实，孔子徒托空言，六艺即其典章制度，与今六部则例相同。素王一义，为六经之根株纲领。”③ 廖平这里对刘歆、王莽的批评，便与康有为《新学伪经考》的见解极为相似，究竟是廖平影响了康有为，还是他

① 廖平：《今古学考》，《廖平选集》上，第71页。

② 廖平：《四益馆经学四变记》，《廖平选集》上，第549页。

③ 廖平：《知圣篇》，《廖平选集》上，第175页。

们二人都各自意识到这些问题，人们尽管可以有各自的解说，但他们看法的相似性，却是不必怀疑的事实。

廖平的学术诚实主要表现在他随时都在怀疑自己的心得，力主“善变”：“为学须善变，十年一大变，三年一小变，每变愈上，不可限量，所谓士别三日当刮目相待者也。变不贵在枝节，而贵在主宰，但修饰整齐无益也。若三年不变，已属庸才；至十年不变，则更为弃才矣。然非苦心经营，力求上进者，固不能一变也。”① 廖平的这个看法极有意思，不是他不能守住学术结论，而是不断的思考，总让他改变。

而康有为的学术诚实在于其一旦确定看法，一定会想方设法维护这个看法，并尽最大可能让其逻辑自洽。光绪二十年（1894），廖平作《古学考》，“谨守汉法，中分二派。八年以来历经通人指摘，不能自坚前说，谨次所闻，录为此册。以古学为目者，既明古学之伪，则今学大同，无待详说。”可以感觉到廖平在今古文学优劣取舍上依然举棋不定，犹豫徘徊。

康有为则不然，他的《新学伪经考》辨析今古文，实启导于廖平。但对于此点，康有为素来忌讳莫深，不愿承认。而廖平对此则直言不讳，一而再，再而三地向世人指出此点。他说：“广州康长素奇才博识，精力绝人，平生专以制度说经。戊己间从沈君子丰处得《学考》，谬引为知己。及还羊城，同黄季度过广雅书局相访，余以《知圣篇》示知，驰书相诫，近万余言，斥为好名骛外，轻变前说，急当焚毁。当时答以面谈，再决行止。后访之城南安徽会馆，黄季度［以］病未至，两心相协，谈论移晷。明年，闻江叔海得俞荫老书，而《新学伪经考》成矣。甲午，晤龙济齐大令，闻《孔子会典》（已）［也］将成，用孔子卒纪年，亦学西法耶稣生纪年之意。然则《王制义证》可以不作矣。（孙）［生］公说法，求之顽石，

① 廖平：《经话甲》，《廖平选集》上，第412页。

得此大国，益信不孤。长素刊《长兴学记》，大有行教泰西之意，更欲于外洋建立孔庙。《中庸》云天之所覆，地之所载，人力所通，日月所照，霜露所坠，凡有血气者莫不尊亲。于今皆验。长素或亦儒门之达摩，受命阐教者乎？”①

廖平还说，“己丑在苏晤俞荫甫先生，极蒙奖掖，谓《学考》为不刊之书。语以已经改易，并三传合通事，先生不以为然，曰俟书成再议。盖旧误承袭已久，各有先入之见，一旦欲变其门户，虽荫老亦疑之。乃《辟刘》之议，康长素逾年成书数册，见习俗移人，贤者不免”②。

廖平明白指出，儒家经典经过长时期流传，早已混乱不堪，特别是王莽改制，一些无行文人曲意迎合，羼改原文，造成很多混乱，“六朝后甚行，二千年来沈蔽愈甚。道咸间，大师硕学间发端倪，丁亥（光绪十三年）作《今古学考》。戊子分为二篇：述今学为《知圣》，论古学为《辟刘》。庚寅晤康长素于广州，议论相合。逾年，《伪经考》出，倚马成书，真绝伦也”③。很显然，廖平认为，康有为《新学伪经考》受到庚寅广州会晤的影响，否则康有为不可能这样快成书。这是一个很严重的指控。

对于康有为的《新学伪经考》可能因袭廖平著作的问题，廖平不仅在各种场合进行宣传，而且在当时也曾直接致信康有为进行争辩：“龙济之大令来蜀，奉读大著《伪经考》《长兴学记》，并云《孔子会典》已将成书。弹指之间，遂成数万宝塔，何其盛哉！……后之人不治经则已，治及则无论从违，《伪经考》不能不一问途，与鄙人之《今古学考》，永为治经之门径，欣忭何极！惟庚寅羊城安徽会馆之会，鄙人《左传经说》虽未成

① 廖平：《经话甲》，《廖平选集》上，第448页。

② 廖平：《经话甲》，《廖平选集》上，第447页。

③ 廖平：《经话甲》，《廖平选集》上，第497页。

书，然大端已定，足下以《左》学列入新莽，则殊与鄙意相左。……今观《伪经考》，外貌虽极炳烺，……而内无底蕴，不出史学、目录二派之窠臼，尚未足以洽鄙怀也。当时以为速于成书，未能深考，乃俟之五六年，仍持故说，殊乖雅望。昔年在广雅，足下投书相戒，谓《今古学考》为至善，以攻新莽为好名。……今足下大名，……百倍鄙人，以子之矛攻子之盾，久宜收敛。……又吾两人交涉之事，天下所共闻知。余不顾贪天功以为己力，足下之学自有之可也。然足下深自讳避，使人有向秀之谤。每大庭广众中，一闻鄙名，足下进退未能自安，浅见者又或以作俑驰书归咎，鄙人难于酬答，是吾两人皆失也。天下之为是说，惟我二人，声气相求，不宜隔绝，以招谗间。其中位置，一听尊命。谓吾昔年之会，如邵、程也可，如朱陆也可，如白虎、石渠亦可。称引必及，使命必道，得失相闻，患难与共。且吾之学详于内外，彼此一时，未能相兼，则通力合作，秦越一家，乃今日之急务，不可不深思而熟计之也。”①

康有为不愿承认其思想见解直接来源于廖平，但曾协助其编写《新学伪经考》的大弟子梁启超对此则直言不讳。梁启超明确指出，“今文学运动之中心，曰南海康有为。然有为盖斯学之集成者，非其创作者也。有为早年，酷好《周礼》，尝贯穴之著《政学通议》，后见廖平所著书，乃尽弃其旧学。……平……著“四益馆经学丛书”十数种，颇知守今文家法。晚年受张之洞贿逼，复著书自驳。其人固不足道，然有为之思想受其影响，不可诬也。有为最初所著书，曰《新学伪经考》。伪经者，谓《周礼》《逸礼》《左传》及《诗》之《毛传》，凡西汉末刘歆所力争立博士者。新学者，谓新莽之学。时清儒诵法许、郑者，自号曰汉学。有为以为此新代之

① 廖平：《致某人书》，氏著：《四益馆文集》，转引自钱穆《中国近三百年学术史》下，第646页。

学，非汉代之学，故更其名焉。……有为弟子有陈千秋、梁启超者，并夙治考证学，陈尤精洽；闻不为说，则尽弃其学而学焉。《伪经考》之著，二人者多所参与，亦时时病其师之武断，然卒莫能夺也。实则此书大体皆精当，其可议处乃在小节目。乃至谓《史记》《楚辞》经刘歆羼入者数十条，出土之钟鼎彝器，皆刘歆私铸埋藏以欺后世。此实为事理之万不可通者，而有为必力持之。实则其主张之要点，并不必借重于此等枝词强辩而始成立，而有为以好博好异之故，往往不惜抹杀证据或曲解证据，以犯科学家之大忌，此其所短也。有为之为人，万事纯任主观，自信力极强，而持之极毅。其对于客观的事实，或竟蔑视，或必欲强之以从我。其在事业上也有然，其在学问上也亦有然；其所以自成家数崛起一时者以此，其所以不能立健实之基础者亦以此；读《新学伪经考》而可见也。”[①] 显然，在梁启超看来，康有为的《新学伪经考》有受之于廖平者，但其论证、阐发的基本路数则是康有为的发明。

也就是说，康有为的《新学伪经考》肯定受到廖平的思想影响，只是在当时的情况下康有为不愿承认而已。但是到了后来，当康有为比较能够冷静地反省自己的学术道路时，他还是多少承认了与廖平的学术渊源。1917 年，康有为在《重刻伪经考后序》中说：“吾向亦受古文经说，然自刘申受、魏默深、龚定庵以来，疑攻刘歆之作伪多矣，吾蓄疑于心久矣。吾居西樵山之北银塘之乡，读书澹如之楼，卧七桧之下，碧荫茂对，藤床偃息，藏书连屋，拾取《史记》，聊以遮目，非以考古也。偶得《河间献王传》《鲁共王传》读之，乃无‘得古文经’一事，大惊疑。乃取《汉书·河间献王》《鲁共王传》对较《史记》读之，又取《史记》《汉书》两《儒林传》对读之，则《汉书》详言古文事，与《史记》大反，乃益大惊

① 梁启超：《清代学术概论》二十三，《梁启超论清学史二种》，第 64 页。

大疑。又取《太史公自序》读之，子长自称‘天下郡国群书皆写副集于太史公，太史公仍世父子纂其业，乃绎金匮石室之藏，厥协六经异传，整齐百家杂语’，则子长于中秘之书，郡国人间之藏，盖无所不见；其生又当河间献王、鲁共王之后，有献书开壁事，更无所不知；子长对此孔经大事，更无所不纪。然而《史记》无之，则为刘歆之伪窜无疑也。加以师丹大怒，公孙禄、范升严劾，龚胜称病，诸博士严拒，乃知古文之全为伪，郻然已解决。于是出《史记》为主，遍考《汉书》而辨之，以今文为主，遍考古文而辨之。遍考周秦西汉群书，无不合者。虽间有窜乱，或儒家以外杂史有之，则刘歆采撷之所自出也。于是涣然冰释，怡然理顺，万理千条，纵横皆合矣。吾忧天下学者穷经之人迷途而苦难也，乃先撰《伪经考》，粗发其大端，俾学者明辨之，舍古文而从今文，辨伪经而得真经。”从这段描述看，好像“新学伪经”就是康有为独自发现的，与他人无关，前无古人。

其实不是这样的。康有为在紧接着的一段明白表示：“今世亦有好学深思之士，谈今古之辨，或暗有相合者。惜其一面尊今文而攻古文，一面尊信伪《周官》以为皇帝王霸之运，矛盾自陷，界畛自乱，其他所在多有，脉络不清，条理不晰，其为半明半昧之识，与前儒杂糅今古者无异。何以明真教而导后士？或者不察，听其所言，则观其尊伪《周礼》一事，而知其道不相谋，翩其反而也。”[①] 综合起来看，康有为事实上曲折地承认他并不是毫无凭借独自发现了真理，他的《伪经考》一些观点与廖平的见解有些暗合，当然，固执的康有为不可能坦率地承认他受到廖平的直接影响，这对于立志立宗开派，自成一家的康有为来说，承认廖平确实比较困难。当然也有一个事实上的理由，康有为认为，廖平的见解没有他的《伪

① 康有为著，章锡琛校点：《新学伪经考》，古籍出版社1956年版，第381页。

经考》来得彻底，而是介于今古文之间的模糊看法。

应该承认，廖平的今古文学术分析确实没有康有为的见解来得彻底与明白，但唯其如此，正可将廖平视为康有为的学术前驱。如果廖平将一切都讲得很明白，那么哪里还有康有为后来的发挥余地呢？事实的真相可能是，康有为在与廖平在羊城会面之前，可能已对古文经学产生过某些疑问，但经与廖平“两心相协”的交谈之后，康有为的见解便更加明确，于是有他的《新学伪经考》一书。从这个意义上说，廖平是康有为的学术前驱，但并不能因此而否定康有为思想学术的独创性。康有为至死不愿承认廖平学术对他的直接影响固然不对，但廖平将康有为的独创性全然不顾，一再强调自己对康有为的直接影响，也是促成康有为愈趋反感而更不愿承认的直接动因。对此，还是梁启超的分析有点道理，他说：康有为“其治经则综糅汉宋今古，不言家法。康先生之治《公羊》，治今文也。其渊源颇出自井研，不可诬也。然所治同，而所以治之者不同。畴昔治《公羊》者皆言例，南海则言义。惟牵于例，故还珠而买椟。惟究于义，故藏往而知来，以改制言《春秋》，以三世言《春秋》，自南海始也。改制之义立，则以为《春秋》者，绌君威而申人权，夷贵族而尚平等，去内竞而归统一，革习惯而尊法制，此南海之言也。”[①] 换言之，也就是列文森在分析廖平与康有为关系时所指出的那样，廖平是中国历史上“最后一个，但也许是最富于想象力的今文儒家”；“廖平把孔子尊崇成一个幻想家而不是一位小心谨慎的传统主义者”；“廖平对待经书时是如此地远离历史，以至于他根本不把《春秋》依照其字面来对待，即不作为鲁国的编年史，而是当成现代世界的影象，以郑国代表中国，晋国代表英国，鲁国代表日本，鲁哀公代表明治天皇。”基于这种判断，列文森认为廖平、康有为两人尽管都

---

① 梁启超：《论中国学术思想变迁之大势》，《饮冰室合集》文集之七，第 99 页。

在研究今文经学，都在发挥今文经学，但他们二人表现出不同的形态，因此必须理解他们对于今文经学的不同态度。康有为积极地干预现实政治并以今文经学作为干预政治的工具，事实上康有为在后期建立孔教会时就更加完全不顾今文、古文的区别。而廖平只是一个纯粹的儒生，并不太干预现实，而表现出一些“为儒学而儒学”的特点，“超越了康有为的空想主义，在康以前就已写作而且在康之后还继续写作的廖平，是最后一个把儒学作为他的心灵中头等大事来工作的人”[①]。这或许可以说明职业思想家与政治实践家之间的区别，更可以明了康有为与廖平之间的学术联系。

第三节 “新学伪经”与“孔子改制”：独创与因袭

光绪十七年（1891），康有为循弟子之请，“始开堂于长兴里讲学”，“与诸子日夕讲业，大发求仁之义，而讲中外之故、救中国之法。来学多志士，如韩文举、梁朝杰、曹泰，多有成者，既明而起，讲贯至深夜。又以其暇著书事母，是时精力尚足。七月，《新学伪经考》刻成，陈千秋、梁启超助焉。冬，王觉任、麦孟华皆来学”[②]。

按照梁启超的说法，“辛卯，余年十九，南海先生始讲学于广东省城长兴里之万木草堂。徇通甫与余之请也。先生为讲中国数千年来学术源流，历史政治，沿革得失，取万国以比例推断之。余与诸同学日札记其讲义，一生学问之得力，皆在此年。先生又常为语佛学之精奥博大。余夙根浅薄，不能多所受。先生时方著《公理通》《大同学》等书，每与通甫商

① ［美］约瑟夫·列文森：《儒教中国及其现代命运》，李学勤主编：《国际汉学著作提要》，江西教育出版社 1996 年版，第 181 页。

② 《康南海自编年谱》（外二种），第 23 页。

榷，辨析入微，余辄待末席，有听受，无问难，盖知其美而不能通其故也。先生著《新学伪经考》，从事校勘；著《孔子改制考》，从事分纂。日课则宋元明《学案》、二十四史、《文献通考》等”①。这是康有为思想最为活跃，创造力最为旺盛的一个时期。

在长兴里讲学，康有为专门著有《长兴学记》，“以为学规”。弟子陈千秋为之作跋称：“孔子创造《六经》，改制圣法，传于七十，以法后王。虽然，大义昧没，心知其义者，盖已寡矣。汉之学，发得《春秋》；宋明之学，发得《四书》；二千年之治赖是矣。国朝之儒，刳心绌性，而宋学亡；经师碎义逃难，而汉学亦亡。陵夷至道咸之季，大盗猖披，国命危阽，民生日悴，莫之振救，儒效既睹，而世变亦日新矣。吾师康先生，思圣道之衰，悯王制之缺，慨然发愤，思易天下。既绌于国，乃讲于乡。千秋与服领英秀，捧读请业，爰述斯记，以为规言，其词虽约，而治道经术之大，隐隐乎拨檖而光晶之；孔子之道，庶几焕炳不蔽晦。……缀学之士，知所趣向。推行渐广，风气渐移，生民之托命，或有赖焉。”②

梁启超也对《长兴学记》大加赞扬：“在昔有汉学宋学之争，于今有中学西学之辨。究其终始，折中孔子而已。孔子创制发后，翻经演纬，俟圣不惑在大义，因时变通在微言。二宗既畅，条附弥天。虽七十邈矣，孟、荀润色于齐、楚；城旦苛政，图书不渝于斯薪。然东京训诂，代兴经籍，道息宋世，老、杨夺统，仁爱义乖，陵夷至今，大忠痡迫。南海康先生忧之，讲学长兴里，著为《学记》，昭示来者。爰同类以及异类，推孔

① 梁启超：《三十自述》，《饮冰室合集》文集之十一，第17页。

② 陈千秋：《陈千秋跋》，康有为著，楼宇烈整理：《长兴学记·桂学答问·万木草堂口说》，中华书局1988年版，第23页。

教以仁万国。”[①]

《长兴学记》虽短，却是康有为最重要的一部著作。在这篇文章中，康有为大致描述了对中国学术的原则看法，对乾嘉汉学乃至整个中国传统学问，在康有为看来都存在相当多的问题：“顾亭林鉴晚明讲学之弊，乃曰今日只当著书，不当讲学。于是后进沿流以讲学为大戒。江藩谓刘台拱言义理而不讲学，所以可取。其悖谬如此。近世著书，猎奇炫博，于人心世道，绝无所关。戴震死时乃曰至此平日所读之书，皆不能记，方知义理之学可以养心。段玉裁曰今日气节坏，政事芜，皆由不讲学之过。此与王衍之悔清谈无异。故国朝读书之博，风俗之坏，亭林为功之首，亦罪之魁也。今与二三子剪除荆棘，变易陋习，昌言追孔子讲学之旧。”[②] 显然，康有为对顾炎武以来只知著书、不愿讲学的风气持批评态度，他愿意直承孔子，重开讲学之风，别开一番新天地。

在《长兴学记》中，康有为基本确立其后来的一些独特观念。比如所谓“新学伪经”问题，康有为指出，“《诗》《书》《礼》《易》《春秋》，是为六经，见于经解，《庄子》《韩非子》《史记·儒林传》又名六艺。史迁曰言六艺者，皆折衷于孔子。盖六经皆孔子作也。《诗》《书》《礼》《乐》，孔子藉先王之书而删定之，至《易》与《春秋》，则全出孔子之笔。故孔子教人，以《诗》《书》《礼》，而《易》《春秋》身后始大盛也。孔子之为万世师，在于制作六经；其改制之意，著于《春秋》。……至刘歆，挟校书之权，伪撰古文，杂乱诸经，于是有《毛诗》《周官》《左氏春秋》，伪经增多，杜林、卫宏传之，二郑、马融扇之。郑康成兼揉今古，尽乱家

① 梁启超：《长兴学记志》，《长兴学记·桂学答问·万木草堂口说》，第 24 页。由此可见《长兴学记》在康有为学术历程中的价值、意义。

② 《长兴学记·桂学答问·万木草堂口说》，第 5 页。

法，深入歆室，甘效死力，加以硕学高行，徒众最盛。三国、六朝、隋唐尽主郑学，于是伪古文盛行，皆在刘歆牢中。宋儒时多异论，而不得其故，亦为刘歆丰蔀。国朝经学最盛，顾、阎、惠、戴、段、王盛言汉学，天下风靡，然且盘旋许、郑肘下，而不自知。于是二千年皆为歆学，孔子之经虽存，而实亡矣。诸儒用力虽勤，入蔀愈深，悖圣愈甚。犹之楚而北辙，缘木而求鱼，可谓之新学，不可谓之汉学，况足与论夫子之学哉?"①

也就在长兴里万木草堂开讲那一年（光绪十七年，1891），康有为在陈千秋、梁启超等弟子协助下，刊行《新学伪经考》，之后又作《孔子改制考》。后来许多研究者认为，这两部著作通过对中国文化传统的重新阐释，创造性地建立了变法维新的理论体系，在晚清思想学术界造成极大的影响。比如梁启超就认为，康有为的这两部著作，"乃综集诸家说，严画今古文分野，谓凡东汉晚出之古文及经传，皆刘歆所伪造。正统派所最尊崇之许、郑，皆在所排击。则所谓复古者，由东汉以复于西汉。有为又宗《公羊》，立孔子改制说，谓六经皆孔子所作，尧舜皆孔子依托，而先秦诸子，亦罔不托古改制。实极大胆之论，对于数千年经籍谋一突飞的大解放，以开自由研究之门。"②

在《新学伪经考》中，康有为抨击清代正统学派——乾嘉诸老的汉学——所依据的儒家经典并不可靠，以釜底抽薪的手法否定正统学说的权威。他认为，西汉并无所谓古文经学，东汉以来的所谓古文经学，皆是刘歆为了王莽"新朝"改制而伪造的，与儒家之祖孔子并无干涉，故名之曰"新学伪经"。其要点主要有：一、西汉经学，并无所谓古文者，凡古文皆刘歆伪作；二、秦焚书，并未厄及六经，即十四博士所传，皆孔门足本，

---

① 《长兴学记·桂学答问·万木草堂口说》，第19页。

② 梁启超：《清代学术概论》二，《梁启超论清学史二种》，第5页。

并无残缺；三、孔子时所用字，即秦汉间篆书，即以文论，亦绝无今古之目；四、刘歆弥缝其欲作伪之迹，故校中秘书时，于一切古书多所羼乱；五、刘歆所以作伪之故，因欲佐莽篡汉，先谋湮乱孔子之微言大义。[①] 康有为通过并不太复杂的历史考证方法，打掉正统学派所尊奉的古文经典的神圣灵光，而断定这些古文经书只是“记事之书”，而淹没了孔子作经以托古改制的原意，孔子之道遂亡矣。在康有为看来，“刘歆之伪不黜，孔子之道不著。吾虽孤微，乌可以已！窃怪二千年来，通人大儒，肩背相望，而咸为瞀惑，无一人焉，发奸露复，雪先圣之沉冤，出诸儒于云雾者，岂圣制赫暗有所待耶？不量绵薄，摧廓伪说，犁庭扫穴，魑魅奔逸，雾散阴豁，日熿星呀，冀以起亡经，翼圣制，其于孔子之道，庶几御侮云耳”[②]。在康有为的笔下，孔子俨然成为代天行道的教主；而他康有为则是为了恢复或重建孔子之教才起而揭露刘歆托伪的劣迹。

如果仅就学术史本身来说，《新学伪经考》的价值确实并不值得称说，它决不像后来的辨伪学者所宣称的那样，“是一部极重要精审的‘辨伪’专著”[③]。它的漏洞至为明显，“属词也肆”，“制断也武”，“立宜也不稽”，“言之也不怍。”[④] 甚至曾经协助撰写此书的梁启超也不得不承认这部书在学术上确实存在不尽人意或牵强附会之处：“有为最初所著书曰《新学伪经考》。伪经者，谓《周礼》《逸礼》《左传》及《诗》之《毛传》，凡西汉末刘歆所力争立博士者。新学者，谓新莽之学。时清儒诵法许、郑者，自号曰汉学。有为以为此新代之学，非汉代之学，故更其名焉。……有为弟

---

① 梁启超：《清代学术概论》二十三，《梁启超论清学史二种》，第 64 页。

② 康有为：《新学伪经考·序目》，《康有为全集》卷一，第 355 页。

③ 钱玄同：《重论经今古文学问题：方国瑜标点本〈新学伪经考〉序》，顾颉刚编：《古史辨》卷五，上海古籍出版社 1981 年版，第 22 页。

④ 符定一：《新学伪经考驳谊》，商务印书馆 1937 年版，第 1 页。

子有陈千秋、梁启超者，并夙治考证学，陈尤精洽；闻不为说，则尽弃其学而学焉。《伪经考》之著，二人者多所参与，亦时时病其师之武断，然卒莫能夺也。实则此书大体皆精当，其可议处乃在小节目。乃至谓《史记》《楚辞》经刘歆羼入者数十条，出土之钟鼎彝器，皆刘歆私铸埋藏以欺后世。此实为事理之万不可通者，而有为必力持之。实则其主张之要点，并不必借重于此等枝词强辩而始成立，而有为以好博好异之故，往往不惜抹杀证据或曲解证据，以犯科学家之大忌，此其所短也。有为之为人，万事纯任主观，自信力极强，而持之极毅。其对于客观的事实，或竟蔑视，或必欲强之以从我。其在事业上也有然，其在学问上也亦有然；其所以自成家数崛起一时者以此，其所以不能立健实之基础者亦以此；读《新学伪经考》而可见也。”[①]

与康有为同持今文经学观点的皮锡瑞也指出，《新学伪经考》“以其说皆从今文以辟古文，所见相合。惟武断太过，谓《周礼》等书，皆刘歆作，恐刘歆无此大本领。既信《史记》，又以《史记》为刘歆私窜，更不可据”[②]。

康有为这些见解是否适当是一个问题，但其对晚清思想界，甚至政治的冲击则是相当明显的：“第一，清学正统派之立脚点，根本动摇；第二，一切古书，皆须从新检查估价，此实思想界之应大飓风也。”也正因为如此，《新学伪经考》出版“甫一年，遭清廷之忌，毁其版，传习颇稀”[③]。

而据康有为的说法，“当《伪经考》初出时，上海及各直省翻印五版。徐研甫编修督湖南学，以之试士。时湘士莫不诵读，或携入场屋，又有以

① 梁启超：《清代学术概论》二十三，《梁启超论清学史二种》，第 64 页。

② 梁启超：《皮鹿门年谱》，第 27 页。

③ 梁启超：《清代学术概论》二十三，《梁启超论清学史二种》，第 64 页。

分赠英美日本书藏，吾亦以之进呈睿览矣。然笃守许郑之徒则怒而相攻，甚至朝野哗然。时吾尚以诸生试场屋，侍郎汪鸣銮，于典学试者授以《伪经考》，令其途中熟读，遇持是说者则黜勿中，而吾持说不改。张文襄请吾勿攻古文，愿养弟子以万钟，辨达旦。吾谓置总督于古今经学中，不能比太仓一粟，吾岂能以大教真经所系易之也。于是御史褚成博草疏，交给事中余联沅劾于朝，请焚《伪经考》，革举人，且禁吾讲学，比于太公之诛华士，孔之诛少正卯。章下粤督李瀚章查办。李文忠公、翁文恭公及故人黄绍基仲弢、文廷式道希两学士、沈郎中曾植子培与夫曾编修广钧重伯，多为余缓颊，乃仅得免，然犹烧版。已而戊戌难作，伪旨特毁此书版。及庚子，将立溥儁，废德宗，又再奉伪旨毁此书版。”① 康有为的这段描述虽然并不准确，但大致反映了这部书出版后在清帝国政治舆论圈引发的争议。康有为颠覆了清帝国政治指导思想，因而被正统思想界长时期视为异端。这是康有为《新学伪经考》的价值所在，反对就是注意的表示，反对就意味着被反对者的力量和意义。

当然，《新学伪经考》的价值并不在学理，也不在经学史上的贡献，这部书的意义，就是以学术的形式，从儒家经典义理本身寻找现实政治的依据。这本来就是今文经学的学术传统，康有为继承了这个传统，并提出了独创性的见解。这是康有为《新学伪经考》的意义，也是康有为不能被正统学术界接纳的一个根本原因。这其中的意蕴，如果熟悉经学史，其实与刘歆当年争立古文博士属于同一性质，至少在康有为写作此书的光绪十七年（1891），还谈不上什么维新变法的事情，学术探究即便不考虑诸如“争立”之类的考量，也必须看到学术探究的本质就是求异，就是说出一个不一样。康有为之所以此时引起那么大的争议，主要是因为他的话语太

① 康有为：《重刻伪经考后序》，《新学伪经考》，第381页。

极端，太尖锐，太犀利。

从思想政治层面反对《新学伪经考》的理由主要是，南海举人康祖诒有为“以诡辩之才，肆狂瞽之谈，以六经皆新莽时刘歆所伪撰，著有《新学伪经考》一书，刊行海内，腾其簧鼓，煽惑后进，号召生徒，以致浮薄之士靡然向风，从游甚众。康祖诒自号长素，以为长于素王，而其徒亦遂各以超回轶赐为号，伏思孔子之圣，为生民所未有；六经如日月经天，江河行地。自汉儒表彰，宋儒注释，而经学愈以昌明；我朝圣圣相承，重道尊经，列之学官，垂为功令，一时名臣硕辅，耆学巨儒，无不讲明而切究之。况六经训词深厚道理完纯，刘歆之文章俱在，《汉书》非但不能窃取，而实无一语近似。康祖诒乃逞其狂吠，僭号长素，且力翻成案，以痛诋前人，似此荒谬绝伦，诚圣贤之蟊贼，古今之巨蠹也。昔太公戮华士，孔子诛少正卯，皆以其言伪而辩，行僻而坚，故等诸梼杌浑敦之族，今康祖诒之非圣无法，惑世诬民，较之华士、少正卯有其过之无不及也。如此人者，岂可容于圣明之世？若不及早遏炽焰而障狂澜，恐其说一行，为害伊于胡底，于士习文教，大有关系”[①]。由此可知，正统派对康有为《新学伪经考》的反感、批判，主要的不是学术，而是政治。

一般认为，康有为《新学伪经考》受廖平《辟刘篇》的影响，而接着这部书的《孔子改制考》则受到廖平《知圣篇》启发，尽管康有为并不这样认为。廖平强调“以经为古史，则刍狗陈迹，不足自存，故必以孔子为空言待后”[②]。在《民二癸丑在北京世界哲理进化退化演说辞》中，廖平指出，“海外法政学说昌明，因时立法，三王且不同礼，五帝且不袭乐，果

① 《安晓峰侍御请毁禁〈新学伪经考〉片》，苏舆编：《翼教丛编》卷二，沈云龙主编：“近代中国史料丛刊”第六十五辑，台北文海出版社 1971 年版，第 1 页。

② 廖平：《尊孔篇》，氏著：《四益馆杂著》，四川存古书局 1921 年版，第 5 页。

系古史，刍狗糟粕，今日已万不能见之实行，更何能推之万世以后？此必须改为至圣立言，师表万世，决非以往陈迹，而后经验乃可以自立。”这就是廖平所主张的孔经非史之含义。

康有为试图通过对文化传统的重新解释，寻求变法维新的历史依据。他在貌似不谈政治的掩护下，借助学理的研究开通了政治变革的道路。诚如梁启超对乃师所分析的那样，康有为的这两部著作不乏武断、强辩之处，以好博好异之故，往往不惜抹杀证据或曲解证据，其对客观的事实，或竟蔑视，或必欲强之以从我，以证明自己的观点。就学术研究本身来说，康氏的著作有多少价值确实令人怀疑，它使本来已经相当混乱的今古文学问题更加混乱不堪。但是就学术研究所产生的政治影响来说，康氏抽空了正统学派的学术根基，启发学者务必持一种怀疑态度，一切古书皆需重新检查估价，这无疑是对已沸腾的晚清学术界的油锅里撒了一把盐，引起各方广泛注目，此实思想界一大飓风也。梁启超指出，若以《新学伪经考》比飓风，则《孔子改制考》以及稍后的《大同书》若“火山大喷火也，其大地震也。有为之治《公羊》也，不断断于书法义例之小节，专求其微言大义，即何休所谓非常异义可怪之论者。定《春秋》为孔子改制创作之书，谓文字不过其符号，如电报之密码，如乐谱之音符，非口授不能明。又不惟《春秋》而已，凡六经皆孔子所作，昔人言孔子删述者误也。孔子盖立一宗旨而凭之以进退古人去取古籍。孔子改制，恒托于古。尧舜者，孔子所托也，其人有无不可知也；即有，亦至寻常；经典中尧舜之盛德大业，皆孔子理想上所构成也。又不惟孔子而已，周秦诸子罔不改制，罔不托古。老子之托黄帝，墨子之托大禹，许行之托神农，是也。近人祖述何休以治《公羊》者，若刘逢禄、龚自珍、陈立辈，皆言改制，而有为之说，实与彼异。有为所谓改制者，则一种政治革命、社会改造的意味也，故喜言‘通三统’。‘三统’者，谓夏、商、周三代不同，当随时因革也。喜言‘张三世’。‘三世’者，为据乱世、升平世、太平世，愈改而愈进也。有为政治上‘变法维新’之主张，实本于此。”[①] 康有为《孔子改制考》通过对古代经典的研究，先秦诸子都有托古改制的思想倾向，而孔子、儒家更是如此，据此，康有为断定《春秋》为孔子改制创作之书，以为这一点才是孔子作《春秋》的微言大义。康有为指出，孔子以前的历史，是茫然无稽的，孔子创立儒教和当时诸子百家一样，都试图通过托古的方式重建自己理想中的社会。他说：“六经中之尧舜文武，皆孔子民主君主之所寄托，所谓尽君道，尽臣道，事君治民，止孝止慈，以为轨则，不必其为尧舜文武之事实也”；“六经中先王之行事，皆孔子托之以明其改作之义。”这就轻而易举地将孔子的偶像作为自己变法维新的王牌。

《孔子改制考》为康有为变革主张找到理论的历史的依据，成为中国必须变革的重要理由，就像当时许多人所意识到的那样，面对西力东渐，面对世界大变局，即便孔子复生，也不会反对变革。康有为的《孔子改制考》尽管从学术上说问题多多，论证并不严密，但在政治上的意义，确实有点像梁启超所说的那样如飓风，如火山。但是也正因为如此，康有为的《孔子改制考》也最易受到攻击。张之洞因康有为昌言“孔子改制”而一改先前对康有为，对《时务报》的支持[②]，王先谦更是对此大加攻击，必欲置康、梁于死地而后快，他不断地向湖南巡抚陈宝箴施压，迫使陈下令建议清政府下令康有为将《孔子改制考》的书版自行销毁。苏舆甚至说：“甲午以来，外患日逼，皇上虑下情之壅阏，愍时艰之弗拯，博求通达时务之士，言禁稍弛，英奇奋兴而倾险淫诐之徒杂附其间，邪说横溢，人心

① 梁启超：《清代学术概论》二十三，《梁启超论清学史二种》，第 65 页。

② 《强学停报》，《申报》1896 年 1 月 26 日。

浮动，其祸实肇始于南海康有为。康为人不足道，其学则足以惑世。招纳门徒，潜相煽惑。自黄公度为湖南盐法道，言于大吏，聘康之弟子梁启超主讲时务学堂，张其师说，一时衣冠之伦罔顾名义，奉为教宗，其言以康之《新学伪经考》《孔子改制考》为主，而平等、民权、孔子纪年诸谬说辅之。伪六籍，灭圣经也；托改制，乱成宪也；倡平等，堕纲常也；伸民权，无君上也；孔子纪年，欲人不知有本朝也。”①

康有为激烈的文字引起了激烈的反弹，甚至原先支持康、梁的孙家鼐也转而建议清政府下令让康有为将《孔子改制考》中的一些字句予以删除：“《孔子改制考》第八卷中《孔子改制称王》一篇，杂引谶纬之书，影响附会，必证实孔子改制称王而后已。……窃孔以此为教，人人有改制之心，人人谓素王可作，是学堂之设本以教育人才，而转以蛊惑民志，是导天下于乱也。”因此他建议清政府“宜明降谕旨，急令删除”书中凡有关“孔子改制称王”等字样，以免更多的人受到蛊惑。②

其实，从历史的观点看，反对者的反对越激烈越证明康有为《孔子改制考》中的思想异端对思想界造成极大影响，其影响之要点如梁启超所分析的那样，主要在于这样几个方面：

一、教人读古书，不当求诸章句训诂名物制度之末，当求其义理。所谓义理者，又非言心言性，乃在古人创法立制之精意。于是汉学、宋学，皆所吐弃，为学界别辟一小殖民地。

二、语孔子之所以为大，在于建设新学派（创教），鼓舞人创作精神。

三、《伪经考》既以诸经中一大部分为刘歆所伪托，《改制考》复以真

---

① 苏舆：《翼教丛编序》，《翼教丛编》卷首，上海书店 2002 年版。

② 孙家鼐：《译书局编纂各书请候钦定颁发并请严禁悖书疏》，于宝轩编辑：《皇朝蓄艾文编》卷七二，台北学生书局 1965 年版，第 5 页。

经之全部分为孔子托古之作，则数千年来共认为神圣不可侵犯之经典，根本发生疑问，引起学者怀疑批评的态度。

四、虽极力推挹孔子，然既谓孔子之创学派与诸子之创学派，同一动机，同一目的，同一手段，则已夷孔子于诸子之列。所谓“别黑白定一尊”之观念，全然解放，导人以比较的研究。①

《新学伪经考》和《孔子改制考》皆为整理旧学之著作，真正带有创造性意义的还是康有为的《大同书》。“初，有为既从学于朱次琦毕业，退而独居西樵山者两年，专为深沈之思，穷极天人之故，欲自创一学派，而归于经世之用。有为以《春秋》三世之义说《礼运》，谓‘升平世’为‘小康’，‘太平世’为‘大同’。”② 并由此演绎出一套比较完整的社会体系。其“太平世”的社会制度理想条理如下：

一、无国家，全世界置一总政府，分若干区域。

二、总政府及区政府皆由民选。

三、无家族，男女同栖不得逾一年，届期须易人。

四、妇女有身者入胎教院，儿童出胎者入育婴院。

五、儿童按年入蒙养院，及各级学校。

六、成年后由政府指派分任农工等生产事业。

七、病则入养病院，老则入养老院。

八、胎教、育婴、蒙养、养病、养老诸院，为各区最高之设备，入者得最高之享乐。

九、成年男女，例须以若干年服役于此诸院，若今世之兵役然。

十、设公共宿舍、公共食堂，有等差，各以其劳作所入自由享用。

---

① 梁启超：《清代学术概论》二十三，《梁启超论清学史二种》，第65页。

② 梁启超：《清代学术概论》二十四，《梁启超论清学史二种》，第66页。

十一、警惰为最严之刑罚。

十二、学术上有新发明者，及在胎教等五院有特别劳绩者，得殊奖。

十三、死则火葬，火葬场比邻为肥料工厂。

康有为的这些理想究竟能否实现，自是另一问题。但由此我们不难看出，十九世纪晚期的康有为，其变革思想的学术资源，并没有多少来自域外的因素，主要的，甚至可以说唯一的，就是儒家思想，孔子的理想。

在中国传统社会里，以孔子为思想代表的儒家学说，二千年来发生急剧性的变化，后期的思想面目与孔子本身不说风马牛不相及，但相差甚远是谁都不怀疑的事实。只是有一点，在中国传统社会中，孔子和儒家学说的最高统治地位虽然不时面临来自外部的挑战，但几乎始终不曾动摇过。就这种历史条件来看，康有为借重孔子的思想权威，把孔子打扮成托古改制的圣主，通过重新阐释儒家精神，以求知识分子的大多数在孔子的权威下获得认同，这当然对打击顽固守旧分子、解放思想、扫除改革的障碍起过积极的作用。

不过，孔子及儒家思想既然可以阐释为托古改制，也为守旧分子对改革的攻击提供了借口和理论上的依据。我们看到，康有为的反对派在对他进行攻击时，也无不借孔子之义为招牌，以为康有为擅改孔子和儒家精神，罪不容赦。如《翼教丛编》的作者就曾明确地指出这一点，他们说，康有为之徒，煽惑人心，欲立民主，欲改时制，乃托于无凭无据之《公羊》家言，以遂其附和党会之私智。他们也借重孔孟的招牌，以康有为相同的手段重新塑造孔子的形象，重新解释儒家的精神，鼓吹纲常名教为千古不易的定律。并指责康有为擅解儒家精神，鼓吹君主立宪与孔子的事君以忠、孟子的保民而王的精义大相径庭，是非驴非马的议论，中无此政，西无此教，故恐地球万国将众恶而共弃之。显而易见，康有为试图借重儒家文化以谋革新虽逞一时之快，而最终失败也正在于此。

孔子、儒家的思想是一个客观存在，学术史的研究并不难说清楚孔子学说的主旨，但是如果将这个思想强行用于现实政治，那么在理解的同时，发生一些误读、误解，也就在情理之中了。

第四章

梁启超：维新第一旗手

若问在近代中国的历史进程中，哪一个人物的影响最大？在 1898 年维新运动中谁的声音最高？相信每一个人都能举出一系列备选名单，比如康有为、章太炎、严复，但其中绝不会漏掉大名鼎鼎的梁启超。在某种意义上说，梁启超像一颗流星一样划过近代中国的天空，留下一条长长的弧线，久久不能散去。如果仔细分疏他那短暂的一生，可说的故事很多，也都很精彩，但最出色的毫无疑问属于维新运动。梁启超就是这场运动的第一旗手，假定他的老师康有为为这场运动的领队的话。

第一节　爱国志士

胡适说："梁启超当他办《时务报》的时代已是一个很有力的政论家；后来他办《新民丛报》，影响更大，二十年来的读书人出版的没有不受他的文章的影响的"；"梁启超最能运用各种字句语调来做应用的文章。他不避排偶，不避长比，不避佛书的名词，不避诗词的典故，不避日本输入的新名词。因此，他的文章最不合'古文义法'，但他的应用的魔力也最大"；尤其是，梁启超那些"笔锋常带感情"的文字，不仅在一定程度上促进了近代中国的急剧变化，而且深深影响了整整一代中国人。[①] 毛泽东也自认深受梁启超的影响，直至延安时期依然记得住在学校时认真读过表兄送给他的两本书，“是讲康有为变法运动的。其中一本是《新民丛报》主编梁启超所著。这些书我读了又读，直至熟记背诵。我崇拜康有为和梁启超，也很感激我表兄，当时我认为他是非常进步的”[②]。郭沫若曾深情地回忆，“那时候的梁任公已经成了保皇党了。我们心里很鄙视他，但却喜欢他的著书。他著的《意大利建国三杰》，他译的《经国美谈》，以轻灵的笔调描写那亡命的志士，建国的英雄，真是令人心醉。我在崇拜拿破仑、俾斯麦之余，便是崇拜的加富尔、加里波蒂、马志尼了”；“平心而论，梁任公的地位在当时确实不失为一个革命家的代表。他是生在中国的封建制度被资本主义冲破的时候，他负载着的时代的使命，标榜自由思想而与封建的残余作战。在他那新兴锐气的言论之前差不多所有的旧思想旧风习都好像狂风中的败叶，完全失掉了它的精彩。二十多年前的青少年——换句话说，就是当时的有产阶级的子弟——无论是赞成或反对，可以说没有一个没有受过他的思想或文字的洗礼的。他是资产阶级革命时代的有力的代言者，他的功绩实不在章太炎辈之下。他们所不同的，只是后者的主张要经过一次狭义的民族革命，前者以为这是不必要的破坏罢了。他们都是醉心资本主义的人，都是资本制度国家的敬仰者，都在主张立宪。同样的立宪，美法的民主和英日的君主是并没有两样的。”[③]

然而应该指出的是，梁启超的影响毕竟是多方面的，毛、郭的回忆无疑更多地强调了梁启超思想影响的积极方面，而且侧重于梁启超一生中最

---

① 胡适：《五十年来中国之文学》，氏著：《胡适全集》卷二，安徽教育出版社 2003 年版，第 282、286、287 页。

② ［美］埃德加·斯诺：《西行漫记》，三联书店 1979 年版，第 99 页。

③ 郭沫若：《少年时代》（沫若自传第一卷），新文艺出版社 1951 年版，第 126 页。

辉煌的那些年代。事实上，正如梁启超自己所评价的那样，他是一个“流质善变”的人，往往随着时代条件的变化，“不惜以今日之我难昔日之我”，故而如果仅仅看到梁氏思想影响的积极方面，恐怕并没有描绘出梁启超思想品格的真实面目。甚至如严复所说的那样：“吾国自甲午、戊戌以来，变故为不少矣。而海内所奉为导师，以为趋向标准者，首屈康（有为）、梁（启超）师弟。顾众人视之，则以为福首，而自仆视之，则以为祸魁。”① 严复这种低调乃至反调评估或失偏颇，但他无疑向我们提出一个重要的学术问题，那就是梁启超毕生数变的真实心迹何在？这种变化究竟在中国近代历史上占有何种地位和意义？

梁启超的出现是近代中国特殊环境下的特有现象。换言之，如果不发生近代中国那一系列急剧性的政治变化，准确地说，如果不是出现 1894 年中日甲午战争，当然如果不是中国惨败，那么不论梁启超天生具有怎样的反叛精神，他最终都不能逃脱中国传统知识人的一般成长道路——科举致仕。

然而，1894 年在近代中国，乃至数千年中国历史上委实重要，它不仅由此宣布清政府辛苦经营达三十年之久的洋务运动彻底破产，而且意味着中国数千年来相对独立、相对优越的发展优势已一去而不复返，中国不但要被迫卷入世界一体化发展潮流，而且极有可能在一个相当长时期里不得不处于一个屈辱的弱势地位。尤有甚者，伴随着 1894 年的灾难，三十年前开始追随慈禧太后的一批政治领袖、学界名人必将成为历史陈迹，不得不逐步让位于一代新人。我们看到，在十九世纪末年，二十世纪开始的二十年中最为活跃的那批政治领袖、学界领袖，几乎无一例外都与 1894 年甲午巨变有或深或浅的关系。

---

① 严复：《与熊纯如书之三十》，《严复集》，第 631 页。

1894年甲午巨变，尤其是清政府当道者的昏庸无能，对年仅二十二岁的梁启超来说无疑形成了刻骨铭心的印象，他的爱国主义情绪和极其强烈的忧患意识也正是在这种背景下油然而生。他在此时所作的一首诗中写道：

奇士在世间，即造一世福。
履崇与处庳，所愿乃各足。
新义凿沌窍，大声振聋俗。
数贤一振臂，万夫论相属。
人才有风气，盛衰关全局。
去去复奚为，芳草江南绿。
采掇当及时，无为自穷蹙。[①]

于是，他彻底放弃他的祖父辈属望甚高的科举考试，转而追随他的老师康有为，为中国命运、前途奔走呼号，“已渐有慷慨激昂之态”[②]。

说起梁启超追随康有为，也极富戏剧性、传奇色彩。梁启超聪明早慧，有神童之誉，四五岁就在长辈指导下接触儒家经典，耳濡目染，又有良师指点，八岁学为文，九岁能缀千言，十岁始应童子试，十一岁偶然得张之洞《輶轩语》《书目答问》，“归而读之，始知天地间有所谓学问者”[③]，这是梁启超与学术亲近的开始。

聪明而又知书达理的梁启超带给家族新的希望。十二岁开始，梁启超就接受家里的安排，按部就班踏上科举道路。光绪十三年（1887），梁启

① 梁启超：《与穰公同年书》，丁文江、赵丰田：《梁启超年谱长编》，上海人民出版社1983年版，第33页。

② 梁启勋：《曼殊室戊辰笔记》；《梁启超年谱长编》，第36页。

③ 《梁启超年谱长编》，第16页。

超肄业于省会之学海堂。学海堂是两广地区最重要的教学机构、文化中心，为两广总督阮元于嘉庆年间创设。由于阮元的学术趣向，学海堂“以训诂词章课粤人”，因此之故，梁启超受其感染，“至是乃决舍帖括以从事于此，不知天地间于训诂词章之外，更有所谓学也”[①]。学海堂是广东省城专治经学之所，学生称专经生。学海堂自阮元时代就不设山长，只有学长，学长均为饱学之士。学海堂的学习生涯对梁启超后来的学术成长至关重要，他虽然并没有将训诂词章作为自己的专业，但这个时期的学术训练让其毕生受益无穷。

几年潜心攻读让梁启超有很大进步，光绪十五年（1889），十七岁的梁启超赴广东乡试，中举人第八名。主考官李端棻，“赏梁启超才，以堂妹妻之”[②]。

年轻举人才华横溢，信心满满。翌年（光绪十六年，1890），即赴京会试。当然还是因为年轻，因为准备不充分，梁启超“是科下第南归”[③]。此行与科举无缘，但是此行还是开了眼界，长了见识，尤其是这一年结识康有为，深刻全面影响了梁启超后来的人生道路、学术道路。

康有为初次见面的狮子吼让梁启超们醍醐灌顶，脑洞大开，抛弃旧学，转师康南海。这是梁启超思想进路的一个大转折，多年后，梁启超的回忆依然栩栩如生，历历在目：“启超年十三，与其友陈千秋同学于学海堂，治戴段王之学。千秋所以辅益之者良厚。越三年，而康有为以布衣上书被放归，举国目为怪。千秋、启超好奇，相将谒之，一见大服，遂执业为弟子，共请康开馆讲学，则所谓万木草堂是也。二人者学数月，则以其

① 梁启超：《三十自述》，《饮冰室合集》文集之十一，第16页。

② 《梁启超年谱长编》，第21页。

③ 《梁启超年谱长编》，第23页。

所闻昌言于学海堂，大诋诃旧学，与长老侪辈辩诘无虚日。有为不轻以所学授人。草堂常课，除《公羊传》外，则点读《资治通鉴》《宋元学案》《朱子语类》等，又时时习古礼。千秋、启超弗嗜也，则相与治周秦诸子及佛典，亦涉猎清儒经济书及译本西籍，皆就有为决疑滞。居一年，乃闻所谓大同义者，喜欲狂，锐意谋宣传。有为谓非其时，然不能禁也。又二年，而千秋卒（年二十二），启超益独立自任。启超治《伪经考》，时复不慊于其师之武断，后遂置不复道。"[①] 由此可见，梁启超深受乃师康有为影响。

梁启超受康有为今文经学思想影响是毫无疑问的，但是梁启超最初时期对康有为的狂热究竟是因为什么呢？这是一个很值得注意的题目。通常的理解，是梁启超在学海堂接受的是训诂词章训练，也就是古文经学那套学术史的训练，只是遇到了康有为，从而使梁启超放弃了训诂词章而转信今文。这个说法原则上当然并不错，只是略显粗疏。其实，康有为所专并不只是简单的今文学，而是更加驳杂，更具诱惑力。由此必须理解梁启超此时究竟为何学。

其实，要明白这一点，还要清楚康有为此时有没有完成自己的科举考试，他到北京空手而归，依然面临继续复习备考的大问题。康有为比梁启超大了十五岁，光绪八年（1882）开始到北京参加顺天乡试，算是考场上的老江湖了。光绪十四年（1888），康有为在此赴京应试，依然名落孙山，但康有为不愿就此空手回广州，搂草打兔子，康有为"以布衣上书"光绪帝，"举国目为怪"。这份上书后来被称为"上清帝第一书"，建议光绪帝"变成法"、"通下情"、"慎左右"，因而被誉为"这是资产阶级第一次向清

① 梁启超：《清代学术概论》，《梁启超论清学史二种》，第 68 页。

政府提出的改革建议”[①]。这其实是后来的解释。如果结合当年情形，就会理解康有为上书的原初本意远非如此简单。

光绪十四年（1888）是近代史上的一个重要年份。这一年，北洋海军成军。这不仅意味着洋务新政富国强军目标的初步实现，而且意味着“同光中兴”并非御用史学家的谀词，而是有实际指标作支撑。也正因为如此，主政已经二十八年的慈禧太后实在有点厌政了，她下定决心退出日常政治事务，移居颐和园颐养天年。这一年，慈禧太后为光绪帝办了盛大婚礼，并明确宣布小皇帝亲政，自己处理政务。这一系列事件都意味着一个时代的结束，一个属于光绪帝的时代将渐渐拉开帷幕。中国政治从来就是一朝天子一朝臣，随着小皇帝亲政，一批新人出现成为必然事件。

中国历史上从来都有寄希望于万一的侥幸之徒，因为历史上确实有过“布衣宰相”的美谈，而且不止一起，几乎大的时代都会有类似的例子。康有为肯定熟悉这样的例子，而他发奋读书，辛苦参加科举考试的实际用途，也是当官。既然都是为了当官，既然历史给予这样一个机会，康有为有什么理由不试一次，不碰碰运气呢？上清帝第一书应该从这个意义上去理解。

其次，此时中国资产阶级还没有合法性正当性，因而康有为的上书还说不上什么资产阶级改良主张，他的三条建议，在古典中国都不难找到现成的例子，熟读从贾谊《过秦论》到王安石《上仁宗皇帝言事书》以来的类似文书，就可以看出康有为这份上书不过是空洞无物的文字游戏，当然也是结合了现实的文字堆积。

也正因为如此，我们看到康有为上清帝第一书理所当然泥牛入海，无人问津，因为康有为的三点建议，不论皇帝，还是大臣，哪一个不比康有

① 《康有为政论集》，第 61 页。

为更清楚。不要抱怨草民上书得不到皇帝、大臣的重视，需要检讨的是，不论康有为，还是孙中山，这些上书究竟提供了什么样的新知识？如果不能超越朝臣已有的认识，而又要求朝廷、大臣礼贤下士，岂有此理？由此，康有为“以布衣上书被放归，举国目为怪”，其实就非常容易理解了。

康有为草民上书的终南捷径没有走通，他还得循着旧路往前走，继续复习，准备考试。但是，康有为毕竟也不小了，三十岁的大龄考生不要说拖家带口，即便从复习的角度也已经索然无味。于是，康有为此次回到广州或有意边教边读，即便不为那些束脩，也总会与弟子教学相长，提升读书的趣味。

而梁启超、陈千秋，不论在学海堂，还是转投康有为，他们的目的与康有为一致，也是为了金榜题名。他们之所以退出广东最好的学海堂，是因为他们遇到了康有为，而康有为之所以有如此大的吸引力，主要的并不是什么变法思想，而是康有为广博的学识，雄辩的言辞。

教育史的研究者一般将书院作为教育机构，其实书院类的教育机构尽管有一些传播过新思想，研究过精深的学问，但就总体而言，宋代以后在全国盛行的书院，主要的并不是学术研究、思想探索，而是为了科举考试。我们知道，科举考试经过几百年的发展、调整，至宋代已经相当规范化、程式化，有规律可循，科举考试并不故意考偏题难题，而是在基础知识和进一步提升方面留下巨大空间，让应试者在规定的时间里、范围里作出创造性的答案，所谓“创新意于法度之中，寄妙理于豪放之外”，大致可以反映科举考试的意义，并不是过去研究者所说的只是扼杀人性，阻碍进步。

规范化考试当然也不是死记硬背，博览群书，巨大的阅读量，超强的思辨能力，完美的表达方式，都需要训练，也可以训练，这就是书院的意义。这个判断可以通过对宋代以来各省进士状况与书院状况的比较研究中得到证明。但凡进士多的，一定也是书院密度比较高的，比如江西。因此也就是从这个意义上说，梁启超、陈千秋，不论在学海堂，还是追随康有为去万木草堂，都是为了科举考试，而不是单纯地就是为了学问。后来，康有为带着梁启超一同进京赴考场，也从细节上证明了梁启超并不是为了跟随康有为研究今文经，研究大同书，而是佩服康有为的新知识、西方知识，以为在未来的考场上应该有使用的机会。

梁启超、陈千秋追随康有为到万木草堂读书，始于光绪十七年(1891)。康有为的教学方式、教学内容也与众不同，“辛卯，余年十九，南海先生始讲学于广东省城长兴里之万木草堂。徇通甫与余之请也。先生为讲中国数千年来学术源流，历史政治，沿革得失，取万国以比例推断之。余与诸同学日札记其讲义，一生学问之得力，皆在此年。先生又常为语佛学之精奥博大，余夙根浅薄，不能多所受。先生时方著《公理通》《大同学》等书，每与通甫商榷，辨析入微，余辄待末席，有听受，无问难，盖知其美而不能通其故也。先生著《新学伪经考》，从事校勘；著《孔子改制考》，从事分纂。日课则宋元明《学案》、二十四史、《文献通考》等，而草堂颇有藏书，得恣涉猎，学稍进矣”①。康有为既训练学生的基础知识，从读原著、名著、原始资料开始，又让学生自己动手，跟随老师，参与研究与写作。这为梁启超，以及万木草堂所有学生后来的学术、事业奠定了一个非常不一样的基础。

入万木草堂第二年，光绪十八年(1892)，二十岁的梁启超赴京会试。梁启超的妻兄李端棻为总裁，“欲通一关节，伯兄却之”，依然与进士无缘，南归后乡居一年有奇。斯时国学书籍而外，更购江南制造局所译之书，及《星轺日记》，与英人傅兰雅所辑之《格致汇编》等书。时代终究

① 梁启超：《三十自述》，《饮冰室合集》文集之十一，第17页。

不一样了，不扩充新知识，显然不足以应付科举考试。

其实，“神童”梁启超似乎进入乡试就不再灵光了。连连失败似乎也让他失去了继续考的信心。他在此时有信给汪康年，自认“仆秉性热力颇重，用世之志未能少忘，然周览天下，知天下事之无可为，惟欲与二三同志著书以告来者，目前之事，半付之青天白云矣”[1]。梁启超准备开始自己的著述事业，似乎像传统中国士大夫一样，既要准备几年一次的科举考试，寄希望于鲤鱼跳龙门，又要有长期拼搏的精神准备、物质准备，不能像少年时代那样无所事事，只知科举，总要有点正当事业，边工作边准备，他希望以著述为业，“著书以告未来”，这就有点思想启蒙的味道了。

此后几年，梁启超一方面自己读书，继续在万木草堂就读；另一方面在东莞等地讲学，传播从康有为那里接受的学术义理。年龄仅比梁启超小三四岁的东莞张篁溪在日记中记录当时的情形说，“梁先生于光绪十九年癸巳冬到吾乡讲学，城内墩头街周氏宗祠内，时余才十七岁，从之游。先生命治公羊学，每发大同义理，余思想为之一变，始知所谓世界公理，国家思想。”[2] 梁启超此时讲学，不论从形式，还是内容，处处模仿、参照康有为，其编写“以训门人”的《读书分月课程》一书，据说就是“根据南海先生《长兴学记》改编的”[3]。

梁启超做事、讲学，尽管很忙，但依然没有放弃考试、交友，更没有放弃对政治的关怀。这大约是他的本性，是与生俱来的。光绪二十年(1894)，甲午，是年二月，梁启超科举京师，十月归广州。在北京的八个月时间里，梁启超目睹了中国走上战争的全过程，“于京国所谓名士者，

---

① 梁启超：《梁启超致汪康年之一》，上海图书馆编：《汪康年师友书札》，上海古籍出版社 1986 年版，第 1827 页。

② 张伯桢：《张篁溪日记》，《梁启超年谱长编》，上海人民出版社 2009 年版，第 30 页。

③ 《梁启超年谱长编》，第 30 页。

多所往还。六月日本战事起，惋愤时局，时有所吐露，人微言轻，莫之闻也。顾益读书，治算学、地理、历史等”[①]。

人微言轻，无法发挥大作用，但这不仅不影响梁启超关注国事，反而激励他广交朋友，以为将来之准备。他在此时写给夏曾佑的信说：“此行本不为会试，弟颇思假此名号作汗漫游，以略求天下之人才。……今日之事，以广求同志开倡风气为第一义，前在都讲之已熟。”[②]

国事不堪问，不能问，却分散了梁启超不少精力。甲午战争还没有结束，光绪二十一年（1895）二月，梁启超再度赴京参加会试。这是他最后一次参加科举考试，此时距离清廷废除科举考试还有十年时间，如果梁启超精力不是那么分散，金榜题名，并非难事，即便这最后一次，也属于失之交臂，纯属意外。梁启超的弟弟梁启勋说：“二十三岁乙未春入京。自此次出万木草堂之后，未尝再入住，学生生活可以谓之止于是岁。盖见国事日非，已渐有慷慨激昂之态矣。是岁春闱，乃顺德李若农典试，误以伯兄试卷为南海之作，故抑而不录，批曰：‘还君明珠双泪垂，惜哉惜哉’。盖当日之南海为众人所不喜也。”[③] 李若农，即李文田，广东顺德人，作为同乡，他对康有为的观感太坏了，结果连累了另一个同乡梁启超。

这个故事还有另外一个版本，陈叔通说，“任公为己丑（1889）举人，乙未（1895）与康有为（时名祖诒）同进京会试。徐桐为总裁，予戒粤省卷有才气者必为康祖诒，即勿取。适遇任公卷，以为即康有为，遂弃置。发榜前五名向例后填，填榜已竟，只剩五名未填，徐夸示弃置者必有康祖诒卷。翁同龢亦为总裁之一，笑语徐尚有五名，安知无康祖诒？及填前五

① 梁启超：《三十自述》，《饮冰室合集》文集之十一，第 17 页。

② 梁启超：《与穗卿兄长书》，《梁启超年谱长编》，第 33 页。

③ 《梁启超年谱长编》，第 36 页。

名，康果在其中。徐桐既怒且惭，归，语门者，康如来谒，拒不纳。”[①] 康有为得罪的人太多了，这大约也是康有为戊戌年走麦城的一个远因。不过，此一事件真正受到伤害的不是康有为，而是梁启超。梁启超有才华，只是运气太差。这是一个历史性遗憾。

梁启超受康有为的连累名落孙山，而且终生没有再考的机会。这是中国科举制度史上的一个遗憾。但是另一方面，梁启超却也因康有为而暴得大名。当他们在北京应考时，正值甲午战争进入尾声，中日善后谈判紧锣密鼓进行。梁启超和他的老师康有为都是天生的政治狂人，这样好的历史机会他们自然不会错过。

中日议和内容传来时，梁启超、康有为等人最直接的反应便是调动舆论，试图以中国传统社会知识人集体上书的形式，压迫或者说是支持清政府拒签对日和约。梁启超说，“乙未和议成。代表广东公车百九十人上书陈时局。继而南海先生联公车三千人，上书请变法，余亦从其后奔走焉”[②]；“力言台湾万不可割”[③]。

梁启超在这次事件中的作用，主要就是追随康有为联络各方，促成各省公车集体行动。据康有为说，“三月二十一日电到北京，吾先知消息，即令卓如鼓动各省，并先鼓动粤中公车，上折拒和议，湖南人和之，于二十八日粤楚同递，粤士八十余人，楚则全省矣。与卓如分托朝士鼓动，各直省莫不发愤，连日并递章满察院，衣冠塞途，围其长官之车，合省举人于松筠庵会议，与会者千二百余人，以一昼二夜草万言书，请拒和、迁都、变法三者，卓如、孺博书之，并日缮写，遍传都下，士气愤涌，联轨

① 陈叔通：《谭嗣同就义与梁启超出亡》，《戊戌变法》卷四，第 330 页。

② 梁启超：《三十自述》，《饮冰室合集》文集之十一，中华书局 1989 年版，第 17 页。

③ 《任公先生大事记》，《梁启超年谱长编》，第 37 页。

察院前里许，至四月八日投递，则察院以既已用宝，无法挽回，却不收”①。

公车上书是乙未年中国政治生活中的一件大事，也是梁启超初出道的一件标志性大事。据他的《戊戌政变记》回忆，“乙未二三月间，和议将定。时适会试之年，各省举人集于北京者以万数千计。康有为创议上书拒之，梁启超乃日夜奔走号召，联署上书论国事。广东、湖南同日先上，各省从之，各自连署，麇集于都察院者，无日不有。虽其言或通或塞，或新或旧，驳杂不一，而士气之稍伸，实自此始。继而合十八省之举人，聚议于北京之松筠庵，为大连署以上书，与斯会者凡千三百人，时康有为尚未通籍，实领袖之”②。

康、梁等人的活动并没有阻止清廷签署《马关条约》，过去的研究，几乎一边倒地指责清廷，指责李鸿章。其实，清廷此时之所以接受如此苛刻的条件，主要还是因为技不如人，如果继续打下去，会输得更惨。清廷对日妥协就是及时止损，使损失最小化。

三十年经济增长，战前牛气熏天，政治精英、知识精英陶醉于所谓“同光中兴”的想象中，这是中国不得不为此付出的代价。对于清廷过往三十年改革力度不足，方向不对，知识精英、政治精英，也并不是全无认识。即便是青年学子梁启超，阅历不多，见闻不广，但他也在战前很长时间看出了中国繁荣带有虚假的成分，潜伏的问题还很大，尤其是中国知识精英因为封闭都成了井底之蛙，好大喜功，盲目乐观，不知世界趋势，不知中国发展的基础不牢靠。光绪十八年（1892），梁启超在写给汪康年的信中表达了这一意思：“启超半年以来，读书山中，每与诸同志纵论世变，

---

① 《康南海自编年谱》（外二种），中华书局2012年版，第30页。

② 梁启超：《戊戌政变记》附录一《改革起原》，《饮冰室合集》专集之一，第123页。

退息虑而熟思之。窃以为今日时事，非俟铁路大兴之后，则凡百无可言者。奚以明之？中国人士，寡闻浅见，专己守残数百年，若坐暗室之中，一无知觉。创一新学，则阻挠不遗余力，见一通人，则诋排有如仇雠，此其故皆坐不兴铁路。铁路既兴之后，耳目一新，故见廓清，人人有海若望洋之思，恍然知经国之道之所在，则不待大声疾呼，自能变易，则必无诋排，必无阻挠，然后余事可以保举，而大局可以有为。”①

基于此种认识，梁启超对“公车上书”的失败并不感到十分意外，此次失败不仅没有减弱他的爱国热情、忧患意识，恰恰相反，更增强了他的历史责任感、时代使命感。光绪二十一年（1895）五月初，梁启超原本准备离开北京，唯光绪帝在《马关条约》剧烈刺激下有了变法的冲动，“惟日来此间颇有新政，上每言及国耻，辄顿足流涕，常熟亦日言变法，故欲在此一观其举措。以中国学术之芜塞，君相之孱弱，岂能望其大有所为，但能借国力推行一二事，则于教族两端稍有补耳”②。

留在北京的梁启超积极协助康有为创办强学会，刊行《万国公报》，这个报名因与广学会的刊物重名，因而不久更名为《中外纪闻》。《中外纪闻》动议者、主持者为康有为，而实际编辑人、撰稿人则为梁启超、麦孟华，《中外纪闻》日出一张，别无记事。梁启超、麦孟华分头执笔，大多为数百字短文，“其言之肤浅无用，由今思之，只有汗颜。当时安敢望有人购阅者，乃托售京报人随宫门抄分送诸官宅，酬以薪金，乃肯代送。办理月余，居然每日发出三千张内外”③。强学会的宗旨为提倡新学，开通风气，“冀输入世界之智识于我国民，且于讲学之外，谋政治之改革”④。故

① 梁启超：《与穰卿同年足下书》第二，《汪康年师友书札》，第1828页。

② 梁启超：《与穰卿足下书》，《梁启超年谱长编》，第39页。

③ 梁启超：《莅报界欢迎会演说辞》，《饮冰室合集》文集之二十九，第1页。

④ 梁启超：《莅北京大学校欢迎会演说辞》，《饮冰室合集》文集之二十九，第38页。

而我们看到，《中外纪闻》大致遵循的就是这些原则。

强学会的宗旨无疑是为了爱国、强国，因此在它成立之后便获得了迅速发展，不仅赢得了那些关心国事的一般士人的支持、参与，而且吸引了相当一批朝中开明官僚的理解、帮助。在这种情况下，如果强学会领导人好自为之、审时度势，团结一切可以团结之人，那么强学会便极有可能成为未来中国政治改革的“思想库”或策源地。然而不幸的是，强学会主要领导人毕竟没有足够的政治经验，强学会不仅内部管理混乱，人员庞杂，而且由于强学会领导人具有先入为主的偏见，完全凭个人好恶品评朝中人物，并主观地将朝中人物区分为主张改革的所谓“帝党”，和主张保守的所谓“后党”，对前者竭力拉拢与亲近，对后者则竭力贬低乃至拒绝入会。正是这种幼稚的政治理念，不仅引起了那些被拒绝入会者的强烈反感，而且实际上由此注定了强学会的命运和康、梁终其一生政治生涯的悲剧性结局的思想根源。换句话说，如果康、梁等人当时好自为之，不过度介入统治层的内部斗争，那么，不但强学会的结局要好些，而且康、梁本人也必将在近代中国的历史上发挥更大的作用。

然而，真实的历史毕竟不如后来者出自良好愿望的假设那样美好。曾经参与其事的汪大燮、吴樵等人在当时就已清楚地看到“强学书局自十月开设之后，口舌甚多”[①]，内部争斗不休，“强学气被康长素糟坏，致有浮言”[②]。尤其是当朝中大臣李鸿章因捐金入会被拒之后，强学会的负责人又向刘坤一函索五千金。这便不仅触怒了李鸿章，致使李鸿章出使俄国前发誓：“若辈与我过不去，我归看他们尚做得成官否？”[③] 于是，李鸿章儿女

① 汪大燮：《致汪康年书之六十二》，《汪康年师友书札》，第720页。

② 汪大燮：《致汪康年书之六十三》，《汪康年师友书札》，第723页。

③ 汪大燮：《致汪康年书》，《汪康年师友书札》，第731页。

亲家、御史杨崇伊便“揣政府之意，迎合李、孙，欲借此以兴大狱，遽以聚党入奏。朝旨并不交查，遽封禁”[①]。轰动一时的强学会和《中外纪闻》便转眼间成为过眼烟云，梁启超的救国理想不能不由此而受到强烈刺激，其忧患意识也不能不由此而加强。

第二节　维新导师

强学会与《中外纪闻》的失败对梁启超来说应是一次不小的打击，他虽然后来从不详谈这次失败的真实原因，但他在后来的行动中确实注意到这次失败的教训。他在此次事件后不久致汪康年的一封信中谈到他的感想和未来打算，于此我们可以看出他的沉重心情与思想变化。他说：“时局之变，千幻百诡，哀何可言！黄门以言事伏诛，学士以党人受锢，一切情节，想铁樵伯唐书中详之，无事琐缕。南北两局，一坏于小人，一坏于君子，举未数月，已成前尘。此自中国气运，复何言哉！此间虽已复开，然麇入无赖，贤者羞之，腥膻之地，不复可以居也。兄在沪，能创报馆甚善，此吾兄数年之志，而中国一线之路，特天之所废，恐未必能有成也。若能成之，弟当唯命所适。湘省居天下之中，士气最盛，陈（宝箴）右帅适在其地，或者天犹未绝中国乎。若报馆不成，弟拟就之。……事变太亟，而我辈所欲为之事，无一能就，动念灰心，如何如何！”[②]

由此我们不难看出，梁启超虽然对时局剧变业已灰心，但并未丧志，并未消沉，而是期望在已有经验教训基础上再行起步，开创一片新天地。在某种意义上说，梁启超这种判断与考虑，犹如一个多情的单恋者，尽管

① 吴樵：《吴樵致汪康年书》，《汪康年师友书札》，第 472 页。

② 梁启超：《与穰卿我兄同年书》，《汪康年师友书札》，第 1832 页。

清王朝并未怎样偏爱他，但他依然恋恋不舍，寄予无限深情，他所要从事的活动，便依然是为了清王朝的复兴与繁荣。这是近代以来相当一部分中国知识人的共有现象。

鉴于此种考量，加上某些机缘巧合，梁启超于 1896 年 3 月离京赴沪，参与创办《时务报》，并担任总撰述，“自著《变法通议》，批评秕政，而救弊之法，归于废科举、兴学校，亦时时发‘民权论’，但微引其绪，未敢昌言。”① 尽管如此，梁启超依然从《时务报》获得空前名气，一时间成为举国注目的维新人物。胡思敬后来回忆说：“当《时务报》盛行，启超名重一时，士大夫爱其语言笔札之妙，争礼下之。自通都大邑，下至僻壤穷陬，无不知有新会梁氏者。”② 就连后来对梁启超的作用甚不以为然的严复也不能不承认：“任公文笔，原自畅遂，其自甲午以后，于报章文字，成绩为多，一纸风行海内，观听为之一耸。”③ 成为中国近代舆论界的精神领袖。

不过，当我们仔细检查梁启超在《时务报》时期的文字，不难发现其思想深度在本质上并未超越乃师康有为所发明的《公羊》“三世说”，而是以三世说为指导，强调目前的中国只能通过变法改革而求生存，他写道：“要而论之，法者天下之公器也，变者天下之公理也。大地既通，万国蒸蒸，日趋于上，大势所迫，非可阏制。变亦变，不变亦变，变而变者，变之权操诸己，可以保国，可以保种，可以保教。不变而变者，变之权让诸人，束缚之，驰骤之。呜呼！则非吾之所敢言矣。”④ 对于前此三十余年清政府洋务新政，梁启超以为只变其表，未变其里，非真能变也；而他所期

① 梁启超：《清代学术概论》二十五，《梁启超论清学史二种》，第 69 页。
② 胡思敬：《党人列传》卷四《戊戌履霜录》，1913 年刊行版，第 5 页。
③ 严复：《致熊纯如书之三十九》，《严复集》，第 648 页。
④ 梁启超：《变法通议》，《饮冰室合集》文集之一，第 18 页。

望的变法维新，是知其本原之害的彻底措施。

在某种意义上说，梁启超此时的变法主张较洋务新政确实来得深刻，因为他毕竟意识到中国的落后并不仅仅在于器物、声光电化、坚船利炮等形而下的东西不如人，而是在制度层面存在某些更为深刻的原因。故而他较洋务新政倡言者更进一步，主张要变革必须从制度层面始，以制度改革培养造就一代新人，这样或许能使中国发生质的变化和巨跃。“吾今为一言以蔽之，曰变法之本在育人才，人才之兴在开学校，学校之立在变科举，而一切要其大成，在变官制。”①

第三节　走向极端

或许正是基于这种分析，梁启超借湖南邀请之机，离开上海，离开《时务报》，前往长沙，接受巡抚陈宝箴、学政江标聘请，就任湖南时务学堂讲席，身体力行培养了一批新人才，为后来百日维新及其毕生事业做了干部方面的准备。他在后来回忆这段经历时写道：“启超至，以《公羊》《孟子》教，课以札记，学生仅四十人，而李炳寰、林圭、蔡锷称高才生焉。启超每日在讲堂四小时，夜则批答诸生札记，每条或至千言，往往彻夜不寐。所言皆当时一派之民权论，又多言清代故实，胪举失政，盛倡革命。其论学术，则自荀卿以下汉、唐、宋、明、清学者，掊击无完肤。时学生皆住舍，不与外通，堂内空气日日激变，外间莫或知之。及年假，诸生归省，出札记示亲友，全湘大哗。”② 显而易见，梁启超此时思想较《时务报》时期更进一步，已多少抛弃了对清王朝单相思恋情，而对之进行较

① 梁启超：《变法通议》，《饮冰室合集》文集之一，第10页。

② 梁启超：《清代学术概论》二十五，《梁启超论清学史二种》，第69页。

为直接的攻击，乃至倡言革命了。

梁启超的思想如果循此路线继续发展，那么不仅他个人后来的历史将要重写，而且甚者有可能影响后来中国政局的变化。然而梁启超并没有沿着这条思路走下去，而是走到半路戛然而止，又回到怎样支持清政府实行自我改革的道路上来了。戊戌（1898）二月，梁启超再度入京，适值俄国人索要旅顺、大连湾事件起，于是梁启超又联合各省公车"于三月初一日上书都察院，力陈旅、大之不可割"①，并建议清政府"与其割要地于强俄，以致瓜分之立见，孰若求公保于各国，然后变法以图存，天下存亡在此一举"②。劝清政府以拒俄为契机，变法图存，或许有助于清廷摆脱困境。

这封言辞恳切的上书仍然未能送达清廷高层统治者，但其所揭示的那些事实和道理无疑也是清廷统治者此时最为关心的。戊戌正月初三，光绪帝"遂命王大臣延康有为于总署，询问天下大计变法之宜，并令如有所见，及有著述论政治者，可以总署进呈。于是其（康有为）书卒得达。皇上览之，肃然动容，指篇中'求为长安布衣而不可得'，及'不忍见煤山前事'等语，而语军机大臣，曰非忠肝义胆，不顾死生之人，安敢以此直言陈于朕前乎？叹息者久之"③。康有为的变法主张终于赢得了清廷最高统治者的认同，梁启超数年来追随乃师所倡言的变法维新事业终于有了实践的机会。

康有为那些振奋人心的著作深深地打动了光绪皇帝的心，"上置御案，日加披览，于万国之故更明，变法之志更决。日读康书，知之更深。于时

① 《国闻报》光绪二十四年三月十三日。

② 《上都察院呈稿》，《湘报》第四十九号，光绪二十四年闰三月。

③ 梁启超：《戊戌政变记》，《饮冰室合集》专集之一，第10页。

皇上久欲召见康有为，而为恭亲王所抑，不能行其志。及四月恭亲王薨，翁同龢谋于上决计变法，开制度局而议其宜，选康有为任之。乃于四月二十三日下诏定国是”[①]。后来被称为“百日维新”或“戊戌维新”的这场政治改革运动至此便轰轰烈烈正式开始。

作为康有为得意门生及第一大弟子，梁启超在百日维新过程中发挥了至为重要的助手作用，并曾获得光绪帝召见，当面讨论提倡西学及设立学校等问题。然而，或许由于康、梁锋芒太露，“规模太大，志气太锐，包揽太多，同志太孤，举行太大，当此排者、忌者、挤者、谤者，盈衢塞巷，而上又无权”[②]，或许由于梁启超毕竟过于年轻，在百日维新全过程中，梁启超不仅没有获得什么重要职务，而且其真正发挥的作用也甚为有限。尽管如此，当戊戌政变发生，梁启超仍被清廷列为国事要犯而通缉。不得已，他只好求助日本驻华使馆，在日人庇护下仓皇出逃，开始他为时十余年的流亡生涯。

百日维新失败，对梁启超来说当然是一次致命打击，经此痛苦历程，他的思想见解在此后也有些许显著变化。一方面，他深为痛恨清廷内部的所谓保守派，以为大清江山迟早必将断送在他们手里。另一方面，他对他心目中假想的清廷圣主光绪帝一往情深，依然期望光绪帝有朝一日恢复实际权力后，重开中国改革与进步的新局面。因此，在他流亡生涯早期，不论是他的政治活动，还是他的理论宣传，都十足地表明他是一个坚定的保皇党人。他认为，中国数十年来之所以积弱不振，推其故，“其总因之重大者，在国民全体；其分因之重大者，在那拉（氏）一人。其远因在数千年之上，其近因在二百年以来，而其最近因又在那拉柄政三十年之间”，

① 梁启超：《戊戌政变记》，《饮冰室合集》专集之一，第 15 页。

② 康广仁：《致易一书》，《梁启超年谱长编》，第 123 页。

而光绪帝无权。①

梁启超的分析或许不无道理，但其保皇理论的真实目的无疑如章太炎所准确揭示的那样在于阻碍革命之发生。“呜呼！梁子所悲痛者革命耳，所悲痛于革命而思以建立宪法易之者，为其圣明之主耳!”“呜呼！梁子迫于忠爱之念，不及择音，而忘理势之所趣，其说之偏宕也亦甚矣。”②

章太炎的批评击中了梁启超的思想要害，在某种程度上说也促进了梁启超思想的变化与发展。我们看到，梁启超在此之后确曾一度讨论并主张排满与革命，以为只有尽早进行一次较为彻底的破坏，才能真正为中国的未来发展廓清障碍，奠定基础。他在 1902 年写给乃师康有为的一封信中说：“至民主、排满、保教等义真有难言者。弟子今日若面从先生之诫，他日亦必不能实行也，故不如披心沥胆一论之。今日民族主义最发达之时代，非有此精神，决不能立国，弟子誓焦舌秃笔以倡之，决不能弃去者也。而所以唤起民族精神者，势不得不攻满洲。日本以讨幕为最适宜之主义，中国以讨满为最适宜之主义，弟子所见，谓无以易此矣。满廷之无可望久矣，今日日望归政，望复辟，夫何可得？即得矣，满朝皆仇敌，百事腐败已久，虽召吾党归用之，而亦决不能行其志也。”③ 梁启超在这里虽然对革命、排满的真实含义不甚了了，但他从此后确实很少再言保皇救国了。

这样说，当然并不意味着梁启超已对革命党人的主张产生认同。事实上，即使在他的政治主张最为激进时，他革命、排满的内涵依然与革命党人的主张存在较大差异。也就是说，他一方面脱离康有为过分保守的保皇

① 梁启超：《中国积弱溯源论》，《饮冰室合集》文集之五，第 41 页。

② 章太炎：《正仇满论》，张枬、王忍之编：《辛亥革命前十年间时论选集》卷一，三联书店 1978 年版，第 94 页。

③ 梁启超：《与夫子大人书》，《梁启超年谱长编》，第 286 页。

救国论，“深信中国之万不能不革命”[①]，因政治的发展已经成为中国进步的障碍时，便只有借助于革命的破坏手段推倒重来，才能从根本上解决中国问题。就此而言，梁启超的思想已明显脱离旧有轨辙，而比较靠拢革命党人。但是另一方面，“启超亦不慊于当时革命家之所为，惩羹而吹齑，持论稍变矣”[②]。尤其是“其后见留学界及内地学校，因革命思想传播之故，频闹风潮。窃计学生求学，将以为国家建设之用，雅不欲破坏之学说，深入青年之脑中。又见乎无限制之自由平等说，流弊无穷，惴惴然惧。又默察人民程度，增进非易，恐秩序一破之后，青黄不接，暴民踵兴，虽提倡革命诸贤，亦苦于收拾。加以比年国家财政国民生计，艰窘皆达极点，恐事机一发，为人劫持，或至亡国。……自此种思想来往于胸中，于是极端之破坏不敢主张矣。故自癸卯甲辰（1903—1904）以后之《新民丛报》专言政治革命，不复言种族革命。质言之，则对于国体主维持现状，对于政体则悬一理想，以求必达也”[③]。显而易见，梁启超的这一主张虽然靠近革命党人，但又和革命党人的政治主张有着本质区别、绝大差异。

正因为这样，我们看到在二十世纪之初那几年里，梁启超事实上受到保皇党人和革命党人双重夹击，前者以为其过于激进，后者则斥其为清廷的走狗，过于反动和保守。然而，如果我们不以先入为主的偏见重新评估梁启超此时的政治主张，我们不难发现他之所以受到革命与保守的双重夹击，无疑是他看到了二者的弱点而竭力修补之，并期望从二者的夹缝中走出“第三条道路”来，而这一点可能正是梁氏思想价值之所在。

---

① 梁启超：《与勉兄书》，《梁启超年谱长编》，第 320 页。

② 梁启超：《清代学术概论》二十六，《梁启超论清学史二种》，第 70 页。

③ 梁启超：《莅报界欢迎会演说辞》，《饮冰室合集》文集之二十九，第 3 页。

梁启超试图从保守与革命之间走出第三条道路，毫无疑问，他的人文关怀并不在于清廷的存废，而在于如何才能使中国步入现代化道路，构建现代国家。在他看来，保守的主张固不足取，但过于激进的革命主张也可能适得其反。他说："中国今日，固号称专制君主国也，于此而欲易以共和立宪制，则必先以革命，然革命绝非能得共和而反以得专制。"[①] 梁启超的这一判断粗看起来不仅武断，而且不甚合乎情理，但反观辛亥革命后至1949年前中国若干年政治实践，我们又不能不承认确被梁启超不幸而言中。

---

① 梁启超：《开明专制论》，《辛亥革命前十年间时论选集》卷二，三联书店1960年版，第165页。

第五章

严复：在救亡与启蒙之间寻求平衡

严复本来只是位具有政治情怀的专业人士，假如不发生甲午战争这样的大事变，假如他不是北洋水师学堂总教习，即便发生甲午战争这样的大事变，严复也不会如此震怒，如此悲伤，如此义无反顾站出来说话，并由此改变了自己的人生道路，当然，也深刻影响了历史进程，改变了近代中国的历史轨迹。

第一节　原强：怀疑传统

光绪二十年（1894），甲午，六月，清帝国东邻，也是中国的属国朝鲜发生内乱，东学党起义，政局失控，匆忙中，朝鲜政府循惯例向宗主国求救。北洋大臣兼直隶总督李鸿章在权衡利弊，进行诸多考虑后，答应了朝鲜政府的请求，象征性向朝鲜派出军队，希望威慑东学党，不战而屈人之兵，履行宗主国责任，率有道伐无道。然而，让李鸿章想不到的是，过往二十年中国宿敌日本趁火打劫，在中国向朝鲜出兵同时，也按照十多年前日朝之间的一个协议向朝鲜派遣了远过于中国兵力的远征军，拉开架势要和中国一决雌雄，往回看是报十年前甲申政变之仇，往前看则希望将中国势力驱逐出朝鲜半岛，进而将朝鲜半岛收入囊中，成为日本踏上大陆的一个跳板。这就是改变中国历史走向的甲午战争。

遗憾的是，清军不敌日军，朝鲜半岛迅即失陷，清军在平壤保卫战中仅仅坚守了一天时间，就望风而逃，溃不成军。紧接着，中日海军在黄海大东沟不期而遇，两军互有胜负，北洋海军损失稍大。“海军既衅，旅顺、大连湾、威海卫以次失守。”至翌年春，中日始议和，严复“大受刺激。自是专致力于翻译著述”①。

严复是留学英国海军出身，回国后又一直在海军教育岗位上尽责，从一般的教员，做到了北洋水师学堂总教习，因而在甲午战争中的北洋海军将士，要么是严复福州船政学堂、英国皇家海军学院的同窗，要么就是严复在福州船政学堂、天津北洋水师学堂的弟子。也正是这样一层原因，我们看到，严复对这场战争给予高度关注，全程追踪。他在写给长子严璩的信中说：“时事岌岌，不堪措想。奉天省城与旅顺口皆将旦夕陷倭，陆军见敌即溃，经战即败，真成无一可恃者。皇上有幸秦之谋，但责恭邸留京，京官议论纷纷，皇上益无主脑，要和则强敌不肯，要战则臣下不能，闻时时痛苦。翁同龢及文廷式、张謇这一班名士痛参合肥，闻上有意易帅，然刘岘庄断不能了此事也。大家不知当年打长毛、捻匪诸公系以贼法子平贼，无论不足以当西洋节制之师，即东洋得其余绪，业已欺我有余。中国今日之事，正坐平日学问之非，与士大夫心术之坏，由今之道，无变今之俗。虽管、葛复生，亦无能为力也。”② 其忧心忡忡、眉头紧锁跃然纸上。

中国在甲午战争中的失败，对许多中国知识人来说，是奇耻大辱，也是他们思想转变的一个重大契机。康、梁如此，孙中山如此，严复也如

① 严璩：《侯官严先生年谱》，《严复集》，第 1548 页。

② 严复：《与长子严璩书之一》，《严复集》，第 780 页。

此。甲午战争成为近代中国的一个转捩点，是传统中国向现代中国转身的关键。此前此后的中国，俨然根本改变，一个全新的维新时代在中国蒙受了巨大屈辱之后渐渐展开，甲午后的一代新人也就在这种气氛中渐渐开始自己的新路：康梁走上了变法维新之路；孙中山成为一个革命者，并在一个不太长的时间里将一个人的觉醒转换成整个民族、国家的觉醒；严复也从业余时间替新媒体写写文章、组组稿，变成一个职业报人，一个高端专业翻译家。甲午一代知识人开始了自己的时代，也开始了一代人的分化。

战争败局已定，尽管清帝国在面子上还不愿意坦率地承认。光绪二十一年（1895）初，李鸿章不顾年迈东渡马关，与日本首相伊藤博文、外相陆奥宗光开始谈判。中国蒙受了几千年来少有的屈辱，当然更是有清两百年间从未遇到过的耻辱。战争的结局让中国知识人脸上挂不住，严复在那年正月初十日开始在天津《直报》连载《论世变之亟》长篇时政论文。[①]这是严复华丽转身的第一篇。此后一发不可收拾，相继在该报发表《原强》《原强续篇》《辟韩》等一系列振聋发聩的战斗檄文，不仅由此奠定了他在中国学术界尤其是早期传媒界的地位，而且唤醒了国人，为维新运动的蓬勃发展提供了最重要的西方思想资源。

在这组文章中，严复认为中国已经到了一个非变不可的历史转折关头，并明确提出了自己的变法理论和变法主张。

在《论世变之亟》这篇文章中，严复开篇即充满忧虑地写道："呜呼！观今日之事变，盖自秦以来未有若斯之亟也。夫世之变也，莫知其所由然，强而名之曰'运会'。运会既成，虽圣人亦运会中之一物。既为其中之一物，谓能取运会而转移之，无是理也。彼圣人者，特知运会之所由

① 严复：《论世变之亟》，《直报》光绪二十一年正月初十、十一日。

趋，而逆睹其流极。唯知其所由趋，故后天而奉天时；唯逆睹其流极，故先天而天不违。于是裁成辅相，而置天下于至安。后之人从而观其成功，遂若圣人真能转移运会也者，而不知圣人之初无有事也。即如今日中倭之构难，究其由来，夫岂一朝一夕之故也哉！”① 严复将历史发展、演变归之于人力无法控制而只能听从的“运会”。这种观点正确与否可以不必讨论，但其基于甲午巨变而产生的忧世情怀于此不难感到是何等深切、悲壮、无奈。

中国在甲午战争中的失败有着多重复杂原因，当时的人们对此做过多层次多角度的分析。严复基于其中西文化背景，在谈到这一热门话题时自然也讲出一些与众不同的见解。他指出：“尝谓中西事理，其最不同而断乎不可合者，莫大于中之人好古而忽今，西之人力今以胜古；中之人以一治一乱、一盛一衰为天行人事之自然，西之人以日进无疆，既胜不可复衰，既治不可复乱，为学术政化之极则。”中国人之所以如此，在严复看来，“盖我中国圣人之意，以为吾非不知宇宙之为无尽藏，而人心之灵，苟日开瀹焉，其机巧智能，可以驯致于不测也。而吾独置之而不以为务者，盖生民之道，期于相安相养而已”。然而社会的发展与进步，尤其是人与物之间矛盾日聚日累，最终必然打乱旧的平衡，出现新的问题：“夫天地之物产有限，而生民之嗜欲无穷，孳乳浸多，镌馋日广，此终不足之势也。物不足则必争，而争者人道之大患也。故宁以止足为教，使各安于朴鄙颛蒙，耕凿焉以事其长上，是故春秋大一统。一统者，平争之大局也。秦之销兵焚书，其作用盖犹是。降而至于宋以来之制科，其防争尤为深且远。取人人尊信之书，使其反复沈潜，而其道常在若远若近、有用无用之际。悬格为招矣，而上智有不必得之忧，下愚有或可得之庆，于是举

① 严复：《论世变之亟》，《严复集》，第1页。

天下之圣智豪杰，至凡有思虑之伦，吾顿八纮之网以收之，即或漏吞舟之鱼，而已暴鳃断鳍，颓然老矣，尚何能为推波助澜之事也哉！嗟乎！此真圣人牢笼天下，平争泯乱之至术，而民智因之以日窳，民力因之以日衰。”这种状况如果在中国没有与外国交通之前，还看不到什么大问题。然而当中西交通开辟后，便明显影响到中国在世界上的竞争能力：“其究也，至不能与外国争一旦之命，则圣人计虑之所不及者也。虽然，使至于今，吾为吾治，而跨海之汽舟不来，缩地之飞车不至，则神州之众，老死不与异族相往来。赙者常享其富，贫者常安其贫。明天泽之义，则冠履之分严；崇柔让之教，则嚣凌之氛泯。偏灾虽繁，有补苴之术；萑苻虽伙，有剿绝之方。此纵难言郅治乎，亦用相安而已。而孰意患常出于所虑之外，乃有何物泰西其人者，盖自高颡深目之伦，杂处此结衽编发之中，则我四千年文物声明，已涣然有不终日之虑。逮今日而始知其危，何异齐桓公以见痛之日，为受病之始也哉！”① 中国与西方共存于一个地球，永远不打交道已不可能。那么，中国究竟应该怎么办呢？

既要与西方打交道，就应该了解、研究西方。这是自林则徐、魏源、徐继畬、郭嵩焘以来一切睁眼看世界中国人的共同结论。严复在对西方的认识中，本着他对西方文化、制度、社会的独特理解，在前人认识的基础上更进一步，提出西方社会学术精神这些深层问题。他指出，“夫与华人言西治，常苦于难言其真。存彼我之见者，弗察事实，辄言中国为礼义之区，而东西溯南，凡吾王灵所弗届者，举为犬羊夷狄，此一蔽也。明识之士，欲一国晓然于彼此之情实，其议论自不得不存是非善否之公。而浅人怙私，常詈其誉仇而辈本，此又一蔽也。而不知徒塞一己之聪明以自欺，而常受他族之侵侮，而莫与谁何。忠爱之道，固如是乎？周孔之教，又如

① 严复：《论世变之亟》，《严复集》，第2页。

是乎？公等念之，今之夷狄，非犹古之夷狄也。今之称西人者，曰善会计而已，又曰彼擅机巧而已。不知吾今兹之所见所闻，如汽机兵械之伦，皆其形下之粗迹，即所谓天算格致之最精，亦其能事之见断，而非命脉之所在。其命脉云何？苟扼要而谈，不外于学术则黜伪而崇真，于政刑则屈私以为公而已。斯二者，与中国理道初无异也。顾彼行之而常通，吾行之而常病者，则自由不自由异耳”[①]。在严复看来，中西之间的巨大差异，就在于对自由的理解，对个人权益的理解，保护，或侵蚀。

自由是西方社会文化发展进步的根本要义，也是中国社会的根本缺失。用这个观念去分析中西社会文化，便很容易地看到二者之间的差异："夫自由一言，真中国历古圣贤之所深畏，而从未尝立以为教者也。彼西人之言，曰唯天生民，各具赋畀，得自由者乃为全受。故人人各得自由，国国各得自由，第务令毋相侵损而已。侵人自由者，斯为逆天理，贼人道。其杀人、伤人，及盗蚀人财物，皆侵人自由之极致也。故侵人自由，虽国君不能，而其刑禁章条，要皆为此而设耳。中国理道与西方自由最相似者，曰恕，曰絜矩。然谓之相似则可，谓之真同则大不可也。何则？中国恕与絜矩，专以待人及物而言。而西人自由，则于及物之中，而实寓所以存我者也。自由既异，于是群异丛然以生。粗举一二言之：则如中国最重三纲，而西人首明平等；中国亲亲，而西人尚贤；中国以孝治天下，而西人以公治天下；中国尊主，而西人隆民；中国贵一道而同风，而西人喜党居而州处；中国多忌讳，而西人重讥评。其于财用也，中国重节流，而西人重开源；中国追淳朴，而西人求欢虞。其接物也，中国美谦屈，而西人务发舒；中国尚节文，而西人乐简易。其于为学也，中国夸多识，而西人尊新知。其于祸灾也，中国委天数，而西人恃人力。若斯之伦，举有与

① 严复：《论世变之亟》，《严复集》，第2页。

中国之理相抗，以并存于两间，而吾实未敢遽分其优绌也。”[①] 可以说，严复这一段对中西社会、文化、制度、文明差异的分析，深刻影响了后来的中国人，早已成为中国人观察中西的经典看法，尤其是其两分法的严整对比，更是后来者不断征引的名句。

严复在《论世变之亟》中的这些分析、论述、结论自然引起中国人的警醒，促使中国人应该用发展的眼光看待西方，看待世界，看待人类的进步、发展与变化，不要再用过去那种视西人为夷狄的旧眼光去看世界，看周边。严复强调，今日的夷狄已远非昔日的夷狄。中国应该认真、老实、恭敬地学西方：“盖谋国之方，莫善于转祸而为福，而人臣之罪，莫大于苟利而自私。夫士生今日，不睹西洋富强之效者，无目者也。谓不讲富强，而中国自可以安；谓不用西洋之术，而富强自可致；谓用西洋之术，无俟于通达时务之真人才，皆非狂易失心之人不为此。”[②] 中国的唯一出路，不是十九世纪六十年代中国人念念不忘的“中体西用”，这个即便不像日本那样脱亚入欧，在远东建构一个西方国家，但是中国人应该清楚，学西方，就是中国要从自己的历史中走出，就是要建构一个基于工业革命的新文明。工业革命原发于西方，接纳工业革命的成果，实质上只能是学习西方。

《论世变之亟》让严复在正在兴起的新媒体传播领域崭露头角，他的西方阅读经验让他知道如何追踪时政、评论时政，引领社会与时代。紧接着，严复一鼓作气，光绪二十一年二月初八日至十三日（1895 年 3 月 4 日至 9 日），又在《直报》发表《原强》。《论世变之亟》《原强》引起了知识界的广泛重视，证据之一就是如日中天的《时务报》主笔梁启超专函严

---

① 严复：《论世变之亟》，《严复集》，第 3 页。

② 严复：《论世变之亟》，《严复集》，第 4 页。

复，“用意恳到，盎溢行墨间”，让严复“喜慰过望，殆难以言语形容”。按照梁启超的期待，严复对《直报》发布的底本进行了大幅度增改，并解释初写、增补的缘由：“甲午春半，正当东事臬兀之际，觉一时胸中有物，格格欲吐，于是有《原强》《救亡决论》诸作，登布《直报》，才窘气茶不副本心，而《原强》诸篇尤属不为完作。盖当日无俟不揣浅狭，意欲本之格致新理，溯源竟委，发明富强之事，造端于民，以智、德、力三者为之根本，三者诚盛，则富强之效不为而成；三者诚衰，则虽以命世之才，刻意治标，终亦隳废。故其为论，首明强弱兼并乃天行之必至，而无可逃；次指中国之民智、德、力三者已窳之实迹。夫如是，而使窳与窳遇，则雌雄胜负效不可知，及乎衰与盛邻，则其终必折以入。然则中国由今之道，无变今之俗，存亡之数，不待再计而可知矣。是以今日之政，于除旧，宜去其害民之智、德、力者；于布新，宜立其益民之智、德、力者。以此为经，而以格致所得之实理真知为纬。本既如是，标亦从之。本所以期百年之盛大，标所以救今日之阽危，虽文、周、管、葛生今，欲舍是以为术，皆无当也。仆之命意如此，故篇以《原强》名也。”①

《原强》的修改稿较原作有大幅度改动，增补了差不多一半的文字②，更全面表达了严复寻求富强的思想，但是不知何故，梁启超主编的《时务报》并没有将这个修订本发表。又过了几年，光绪二十七年（1901），辛丑，严复最亲近的弟子熊元锷将这篇修改稿收进“侯官严氏丛刊”，得以面世。

“原强”之“原”，就是探究、探求、寻找的意思，所以自来学者有原道、原乱、原儒、原人、原变、原教、原儒墨、原学等。与此相似，严复

① 严复：《与梁启超书之一》，《严复集》，第514页。

② 严复：《原强修订稿》题解，《严复集》，第15页。

的"原强"就是寻找中国如何富强的道路，从严复致梁启超的信看，严复寻找出来的道理，就是他的"三民主义"——"开民智、兴民德、鼓民力"。

在《原强》中，严复所本的"格致新理"，其实就是他在文中所明说的达尔文的进化论和斯宾塞的"群学"即社会有机论。这是严复在"译作"《天演论》之前鼓吹进化论尤其是社会有机体论方面的一篇代表作，而其思想出发点、归宿点则是中国现实，是中国如何摆脱目前尴尬局面而步入世界民族之林的问题。正是从这个意义上说，《原强》之作实际上是《论世变之亟》的续篇。

在严复看来，中国当时的问题虽然千头万绪，但归结起来则是"人"的问题："中国至于今日，其积弱不振之势，不待智者而后明矣。深耻大辱，有无可讳焉者。日本以寥寥数舰之舟师，区区数万人之众，一战而翦我最亲之藩属，再战而陪京戒严，三战而夺我最坚之海口，四战而覆我海军。今者款议不成，而畿辅且有旦暮之警矣。则是民不知兵而将帅乏才也。曩者天子尝赫然震怒矣，思有以更置之。而内之则殿阁宰相以至六部六卿，外之洎廿四行省之督抚将军，乃无一人焉足以胜御侮之任者。深山猛虎，徒虚论耳。夫如是尚得谓之国有人焉哉！兵连仅逾年耳，而乃公私赤立，洋债而外，尚不能无扰闾阎，是财匮而蹈前明之覆辙也。夫一国犹一身也，击其首则四肢皆应，刺其腹则举体知亡。而南北虽属一君，彼是居然两戒。首善震矣，四海晏然，视邦国之颠危，若秦越之肥瘠。则是君主君民之势散，而相爱相保之情薄也。将不素讲，士不素练，器不素储。一旦有急，蚁附蜂屯，授以外洋之快枪机炮，则捍格而不操，窒塞而毁折。故其用也，辄不如陋钝之抬枪。而昧者不知，遂诩诩然，曰是内地之利器也。又有人焉，以谓吾习一枪之有准，遂可以司命三军，且大布其言以慑敌。此其所见，尚何足与言今日之军械也哉！更何足与言战陈之事也哉！夫督曰制军，抚曰抚军，皆将帅也，其居其名不习其事乃如此。……至其中趋时者流，自命俊杰，则矜其浅尝，夸为独得，徒取外洋之疑似，以乱人主之聪明。而尤不肖者，则窃幸世事之纠纷，有欲因之以为利。求才亟，则可以侥幸而骤迁，兴作多，则可以居间以自润。”[①] 总之，在严复看来，如果求人才于有位之人，那几乎已是不可能的了。朝廷已无可用之人，这样的政府又怎能对外御侮，战敌而胜之呢？

不特此也。过去的中国如果朝廷无有用之人，还可以从草莽中求之，而今日的中国在严复看来，不仅朝廷无人，即便是草莽之中也已无可用之人。何以然？时势不同故也：“意者沈废伏匿于草野闾巷之间，乃转而求之，则消乏凋亡，存一二于千万之中，即竟谓之无，亦蔑不可审矣。神州九万里之地，四百兆之民，此廓廓者徒土荒耳，是熙熙者徒人满耳。尚自谓吾为冠带之民，灵秀所钟，孔孟之所教，礼义之所治，抑何其无愧而不知耻也。夫疆埸之事，一彼一此，战败何足以悲。……所可悲者，民智之已下，民德之已衰，与民气之已困耳。虽有圣人用世，非数十百年薄海知亡，上下同德，痛刮除而鼓舞之，终不足以有立。而岁月悠悠，四邻耽耽，恐未及有为，而已为印度、波兰之续；将锡彭塞（即斯宾塞）之说未行，而达尔文之理先信，况乎其未必能遂然也。”[②]

严复的这种判断，在一些人看来或许夸大了中国的危机，但在严复看来中国的危机之所以如此严重，是基于今日之西方国家已远非昔日中国所面对的那些“夷狄”：“然而至于今日之西洋，则与是断断乎不可同日而语矣。彼西洋者，无法与法并用而皆有以胜我者也。自其自由平等观之，则捐忌讳，去烦苛，决壅敝，人人得以行其意，申其言，上下之势不相悬，

① 严复：《原强》，《严复集》，第 8 页。

② 严复：《原强》，《严复集》，第 9 页。

君不甚尊，民不甚贱，而联若一体者，是无法之胜也。自其官工商贾章程明备观之，则人知其职，不督而办，事至纤悉，莫不备举，进退作息，未或失节，无间远迩，朝令夕改，而人不以为烦，则是以有法胜也。其民长大鸷悍既胜我矣，而德慧术知较而论之，又为吾民所必不及。故所谓耕凿陶冶，织纫树牧，上而至于官府刑政，战斗转输，凡所以保民养民之事，其精密广远，较之中国之所有所为，其相越之度，有言之而莫能信者。且其为事也，又一一皆本于学术；其为学术也，又一一求之实事实理，层累阶级，以造于至大至精之域，盖寡一事焉可坐论而不可起行者也。推求其故，盖彼以自由为体，以民主为用。”① 严复认为，西方近代社会的根本精神不外乎这四个字：自由、民主。西方近代社会成功的全部诀窍，不外乎“以自由为体，以民主为用”十字箴言。

“第由是而观之，则及今而图自强，非标本并治焉，固不可也。不为其标，则无以救目前之溃败；不为其本，则虽治其标，而不久亦将自废。标者何？收大权、练军实，如俄国所在是已。至于其本，则亦于民智、民力、民德三者加之意而已。果使民智日开，民力日奋，民德日和，则上虽不治其别名，而标将自立。何则？争自存而欲遗种者，固民所受于天，不教而同愿之者也。……然则三者又以民智为最急也。是富强者，不外利民之政也，而必自民之能自利始；能自利自能自由始；能自由自能自治始，能自治者，必其能恕，能用絜矩之道者也。”② 显然，严复这些观点已不是在中国旧有观念中进行修补，而具有根本性的改革意义。

严复在《原强》文末说，“至于民智之何以开，民力之何以厚，民德

① 严复：《原强》，《严复集》，第 11 页。

② 严复：《原强》，《严复集》，第 14 页。

之何以明，三者皆今日至切之务，固将有待而后言”[①]。就此推测，严复这篇文章确乎为一篇未完稿。因此当梁启超要将此文在新创刊的《时务报》上重新发表的时候，严复致信梁氏说，他本来还有许多话要说，但“能事既步子心副，而人事牵率，遂以中绝。今者取观旧篇，真觉不成一物，而足下见其爪咀，过矜羽毛，善善从长，使我颜汗也”；为了应对梁启超的好意、盛情，严复花力气重写此文，补充先前漏失，或没有充分展开的内容，“《原强》如前所陈，拟更删益成篇，容十许日后续呈法鉴何如?”[②] 不过，正如前面已经提及，修改后的文本并没有在《时务报》发表，等他的学生熊元锷收入“侯官严氏丛刊”中时，已经时移势易，这篇重要文本只具有思想史的意义，而不具有现实价值了。

在《原强》修改稿中，最突出的是严复详细分析了原稿中所提出的怎样开民智、厚民力和新民德的具体方案。他说：“夫如是，则中国今日之所宜为，大可见矣。夫所谓富强云者，质而言之，不外利民云尔。然政欲利民，必自民各能自利始；民各能自利，又必自皆得自由始；欲听其皆得自由，尤必自其各能自治始。反是则乱。顾彼民之能自治而自由者，皆其力、其智、其德诚优者也。是以今日要政，统于三端：一曰鼓民力，二曰开民智，三曰新民德。夫为一弱于群强之间，政之所施，固常有标本缓急之可论。唯是使三者诚进，则其治标而标立；三者不进，则其标虽治，终亦无功；此舍本言标者之所以为无当也。虽然，其事至难言矣。夫中国今日之民，其力、智、德三者，苟通而言之，则经数千年之层递积累，本之乎山川风土之攸殊，导之乎刑政教俗之屡变，陶钧炉锤而成此最后之

① 严复：《原强》，《严复集》，第 15 页。

② 严复：《与梁启超书之一》，《严复集》，第 515 页。

一境。”①

话虽如此说，但是真的要改变中国人的民力、民智与民德也绝非易事。千百年来所形成的思想传统、习惯势力的影响等都是最大的障碍。严复充分地估计到了这一点，因此他在设计改革方案时，并没有像康有为、梁启超乃至孙中山那样简捷和乐观。他逐项论述道：“然则鼓民力奈何？……古今器用虽异，而有待于骁猛坚毅之气则同。……故中国礼俗，其贻害民力而坐令其种日偷者，由法制学问之大，以至于饮食居处之微，几于指不胜指。而沿习至深，害效最著者，莫若吸食鸦片、女子缠足二事，此中国朝野诸公所谓至难变者也。……夫变俗如是二者，非难行也，不难行而不行者，以为无与国是民生之利病而已。而孰知种以之弱，国以之贫，兵以之窳，胥于此焉阶之厉耶！是鸦片、缠足二事不早为之所，则变法者，皆空言而已矣。”② 严复的意思很显然，那就是要严厉禁止鸦片吸食，严厉禁止女子缠足，从而使中国人能够有一个强壮的身体素质，这就是鼓民力，让民众身体素质有根本改善。

至于开民智，严复指出，“其开民智奈何？今夫尚学问者，则后事功；而急功名者，则轻学问。二者交失，其实则相资而不可偏废也。顾功名之士多有，而学问之人难求，是则学问贵也。东土之人，见西国今日之财利，其隐赈流溢如是，每疑之而不信；迨亲见而信矣，又莫测其所以然；及观其治生力财之多术，然后知其悉归功于亚丹斯密之一书，此泰西有识之公论也。是以制器之备，可求其本于奈端；舟车之神，可推其原于瓦德；用电之利，则法拉第之功也；民生之寿，则哈尔斐之业也。而二百年学运昌明，则又不得不以柏庚氏之摧陷廓清之功为首称。学问之士，倡其

① 严复：《原强修订稿》，《严复集》，第 27 页。

② 严复：《原强修订稿》，《严复集》，第 29 页。

新理，事功之士，窃之为术，而有大功焉。故曰民智者，富强之原。此悬诸日月不刊之论也。顾彼西洋以格物致知为学问本始，中国非不尔云也，独何以民智之相越乃如此耶？或曰中国之智虑运于虚，西洋之聪明寄于实。此其说不然。自不佞观之，中国虚矣，彼西洋尤虚；西洋实矣，而中国尤实。异者不在虚实之间”①。

严复的这一判断显然与流行观点有异。那么他是怎样看待中西学问理念差异的呢？他先分析西方学术理念说：“夫西洋之于学，自明以前，与中土亦相埒耳。至于晚近，言学则先物理而后文词，重达用而薄藻饰。且其教子弟也，尤必使自竭其耳目，自致其心思，贵自得而贱因人，喜善疑而慎信古。其名数诸学，则藉以教致思穷理之术；其力质诸学，则假以导观物察变之方，而其本事，则筌蹄之于鱼兔而已矣。故赫胥黎曰读书得智是第二手事，唯能以宇宙为我简编，民物为我文字者，斯真学耳。此西洋教民要术也”；然而中国学术理念则不然，“且中土之学，必求古训。古人之非，既不能明，即古人之是，亦不知其所以是。记诵词章既已误，训诂注疏又甚拘。江河日下，以致于今日之经义八股，则适足以破坏人材，复何民智之开之与有耶？且也六七龄童子入学，脑气未坚，即教以穷玄极眇之文字，事资强记，何裨灵襟！其中所恃以开睿神明者，不外区区对偶已耳。所以审核物理，辨析是非者，胥无有焉。以是为学，又何怪制科人十九鹘突于人情物理，转不若农工商贾之有时而当也。今之蒿目时事者，每致叹于中国读书人少；自我观之，如是教人，无宁学者少耳。今者物穷则变，言时务者，人人皆言变通学校，设学堂，讲西学矣。虽然，谓十年以往，中国必收其益，则又未必然之事也。何故？旧制尚存，而荣途未开也。夫如是，士之能于此深求而不倦厌者，必其无待而兴，即事而乐者

① 严复：《原强修订稿》，《严复集》，第29页。

也。否则刻棘之业虽苦，市骏之赏终虚，同辈知之则相忌，门外不知则相忘，几何不废然反也！是故欲开民智，非讲西学不可；欲讲实学，非另立选举之法，别开用人之涂，而废八股、试帖、策论诸制不可。”[①] 严复对中国旧有教育体制、教学方法，国家考试制度、用人制度，都有思考、批判，除了理性认识外，显然也包容了他那一代人尤其是他个人在科举仕途上奔波而不遇的切身感受。

至于新民德，严复认为是三事中最难的事情。因为所谓“新”，实际上便是用西方思想文化观念来改造中国传统价值体系，而西方思想文化观念的根本在严复看来，就是“自由平等”：“西之教平等，故以公治众而贵自由。自由，故贵信果。东之教立纲，故以孝治天下而首尊亲。尊亲，故薄信果。然其流弊之极，至于怀诈相欺，上下相遁，则忠孝之所存，转不若贵信者之多也。且彼西洋所以能使其民皆若有深私至爱于其国与主，而赴公战如私仇者，则亦有道矣。法令始于下院，是民各奉其所自主之约，而非率上之制也；宰相以下，皆由一国所推择。是官者，民之所设以厘百工，而非徒以尊奉仰戴者也，抚我虐我，皆非所论者矣。……是故居今之日，欲以进吾民德，于以同力合志，联一气而御外仇，则非有道焉使各私中国不可也。顾处士曰民不能无私也，圣人之制治也，在合天下之私以为公。然则使各私中国奈何？曰设议院于京师，而令天下郡县各公举其守宰。是道也，欲民之忠爱必由此，欲教化之兴必由此，欲地利之尽必由此，欲道路之辟、商务之兴必由此，欲民各束身自好而争濯于善必由此。呜呼！圣人复起，不易吾言矣。”[②] 显然，严复是想用西方近代以来自由、平等观念以及由此而来的民主政治作为改造中国的基本模式、思想资源。

---

① 严复：《原强修订稿》，《严复集》，第 30 页。

② 严复：《原强修订稿》，《严复集》，第 32 页。

这就是严复在近代中国之最大意义。

《原强》之后，光绪二十一年二月十七日、十八日（1895 年 3 月 13 日、14 日），严复又在天津《直报》发表《辟韩》，严厉批判唐代学者韩愈在《原道》中所宣扬的君主专制主义思想，宣传西方近代以来的资产阶级民权、法律思想。

韩愈《原道》宣称："古之时，人之害多矣！有圣人者立，然后教之以相生养之道。为之君，为之师，驱其虫蛇禽兽而处之中土。寒，然后为之衣；饥，然后为之食。木处而颠，土处而病也，然后为之宫室。为之工，以赡其器用；为之贾，以通其有无；为之医药，以济其夭死；为之葬埋祭祀，以长其恩爱；为之礼，以次其先后；为之乐，以宣其壹郁；为之政，以率其怠倦；为之刑，以锄其强梗。相欺也，为之符玺、斗斛、权衡以信之；相夺也，为之城郭、甲兵以守之。害至而为之备，患生而为之防。今其言曰圣人不死，大盗不止；剖斗折衡，而民不争。呜呼，其亦不思而已矣！如古之无圣人，人之类灭久矣。何也？无羽毛鳞介以居寒热也，无爪牙以争食也。是故君者，出令者也；臣者，行君之令而致之民者也；民者，出粟米麻丝，作器皿，通货财，以事其上者也。君不出令，则失其所以为君；臣不行君之令而致之民，民不出粟米麻丝，作器皿，通货财，以事其上，则诛。今其法曰必弃而君臣，去而父子，禁而相生养之道，以求其所谓清净寂灭者。呜呼，其亦幸而出于三代之后，不见黜于禹汤文武周公孔子也；其亦不幸而不出于三代之前，不见正于禹汤文武周公孔子也。"①

韩愈的这些讨论，如果从人类学视角观察，无疑很有意义，人类制度的发生、文明的发生，究竟是怎样一回事，韩愈的这些说法也未尝不可以

---

① 韩愈撰，骐昶校注：《韩昌黎文集校注》，上海古籍出版社 1986 年版，第 12 页。

讨论。但是，严复执意要批判韩愈，是因为他认为韩愈宣扬的这种圣人观很有问题。他以讥讽的口吻说："如古无圣人，人之类灭久矣。何也？无羽毛鳞介以居寒热也，无爪牙以争食也。如韩子之言，则彼圣人者，其身与其先祖父必皆非人焉而后可，必有羽毛鳞介而后可，必皆有爪牙而后可。使圣人与其先祖父而皆人也，则未及其生，未及成长，其被虫蛇禽兽寒饥木土之害而夭死者，固已久矣，又乌能为之礼乐行政，以为他人防备患害也哉？老之道，其胜孔子与否，抑无所异焉，吾不足以定之。至其明自然，则虽孔子无以易。韩子一概辞而辟之，则不思之过耳。"①

严复没有像黄宗羲、谭嗣同那样，明确得出君主是一切罪恶的源泉这样极端的结论，但他通过对老子、孟子等各家各派人本主义思想的演绎，也近乎指出君主体制是有问题的，并不是不可以讨论的。严复说："孟子曰，民为重，社稷次之，君为轻。此古今之通义也。而韩子不尔云者，知有一人而不知有亿兆也。老之言，曰窃钩者诛，窃国者侯。夫自秦以来，为中国之君者，皆其尤强梗者也，最能欺夺者也。窃尝闻道之大原出于天矣。今韩子务尊其尤强梗，最能欺夺之一人，使安坐而出其唯所欲为之令，而使天下无数之民，各出其苦筋力、劳神虑者，以供其欲，少不如是焉则诛，天之意固如是乎？道之原又如是乎？"② 其结论与黄宗羲、谭嗣同可以有一比。

在君臣、君民关系上，严复继承传统士大夫精神，尤其是顾炎武、黄宗羲及谭嗣同的观念，以为君主的设立并不是为了别的，而是文明社会中一种不得已的措施。严复指出，"且韩子亦知君臣之伦之出于不得已乎？有其相欺，有其相夺，有其强梗，有其患害，而民既为是粟米麻丝，作器

---

① 严复：《辟韩》，《严复集》，第 32 页。

② 严复：《辟韩》，《严复集》，第 34 页。

皿，通货财与凡相生相养之事矣，今又使之操其刑焉以锄，主其斗斛，权衡焉以信，造为城郭、甲兵焉以守，则其势不能。于是通功易事，择其公且贤者，立而为君。其意固曰，吾耕矣织矣，工矣贾矣，又使吾自卫其姓名财产焉，则废吾事。何若使子专力于所以为卫者，而吾分其所得于耕织工贾者，以食子给子之为利广而事治乎？此天下立君之本旨也。是故君也臣也，刑也兵也，皆缘卫民之事而后有也；而民之所以有待于卫者，以其有强梗欺夺患害也。有其强梗欺夺患害也者，化未进而民未尽善也。是故君也者，与天下之不善而同存，不与天下之善而对待也”①。这就是君之产生的原初背景，也是君之为君的根本原因。

这样说，当时也不意味着严复有中国古典空想主义者弃君臣的主张。事实上，他清楚地意识到，在文明社会尚未结束前，君臣的存在是势之必然：“然则及今而弃君臣，可乎？曰是大不可。何则？其时未至，其俗未成，其民不足以自治也。”② 循此推论，当人民有了自治能力，那么君主的存在意义就值得怀疑了。

而人民自治能力之得，在严复看来主要在于民德、民力和民智。因此，问题的结论依然回到新民德、开民智和鼓民力这三个方面：“乃今将早夜以孳孳求所以进吾民之才、德、力者，去其所以困吾民之才、德、力者，使其无相欺相夺而相患害也，吾将悉听其自由。民之自由，天之所畀也，吾又乌得而靳之！如是，幸而民至于能自治也，吾将悉复而与之矣。唯一国之日进富强，余一人与吾子孙尚亦有利焉，吾何贵私天下哉！诚如是，三十年而民不大和，治不大进，六十年而中国有不克与欧洲各国方富

---

① 严复：《辟韩》，《严复集》，第 34 页。

② 严复：《辟韩》，《严复集》，第 35 页。

而比强者，正吾莠言乱政之罪可也。”①

基于这种人民本位的思想观念，严复像他的思想前驱者那样，愤怒批判君主专制：“秦以来之为君，正所谓大盗窃国者耳。国谁窃？转相窃之于民而已。既已窃之矣，又惴惴然恐其主之或觉而复之也，于是其法与令猬毛而起，质而论之，其什八九皆所以坏民之才，散民之力，漓民之德者也。斯民也，固斯天下之真主也，必弱而愚之，使其常不觉，常不足以有为，而后吾可以长保所窃而永世。嗟乎！夫谁知患常出于所虑之外哉？此庄周所以有胠箧之说也。是故西洋之言治者，曰国者，斯民之公产也；王侯将相者，通国之公仆隶也。而中国之尊王者，曰天子富有四海，臣妾亿兆。臣妾者，其文之故训犹奴隶也。夫如是则西洋之民，其尊且贵也，过于王侯将相，而我中国之民，其卑且贱，皆奴产子也。设有战斗之事，彼其民为公产公利自为斗也，而中国则奴为其主斗耳。夫驱奴虏以斗贵人，固何所往而不败？”② 严复不是一般性的讨论甲午战争及其中国的失败，而是从制度层面，从君主专制这个视角讨论这场战争之所以如此的根本原因。这也是严复后来维新思想之所以如此坚定的深层原因，他的西学根底，他对西方社会、政治制度的观察、体会，都在深刻影响他的思路、言说。

严复这几篇充满论辩色彩的政论文，在甲午战争尚未完全结束，中日议和还没有谈妥的时候，无疑给中国知识界投下了巨大的炸弹，各种各样的议论都有。谭嗣同在写给汪康年的信中说，“《时务报》二十三册《辟韩》一首，好极好极！究系何人所作？自署观我生室主人，意者其为严又

① 严复：《辟韩》，《严复集》，第 35 页。

② 严复：《辟韩》，《严复集》，第 36 页。

陵乎？望示悉”[①]。这是持欢迎态度的。

张之洞原本对严复极具好感，但他在看到严复这篇《辟韩》时不禁勃然大怒，以为洪水猛兽，深恶痛绝，以为严复的观点极为荒谬，一说他责成御史屠仁守著文批驳交《时务报》发表，而严复坚信这篇驳议实际上出自张之洞的手笔，他在一封写给五弟的信中说，“前者《时务报》有《辟韩》一篇，闻张广雅尚书见之大怒，其后自作《驳论》一篇，令屠墨君出名也。《时务报》已照来谕交代矣”[②]。张之洞、屠仁守的不满，大约源自他们认为，“今《辟韩》者溺于异学，纯任胸臆，义理则以是为非，文字则以辞害意，乖戾矛盾之端，不胜枚举”[③]，也就是说是对正统儒家思想的颠覆，有点类似于此时康有为的“新学伪经”、“孔子改制”，均属于中国学术的旁门左道。

反对就是注意的表示。一篇文章引起注意也并不都是坏事，署名屠仁守的那篇驳议，尽管不赞成严复的全部议论，以为偏激，但也不能不在文中承认历代学者对韩愈思想的解读也有问题。换言之，如果仅从学术上去检讨，严复的观点当然可以成立，批评者也可以提出自己不一样的看法。在当时，就有一位“周同愈”的读者来信，自称为韩愈的“铁粉”，“余生好韩退之文”，因此对严复拆解自己的偶像非常想不通，提出诸多批评与商榷。对于这样的文字，严复给予理解，也给予尊重，他郑重其事回信说：“退之文章俊伟而调直，自唐以来所推重，仆岂能为异辞？至其所发明理道，固未见极，而自有其可辟者在也。仆固甚尊韩退之，然不敌其尊

① 谭嗣同：《致汪康年书六》，谭嗣同著，蔡肖思、方行编：《谭嗣同全集》，中华书局1981年版，第499页。

② 严复：《与五弟书》，《严复集》，第733页。

③ 屠仁守：《屠侍御（仁守）致〈时务报〉馆辨〈辟韩〉书》，《翼教丛编》卷三，第26页。

真理。观吾文，闻吾说者，当审以是非之公，不宜问其所辟者为韩非韩也。且辟其说者，于其人亦何所仇视之与有？使其说非欤，即持之者亲如吾父，尊如吾君，仆尤必谨而辟之。何则？吾父固至亲，吾君固甚尊，以名义可一言一事而使吾忘其身而为之死。独至是非之公，则天地人物之所共有，吾又安得殉其所私尊亲者，使天下后世相疑误乎？特以臣子而救君父之失，其措词自有义法之所宜，是则不易者耳。来教又谓仆之仇视韩，以韩所守与今法有龃龉。与今法有龃龉而辟之，则孔子之道、孟子之道皆可辟。进而弥上，即尧舜禹汤文武周公，其道无不可辟。仆好为高论何如？呜呼！此又大误也。夫今法于仆何有？使用之而祸生民乱天下，仆很深距痛绝之不暇，又何所取而辟韩以卫其说？至于尧舜禹汤文武周公孔孟氏之道，诚取其说而深观之，固无可辟。即有大经大法行之于今世而不宜者，亦时为之，而群圣相承之用心，则固卓然无可议者也。且孔子绝四，而孟子以为圣之时，使儒者知随时之义，则二三千年以往之礼俗，彼圣人者固未尝责后世以必循也，而客又何议乎？”[①] 严复此时的立场似乎无比坚定，虽父君之误，在他看来都应该进行纠正，因为他知道“吾爱真理远过于爱吾君父”。从纯粹的知识论角度而言，严复的说法无疑是对的。

第二节 救亡：走西方的路

严复《论世变之亟》《原强》《辟韩》诸文均从思想文化传统的大背景上分析中国在甲午战争中何以遭到如此惨败，而在随后发表的《原强续篇》等文章[②]，则是从技术等具体细节、背景分析中国失败原因，寻求中

① 严复：《与周同愈书》，《严复集》，第718页。

② 《直报》光绪二十一年三月初四日。

国自强之道。

这篇文章既名为《原强续篇》，一定与《原强》存在某种关联。其实，从文本看，《原强》是分析中国在甲午战争中失败的深层原因，而《原强续篇》则是从浅层或表层分析中国失败的原因以及中国未来或当下所应走的道路。这是严复当时比较具体表述自己政治见解的一篇重要文章。

在文章的开篇，严复接着《原强》已提出的“标本并治”说而指出，“夫所谓标本并治者，岂非以救时之道通于治病者乎？盖察病而知致病之原，则其病将愈，唯病原真而后药物得，药物得而后其病乃有瘳，此不易之理也”[①]。

那么，中国在甲午战争中失败，其“真病原”究竟是什么呢？严复接着分析道：“今日之东事，横决大溃，至于不可收拾者，夫岂一朝夕之故，而审其原者谁乎？方其未发也，上下晏安，深忌讳而乐死亡。当是之时，虽有前识，破脑刳心，痛苦阙下，亦将指为妖言，莫之或省。及其始发也，无责者不审彼己之情实，不图事势之始终，徒扬臂奋呼，快一发而不虑其所以为收。迨至事功违反，则共咤嗟骇荡。众难群疑，曰是必有强国焉阴助之耳，不然倭乌能如是！又曰……是必我之居津要者与表里为奸，不然倭又乌以至此！嗟乎！诸君自视太高，视人太浅，虚骄之气不除，虽百思未能得其理也。夫所恶于虚骄恃气者，以其果敢而窒，如醉人之勇，俟其既醒，必怯懦而不可复作也。夫以中国今日政治之弛缓不收，人心之浇薄自私与百执事人才之消乏，虑无起者耳。有枭雄焉，操利仗驱数万训练节制之师，胜、广之祸殆莫与遏。况乎倭处心积虑十余年，图我内地之山川，考我将帅之能否，举中国一切之利弊，微或不知之。此在西洋为之则甚难，彼倭为之则甚易，书同文而壤地相接故也。今乃谓其必待西洋之

① 严复：《原强续篇》，《严复集》，第36页。

相助，与中国奸人之借资，诸君能稍贬此［所］谓人莫己若之心，庶有以审今日之乱源，而国事尚有豸耳。”[①] 换言之，严复不赞成那些无根据的推测，更不赞成日本的胜利，一是西洋之相助，二是中国奸人之借资。

在严复看来，中国在甲午战争中的失败别有原因，那就是中国近几十年发展的必然结果。他说：“窃尝谓国朝武功之盛，莫著于高宗，而衰端即伏于是。降及道、咸，官邪兵窳极矣。故发、捻之乱，蔓延浸淫，几天下无完土。湘、淮二军起煨烬之中，百折不回，赫然助成中兴之业，其功诚有不可没者。然究切言之，则不外以匪之术治匪，其营规军制，多一切苟且因应之图，断然不足以垂久远。世人成败论世，且依附者众，遂举世莫敢非之。顾祖宗数百年缔造之远略宏规，所谓王者之师，至此而扫地尽矣！使今日而祖制上尚有孑遗，则存其法而易其器，补其蔽而师其心，则武备之坏，尚不至此，而军政尚可用也，惜乎今万不能。又窃尝谓百十年来中国之至不幸，其兵所相与磨砻者，皆内地乌合之土匪，即遇外警，皆不过西洋之偏师，扣关搪呼，求得所愿而遂止。致吾国君臣上下，谓经武之事，不外云云。而文人学士，不耻佞谀，相与扬厉铺张，其身受与侧听者，皆信为果然。故其病愈深痼而不可疗。今乃知未履之而艰，未及之而知，是唯度量超绝，决荡拘挛，极物理之精者为能，讲俗学者必不能也。”[②] 曾国藩、李鸿章等人所成就的“同光中兴”之业，在严复看来并不是中国现代化的开始，当然也不是中国军事现代化的开端。曾、李之所以能战太平天国而胜之，那是因为他们“以匪之术治匪”，并没有考虑中国军事现代化的久远建设问题。这便是中国在甲午战争中失败的必然原因。

中国的失败既别有原因，那么这种失败并不可怕，并不意味着中国必

---

① 严复：《原强续篇》，《严复集》，第 37 页。

② 严复：《原强续篇》，《严复集》，第 37 页。

然被日本所亡。恰恰相反，如果仔细分析日本当时所处情形，中国更没有理由因这次失败而向日本屈辱言和。就日本情况而言，严复认为日本对中国的侵略显然是蓄谋已久，但日本此时向中国用兵既是看到了中国的弱点，也明显暴露了日本的问题。他指出：“今夫倭者务胜好乱，儳然不终日之民也。然其谋则已大矣。其谋云何？曰将兴亚以拒欧。尝自论曰吾东洲之英吉利也。十余年间，变服式，改制度，初自谓与西之国齐列而等夷，而西人乃儿抚而目笑之，大失所望，归而求亲于中国，中国视之，益蔑如也。于是深怒积怨，退而治兵，蛇出鼠入，不可端倪。而我尚晏然不知蜂虿之有毒，般乐怠傲，益启戎心。是故推既往之迹，以勘倭之隐：使中国而强，则彼将合我；使中国而弱，则彼将役我。为合为役，皆以拒欧。其拒欧之中，则拒英为尤甚，其次乃俄。何则？英固西洋之倡国也，其民沈质简毅，持公道，保盛图，而不为翕翕热者，故其中倭忌也尤深，而俄则亦实避处此者也。故处今之日，无论中国之弱与强，倭之谋皆必出于战而后已。盖必战而后有以示我以其强，去我蔑视之心，以后有以致其所谓合与役也。”①即日本对中国开战是日本所处之实际地位，以及中国对日方略激发的必然结果，当然也是日本近代发展的一种必然选择。

针对日本这种战略选择，严复认为中国的对策应该是在没有开战之前不轻易言战，既开战之后不要轻易言和。从日本情况说，“倭变法以来，凡几稔矣。吾不谓其中无豪杰能者，主权势而运国机，然彼不务和其民，培其本，以待其长成而自至，乃欲用强暴，力征经营以劫夺天下。其民才未长也，其民力未增也，其民德未和也，而唯兵之治，不知兵之可恃而长雄者，皆富强以后之果实。无其本而强为其实，其树不颠仆者寡矣”。因此，中国不必对日本发展、强势感到畏惧：“今倭不悟其国因前事事太骤

① 严复：《原强续篇》，《严复集》，第38页。

以致贫，乃日用其兵，求以其邻为富，是盗贼之行也，何西法之不幸，而有如是之徒也。故吾谓教顽民以西法之形下者，无异假轻侠恶少以利矛强弓，其人市劫财物、杀长者固矣。然亦归于自杀之驱而已矣。害农商，戕民物，戾气一消，其民将痛。倘军费无所得偿，吾不知倭之所以为国也。其与我不得已而起，民心日辑合，民气日盈者，岂可同日而论哉？是故今日之事，舍战固无可言，使上之人尚有所恋，而不早自断焉，则国亡矣。且三五百年间，中土无复振之日。”[①] 也就是说，在严复看来，既然日本向我开战，我中国唯一出路就是予以有力回击。即便暂时失败，也不应阻止中国组织下一步反击。无论如何，中国都不应该接受日本的议和条件。

不应接受日本的议和条件，是严复当时的坚决主张。他的理由是：“夫倭之条款，众所宜知矣。姑无论割地、屯兵诸大端，即此数万万之军费，于何应之？倭患贫而我适以拯之，以恣其虐我。是何异驱四百兆之赤子，系颈面缚以与其仇，以求旦夕之喘息，此非天下之至不仁者不为。今日款议所关，实天下之公祸公福。陛下仁圣，岂忍妄许。呜呼！和之一言，其贻误天下，可谓罄竹难书矣。唯终归于和之一念，中于人心者甚深，而战事遂不可复振。是故举今日北洋之糜烂，皆可于和之一字推其原。仆生平固最不喜言战者也，每谓有国者，虽席极可战之势，据极可战之理，苟可以和，切勿妄动。迨不得已战矣，则计无复之，唯有与战相终始，万万不可求和，盖和则终亡，而战可期渐振。苟战亦亡，和岂遂免！此中国之往事然，而西国之往事又莫不然也。唯始事而轻言战，则既事必轻言和。仆尝叹中国为倒置之民者，正为轻重和战之间所施悖耳。”[②] 如果结合此时正在马关与日本人谈判、讲和的故事一起看，应该明白严复的意

① 严复：《原强续篇》，《严复集》，第 39 页。

② 严复：《原强续篇》，《严复集》，第 37 页。

思就是中国此时不宜妥协，更不能接受日本人那些苛刻的条件，应该认真整军经武，利用中国的优势打持久战。严复的思路是清晰的，只是他无法真正影响北京的决策者。

按照严复的思路，中国在甲午战争中的失败只是暂时的，并不能由此决定中国必败，日本必胜，更不意味着中国将成为日本的殖民地。如果中国在这暂时的失败之后能够立即重新振作起来，究竟鹿死谁手还真是一个未知数："为今日计，议不旋踵，十年二十年转战，以任拚与贼倭没尽而已。诚如是，中倭二者，孰先亡焉，孰后倦焉，必有能辨之者。天子以天下为家，有以死社稷教陛下者，其人可斩也。愿诸公绝望和之一念，同德商力，亟唯军实以求。兵虽乌合，战则可以日精；将虽愚怯，战则日来智勇；器虽苦窳，战则日出坚良。此时不独宜绝求和之心，且当去求助各国之志。何则？欲求人助者，必先自助。使我自坐废，则人虽助我，亦必不力，而我之所失多矣。"[①] 可惜，清政府并没有接受严复的这种方案，就在严复这篇文章发表不久，中日双方谈判代表李鸿章、伊藤博文，在马关达成《中日讲和条约》，中国付出了巨大代价，深刻影响了中国的国运。严复的主张没有在这次中日冲突中发挥作用，但是也可以看到严复对中日国情、民性的分析，中日一旦冲突中国应该选择的战略等，对二十世纪中日冲突，起到相当重要的作用，不轻易言战，既战则不轻易言和，成了一个非常重要的原则。

严复在《原强》中分析了中国困境的深层背景，在《原强修订稿》中曾一带而过提及中国教育制度改造问题，以为盛行数百年的经义八股不仅不能造就合乎时代需要的人才，适足以破坏人才。只是由于行文限制，严复对八股经义的批判并没有详细展开。他在发表了《原强续篇》后，又著

① 严复：《原强续篇》，《严复集》，第 40 页。

有《救亡决论》[1]，专门探讨八股经义在当时中国的危害。

《救亡决论》中，严复开篇就直言不讳，以为“天下理之最明而势所必至者，如今日中国不变法则必亡是已。然则变将何先？曰莫亟于废八股。夫八股非自能害国也，害在使天下无人才”[2]。严复这一观点与当时知识界主流看法极端吻合，当然与官方正统存在很大差异。

在严复看来，八股科举考试体制主要弊端在于戕害人才，更仔细分析，严复认为八股之害有这样三点：

其一害为“锢智慧”：“垂髫童子，目未知菽粟之分，其入学也，必先课以《学》《庸》《语》《孟》，开宗明义，明德新民，讲之既不能通，诵之乃徒强记。如是数年之后，行将执简操觚，学为经义，先生教之以擒挽之死法，弟子资之于剽窃以成章。一文之成，自问不知何语。迨夫观风使至，群然挟兔册，裹饼饵，逐队唱名俯首就案，不违功令，皆足以求售，谬种流传，羌无一是。如是而博一衿矣，则其荣可以夸乡里；又如是而领乡荐矣，则其效可以觊民社。至于成贡士，入词林，则其号愈荣，而自视也亦愈大。出宰百里，入主曹司，珥笔登朝，公卿跬步，以为通天地人之谓儒。经朝廷之宾兴，蒙皇上之亲策，是朝廷固命我为儒也。千万旅进，人皆铩羽，我独成龙，是冥冥中之鬼神，又许我为儒也。夫朝廷鬼神皆以我在儒，是吾真为儒，且真为通天地人之儒。从此天下事来，吾以半部《论语》治之足矣，又何疑哉！做秀才时无不能做之题，做宰相时自无不能做之事，此亦其所素习者然也。谬妄糊涂，其曷足怪？”此即八股第一害，锢智慧。

八股第二大害，在严复看来为“坏心术”：“揆皇始创为经义之意，其

① 《直报》光绪二十一年四月初七至十四日。

② 严复：《救亡决论》，《严复集》，第 40 页。

主于愚民与否，吾不敢知。而天下后世所以乐被其愚者，岂不以圣经贤传，无语非祥，八股法行，将以忠信廉耻之说渐摩天下，使之胥出一途，而风俗亦将因之以厚乎？而孰知今日之科举，其事效反于所期，有断非前人所及料者。今姑无论试场大弊，如关节、顶替、倩枪、联号，诸寡廉鲜耻之尤，有力之家，每每为之，而未尝稍以为愧也。请第试言其无弊者，则孔子有言，知之为知之，不知为不知，是知也。故言止于所不知，固学者之大戒也。而今日八股之士，乃真无所不知。夫无所不知，非人之所能也。顾上既如是求之，下自当以是应之。应之奈何？剿说是已。夫取他人之文词，腆然自命为己出，此其人耻心所存，固已寡矣。苟缘是而侥幸，则他日掠美作伪之事愈忍为之，而不自知其可耻。然此犹其临场然耳。至其平日用功之顷，则人手一编，号曰揣摩风气。即有一二聪颖子弟，明知时尚之日非，然去取所关，苟欲求售，势必俯就而后可。夫所贵于为士，与国家养士之深心，岂不以矫然自守，各具特立不诡随之风，而后他日登朝，乃有不苟得不苟免之概耶！乃今者，当其做秀才之日，务必使之习为剿窃诡随之事，致令羞恶是非之心，旦暮梏亡，所存濯濯。又何怪委贽通籍之后，以巧宦为宗风，以趋时为密诀。否塞晦盲，真若一丘之貉。苟利一身而已矣，遑恤民生国计也哉！且其害不止此。每逢春秋两闱，其闱内外所张文告，使不习者观之，未有不欲股弁者。逮亲见其实事，乃不徒大谬不然，抑且变本加厉。此奚啻当士子出身之日，先教以赫赫王言，实等诸济窍飘风，不关人事，又何怪他日者身为官吏，刑在前而不慄，议在后而不惊。何则？凡此又皆所素习者然也。是故今日科举之事，其害不止于锢智慧，坏心术，其势且使国宪王章渐同粪土，而知其害者，果谁也哉？”[①] 八股取士，科举规则，让这些士子没有学到圣人的道德教诲箴言，

① 严复：《救亡决论》，《严复集》，第41页。

反而熟悉了无数的“潜规则”，熟知了无数的黑暗、腐败的招数，因而八股取士成就的不是君子，而是小人，是道德的整体性塌方。

八股取士第三个大问题，在严复看来即“滋游手”。他说：“言语、文字二事，系生人必具之能。人不知书，其去禽兽也，仅及半耳。中国以文字一门专属之士，而西国与东洋则所谓四民之众，降而至于妇女走卒之伦，原无不识字知书之人类。且四民并重，从未尝以士在独尊。独我华人，始翘然以知书自异耳。至于西洋理财之家，且谓农工商贾皆能开天地自然之利，自养之外，有以养人，独士枵然，开口待哺。是故士者，固民之蠹也。唯其蠹民，故其选士也，必务精，而最忌广；广则无所事事，而为游手之民，其弊也，为乱为贫为弱。而中国则后车十乘，从者百人，孟子已肇厉阶。至于今日之士，则尚志不闻，素餐等诮。十年之间，正恩累举，朝廷既无以待士，士子且无以自存。”[①] 在严复看来，中国的士大夫阶层与西方的知识人有着巨大差别，两者并不是一回事。西方的知识人是一种职业，是知识的生产者、劳动者，而中国的士大夫阶层，唯一的目标是当官，因而除了当官，就是无所事事的游手好闲者。

严复指出，如上八股之三害，“有一于此，则其国鲜不弱而亡，况夫兼之者耶!”当然，也有人以为八股取士，固未尝诚负于国家，因为自明朝以来，在八股取士体制下，也确实网罗一些“贤哲钜公”。对这种说法，严复以为事实固然如此。但是任何一种取士制度，只要悬之以利禄之格，总是能获得一些聪明才智之士。假如国家以“饭牛”取士，亦将得宁戚、百里大夫；以“牧豕”取士，亦将得卜式、公孙丞相。“假当日见得其人，遂以此为科举之恒法，则诸公以为何如？夫科举之事，为国求才也，劝人为学也。求才为学二者，皆必以有用为宗。而有用之效，征之富强；富强

① 严复：《救亡决论》，《严复集》，第42页。

之基，本诸格致。不本格致，将无所往而不荒虚，所谓蒸砂千载，成饭无期者矣。……总之，八股取士，使天下消磨岁月于无用之地，堕坏志节于冥昧之中，长人虚骄，昏人神智，上不足以辅国家，下不足以资事蓄。破坏人才，国随贫弱。此之不除，徒补苴罅漏，张皇幽渺，无益也，虽练军实，讲通商，亦无益也。何则？无人才，则之数事者，虽举义废故也。舐糠及米，终致危亡而已。”[①] 科举取士，八股取士，不管选出了多少人才，但在具有西方近代学术制度、政治制度背景的严复看来，肯定不是一个好的制度，没有多少存在的理由价值。

鉴于这种情况，那么怎样才能防止中国危亡，重振中国雄风呢？严复答道，只有一条可走的路，即“痛除八股而大讲西学，则庶几乎其有鸠耳。东海可以回流，吾言必不可易也”[②]。后来的事实证明，严复这一判断确实是正确而有先见之明的，中国只有大讲西学，只有在知识上接纳西方，才有可能跟上世界前进的步伐。

不过在当时，对严复这一判断并不是全都赞成，相当一部分中国知识人总以为即便是讲格致，也并不定要大讲西学。因为在中国传统学问中并不乏讲格致的主张，诸如朱熹、陆九渊乃至明代王阳明等，都或多或少提倡过格致之学。对于这种辩解，严复指出应该从中国传统学术根本点上进行分析。如果进行这种分析，便很明显可以看到中国传统学术之不足。他说：“夫中土学术政教，自南渡以降，所以愈无可言者，孰非此陆王之学阶之厉乎？以国朝圣祖之圣，为禹、文以后仅见之人君，亦不过挽之一时，旋复衰歇。盖学术末流之大患，在于徇高论而远事情，尚气矜而忘实祸。夫八股之害，前论言之详矣。而推而论之，则中国宜屏弃弗图者，尚

---

① 严复：《救亡决论》，《严复集》，第 43 页。

② 严复：《救亡决论》，《严复集》，第 43 页。

不止此。自有制科以来，士之舍干进梯荣，则不知焉所事学者，不足道矣。超俗之士，厌制艺则治古文词，恶试律则为古今体；鄙摺卷者，则争碑版篆隶之上游；薄讲章者，则标汉学考据之赤帜。于是此追秦汉，彼尚八家，归、方、刘、姚、恽、魏、方、龚；唐祖李、杜，宋祢苏、黄；七子优孟，六家鼓吹。魏碑晋帖，南北派分，东汉刻石，北齐写经。戴、阮、秦、王，直闯许、郑，深衣几幅，明堂两个。钟鼎校铭，珪琮著考，秦权汉日，穰穰满家。诸如此伦，不可殚述。然吾得一言以蔽之，曰无用。非真无用也，凡此皆富强而后物阜民康，以为怡情遣日之用，而非今日救弱救贫之切用也。”[①] 这就是严复眼里中国传统文化一个方面的价值，传统文化的意义，是现代文明充分发展后的消遣、怡情。在大难当头的时候，中国知识人如果不能暂时放弃这种“无用”之学，那么中国的希望自然渺茫。寻求富强，拯救国家，严复提倡有用的学问，至少在甲午战后这个特殊的时间段。严复也重申，中国传统文化的这种“无用”只是暂时的，当中国人真的能达到富强而后物阜民康的时候，传统文化还是有益于“怡情遣日”的。

当然，中国传统文化也并非就是严复说的这些东西。事实或许正如有些学者所指出的那样，严复所批评的这些并不是中国传统文化之正宗，中国传统文化之正宗应该是“学者学所以修己治人之方，以佐国家化民成俗而已”。对此，严复依然批评道，如果说这是中国传统文化之正宗，那么其结果“于是侈陈礼乐，广说性理。周、程、张、朱、关、闽、濂、洛。学案几部，语录百篇。《学蔀通辨》《晚年定论》。关学刻苦，永嘉经制。深宁、东发，继者顾、黄，《明夷待访》《日知》著录。褒衣大袖，尧行舜趋。訑訑声颜，距人千里。灶上驱虏，折箠笞羌。经营八表，牢笼天地。

① 严复：《救亡决论》，《严复集》，第44页。

夫如是，吾又得一言以蔽之，曰无实。非果无实也，救死不赡，宏愿长赊。所托愈高，去实滋远。徒多伪道，何裨民生也哉！”总之，在严复看来，“由后而言，其高过于西学而无实；由前而言，其事繁于西学而无用。均之无救危亡而已矣”[①]。

至于在当时有人提出为了救亡，“不独破坏人才之八股宜除，与（举）凡宋学、汉学，词章小道，皆宜且束高阁。即富强而言，且在所后，法当先求何道可以救亡。惟是申陆王二氏之说，谓格致无益事功，抑事功不俟格致，则大不可”。即以陆王之学复兴作为救亡图存思想武器。这种见解在当时不在少数，诸如谭嗣同、康有为等都或多或少作过此类主张。

对于这种主张，严复也深不以为然。他指出，“夫陆王之学，质而言之，则直师心自用而已。自以为不出户可以知天下，而天下事与其所谓知者，果相合否？不径庭否？不复问也。自以为闭门造车，出而合辙，而门外之辙与其所造之车，果相合否？不龃龉否？又不察也。向壁虚造，顺非而泽，持之似有故，言之若成理。其甚也，如骊山博士说瓜，不问瓜之有无，议论先行蜂起，秦皇坑之，未为过也。盖陆氏于孟子，独取良知不学、万物皆备之言，而忘言性求故、既竭目力之事，惟其自视太高，所以强物就我。后世学者，乐其径易，便于惰窳敖慢之情，遂群然趋之，莫知自返。其为祸也，始于学术，终于国家。故其于己也，则认地大民众为富强，而果富强否，未尝验也；其于人也，则神州而外皆夷狄，其果夷狄否，未尝考也。抵死虚，未或稍屈。然而天下事所不可逃者，实而已矣，非虚词饰说所得自欺，又非盛气高言所可持劫也。迨及之而知，履之而艰，而天下之祸，固无救矣。胜代之所以亡，与今日之所以弱者，不皆坐此也耶！前车之覆，后轸方遒，真可叹也！若夫词章一道，本与经济殊

① 严复：《救亡决论》，《严复集》，第44页。

科，词章不妨放达，故虽极蜃楼海市，惝恍迷离，皆足移情遣意。一及事功，则淫遁诐邪，生于其心，害于其政矣。苟且粉饰，出于其政者，害于其事矣。而中土不幸，其学最尚词章，致学者习与性成，日增慆慢。又况以利禄声华为准的，苟务悦人，何须理实，于是慆慢之余，又加之以险躁，此与武侯学以成才之说，奚啻背道而驰。仆前谓科举破坏人才，此又其一者矣”[①]。由此可见，严复对科举制度的憎恨，对中国传统文化消极面的厌恶。

由于对中国传统文化学术的看法明显不同，严复当此时对西方文化学术持极为欢迎的态度。他认为，西学之格致，与中国传统文化观念中的所谓格致说根本相反。西学“一理之明，一法之立，必验之事事物物而皆然，而后定之为不易。其所验也贵多，故博大；其收效也必恒，故悠久；其究极也，必道通为一，左右逢源，故高明。方其治之也，成见必不可居，饰词必不可用，不敢丝毫主张，不得稍行武断，必勤必耐，必公必虚，而后有以造其至精之域，践其至实之途。迨夫施之民生日用之间，则据理行术，操必然之券，责未然之效，先天不违，如土委地而已矣。巨西士有言：凡学之事，不仅求知未知，求能不能已也。学测算者，不终身以窥天行也；学化学者，不随在而验物质也；讲植物者，不必耕桑；讲动物者，不必畜牧。其绝大妙用，在于有以练智虑而操心思，使习于沈者不至为浮，习于诚者不能为妄。是故一理来前，当机立剖，昭昭白黑，莫使听荧。凡夫洞［恫］疑虚猲，荒渺浮夸，举无所施其伎焉者，得此道也，此又《大学》所谓知至而后意诚者矣。且格致之事，以道眼观一切物，物物平等，本无大小、久暂、贵贱、善恶之殊。庄生知之，故曰道在屎溺，每下愈况。王氏窗前格竹，七日病生之事，若与西洋植物家言之，当不知几

① 严复：《救亡决论》，《严复集》，第45页。

许轩渠，几人齿冷。且何必西士，即如其言，则《豳诗》之所歌，《禹贡》之所载，何一不足令此子病生。而圣人创物成能之意，明民前用之机，皆将由此熄矣。率天下而祸实学者，岂非王氏之言欤？”①

在严复看来，救中国的唯一大道，就是向西方学习：“则知中国由今之道，无变今之俗，欲求不亡之必无幸矣。盖欲救中国之亡，则虽尧、舜、周、孔生今，舍班孟坚所谓通知外国事者，其道莫由。而欲通知外国事，则舍西学洋文不可，舍格致亦不可。盖非西学洋文，则无以为耳目，而舍格致之事，将仅得其皮毛，眢井瞽人，其无救于亡也审矣。且天下唯能者可以傲人之不能，唯知者可以傲人之不知；而中土士大夫，怙私恃气，乃转以不能不知傲人之能与知。彼乘骐骥，我独骑驴；彼驾飞舟，我偏结筏，意若谓彼以富强，吾有仁义。”② 应该承认，严复对当时士人的严厉批评是极为准确和极为有力的。

既要学习西方，就应学习西方之根本，而不徒其皮毛。当时学习西方思潮之主流，在严复看来实在都是只知其皮毛，而不知其根本，于是几十年来要么练军实，要么裕财赋，要么制船炮开矿山，要么讲通商务树畜等。而所有这些在严复眼里都是末技，都没有抓住问题根本。即以练军实而言，严复指出，当时中国“非无兵也，患在无将帅。中国将帅，皆奴才也，患在不学而无术”③。而近代战争，既不是单凭勇气，更不是仰赖中国传统社会那些战争中所使用的雕虫小技，诸如奇门遁甲、诸葛亮借东风之类，而是科学技术的较量，是人类知识的竞争。中国将帅如果不能从知识技术上有一根本进步、提高，怎能面对强敌战而胜之呢？

---

① 严复：《救亡决论》，《严复集》，第 46 页。

② 严复：《救亡决论》，《严复集》，第 46 页。

③ 严复：《救亡决论》，《严复集》，第 47 页。

基于这种判断，严复认为中国的出路在于深究西学根本，不要守在传统文化圈子里打转。他说："约而论之，西洋今日，业无论兵、农、工、商，治无论家、国、天下，蔑一事焉不资于学。锡彭塞《劝学篇》尝言之矣。继今以往，将视物理之明昧，为人事之废兴。各国皆知此理，故民不读书，罪其父母。日本年来立格致学校数千所，以教其民，而中国忍此终古，二十年以往，民之智愚，益复相悬，以与逐利争存，必无幸矣。《记》曰学然后知不足。公等从事西学之后，平心察理，然后知中国从来政教之少是而多非。即吾圣人之精意微言，亦必既通西学之后，以归求返观，而后有以窥其精微，而服其为不可易也。"此一观点实与严复晚年强调的对中国传统应用西学方法进行陶洗，挖掘其萌芽形态。由此可见，所谓严复晚年对中国传统文化持保守态度之评判，并没有历史地研究严复一以贯之的文化见解，实为一种皮毛之论。但在当前，严复确实强调，"总之，驱夷之论，既为天之所废而不可行，则不容不通知外国事。欲通知外国事，自不容不以西学为要图。此理不明，丧心而已。救亡之道在此，自强之谋亦在此。早一日变计，早一日转机，若尚因循，行将无及。彼日本非不深恶西洋也，而于西学，则痛心疾首、卧薪尝胆求之。知非此不独无以制人，且将无以存国也。而中国以恶其人，遂以并废其学，都不问利害是非，此何殊见仇人操刀，遂戒家人勿持寸铁；见仇家积粟，遂禁子弟不复力田"①。中国不能因噎废食，不能因为讨厌西洋人而不愿再学习西方科学文化。中国如欲战西洋而胜之，更应该如魏源以来进步中国人所强调的那样，"师夷之长技"。

中国学习西方是势之必然，但在当时体制下，真正要学习西方，尤其是学习西方真精神与根本，在严复看来也确有困难。因此，严复从上述论

① 严复：《救亡决论》，《严复集》，第50页。

证中推出一个必然结论，那就是“早一日变计早一日转机，若尚因循，行将无及”。变法图强已是不容再怀疑再犹豫的事情：“运会所趋，岂斯人所能为力。天下大势，既已日趋混同；中国民生，既已日形狭隘；而此日之人心世道，真成否极之秋，则穷变通久之理，天已谆谆然命之矣。继自今，中法之必变，变之而必强，昭昭更无疑义，此可知者也。至变于谁氏之手，强为何种之邦，或成五裂四分，抑或业归一姓，此不可知者也。”[①] 这是严复《救亡决论》根本要义之所在。

《救亡决论》根本要义是希望中国能够变法图强，而中国变法图强的根本障碍，严复在《救亡决论》中归结为中国传统文化体制尤其是儒家学说，以及由儒家学说而走上僵化之途的科举制度。他在此文最末一段写道：“昨者，有友相遇，慨然曰华风之敝，八字尽之：始于作伪，终于无耻。呜呼！岂不信哉！岂不信哉！今者，吾欲与之为微词，则恐不足发聋振聩；吾欲大声疾呼，又恐骇俗而惊人。虽然，时局到今，吾宁负发狂之名，决不能喔咿嚅呪，更蹈作伪无耻之故辙。今日请明目张胆为诸公一言道破，可乎？四千年文物，九万里中原，所以至于斯极者，其教化学术非也。不徒嬴政、李斯千秋祸首，若充类至义言之，则六经五子亦皆责有难辞。嬴、李以小人而陵轹苍生，六经五子以君子而束缚天下，后世其用意虽有公私之分，而崇尚我法，劫持天下，使天下必从己而无或敢为异同者则均也。因其劫持，遂生作伪；以其作伪，而是非淆，廉耻丧，天下之敝乃至不可复振也。此其受病至深，决非一二补偏救弊之为，如讲武、理财所能有济。盖亦反其本而图其渐而已矣。否则，智卑德漓，奸缘政兴，虽日举百废无益也。此吾《决论》三篇所以力主西学而未尝他及之旨也。”[②]

---

① 严复：《救亡决论》，《严复集》，第50页。

② 严复：《救亡决论》，《严复集》，第54页。

严复的意思说得很明白，救中国只有一条路，那就是学习西方，力主西学。无论往昔的中国文化成就如何辉煌，那只能代表过去，而不能代表现在，更不能代表未来，西方文明不是更优于中国文明，而是西方文明代表着现在，中国文明代表着过去。这是中国必须学习西方的唯一理由。

第三节 寻求富强

《论世变之亟》《原强》《辟韩》《救亡决论》几篇文章，是严复受到甲午战败刺激之后的发愤之作，充满激情，也稍带偏激。在严复的概念中，西方社会文化是一个完整的有机体，有本有末，有体有用，要学习西方就是要整体性的转型，而不是像过去所谓中兴时代那样，完全凭借自己的想象、好恶，区分西方文化的所谓精华还是糟粕。严复认为，之前洋务新政的失败就败在自以为是。

基于这样的考量，严复觉得应该将西方文明整体性地介绍给国人，而不是浮光掠影，蜻蜓点水。甲午（1894）十月十一日，中日战争还在激烈进行，“时局岌岌，不堪措想”，严复致信长子严璩说：“我近来因不与外事，得有时日多看西书，觉世间惟有此种是真实事业，必通之而后有以知天地之所以位、万物之所以化育，而治国明民之道，皆舍之莫由。但西人笃实，不尚夸张，而中国人非深通其文字者，又欲知无由，所以莫复尚之也。且其学绝驯实，不可顿悟，必层累阶级，而后有以通其微。及其既通，则八面受敌，无施不可。以中国之糟粕方之，虽其间偶有所明，而散总之异、纯杂之分，真伪之判，真不可同日而语也。”读西书及思考的结果，使严复觉得中国问题的关键在于知识人之知识结构及价值趋向：“中国今日之事，正坐平日学问之非，与士大夫心术之坏。由今之道，无变今之俗，虽管、葛复生，亦无能为力也。”[①] 于是严复决意集中精力向国人介绍西学。如果说，甲午后一系列檄文奠定了严复在近代中国思想史上的地位，那么他此时开始的西学系列翻译工程，以一己之力向国人介绍人文领域诸多学科西方经典，就此奠定了严复近代中国“第一译手”的地位。最重要也是严复的第一部译作，就是影响近代中国深远的《天演论》。

《天演论》原名为《进化论与伦理学及其他》，为英国生物学家赫胥黎的论文集，严复将其简约为《天演论》，所翻译的内容也只是赫胥黎原作之“导言”和“进化论与伦理学”两个部分。

赫胥黎的思想来源为英国科学家达尔文，达尔文通过实证研究，证明生物界是几百万年发展演化的进程，并非一成不变。达尔文的名著为《物种起源》，这部书系统阐释了进化论的基本观点，强调世界上的事物是发展变化的，始终处于进化过程中；这个过程是渐进的，连续的，不间断的；生物的进化、变化，所遵循的原则是自然选择的过程，普遍存在的变异通过各种方式实现，但其基本原则是优胜劣败。

达尔文的进化论，是十九世纪自然科学的重大发现，深刻影响了自然科学诸多领域。但是也有人利用达尔文的发现，给予庸俗的解释，鼓吹社会达尔文主义，这对后来的政治发展影响极坏，纳粹主义对犹太人的迫害，就其理论依据而言，就有达尔文进化论的影子。这是非常可怕的。

赫胥黎是达尔文学说的忠实信徒、捍卫者，对于进化论的传播、正确理解贡献极大。他的这部《进化论与伦理学及其他》是其在牛津大学的演讲，主要在解释达尔文的理论，强调自然界的生物处于不断变化的过程中，是一个无穷尽的过程。每一种生物和其他所有生物相互竞争，其结果就是选择，那些能够生存下来的生命类型，都是适应环境的结果，这就是

---

① 严复：《与长子严璩书之一》，《严复集》，第 780 页。

严复归纳的道理，“物竞天择，适者生存”。

严复传播的是赫胥黎讨论的进化论，其实达尔文的进化论在严复之前就已经传到了中国，只是没有引起更多的重视。据考察，同治十一年（1872），美国传教士玛高温与江南制造局译员华蘅芳合作，翻译《金石识别》一书，介绍西方近代矿物学知识。翌年（同治十二年，1873），华蘅芳又译出英国地质学家莱伊尔《地学浅释》一书，介绍莱伊尔关于古生物缓慢进化的理论，是对神学造物主学说的一次革命，一次否定。由此，自然进化的理念也就传进了中国。

又过了几年，光绪三年（1877），傅兰雅主编的《格致汇编》刊载《混沌说》一文；光绪七年（1881），益智书会出版文教治《地学指略》；光绪十七年（1891），格致书院《格致汇编》发表《地学稽古论》译文。这几篇文章，都曾介绍进化论，但都没有提及达尔文。[①]

第一次正面提及达尔文和进化论的，据目前的研究，可能是最著名的美国长老会传教士丁韪良。同治八年（1869），他被海关总税务司赫德推荐担任京师同文馆总教习。光绪八年（1882），也就是达尔文去世那一年，丁韪良访问英国。回到中国后，丁韪良发表《西学考略》，介绍了拉马克的物种变异说、赫胥黎的人猿同祖说，以及达尔文的进化论。此后，传教士理雅各、艾约瑟等在华西人，也以各种方式向中国人提及、介绍过达尔文和他的进化论，这对于近代中国思想的转型影响极大。康有为后来创制的所谓“三世说”，以为人类社会的进步将遵循据乱世、升平世、太平世的轨迹运行，将由君主专制向君主立宪转变，再进而由君主立宪向民主共和转型，再进而达到世界大同。康有为认为三世进化是孔子规定的，也是《春秋公羊传》中竭力张扬的思想，这是变法维新的思想力量、动力源泉，

① 徐立亭：《晚清巨人传：严复》，哈尔滨出版社1996年版，第252页。

最值得珍视。其实如果从西学传布史的视角观察，康有为的这一思想很显然受到了达尔文进化论的影响，并不是单纯的孔子言说。谭嗣同、梁启超等同时代的思想家都有类似情形，他们即便不是受到严复的影响，也是因为之前一段时间来华传教士不断宣传、传播。

严复知道达尔文、赫胥黎，以及进化论，应该很早，大约发生在留学英国的那些日子里。因此，严复才有可能比较深切地理解进化论，并在甲午战争正在进行的时候，就能够运用进化论的观点讨论中日冲突，以及中国几十年洋务新政的问题。当然，也正是因为有了这样的思想基础，严复在赫胥黎这部《进化论与伦理学及其他》出版不久就知道，并迅速译成中文。

赫胥黎这个演讲的时间为 1893 年，序言写作时间为翌年 7 月，出版时间肯定在这之后。而严复的翻译时间，其长子严璩在为严复编写的年谱中有交代："乙未（1895），府君四十三岁。自去年夏间中东构衅，海军既衄，旅顺、大连湾、威海卫以次失守。至是年，和议始成，府君大受刺激。自是专致力于翻译著述。先从事于赫胥黎（Thomas Henry Huxley）之《天演论》（*Evolution and Ethics*），未数月而脱稿。桐城吴丈汝纶，时为保定莲池书院掌教，过津来访，读而奇之。为序，劝付剞劂行世。"[①] 严璩以为翻译始自马关"和议始成"，即光绪二十一年三月二十三日（1895 年 4 月 17 日）之后。

对于严璩的说法，王蘧常并不认同，他在为严复编写年谱时，将《天演论》的翻译系在第二年，即光绪二十二年丙午，"夏初，译英人赫胥黎 Thomas Henry Huxley《天演论》。*Evolution and Ethics*（据《天演论》

① 严璩：《侯官严先生年谱》，《严复集》，第 1545 页。

自序。案《严谱》四十三岁，误也)，以课学子（据《天演论》原本译例言）”[①]。严复《天演论》自序这样说：“赫胥黎此书之旨，本以救斯宾塞任天为治之末流，其中所论，与吾古人有甚合者。且于自强保种之事，反复三致意焉。夏日如年，聊为迻译。有以多符空言，无裨实政相稽者，则固不佞所不恤也。”[②] 王蘧常的直接依据就是这句“夏日如年，聊为迻译”，应该说是最直接的证据。

王栻主持编辑《严复集》时“曾看到封面题为光绪乙未年（1895）三月非正式出版的陕西味经售书处的重刊本”，他们断定“可证此书至迟于1895年脱稿。以后译者屡加修订，才于1898年正式出版”[③]。

陕西味经售书处有一个“乙未年版”是事实，但很难说这个版本就是什么“重刊本”，时间似乎也不对。“味经本”下卷“论三”有一段严复写的按语：“复案：释迦生卒年月，至今迄无定说，或谓生于周昭二十四年甲寅，终于穆王五十二年壬申，此摩腾对汉明帝说也。隋翻经学士费长房撰《开皇三宝录》，则云佛以周庄王十年……生，至匡王五年癸丑示灭，……又或云夏桀时，商武乙时，周平王时，踳驳牴牾，莫衷一是。至贞观三年，敕刑部刘德威等与法琳详核贞妄，乃定佛周昭丙寅岁生，周穆壬申示灭。然周昭在位仅十九年，无所谓二十四年，亦无丙寅。意是甲寅之误，乃周昭十四年也。去今光绪二十二年丙申共二千八百六十四年，先耶稣生九百六十八年矣。”[④] 严复在这里明确记载的时间节点为“光绪二十二年丙申”，也就是1896年。据此，有研究者质疑，如果“味经本”系

① 王蘧常：《民国严几道先生复年谱》，台北商务印书馆1981年版，第29页。

② 严复：《天演论》自序，《严复集》，第1321页。

③ 《严复集》，第1548页脚注。

④ 汪征鲁等编：《天演论》味经本，《严复全集》卷一，福建教育出版社2014年版，第188页。

"光绪乙未春三月""重刊"，怎么会有光绪二十二年丙申的记载呢？怎么会在严复未译出以前就已重印了呢？"事实上，光绪乙未三月，《天演论》还没有译出。现藏于中国历史博物馆的《天演论》手稿，曾用各色笔多次修改过，并有许多题注。除自序注明'丙申重九'外，其他有的注'丁酉四月删节'，有的注'丁酉六月初六删节'。丙申（1896）、丁酉（1897）还对《天演论》进行修改，怎么会在此以前就已'重刊'？"[①]

矛盾的记录让一些研究者对味经本《天演论》充满怀疑，其实，如果放在甲午后知识界知识饥渴背景中进行讨论，就可以明了味经本并非不可能。我们知道严复从开始到完成《天演论》定稿用了好几年时间，严璩说严复是受到《马关条约》刺激而发奋翻译这本书，不数月而完成初稿，之后在漫长的修改时间里，接触过、获得过此书译稿的并不少。在那知识饥渴、知识产权保护意识极为淡薄的时候，好事的书商不论是为了经济利益、超额利润，还是为了情怀，为了国家未来，将正在修改中的《天演论》印刷出版，有什么不可能呢？也由于这样一层原因，陕西味经售书处的《天演论》就略显粗糙。直到目前，我们买到的传播新思想、被正统禁止或视为异端的一些盗版、盗印本，无不带有类似的情形，这是研究《天演论》诸版本应该注意的。

味经版《天演论》出版单位为"味经售书处"，而味经售书处隶属于"味经书院"，有的史料写作"味经书院刊书处"。"味经"的意思有吟诵、品味经典的含义。味经书院创办于1873年，是关中地区民间出资，官方认可的书院组织，与关中书院、宏道书院等著名书院一样，其生源来自陕甘两省，其教学目标就是科举考试，教学内容就是儒家四书及其标准解释，以及扩充阅读的资料，特别是邀请名师讲述考试技巧。对书院水平的

① 汤志钧：《再论康有为与今文经学》，《历史研究》2000年第六期。

衡量，都是硬指标，就是科举考试的录取率。所以，过去很多人说，书院就是中国的教育机构，其实是不对的，书院是科举考试的基础机构，是封闭式管理的复读机构，名师云集，押题、解题，也各有办法。好的书院当然也生产出许多新的思想、新的学术产品，但这些思想学术产品主要的不是为了向社会提供，改变社会，而是要指导学生在规范化考试中不出格而又能出彩，赢得判题老师的认同、赏识，进而鲤鱼跳龙门，金榜题名。

1887 年，味经书院山长柏景伟调任关中书院山长，刘古愚接任味经书院山长。刘古愚是关中学界泰斗，具有强烈的经世、救亡情怀。甲午战争后，与京津沪、湖广维新同志互通消息，同气相求，味经书院一时间成为陕甘地区维新运动的中心。

味经书院在柏景伟时代原本设有“求友斋”，筹集有大量资金，用于刊刻有意义的书籍。刘古愚接收书院管理权前后，又与柏景伟一起筹划成立书院所属“售书局”。“由于陕西本地缺乏高质量的校勘、刻印书籍的机构，当时人们所读之书都是从四川、湖广等地购买而来，又有长途贩运，价格昂贵，一般人根本买不起。市场所见书籍大多是民间的私刻，有些书甚至连经文都删节不全，字句的讹误随处可见，当时的文化之衰落可见一斑”；“为了从根本上扭转这种民间缺书的局面，在当时陕西学政柯逢时的支持下，味经书院于 1891 年 8 月成立了刊书处，这是求友斋规模的进一步扩大。刊书处的初期资金一共一万两，陕西官方拨款一千两以示支持。柯逢时自己捐银一千两，从泾阳县绅商募集五千两，再加上其他人的捐集，共一万两。”① 雄厚的资本，灵活的运作，让味经书院有可能比较早地拿到好的稿子。

甲午战争后，维新思想逐渐高涨，味经书院刊书处的出书重点也逐渐

① 温芽清：《陕甘味经书院考略》，《河北师范大学学报》2009 年第九期。

由经史转向时务。由于与京津沪、湖广等地维新同志都建立起比较密切的关系，康有为、梁启超等人的作品，都在味经书院刊书处有各种不同的整合编辑出版发行。至于严复的《天演论》，毕竟一开始是以稿本的形式在少部分具有维新思想的士大夫中间流传的，梁启超、康有为、卢靖、吴汝纶、夏曾佑、吕增祥、熊季廉、孙宝瑄等人首先见到的就是严复的未刊稿本[①]，所以，认为味经书院刊书处出版的《天演论》就是最早的刻本，一是味经售书处版本上明明白白署有“光绪乙未春三月陕西味经售书处重刊”字样，如果不能证明这几个字属于造假，就不应该轻易否定这个记录的真实性。二是不能以今天的效率、传播方式低估当时的水平，后人往往低估了前人的能力，这是最值得警惕的。确实严复的翻译在中日马关“和议始成”，受其刺激，“未数月而脱稿”，而味经本注明“乙未春三月”，似乎有点对不上。其实，如果知道今天许多畅销书的操作方式，就知道版权页上表明的出版时间如果落实到“月”，一般就属于瞎扯。味经本的实际出版时间，或许在乙未（1895）末，或丙申（1896），之所以标注“乙未春三月”，还是应该从出版者的心理，以及实际操作过程去理解。在没有直接证据否定时，应该相信历史记录不会相差太远。

至于陕西学政叶尔恺致汪康年信所谈细节应该如何理解，也应该换个思路。叶的信说：“弟前发味经刻《天演论》一书，所校各节，极可发噱。……句法之古奥近子者必以为有脱讹字，或径增改原句读，以求文理之平

① 汤志钧先生在《戊戌变法史》（人民出版社 1984 年版，第 224 页）中也这样说过，“查《天演论》公开发表虽在 1897 年，见《国闻汇编》第二册，光绪二十三年十一月二十五日出版；正式出版则在 1898 年 4 月。但他在 1895 年所写的文章中就援引了‘天演说’，讲‘运会’，讲‘天择’、‘物竞’，观《原强》可知；他在翻译时，且曾出示友人，梁启超《说群自序》，‘既乃得侯官严君复之治功天演论，……读之犁然有当于其心’，此文载《时务报》第二十六册，光绪二十三年四月十一日出版，也早于《国闻汇编》，可知早经译出”。

适，诸如此类，不一而足，所以味经每刻一书，其初校之笑话，必须逐一签出，甚为淘神，而刘及院中诸生或竟大惑不解，反不能无疑也。”[①] 刘指刘古愚，函中又云：“刘古愚孝廉其人尚气节，颇有伉直之慨，惟服膺康学甚至，是其无识之处。”汤志钧先生据此分析说，“信中明确记载《天演论》是叶尔恺到达陕西后交发味经印布的。此信末署‘十一月二十一日’，汪康年注：‘已新正廿四收。’已是己亥，则信发于光绪二十四年（戊戌）十一月，时在政变后不久，故信中诋刘古愚服膺康学为无识。由此可知，光绪二十四年十一月前味经本尚在排刻中。案叶尔恺是光绪二十三年（1897）接任陕西学政的，‘九月廿八日自京动身，初四日抵太原，初七接篆’。由此推断，他‘发味经刻《天演论》’，自在光绪二十三年十月以后。所以，味经本应刻于光绪二十三年底或二十四年初，印出则在光绪二十四年，不是乙未。”[②] 自汤先生之论出，再也没有人敢肯定味经本刻于乙未了。

汤先生的讨论有理有据，本不宜继续讨论，我只是想提出另一种可能是，叶尔恺光绪二十三年秋从北京去太原赴任时，确实带了一本正式出版的《天演论》，就任后也确实交给了刘古愚主持的味经书院售书处翻印。叶尔恺之所以交印正本《天演论》，是因为他看到味经书院售书处的刻本极为糟糕。这种可能性有多大呢？

在没有更多的直接证据呈现时，我比较倾向于相信，在叶尔恺之前味经书院有一个《天演论》的本子，否则经叶尔恺如此认真校对，假如真有一个新刻本的话，为什么会将日期写成“乙未春三月”呢？这样的错误不是一般的小错，叶尔恺为什么没有发现呢？

---

① 《汪康年师友书札》卷三，第2476页。

② 汤志钧：《再论康有为与今文经学》，《历史研究》2000年第六期。

其实，如果仔细重读叶尔恺这封写给汪康年的信，叶尔恺所说的严译《天演论》味经本似乎并不是其交给刘古愚出书处刊刻的，而是指刘古愚他们在他来之前刻印的。叶尔恺的这封信主旨是说味经书院在他来之前很不堪，而且由于政变已经发生，官场开始清理康梁余毒，因而这封信就是渲染康梁的问题，渲染追随康梁的刘古愚如何不行，请看原文："……时事奇幻，不可思议，诚如来书所云，新进少年举事率妄，遂致斯祸。康梁诸人本无阅历无见识，视天下事太易，加以学术乖僻，欲其不偾事也得乎？可痛者被累之人过多，无识之徒，反以新学为诟病，诸君之贻害其有穷耶？此间经弟提倡，风气颇开。其初将西学西教混而为一，已费剖白。近又以康学即西学，尤属可叹。康何幸而蒙西学之名哉？刘古愚孝廉其人尚气节，颇有伉直之慨，惟服膺康学甚至，是其无识之处。弟去年到后，即与之再三辩论，并检朱蓉生集内与康数次辨驳书札示之，渠终右康而左朱。又此间最谫陋，通省无一人知小学门径者。味经书院所刻书可为捧腹者甚多，或字本古体必改从俗体，所刻《史书校勘记》援引《康熙字典》，弇陋至此。弟谓小学虽非今之所急，而中国制字源流，亦当略知一二。刘自安固陋，不以为然。弟以格致之学现虽无器具，亦当先涉其书，明其理。刘以为空谈格致，不如八股，其教人也以《通鉴》为宗主，兼及西政各书，如是而已。夫言中学而不知小学，言西学而不知格致，则所学亦有限。又昧于知人，往往为人所愚，特其热肠处尚可取耳。日前此间大位自京中致书午帅，于刘竭力丑诋，目为康党。现刘已辞退，明岁味经延请何人，尚未定也。弟前发味经刻《天演论》一书，所校各节，极可发噱，如巟字必以为荒之讹，句法之古奥近子者必以为有脱讹字，或径增改原句读，以求文理之平适，诸如此类，不一而足。所以味经每刻一书，其初校之笑话，必须逐一签出，甚是淘神，而刘及院中诸生或竟大惑不解，反不能无疑也。总之，此间人士除八股外，直不知有他书。……”[①] 仔细理解这段文字，叶尔恺明显在批评味经本《天演论》编辑、校对不严谨，问题多多。这不应该是叶到任后交给味经书院的刻印，而应该是其到任前味经书院刻印的，叶尔恺举这个例子主要是为了说明之前的味经书院，以及刘古愚不怎么行。当然，这样理解的一个关键点是如何理解信中“弟前发味经刻《天演论》一书”的“发”。这个“发”，究竟是发给味经书院一个从外地带来的《天演论》，还是将味经书院的《天演论》发给了汪康年呢？

至此，1895 年、1896 年、1897 年、1898 年，即乙未、丙申、丁酉、戊戌几个年份的证据都有。如此矛盾的记录，究竟应该如何理解，多年来众说纷纭，莫衷一是。其实，如果从历史的观点看，从这个译本的特殊性看，单纯的文字记录可能还不足以理解其复杂性。换言之，如果尝试着从一个历史过程看，将历史与历史逻辑结合起来看，似乎比较容易理解这些矛盾的记录。

我们知道，严复二十几岁留学英国，关心西方学术进展、思想流变，应该在那时就知道刚出版不久的达尔文《物种起源》(1859)，知道西方正在激烈争论中的进化论。而且还可以做一推测是，严复在英国，或者回国后应该阅读过，或者浏览过《物种起源》，因此等到赫胥黎《进化论与伦理学及其他》出版后，使他很自然联想到正在进行的中日战争，使他觉得中国过去几十年现代化努力由于没有抓住根本，几乎等于白费，这从他此时发表的一些政论中可以很容易地感知。他这些文章也蕴含着进化论的观点，这也是研究者比较一致的看法。因此，完全可以相信严璩的记录，严复的《天演论》翻译始于乙未年，直接背景就是马关“和议始成”，大受刺激，于是专心致志翻译此书，未数月而脱稿。

---

① 叶尔恺：《叶尔恺致汪康年函之十七》，《汪康年师友书札》，第 2267—2268 页。

在翻译态度上，严复给自己定了一个很高的标准“信达雅”，因此他并不像许多译者那样只是简单地将英文对译成中文，而是反复斟酌，寻找最佳、更好，“译文取明深义，故词句之间，时有所傎到附益，不斤斤于字比句次，而意义则不倍本文。题曰达旨，不云笔译，取便发挥”。严复举例说，“西文句法，少者二三字，多者数十百言。假令仿此为译，则恐必不可通，而删削取径，又恐意义有漏。此在译者将全文神理，融会于心，则下笔抒词，自然互备。至原文词理本深，难于共喻，则当前后引衬，以显其意”。严复还举例说明他翻译《天演论》的难度与进度，“新理踵出，名目纷繁，索之中文，渺不可得，即有牵合，终嫌参差，译者遇此，独有自具衡量，即义定名。顾其事有甚难者，即如此书上卷导言十余篇，乃因正论理深，先敷浅说。仆始翻‘卮言’，而钱塘夏穗卿曾佑，病其滥恶，谓内典原有此种，可名‘悬谈’。及桐城吴丈挚父汝纶见之，又谓卮言既成滥词，悬谈亦沿释氏，均非能自树立者所为，不如用诸子旧例，随篇标目为佳。穗卿又谓如此则篇自为文，于原书建立一本之义稍晦。而悬谈、悬疏诸名，悬者玄也，乃会撮精旨之言，与此不合，必不可用。于是乃依其原目，质译导言，而分注吴之篇目于下，取便阅者。此以见定名之难，虽欲避生吞活剥之诮，有不可得者矣。他如物竞、天择、储能、效实诸名，皆由我始。一名之立，旬月踟蹰。我罪我知，是存明哲”①。

从严复这段自述可以感到，严复翻译《天演论》确实下了大功夫，同时也并不是一蹴而就，一气呵成，大致情形应该是，在 1895 年春秋之交，《马关条约》签字前后，严复开始翻译这本书，由于充满义愤、激情，严复的效率很高，“未数月而脱稿”。稍后，莲池书院掌教吴汝纶过津来访，

① 严复：《译例言》，《严复集》，第 1322 页。

读而奇之，讨论了体例、文字，提出一些修改建议。与此同时，严复翻译出来的原稿也在朋友圈中流传，夏曾佑看过这部稿子，也提出过修改建议。梁启超此时也属于严复的朋友圈，不仅看过严复的译稿，而且也提出过修订意见。

吴汝纶、夏曾佑、梁启超等人看过严复的《天演论》译稿，一致认为意义重大，也分别给出进一步完善的建议，而严复自己在初稿完成后也没有万事大吉，而是极为精心不时修改，这从现存《天演论》手稿中可以看得很清楚，严复的字斟句酌，确实像他说的那样“一名之立，旬月踟蹰”。俞政先生通过对《天演论》底本、修改本、商务印书馆 1981 年“今本”三个本子的比对研究，就发现严复《天演论》译稿至少有三次大的修改，“第一次在初稿译成稍后，时间当在 1896 年 10 月到 1897 年 5 月间，主要从手稿中删去了一些句子。第二次在 1897 年，是对译文的全面大修改，具体可分为两个阶段。第一阶段从 5 月 16 日至 7 月上旬，修改工作在手稿上进行，主要是为了决定删除哪些内容；第二阶段从 7 月到 10 月，严复对译文进行了逐字逐句的推敲和改写。第三次在慎始基斋刻印的《天演论》校样本送到天津以后，时间估计在 1898 年的 4、5 月间，主要是为各篇译文补写小标题。其中，第二次修改最为重要，使全部译文焕然一新”。俞政先生对这些修改进行仔细分析，并将之分为删去中国典故和古代经典名言、调整结构、删减节外生枝的部分、删减发挥过多的部分、删减有依据的译文等二十种情况。严译《天演论》翻译情形大致清楚。

严复翻译《天演论》从开始至定稿是一个漫长过程，按照目前的研究，不少于三年。而在这三年中，严译《天演论》的消息随着因各种原因看过译稿的人越来越多，未定稿的译本也就在外面开始流传，有的甚至也被刻印出来。光绪二十三年七月二十六日（1897 年 8 月 23 日），严复致信五弟说：“《天演论》索观者有数处，副本被人久留不还，其原稿经吴莲池圈点者正取修饰增案，事毕拟即付梓。颇有人说其书于新学有大益也。中国甚属岌岌，过此何必兵战，只甲午兵费一端已足蒇事。洋债皆金，而金日贵无贱时，二万万即七万万可也。哀此穷黎，何以堪此！前此尚谓有能者出，庶几有鸠，今则谓虽有圣者，无救灭亡也。中国不治之疾尚是在学问上，民智既下，所以不足自立于物竞之际。”① 这是严译《天演论》版本复杂的根本原因。基于这样的情形，我们可以粗略介绍目前所知且所存各种版本的大致情况。

首先应该说，最值得庆幸的是细心的严复留下了一个手稿本。将来有机会运用大数据的方法，一定能搞清楚各个版本之间的细微差别。严复的这份手稿由严复五子严玷带往印尼。严玷赴英治病，托友人代为保存。后严玷不幸逝世于英国。1949 年后，这位友人将这份手稿及严玷留下的其他资料如严复书信、书稿、书批等，全部交给中国驻印尼大使馆。这批资料现在存放于国家博物馆。后收入《严复集》，以及更后来的《严复合集》《严复全集》等不同汇编本中。据介绍，稿本分上下两卷，合订一册，毛笔草书，“手稿用各色笔多次修改，除自序注明‘丙申重九’外，其他有的注‘丁酉四月删节’，有的注‘丁酉六月初六日删改’”；“把它与通行本相较，可以看到严复思想的变化及《天演论》成书过程中的一些情况”②。

《马关条约》签订后，政治氛围逐渐改变，结社、办报渐渐成为可能。当年夏，康有为等人“盗用”上海基督教广学会成名刊物《万国公报》的名义在北京出刊，分送朝野，后更名为《中外纪闻》。翌年初，康有为又创办《强学报》。黄遵宪、汪康年、梁启超等人合作创办《时务报》。在北

① 严复：《与五弟书》，《严复集》，第 733 页。

② 严复：《天演论》手稿本题注，《严复集》，第 1410 页。

方，1897 年 10 月，严复与北洋水师学堂总办王修植、天津育才学堂总办夏曾佑等人合作创办“国闻报馆”，“出报两种：日报每日印两张，计八开，用四号铅字排印，名曰《国闻报》。旬报十日印一册，约计三万言，用三号铅字排印，名曰《国闻汇编》”[①]。

根据这样的分工，旬刊《国闻汇编》容量比较大，编辑事务由严复、夏曾佑负责。从第二册开始连载严复翻译的《天演论》，只是此时定名为《天演论悬疏》，又称《赫胥黎治功天演论》。可惜，《国闻汇编》出到第七期时宣布停刊，《天演论》只在这儿刊登了第二、四、五、六册。

严译《天演论》从严复初译脱稿，至正式出版，中间隔了很长时间，严复有修订，朋友圈有传阅，吴汝纶、夏曾佑、梁启超等人也都分别提出一些修改意见，严复也充分汲取这些意见花大力进行修改。就在这个过程中，没有最后定稿的稿子可能有盗印，至少有传抄。读《忘山庐日记》，1897 年闰十二月初二日，孙宝瑄通过《蒙学馆》叶浩吾“携赫胥黎《治功天演论》归，即严复所译者”[②]。孙宝瑄的这个版本据研究并不是《国闻汇编》登载的本子，因为孙的日记显示他差不多两个月之后，即 1898 年闰二月初四日方才购得《国闻汇编》。[③]

据严璩《严复年谱》，乙未（1895），严译《天演论》未数月而脱稿，“桐城吴丈汝纶，时为保定莲池书院掌教，过津来访，读而奇之。为序，劝付剞劂行世”[④]。由此可知，吴汝纶是最早一批看过严译手稿的人，一方面答应为之作序，另一方面敦促尽早问世。严复与吴汝纶之间为此书往返书信多

① 严复：《国闻报馆章程》，《严复集》，第 455 页。

② 孙宝瑄：《忘山庐日记》上，上海古籍出版社 1983 年版，第 155 页。

③ 王天根：《〈天演论〉传播与清末民初的社会动员》，合肥工业大学出版社 2006 年版，第 49 页。

④ 严璩：《侯官严先生年谱》，《严复集》，第 1548 页。

封，吴汝纶之子吴闿生在编辑乃父日记时有摘录。其一谓："男闿生谨案：先公与严又陵书曰：尊译《天演论》，名理络绎，笔势足穿九曲，而妙有抽刀断水之致，此海内奇作也。脱稿在迩，先睹为快。"这应该是译稿初稿尚未全部完工时的书信，吴汝纶看到过一部分，否则不会有如此评论。

接着又有致严复书信说："尊译《天演论》计已脱稿，所示外国格致家谓顺乎天演则郅治终成，赫胥黎又谓不讲治功则人道不立，此其资益于自强之治者诚深诚远。"由此，"计已脱稿"，似乎吴汝纶还没有看到全部。

又一封："得惠书并大著《天演论》，虽刘先主之得荆州不足为喻比。经自录副本，秘之枕中，盖自中土翻译西书以来无此闳制，匪直天演之学在中国为初凿鸿蒙，亦缘自来译手无似此高文雄笔也，钦佩何极！抑执事之译此书，盖伤吾土之不竞，惧炎黄数千年之种族将遂无以自存而惕惕焉，欲进之以人治也。本执事忠愤所发，特借赫胥黎之书用为主文谲谏之资而已。"[①] 吴汝纶看到了全稿，给予很高评价，并"经自录副本"。这个副本，就是《吴京卿节本天演论》，1903 年闰五月由上海文明书局出版。[②]其基本内容，就是吴汝纶在审读时摘抄在日记中那些文字。[③]

鉴于吴汝纶在那时代的巨大影响力，这个节录本不胫而走，风靡一时，甚至成为一些学堂的读本。据胡适回忆，他那时正在上海澄衷学堂读书，"澄衷的教员之中，我受杨千里先生（天冀）的影响最大。我在东三斋时，他是西二斋的国文教员，人都说他思想很新。我去看他，他很鼓励我，在我的作文稿本上题了言论自由四个字。后来我在东二斋和西一斋，他都做过国文教员。有一次，他教我们班上买吴汝纶删节的严复译本《天

① 吴汝纶著，宋开玉整理：《桐城吴先生日记》，河北教育出版社 1999 年版，第 512 页。

② 《〈天演论〉传播与清末民初的社会动员》，第 47 页。

③ 详见《桐城吴先生日记》，第 475—512 页。

演论》来做读本，这是我第一次读《天演论》，高兴的很。他出的作文题目也很特别，有一次的题目是‘物竞天择，适者生存，试申其意’（我的一篇，前几年澄衷校长曹锡爵先生和现在的校长葛祖兰先生曾在旧课卷内寻出，至今还保存在校内）。这种题目自然不是我们十几岁小孩子能发挥的，但读《天演论》，做‘物竞天择’的文章，都可以代表那个时代的风气”；“《天演论》出版之后，不上几年，便风行全国，竟做了中学生的读物了。读这书的人，很少能了解赫胥黎在科学史和思想史上的意义。在中国屡次战败之后，在庚子辛丑大耻辱之后，这个优胜劣败适者生存的公式确是一种当头棒喝，给了无数人一种绝大的刺激。几年之中，这种思想像野火一样，延烧着许多少年人的心和血。天演、物竞、淘汰、天择等等术语，都渐渐成了报纸文章的术语，渐渐成了一般爱国志士的口头禅。还有许多人爱用这种名词做自己或儿女的名字。陈炯明不是号竞存吗？我有两个同学，一个叫孙竞存，一个叫杨天择，我自己的名字也是这种风气底下的纪念品。我的学堂里的名字是胡洪骍。有一天的早晨，我请我二哥代我想一个表字，二哥一面洗脸，一面说就用物竞天择适者生存的适字，好不好？我很高兴，就用适之二字（二哥字绍之，三哥字振之）。后来我发表文字，偶然用胡适作笔名，直到考试留美官费时（1910）我才正式用胡适的名字。”[①] 从这个故事，可以直观感受到吴汝纶节本《天演论》的影响力。

还有一个“慎始基斋刻本”曾一度被认为是最早的刊本。[②] 南开大学图书馆藏有这个本子。封面标明“沔阳庐氏慎始基斋刊行”，版心有“慎始基斋丛书”字样，卷末有“沔阳庐弼校字”几个字。庐弼，也作卢弼，

① 胡适：《四十自述》，欧阳哲生编：《胡适文集》卷一，北京大学出版社 1989 年版，第 71 页。

② 殷陆君：《严复〈天演论〉的最早刻本》，《中国哲学》第八辑，三联书店 1982 年版。

字慎之，号慎园，湖北沔阳人，今更名为仙桃市，生于 1876 年，卒于 1967 年。早年肄业湖北经心、两湖书院，追随杨守敬、邹代钧读书，后留学日本早稻田大学，攻读政治经济学，归国后曾任国务院秘书等，与傅增湘同在北洋任职，也具有比较接近的藏书、读书嗜好，对《三国志》有很深的研究，并为之著有“集解”、“补注”、“引书目”、“职官录”、“地理志今释”等。

卢弼之兄卢靖，字勉之，号木斋，晚号知业老人。生于 1856 年，卒于 1948 年。卢氏兄弟出身于社会底层，经乡绅劝告帮助，卢靖艰难困苦玉汝于成，终于在二十九岁那年中举，历任赞皇、南宫、定兴、丰润等县知县，后提调多伦诺尔厅同知、保定大学堂督学、北洋武备学堂算学总教习等。大约就在北洋武备学堂时，与水师学堂教习严复成为朋友，来往颇多。所以当《天演论》译稿完成后，卢靖近水楼台先得月，即请还在湖北沔阳书院读书的弟弟卢弼（慎之）刻印。也因为与严复的特殊关系，所以这个刻本又被说成是经严复“亲校”，因而后来也被视为《天演论》最早最完善的版本。

其实，经研究者复查，情况并非如此。南开图书馆收藏的“慎始基斋刻本”并无吴汝纶的序言，“导言”仍然刻作“悬疏”，但在“悬疏”右侧并排，有朱笔补写的“导言”字样，各篇的篇首也均以朱笔写了后来严复采用的吴汝纶题的篇名。书中另纸添加译例言，用黑色墨笔加句读。全书其他部分皆红色笔迹，有句读。译例言后注有：“光绪二十四年岁在戊戌四月二十二日严复识于天津尊疑学塾。”《天演论》下论三“教源篇”按语有“今年太岁在丁酉……”，据此，研究者判断南开藏本基于 1897 年修订手稿本。又由于南开藏本卷末有朱笔“光绪戊戌四月廿日校讫”，又因为朱笔补写了严复采用吴汝纶的篇目命名，“这就清楚地显示：南开藏本当在 1898 年（戊戌）2 月之前，在严复采纳了夏曾佑的第一次意见修改《天演论》篇目之后。再查阅光绪二十三年十一月二十五日出版的《国闻汇编》第二册刊载的《天演论悬疏》，译文与南开藏版一致”[①]。

光绪二十四年四月天津“侯官嗜奇精舍”据慎始基斋版石印《天演论》，国家图书馆藏有“光绪戊戌十有一月侯官嗜奇精舍第二次石印本”，扉页篆书“赫胥黎天演论”。这个版本与慎始基斋本相同，“但在‘译例言’末段中，删去了‘新会梁任公’五个字。这是因为戊戌政变已经发生，梁启超出逃日本，为避免政治迫害，不得不这样做”[②]。嗜奇精舍本《天演论》，据说是国内印刷业第一次采用石印技术，校对精良，因而被学界、藏家推崇为《天演论》最好的版本，不时出现在拍卖市场。2014 年北京中汉春季拍卖会图录编号 891 就是“光绪戊戌（1898）侯官嗜奇精舍石印天演论”，估价一千元人民币，实际成交价为两千三百元，足见嗜奇精舍本确实受到藏家追捧。

此外，比较知名的《天演论》版本还有光绪二十七年上海富文书局石印本。卷末署有“后学庐江吴保初，门人南昌熊师复覆校上石”。与其他版本不同的是，富文书局将自序放在卷首，而其他版本均将吴汝纶的序言放在卷首。或以为这是目前所见《天演论》在商务印书馆 1930 年推出“严译名著”八种定本前最好的本子，字体工整清晰，布局合理，因而后来的许多书商差不多都以此本为底本翻刻翻印。

严译《天演论》是近代中国最畅销的作品，无须添加“之一”。除了严复译文优美、典雅，主要还是因为时代需求。急剧变化的近代中国需要方向，而严译《天演论》恰恰给出了答案：寻求富强；物竞天择，适者生存。

---

① 《〈天演论〉传播与清末民初的社会动员》，第 53 页。

② 俞政：《严复著译研究》，苏州大学出版社 2003 年版，第 19 页。

第四节　走进丛林

翻译《天演论》是严复给中国的巨大贡献，这件事情用了他几年精力，当然也给他赢来了巨大声誉，严复在中国文明史上的地位，主要应该围绕着《天演论》的翻译展开。

严复翻译《天演论》是因为受甲午战败的强烈刺激。甲午战败之后，中国人痛定思痛，朝野上下应该说很快就形成了变法维新的思想趋势，实际的维新运动也因为外部压力而倒逼出来。先前几十年想做而做不了的事情，在外部压力下有许多迅速得以落实。比如外国资本的进入，在甲午战前几十年，不管中国怎样发展变化，怎样对外国人开放口岸，但实际上外国资本很难进入中国市场，中国市场的主权、主导，基本上控制在清政府手里。

甲午战后则不一样了。《马关条约》规定日本臣民可以到中国通商口岸自由办厂，而中国的通商口岸在经历了《南京条约》《天津条约》《北京条约》《马关条约》的开拓后，几乎遍及了整个中国。从另外一个意义上说，中国的开放，走上自由资本主义轨道，也就在这个时候成为事实。这为中国带来一个很大的变化，先前仅仅凭借商品优势向中国输入商品的各国，终于有机会随着资本主义金融资本主义的转型，开始大规模地向中国输入资本。在传统的政治经济学、历史教学中，将外国资本的进入视为主权的丧失，视为列强的侵略。其实从发展理念看，资本向一个国家大规模进入，除了利益上的诉求，主要还是因为这个国家在政治上被看好，资本收益有保障，预期不错。资本不会向一个充满风险的区域流动。当然，这里说的是真正的自由资本，而不是国家资本、官僚资本。过去的研究足以表明，甲午战前，国际资本主要通过商品进入中国，即便那时外国资本在中国设立了相当数量的贸易行以及一些银行等，但这些机构主要还是为了开展商品贸易，银行业务的重点是“经营进出口贸易的汇兑和融通资金”[1]。那个时候，属于借款类的间接投资并不多。

《马关条约》规定，“日本臣民得在中国通商口岸城邑任便从事各项工艺制造，又得将各项机器任便装运进口，只交所定进口税。日本臣民在中国制造一切货物，其于内地运送税、内地税、钞课、杂派以及在中国内地沾及寄存栈房之益，即照日本臣民运入中国之货物一体办理，自应享优例豁除亦莫不相同”[2]。按照利益共享原则，对日本的优惠，也是对所有外国资本的优惠，这也是外国资本大规模进入中国的一个政策原因，或者说叫作投资软环境。

据研究，从 1840—1894 年间，外国在华投资共计 104 个单位，其资本总额为 1 亿 9724 万元。同一时期，各国对清政府贷款有 12 笔，合计约 3600 万两。[3] 另一项研究认为，自十九世纪五十年代到甲午战争前夕，这 40 多年中，外国对中国的贷款总额是 4500 余万两；而自甲午战争到辛亥革命爆发这十多年中，外国对中国的贷款达到 12 亿。[4] 两相比较，可以看出甲午战争是中国经济发生质变的分水岭，外国资本大规模多领域全方位进入中国，在某种意义上表明国际资本对中国市场的信赖，列强为了资本进入中国相互争夺。

德国是后起的资本主义国家，蓄力充分，发展势头迅猛。据德国方面统计，在 1869—1885 年间，从德国开往中国的货船吨位从 13628 吨增加

---

① 许涤新：《中国资本主义发展史》卷二，人民出版社 2005 年版，第 505 页。

② 《中日讲和条约》，“中国近代史资料丛刊”《中日战争》卷七，新知识出版社 1956 年版，第 498 页。

③ 魏子初编：《帝国主义与开滦煤矿》，神州国光出版社 1954 年版，第 21 页。

④ 严中平主编：《中国近代经济史》，人民出版社 1989 年版，第 1115 页。

到 34901 吨；从中国开往德国的货船吨位从 5160 吨增加到 26737 吨。德国对中国的贸易额，虽然低于英国，但已经赶上了美国、日本，在较多的年份里占中国进出口货物总额的第二位，有些年份则为第三位或第四位。至于德国对中国的军火销售，则远远超出英国、法国，长时期稳居第一。[①] 正是基于这样一种原因，出于对本国资本安全的考虑，德国很早就期望在中国获得一个军事基地。这也是德国在中日马关谈判时迅速加入三国干涉还辽联盟的直接原因。

巧合的是，德国海军部部长在《马关条约》签字那一天（1895 年 4 月 27 日）向外交部部长提交了一份在中国获取军事基地的公文，分析了必要性，以及如何获取："所谓军港者，应理解为属于德国领土主权下的国外可靠地点。这些地点在任何时候有可能对我们的船只供给粮秣、煤、军火及其他各种需要品。有能执行一切修理任务的工厂、船坞、造船厂的滑床；有能收容伤病人员的医院；能安置船上补充船员的兵营。在战争时候军港成为一切行动的基地：它们能成为舰队的集合点及据点，并为商船的安全避难所"；"在国外和平及有秩序的状态下，军港的利益特别表现在经济方面。因此这种占有同时也能这样地提高在国外的政治势力与威望：即仅仅这军港存在的事实及因此而证明祖国享有这项权利的事实就能产生一种权力，这种权力，据经验证明，远远超出于占领区域之外，而且绝不是任何其他事物所能代替。"[②] 这个理由从中国的立场看当然荒唐，但从资本主义发展早期全球化扩张的趋势看，又是资本安全的不二选择。所谓重商主义，所谓资本主义，其实就是纳税人供养的政府必须保障资本的安全，

① 吴景平：《从胶澳被占到科尔访华：中德关系（1861—1992）》，福建人民出版社 1993 年版，第 29 页。

② 《德国外交文件有关中国交涉史料选译》卷一，第 90 页。

并且不惜为这种安全向其他国家开战。于是，有胶州湾事件的发生，于是我们的主人公严复迅即投身于救亡，真切体验了一次“救亡压倒启蒙”的感受。

光绪二十三年十月初一日（1897 年 10 月 26 日），严复主办的《国闻报》在天津刊行。这是一份略仿《泰晤士报》体例的日报，每日一张，八开，约八千字至一万字。主要栏目有社论、国内外重要新闻。社论，或论说，每期必有，因而《国闻报》的言论独具一格，引领重大事件的观察、分析，影响巨大。这也为严复提供了一个广阔的舞台，英雄有了用武之地。

创刊不几天，三艘德国军舰不请自到，突然占领了胶州湾，并赖在那儿不走。中德之间进行了艰难的交涉，这为严复的时政言论写作提供了极佳素材。这真有点国家不幸记者幸的味道了。

德国占领胶州湾的目的一如前说，就是要在中国沿海占领一个港口。德国在与法俄两国帮助中国索回辽东半岛时也曾明确表达过这层意思，清政府的态度模棱两可。德国现在突然出兵强占，就是要用事实迫使清政府承认。这当然是强盗逻辑，不论有多少理由。

胶州湾事件发生后，《国闻报》迅速跟进，及时报道进展，以及国内外评论。作为报社言论主要写作者，严复发表了大量评论文字，一反原先学习西方，追慕西方的立场，对英国、德国、法国等强盗行为，或为强盗辩护等言论，持严厉的批判态度。路透社曾转发《泰晤士报》一篇文章，建议英国政府注意中德交涉进展，并适时跟进，利益均沾。对于这样的言论，留学英国归来的严复深表失望：“呜呼！吾今而知英人开化之说为不可信。夫所谓开化之民，开化之国，必其有权而不以侮人，有力而不以夺人。一事之至，准乎人情，揆诸天理，审量而后出。凡横逆之事，不欲人之加诸我也，吾亦勿以施于人。此道也，何道也？人与人以此相待，谓之公理；国与国以此相交，谓之公法；其议论人国之事，持此以判曲直、别是非，谓之公论。凡地球进化之国之民，其自待待人，大率由此道也。”而《泰晤士报》的言论，显然违背了这一原则。因为，德国人借教案为事端，突然占据胶澳，“此不特以野蛮生番之道待吾中国，直以野蛮生番之举动自待而已矣。”中国之与德国，相互之间早有和约。山东，更是中国官府合法的管辖之地。假使当德国传教士在山东遇害之后，控之县府，县府不理，告之督抚，督抚不理，达之总署，总署又不理，则作一书相告说：“所贵乎官司者，谓其能保民之身家财产也，今不理，是不有其民也，而吾不得不挟兵力以自保其民矣。”果如此，即便德国出兵占领山东全境，也算是在法律上、道义上占有自己的道理。然而现在的问题是，“今官吏方在缉捕，朝廷甫及闻知，谈笑未毕，鞭楚相随，夺我要隘，毁我电线，逼我守土之官，逐我驻防之兵，俨然以敌国相待。此不过恃一时之兵，乘我不备，掩而袭之，其与海盗行劫、清昼攫金之子，又何以异哉！”

对于德国政府的霸道行径，严复说：“虽然，德人之背公理，蔑公法，忍而为此也，其亦有故矣。乙未辽东之役，步俄、法之后尘，而得吾之利益未足，旁观者又从而讪笑之，于是因贪成羞，因羞成愤，其阴鸷横决之思，若矢在弦，待激而发。幸有教士被害之事，度其君臣，必欣欣然作色相告，曰此吾索酬中国之机会至矣。时哉！时哉！不可复失。遂置一切公道于不顾，忽发野蛮之心思，露生番之面目，利之所在，虽大不义而亦蹈之。昔吾中国常以夷目外人，而外人不受，今若此，则又何以自解于恶名耶！”

德国政府的霸道行径自不必说，但是作为西方开化最早的英国按理说应该在这一系列的问题上主持国际公道，然而令人失望的是，英国政府及舆论界不仅不主持公道，反而“亦从而附和称许，抑若以德国之所为为可取法”。对此严复自然感慨极深：“嗟乎！向从欧美两洲人士游，莫不言地球开化之国，英为首称，而《太晤士报》馆又为其一时名士大夫所会合。今此论也出，则英之国民，其亦犹有野蛮生番之性也欤？……乃昔之英人犹不自护其短，而今之英人，反护他人之短，则是英之民智转卑，民德转坏，其国家之治化，且视昔为退矣。由此术也，公理何在？公道何在？其犹能执牛耳而为西方之盟主乎？吾窃为英人不取也。彼德人则更无责焉耳。”① 严复已隐约感到对西方国家的失望，这正是毛泽东后来所表述的中国在向西方学习时的困惑与不安：“帝国主义的侵略打破了中国人学西方的迷梦。很奇怪，为什么先生老是侵略学生呢？中国人向西方学得很不少，但是行不通，理想总是不能实现。……国家的情况一天一天坏，环境迫使人们活不下去。怀疑产生了，增长了，发展了。”② 于是有了中国后来的一系列政治变动，并最终使中国人对西方现代化的经典模式表示深刻的怀疑，而企图走上自己的独特道路。

严复对西方经典模式的怀疑还是后来的事，当此时他虽然对西方列强的强权政治表示强烈的不满，但他尚没有以为中国可以不学西方，闭关自守。只是他在强烈主张中国向西方学习的同时，也对西方某些强国的霸道行径进行强烈的批评和反对。他尝试在救亡与启蒙之间寻找平衡。反躬自问，严复更对中国人尤其是中国军人的惧死怕战一味退让深感愤怒和不满。他在评论中国政府与德国关于胶州冲突中的选择方案时先讲了一个故事。他说：“印度之野有象焉，百千为群，居山林中，将出就水为饮与浴，必先有逻象焉。出而为逻，审无害者，而后群行。如逢仇敌，则逻象先死。美洲之野有犎焉，当其群居，牝犊内聚，牡者环之，外向，敌来且斗且警。禽鸟之中，则有雁奴，猎者非先杀雁奴，则其群不可掩也。”严复

---

① 严复：《驳英〈太晤士报〉论德据胶澳事》，《严复集》，第 57 页。

② 毛泽东：《论人民民主专政》，《毛泽东选集》，人民出版社 1993 年版，第 1471 页。

讲述这则故事的用意，显然是要表达这样一个主题，即“群己并称，己轻群重。……群立种强。……群散种灭。……是知舍一己以为其群，虽在飞走之伦，有如是者矣。至于人当何如?”

而中国政府与军队当德国军舰驰往胶州湾时，其反应殊令人失望。“始吾闻德人船入胶州，勒令四十八点钟，令章（即中国驻胶州总兵章高元）营退扎，而章果与退扎老山之事，始而讶，继而悲。讶者何？讶德人久称开化之国，而行事类盗贼野蛮也。悲者何？悲章之葸懦畏死，而致外人视如犬彘也。”在严复看来，当德国军队向中国军队勒令时，作为中国守军最高长官，章高元的正确选择应该是坚决抵抗，对敌国无理要求应予以坚决驳斥。严复曾以章的口气为章拟定对德军这样回答：“吾与若皆行伍人，义得相喻以理，四十八点钟，无所用也。吾为总兵，奉命守此，进止非所自由，上有皇上，下有抚军，皆吾所听命者也。汝力能得之于朝廷，抑能得之于巡抚，则令子下而吾丑退，不待两日之久也；如汝不能得此，而于我乎求之。我武人，知有战而已，尺寸之地，不能让也。今试问，若汝为将在非洲，奉大帅提督令，守一港汊，英舰忽入，勒汝让之，则汝固当让之耶？抑俟朝廷大帅有令而后进止耶？假汝不得自由，何为以是而求于我？汝以兵力相逼耶？则我带兵数十年，所求者正是一死所耳。今明告汝，章某未死，此军未破，胶州尺寸之地，非汝所得觊觎也。”严复设想，假如章高元真的这样回答德军要求，“则吾意德人虽甚蛮暴，然彼以武功立国，虽在敌仇之间，见义烈敢战男子，尚知敬爱，且行太无道，亦虑各国之议其后，其竟不敢相逼者，什有八九。又，近来西人其欲逞志于中国也，往往先用试探之术，造端宏大，出语狂肆，一则以视中国受之之何如，二亦以观他国之动静。果其所求辄获，则在在皆彼利益，何乐不然。假其阻力尚多，彼亦退而变计。今德国去华数万里，千兵运费，至为不赀。且西法、东俄、非洲、南美，在在须无空隙，未见其能以不在理事，动辄干戈相见也。即使不然，德人不顾公法，不顾令名，而务欲逞志于我，我以主待客，以众待寡，未必其果不胜，且胜焉而彼亦不能遽以开衅在我相责也。万一战而至于败，败之极而至于死。夫既为兵官而死于战，上既不负国家负托之意，下可以见重于敌人，而壮国家之气。人谁不死，死而如此，又何不可？乃计不出此，依违之间，进退失据，十机之来，间不容发，及其既逝，挽之不留。惜哉！”

话虽如此说，基于多年来对中国军队的了解，严复当然知道章高元决不可能像他所期望的那样：“虽然，吾有以知章镇之不能也。盖若能如此，必其人有学问，有性情，又能得士卒之心，平居之时，训练已久，夫而后能应机而起，不失尺寸也。中国兵官，大都纷华靡丽，日事酣嬉，以幸国家之无事。一旦有事，其不败者谁哉！吾故以知其不能也。”[①] 中国的军队与兵官既有如此之想，又怎能指望他们能够为国无私而战呢？此真“群散种灭”之征兆。

更有严复所不知的是，当严复指责章高元不战而让地的时候，实际章的背后在起主导作用的是清政府，是清政府当时外交政策在起决定性作用。因此，当严复指责章高元之后不久，他又著文抨击比章官阶更高的官吏，甚至觉得章的行为不甚可取，但在当时那种历史条件下，也是一种不得已的举动。严复说：“本报第三十一号曾登一论，论胶州章镇让地之事。大旨言其不能力拒德人四十八点钟退出胶州炮台之约，无以张国威，遏敌萌，慰民望，而完其一身进退之大义。此论云云，不过平心而论，言丈夫既出而为冠，即属以身许国，倘遇艰危，亦当统筹全局，不能专为一己计。官即甚卑、地即闲散，亦各有不可避之责，而况章镇在武员不可谓不贵，驻守胶澳地不可谓不重，而乃慑于一吓之威，而即置君国于不问乎？

---

① 严复：《论胶州章镇高元让地事》，《严复集》，第58页。

故本馆不能不发此公论也。乃今观于胶牧某君之所以自处，不禁叹昔只责章镇者为辞费而且过苛也。”

对于胶州牧某君的言行，严复深不以为然。他指出：“夫某君之所为，既已历登前报矣，虽其事只虚实不可知，而山东友人之来函则如是，京师友人之来函则如是，天津官场之传说则又如是也。今姑从所传闻之情状而推原作此情状者之用心，真有令人不可解者。中国法制：地方官有守土之责，即不主兵，亦必以城池之存亡，为其一身之存亡，若城亡而身存者，则名教中人将待之以不齿。此尽人所咸知者，宁某君而不知之！今德国虽系与我有和约之国，其来也，亦未尝下旗宣战，彼此明示以敌人相待。然既未与我政府相商，贸然而来，且毅然示章镇以几点钟退出，不退则以敌人相待。既已登陆，又复出告示，收关税，盖兵房，其欲居之不疑，据为己有者，已形乎词色之间。某君既膺民社，为国家守土之一吏，一旦见所守之土，骎骎乎术语他人，某君既官卑无权，万万不足以有为，然亦可知所自处矣。不自审度，而乃出此，将以此为报国耶？保民耶？其不然也明矣。以此为巴结德人耶？夫度德人之意，即州官不如此之恭顺，亦断不取而杀之；州官即如此之致敬尽礼，德人亦未必大喜而予以升官发财也，则此举可谓大愚。抑以此为周旋德人，使之无事，而州官之位可以安稳耶？夫置名义于不顾，而但求一身之安稳，其心已可诛；况丑态远传，闻者作呕，其位亦断不能安稳也。则此举又不得不谓之背谬，而某君之用心于是真不可解矣。”[①]

救亡不忘启蒙，启蒙并不意味着不要国家。如何在救亡与启蒙中寻找平衡，既不能让救亡压倒了启蒙，也不能因为启蒙而放弃了国家利益。在严复那里，救亡与启蒙并不是非此即彼的选择题。

---

① 严复：《论胶州知州某君》，《严复集》，第60页。

第五节　有如三保

胶州湾事件是近代中国的大事变，这个事变的意义至今都没有得到真切的解释。胶州湾事件突然爆发，让中国刚刚重振的学习西方的风气遇到了巨大问题，中国原本可以借着甲午战争失败的悲情，痛定思痛，走上更加彻底的变革之路，而不是先前跛足式的“中体西用”，向日本明治维新那样，脱亚入欧，融入世界。胶州湾事件打碎了中国人的梦想，民族主义情绪，尤其是亡国的危机感、迫切感、现实感，从来没有这个时候那么强烈。甲午战败，天量赔款，大量割地，丢掉朝鲜，彻底废止了属国体制，中国知识精英都没有国之将亡的意识，但是这一次，德国强租了胶州湾，紧接着俄国强租了大连湾，法国人租借了广州湾，英国人扩大了香港的租借范围，又租借了威海卫。这一系列的租借，由于政府的傲慢，没有将交涉详情向社会通报，更没有给出详细的有说服力的理由，因而中国知识人在这一事件发生后的挫折感、幻灭感、亡国感，从来没有这样强烈过，朝野各界在列强瓜分中国狂潮刺激下，终于万众一心众志成城，主张变法，主张维新。谭嗣同悲愤欲绝的诗作，大致代表了胶州湾事件之后中国知识人的心情：“世间无物抵春愁，合向沧溟一哭休。四万万人齐落泪，天涯何处是神州？”[①]

如此强烈的幻灭感让谭嗣同等人开始考虑“亡后之图”，计划以湖南的独立获取未来的发展空间，“而独立之举，非可空言，必其人民习于政

---

① 谭嗣同：《题江建霞东邻巧笑图诗》，《谭嗣同全集》，第 276 页。许多人将此诗系于马关议和后，可能不对。杨廷福《谭嗣同年谱》第 104 页（人民出版社 1957 年版）将之系于胶州湾事件后，值得注意。

术，能有自治之实际然后可”。正是基于这种考虑，谭嗣同向湖南巡抚陈宝箴建议设立南学会，“以为他日之基，且将因此而推诸于南部各省，则他日虽遇分割，而南支那犹可以不亡，此会之所以名为南学也”。① 湖南维新运动因胶州湾事件而发生质变，甚至整个中国都因为这一事件群情激昂，救亡呼声一浪高过一浪。康有为、梁启超等人会聚北京，一方面开官智，唤醒官僚阶层，推动改革；另一方面，办报刊，开学会，成立保国会，以“保国、保种、保教”启蒙一般知识人。

对于康梁等人发动的政治运动，严复总体上同情、认同，也给予力所能及的支持。但对康梁等人政治立场中的某些部分，则持保留态度，比如对保国会的“三保”主张，严复就不都认同。

严复认同中国的政治危机，也承认中国确实到了生死存亡的关头，“不自强者无朋，以所遭皆仇雠也”②。“欧之人所以能称雄宇内者，特以吾之尚睡未醒故耳。”正是从这个意义上说，严复赞成中国的改革，赞成中国尽快步入世界发展一体化轨道：“西洋谶纬之家谓一千八百九十八为应谶之年，天下古今大变局将见于此；而中国如烧饼歌、黄蘖山人诗皆隐约有预言者与相应，然神道惝恍，纬谶支离，固格物君子所不宜道者。第以人事物理求之，则固数过时可治化之事。往者由亚而欧，由欧而墨，今者由墨而复行入亚，此所谓凡动必复者也。二百年来之天运人事皆为其通而不为其塞。汽机电气既用，地球固弹丸耳。夫非澳二洲之内地鬲绝深夐，所谓天囿奥区，绝无通理，乃今者皆施缰索为移实之用；而谓五洲上腴如中国者，可深闭固拒以守其四千年之旧俗，虽至愚者，知其不然矣。故百

---

① 梁启超：《戊戌政变记》附录二《湖南广东情形》，《饮冰室合集》专集之一，第138页。

② 严复：《鸦乘羊者》，《严复集》，第78页。

余岁来，吾之外事皆抑之愈跃，塞之愈洞，惟不知大易随时之义，致如此耳。然而忧戚患难，皆所以玉汝于成。前论所云，必然之数，特吾党善为之，则其然也早；不善为之，则其然也迟。顺天者昌，逆天者亡。要不出此二言已耳。”[①] 因此，严复虽然认同保国会的政治立场，但在“如何保”上，则显然有自己的主张。

对于“保种”的主张，严复也是基本赞成的。他指出，“今夫灭种之祸，不睹事物之真者，咸不知其所谓。吾且不必本动植之事，取群学之例而言之，但取众人耳目之所睹者而言之，已可见矣。今天下官民所交困者，非钱荒谷贵二事乎？吾辈试思，钱之所以荒，谷之所以贵，与夫钱荒谷贵之流极，则于时事之艰、种之难存，思过半矣。驱夷闭关之说既不可行，则中外之通，日甚一日，虽甚愚亦知之。既通矣，则中外食货，犹水之互注，必趋于平，又无疑也。数十年来，泰西日本皆废银而用金，故其银为无用而价跌。彼跌之则我不能独腾，而吾银亦日贱，于是前之受银者，降至七八折不止，而官始困矣。至于谷贵，则其祸尤烈。二十年以前，编户之家，月得三千，有以资八口，至于今则养两人殆不足。夫如是，则前之三餐者，今则两餐矣；前之两餐者，今则一餐矣”。随着《马关条约》后中国经济逐步融入世界体系，中国经济成长与衰败已不是自身问题，在这种情况下，中国人的生存乃至“种”的兴废确实已经成为一个重要问题：“今者外国取通，尚不外沿海各省而已，而粜贱卖贵，已足使吾民之病如此。设他日遍地通商，而吾暗然犹不知所以待之术，则其祸当如何？则知吾灭种之说，非恫愒之词，而为信而有征者矣。”

基于“保种”考虑，严复赞成变法图强，鼓吹向西方学习，反对闭关自守：“于是闻吾说者，乃谓此所以海禁万不可开，和约必不可立，吾惟

---

① 严复：《〈如后患何〉按语》，《严复集》，第79页。

抵死守吾驱彝之策而已，庶有豸乎？此其所云，果能必济，则虽非至策，国亦大妙；而无如观五十年来国事阅历，使其人略有识解，应当知此法之必不可行，尝试为之，亡灭更速。且即使可行，亦非至策云者，盖即竭力而济，亦不过将此局面推之后来，且发迟而其祸更烈。天下之至不仁，莫若苟且自救，祸遗后人。……可知外物之来，深闭固拒，必非良法，要当强力不反，出与力争，庶几磨厉玉成，有以自立。至于自立，则彼之来皆为吾利，吾何畏哉！又有一种自命智计之士，以谓周利则凶年不杀，故明知国势既危，其心之谋利益至，而能事又不足取外以附内，而徒侵夺于同种并国之中。以智侵愚，以强暴弱，民为质点，爱力全无，所谓自侮而后人侮，自伐而后人伐。如此者，皆灭种功臣，而他日乱世多财，自存无术，其亡更速，则置之不足道也。"①

中国应该与世界进行交流、沟通，应该融入世界，中国只有在与世界的交流、沟通中才能保持自己的生机，才能实现“物竞天择，适者生存”的目的。反之，如果中国不与外界进行交流、沟通，那么不要许多年，中国即便不被列强所灭亡，也必然走上自亡的道路。严复据此分析东西方多次接触历史背景及后果说：“今数雄已灭，所存大东之数国而已。夫黄种之后亡于黑种、红种、棕种者，岂智力之足抗白人哉！徒以地大人多，灭之不易，故得须臾无死耳。合亚洲黄人号八百兆，而支那居其半，支那之人亦窃恃此以无恐，然吾窃虑支那之民虽众，未可恃也。夫支那有此生齿者，非恃其天时地利之美，休养生息之宜，以有此也。其故实由于文化未开，则民之嗜欲必重而虑患必轻。嗜欲重，故亟亟于婚嫁；虑患轻，故不知予筹其家室之费而备之。往往一人之身，糊口无术，娶妻生子，视为固然。支那妇人，又凡事仰给于人，除倚市门外，别无生财之术。设使娶妻

① 严复：《有如三保》，《严复集》，第82页。

一人，生子四五人，而均需仰食于不足自给之一男子，则所生之子女，饮食粗弊，居住秽恶，教养失宜，生长于疾病愁苦之中，其身必弱，其智必昏，他日长成，亦必有嗜欲而无远虑，又莫不亟亟于婚嫁。于是谬种流传，代复一代。虽半途夭折之数极多，然所死之数，必少于所生之数。而国家又从无移民之法，积数百年，地不足养，循至大乱，积骸如莽，流血成渠。时暂者十余年，久者几百年，直杀至人数大减，其乱渐定。乃并百人之产以养一人，衣食既足，自然不为盗贼，而天下粗安。生于民满之日而遭乱者，号为暴君污吏；生于民少之日而获安者，号为圣君贤相。二十四史之兴亡治乱，以此券矣。不然，有治而无乱，何所谓一治一乱哉！”因此，在严复看来，中国“保种”的重要任务似乎还不是如何去抵抗西方入侵，而是怎样开民智，提高人民的素质等问题。如果中国人的基本素质有所提高，那么上述所有问题便都不再成为问题：“夫此群中均身体弱智识昏之人，则其人愈多，为累愈甚，于是虽有善者，必为不善者所累，而自促其生。积数十人或数百人以累一人，是不啻以勤俭自立之人，受役于游惰无业之人也。而有志者先死，因而劣者反传，而优者反灭。然若优者尽死，则劣者亦必不能自存，灭种是矣。此与达（尔文）氏之言相反。非相反也。盖前之说，论全球之进化；而此之说，乃一支之退化也。退之不已，可以自灭，况加以白人之逼迫哉！欧人近创择种留良之说，其入手之次，在于制限婚姻。其说也，白人尚欲自行之，况于支那乎！夫天下之事，莫大于进种，又莫难于进种，进与退之间，固无中立之地哉！”[①]

至于康梁所提“保教说”，严复则基本上表示不能同意。这首先是因为他对宗教的理解与康梁明显不同。他认为，“合一群之人，建国于地球之面。人身，有形之物也，凡百器用与其规制，均有形之事也。然莫不共

---

① 严复：《保种余义》，《严复集》，第88页。

奉一空理，以为之宗主。此空理者，视之而不见，听之而不闻，思之而不测。而一群之人，政刑之大，起居之细，乃无一事不依此空理而行。其渐且至举念之间，梦寐之际，亦无心不据此空理而起也。此空理则此外宗是矣。自非禽兽，即土番苗民，其形象既完全为人，则莫不奉教，其文化之浅深不同，则其教之精粗亦不同。大率必其教之宗旨适合乎此群人之智识，则此教即可行于此群中；而此群人亦可因奉此教之故，而自成一特征。故风俗与教宗可以互相固结者也”①。

根据这个标准再看那些“保教”主张，则明显别有用意在，而非为了中国人的共同信仰。对此，严复指出，“今更有可怪者，是一种自鸣孔教之人，其持孔教也，大抵与耶稣、谟罕争衡，以逞一时之意气门户而已。不知保教之道，言后行先则教存，言是行非则教废。诸公之所以尊孔教而目余教为邪者，非以其理道胜而有当于人心多耶？然天下无论何教，既明天人相与之际矣，皆必以不杀、不盗、不淫、不妄语、不贪他财为首事。而吾党试自省此五果者，果无犯否，而后更课其精，如是乃为真保教。不然，则孔教自存，灭之者正公等耳，虽日打锣伐鼓无益也。且孔子当日，其拳拳宗国之爱为何如？设其时秦、楚、吴、越有分东鲁之说，吾意孔子当另有事在，必不率其门弟子，如由、求、予、赐诸人，向三家求差谋保；而洙、泗之间，弦歌自若，一若莫不相关也者；又不至推六经诸纬，委为天心国运可知。且《语》称‘毋意，毋必，毋固，毋我’，则必不因四国为夷狄，而绝不考其行事，而谋所以应付之方。然则以孔子之道律今人，乃无一事是皈依孔子。以此而云保教，恐孔子有知，不以公等为功臣也。且外人常谓以中土士夫今日之居心行事而言，则三千年教泽，结果不过如是，自然其教有受弊根苗，所以衍成今日之世道。然则累孔教，废孔

---

① 严复：《保教余义》，《严复集》，第 83 页。

教，正是我辈。只须我辈砥节砺行，孔教固不必保而自保矣。”[①]

孔教之不必保，是它不能有效解决中国问题反而添乱。严复说：“据史以观，则知历代同奉孔教以为国教。然二千年来，改变极多。西汉之孔教，异于周季之孔教；东汉后之孔教，异于西汉之孔教；宋后之孔教，异于宋前之孔教。国朝之孔教，则又各人异议，而大要皆不出于前数家。故古今以来，虽支派不同，异若黑白，而家家自以为得孔子之真也。夫孔教之行于中国，为时若此之久，为力若此之专，即中国人之斤斤与外人相持，亦均以新法之有碍孔教为辞，若欲以国殉之。旅顺、威海、胶州之割，关税、厘金、铁路、矿产之约，举国视之不甚措意，偶有言及者，如秦人道越人之肥瘠。独至春间，独逸营兵狼藉即墨孔庙之事，乃大哗愤。士夫固然，商贾行旅之徒，亦颇汹汹。欧人视之，相与骇笑，以为此与印度当日屈服于英，曾不以为耻，忽闻营中所给火药中有豕膏，以为此即破其教门，乃相率而叛，其情节正同也。虽然，西人即作是言，亦因此可以见支那信教之深，于国于种，未尝无益。且其言果确，则西人亦安得视我为无教之人，而夷之于非、澳之土族哉！”看来中国人素所信仰的孔教可能其自身还是有问题的。

孔教问题之所在，在严复看来似乎也不在孔教之本身，而是别有一番原因在。那就是中国民智未开，孔子教化与真精神并没有真正传到民间，中国人尤其是民间信仰的并不是孔子而是佛教。他说：“往见西人地图，每地各以色为标识，表明各教所行之地。一种以支那与蒙古、西藏、暹罗同色，谓行佛教。又一种以支那、悉毕尔与非洲、澳洲之腹地同色，谓行土教。问其何以为佛教？曰验人之信何教，当观其妇人孺子，不在贤士大夫也；当观其穷乡僻壤，不在通都大邑也；当观其闾阎日用，不在朝聘会

① 严复：《有如三保》，《严复集》，第82页。

同也。今支那之妇女孺子，则天堂、地狱、菩萨、阎王之说，无不知之，而问以颜渊、子路、子游、子张为何如人，则不知矣。支那之穷乡僻壤，苟有人迹，则必有佛寺尼庵，岁时伏腊，匍匐呼吁，则必在是，无有祈祷孔子者矣。至于闾阎日用，则言语之所称用，风俗之所习惯，尤多与佛教相连缀者，指不胜屈焉。据此三者，尚得谓之非佛教乎！问其何以为土教？则曰遍地球不文明之国所行土教，有二大例：一曰多鬼神，二曰不平等。支那名山大川，风雷雨露，一村一社各有神。东南各省则拜蛙以为神，河工之官则拜蛇以为神，载之祀典，不以为诞。时宪书者，国家之正朔也。吉神凶神，罗列其上，亦不以为诞。此非多鬼神而何？官役民若奴隶，男役女若奴隶，盖律例如此也，此非不平等而何？据此二者，尚得谓之非土教乎？是二说也，欧人所云然，支那人即欲辩之，恶得而辩之？平心思之，则实有尸之者矣！”从这个意义上说，孔教问题关键是并没有真正在民间推广，并没有构成中国人的宗教。如此说来，所谓保教论便是无的放矢了。

孔教确乎自有其高明之所在，只是并没有能够成为中国人的信仰，这当然更不意味着严复赞成中国人现在应该为保卫真正的孔教而努力。事实上，他在看到孔教真价值的同时，也看到孔教真问题，尤其是孔教并不合乎目前中国民智低下的现实状况。严复指出，“孔教之高处，在于不设鬼神，不谈格致，专明人事，平实易行。而大《易》则有费拉索非之学，《春秋》则有大同之学。苟得其绪，并非附会，此孔教之所以不可破坏也。然孔子虽正，而支那民智未开，与此教不合。虽国家奉此以为国教，而庶民实未归此教也。既不用孔教，则人之原性，必须用一教，始能慰藉其心魂。于是适值佛法东来，其小乘阿食一部，所说三涂六道，实为多鬼神之说，与不开化之脑气最合，遂不觉用之甚多，而成为风俗。盖民智未开，物理未明，视天地万物之繁然淆然而又条理秩然，思之而不得其故，遂作为鬼神之说以推之，此无文化人之公例矣。然则支那今日实未尝行孔教，即欧人之据目前之迹以相訾謷者，与孔教乎何与？今日支那果何从而明孔教哉？夫不读万国之书，不能明一先生之说也”[①]。严复的这种观点，实为其晚年走上尊孔读经道路之伏笔。

第六节　拟上皇帝书

1898年的政治变革，是胶州湾事件刺激下自上而下的政治运动，政治精英是这场变革的操作者，而知识精英则以各种方式提供了变革的方案、智慧。这是一场上下互动的变革，也是比较良性的互动，假如不是最后发生政变的话。基于精英的推动、操作，严复也很早就加入了这个行列，他不仅利用自己翻译《天演论》，传播进化思想，而且利用自己掌握的《国闻报》，发挥自己的言论优势，一方面向下启蒙，另一方面向上喊话，最重要的一篇作品就是《拟上皇帝书》。这是严复政治变革的总纲领，据此可以看到严复心目中的未来中国是什么样子。

《拟上皇帝书》戊戌年初在《国闻报》连载九次，系统阐释了严复的政治变革方案、路径，是一篇影响巨大的政论文，尽管没有署名，但还是被体制内发现，严复后来获得光绪帝召见，这份之前公开发表的万言书是一个相当重要的由头，尽管光绪帝召见之前只是听说，而没有见到过这篇文章。

在《拟上皇帝书》中，严复首先分析了中国所处的国际政治环境以及各国对中国的基本立场和态度。他指出：“臣惟中国之积弱，至于今为已极矣。此其所以然之故，由于内治者十之七，由于外患者十之三耳。而天

① 严复：《保教余义》，《严复集》，第85页。

下汹汹，若专以外患为急者，此所谓为目论者也。且即外患而言，其势之至于今日者，不自今日始也。机动于明代国朝之间，而大著于道光咸丰之际。使当日者，见其已著矣，吾君臣上下，毅然闵然，为深究详察其所由来，而豫具其所以待之之术，则所谓外患者，一见而不再见焉可也。不幸傲而弗图，使之再见三见屡见而终不为之所，于是乎有甲午东方之役。夫甲午之役，不独挠败为辱也，其辱有余于挠败者焉。而吾国之权力，乃为天下所尽窥，虽欲为前之苟延岁月，有不可得者矣。然而彼各国犹未敢轻量中国也。彼以谓中国之所以不振者，坐不知外情，不求自奋已耳。使其一旦知外情，求自奋，则以其壤地之大，物产之闳，人民之众，君权之重，其富强之效，孰能当之！今者以中国之大，而辱于日本，忆者其将知外情而深以不振为忧，而力图其所谓自奋者乎？此所以东事以还，外人之于中国，观听之深，十倍于曩者。凡吾朝野上下之举动意向，莫不深诇而详论之。何则？望之深而察之审也。然而以彼有爱于中国者，则又非也。不爱中国则何为而深望之？曰惧中国之终于不振，致启戎心，破各国平权之局，兵事大起而生民涂炭也。盖今日各国之势，与古之战国异。古之战国务兼并，而今之各国谨平权。……使中国一旦自强，与各国有以比权量力，则彼将阴消其侮夺觊觎之心，而所求于我者，不过通商之利而已，不必利我之土地人民也。惟中国之终不真而无以自立，则以此五洲上腴之壤，而无论何国得之，皆可以鞭笞天下，而平权相制之局坏矣。虑此之故，其势不能不争，其争不能不力。然则必中国自主之权失，而后全球之杀机动也。虽然，彼各国岂乐于为是哉！争存自保之道，势不得不然也。臣故曰各国深望中国自强，望之深，故察之审也。”显然，严复对国际形势的分析较之康有为、梁启超、孙中山等有异，最大区别便是对列强关于中国政策的判断，并不是基于一种敌对、恶意基础上，而是基于一种实在利益考量。应该说严复的这种判断虽然有低估列强对中国觊觎的危险性，但多少是真正理解国际关系的有识之见。可惜，中国多年来对外国的理解总是过于狭隘，总是觉得西方不可能对中国出于公心，西方对中国的觊觎总是有亡我之心。

那么，在严复的眼里，中国内治之不修究竟是指哪些东西呢？他指出，“其在内治云何？法既敝而不知变也。臣闻天下有万世不变之道，而无百年不变之法。盖道者，有国有民所能外。自皇古以至今日，由中国以迄五洲，但使有群，则莫不有其相为生养、相为保持之事。既有其相生养，相保持之事矣，则仁义、忠信、公平、廉耻之实，必行于其间。否则其群立散，种亦浸灭。至于法则不然。盖古之圣贤人，相一时之宜，本不变之道，制为可变之法，以利其群之相生养、相保持而已。是以文质代变，自三代而已然。即有神圣祖宗，明谕切戒，所以期其子孙世守者，忆亦曰，使内之民物，外之敌国，常无异于今，则吾之法制，固可以措天下于至安，而历久而无弊。必不云情异事迁，世变方亟，所立之法，揆之事理，不可复通，犹责子孙令兢守其法以驯致危亡也明矣。……夫王者之大事，莫大于法祖而敬天矣。敬天则当察天意之所趋，法祖则当体贻谋之所重。天之役于何察？察之于亿兆而可知。祖宗之贻谋于何体？体之于一己而可悟。近岁以来，薄海嗷嗷，扼腕叩胸，知与不知，莫不争言变法。甚且谓中国若长此终古，不复改图，将土地有分裂之忧，臣民有奴虏之患。民情如是，则天意可知矣。”一句话，中国只有赶紧进行变法图新，才能挽救其危亡。

变法图强的呼声在当时已日高一日，但在怎样变、变什么的问题上，当时的舆论界似乎尚莫衷一是。对此，严复秉持几年来一贯主张，继续“标本兼治”论。他说：“盖古今谋国救时之道，其所轻重缓急者，综而论之，不外标、本两言而已。标者，在夫理财、经武、择交、善邻之间；本者，存夫立政、养才、风俗、人心之际。势亟，则不能不先事其标；势缓，则可以深维其本。盖使势亟而不先事标，将立见覆亡，本于何有？顾标必不能徒立也。使其本大坏，则标匪所附，虽立治标，亦终无功。是故标、本为治，不可偏废，非至明达于二者之间，权衡至审而节次图之，固不可耳。夫欲审权衡，则必深察时势，内政外交，皆了然见其症结只所在，而无影响之疑，此固事之大难者也。且臣云今日吾国之富强与民之智勇，无一事及外洋者，亦非敢为无征之辞，抑己扬人，欺陛下也。其所以然之故，所从来也远。臣请得为陛下深明之。臣闻建国立群之道，一统无外之世，则以久安长治为要图；分民分土、地丑德齐之时，则以富国强兵为切计，此不易之理也。顾富强之盛，必待民之智勇而后可几；而民之智勇，又必待有所争竞磨砻而后日进，此又不易之理也。"

在严复看来，中国问题的关键最主要的是人才之不济，而人才之不济又导源于民智之低劣。因此，中国如欲将富国强兵作为追求目标，那么就要设法开民智，普遍提高人民的智力水准。他说："今夫陛下之所以为治，与诸臣之所以辅治，不过近考祖宗之成法，远稽古圣贤之所著垂，详择其中以措之于政而已。而今日外交之事，既为前人之所不及知，而未尝预计，则陛下之为治与诸臣之辅治者，将皆无所循效据依，以为一切因应之具。往者尝欲不察外情而纯任我法矣，顾外人不但不范我驰驱，乃常至于决裂，而吾国愈病。于是更以柔道行之，曲意从彼，以苟求一顷之安。然而彼之欲常无穷，而曲意之为，将有时而彼不可忍。于是陛下乃起而求折冲御侮之臣，与夫绸缪未雨之佐。而平居国既不以此养才，士亦未尝以此为学，则人才消乏之弊见矣。陛下思所以整武备，缮封疆，与一切可以建国威，销敌萌者，而今日船械之费，动辄数百钜万，吾国度支，以之处平世则有余，以之图非常必不足，则财富匮乏之弊又见矣。夫人才与财富二者，兴事者之所必资也；而皆乏如此，则陛下纵欲为之，而安所藉手乎？且臣闻天下非（求）财之难也，而理财为难；又非求才之难也，而知才实难。夫今日中国所处之时势，既大矣于古初矣，则今日之才，方之于已往者，虽忠孝廉贞之德，不能不同。而其所具之才，所以斡济时艰，策外交而辅内理者，必其详考古今之不同，而周知四国之故者也。夫如是，故其所治之学与其所建白者，亦将有异于古初。而异于古初者，非陛下与内之二三大臣、外之十数疆吏之所尝学而深悉也。如是，则无以知此才而为之区其贤否矣。无以知此才而区其贤否，则所求之才，伏而不出，而游谈乱真者日以多，故陛下虽屡下明诏，督诸臣以荐举之事，而彼外之不能不缘虚声以为采，内之不能不本己意以相求，荐而陛下用之矣，然而事实之际不可诬也。则不幸往往有败，败而 陛下又不悟其才之非真也，转曰今之所谓人才，吾既取而用之矣，而于吾事乃如此。然则天下固无才，抑虽才亦无益于吾事也。如此，则陛下求才之意衰，而中国之人才愈不出。”陷入矛盾循环往复之中。要从根本上扭转这种情况，在严复看来，应对今日中国所需人才作一基本界定，并从根本上去设想解决这一问题。他指出，“夫人才者，国之桢干也。无人才则所谓标、本之治皆不行。于此之时，陛下欲自为其本，则事无旦暮之效，为之虽切，恒恐不逮于救亡。救亡而急理其标，则陛下在在无人才之助。臣故曰：居今之日，而欲讲变革、图富强，虽臣至愚，亦深知陛下之难为也”。因此，中国应该睁开眼睛看看西方先发国家是怎样解决这一问题的，然后再决定自己的方略：“今使中国之民一如西国之民，则见国势倾危若此，方且相率自为，不必惊扰仓皇，而次第设施自将有以救正。陛下惟恭己无为，顺民所欲，而数稔之间，吾国固已强已富矣。彼英国之维多利亚，不过一慈祥女主耳，非所谓聪明神武者也。至若前主之若耳治，则尤庸暗非才。然而英吉利富强之效，乃年以来，横绝四海，远迈古初者，则其民所自为也。顾中国之民有所不能者，数千年道国明民之事，其处事操术，与西人绝异故也。夫民既不克自为，则其事非陛下倡之于上固不可矣。”将培养人民的自治能力作为首要大事，如此中国的困境并不难摆脱。

近代中国变法图强思潮并不始于严复，近代中国自强运动更是由来已久。在严复之前，所谓“进步的中国人”面对西方对中国的欺压几乎一直在寻找对付的良方，从魏源“师夷之长技以制夷”，到同治中兴，在在都表现出中国追求富强以御其侮的心路历程。然而由于这一心路历程和实际运动除了为中国增加一些新的设施外，在除旧方面几乎一直未能进行。结果造成近代中国一个奇怪现象，那就是严复所指陈的新政之日增无穷，而并不治其本，并不能从根本上有助于中国问题的真解决。他指出：“臣居平尝论中国今日之法，虽已大敝，然所以成其如是者，率皆经数千载自然之势流演而来，对待相生，牢不可破。故今者审势相对，而思有所改革，则一行变甲，当先变乙；及思变乙，又宜变丙。由是以往，胶葛纷纶，设但支节为之，则不特徒劳无功，且所变不能久立。又况兴作多端，动糜财力，使其为而寡效，则积久必致不支，此亦事之至为可虑者也。迩岁以来，朝野之间，其言变法以图自强者，亦不少矣。或云固圉为急矣，则请练陆营而更立海军；或云理财最要矣，则请造铁路、开各矿而设官银号；又以事事雇用洋人之不便也，则议广开学馆以培植人才。大抵皆务增其新，而未尝一言变久。夫国家岁入之度支有限，而新政之日增无穷，新旧并存，理自竭蹶。臣闻为政之道，除旧布新，相因为用者也。譬如病瘩之夫，欲求强健，良医临症用药，必将补泄兼施，夫而后积邪去而元气苏，徐收滋补之效。使其执不可攻削，恐伤病人之说，而专补不泄，日进参蓍，则虽所费多金，以求良药，恐瘩疾终不可愈，积邪日以益坚，而大命之倾将无日矣。陛下试观今日诸臣所为，何以异此？故臣窃谓前者诸事，以治标而论，则事势太逼，恐无救于危亡；以治本而言，则积习未祛，亦无益于贫弱。其事诚皆各国富强之具，今日所不可不图，第为之而不得其序，则远之有资敌之忧，近之有糜财之患，而于自强之实，去之尚遥。何者？将以为标，则救亡图存，事尚有急乎此者；以之为本，则原始要终，事尚有先乎此者也。”严复对先前自强思潮、实践有极为重要的保留意见。

在严复看来，自强运动一定要抓住根本，只有从根本上才能有效解决中国所面临的问题。他说：“臣窃尝自忘其愚贱，旷观时变，夤夜以思，既深识大局之至为难图，又大愿之不可不勉。得未变法之前，陛下之所亟宜行者三；既变法之时，陛下之所先宜行者四。”由此提出他关于中国变法图强的七点主张。

未变法之前所亟宜行的三件事为：一曰联各国之欢；二曰结百姓之心；三曰破把持之局。至于既变法之时，所先宜行的四件事，从目前所见的《拟上皇帝书》中则阙如。不知是严复未作，还是其他原因。

在“联各国之欢”部分，严复主要从国际形势、格局角度分析中国所处地位及面临的机会。他建议光绪帝在变法之前先到西方各国游历一番，以增加对西方现状的感性认识：“设今者陛下奋宸断、降德音，令计臣筹数千万之款，备战舰十余艘为卫，上请皇太后暂为监国，从数百亲贤贵近之臣，航海以游西国，历聘诸有约者，与分庭抗礼。为言中国天子有意为治，今之来者，愿有以联各主之欢，螟维持东方太平之局，怀保中外之民人。继自今事之彼此交利，如通商，如公法，义所可许者，吾将悉许之无所靳。且吾将变法进治，俾中西永永和谐，惟各国之助我。而其有阴谋无义，侮夺吾土地，而蹂躏吾人民者，吾将与有义之国为连以御伐之。夫如是，则不待陛下词之毕，五洲称圣明英武，而东方分争之祸弥矣。伏惟陛下所遭之时，为中国古今帝王所未曾有，则陛下应机发业，亦当出于帝王所未尝为。陛下果采臣言，则上之有以永宗庙万世之安而扬其灵，下之有以拯神州亿兆之黎元而作其气，外之有以解东西各国不可已之兵争而弥其祸。陛下一举，贤于尧、舜、禹、汤、文、武远矣。此臣所不胜为陛下大愿者也。夫帝王会同，在西国亦年月事耳，而自陛下行之，则有如是效验者，此西国则为数见而不鲜，在中国则为旷古而非常也。至于亲履其地，则有以知中西政俗之异同。知其异同，则有以施吾因应修改之治，其为益甚众，有非臣所能详举而细论者矣。”在严复看来，光绪帝如能到国外走动走动，肯定利大于弊，有助于中国人对西方、国际的真理解。可惜的是，至清之亡，最高领导人都没有海外阅历，他们像过去一样，在深宫大院中做梦。

至于让光绪帝“结百姓之心”，显然也是西方近代政治的一种表现形式，也是在当时难以行得通的。严复先从中国统治思想史角度总结民本思想之重要，以为“自古立国之道，则有人心未去而国本或摇者也。其在一统无外之世，固为重矣，而处权均力敌之时，其重倍之。此诚今日陛下所宜戒儆恐惧而常目在之者也。……夫国家惠保黎元，至于如此，而臣犹以深结人心戒陛下者，无他，善政经久，则习为固有，而民不知恩；陋规孔多，则吏为屯膏，而下乃疾视。而其尤患者，则在尊卑阔绝，上下之情不交。兵民亿兆，虽欲效忠致爱于陛下，而其道莫由也”。继则严复从西方国家一般原则出发，分析西方之所以富强，中国之所以在日本这一弹丸小国的欺凌下一败涂地，其根本原因也只是西方君民不隔、中国上下情不通的必然结果：“臣窃尝观之西国矣，大抵民主之兵，最苦战而不易败，得能者为将，则当者皆靡，如华盛顿之自立与拿破仑之初起是已。君臣上下，日见相亲，抚遁教训，截然如一家者次之；而将贵君尊，势分相绝，招之以利，用之以威者最下。夫民勇怯之资虽殊，而贪生之情则一。行陈之间，所以守战至死而不去者，必有其不容已之恩义利害故也。真实民主之国，其兵所以最强者，盖其事虽曰公战，实同私争。所保公共之产业国土，所伐者通国之蝥贼仇雠。胜则皆乐而荣，败则皆忧而辱，此所以临阵争先，虽挫而不溃也。”而反观中国情况则不然。严复指出，“夫附民之要，在得其心，而心之精微，必不可以美言文具取也。今之为陛下惠养此民者，不过数千之州县而已；为陛下统辖此兵者，不过数百之将领而已。凡此什八九，皆受羊而盗其刍者也，其不见德之日久矣。陛下之尊譬如天，而官吏将领之可畏犹鬼神，生养不为之谋，穷屈无所于诉，而日夜厉以征求敲扑之事。民生是群，不知何所可恋；士从是军，不识为谁而战。则其忘陛下之帝力于何有也，不亦宜乎？且民既不知其国之可爱矣，则陛下虽岁筹无限之费，以庀新器，练新军，部勒止齐，悉用西洋之新法，平居无事，常派大臣为之检阅，其巧密精练，皆可为无穷之美观；独至一旦有急，则相率以随前者之覆辙，此列御寇所谓君形者亡也，曷足用乎？况其未必能及此也。议者将谓昔中国之兵亦尝强矣，不必如西人所为而后可用也。则臣应之，曰不然。盖事之利钝，起于相较，至于兵为尤然。战者，敌也，必经权奇正，事事可与人相敌，而后可以言战，而有一胜只可期。使其不然，则未战而败形已具。日者，中国之敌，非西人也。至于内乱，则草寇耳。与草寇敌，故即用草寇之道，亦可有功。此所以湘、淮二军，在前则为精兵，在今则至不足道。犹用其制，必败无疑。何则？其所与校者异也。今者中国制度，固与外洋悬殊，君民之间，必不能如彼之轻简。然兵战之事，存亡所关，急宜略师其意，起而为之”。为此，严复建议皇帝如西方国君那样多做亲民之事，树立自己在人民心目中的形象：“臣之愚计，欲请陛下于臣前言出洋回国之便，亲至沿海各省，巡守省方，纵民聚观嵩呼，瞻识共主；又为躬阅防练各军，誓诰鼓厉，振其志气。”这样，或许可以使人民人人有戴主死敌奋不自顾之心，“一朝振之，其气百倍，敌国见之，自生戒心。夫使四百兆之人皆爱陛下，则陛下何为而不成，何求而不得哉！此为至计，不可忽也”。如果在一个近代国家，严复的这一建议或许能成为事实，而在中国君主至尊专制政体下，严复如此建议即便是出于对皇上的真挚爱意，那也只能是说说而已，要变成现实却谈何容易！

严复所建议的于未变法之前所宜行的第三件事为“破把持之局”。他的意思是在国家于变法之际，除了要图新外，更要注意除旧，因为如果旧的东西不能除掉，那么新的东西也很难生长。他说：“臣闻国家变法之时，其难有二：一曰抑侥幸之门；一曰破把持之局。侥幸者，自新进而言之也。把持者，自守旧而言之也。然而抑侥幸难矣，而破把持尤难。何以知其然也？国家当奋发有为之际，势不能不开功名之门，破常格以待非常之士。彼侥幸者，中无所有也，而有意于天子之爵禄，于是则养交游谈，甚者或拜私门行苞苴以规进取。虽然进取矣，使其人甚不肖，则受者难之，而言者或揭其短，抑或负乘而败，则必无幸矣。故抑之虽难而实易也。至于把持之局之难破，则自古而已然。侥幸者，皆小人也，而把持之中不无君子。但使其人不知当世之务，不察理势之真，则奋其偏见，皆可与为治者力争，虽刑黜有所不顾，其所称引者，动缘祖宗之法制，贤圣之遗文，而人君之所宜法守者也。且人情常乐因循而惮改作，故其持论，和者常多。及其既多，则虽以人君之权，有不能与其臣下争胜者矣。”这样的例子在中国历史上不胜枚举，诸如赵武灵王的胡服骑射及宋王安石之变法，之所以如此艰难甚且归于失败，其根本原因就在于某些君子之把持，之守旧。“至于小人之把持，则其术尤工，而其害有不胜偻指者矣。大抵君子之把持，生于智虑之有所不周，意见之有所偏激；而小人之把持，则出于营私自利而已矣。国家承平既久，则无论为中为外，举凡一局一令，皆有缘法收利之家。且法久弊丛，则其中只收利愈益众，一朝而云国家欲变某法，则必有某与某者所收之利，与之偕亡。尔乃构造百端，出死力以与言变者为难矣。是故其法弥敝，则其变弥不可缓；而亦其变之弥不可缓，则其欲变弥难。盖法之敝否，与私利之多寡为正比例；而私利之多寡，又与变之难易为正比例也。夫小人非不知变法之利国也，顾不变则通国失其公利，变则一己被其近灾。公利远而难见，近灾切而可忧，则终不以之相易矣。嗟夫！此西人讲群学者，所以称必有为群舍己之人，而后群强而化进也。且今者中国变法之难，不必改用西法而后尔也。但使人失私利者多，则虽经典之所载，祖训之所垂，不能据之以敌把持之势。”中国后来情形真被严复不幸而言中。

往后，中国的变法确乎被那些“君子”把持之局所破坏，中国现代化进程也被一而再，再而三地人为地延迟。不过在当时，变法的实际运动毕竟尚未正式开展，因此严复在意识到守旧之君子可能会对变法革新构成威胁时，还是尽其所能地设计了防范之法。他指出，“总之，如臣前言，其法愈敝，则把持愈多，而变之愚不易，不必问其为中法西法也。……然而臣以为彼把持者之计亦短矣。譬如树之有虫，人一身之有蛊，聚而嘬之，以为得计，而不念及其已甚，则树僵人亡，而已亦与偕尽。此庄周所谓濡需豕虱者也。使其幡然变计，先国而后身，先群而后己，则一身虽不必利，犹可以及其子孙。况夫处富强之国，其身之未必不利也哉，特一转移之间耳!”使包括这些小人在内的人都明白，真正的变法图强是对每一个人都有利的事情，只是时间的长和短而已。

正是基于这样的判断，严复建议光绪帝在未变法之前，一定要痛下决心破把持之局，把持之局不破，一切都无从谈起：“是以臣之愚计，以谓陛下治今日之中国，不变法则亦已矣，必变法则慎勿为私利者所把持。夫法度立，则人无独蒙其利者，故虽至不得已而图改革，其于小人必有所龃龉而不安。历代叔季之君，夫亦自知伤危而思振刷矣。使其匪所龃龉而变之不难，则古今安得有亡国哉？臣闻帝王之用心，与众庶异。众庶急一身一家而已，然而仁贤之士，尚有忘己以救物者；至陛下之用心，则利社稷安元元否耳。《淮南子》有云：栉者堕发。然而栉不止者，所损者少而所利者多也。尚安能以数人之私戚，而废天下之公休也哉！故不破把持之局，则变法为虚言。陛下果有意于讲变革，图富强，亦在断之而已。”是到了光绪皇帝下一决断的时候了。

在《拟上皇帝书》的最末一段，严复对三点建议的价值有一概括："以上三端，皆未变法之先所宜急行者也。盖不联各国之欢，则侮夺之事，纷至沓来，陛下虽变法而不暇；不结百姓之心，则民情离涣，士气衰靡，无以为御侮之资，虽联各国之欢，亦不可恃；而不破把持之局，则摇手不得，虽欲变法而不能也。一其事在各国，二其事在万民，而三则在陛下之一心。陛下果采臣议而次第行之，则为旷古之盛节，机关阖开，而数千年之治运转矣，然后因势利导。"① 其殷殷望治之情在此确乎充分表达出来了。

严复《拟上皇帝书》引起各方面强烈反响，吴汝纶在与严复通信时不止一次赞美这份文字。吴汝纶说："前读尊拟万言书，以为王荆公上仁宗书后，仅见斯文而已。虽苏子瞻尚当放出一头地，况余子耶？况今时粗士耶？独其词未终。不无遗憾。务求赓续成之，寄示全璧。虽时不能听，要不宜惩羹吹齑，中作而辍。篇中词意，往复深婉，而所言皆确能正倾救败之策，非耳食诸公胸臆所有。"② 稍后又一信说："尊著万言书，请车驾西游，最中肯綮，又他人所不敢言。其文往复顿挫，尤深美可颂，自宜续成完书，不宜中途废止。所述四事，皆救时要政，国势险夷，万法坐敝，条举件论，不可一二尽。又风俗不变，不惟满汉畛域，不能浑化，即乡举里选，亦难免贿赂请托、党援倾轧之弊。而土著为吏，善则人地相习，不善则亲故把持。此皆得半之道，非万全之策，似不如不复枚举。但以劝远巡为一篇归宿，斟酌今日财政，于何筹此巡游经费，便是佳文。若国政之因革损益，似尚非一篇中所能尽具也。尊论利济之说，一人功成，必千因万

---

① 严复：《拟上皇帝书》，《严复集》，第77页。

② 吴汝纶：《吴汝纶致严复书之三》，《严复集》，第1561页。

缘，与之为辅，断无举世乖违，而能成事，最为通识。”①

第七节 为什么没有被重用

二十年北洋水师学堂教习生涯，让严复在军界积累了巨大声望；几年来致力于大众启蒙，为公共事务发声，让严复在甲午战后那个特殊的年代迅速崛起，成为具有公共情怀的大知识人；而他的学识，尤其是西学素养，《天演论》“信达雅”的翻译，让严复成为知识界一颗耀眼的明星。是金子总有发光的时候，是人才总会被赏识，被重用。

光绪二十二年七月十八日（1896 年 8 月 26 日），吴汝纶就如此表达了对严复的欣赏与期待：“时局日益坏烂，官于朝者，以趋跄应对，善候伺，能进取，软媚适时为贤。持清议者，则肆口妄诋諆，或刺取外国新闻，不参彼己、审强弱，居下讪上以钓声誉，窃形势，视天下之亡，仅若一缾盆之成若毁，洎然无与于其心。其贤者或读儒家言，稍解事理，而苦殊方绝域之言语文字，无从通晓；或习边事，采异俗，能言外国奇怪利害，而于吾土载籍旧闻，先圣之大经大法，下逮九流之书，百家之异说，瞑目而未尝一试，塞耳而了不一闻。是二者盖近今通弊，独执事博涉，兼能文章。学问奄有东西数万里之长，子云笔札之功，充国四夷之学，美具难并，钟于一手，求之往古，殆邈焉罕俦。窃以谓国家长此因循不用贤则已耳，如翻然求贤而登进之，舍执事其将谁属？然则执事后日之事业，正未可预限其终极。”②

吴汝纶的预言很快成为事实。光绪二十三年十一月二十三日（1897 年

① 吴汝纶：《吴汝纶致严复书之四》，《严复集》，第 1563 页。

② 吴汝纶：《吴汝纶致严复书之一》，《严复集》，第 1559 页。

1 月 27 日），贵州学政严修奏请设经济特科，分内政、外交、理财、经武、格物、考工六类，以收实用。稍后，光绪帝批准了这个建议，并责成军机处、总理衙门组织实施，以时事多艰，急需人才，诚非有破格非常之举，不足以耸外人之视听而鼓舞海内之人心。方案规定京官三品以上，外官督抚学政，都有责任各举所知，不限疆域，不论人数，只要有真才实学，都可以推荐至总理衙门，以非常之举招非常之才。[①] 戊戌年初，各省举荐的人才名单报至总理衙门，总计两百三十多人，严复名列其中。[②] 詹事府詹事王锡蕃在保荐书中写道："北洋水师学堂总办、候选道严复，本船政驾驶学生，出洋学习，于西国典章名理之学，俱能探本溯源，精心研究，中学亦通贯群籍，著述甚富，水师情形，尤其所熟知专习，久在北洋供差，奉公之外，闭户寡合，其立品尤为章卓。"[③]

推荐严复的并不止于王锡蕃，顺天府尹胡燏棻，据说，甚至戊戌年风头最健的张荫桓都曾出面保荐。吴汝纶告诉严复，"传闻南海张侍郎，因近日特科之诏，举执事以应，诚侍郎之爱执事。顾某以为特科徒奉行故事耳，不能得真才。得矣，亦不能用。愿执事向翔审慎，自重其才，幸勿轻于一出也"[④]。

认同、赏识、赞美严复的不少，但不以为然、敌视、嘲笑、不屑的似乎也不少。还是吴汝纶告诉严复，"鄙意西学以新为贵，中学以古为贵。此两者判若水火之不相入，其能溶中西为一治者，独执事一人而已，其余皆偏至之诣也。似闻津中议论，不能更为异同，乃别出一说，以致其娼妒之私，曰严君之为人，能坐言而不能起行也。仆尝挫而折之，曰天下有集

---

① 《光绪朝东华录》，第 4024 页。

② 《内外荐举表》，《戊戌变法》卷一，第 393 页。

③ 王锡蕃：《奏保人才折》（光绪二十四年七月十三日），《戊戌变法》卷二，第 375 页。

④ 吴汝纶：《吴汝纶致严复书之三》，《严复集》，第 1561 页。

中西之长，而不能当大事者乎？往年严公多病，颇以病废事，近则霍然良已，身强学富识闳，救时之首选也，议者相悦以解"[1]。

严复确实是一位有思想有才华，融通中西学术的人才，但严复也确实又是一个不太拘于小节，说话比较随便，没有太多心机太多顾忌的人，因而对于体制而言，严复似乎又是一个"问题中人"，不时会有各种各样莫名其妙的"小报告"送到他上司，甚至最高层。以致光绪帝见到严复，开头第一句就问当年夏被人举报究竟是怎么一回事。

光绪帝的问话不是很严谨，当年不是严复个人因为什么事情被举报，而是因为他和几位朋友合作的《国闻报》。《国闻报》给严复带来巨大的声誉，也给他带来相当大的麻烦。戊戌年正月十七日（1898 年 2 月 7 日），《国闻报》率先公布《总理衙门奏教案办结胶澳议租折》，这份文件详细记录了中德关于胶州湾事件发生以来的全部交涉过程，特别是最后达成胶澳租借九十九年的理由、细节。对清政府来说，这是一个中外合作利用土地的另类思考，毕竟由此解决了外国资本进入中国的某些安全问题，打消了外国资本不必要的忧虑，另一方面租借毕竟只是一个商业手续，不是割让，"略如各口租界办法，周遍以一百里为限，按岁输纳租钱，该地自主之权仍归中国"[2]。这个协议的思路是维持中德之间的贸易顺畅进行，而又不使中国的主权以及领土完整受到更大伤害。这是一个并不是太坏的结局，否则此后中法关于广州湾的租借，中俄关于大连湾的租借，中英关于威海卫的租借等一系列后续谈判就不会沿用"胶澳租借"办法。但是，《国闻报》公布这个文件，却引起总理衙门"震怒严查"[3]，《国闻报》所面

---

① 吴汝纶：《吴汝纶致严复书之三》，《严复集》，第 1561 页。

② 《总理衙门奏教案办结胶澳议租折》，青岛博物馆等：《德国侵占胶州湾史料选编（1897—1898）》，山东人民出版社 1987 年版，第 454 页。

③ 张元济：《张元济致汪康年之三十一》，《汪康年师友书札》，第 1726 页。

临的“国家压力，前者已去，后者方来”[①]，总理衙门接二连三“封禁”《国闻报》关于外交问题的言论。[②] 作为《国闻报》主笔，还在体制内的严复理所当然被牵连进去。

《国闻报》同人从容应对各方压力，对于一些不实之词，也尽量给予解释，但是依然没有阻止住来自政治高层的压力。光绪二十四年闰三月十三日（1898 年 5 月 3 日）上谕：“有人奏天津设有国闻报馆，咸谓系北洋水师学堂总办、道员严复合股所开。本年三月间归日本人经理，而水师学生译报如故请饬查禁等语。国闻报馆如系中国人所开，不应借外人为护符。如已归日本人经理，则不应用水师学生代为译报。著王文韶查明该报馆现办情形，及道员严复有无与外人勾串之事，据实具奏。”

遵照光绪帝指示，直隶总督王文韶进行了认真的调查，不止一次与严复等人面谈。[③] 四月十九日（6 月 7 日），王文韶向朝廷报告调查经过与结果：“臣尊即檄饬津海关道李珉琛密查去后，此据禀复称：二十三年九月，天津紫竹林租界地面设有国闻报馆，系闽广人所开。今年三月，见报端有日本明治年月，询知该馆因报纸销行不广，资本折阅，售与日人。复函致日本驻津领事郑永昌，询问国闻报馆果否系日本人经理，并接自何人之手。旋据函复，前国闻报馆主李志成福建人，因亏本歇业，曾于中历本年三月初六日，出盘售与鄙国士人西村博接办，自行经理，已据禀明有案，即于是日在报端刊布告白，兼列鄙国年月字样等语。查该领事所称，前开国闻报馆者，系闽人李志成，今年三月接开者，系日人西村博，自行

① 夏曾佑：《夏曾佑致汪康年之十七》，《汪康年师友书札》，第 1329 页。

② 张元济：《张元济致汪康年之三十三》，《汪康年师友书札》，第 1733 页。

③ 据《国闻报》，闰三月初十日（4 月 30 日）、四月初十日（5 月 29 日）、四月十八日（6 月 6 日）、六月初六日（7 月 24 日），严复拜会直隶总督王文韶。虽然不清楚所谈内容，大要应该与来自高层压力，以及各方面传言有关。

经理，皆确有主名，不言另有人合股。道员严复素日讲究西学，偶以论说登报则有之，合股之说，即或因此而起，实未闻有勾串情事。至水师学生带代为译报一节，查水师学堂学生，遇有西报，皆当翻译，原以备考校而资练习。有足广见闻者，间亦付之报馆。或报馆人自向索取登入，尚非受雇代为译报，其刻载姓名，亦系报馆常例。将各等情查悉，具禀前来，臣复查无异。窃见迩来报馆林立，指摘时政，放言罔忌，措词多失体要。《国闻报》所登严复议论，亦时蹈此失。盖该道曩年游历泰西，熟谙洋务，狃其书生之见，欲以危言耸论，惊动当世，以冀力振时局，其心尚属无他。今该道被参报馆合股，及与外人勾串各节，既查无其事，应仰恳天恩，免其置议。臣仍谕饬严复并学堂学生等，嗣后不得再有只字附登馆报，以自取戾。"[①] 读王文韶这段报告，可以体会对严复的爱惜、保护，但也能隐约感到严复尽管没有实质性的问题，但也总是有一些小把柄、小问题。

这些小问题、小把柄对严复构成一点小小的影响，比如故事不断，传闻不停。但是毕竟严复思想、学识、才华、能力出众，赏识者亦多，因而也并没有因为那些闲言碎语过于耽搁其政治前程。七月十三日（8月 29 日），少詹事王锡蕃保荐严复为"通达时务之才"，建议清廷量才器使。七月十九日（9 月 4 日），直隶总督兼北洋大臣荣禄奉谕通知"北洋差委候补道严复"来京"预备召见"[②]，严复启程进京时间"即在不日间"[③]。

获得皇帝召见，对严复来说是莫大荣耀。七月二十二日（9 月 7 日），

① 《直隶总督王文韶折》，《戊戌变法档案史料》，第 448 页。

② 《光绪朝东华录》，第 4169 页。

③ 《国闻报》光绪二十四年七月二十日。

严复在赴京前夕不无得意写信告诉四弟观澜："明日即须晋京预备召见，本属无闲作答，继念事有关系，此时若不直告尽言，日后必为吾弟所怪怨，故不得已百忙中作此回信。句句是真，惟吾弟亮察而已。"①

七月二十三日（9 月 8 日），严复乘火车从天津抵达北京。② 当天下午，严复前往郑孝胥寓所拜访。夜，两人详谈，郑孝胥对严复随身带来的《拟上皇帝书》赞口不绝，以为"文词深隽，诚雅才也"。③

又过了几天，七月二十九日（9 月 14 日），严复"蒙恩召见乾清宫，垂询办理海军并开办学堂事，甚为详悉"。据《国闻报》稍后发布的消息，光绪帝与严复的对话如次：

上问："本年夏，有人参汝在天津国闻报馆主笔，其中议论可都是汝的笔墨乎？汝近来尚在国闻报馆主笔否？"

严对曰："臣非该馆主笔，不过时有议论，交于该馆登报耳。"

上又问："汝所上报之文，其中得意文章有几篇？"

严对曰："无甚得意者。独本年正月间有《拟上皇帝书》一篇，其文颇长，当时分作六七次登报，不知曾蒙御览否？"

上云："他们没有呈上来。汝可录一通进来，朕急欲观之。"

严对曰："臣当时是望皇上变法自强，故书中多此种语，今皇上圣明，业已见之行事，臣之言论已同赘旒。"

上曰："不妨。汝可缮写上来。但书中大意是要变什么法？"

严对曰："大意请皇上于未变法之先，可先到外洋一行，以联各国之欢；并到中国各处，纵人民观看，以结百姓之心。"

---

① 严复：《与四弟观澜书之五》，《严复集》，第 732 页。

② 《国闻报》光绪二十四年七月二十四日。

③ 《郑孝胥日记》卷二，第 678 页。

对严复这段解释，光绪帝微叹道："中国就是守旧人多，怎好？"

此外闻垂问事甚多，约奏对三刻钟之久。严复既退，遂回寓，将春间登报稿本抓紧修缮，以备进呈，想日内已经御览矣。[①]

《拟上皇帝书》可能并没有进呈。因为在严复乾清宫召见第二天，风云突变，一个时代结束，另一个时代开始。据严璩说，"德宗命抄一份呈览，未及进而政变作，孝钦后垂帘听政。府君即日出都返津。"[②]

一场轰轰烈烈的政治变革因一个意外而中止，严复也因此断绝了在政治上更进一步的可能。而且，由于他与维新党人的密切关系，与康有为、梁启超等人在政治理念上的大致相同，与六君子中的林旭等人还有一层复杂的人际关系，因而使严复对于戊戌年秋天的政治逆转始终转不过弯来。他哭林旭的长诗，不仅抒发了他对林旭的惋惜与怀念，而且隐晦探究戊戌政治变革的利弊得失及其失败原因：

相见及长别，都来几昼昏。
池荷清逭暑，丛桂远招魂。
投分欣倾盖，湛冤痛覆盆。
不成扶奭弱，直是构恩怨。
忆昨皇临极，殷忧国命屯。
侧身求辅弼，痛哭为黎元。
大业方鸿造，奇才各骏犇。
明堂收杞梓，列辟贡玙璠。
岂谓资群策，翻成罪莠言！
衅诚基近习，祸已及亲尊。

① 《国闻报》光绪二十四年八月初四日。

② 严璩：《侯官严先生年谱》，《严复集》，第1549页。

惝恍移宫狱，呜呼养士恩。
人情方翕訾，天意与偏反。
夫子南州彦，当时士论存。
一枝翘国秀，山峡倒词源。
荐剡能为鹗，雄图欲化鲲。
杨谭同御席，江郑尽华轩。
卿月辉东壁，郎星列并垣。
英奇相撑柱，契合互攀援。
重译风皆耸，中兴势已吞。
忽惊啼晚鴂，容易刈芳荪。
古有身临穴，今无市举幡。
血应漂地轴，精定叫天阍。
犹有深闺妇，来从积德门。
抚弦哀寡鹄，分镜泣孤鸳。
加剑恩牵犬，争权遇偾豚。
空闻矜庶狱，不得见传爰。
投畀宁无日，群昏自不论。
浮休齐得丧，忧患塞乾坤。
上帝高难问，中情久弗谖。
诗篇同乘杌，异代得根原。
莫更秦头责，休将朕舌扪。
横流看处处，只合老邱樊。①

从甲午年“世变之亟”开始“辟韩”、“原强”，寻找中国富强之路，

① 严复：《哭林晚翠》，《严复集》，第362页。

进而思想启蒙，传播进化论，推动并积极介入维新运动。短短几年，严复走完了一个完整的思想变迁过程，救亡，富强，还是启蒙；如何在救亡与启蒙中寻找平衡，既不要让救亡压倒启蒙，也不要因启蒙而耽搁救亡，成为严复思考的题目，也成为中国必须回答的历史题目。

第六章

从革政到革命：维新时代之章太炎

甲午战后，中国历史进入一个新时期，先前信心满满的“中体西用”在事实面前失去了正当性。中国必须跟上世界步伐，所谓“维新”，就是发自内心要给古老中国注入新因素。这是一个大时代，也是一个英雄辈出的时代。纵观中国历史，大约只有春秋战国可以和这个时代相媲美。在这无数的英雄豪杰中，章太炎无疑最富个性。

第一节　有学问的维新志士

章太炎生于同治七年十一月三十日（1869 年 1 月 12 日），甲午战争爆发时，章太炎二十七岁。他那时还在诂经精舍跟随当世大儒俞樾读书，青灯黄卷，年复一年，章太炎已经在这里度过七个春秋。两耳不闻窗外事，一心只读圣贤书，而且不带任何功利心，早就放弃了为功名而读书，章太炎读书，包括进入诂经精舍之前的二十年，纯粹为读书而读书。这是章太炎之所以成为章太炎的根本原因。

甲午战争对中国来说是一次巨变，对章太炎来说，也是改变其生活道路的一个契机。况且，在这一年中，章太炎的生活也发生了很大变化，他的父母在这期间先后去世。他虽然小时候得过“癫痫”[1]，甚至偶尔还会复发，但章家还是在他二十五岁那年为他找了一个小媳妇王氏，这就是章太炎在晚年写作的“自定年谱”中莫名其妙所说的“纳妾”。第二年（光绪十九年，1893），长女出生。从此，章太炎也是拖家带口的人了，也该出去找个事情做了。

章太炎原本就是带艺拜师的“学术青年”，而且是“大龄学术青年”，有学术根基，有独立思考，且因各种机缘在学术界拥有相当人脉。那么多极贞盛名的大学者在章太炎或多或少、或直接或间接、或长或短的交往中，不得不承认这是一个学术好苗子，是不可多得的学术人才。这些学术先进的看法是对的，章太炎用了二十几年时间精读深思，在许多领域都表现出自己的思考，不人云亦云，甚至也不会对老师的说法随时点头称是，而是时时处处抱持着一种怀疑眼光批评态度。像这样的大龄学术青年，一般说来可能会有不错的发展前景，但很难讨老师的喜欢。这大概就是章太炎在诂经精舍八年的处境。

由于学有根基，章太炎在追随俞樾等大师读书的八年间，不仅没有像俞樾那样追踪当时学术热点，没有将学术界、思想界热炒的今文经学作为一个选项，而是作了一个反向选择，以这个学术热点作为批判目标。这种专打热点专打名家大家的“文坛登龙术”，在中国学术发展史上屡见不鲜，每每成功，挑战者总是能够成功站在前辈巨人肩膀上更进一步。

今文经学在清代中期以后持续受到知识界重视，主要是因为今文经学体系确实蕴含着丰厚的变革思想。在今文经学者看来，儒家经典中的《春秋》，特别是后来的《春秋公羊传》，有很丰富的变革思想，甚至带有西方

---

① 《章炳麟先生自定年谱》：“先君命赴县应童子试，以患眩厥不竟。先君亦命辍制义，颇涉猎史传，浏览老庄矣。”见《近代史资料》1957年第一期。

近代意义上的进化观念。[①] 因而在近代中国，当中国人不能自由征引西方思想资源时，《春秋公羊传》成为他们手中一个比较重要的思想武器。

清末今文经学重要代表人物有庄存与。庄存与是常州学派的开山者，他在研究儒家经学时，格外重视孔子和他的《春秋》学，但他不像乾嘉诸老那样看重今古文之争，而是以一种超越精神跨越今古文。他的《春秋正辞》《公羊春秋何氏释例》等以宋明理学解释儒学传统，不斤斤分别汉宋，刊落训诂名物之末，专求所谓微言大义，但期融通圣奥，归诸至当，与乾嘉诸老学术方法、学术旨趣显然不同，他格外推崇“玩经文，存大体”[②]，从宏大叙事看待儒学价值，格外青睐儒家学术中的变革精神、微言大义。

庄存与的学说在其生前并没有多大影响，只是在其弟子好友中流传。不过，庄氏这种略具异端的学术思想给人一种无法忘怀的片面深刻印象，直接启发了稍后的孔广森、庄述祖、刘逢禄等人。

刘逢禄治学重家法，主条例，有断制，通过对《春秋公羊》大师董仲舒，特别是东汉何休学派义理重新解读，张扬何休所宣扬的那些“非常异义可怪之论”。诸如“张三世”、“通三统”、“绌周王鲁”、“受命改制”等，在刘逢禄那里都有了新的意义，这对几十年后的康有为具有非常重要的启示，是康有为变革思想的一个重要源头。

康有为是近代中国非常重要的人物之一，但是他的许多历史事实似乎都被妖魔化神话了。其实，他只是传统中国社会中一个有思想有追求希望

---

① 《春秋公羊传》有“所见异词，所闻异词，所传闻异词”。西汉董仲舒进而演绎出“所见世、所闻世、所传闻世”。东汉何休将这三个阶段状况解释为“衰乱、升平、太平”。到了龚自珍，就明确了“据乱、升平、太平”。到康有为，就直接解释为“据乱、升平、太平”三世说，以为历史就是遵循这样的阶梯演进。这些说法当然具有变化的思想倾向，但与达尔文的进化论，依然是两种不同性质的东西。

② 《续碑传集》卷三，第230页。

出人头地上位最好能做王者师的读书人。但当他经过数年追求而无法按部就班获取功名的时候，他也想像传统中国一些成功者一样，剑走偏锋，奇招取胜。光绪十四年（1888），光绪帝大婚，北洋海军成军，慈禧太后准备退居幕后，颐养天年，二十多年，近三十年的“同光中兴”使清帝国重拾过去的辉煌。就在这一年，康有为在连续两次科举大考失败后，不是返回故里继续复习等待下一次机会，而是留在京城利用关系向朝廷提交了一份建议书，提出“变成法、通下情、慎左右”三点变革建议①，希望刚刚亲政的光绪帝能够在科举大考录取名单之外注意到他。

从政治史视角观察，康有为这些建议并没有多少意义。他的这三点主张不论是才华还是思想深度，都没有办法与贾谊和王安石等人的同类文章比，康有为的这些建议其实很不合乎当时中国社会的实际情况和需求。但是如果从思想史脉络进行考察，我们也很容易看到康有为在这里所表达的“变异”思想，其实就是几十年前常州学人尤其是刘逢禄那些主张。

稍后，康有为又有《新学伪经考》《孔子改制考》等发表，这些在学理上都是常州学派的路数，都是以乾嘉汉学作为批评目标，以为乾嘉诸老的学问实在太琐碎，无关现实。当时中国所面临的问题是积重难返，所以康有为非常看重儒家学说中改制理论，以为孔子学说的根本要义不外乎托古改制，所谓《春秋》，其实就是一部蕴含着政治变革、社会改造的哲理书。《公羊春秋》中的所谓“通三统”、“张三世”，于是成了康有为后来政治变革的思想源头。

康有为的学术显然来自儒学传统中的思想异端，并不是儒家学术的正统，所以这种思想在晚清学术界虽然因政治上的需要激起阵阵涟漪，甚至连俞樾这样的学术大师也对康有为的这些思想采取容忍姿态，以为其学或

① 康有为：“上清帝第一书”，《康有为政论集》，第61页。

许留有许多漏洞，但其依据这些学术从事政治变革鼓吹变法，或许还有可以宽容的地方。

章太炎对于康有为所信奉的今文经学传统从来不以为然，对于康有为据此而阐释的变法主张似乎也不是从一开始就认同，他所具有的批判精神和叛逆性格使他无法追随乃师俞樾宽容康有为，所以他在看到康有为的《新学伪经考》等著作后，就明白指责这些著作如果从学术上来检讨，漏洞太多，不足为训。于是，章太炎专门著书佑古文贬今文，褒《左传》贬《公羊》。表面上与常州学派庄存与、刘逢禄为敌，其真正的论战对手，谁都看得出来是康有为。

如果仅从学术层面去分析，章太炎显然瞧不起康有为的学问，瞧不上那些学无根底的今文经学，但到了康有为用这些并无多少学术含量的东西从事政治活动时，章太炎也就不计前嫌，成为康有为政治理想的追随者。

康有为那一辈读书人，已经远不同于传统中国社会的士大夫，他们可不是坐而论道的清谈家，而是强调坐而言起而行。他们坐而论道，但并不满足于论道，更热衷于实践，热衷于将自己的理想、主张变成整个社会的共识和行动。他们甚至并不满足于向朝廷递个折子，提点建议，而是期望能够在更大范围唤起民心，唤起民众的热情，以保障维新运动能够在全国范围内开展起来。

基于这样的思想性格，康有为利用各方面人事资源，于 1895 年夏在北京成立强学会，鼓吹维新鼓吹变法，沈曾植、文廷式、陈炽、丁立钧、杨锐、李鸿藻、翁同龢等开明官僚公开支持，梁鼎芬、汪康年、张謇、黄遵宪等知识界新人物列名会籍。

强学会成立之初，曾向全国各地广发英雄帖，希望各地读书人踊跃参加，并积极募捐。章太炎也就在这个时候加入强学会，交纳了一笔赞助费。不过，章太炎此时还在诂经精舍读书，而且他也清楚自己认同的只是康有为的维新主张，至于康有为的新学伪经、孔子改制，章太炎依然无法认同，始终不能与彼合。他在后来追忆说："初，南海康祖诒长素著《新学伪经考》，言今世所谓汉学，皆亡新王莽之遗；古文经传，悉是伪造。其说本刘逢禄、宋翔凤诸家，然尤恣肆。又以太史多据古文，亦谓刘歆之所羼入。时人以其言奇谲，多称道之。祖诒尝过杭州，以书示俞先生。先生笑谓余，曰尔自言私淑刘子骏。是子专与刘氏为敌，正如冰炭矣。祖诒后更名有为，以公车上书得名。又与同志集强学会，募人赞助，余亦赠币焉。至是，有为弟子新会梁启超卓如与穗卿集资就上海作时报，招余撰述，余应其请，始去诂经精舍，俞先生颇不怿。然古今文经说，余始终不能与彼合也。"①

章太炎在学术上与康、梁，特别是康有为差别很大，其学术分歧简单地说就是今古文之争。章太炎的学术功底似乎也比康有为更扎实，古文经学的立场，经史子集的全面训练，西学、佛学的容受，让章太炎的学问显得更加博大深厚，他瞧不起康有为，不仅是政治立场、行为品格，主要还是学术上的。但是，就章太炎本身而言，他之所以能够脱颖而出，除了他的学问基础，思想敏锐，丰厚的学术人脉，也必须承认是时代，特别是因为康、梁的政治行动激活了一池春水，让章太炎跨出诂经精舍的门槛，就有了一个非常好的平台，迅即成名。"岁甲午，（章太炎）年二十七，闻有粤人康祖诒集公车上书陈情变法，诧为奇士。会康所发起之强学会向浙省各书院征求会友，章乃纳会费十六元报名入会，间或投稿上海报馆发表政见，文名由是日显。岁丙申（1896），夏曾佑、汪康年发刊《时务报》于上海，聘章太炎与梁启超分任撰述，章、梁订交盖自此始。"②

---

① 章太炎：《太炎先生自定年谱》，《近代史资料》1957年第一期。

② 冯自由：《章太炎事略》，氏著：《革命逸史》初集，中华书局1981年版，第53页。

《时务报》创刊于光绪二十二年七月初一日（1896 年 8 月 9 日），根据第三册公布的参与者名单，总理汪康年，撰述梁启超，另有英、法、日文翻译若干及具体办事人员等，其实背后重要支持者有张之洞、邹代钧、吴德潇等，但因为他们的官方背景，并没有公布。《时务报》第一册主要栏目有“论说”、“谕旨”、“奏折录要”以及京外近事、域外报译等，这些栏目后来也有局部调整，但大体上维持了第一册的栏目和风格。《时务报》最值得看的，也是当时之所以风靡一时、成就梁启超大名的还是“论说”栏。梁启超从第一册开始直到他离开《时务报》止，论说栏几乎每一期都有他那议论新颖、文字通俗、笔头常带感情的文章。

章太炎进入《时务报》，除了梁启超、夏曾佑的因素，还应与汪康年有直接关系。他与汪康年有着姻亲关系，甲午战后有对现实政治格外热心，因而所当《时务报》创刊，章太炎应该很容易看到这份内容别致的新刊物，很容易引起不错的感觉。光绪二十二年十一月二十五日（1896 年 12 月 9 日），章太炎致信汪康年，对《时务报》的创刊表示祝贺，以为这本杂志“词旨瑰丽，复中义法”，清新活泼，又不失严谨。当此社会风气日趋恶化，社会价值观念日趋混乱的时候，中国能够有这样一本充满正气、正义的刊物，无疑是一件幸事。章太炎表示，看了《时务报》，激活了他心中久有的著述欲望，他当然是在婉转地表示希望加盟，或者至少能够成为《时务报》的作者。他的这个说法虽然比较婉转，但意思还是很清楚的，所以他紧接着对《时务报》的未来编辑方针提出了自己的看法。他大致能够认同《时务报》“不欲臧否人物”的大原则，但以为刊物的内容还可以大幅度扩充，要“驰骋百家”，旁及西方国家的历史文化，要“引古鉴今，推见至隐”，向读者传递真实的历史知识，而不是泛泛介绍海外奇闻，或发一通空论。章太炎主张，要认真研究本国历史文化，要参照西方近代国家发展历程，更要做到谈论现实政治不故意危言耸听，故作高论，故作偏见；谈论历史则不能借古喻今，指桑骂槐，触犯时忌。在章太炎的理念中，《时务报》应该成为变法维新的宣传工具，应该传播新思想新文化，应该以其丰富内涵优美文字影响读者引导读者。“昔太冲《待访录·原君》，论学议若诞谩，金版之验，乃在今日。斯固玮琦幻眇，作世模式者乎？如鄙见可采，尚有数首，即当写奉。证今则不为危言，陈古则不触时忌。昔人以三百五篇谏者，其是谓欤？”①

汪康年收到章太炎的这封信后可以想象非常高兴。他和梁启超本来在《时务报》创刊时就希望章太炎加盟，现在收到了章太炎这样一封热情洋溢的信，于是他们立即派人专门前往杭州劝驾，希望他到报馆担任专职撰述，一同创业。

对于汪康年等人的邀请，章太炎怦然心动。然而当他将这件事欣喜地告诉俞樾老先生时，老先生很不以为然。只是章太炎去意已决，他遂于1897 年 1 月前往上海，到《时务报》担任专职撰述去了。

章太炎是 1897 年初抵达上海参加《时务报》撰述的。不过在他之前致信汪康年时，就随信附寄了一篇文章《论亚洲宜自为唇齿》，并被很快安排发表。这是目前所见章太炎最早的论政文字。②

《论亚洲宜自为唇齿》在写作方法上可以概见章太炎后来数十年的一贯风格，那就是标新立异，决不说别人常说的话，没有新话就不说。这篇文章的主旨是批判甲午战后国内思想界、政治界一个最主流的看法，即联俄制日。

甲午战争使中国吃了日本一个大亏，最后一个藩国朝鲜在日本战胜中国的大背景下，终于走上独立，当然这个独立也不是完全的，朝鲜只是脱

① 章太炎：《章炳麟致汪康年书之一》，《汪康年师友书札》，第 1949 页。

② 《时务报》第十八册，光绪二十三年正月二十一日。

离了中国，倒向了日本。更重要的是，日本通过这场战争，逼迫清政府割让了台湾和辽东半岛。后在俄德法三国干涉下，清政府又多出一笔巨额费用赎回了自己的辽东，但台湾却是割让了。此外，还有一笔中国人无法承受的巨额战争赔款，还要允许日本臣民自由到中国内地办工厂，享受进出口优惠。

甲午战争彻底改变了中国人对“小日本”的看法，使中国人觉得这个日本真的是忘恩负义的政治小人，千年的老师你都敢这样欺负，你不就是向西方人学了一点坚船利炮了吗，你不就是仿照夷人改制了吗？有什么了不起？所以中国人在甲午战后的反应就是君子报仇十年不晚，于是卧薪尝胆，于是变法图强，其实都是为了将来重回战场，找日本人再决胜负，以解心头之恨。

日本人转身向西，学习西方，立志要在远东建立一个西方意义上的近代国家，中国要想在未来十年与日本争高下，决雌雄，也真的不是那么容易。所以，以李鸿章为代表的一大批中国人在战后主张与俄国人结盟，利用俄国人的力量去制衡日本，维护远东均势，于是有 1896 年的《中俄密约》。

“联俄制日”是一种外交策略，是传统中国“以夷治夷”外交路线的现代运用。这个办法在传统政治体制下当然有用，但到了近代，这个方法究竟有多大用处，还真令人怀疑。所以，对于这个差不多举国认同的外交路线，章太炎持有异议，他认为，这个方针是错的。他根据历史经验以为中国的真正威胁并不是日本，而是俄国。当然，更重要的是中国必须变革，“使中国生其霸心，发愤图自强，综核名实，使卒越劲，使民悫愿，使吏精廉强力，日本将亲睦之不暇，而又何寇焉。使中国不生其霸心，不发愤图自强，不新制度，随俗雅化，惟旧章之守，虽无日本，犹蚕食于俄罗斯，何耻之可雪？且国家不早自振厉，以稍陵夷，至于谯诟之中，乃欲自张大，斯不亦远乎？”在章太炎看来，中国的正确选择应该是向日本学习，尽管这是一个那样不给中国面子的敌国。中国不仅要学习日本变法图强，而且要准备与日本在政治上、军事上结盟。未来世界的大冲突，在一定的时间段大约就是发达的欧洲向亚洲寻找市场、资源和殖民地，所以亚洲各国宜为唇齿，唇亡齿寒，要结成亚洲人的大联盟，一致对外，联手制衡俄国等欧洲国家对亚洲的蚕食。

章太炎在这篇文章中明确指出，朝廷现在无深长之虑，只想报甲午战争中的一箭之仇，而密约俄罗斯以为奥援，让俄国人在胶州驻军，在吉林筑路，其结果必将是齐鲁与东三省为异域，俄国人必将把这些土地改变颜色，变成俄国人的领土或殖民地。因此，章太炎提醒朝廷，在政治上、外交上没有永远的敌人，只有永远的利益。日本虽然在战争中，在议和谈判中欺负中国，但是中国如果虔诚地向日本学习，也一定能够获得日本人的好感，重建中日友好，开启亚洲历史新纪元。“为今之计，既修内政，莫若外暱日本，以御俄罗斯。”① 我们在后面还会看到，章太炎“亚洲宜自为唇齿”说是后来流行一时的“大亚洲主义”滥觞，在中国思想界拥有相当市场。

就政治理念而言，在诂经精舍一心只读圣贤书的章太炎似乎并不清楚窗外事，他对大亚洲主义的呼唤，其实是在替朝廷出主意想办法，并不像他后来所标榜的那样，很早就有了排满的民族主义情绪，“自从甲午以后，略看东西各国的书籍，才有学理的东西进来，当时对着朋友说这逐满独立的话”②。甚至可以这样说，章太炎走出诂经精舍的第一步，与孙中山卖掉药房、诊所，投奔李鸿章有异曲同工之妙，都是爱国家更爱朝廷的生动体

---

① 章太炎：《论亚洲宜自为唇齿》，《时务报》第十八册，光绪二十三年正月二十一日。

② 章太炎：《演说录》，《民报》第六号，1906 年 7 月 25 日。

现，只是他们后来都成为大革命家，用复杂的心情回顾历史，不愿忆起或忘记了这些情节而已。

走出诂经精舍的章太炎爱国家更爱朝廷，所以当他到了时务报馆，从梁启超那里得知有一个叫孙文的广东人两年前就蓄志倾覆满洲政府时，章太炎并没有立马认同孙文的主张，投身革命，“是时报载广东人孙文于英国伦敦为中国公使捕获，英相为之担保释放。余因询孙于梁氏，梁曰孙氏主张革命，陈胜吴广流也。余曰果主张革命，则不必论其人才之优劣也”[①]。章太炎虽然在后来多次强调自己的民族主义排满思想至此明晰，这其实是用后来的思想解释当时的情形。证据很简单，就是章太炎此后很长时间所发表的言论，在很大程度上都是在为朝廷出主意想办法，并非立意推翻清政府。而且，章太炎只能拥有这样的政治理念，才会与《时务报》负责人汪康年、黄遵宪、梁启超的思想一致，《时务报》也才能接受这个撰述人。

基于这样的思想基础，章太炎在稍后发表的《论学会有大益于黄人亟宜保护》一文中，对国内政治发展提出许多自己的看法。简单地说，就是建议清政府利用战后有利时机，激活读书人对国家对政治的热情，重建传统中国讲学风气，组织起来，弘扬传统儒家六艺之学四术之教，缩短中国与世界的差距。政府无论如何不要像传统政治那样反对读书人结社讲学，治以党锢，株连钩考，这样做的结果并不能阻止读书人追求进步，反而将他们推向了反对阵营。政府的正确选择应该是因势利导，提供方便，宜有以纠之、合之、礼之、养之、宣之、布之，使比于宾萌，上说下教，以昌吾学，以强吾类；读书人的正确选择应该是不畏强暴，顶住压力，合耦同

---

① 章太炎：《民国光复》，章太炎著，马勇编：《章太炎讲演集》，河北人民出版社 2003 年版，第 182 页。

志，以建学会，朝夕讲贯，虽摩顶放踵所不敢辞。果如此，上下一心，举国一致，中国的面貌必将大为改观，中国必将进入一个新时代。这篇文章的主旨，最简单地说也就是章太炎的一句话，“以革政挽革命”[①]，用清廷的主动变革去阻止孙文或其他什么人的革命活动。这大约也就是章太炎后来自嘲的“与尊清者游”[②]。

光绪二十三年（1897）早春，应该说章太炎与“尊清者”梁启超、汪康年等人有着良好的互动，有着相同或比较接近的政治理念，但正如我们已知道的那样，章太炎是一个有着良好学术训练的人，他的知识、习惯在在使他不能轻易认同别人的看法，尤其是在他所擅长的中国学术领域。在政治领域，章太炎此时还提不出更多新见解，但在学术上，他毕竟有先前十几年的积淀，所以当康门弟子竭力鼓吹康有为为“南海圣人”，为教主，为教皇，为中国新希望的时候，章太炎内心深处的无名火大约实在按捺不住了。“（光绪二十三年）春时在上海，梁卓如等倡言孔教，余甚非之。或言康有为字长素，自谓长于素王。其弟子或称超回、轶赐，狂悖滋甚。余拟以向栩，其徒大愠。”[③]

而且，从康有为方面说，康有为确实在那时刻意营造圣人的形象，以为更名为长素，就能像孔子那样为素王；以为赐名弟子为“超回”，为“轶赐”，那些弟子就真的能像颜回、子贡拱卫孔子那样拱卫康有为。对孔子、儒学史谙熟于心的章太炎对于康门这些做派大约真的忍无可忍了。再加上他那时大约热恋杯中物，几杯老酒下肚，更不知深浅，肆意批评康有为为“教匪”，什么“十年必有符命”，必成大业云云，不过是痴人说梦，

---

① 《论学会有大益于黄人亟宜保护》，《时务报》第十九册，光绪二十三年二月初一日。

② 章炳麟曰：“余自戊己违难，与尊清者游，而作《客帝》。”《客帝匡谬》，《章太炎全集》卷三，上海人民出版社 1984 年版，第 119 页。

③ 章太炎：《太炎先生自定年谱》，《近代史资料》1957 年第一期。

胡说八道。

真圣人是不怕别人辩论和批评的，假圣人当然就不一样了。章太炎虽然曾与康有为、梁启超等人同路，认同变法维新，但章太炎公开的非议、背后的攻击，似乎也很快激怒了康门弟子。利益使然，他们对章太炎的狂妄非常愤怒，以为如果镇不住章太炎，必然会损及康门利益。一场冲突不可避免。

“三月十三日（4月14日），康党麇至，攘臂大哄，梁作霖复欲往殴仲华，昌言于众，曰昔在粤中，有某孝廉诋諆康氏，于广坐殴之，今复殴彼二人者，足以自信其学矣。噫嘻，长素有是数子，其果如仲尼得由，恶言不入于耳也？遂与仲华先后归杭州，避蛊毒也。”[①] 康门弟子纠集在一起来到《时务报》馆找章太炎寻衅闹事，在一片混乱争吵中发生严重肢体冲突，康门弟子梁作霖等先动手殴打章太炎和他的追随者麦仲华，而脾气本来就横的章太炎当然不会示弱，借着酒劲，擒贼先擒王，顺势给了梁启超一个大巴掌。

有伤斯文的肢体冲突发生后，章太炎的酒也醒了，想想也是，康有为和他的门人尽管吹得有点过了，但那毕竟只是人家自己的事，你这样不分深浅地在人前人后胡说八道，不也是故意找难堪吗？事后的章太炎对打架骂人有反省有后悔，不过他也并不认为自己有什么错。[②] 只是很显然，章太炎无法再在梁启超主笔的这家新刊物编辑部待下去了，无论他的亲戚汪康年怎样劝说，章太炎就是一根筋，一句话：兄弟不愿在这里伺候了。“晡时劳君讲解，不宁之至。报馆一席，断难姑留。投我木桃，在他人或

---

① 章太炎：《与谭献书》，章太炎著，马勇编：《章太炎书信集》，河北人民出版社2003年版，第3页。

② 据孙宝瑄第二天的日记，“十四日，晴。章枚叔过谈。枚叔以酒醉失言，诋康长素教匪，为康党所闻，来与枚叔斗辨，至挥拳。”见《忘山庐日记》，第89页。

未忍此，况彼自谓久要乎？久要而犹不免于此，则负荷之后何如也？凡事离之则双美，合之则两伤。常以笔墨相交，则纪念自生，恐又自此开衅，不如早离为妥。白岩虽不在沪，祈嘱山根转致，中国士气日窳，若再忍诟以求哺啜，何以见湘粤之士？”[①] 章太炎无论如何咽不下这口气[②]，三月十五日（4 月 16 日），他义无反顾辞去《时务报》撰述[③]，离开上海，回到杭州。

章太炎加盟《时务报》前后不过三个月，文章发表了两篇，并不多。但其生活经验与人相处的本事，在这次经历中增加不少，正面的人脉关系也有不同寻常的收获。

---

① 章太炎：《章炳麟致汪康年之二》，《汪康年师友书札》，第 1949 页。

② 据胡珠生考订，章太炎之所以辞去时务报馆的事务，除了肢体冲突，不认同康有为倡言孔教外，还与梁启超扣压章太炎的文章有关。宋恕《致饮冰子书》说：“一为逐余杭。余杭经学文章，今日江浙实无其敌，君于不通已极之屠岸贾，尚以大度登其大谬之《驳辟韩》，而不肯登余杭之作。仆时则益疑君非正人。”饮冰子，即梁启超；余杭，即章太炎。胡珠生说，“据此可见《时务报》内部斗争相当尖锐，既然文章不能发表，肉体受到威胁，当然非离开不可了”。（胡珠生：《〈章太炎年谱长编〉订补》，《近代史研究》1982 年第一期，第 253 页）章太炎在《时务报》发表文章太少可能并不是梁启超的原因，而是章太炎的文章实在古奥、艰涩，是著述专论，而非报馆文章。在《时务报》拥有极大发言权的黄遵宪曾致信汪康年专门谈及此事：“馆中新聘章枚叔、麦孺博（任父盛推麦孺博，弟深信其言）均高材生。大张吾军，使人增气。章君《学会》论甚雄丽，然稍嫌古雅。此文集之文，非报馆文。作文能使九品人读之而悉通，则善之善者矣。然如此既难能可贵矣，才士也。”（黄遵宪：《黄遵宪致汪康年书之二十七》，《汪康年师友书札》，第 2351 页）黄遵宪建议章太炎的文章不要发得太多，“章氏之文亦颇惊警，一二月中亦可录一二篇”。（黄遵宪：《黄遵宪致汪康年书之三十》，《汪康年师友书札》，第 2358 页）而叶瀚则明确建议不要再选用章太炎的文字，他认为章太炎在《时务报》第十九册发表的《论学会有大益于黄人亟宜保护》一文“太艰涩，说太散碎，观者颇不悦目，操笔人宜嘱其选词加润为要”。（叶瀚：《叶瀚致汪康年之四十二》，《汪康年师友书札》，第 2589 页）凡此，均参见汤志钧《章太炎年谱长编》，中华书局 1979 年版，第 45 页。

③ 宋恕《丁酉日记摘要》明确记载：“十五日，枚叔辞时务报馆。”宋恕著，胡珠生编：《宋恕集》，中华书局 1993 年版，第 939 页。

在上海的短短三个月，对章太炎来说，除了与梁启超、汪康年这些舆论界新秀接触交往外，还结识一批朋友，而这批朋友对于他后来的发展起到了相当重要的作用。在这批朋友中，首推浙江人宋恕。

宋恕生于1862年，长章太炎七岁，与陈黻宸、陈虬并称“浙东三杰”。宋恕的太太为浙江瑞安孙锵鸣的女儿，孙锵鸣是孙诒让的叔叔，孙诒让则与章太炎有着不同寻常的关系。作为前辈，孙诒让欣赏章太炎的才气和学问；作为后辈，章太炎格外推崇孙诒让的学问和贡献。基于这样一种复杂关系，章太炎与宋恕一见如故，成为好友。章太炎在《对二宋》中回忆与宋恕的交往时说：“章炳麟初壮，则交平阳宋恕；在东国，则交桃源宋教仁；皆六七年。二宋者，尽好言大事。恕字平子，性狂狷，任意气。不遇，反为嗛退。与人处，长揖沓跽，正言若反。数变更名字，衣服弊垢，盛夏履犹褚木棉，常若玩世。然其文辞，多刺当世得失，常闭置竹笼中，而尽出其曲谨伪言。遇炳麟，未尝不尽，然不以良书示也，且约文辞不得叙己名”；“宋恕在清时语章炳麟，曰吾尝游日本，见其人民之勤，田畴之辟，士好学术，而官长贵族不骄。不窥其军旅财赋，知其顽强也。今中国言变法者多矣！料简细故，利害相牵，得失或不相庚偿耳。诚欲尽善，宜以大议属之庶人，则天下驩迎，湔其旧污。所谓宪政者，如执辔然，总御不纷，而驷騑如舞焉。此所以为易简也。今世安用慕远西耶？若日本则可矣。”[①] 宋恕对日本在近代的变化给予很高评价，以为中国的变革应该借鉴日本的经验，毕竟中日同属亚洲，近代之前的历史具有许多相似性，甚至同出一源，而至近代，由于日本深切理解了西方，因而渐渐成为容受东西文明重构新文明的典范，“扶桑于吾土，于古一也，然于今则文明之度殆甲世界。盖东洋文章，西哲未解，而扶桑学士多通西洋文章，于

① 章太炎：《对二宋》，氏著：《检论》卷八。

是乎世界哲学之聚光点殆在八洲三岛间矣”①。因而宋恕对于中国的改革路径，思路清晰，就是以日本为范本，全面学习，彻底变革。这就是他 1892 年上书李鸿章，提出的“三始一始说”：“盖欲化文武满汉之域，必自更官制始；欲通君臣官民之气，必自设议院始；欲兴兵农礼乐之学，必自改试令始。三始之前尚有一始，则曰欲更官制设议院改试令，必自易西服始。”②

或许是因为章太炎长时期埋首诂经精舍，不通人情世故，脾气暴躁，性格古怪，所以宋恕一见面，就劝章太炎多读佛书，修炼心性，平和心境。章太炎后来回忆这一经历时说，“余少年独治经史通典诸书，旁及当代政书而已。不好宋学，尤无意于释氏。三十岁顷，与宋平子交，平子劝读佛书，始观《涅槃》《维摩诘起信论》《华严》《法华》诸书，渐近玄门。而未有所专精也”③。在宋恕劝导下，章太炎慢慢知道一些佛教义理的现代价值，这对于他后来的思想建构学术发展影响极大。

通过宋恕，章太炎还知道了谭嗣同，阅读过谭嗣同的《仁学》。“会平阳宋恕平子来，与语，甚相得。平子以浏阳谭嗣同所著《仁学》见示。余怪其杂糅，不甚许也。”④ 章太炎对《仁学》的评价不高，他不仅不同意谭嗣同在《仁学》中的观点，而且以为谭嗣同的看法只是各种观点的杂糅，偏激而不成系统，只是看法、随想，还很难说是一种有体系有意识的创

① 宋恕：《〈冈本子〉跋》，《宋恕集》，第 306 页。

② 宋恕：《上李中堂书》，《宋恕集》，第 502 页。

③ 出自《自述学术次第》。按照章太炎《自定年谱》的说法，宋恕之所以建议他读佛典，起因是他阅读谭嗣同《仁学》之后的不理解，不认同，怪其杂糅，不甚许，“平子因问君读佛典否？余言穗卿尝劝购览，略涉《法华》《华严》《涅槃》诸经，不能深入也。平子言，何不取三论读之？读竟，亦不甚好”。

④ 章太炎：《太炎先生自定年谱》，《近代史资料》1957 年第一期。

造。章太炎的这个说法极具卓见，然后世的谭嗣同研究均因政治上的原因，比如更看重谭嗣同的牺牲精神、变革思想，而将其《仁学》提升至一个非常高的地位，甚者以为是近代中国最具体系的思想。在这一点上，似乎还是章太炎的分析最具学理。

从严格的学术立场，章太炎对谭嗣同学术思想的评判或许是有道理，但是无疑显得不太厚道，这种抽象的批评其实也只是一种感想一种看法。章太炎的意见似乎并没有传给谭嗣同，谭嗣同通过《时务报》阅读了章太炎的那几篇文章后却显得非常知己，引以为荣，致信汪康年、梁启超，直夸章太炎真的是"文章大家"，其文采直追大文豪司马相如，"贵馆添聘章枚叔先生，读其文，真钜子也。大致卓公似贾谊，章似司马相如，惟麦孺博先生之作尚未见，然读其《四上书记》序，亦周之南华山人也。其余著作及译文，均非寻常肺腑所有。贵馆如大海，为众水所归，贞下起元，殆恃此一线矣"①。谭嗣同将章太炎的加盟视为一件大事，以为《时务报》因这几位文章大家而更具希望。

有着非常强烈暴戾之气的章太炎当然不会因宋恕的劝说很快改变自己的性格，他和康门弟子之间的冲突也不会因为自己离开而就此结束，至少章太炎不愿就此结束，他回到杭州之后闭关不出，杜门谢客，发誓从学术上批判康有为的《新学伪经考》，其实就是要从学问上，特别是要从学问根基上将康有为弄臭。

为了批判康有为，章太炎那原本并不明晰的今古文经学分野，也愈加明晰，他原本准备超越今古文的学术理路却因要批判康有为而改守古文经学，从此人们相信章太炎是晚清古文经学大师，是乾嘉汉学的殿军，忘记了章太炎在《春秋左传读》，以及刚在《时务报》发表的那些文字中就有

---

① 谭嗣同：《致汪康年梁启超》，《谭嗣同全集》，第514页。

今文经学的深刻影响，他与康有为相比，在对今文经学的信仰上不过是五十步笑百步。

现在不一样了。康有为成了章太炎的敌人或论争对手，章太炎越来越鲜明地站在古文经学立场批评康有为，批评今文经学。这就有点故意立异了。所以当章太炎将这些想法写信告诉谭献、孙诒让时，这两位老先生都劝章太炎不要这样做。

谭献在复信中告诫章太炎，当此混乱之际，读书人还是要多想着国家大事，不要为这种门户之争枉费心力。不让你批评康有为，不意味着让你认同康有为的学术，只是在这个特殊历史时期，大家都想为国家进步做点事，即便观点有差异，毕竟都是同志，在大思路还是有着相同相似处。

孙诒让说得更严重。他认为，如果从学术史的立场看，康有为的《新学伪经考》《孔子改制考》等当然存在很多问题，“康氏学术之谬，数年前弟即深斥之”，康氏缺少学术功底、学人真诚，不过相信哗众取宠的东西肯定只是过眼烟云，不管不问也就是那么两三年时间，何须劳心费神大动干戈，安用辩难，学术史自会有自己的判断。孙诒让表示，他个人当然从根本上不赞成康有为的所谓“新孔学”、“新孔教”，但是这些现在都是枝节末叶，现在的中国是要变法要改良，康有为毕竟在这个方面是旗手是干将，“其七八上书，则深钦佩其洞中中土之症结。于卓如则甚佩服其变法通议之恺切详明，不敢以其主张康学之执拗而薄之。此薄海之公论，非不佞之臆论也”[①]。孙诒让的意思很明白，现在从学术上对康有为围攻显然不是智者所为，只会亲者痛而仇者快。就大局而言，孙诒让建议对康有为的那些荒唐学术可以持保留看法，不赞成不鼓吹，但是念其策动变法，洞中中土之症结，特别是鉴于其弟子梁启超正在大肆鼓吹变法维新，现在最好

① 孙诒让：《孙诒让致汪康年书之四》，《汪康年师友书札》，第1474页。

隐忍不发，不要以康学中的问题而菲薄之。

至于今古文经学之争，孙诒让既主张学术坚守，坚守住自己的学术信仰，同时不要夸大今古文分歧，他极为赞赏张之洞的说法：“今天下大病在于不学，倘其能学，便是佳士，遑问其为汉宋乎?”他以为，“今日时局之危，黄种儒教岌乎有不能自保之虑，寰宇通人自言以保种保教为第一要事。至于学派之小异，持论之偶差，似可勿论”[①]。基于这样的看法，孙诒让力劝章太炎从大局着眼，不要陷于门户之争，让亲者痛仇者快，影响救亡大业。

鉴于谭献、孙诒让等前辈的告诫，章太炎暂时放弃或者说遏制了学术复仇想法，但他毕生对康、梁都存在着相当成见，尽管他们在后来也曾因大局需要再度合作，但他们实在无法成为真正的朋友。

章太炎满怀希望前往上海，结果是黯然回到了杭州。不过，他这趟上海之行还是有收获的，毕竟他结识了一些真朋友，所以他在回到杭州不久，在接受谭献、孙诒让的劝说放弃继续写作《新学伪经考驳议》后，就和几位浙江籍的朋友发起成立了兴浙会。

兴浙会有时又被称作兴浙学会，成立时间大约为 1897 年 6 月，参与创办的有董祖寿、连文澂、章太炎、宋恕、陈虬等。章太炎在《兴浙会序》中指出，浙江为中国东南地区最具优良传统的省份，在浙江历史上曾出现过五位值得浙人自豪的英雄，即参与推翻蒙古统治“论功最高”的刘基，抗击蒙古军队而令“北虏震慄”的于谦，“学与政兼之”的大学者王阳明，“比迹箕子，以阐大同”、“圣智摩虑”之黄宗羲和坚贞不屈、“功败身歼”而“后世尤悲其志”的抗清名将张煌言。[②] 这五位英雄为浙人树立

① 孙诒让：《孙诒让致汪康年书之一》，《汪康年师友书札》，第 1470 页。

② 章太炎：《兴浙会序》，《经世报》第二册，光绪二十三年七月十五日。

了好榜样，他们之所以成立兴浙会，也就是要继承浙人的优良传统，振兴浙江，进而振兴中国、振兴亚洲。

从兴浙会宣言看，这一团体显然具有政治目的，而这一政治目的并不仅仅是为了改革政治，好像潜伏着一种对体制，尤其是对满洲人的强烈不满。这种看法是否就是反清诉求，似乎还可商量，但这个兴浙会绝不是一个单纯的学术团体似乎是真的。因为从它所表彰的五位英雄的事迹看，至少兴浙会的参与者已渐渐对满洲人和它的政府失去了信赖、信心。

根据《兴浙会章程》约定，该会以研讨刘、于、王、黄、张五公学问为职志，但也不排斥与会者博览群书，更不鼓励与会者墨守成规，独守五公之学，而是鼓励学者各从性情所近，研讨中国历史文化尤其是历代典章制度，大抵以《周礼》、两戴记为最要，由训诂通大义，足以致用。史以三史、《隋书》《新唐书》为最要。子以管、墨为最要，另外再加上荀子。至于经世之学，《兴浙会章程》主张"法后王"，以为虽当代掌故，稍远者亦刍狗。格致诸艺，专门名家；声光电化，为用无限。而学者或苦于研精覃思，用心过躁，卒无所成。大抵精敏者宜学格致，驱迈者宜学法政。官制、兵学、公法、商务，三年有成，无待焠掌。且急则治标，斯为当务。若自揣资性与艺学相远，当亟以法政学为趋向，将向西方学习视为当时中国最急迫的任务。

在研讨内容上，兴浙会格外强调舆地学的重要性，认为应该借鉴西方近代以来的地理学方法重新绘制中国地图，尤其是对浙江的地理环境更应该有新的认识，方舆之学，中外共之。近如《地理全志》等书，胪列颇详，而阨塞险要所在，卒不可知。坤舆方图之属，徒著其形，未明其说，则阅者亦擿埴索涂尔。至中国舆图，殊鲜善本。以为兴浙会要想振兴浙江，就应该首先致力于浙江地理方舆之学的研究，弄清浙江的资源及优势和劣势。

此外，《兴浙会章程》还提出要设法研究和变化浙人的“文弱”气质，这一点似乎开了后来的“军国民教育”的先声。章程指出，文弱之邦，惟体操足以变化气质。德国军制，寓兵于农，文武自将。我们中国人如果不习体操，何以从事武备？[①]

兴浙会在成立之初，设会长一人，会董二人，皆以平等相待。会长必取博综古今、通达经济的学人担任，会董则必取敏练庶务、综核名实，具有极强办事能力的人担任。会董常驻省城，负责与遍布全省的会员进行联系、沟通，会员中凡有著述甚佳者，既经会中同人评议，复有会长同意，即由会董刊为报章，每月一册，此即后来兴浙会的会刊《经世报》之来历。会中的经费，一如当时其他团体一样，除了个别大额捐赠外，主要依靠会员会费。

根据《兴浙会章程》，该会酝酿成立当在光绪二十三年五六月间。七月初五日（8 月 2 日）章太炎与兴浙会同仁宋恕、陈虬等创办的《经世报》出刊。这是兴浙会的机关报，旬刊。然而仅出到第五册，竟登出一篇告白，说先前发表的《兴浙会序》及章程有人有意见，以为措辞欠妥，需要修改，于是重新发表了一篇《续拟兴浙学会章程》。

《续拟兴浙学会章程》的作者为许家惺。许家惺生于 1873 年，字默斋，别号东雷，浙江上虞人，光绪庚子辛丑并科举人。甲午战后，在杭州参与创办群学辑译社；《时务报》刊行时，应汪康年之邀充任《时务报》书记，是时与担任《时务报》主笔的章太炎应该有接触。他在重拟的《兴浙会章程》中，不但将“兴浙会”更名为“兴浙学会”，而且所规定的学会宗旨与性质也与先前所宣布的《兴浙会章程》有异。《章程》写道：“本会学术门类，虽分政法、艺事、舆地、商务四纲，然其余细目，如天地、

① 章太炎：《兴浙会章程》，《经世报》第三册，光绪二十三年七月二十五日。

动植、兵战、医矿等类，亦当一律研求。苟能举浙中切要兴革之事，尤合本会兴浙微意，如两浙物产、土宜、民情俗尚、形势要隘、水道通塞、纱线明暗，皆须切实详述。”这实际上等于废弃先前弘扬刘基等浙中先贤民族精神的宗旨，而将兴浙学会定性为一个纯粹研讨振兴浙江实业和经济的学术团体。

在兴浙学会归属定性上，《续拟兴浙学会章程》也放弃先前完全自己创办、自主管理的方案，而有意识地依靠浙省地方当局的支持，章程称：“会中撰述，择尤月印一册，名曰《兴浙学会文编》，末印入会姓氏，所印《文编》，拟请本省大宪札发各府州县书院、学堂购阅，以周知乡邦掌故。所入之费，除支用本会经费外，其余概储会中，以俟推广本会应办诸事，暂不侵蚀。惟所印书籍，当禀请有司衙门立案，他家不得翻印，以杜伪混。”这就将先前自主发起、自主管理的性质予以相当改变。

至于该会将要从事的主要工作，《续拟兴浙学会章程》也对章太炎先前研讨、弘扬浙中先贤民族精神予以放弃，而改为以著书劝世为第一要务，更使章太炎无法接受的颂扬孔教成为学会的一项重要工作，新章程说：“会中诸君，以著书劝世为第一要务，例如广学、益智等会，编印会中零星小书，或编各种课教学童歌诀，他如爱国歌、颂扬孔教歌、劝世歌、劝农歌、劝商歌、劝工歌、维新歌、戒烟酒歌、戒缠足歌，皆极有益。缘此种小书，言简意赅，篇幅无多，资本固轻，翻读尤易，洵足法也。凡我同人，当共襄之。”① 这些普及教育的工作固然重要，兴浙学会也确实值得去做，但显然这种变化已与兴浙会成立之初的宗旨相差太远了。

最先刊载许家惺《续拟兴浙学会章程》的《经世报》第五册出版于光绪二十三年八月中旬。而恰当此时，章太炎又与王仁俊一起创办了《实学

① 许家惺：《续拟兴浙学会章程》，《经世报》第五册，光绪二十三年八月。

报》，由此也可证明，章太炎不能同意从兴浙会到兴浙学会的变化，他在《经世报》第四册发表了《东方盛衰论》之后就再也没有给《经世报》供稿，似乎已表明他无心于为兴浙学会工作了。

《实学报》创刊于光绪二十三年八月初一日（1897年8月28日），旬刊，共出版十四册，当年十二月停刊。《实学报》创刊之始由王斯源、王仁俊等编辑，章太炎担任总撰述，其他撰述人有孙福保、项思勋、范祎、王季锴等，担任翻译的有王斯源、朱树人等。王仁俊在创办《实学报》时主张分天地人物为“四纲”，即“天学”，包括律历以及中西算理一切权衡度量之属；“地学”，包括山川形势、边防险要以及万国图志、五洲矿产之属；“人学”，包括圣贤教术、朝野掌故、中外制度约章因革异同以及礼乐兵刑工商之属；“物学”，即格致体用动植形性以及光化声气重力之属。总之，该报“以讲求学问，考核名实为主义，博采通议，广译各报，内以上承三圣之绪，外以周知四国之为，故名《实学报》”[①]。王仁俊还刻意强调该报的纯学术性，以为该报虽辑录一些上谕、奏折，但主要是涉及实学的内容，而对于现实政治，他强调该报严守不讥朝政、不议官常的原则，其一切琐事新闻概不登载。至于该报发表的论说，他也颇为自负地声称本馆所聘皆学行俱优、才堪经世之士，所撰论说，无偏激无迂腐，总蕲同志观摩，勉为有用之才，将以扶植世运，启牖民智。

与王仁俊政治倾向略有不同，担任该报总撰稿人的章太炎虽然也刻意强调纯学术的研究，但相对说来并不是不敢讥评朝政、议论官常，而是具有相当明显的政治倾向。他所撰写的《实学报叙》中严厉批评那些不忍攻苦、又不敢自认浅陋的所谓“高材之士”，以为他们往往道听途说，摭拾一二皮毛就牵强附会，到处炫耀，“闻格致矣，以希腊、巴比伦之古教炫

① 《时务报》第三十六册，光绪二十三年七月二十一日。

之；闻古教矣，以佛说炫之”，其实，“综其所论，以施之西学，则正负乱；以施之中学，则名实乱”[①]，这种态度和作风根本不足以实现“以扶植世运，启牖民智”的目标。

在参与《实学报》编辑、撰稿同时，章太炎还参与译书公会的创建，这也是章太炎成为东南报界闻人的一个重要事项。

译书公会最初名称似乎是“译印中西书籍公会”，创办时间为光绪二十三年八月初一日（1897 年 8 月 28 日），主要发起人、主持者为王仁俊，任总理；章太炎任总撰述；孙福保、项思勋、范祎、王季锴等任撰述；王斯源、朱树人等任翻译。

仔细推究译书公会成立背景，大约在《实学报》创设的同时，王仁俊就在《实学报》下附设有“译印中西书籍公会”，拟假实学报馆集股开办，托王仁俊综核庶务，厘定章程、详细办法，以便利用各方力量，广译英、法、日等实学著作，介绍东西方近代以来新知识。由于该会为实学报馆集股创办，所以其会址也附设在上海英大马路泥城桥的实学报馆内。

光绪二十三年十月初一日（1897 年 10 月 26 日），译印中西书籍公会在《实学报》第七册发布“告白”，称本馆附办译印书籍公会现已筹集所需股本，只要选定的各种东西文书籍翻译完成，即当约定出版日期，供应市场。

但从后来的情况看，译印中西书籍公会的翻译出版似乎并不顺利，至《实学报》终止，以实学报馆名义出版发行的“实学丛刻”也只有十余种，而算得上翻译作品的更少，只有《格致古微》《中西政学问对》等寥寥数种。

上海译书公会由恽积勋、恽毓麟、陶湘、董康、赵元益等人发起，创

---

① 章太炎：《实学报叙》，《实学报》第一册，光绪二十三年八月初一日。

办于光绪二十三年（1897）秋。先是，赵元益计划翻译出版法文地舆史学一大册，正当他集资兴办时，适有董康提议创办译书公会，双方遂达成合作意向，并邀他人共同发起，请章太炎等担任主笔。

在译书公会成立之前，西文及日文书的翻译在中国已有很长一段时间了，主要由官方主导，但进展缓慢，总数仅有四百种左右，当然无法包容近代西方全部新知识。总理衙门主管同文馆的翻译偏重于法律类，上海江南制造局、天津水师学堂的翻译则多为兵家之言，各在华教会、传教士，也凭自己的兴趣翻译了不少西文著作，但多偏重于宗教，而于西方国家政教之本，于一切农工商艺术却极少翻译。译书公会的成立，在某种程度上就是要弥补先前翻译西文图书之不足。

译书公会的创办宗旨是为了翻译介绍近代西方与日本的新知识，使中国知识人得窥东西洋各国致用之实，他们确实为此延聘一些翻译高手，并与伦敦、巴黎等地各大书店相联系，及时将西方各国最新出版的政治、学校、法律、天文、舆地、矿务、农学、军事以及光、化、电、汽等新书翻译介绍到国内，期望中国人接受西学的进度大大加快，积少成多，积沙成塔，希望经过数年发展，能够如“微虫之成珊瑚，蠃蛤之积而为巨石”。①这是章太炎那代知识人的愿景，有点接续徐光启、利玛窦当年“欲求超胜，必须会通；欲求会通，必须翻译”的意思了。②

按照译书公会同人的设计，该会最初集股二十份，每股规元银五百两，官利暂提周年六厘，三年后将所获赢余按股均分。在组织结构上，译书公会延聘总理一人，协理二人，英文翻译六人，法文翻译三人，德、

① 章太炎：《译书公会序》，《译书公会报》第二册，光绪二十三年十月初七日。

② 徐光启《历书总目表》（崇祯四年正月二十八日）中说：“臣等愚心，以为欲求超胜，必须会通；会通之前，先须翻译。”见王重民辑校《徐光启集》下，中华书局1963年版，第374页。

俄、日文翻译各一人，西文总校一人，中文总校一人，另有一般工作人员若干。至于译书之法，译书公会规定，翻译能够兼通中西文者，由自己亲自笔译，否则如当时最流行的翻译办法，由一人口授，一人笔录，然后相互勘校。译书公会原本是要将西方和日本近代以来有用的自然科学和社会科学方面的新知识全面介绍到中国来，但从其第一批选译的书目看，仍然侧重于社会科学尤其是各国历史文化及典章制度，法文有《五洲通志》《东游随笔》《欧洲今世史》《国政制度字典》《拿破仑任总统及得国记》《俄帝王本纪》《英政府议院制》《欧洲通制》等，英文著作有《交涉纪事本末》《中日构兵记》《拿破仑失国记》《西事纪原》《维多利亚本纪》《英民使略》《各国和约》《欧洲人物志》《古今人物传》等，日文著作有“日新丛书”七种，及《欧洲新政记》等。这些书籍的来源多为各国报刊上连载作品，翻译成中文后先在报刊上发表，然后视情形出版单行本。

译书公会成立后，就着手创办《译书公会报》周刊，光绪二十三年十月初一（1897 年 10 月 26 日）正式创刊，以期为公会翻译作品提供一个发表平台，“志在开民智，广见闻”。

《译书公会报》总理由恽积勋、陶湘担任，董康、赵元益任主编，章太炎、杨模等为主笔，主要翻译人员有沈晋熙、胡濬谟、陈佩常、周传谋、胡惟志、张书绅、吴宗谦、张国珍、潘彦、施仁耀等。

在译书公会，章太炎原本就是积极参与者，因而当《译书公会报》创刊后，章太炎就为之写了一篇序言。这篇文章对译书公会的性质、任务以及当时中国所需要的何种新学都有比较详尽的分析，以为现在西方各国科学技术获得了突飞猛进的发展，各种新学理层出不穷，社会变化日新月异。中国如果不能及时获得西方国家这些新知识，继续以中国文化为世界先进，甘做井底之蛙，画地为牢，故步自封，那么中国欲摆脱半个多世纪以来的落后局面，只能是一厢情愿，肯定无法成为现实。在章太炎看来，中国自鸦片战争之后，虽说五口通商给中国带来了不少新知识，但“五十年以往，士大夫不治国闻，而沾沾于声病分隶，戎士视简约仅若木熙，无一卷之书以教战者，怀安饰誉，其祸遂立见于今日”[①]，其结果便是洋务运动经不起考验，中国在几十年相对升平之后终于迎来了甲午战败大灾难，国家蒙受了奇耻大辱，士大夫阶层实际上应该承担相当重要责任。基于这种考量，章太炎等人发起成立译书公会，创办《译书公会报》，就是为了推进变法维新，推动中国知识分子积极了解外国，推动中国进步与发展，以左政法，以开民智。这就是《译书公会报》创刊宗旨。

《译书公会报》选译的东西方报纸杂志有英国的《泰晤士报》《律例报》《东方报》、法国的《非轧罗报》《勒当报》《国政报》、德国的《东方报》、美国的《自立报》《纽约报》以及日本《政策报》等数十种。分设栏目主要有西报汇译、东报汇译、各国报译、外报选译、交涉纪事本末、各国人物、大事纪略、章程、文编等。由此看，《译书公会报》实际上是一份外国报纸的中文选编，具有明显的文摘功能、参考性质，对于开拓当时中国人的视野具有直接帮助。

由于《译书公会报》是译书公会的刊物，因此该报在选译外国报纸杂志文章的同时，也注意系统地翻译和介绍东西方比较有系统、有体系的著作，曾经连载过的翻译著作有《交涉纪事本末》《拿破仑兵败失国记》《威灵吞大事记》《维多利亚载记》《英国史略》《五洲通志》《东游随笔》《中俄扬兵记》《万国中古史略》《各国金银铜三品货币表》《延寿新法》等。

光绪二十四年四月初六日（1898 年 5 月 24 日），《译书公会报》停刊，共出版二十期。

---

① 章太炎：《译书公会序》，《译书公会报》第二册，光绪二十三年十月初七日。

第二节　“革政”：倡导与力行

自从走出诂经精舍，章太炎就一直在上海、杭州报界活动。他虽然没有像康有为、梁启超那样进入政治中心，但也算是维新时代弄潮儿之一。章太炎当时的政治诉求，其实与所有力主维新的人一样，就是希望朝廷能够借甲午战争失败后的政治悲情，振作起来，变法维新。他之所以接受谭献、孙诒让等前辈劝说，不再从学术上与康有为死磕，也是因为他接受了维新为重，学术为轻，只要朝廷能够在政治上有所作为，康有为、梁启超正在那里发挥作用，那么学术纷争就算不上什么。

在政治理念上，章太炎在维新时代与康有为、梁启超的政治理念确实没有什么本质区别，也就是富国强兵、变法维新那一套。而且，我们还可注意的一个事实是，章太炎走出诂经精舍后，其实一直处在迷离茫然中，他虽然被《时务报》《经世报》《实学报》《译书公会报》相继聘请为主笔或撰稿人，其实，请的地方越多，越说明他没有着落，没有自己的根基。于是章太炎和传统士大夫一样，虽然没有功名，没有过硬的学历、学位，但他有着真学问真本事，于是他像几年前的孙中山一样，于光绪二十四年正月，也就是戊戌年初，上书汉大臣第一人李鸿章，希望李鸿章能发挥作用，旋转逆流，推动改革。

在这封信中，章太炎一方面像几年前孙中山那样替李鸿章支招；另一方面当然与孙中山当年的心情一样，希望李鸿章慧眼识英雄，能够给他在体制内找个事情做做，给他提供一个稳定体面的职业。这大约才是章太炎上书李鸿章的真正目的。

我们之所以这样猜测章太炎，并没有丝毫贬低章太炎人格的意思，想想章太炎现在也到了而立之年，拖家带口，他确实需要一份稳定且体面的职业，这是任何一个读书人都无法抗拒的实际需要。所以，看章太炎这份上书，表面上他是要替李鸿章支招，实际上就是一份自荐信，开篇就用非常谦恭的言辞，非常低调地介绍自己，“余杭布衣章炳麟谨再拜言宫太傅伯相阁下：麟，浙之挽辂氓也，生长丘樊，未尝知问学”[①]，说自己不过是浙江的一个乡下人，没有机会接受良好教育。但又说自己自幼年时代也曾发奋读书，对于传统经典通知其义。但对于科举正途，则因为各种原因没有参加。年十七，浏览周秦两汉典籍，于深山乔木间，冥志覃思，然后学有途径，一以荀子、司马迁、刘歆为权度、标准，以为他们三人的学术为中国政治思想的源泉。

章太炎接着表示自己格外推崇盖宽饶、诸葛亮、羊叔子及黄宗羲等四人，以为他们四人事业虽然不同，名声亦不一样，然大要知君民之分际，与亲仁善邻之所以长久，而不肯以残夷割剥陵轹元元者，皆因为他们有着自己的政治理想和追求。章太炎这样说的意思，当然是要向李鸿章表明自己并不是单纯的文弱书生，而是对治国理念还是有相当研究的，而且相当自负。这是章太炎毕生信念，以为自己最擅长的就是治理国家，至于学术，在章太炎那儿似乎是政治之余事，甚至没有办法与他对传统医学理解、贡献相提并论。章太炎当然希望李鸿章能够有所重视，给予安置。

空话不足以说服李鸿章，章太炎于是谈及具体事务。他说，中堂固然有周公、召公之才，斡运大夏，夷艰济变，表示自己对于现在的国际大势和中国所处地位及所应采纳的方略也有自己的考虑，他希望李鸿章能对这些看法予以重视。

章太炎的重要看法就是他一年前所说的“亚洲宜自为唇齿”[②]，中国不

---

① 章太炎：《与李鸿章》，《章太炎书信集》，第19页。

② 章太炎：《论亚洲宜自为唇齿》，《时务报》第十八册，光绪二十三年正月二十一日。

必继续敌视日本，而应该化敌为友，中日结盟。章太炎说，自古强国处理外交，一般采取远交近攻的谋略，但弱国相反，一般都是注意睦邻友好。现在的日本，并非真的视中国为仇敌，有着多少深仇大恨，要说与中国有着深仇大恨的，莫过于英法两国，想当年给中国那么多那么大的难堪，现在不是也成了“友邦”了吗？外交上没有永远的敌人，何况近邻日本呢？

根据章太炎“大亚洲”理想，中日两国同处于亚洲，为同种，中日两国所面对的同一问题是欧洲的东来，是欧洲人对亚洲的觊觎与蚕食。就地理环境而言，日本也处于非常重要的区位，北接俄罗斯，东交美利坚，所以日本的存在与发展，也必然要与他国结盟，所以日本内部虽然有一些人对中国有看法，有敌视，但同样也存在着庞大的亲中力量，希望以同文同种同洲的区位优势，中日联盟，共抗欧洲。

中日结盟是两国面对西方压力的一种回应，但怎样才能使日本接受这种结盟安排呢？章太炎在这份上书中提出一个匪夷所思的大胆想法：欲与日本联盟合纵，则莫若与之地而用其材，使日本有藉手而乐于亲我，这样日本必然乐于与我结盟。

将台湾割让给日本已经引起国内极度混乱和民众不满，这一点即便是两耳不闻窗外事的章太炎也不能不知道，但他认为，中国要想与日本搞好关系，要与日本结盟，就必须做出一点必要牺牲。他在这里没有提台湾问题，但他提了一个马关议和遗留问题即威海的处置。

威海是北洋海军重要基地，也是北洋舰队在甲午海战中对日最后一战。经过一段时间的攻防，北洋海军终于不敌日军，威海沦陷。马关议和时曾谈到日军从威海撤退的问题，但日本政府以催促清政府按期赔偿为理由，继续武装占领威海。至德国人武力攫取胶州湾、俄国人乘机占领旅顺和大连，威海还在日本人的手里。

日本占据威海当然是非法的，日本将威海如期归还给中国，也是合理合法的。但是章太炎此时不这样认为。他以为当胶州湾、大连湾和旅顺等被德国、俄国强占后，威海其实不过是一块腐肉、一根朽骨，真的归还给中国也没有什么用。进而，与其使俄国人、德国人得之，不如让日本人得之；与其使日本人费了好大劲得之，不如主动迎而与之。章太炎的理由是，一块腐肉、一根朽骨而足以让日本感到中国的好处，我们为什么不这样做呢？在过去好多年，将澳门割给葡萄牙，将巨文岛割让给英国，这都是承平时代发生的常事，没有什么了不起。当是时，中国的经济实力还在，军事实力不弱，割之无害，不割无所损，而犹毅然奉图籍而送给人家，何况现在已经被人家日本人占据的地方呢？且以俄国、德国犄角之地，得日本介立其间，其势足以稍相钳制，任何一方只要做得过分，都会被另外两方所制衡。所以说，将威海顺势交给日本人，在章太炎看来是一举而两善，有利无弊。

至于章太炎在这份上书中所说用日本人才的真实含义，章太炎说得非常直白，就是使用日本人替代欧美人。他的理由是，日本人能有今天，其实也是取材于欧美，既而技艺已成，遂罢遣西人，而专任国人。今我于税务专用英国人，于制造局船厂、水师武备诸学堂，遂杂用英、德、法人，至于一些特别重大的工程还有另外的安排。章太炎认为，使用欧美人才，成本高，而人才的品质在西国不过中等，如果能够使用日本人，而授之官秩，可能比用西方人更合算，更可靠。日本人过去到中国来工作，其价格往往只是西人的三分之一，所以聘用一个西人，就足以聘请三个日本人。中日两国为近邻，其材之优劣，也很容易辨别，所以使用日本人较使用欧美人更合算更有效，也更有助于中日结盟。

章太炎或许是希望以这样的建议打动李鸿章，使李鸿章能够重视他关怀他，给他个机会或职业，所以章太炎随信还寄了一篇文章《迁都驳议》[①]，内容大约如题就是反对迁都而已。这篇文章现在见不到了，无法评论。但可想而知的是，章太炎用这样的观点去游说李鸿章，可谓南辕北辙对牛弹琴。李鸿章是何等人物？李鸿章在甲午战后对日本恨得咬牙切齿，正因为他不愿与日本人和好，才由他主导与俄国人结盟。章太炎的建议与李鸿章的主张刚好相反，于是这份上书不仅在起点上与孙中山《上李鸿章书》相似，其结果也与孙中山的上书有异曲同工之妙。李鸿章后来或许会对没有理睬孙中山、章太炎这样的志士仁人感到后悔，但章太炎此时拿出的政治方案实在不能使李鸿章信服。

其实研究近代史上那些布衣上书，不论是孙中山、章太炎，还是康有为，或者其他什么人，这些上书从思想史，特别是从这些人个人思想史的角度看很有意义，但对于实际政治的影响可能微乎其微，不足道。因为他们提的这些建议、主张，就他们个人的思想史而言可能很有意义，但是对于李鸿章这样的重臣，对于光绪帝这样的比较知道世界大势的君主，很难获得什么积极的回应，因为这些建议、见识，对于李鸿章、光绪帝而言，不是早已知道，就是正在做、已经做，或者想做而不能做，或者根本就不对。比如章太炎联日建言，无论如何也说服不了与日本直接交涉二十多年的李鸿章，不是感情上不能接受联日，而是中日关系的趋势，在李鸿章看来就不是章太炎说的那回事。

上李鸿章书没有得到任何有用的结果，但章太炎并不因此而气馁，再接再厉，他在当年春天风尘仆仆跑到武昌求见湖广总督张之洞。

说章太炎求见张之洞可能有损章氏清誉，按照章太炎后来在自定年谱中的说法，是因为张之洞对康有为今文经学家言非常恼火，委托专人请章

① 《章太炎书信集》，第22页。

太炎前来武昌撰写批康文章，并被安排住在铁政局官方招待所，好酒好菜热情招待。“清湖广总督南皮张之洞亦不喜公羊家，有以余语告者，之洞嘱余为书驳难。余至武昌，馆铁政局。”①

张之洞最初也曾欣赏康有为，支持他办强学会，但康有为不遵守双方约定，大谈“孔子改制”、“新学伪经”，这就使张之洞非常恼火，下令停办强学会。到了戊戌年（1898），康有为不知通过什么关系又获得了朝廷赏识，成为朝廷中炙手可热的人物。然而，京城也有消息传来，说康有为在那里不守规矩，严重破坏了官场“潜规则”，遭到一些官僚反对、排斥。张之洞是否因此加大反对康有为的力度不得而知，但他确实在这个时候准备写作一本专著批评康有为的异端邪说，准备创办一家新刊物从正面张扬变法理论，这个刊物定名为《正学报》，请章太炎前来，除了撰文批评康有为，大约也希望章太炎出面主持这份新办的刊物。

办报纸、杂志对章太炎来说已经是家常便饭，现在有方面大员的倡导，新办的杂志当然不会有什么困难，于是他欣然接受张之洞的邀请，很快起草了《正学报缘起》和《正学报例言》。

根据《正学报缘起》，我们知道章太炎此时对中国问题的看法与清廷的看法大致相同，以为在甲午战后中国逐渐走上了维新道路，然而德国人突然发难，攫取胶州湾，并进而引发俄国人对旅顺、金州的觊觎、占领，英国人在长江流域，法国人在广州湾，相继提出类似要求。中国一时间又陷入新的混乱，各种各样的主张莫衷一是，那么中国究竟应该采取什么样的方略，这就是《正学报》所要回答的问题。

在谈到《正学报》为什么要在武昌创办时，章太炎强调，“武昌，天下中枢也，其地为衢国，声闻四达”，所以在这里讨论中国前途，希望就

① 章太炎：《太炎先生自定年谱》，《近代史资料》1957 年第一期。

其疆域“求所以正心术、止流说，使人人知古今演变之故”[1]，得以浸润历代圣贤之教诲，消解愚昧，抛弃无知。这就是章太炎期待的《正学报》的职责，也就是上说下教，上说帝王，上说统治者，下教百姓，启发民智。

至于在政治路线上，章太炎其实是想走不偏不倚的中庸路线，那就是，《正学报》的基本宗旨，一是使孤陋寡闻者不会因囿于见闻而顽固地阻挠新政；二是使那些颖异之士也不至于因其思想激进主张激越而走上邪路。从这里，我们似乎能够感受到章太炎大约与张之洞的思想相当契合。

章太炎与张之洞在政治上学术上有相当多的契合点应该是事实，他们有着共同的“敌人”是今文经学“伪大师”康有为，有着共同的理想是国家改革社会进步，有着共同的不偏不倚的中庸路线，然而他们不仅没有继续合作，反而反目成仇，不共戴天。这究竟是为什么？

对于这层原因，我们过去都是听章太炎事后一家言，以为是他对张之洞《劝学篇》的批评使双方交恶。章太炎说：“之洞方草《劝学篇》，出以示余。见其上篇所说，多效忠清室语，因答曰下篇为翔实矣。梁鼎芬者，尝以劾李鸿章罢官，在之洞所，倨傲，自谓学者宗。余闻鼎芬先与合肥蒯光典争文王受命称王义，至相箠击，因谓鼎芬不识古今异法。一日聚语，鼎芬颇及左氏、公羊异同。余曰内中国，外夷狄，《春秋》三家所同。弑君称君为君无道，三家亦不有异。实录之与虚言，乃大殊耳。他日又与侪辈言及光复，鼎芬基焉。未几，谢归。”[2] 与章太炎相比，梁鼎芬的学问成色可能是差了些，但却自居学术领袖。章太炎听说梁鼎芬与人争文王受命称王义，至相箠击。章太炎对梁鼎芬的说法不认同，以为梁鼎芬根本不懂今古经学的区别，不识古今异法。梁鼎芬当然也不是章太炎所说的那样不

---

① 章太炎：《正学报缘起》，《章太炎年谱长编》，第 67 页。

② 章太炎：《太炎先生自定年谱》，《近代史资料》1957 年第一期。

堪，然而他们两人由此结下梁子，大约也是事实。又一日，友朋相聚，梁鼎芬在谈话中涉及《左氏春秋》与《公羊春秋》异同，这是章太炎过去多年研究领域，他对梁鼎芬的说法当然不愿认同，大约很傲慢地说了这样一通话，表示内中国外夷狄，《春秋》三家都是一样的；至于弑君称君为君无道，三家的看法亦没有什么根本区别。这当然使梁鼎芬有点儿下不了台。又一日，章太炎与梁鼎芬等人言及光复，终于惹恼了梁鼎芬。两人大约由此正面冲突。未几，章太炎主动辞去在武昌的聘任，乘舟东下。这是章太炎多年之后的一个解释。

根据章太炎后来在《艾如张董逃歌序》中回忆，他对张之洞《劝学篇》的意见似乎也不是那么简单那么直白，他当面或许没有对《劝学篇》提出多少批评意见，或许确实有意识回避了点评内篇的尴尬，但章太炎是一个藏不住话的人，他所认识到的问题，一定会找机会说出来。于是他在从张之洞处退出后告诉那些幕僚们，历史发展的规律就是这样，生于哪个洲的人就一定倾向于哪个洲，生于哪个国家的人也一定倾向于哪个国家，人之性然也。惟我赤县神州，五千年来沐浴历朝历代往圣先贤的膏泽，久已形成自己的国民性格，至少有这样三点是必须坚守的："古之谟训，上思利民，忠也；朋友善道，忠也；憔悴事君，忠也。"现在南皮《劝学篇》舍弃上思利民和朋友善道两个忠字，只要一个忠君，"徒以效忠征求氓庶"，这显然是有问题的。况且，满洲人说到底只不过是"乌桓遗裔，蹂躏吾族几三百年，茹毛饮血，视民如雉兔"[1]。现在即便九世之仇不能报，那也不能强制要求人们再去什么愚昧地忠君。或许是几杯老酒下肚，章太炎真的敢这样离经叛道，胡说八道，听者闻言不是一般地大怒震惊，因为

---

① 章太炎：《艾如张董逃歌序》，《章太炎全集》卷四，上海人民出版社1985年版，第240页。

这可是犯上作乱，掉脑袋的事。大约正是这种背后的瞎说，使张之洞的幕僚们觉得章太炎与他们可能并不是一路人，真的让章太炎留在这里，迟早都会给他们的主子，甚至给他们自己惹来不必要的麻烦。

很显然，章太炎的解释夸大了他的反清意识，是他用后来的认识去重构先前的思想，有点儿“倒填日期”的意思。章太炎此时不可能产生如此鲜明的反清意识，一个很重要的理由是他在《正学报缘起》和“例言”中依然表现出一种改良主义渐进思想，并没有对清廷表示多少不满，是“革政”，还不是“革命”。第二理由是，他千里迢迢前往武昌投奔张之洞，不管这个事实是谁主动，但这个事情本身说明章太炎不可能具有明确的反满思想，因为张之洞无论思想如何开明，他可是朝廷命官，方面大员。第三，章太炎返回上海后也没有立即投身革命、反满，而是因汪康年的邀请加入了新创办的《昌言报》，任主笔。而《昌言报》的背后老板就是张之洞，甚至刊物命名也出自张之洞。至于这个《昌言报》本身更是一个拥护朝廷支持改革的主流刊物，根本不存在什么异端倾向。

与张之洞闹掰直至离开，肯定不是章太炎所说的那些原因，因为他那时还是一心想往体制内走，所以也就不可能公开表示反政府反体制。不过，章太炎是一个随性的人，也是一个没有城府的人，说话随便，不分场合，而且学问好，几乎没有谁的学问能被他看上。他确实看到了张之洞《劝学篇》中的问题，也确实不满梁鼎芬对古文经学的解释，他可能也议论过朝廷大事，而这些都是官场忌讳，他的这种随便随性如何能使严谨的张之洞放心呢，张之洞的幕僚们即便不计较章太炎对梁鼎芬学问的批评，为主子政治前途和自身前途考虑，也不会让章太炎留在武昌，更不要说留在张之洞身边了。这才是章太炎兴致勃勃前往武昌，而后扫兴返回上海的真实原因。

在不到半年时间里，章太炎投给李鸿章的信没有下文；风尘仆仆满怀信心前往武昌投奔张之洞，结果也弄成这个样子。东下归途，章太炎不能不想想：自己这么希望进入体制谋发展，是什么原因使自己一败再败而不能得逞呢？章太炎当然不会检讨自己的性格，更不知道性格即命运。既然章太炎已经过了嘴瘾，享有高度的言论自由了，那你就在体制外待着吧！章太炎当然不明白这些曲里拐弯的前因后果，于是他和孙中山几年前《上李鸿章书》一样，满怀信心而来，受到挫折怀着失望与仇恨而去。从此，章太炎走向极端，不仅反对李鸿章，反对张之洞，顺带着反对体制，反对大清王朝。孔子说，惟小人与女子难养也。就应该从这个意义上来理解，年轻人和女孩子都是感情最脆弱的一个群体，长者有保护他们的积极性、创造性，尤其是尊严、自尊心的责任，即便不能保护，也不能讥讽更不能打击，否则必将留下严重后果。青少年时代的仇恨是真仇恨，最难解。如果一定要说章太炎从此有了一些反叛思想，为什么越来越偏激的话，大约应该从这个层面去理解。

第三节　被制造的革命家

章太炎确实不是有意反体制，他那么热心为李鸿章出招，那么高高兴兴风尘仆仆前往武昌去主编《正学报》，都表明他对大清既有体制抱有期待、信心，至少并不认为这个体制会很快完结。然而，当他一再失意，一再不能得志后，你指望章太炎继续忠于、忠诚体制，似乎也就没有道理了。武昌归来，章太炎开始反省这个体制的问题了，于是一个原本善良，至少不是极端敌视体制的读书人、认同者就这样被一步一步地推向体制反叛者、造反者。

反体制的思想在章太炎的脑海里或许已有一段时间了，但这还不是其思想的主体或主导。章太炎回到上海后，曾将途中写的那首具有反叛思想的《艾如张董逃歌序》抄给他的朋友看，宣泄他对体制的不满、对张之洞的抱怨，但他个人还是很实际的，依然接受邀请，前往张之洞为后台老板的《昌言报》任主笔。

《昌言报》的前身就是《时务报》，就是汪康年遵照张之洞的指示创办的新刊物。而《时务报》说实在的，也是张之洞等开明官僚支持创办起来的，具体的创办人有汪康年、梁启超和黄遵宪。这是《时务报》创办初期的最佳组合。

然而正如中国许多事情一样，创业容易守成难，当《时务报》如日中天独领风骚风靡神州的时候，它的经营团队开始分裂，梁启超与汪康年闹起了矛盾。稍后，梁启超因黄遵宪邀请前往长沙主持湖南时务学堂，矛盾稍微舒缓。再后来梁启超追随康有为到北京参加政治活动，也就差不多忘记了他与汪康年为《时务报》而发生冲突这件事。

假如康有为、梁启超在北京参与戊戌年政治变革有个好的前程，假如梁启超能够在中央政府谋个像样职务或职业，《时务报》控制权的冲突也就算了，也就不会有人提起了。然而，这些假设毕竟不是事实。事实是，梁启超带病跑到了北京，跟着康有为在那里忙乎了一阵，虽说也曾蒙皇上召见，这是有清两百年历史中绝无仅有的事情，一个没有功名的人受到皇上召见。然而，历史纪录是创造了，但结果并不乐观，过了很久，清廷只给梁启超安排了一个译书局主办的职务。这个职务说起来不过和他当年担当的《时务报》主笔相当，而自由度显然还不如《时务报》。

或许是因为这层原因，康有为光绪二十四年五月二十九日（1898 年 7 月 17 日）代御史宋伯鲁拟奏改《时务报》为官报折，并建议由梁启超前往主办。康有为为此列举了许多理由，说明改官报的好处及梁启超主持的合理性。[①]

对于这个建议，朝廷批转管学大臣孙家鼐处理。孙家鼐此时正因京师大学堂的事情与康有为闹得很不愉快，他遂顺水推舟以为梁启超已经接受朝廷委派主持译书局，“查梁启超奉旨办理译书事务，现在学堂既开，亟待译书以供士子讲习，若兼办官报，恐分译书功课，可否以康有为督办官报之处，恭请圣裁”[②]。孙家鼐甚至同意为康有为提供一些资金上的支持。很显然，孙家鼐接受一些同僚建议，有意借用这个机会调虎离山，将康有为赶出北京，恢复官场宁静。

朝廷批准了孙家鼐的建议，《时务报》必须交给康有为，于是《时务报》老板汪康年在张之洞的支持建议下，将《时务报》改名《昌言报》继续出版，将《时务报》的空壳留给了康有为。这就是《昌言报》的来历。

六月二十日（8 月 7 日），汪康年在上海《申报》及天津《国闻报》连续刊登《上海时务昌言报馆告白》，声明：“康年于丙申秋创办《时务报》，延请新会梁卓如孝廉为主笔，至今两年。既奉旨改为官报，则《时务报》名目自非草野所敢擅用，刻即从七月初一日起，谨遵六月初八日‘据实昌言’之谕改为《昌言报》。”原《时务报》名则留给钦差督办康有为接收，而新办的《昌言报》则全面继承了《时务报》一切体例，甚至“翻译诸人一仍其旧”[③]。《昌言报》由汪康年任总经理，梁鼎芬为总董，章太炎主笔政。

当《昌言报》出版时，由光绪帝主导的政治变革即所谓的戊戌变法已接近于尾声，汪康年的经营似乎也遇到了经济上的困难，因而《昌言报》

① 《康有为政论集》，第 324 页。

② 孙家鼐：《奏遵议上海时务报改为官报折》，《戊戌变法》卷二，第 432 页。

③ 《昌言报》第一册，中华书局 1991 年版。

实际上没有办法与先前的《时务报》相比，章太炎这个所谓主笔其实也没有发挥多大作用。他在上海的那些日子里，主要还是与他的几个老朋友诸如孙宝瑄、宋恕等人来往，喝喝小酒，聊聊天，议论一下北京的政局和政治改革的进展。所以在《昌言报》存在的日子里，章太炎只在第一册发表《斯宾塞尔文集》的连载，这个文集主要是由曾广铨口译，而章太炎整理润色的。

戊戌年政治变革很快陷入了困境。八月初六日（9 月 21 日），朝廷宣布慈禧太后出园训政，并宣布工部主事康有为结党营私，莠言乱政，命步军统领衙门将康有为及其弟康广仁拿交刑部治罪。康有为其时已经离开北京，经天津逃亡上海。步军统领衙门仅仅抓到了康广仁。

康广仁是康有为的亲弟弟，他继续留在北京本来就是为了保护他哥哥出逃，所以当在步军统领衙门被关了几天之后，大约觉得他哥哥已经逃脱之后，可能实在受不了那里的虐待，或许以必死的信念说出了康有为等人的秘密，使朝廷逐渐明了康有为等人的事情并不是那么简单，也不仅仅是结党营私，莠言乱政，而是有一个令人震惊的政变阴谋，他们试图策动军队，并利用江湖英雄包围颐和园，劫持皇太后，用武力逼迫皇太后向皇上移交权力。

在康有为长期形成的思想意识中，一直认为清廷内部即皇太后和皇上之间并不一条线，以光绪帝为首的帝党力主改革，以慈禧太后为首的后党反对改革。戊戌年春天开始启动的政治变革之所以这样一波三折，主要是因为光绪帝没有实权，清廷的实际权力掌握在皇太后的手里。正是基于这样的判断，康有为和他的门徒确实策动了这样一场未遂政变，试图以武装政变的方式改变清廷政治格局。

康有为的判断是真是假姑且不论，但他假借光绪帝的名义去做这件事无疑是犯上作乱，大逆不道。于是当朝廷将这个大致线索理清后，遂于八月初九日（9 月 24 日）将与康有为一案有牵连的张荫桓、徐致靖、杨深秀、杨锐、林旭、谭嗣同、刘光第等一并革职，拿解刑部治罪。① 八月十三日（9 月 28 日），朝廷为防外交干涉或其他变故，未经审判，当然也违背了大清王朝两百年来的法典，将康广仁、杨深秀、杨锐、林旭、谭嗣同、刘光第以“大逆不道”的罪名，“着即处斩”。② 这六人就是近代中国历史上最有名的“戊戌六君子”。

对于北京政坛的这个大逆转，朝廷于八月十四日（9 月 29 日）公布了一个详细说明，表示朝廷并不是鲁莽行事，而是根据法律仔细审理了这个案件，相应证据比较完整。朝廷及时发现了康有为的这个阴谋，及时将谭嗣同等叛逆处死，挽救了国家挽救了朝廷。

根据朝廷公布的证据，康有为首倡邪说，惑世诬民，而宵小之徒群相附和，乘变法之际，隐行其乱法之谋，包藏祸心，潜图不轨，竟然纠约乱党谋围颐和园劫制皇太后，表面上说是为了皇上，其实是陷皇上于不仁不义。

至于康广仁、杨深秀、谭嗣同、林旭、杨锐、刘光第等，朝廷宣布他们的罪责是与康有为结党，隐图煽惑。刑部将他们查拿归案后也进行了审理，基本犯罪事实已经弄清。由于他们在国内外有很大影响，朝廷认为如果拖延时间，恐怕会发生意外，于是决定加快审理，速判速决，即行正法。朝廷再三说明，这件事情本为非常之变，但由于康有为这些人能力太大，与外国人勾结太深，所以必须快刀斩乱麻。这是不得已的事情。尽管如此，康有为、梁启超等人还是在外国人的庇护下跑掉了。这虽然有点可惜，但相信康有为迟早一定会被捉拿归案，接受审判。

---

① 《上谕之二五四》，《戊戌变法》卷二，第 100 页。

② 《上谕之二六一》，《戊戌变法》卷二，第 102 页。

朝廷的宣布是清楚的，然而由于康有为、梁启超等一批人经过各种途径逃到了国外，而且由于朝廷为了查清事实，也曾一度在全国政界、知识界进行自查、清查，于是朝廷原本正义的一件事情，竟然弄得天怒人怨，国内外普遍愿意接受康有为、梁启超的说法，以为是以慈禧太后为首的保守派夺回了权力，戊戌年政治变革因皇太后的政变而夭折。

章太炎在戊戌政治变革中，其实并不是一个什么重要角色，他的言论也没有留下什么把柄。然而由于他并不知道北京政治逆转的真相，或者出于逆反心理根本不愿意听信朝廷的解释，反而愿意相信康有为、梁启超等政治流亡者的解说，相信街谈巷议，相信各方面的传言，于是章太炎在事变之后反而深度介入了这件复杂的事情，并渐渐成为一个反对满洲人的坚定革命者。

当是时，章太炎与上海滩名公子孙宝瑄有密切接触，据孙宝瑄日记，他们在上海几乎同步知道北京正在发生的事情。

八月初九日（9 月 24 日），“览报，有严捕康长素之说”；初十日（9 月 25 日），“又闻奉旨缉捕十六人，有谭嗣同、张元济、杨深秀、杨锐、林旭、刘光第等，目为逆党下狱。康长素至吴淞口，为英兵轮所救，否亦被获，盖亦密旨令上海道严缉也。朝局大变。康在都为上信任，言听计从，累更革大政，如变时文，许士民上书，裁冗官，增设弄工商局，为守旧党所不悦，以是贾祸”[①]。

十二日（9 月 27 日），“有人传述此次朝政之变，为俄人播弄。盖日臣伊藤至京，朝臣有请留伊以备顾问者。俄人闻而大惧，恐中国政权渐操于日本，因以危语恐吓王大臣，云维新党人潜通日本，谋弑逆。王大臣惊恐入告，致有此变。”

---

① 《忘山庐日记》，第 259 页。

十四日（9 月 29 日），“闻奉旨康广仁、谭嗣同等六人，皆于是日正法。”

这些传闻显然有真有假。十七日（10 月 2 日），孙宝瑄、章太炎从报纸刊登的上谕中获悉康有为的罪状，知道了康党有结党谋反不利于皇太后的情事，“始知有结党谋徙置太后事”。他们推测，“盖先欲剪除太后党羽，故撰密旨，令袁世凯擒荣禄，即以新军入都移宫。袁不从，以告荣禄。荣密奏太后。太后震怒，故降旨严拿。康已遁，仅获其弟广仁及徐致靖、杨深秀、谭嗣同等七人。后徐致靖免死监禁，余六人皆斩西市。张荫桓亦下狱，有诏戍边”①。

很显然，孙宝瑄与章太炎演绎的故事脉络与康有为等人后来所述大致相近，与朝廷公布的细节也相差不远，只是由于叙事立场所限，他们的故事在感情上倾向于康有为、谭嗣同等人，而对朝廷的举措特别是慈禧太后稍有怨言。

在这特殊的历史阶段，人们不愿相信朝廷，总以为官方在欺骗在隐瞒，反而愿意相信各种各样的传闻和小道消息。这是人之常情，可以理解。于是，章太炎根据各种小道消息，继续演绎着自己的判断，他认为北京的政治变动可能并不像朝廷解释的那样简单，朝廷内部大约真的有一个新旧派别冲突。他根据对张之洞等内外大臣的直接观察，朝廷上下内外大臣确实很少正直忠诚的人，整个官场大约已被那些政治小人及阴险狡诈者垄断。所以在北京发生新旧冲突在章太炎看来太正常了，他根本不会怀疑弱势的康、梁会有什么道义上的亏欠。这是专制政体下最尴尬的事情，不管朝廷错不错，但朝廷的傲慢、信息不透明，都使人们相信反朝廷的声音，而不是相信朝廷。

---

① 《忘山庐日记》，第 261 页。

根据这种特殊心情和价值倾向，章太炎稍后在《昌言报》发表一篇题为《书汉以来革政之狱》的文章，借古喻今，指桑骂槐，影射朝政，袒护康、梁："彗所以除旧布新也。虽然，不能伤物，则反以自戕，其事非必由变法也。肘腋之间，城社之党，其据形便也已久，而愤激剽悍者出而图之，则未有不流血漂卤者。"[①] 如果熟悉汉代以来政治变革的历史，熟悉历代党锢之祸、政治迫害，就很清楚这是一篇极为典型的影射史学作品。只是章太炎的学问太大了，人们在愉快的阅读中除了增加对清廷的仇视仇恨外，并没有什么人觉得有什么不妥。

按理说，章太炎在戊戌年间还算不上什么重量级人物，更不是康、梁那样的职业政治人物，在清廷事后政治清查中也不是什么重点关注对象。然而不知什么原因，章太炎的名字竟然也在清廷的清查名单中。"其秋，康有为得清主宠任，以变政获罪。清廷称朝野论议政事者为新党，传言将下钩党令，群情惶惧，日本人有与余善者，招游台湾。"[②] 这是章太炎"七被追捕，三入牢狱"的第一次。[③]

与章太炎的说法不一样，陈黻宸的学生马叙伦说："章太炎丈《自定年谱》，其记三十一岁避钩党至台湾，谓为日本人所招，然彼时清廷实有命逮炎丈。黄仲弢丈绍箕得讯以告孙颂容丈诒让，容丈告其从妹夫宋平子先生恕，宋先生告余师陈介石先生黻宸，师与宋先生皆炎丈友也。即促炎丈避地，乃应日本人之招耳。"[④]

正在北京翰林院任侍读学士的黄绍箕如何知道这个名单的不清楚。但

① "日本西狩祝予"：《书汉以来革政之狱》，《昌言报》第七册，光绪二十四年九月初六日。

② 《近代史资料》1957 年第一期。

③ 鲁迅：《关于太炎先生二三事》，氏著：《鲁迅全集》卷六，人民文学出版社 2005 年版，第 567 页。

④ 马叙伦：《太炎先生自定年谱补遗》，《近代史资料》1958 年第一期。

黄绍箕为浙江瑞安人，与同里孙诒让关系密切，两年前一起在家乡创办瑞安学计馆，两人关系自然非同一般。由于这层关系，黄绍箕当然知道孙诒让对章太炎很器重。所以他会在获悉这些不利于章太炎的消息后，第一时间想法通知孙诒让，孙诒让迅即告诉其从妹夫宋恕，宋恕告诉陈黻宸，陈黻宸和宋恕为万全之计，迅即敦促章太炎赶快找个地方躲躲。这大概就是章太炎戊戌秋天顺利出逃的原因。

当是时，适有日本诗人山根虎雄欣赏章太炎的才华，有意介绍章太炎去台湾一家报社任职，并帮助台湾学务官馆森鸿修订诗文。正陷入政治困境的章太炎求之不得，遂于光绪二十四年十月二十一日（1898 年 12 月 4 日）抵达台北。从此，章太炎被迫走上了反体制的政治道路，一个大革命家就这样被清廷给制造出来了。

章太炎抵达台北后，经上海《亚东时报》的日本友人山根虎雄、安藤阳洲安排，前往《台湾日日新报》当记者。

《台湾日日新报》是“日治时期”台湾第一大报，创办于 1889 年 4 月，社长为日本人守屋善兵卫，主笔为木下新三郎，中文部主任编辑籾三衣州。这个刊物具有很强的官方背景，也是从先前几份几家报纸整合而来，获得了台湾总督儿玉源太郎和民政长官后藤新平的大力支持，因而需要有文采有思想的编辑和记者。大约正是这样一种背景，章太炎才在戊戌维新失败后来到台湾，出任该报记者。

在台湾，章太炎寓居在报社提供的宿舍中，并不常去报社，主要在家写稿，同时帮助日本人馆森鸿修订诗文。章太炎还通过馆森鸿和台湾许多名流雅士交往，这些名流雅士中也有一些日本人，这也为章太炎后来前往日本提供了条件。

章太炎滞留台湾时，为《台湾日日新报》撰写了一批文章和诗词，这些诗文后来也被章太炎的弟子王仲荦辑录出来，整理发表在他主编的《历史论丛》第四辑中[1]，从这些诗文可以看到章太炎的才华和思想。由此，章太炎凭借着自己的才华，凭借着这些诗文从东南报界闻人走向全国，走向东亚，逐步树立起自己的品牌，奠定自己的地位。

如果就思想发展脉络看，章太炎在戊戌秋政治大逆转前，对于康有为政治变革思想有很大的保留，并不完全认同。他虽然接受谭献、孙诒让等长者的建议，暂时放弃了从学术上痛骂康有为，但这种妥协忍让决不意味着他能够认同康有为的那些主张。张之洞之所以看上他、邀请他前往武昌创办主持《正学报》，其实就是因为张之洞发现，或者是经过其幕僚钱恂发现，章太炎的思想与康有为有着很大区别，可以在某种程度上利用章太炎去反制康有为。即便章太炎在张之洞那里扫兴而归，他们也没有在对待康有为的立场上有什么分别，他们的分手另有原因在。

到了上海，章太炎加盟汪康年主持的《昌言报》。不仅《昌言报》的背景是张之洞，而且《昌言报》之所以得以创办，也是因为汪康年与康有为、梁启超决裂，所以章太炎在《昌言报》的那些日子，应该说依然无法认同康有为、梁启超的学术主张、政治主张。尽管康、梁师徒在北京很火，很得势，毕竟汪康年此时与他们闹得不可开交，而章太炎此时又是汪康年的同盟者。所以，可以肯定的是，在北京戊戌秋政治大逆转之前，章太炎即便不是康有为、梁启超的死对头，也算不上同盟者。

至于在北京政治变动后被处死的那几位，据我们现在所掌握的资料，证明章太炎与他们毫无联系，毫无瓜葛，与他有联系或者说有间接联系的也只是北京政界相当边缘化的人物，像浙江籍翰林院侍读学士黄绍箕等人。然而就在这场变动发生后，证明章太炎的思想发生了大逆转，他不仅相信民间那些攻击朝廷的传言，不相信朝廷的正规说法，反而很快写出感

---

① 王仲荦编：《历史论丛》第四辑，齐鲁书社 1983 年版。

情真挚的《祭维新六贤文》[1]，而且主动放弃与康、梁的争执、对垒，对康有为、梁启超寄予无限同情。他的《书汉以来革政之狱》[2]，就是以影射史学笔法表示“其事虽不获平反于当时，而未尝不平反于后世”，断定北京政治上的大逆转只是历史的暂时倒退，随着时间推移一定会平反昭雪，由康、梁所开创的维新事业一定还会继续进行下去。

仔细体会章太炎对康、梁的同情，很容易发现其缘由主要是他不相信朝廷的解释，朝廷对六君子的残忍杀害，大约是章太炎和那些转而同情康、梁的根本原因。而且从话语传播层面说，政府的处理结束了就结束了，不可能一而再再而三反复唠叨，而受到迫害的康、梁反而利用手中的舆论工具不断强化被压迫被迫害的可怜形象，这自然容易赢得社会各阶层在道义上的同情。

光绪二十四年十一月十一日（1898 年 12 月 23 日），梁启超主编的《清议报》在日本横滨创刊，“明目张胆，以攻击政府，彼时最烈矣”[3]。这个刊物在此后很长时间反复宣传、反复强化以康、梁为代表的维新势力受压迫受迫害的事实。凡此，也是章太炎不计前嫌，由康有为、梁启超的反对者转变为同情者、支持者的根本原因。

章太炎同情康有为、梁启超，也就同情了康有为、梁启超所塑造的光绪帝，也就由此变成了一个保皇的政治人物，相信康、梁建构的戊戌政治故事框架，以为政治变革的失败主要是因为以慈禧太后为首的保守派不明世界大势，出于自私，为了维护手中的权力而发动的政变。由此认识，章

① “台湾旅客”：《祭维新六贤文》，《清议报》第七册，光绪二十五年正月初一日。

② “日本西狩祝予”：《书汉以来革政之狱》，《昌言报》第七册，光绪二十四年九月初六日。

③ 梁启超：《莅报界欢迎会演说辞》，《饮冰室合集》文集之二十九，第 2 页。

太炎写了《书清慈禧太后事》一文[①]，追溯慈禧太后在历史上的所谓诸多罪状，这些历史八卦表面上看很像历史真实，其实不过是戊戌秋政治逆转之后读书人捕风捉影而构建的野史传闻而已。

对康有为、梁启超师徒二人建构的戊戌故事，章太炎几乎是照单全收，不加怀疑。其实从严格的历史学的眼光看，章太炎当年的许多看法真的很有问题，至少不是那么严谨，是以讹传讹。比如他发表的《俳谐录》[②]，以非洲沙漠鸵鸟为喻，指责袁世凯心甘情愿为他人拉车服务，出力流汗而不敢怒不能怒，受胯下之辱而不以为耻，反以为荣。章太炎的意思是袁世凯出卖了维新志士，导致了慈禧太后在获悉袁世凯的情报后顺利出手镇压了维新运动，抓捕了六君子。这显然不是历史主义的态度，而是一种情绪宣泄，是一种非理性喝彩、鼓掌。

基于对康、梁的政治同情，章太炎忘记了先前与康、梁之间的所有不愉快，他不仅密切关注着康、梁的政治动态，也设法与康、梁取得了联系。康、梁告诉章太炎，他们正在运动日本政府，希望日本政府帮助他们继续从事中国的政治变革。

对于康有为、梁启超流亡后的政治活动，章太炎有的出于道义上的同情表示认同，有的似乎也并不赞赏。比如康、梁对日本政府的期待，章太炎就认为太天真，不相信日本政府会冒着中国政府反对的风险而支持维新，“二君皆尝通信，谓与日本社会相合，而政府未必肯听其请。此亦恒情，原不足诧”[③]。很显然，章太炎的看法是对的，国与国的交往除了政治同情外，更多时候还是利益。

① “菿汉阁主”：《书清慈禧太后事》，《台湾日日新报》1898年12月25日。

② 《台湾日日新报》1898年12月28日。

③ 章太炎：《章炳麟致汪康年书之四》，《章太炎书信集》，第8页。

流亡的日子无论如何是不好过的，对于康、梁的政治遭遇和困难处境，章太炎寄予无限同情。他在《台北旅馆书怀寄呈南海先生》中，不计前嫌，不算旧账，过去的一切不愉快一笔勾销，留下的都是美好记忆。章太炎深情回忆过去几年与康有为交往中的点点滴滴，发自内心觉得一切都是那样的美好，“老泪长门掬，深情故剑知”①。对于过去的争论，不论是政治上的，还是那个说不清道不明的今古文经学论争，章太炎都不再提及，似乎一切都不曾发生。这就是可爱的章太炎。好的时候只记住别人对他的好；假如关系闹僵了，翻脸了，他也就不记得别人的任何好处，一定要彻底否定，决裂到底。这是他的性格，也是他的可爱处。

章太炎的深情使流亡中的康有为、梁启超非常感动，他们除了将章太炎的这些书信、诗文在《清议报》上发表外，对章太炎的“拳拳正义”给予很高评价，以为章太炎的识见绝出寻常而爱之深，真诚期待能够与章太炎携手合作，得尽怀抱，驰骋欧美，救此沦胥。

康有为的名头此时全球皆知，高傲的章太炎收到康有为的亲笔回复后也未能免俗，眉宇盱扬，阳气顿发，以为康有为的主张不啻“白金良药”，是拯救中国的最佳方案。

对于章太炎这种不计前嫌热衷吹捧康有为的姿态，也有人提出批评，讥讽你章太炎与康有为学术殊途，往者你评议康有为的经学，其激烈其愤怒不亚于东汉范升与陈元之间殊死争论，好像两人之中必有一死，现在你怎么突然又变得这样护着康有为呢？

对于这样的指责与嘲弄，章太炎并不觉得尴尬，他坦然答道：你们这些人不知道南宋大学者叶适与朱熹之间的故事吗？他们在经学上判若冰

---

① “台湾旅客”：《台北旅馆书怀寄呈南海先生》，《清议报》第八册，光绪二十五年二月初一日。

炭，视若水火，互不相容，互相攻击，但当有人以伪学、朋党攻击朱熹时，叶适在朝，乃痛言小人诬罔，以斥其荒谬。知道这是为什么吗？道理很简单，他们可以在学术上有争论，但在政治上的看法并不一定必然对立。章太炎的意思显然是，他和康有为之间的关系，大约就像叶适与朱熹，经学的归经学，暂时不说；政治的归政治，我同意他的看法，我就赞扬就支持，不过如此。

即便在学术上，章太炎此时也较先前有很大退让。他强调，真正对康有为学术构成重大批评的是朱一新，而不是他章炳麟。朱一新曾经因为弹劾李莲英而遭到罢斥，由此可知假如朱一新现在依然职掌朝政，依然有权建言，相信他也会转而支持康有为。至于自己的学问倾向，好像还没有像朱一新那样刻意推崇宋学，至于与康南海之间的争论，也只是就《左传》《公羊》门户师法之间的问题，至于黜周王鲁、改制革命等，章太炎此时表示自己的看法与康有为的看法其实并没有多大的差别。何况旋乾转坤，以成振兴国家这样的盛事伟业呢？总而言之，一切理由都被章太炎说光，人们也就不好怎样指责他为什么改变了学术宗旨，成为康有为的“粉丝”。

显而易见，章太炎此时对康有为的同情，在学术上刻意放他一马，主要的还是因为他认为康有为所做的政治活动是一项正义事业，不明不白因卷入了慈禧太后与光绪帝之间的权力冲突而受到政治迫害。这是章太炎的理由，至于康有为的那些理由、解释，究竟是不是历史真实，章太炎在那个特殊历史时期，当然无法也没有条件深究。他的良知迫使他必须同情康有为、梁启超，因为这是中国读书人的一种道义责任。

康有为出逃之后，一直宣称自己手里拥有皇上赐下的密诏，责成他和他的同志救中国保大清。这里面的故事相当复杂，因为从今天所知道的历史证据说，我们还不能说这些故事、证据出于康有为伪造。康有为确实知道光绪帝有个密诏交给杨锐，这个密诏确实是让杨锐等同志为改革想办法。只是这个密诏毕竟是皇上赐给杨锐的，而康有为是通过林旭传达的口谕获知的，由于当时特殊的历史背景使康有为无法说出密诏的来龙去脉，或者因杨锐、林旭等当事人都不在了，而康有为真的不知道全部真相，所以康有为在海外一再宣称自己手里拥有密诏，也就一再受到另外一些人的质疑，以为康有为是胡说八道，编造故事。

对于康有为"衣带诏"故事真相，章太炎也不愿仔细探究。他依然出于道义同情，出于同党意气，义无反顾站在康有为一边，为康有为声援，为康有为打气，奋力驳斥那些质疑者，以为康有为所发布的密诏不容怀疑，因为从逻辑上说符合政治演变的情形。章太炎指出，戊戌秋政治大逆转，就是慈禧太后的大阴谋大夺权。由此也可证康有为的"衣带诏"具有真实性可信性。不然，慈禧太后捉拿康有为，屠杀六君子，足以解除康有为等人谋围颐和园，劫持皇太后的阴谋，足以化解全部危机，然而，皇太后却没有到此而止，反而将那个可怜的小皇帝囚禁于瀛台。[1]

章太炎当然不知道皇上移居瀛台的真相，康有为当然也不知道朝廷政治运作的内幕。康有为确实不是有心造假，章太炎也不是曲意辩护，只是这个问题实在太复杂了。政治上的简单同情并不能代表历史真实，章太炎的辩护因此也就显得并不是那么有力量，那么有说服力。一百多年之后回望这段历史，我们就会发现一切都不是过去所说的那个样。

---

① 章太炎：《答学究论康南海密诏出奔事》，《知新报》第一百册，光绪二十五年八月二十一日。

第四节 “与尊清者游”：“客帝”与“分镇”

戊戌秋，清廷以“大逆不道”罪名将谭嗣同、康广仁、杨锐、林旭、刘光第、杨深秀等六人在菜市口处死。处死谭嗣同等六人对清廷来说，或者从清廷立场来说，原本是一件“正义的”事情，因为如果动用武力劫持皇太后，将政治变革转化为一种政权颠覆，无论如何都是一个具有两百年历史的王朝无法容忍的。劫持皇太后，从道义上毕竟属于“大逆不道”，罪孽深重。这在清廷上谕中都有明白宣示，朝野内外大致上也能够认同。然而，奇怪的是，由于康有为、梁启超在外国人保护下流亡国外，由于他们都是一流文人、学者，他们根据自己所掌握的事实及逻辑推理，成功地将这场谋围颐和园、劫持皇太后的未遂政变，解释成了以慈禧太后为首的保守派为了从光绪帝手中夺权，而引发的一场非正义的武装政变。此后一百多年，无数善良的读者差不多都相信康有为，尤其是梁启超在《戊戌政变记》那本书中所建构的叙事模式，以为清廷非正义，康、梁尤其是六君子代表正义、真理。

康、梁的解释合乎人们的认知，尤其是合乎中国人猎奇及喜好阴谋论的习惯。因为光绪帝毕竟不是慈禧太后的亲生子，戊戌秋政治大逆转之后的那段时间，毕竟是皇太后出园训政，皇上的权力受到了削弱。而皇上也离开了原来的居所移居瀛台。这种种迹象都为康、梁的解读提供了证据。

按照康有为、梁启超的解读，在朝廷内部存在着两个权力中心，以慈禧太后为首的保守派，主要是那些落伍颟顸的满洲贵族，他们不满意皇上推动的政治变革，以为这些变革侵害了他们的既得利益，所以他们不断向慈禧太后哭诉，希望慈禧太后出园训政，阻止改革。相对应，当然有一个以光绪帝为首的改革派，这一派当然也包括康有为和为改革付出生命的六君子。康有为、梁启超将光绪帝塑造成一个英明君主，是中国的未来，大清的希望，是中国的明治天皇、大彼得一世。

究竟是康有为、梁启超建构的叙事模式接近历史真相，还是朝廷的官方说法更可信呢？在戊戌年底和后来很长一段时间，官方对这个事情没有提供任何新的解释，当然政府的话语弱势决定着它不可能整天为着过去这么一件事情反复唠叨，而民间出于对朝廷改革推动不力的现实考量，遂对康有为、梁启超建构的叙事模式倾向于相信。

章太炎当然也是因为相信了康有为、梁启超的这个建构转而同情他们的，转而放弃了对康有为学术上的敌视，转而对光绪帝有了好感，以为在清廷内部确实存在着两个阵线分明的派别。所以他在同情康、梁的同时，也在思考着怎样帮助光绪帝推动清廷政治改革，于是有《客帝》一文发表。

据考订，《客帝》一文作于戊戌政变前，政变后流亡台湾时修订，最先发表于《台湾日日新报》，稍后被梁启超主编的《清议报》转载，署名为"台湾旅客"，改题为《客帝论》。后收入《訄书》，但有很多增改。

在这篇文章中，章太炎对大清王朝政治架构提出了一个根本改造的新思路。他认为由于大清王朝的主体是满洲人，遂使政治改革面临非常大的困难，而要想改变这种局面，一个最便捷最可行的途径，就是采用传统中国曾使用的"客卿"办法，设置"客帝"，以此化解政治改革的困难。

根据章太炎的看法，在当时条件下，完全排除满族人的汉族革命大约是不可行的，因为尽管满族人入主中原缺少正当性合法性，但历史毕竟这样走过了两百多年，满族人统治中原也是一个既成事实。那么怎么办呢？章太炎提出的思路是，像古代中国使用异国之材为客卿那样，可以考虑在目前特殊背景下设置一个特殊的名目即"客帝"。具体的改造手段就是将现在的满族君主更改为客帝，继续让这个客帝行使治权，就像现在使用西方人为税务司，为军事教官训练军官，而将政权移交给汉人。如此，日趋高涨的排满主义情绪就会慢慢消解，满汉之间的冲突也就会减弱。“自古以用异国之材为客卿，而今始有客帝。客帝者何也？曰蒙古之主支那是也。夫整军之将，司税之吏，一切假客卿于欧美，则以鸡林靺鞨之宾旅，而为客帝于中国也何损？知是而逐蒙之论，殆可以息矣。”[①]

从章太炎的这个构想看，他还是为清帝国在考虑，并没有将清帝国作为反对的对象，而是为其出主意想办法，希望清廷能够渡过这次合法性政治危机。至于寻找汉人中的什么人来接收这个政权呢？章太炎根据《春秋》今文学派《公羊》的解释，以为最合适的选择莫若“素王”孔子的后人，“支那之共主，非仲尼之世胄则谁乎？”章太炎的理由是，欧洲纪年以耶稣，卫藏纪年以释迦，而教皇与达赖喇嘛，都曾经一度成为欧洲或卫藏的共主。由此类推，孔子为中国人的至圣先师，为中国的共主，也就顺理成章，合乎成例，没有什么可奇怪的，也容易被各方所接受。根据章太炎的这个推论，中国的共主为孔子，其所在就是山东曲阜，至于两千年中国历史上以帝王自我标榜者，不过就是孔子那个时代的齐桓、晋文而已，充其量不过类似于日本的幕府，而不是天皇。

章太炎能够想到用孔子及其家族作为中国“共主”，可能是因为他看到了日本天皇或其他国家的君主万世一系，无为无权然而能够保持君主的威严，维系着社会，有着久远的历史传承，在很大程度上保障了社会的持久稳定。这大概是章太炎讨论问题的依据，也是他的真诚期待。至于找到孔子及其家族，那是因为在中国，真正的大家族大约只有孔子一系自汉代受封以至于今，更十七姓七十余主，也没有哪个君主下决心将其废黜。你可以说这是在利用孔子进行统治，但是既然能够被利用，就必然具有可利用的价值。

---

① “台湾旅客”：《客帝论》，《清议报》第十五册，光绪二十五年四月十一日。

孔子后人之为共主为帝王，是为了平衡戊戌后满汉之间的矛盾，是为了消解汉人的抵抗，特别是孙中山的排满革命。这一点非常清楚。这也是章太炎“与尊清者游”的必然结果。

由于“与尊清者游”①，章太炎的思想受到了这些“尊清者”的极大影响，使他发自内心认为即便慈禧太后非常坏，但光绪这个小皇帝可能还是不错的。这个年轻的皇帝对于大清两百多年的历史已有相当深入的认识、反省与悔恨，在西方近代思想影响下，也有了一些觉醒、醒悟，知道中国的落后、愚昧，知道中国应该改革，于是选拔贤能，变革故法，使卒越劲，使民果毅，使吏精廉强力，使中国逐步恢复实力，重建辉煌，以抵御来自外部的欺侮。

对于这样还算明白的小皇帝，章太炎似乎起了恻隐之心，以为不必像孙中山革命党所说的那样给予驱逐，而是应该继续留下来为“客帝”。其具体的权力架构，根据章太炎的设想，大约是虚尊孔子为大中国名义上的共主，光绪小皇帝引咎降名降格，以方伯自处而为客帝。中国臣民视光绪帝为长官而不再是君主，光绪帝拥有治权而不再拥有政权。

在章太炎看来，如此“客帝”式的权力架构，就能够有效化解反满与拥满之间的矛盾冲突，寻找一个权力架构的平衡点。光绪帝可以继续拥有实际的权力主持变法，主持朝政，只是中国在名义上必须还给新君主，这个新的君主就是孔子的后裔，光绪帝和他领导的朝廷大约有点像日本的明治政府。

与“客帝”方案相辅而行的政治改革方案在章太炎那里还有“分镇”。这也是章太炎认真思考过的一个大问题。当然，这个问题并不自章太炎始。章太炎之所以能够想到这一点，其实也与近代中国中央权力逐步弱化进而解体，地方自治思潮的萌生有着密切关联。

---

① 章太炎：《客帝匡谬》，《章太炎全集》卷三，第119页。

根据章太炎的看法，当时的政治改革有着多种可能，“与不得已，官制不及改，则莫若分镇”[①]。就是当国家总体上的制度安排还不能进行大修改大变动或根本改造的时候，比较可行而又不会带来剧烈震动的办法不如“分镇”，不如以“封建方镇”的办法，将现在的燕、齐、晋、汴及东三省作为王畿，列为朝廷的专属权力区域。其余的地方，则置五道，如关陇，附以新疆；如楚蜀，附以西藏；如滇黔桂林；如闽粤；如江浙。在这五道中，选拔任命一些优秀的督抚进行治理，实行相对独立、相对完整的自治方案，中央政府不再做过多干预，政治经济、文化教育、社会发展，均由五道督抚说了算。五道内部行政机关的设置也不必由中央整齐划一，中央与地方即这五道的关系也由此可以做重大调整，中央不再承担那么多的责任，也不再为地方拿那么多的主意。

至于财政，按照章太炎的“分镇”构想，也主要由地方自主，督抚和地方政府自行解决自行安排，大约采取类似于现今的“分税制”，各地除了自用外，应该按照一定比例，或者一定数额向中央交纳，以确保中央军事、外交、行政支出。当然，由此也必然引发中央财政支出的公开，预算公开。这些对于章太炎二十世纪二十年代的一些政治主张，具有前导性的意义。

章太炎的“分镇”构想，还不是后来一般意义上的地方自治，而是中央必须将地方的全部权力彻底还给地方：“道各以督抚才者制之，冠名以地，无以虚辞美称；行政署吏，惟其所令；岁入贡于泉府者数十万，毋有缺乏；扶寸地失，惟斯人是问。一受其爵，非丧土缺贡，终其身无所易；死则代以其属吏，荐于故帅，而锡命于朝。其布于邻国，则曰斯吾封建之国也，交会约言在是，天室勿与知。若是，则外人不得挟政府以制九域，

① 章太炎：《分镇第三十一》，《章太炎全集》卷三，第72页。

冀少假岁月以修内政。人人亲其大吏，争为效命，而天下少安矣。”[①] 用今天的话说，受封的督抚一旦受封，获得了权力，只要不丧土缺贡，也就是说只要不将封域丢失，不减少不停止对中央政府朝贡和应承担的义务，那么这个督抚对这个地方的统治就是终身，中央政府不得无缘无故撤销其职务。即便这个督抚死了，中央政府也不必另行任命新的督抚，而是以老督抚的属吏代理，朝廷或中央政府不过是履行一个任命的形式而已。

细绎章太炎的思路，他的分镇制度设计，主要有这样两点考虑：一是近代以来，中国面对西方压力，往往显得力不从心，每次交往，总是在西方压力下步步败退，完全意义上的中央政府总是受制于西方，往往吃亏。基于这个政治现实，章太炎的分镇设计，就是要用地方力量去抗衡外来压力，一旦中央政府遇到外部压力，遇到无理索要，就可以凭借地方相对独立自治的理由予以坦然拒绝。假如能够按照这个办法去进行，那么外人也就不必动辄挟持中央政府以获取超额好处，不会动辄对国度实行军事威胁。而且，地方政府在自治修炼中，不仅有助于培养当地人民对地方大吏的认同和支持，人人亲其大吏，争为效命，而且有助于地方督抚提升自己的管治能力，修内政，安地方。各地自治能力、自卫能力、发展能力，都会随着分镇的实行而有很大增长。分镇治理一定会为大一统的中国寻找出一条发展新路。

二是章太炎希望通过分镇式的地方治理，增强地方实力和地方势力，逐步培养出强有力且政治开明的地方实力派，就像日本在明治维新时代的萨摩、长州二藩那样，在中央主导的政治改革过程中发挥巨大作用，为大一统的中国政治变革找到一条更加可行更加经济的道路。

在章太炎看来，大一统的中国要想在政治上有所作为太难了，中国的

---

① 《章太炎全集》卷三，第 73 页。

未来希望可能不在中央而在地方。这就是章太炎说的，从来的政治变革政治发展，假如得不到藩镇以尊王攘夷，那么怎么折腾都很难得出理想效果。中国要想走上宪政道路，就必须从培植地方自治入手。章太炎在二十世纪二十年代竭力鼓吹大力支持且身体力行的地方自治、联省自治，其实就是从“分镇”这里开始的。[①]

在康有为、梁启超影响下，或许还有章太炎自己确实动了恻隐之心，他对清廷发自内心觉得值得爱护值得支持。他的“客帝”论其实就是要阻止推翻清廷的政治革命在中国发生，所以他在戊戌后很长一段时间并没有走上革命道路，他的政治理想依然是扶持清廷特别是扶持光绪小皇帝，反对慈禧太后滥权专制，期待有机会帮助光绪帝进行政治变革，因而他那个时间段的政治语言其实就是康梁式的政治改良主义。

当此时，与章太炎有旧的钱恂受张之洞委派，出任湖北留日学生监督；梁启超也来到日本横滨创办了《清议报》。他们“均有书约章赴日，章应其请”[②]，光绪二十五年（1899）五月渡日本，初三日（6 月 10 日）发基隆，初七日（6 月 14 日）步上神户；初十日（6 月 17 日）发大津趋名古屋。先在横滨梁启超清议报馆寄宿，稍后搬到东京，住在钱恂官邸。

通过对梁启超相处数日的正面观察，章太炎捐弃前嫌，以为梁启超在经过戊戌政治逆转后，变得更加沉稳、坚贞，简直就像松柏之遇霜雪，经此考验，有了很大长进，今日之深沉，迥异乎前日。章太炎将这些意思写信告诉汪康年，因为汪康年在戊戌年与康有为、梁启超等人为《时务报》控制权而闹翻，章太炎也是这场冲突中稍受影响的人。章太炎此时出于恻隐之心劝汪康年接受梁启超的道歉，“伯鸾旧怨亦既冰释，梁于弟更谢血

---

① 章太炎：《章太炎改革法制之新主张》，《申报》1922 年 6 月 25 日。

② 冯自由：《壬寅支那亡国纪念会》，《中华民国开国前革命史》，广西师范大学出版社 2011 年版。

气用事之罪。松柏非遇霜雪，不能贞坚。斯人今日之深沉，迥异前日矣”[①]。他劝汪康年不计前嫌，尽量与梁启超等人和好，毕竟大家在维新变法这些政治理念上还有一点相通，属于一个阵营。

第五节　革命的理由

在日本，章太炎还因梁启超的引见，与孙中山相识。此时梁启超正在设法与孙中山合作，结成反体制反清廷政治联盟；而孙中山好像也觉得康、梁是一股可以利用的政治力量，有意合作。章太炎与孙中山畅谈政治理念、治国方略，尤其详细探讨了中国的土地制度。两人在这些问题上有交集有争论，也有相同或相近的认识。章太炎向孙中山谈及自己对土地问题的看法，对于传说中的三代井田、王莽王田与禁奴，王安石时的青苗法，洪秀全时代的公仓制度等，都有详细的讨论。

孙中山表示最服膺美国人亨利佐治的“单税论”，以为这种土地公有的理论可能有助于中国社会问题的根本解决。在谈到政治变革时，孙中山认为戊戌后中国政治改革陷入僵持，要想打破这种僵持，就必须有外力推动或破局。在目前情形下，不瓜分不足以谈恢复，如果有一场来自外部的流血冲突，这种僵持或许能够终结。

对于孙中山的议论，章太炎有的信服，有的默然，有的地方不以为然。他以为中国土地问题是几千年来的老问题，孙中山的理论或许是一个解决方向。土地不能平均，不能耕者有其田，即便轻徭薄赋，老百姓也很难安居乐业，社会问题依然会不断恶化不断衍生。中国社会之所以长时期在一治一乱中循环往复不已，说到底就是始终没有解决土地问题。土地问

① 章太炎：《章炳麟致汪康年书之七》，《汪康年师友书札》，第1956页。

题是中国几千年治乱兴衰的关键，所以中国要想寻找一条长治久安的路，要想走出一治一乱的循环，就必须彻底解决土地问题。

对于孙中山有关政治变革的主张，章太炎是赞成的，以为非常对。章太炎认同孙中山的主张，以为满汉之间，社会上下层之间，贫富之间等形成的无数僵局已成，没有一场大规模的社会冲突或流血冲突，中国或许走不出困境。他由衷赞美孙中山对中国政治前途的判断，以为其种族革命、社会革命的看法不愧为远见卓识，值得各方面关注。章太炎写信告诉汪康年："兴公亦在横滨，自署中山樵，尝一见之。聆其议论，谓不瓜分不足以恢复，斯言即流血之意，可谓卓识。"①

章太炎在与孙中山交往中，对其理论一度是赞美的，但对中山为人，章太炎后来回忆说第一次见面就不是那么愉快，总觉得其人闪烁不恒，非有实际，大约就是许多人感觉的所谓"孙大炮"，大话可能多点，有的可能还显得不着边际。章太炎从历史的观察中以为孙中山的这种性格决定他不可能开创一个崭新的局面，充其量不过是历史上的张角、王仙芝，轰动一时，很难开辟一个新局面，打开一番新天地。

短暂的日本之行很快结束了，国内因戊戌政治大逆转而引发的政治紧张也大体结束了，形势缓和，章太炎的危险好像就这样自动解除了。"七月，返至上海。"②

一趟日本之行，使章太炎的思想发生了相当变化，这在他回到上海之后与宋恕的交谈中可以获知。宋恕是章太炎的老朋友，多年来一直致力于探究中国怎样才能变法成功，怎样才能使中国踏上与西方与世界一体化的道路，因而宋恕对日本明治维新有自己的理解，其看法与当时许多人很不同。

---

① 章太炎：《章炳麟致汪康年书之七》，《汪康年师友书札》，第1956页。

② 《近代史资料》1957年第一期。

宋恕对章太炎说，他曾经到日本游历考察，感到日本是一个非常不得了的民族，民众勤奋，士大夫好学，行政长官不骄不躁，勇于担当勇于做事，社会上下齐心合力，这是日本日趋强大的根本原因。从日本的经验反观中国，宋恕认为，中国人自甲午战败说变法、维新的多，但是真正弄明白日本强大的关键，找到中国问题的症结，还差得很远。中国如果真希望达到一种理想的政治境地，必须将政治交给一般百姓，让人民有权力有兴趣议论国是关心国是。只要做到这一点，那么，传统政治中的一些不良习气必然随之消失。中国如欲走上宪政之路并不是一件很难的事，也不必按照西方的路数亦步亦趋，只要能够参照日本经验，结合中国实际去进行，中国就一定能够像日本那样踏上宪政之途，走上富强。

有了日本两个月的直接经验，章太炎也能对宋恕的看法提出自己的意见。他认为，日本的民风从表面上看与中国相差无几，然而仔细分疏，其差异还是蛮大的。日本因历史原因形成了真正意义上的"封建体制"，地方自治远较中国发达，人民的政治习性当然也就与中国不一样，民性慕进，以偷生懒惰为耻。"有良俗，故其宪政亦工，非以宪政能致善俗也。"不是宪政改变国民习性，而是国民习性决定了宪政体制。然而从日本的经验看，其情形则大异。中国自秦朝以来实行郡县体制，中央集权，国祚数移，民无恒产，官无恒职。平时善柔文弱毫无智慧的人，只要谨慎地一步一步爬升，也能够累积资历，以取卿相。假如遇到什么大的政治变故，特别是当周边族群入主中原之类大变动时代，人心优劣于此愈发明显，许多人不顾廉耻，从下层社会爬上政治高层。面对此情此景，人民久而久之习以为常，习焉不察，国民性格也就这样被重塑被定性。由此，章太炎认为，中国立宪的最大障碍不是别的，而是国民习性。国民习性中的问题，主要在于社会上层即那些官吏权力来源的非法、无耻。所以中国要想走上立宪道路，其重要环节就是要改变国民习性；而改变国民习性的关键，就是将那些旧官吏彻底改造。现在不去改造这些官吏，养成一种现代官吏所必备的职业道德，徒曰通过立宪，通过政治改革可以改变官吏，改变国民习性，这简直就是以《孝经》的道理去说服黄巾不要起义、闹事。所以今天清帝国政治变革的最大障碍就是那些旧官吏，这些旧官吏如果不能去除大半，任何政治变革都是不可能的。“是故处今之世，不诛锄旧吏，去其泰半”[①]，是根本不可能的。而要想将这些旧官吏去除大半，当然也是非常困难的，因为他们毕竟都是既得利益阶层，所以中国问题的症结，在章太炎的深层意识中似乎发生了变化，那就是完全依靠旧有的政治架构，依靠满洲人的旧有统治，可能希望越来越渺茫。

章太炎与宋恕的这些对话，见于章太炎民国年间《对二宋》一文的回忆，这可能注入了新的时代因素。也就是说，当他刚从日本回来的时候，思想上或许还没有这样清晰的认识，因为从他的交往中可以看到他依然是与“尊清者游”，他所热衷的，依然是从大清体制内进行改革。

戊戌后中国政治几乎完全失控，政治改革完全停了下来，外国政府、国际资本对于中国政治变革停止充满忧虑，特别是光绪帝为了洗刷康有为等人强加给他的政治立场，再加上康有为事件的突然发生，让光绪帝莫名其妙，措手不及，仅仅为了洗刷自己，为了向慈禧太后证明自己并不是康有为的同党，更不是后台，光绪帝在戊戌政变后不久确实病倒了。之后的一年，或好或坏，到了后来，如果不为光绪帝配置一个接班人，清帝国的政治生活极有可能停摆。于是，光绪二十五年（1899）最后几个月的重大事件，莫过于朝廷确定为光绪帝立大阿哥。这就是近代史上的“己亥建储”。

光绪帝自幼年时代就患有肾病，自大婚以来已经十多年了也不曾生育，而且所有迹象表明他可能根本不会生育了。皇位继承从来都是帝国头

① 章太炎：《对二宋》，《章太炎全集》卷三，第598页。

等大事，所以为了防患于未然，朝廷为皇上寻找继承人，也不是不可以理解的事情。

然而问题的特殊性在于，在康有为等流亡海外的维新人士看来，光绪帝的存在是一个重要象征，失去了这个皇上，或许改革就永远不再回来。至于外国政府、外国人、国际资本，更是把光绪帝看作中国政治稳定的象征。于是当立大阿哥的消息传出后，外国政府、投资者焦虑不安，海内外维新人士一下子变成了保皇党人，他们发誓不惜代价要求朝廷保全光绪帝。

光绪二十六年十二月二十六日（1900 年 1 月 26 日），上海绅商、电报局总办经元善联络各界名流一千多人致电朝廷，抗议朝廷的废立之谋。大约为了表明这个抗议的声势，也大约因为章太炎的名头在经过一系列变故后有了很大提升，所以经元善在这份电报上将章太炎的名字列为领衔的前五十人。结果害得章太炎在此后不久再次逃亡，不得不逃到租界里躲藏，以躲避清廷追捕。

章太炎并没有主动列名这份抗议电报，但他显然赞成经元善在这份电报中所表达的意思，也表明他依然希望能够继续从体制内部进行改革，避免流血，减少冲突。然而，朝廷的做法还是使章太炎这些人彻底失望了。

大阿哥如期选定、宣布，这件事情的真相在一百年之后想想或许朝廷有朝廷的难处，但是由于保皇党人竭力反对，更传出一些有实力的地方督抚像李鸿章、刘坤一也有不同看法，而各国公使也因各方面意见不一致不知如何抉择，于是对大阿哥和大阿哥的父亲端郡王采取了不理不睬的态度，中外之间因大阿哥事件陷入僵局。

中外之间的僵局无法突破，而当此时已在民间流行了一段时间的义和拳、大刀会充当了另外一种角色。

义和拳、大刀会或许有着悠久的历史渊源，但其再度崛起显然与《马关条约》中同意外国资本大规模进入中国开矿山、修铁路有关。大片农田被征用，大批农民离乡背井，流离失所，他们为了生存，有的走乡串户，或乞讨或卖艺；他们为了维持最低限度的健康，练功习武，健身健体；他们反对地方政府的横征暴敛，为了反对那些不良教民的刁难与侵害，逐步由个人零散的小规模反抗，走上了“集体维权”。于是各种各样名头的民间秘密结社出现了，他们原本并没有多少政治诉求，他们所争的只是自己生存的基本权益。

对于义和拳、大刀会这样的民间秘密结社，清朝从来都采用非常严厉的惩处措施，防患于未然。然而，自从戊戌政治大逆转，列强就对清廷中保守势力的崛起踌躇不安，对中国政治未来表示担忧，现在又因大阿哥事件拒绝与中国交往，冷然以对。这迫使清廷中的一些人使用阴招，利用义和拳、大刀会等民间秘密结社的排外主义情绪。

清廷的意思或许是想利用义和拳打破中外交往的僵局，但是各国公使在这一点始终不接招。列强一再要求清廷严厉镇压义和拳、大刀会，但对大阿哥、端王的新政府始终不愿接近，更无意于宣布承认，更不要说加持、祝福了。

中外僵局终于导致庚子年春夏之交的重大变故，义和拳、大刀会在新任山东巡抚袁世凯的严厉镇压下，向山东之外溢出，向京津地区转移，严重影响了华北地区的稳定、秩序，列强深感恐慌。而清廷中许多因大阿哥事件而对外国人充满仇恨的王公大臣却不这样认为，他们却对义和拳等持一种欢迎态度。列强为了维护在华利益，为了那些侨民、传教士的安全，先是派遣使馆卫队，继则派遣多国部队日夜兼程赶往中国，深入内地，代清廷剿灭义和拳、大刀会。这就是庚子年中国政治发展的大致脉络。

在联军集结并开始向北京进发的时候，在长江领域出现一个非常奇特的现象，东南各省督抚竟然在两广总督李鸿章、两江总督刘坤一、湖广总督张之洞、山东巡抚袁世凯等人主导下与列强达成“东南互保”的协议，他们相约保护这些地区不受义和拳的侵犯，以换取列强不向这些地区出兵的承诺。列强经过谈判乐于答应这个条件，因为他们为了应付北方战局已经有点应接不暇了，所以列强同意东南这些地方可以交给中国地方当局管理。五月三十日（6月26日），上海道余联沅与各国领事商妥保护租界及长江商教办法。①

东南互保究竟应该怎样评价是一个问题，但在章太炎当时看来无疑是一个非常重要的契机，是实现他“分镇”主张的绝佳机会，于是他致信刘坤一、李鸿章，建议利用目前特殊环境，“明绝伪诏，更建政府，养贤致民，以全半壁”②。

章太炎在政治上确实够敏感的，与他致信刘坤一、李鸿章的同时，孙中山其实也在利用这个机会进行活动，孙中山的想法是希望两广总督李鸿章在华南独立，“要与华南人民商议，分割中华帝国的一部分，新建一个共和国”③，成立一个纯粹汉人的政府。

李鸿章或许也有这样的选项，因为在当时那种紧急情形下，什么事情都可能发生。然而，当北方局势趋于稳定后，李鸿章依然奉清廷正朔，接受朝廷委派前往北方主持与列强的议和。孙中山的设想因此落空，而章太炎利用地方督抚实行“分镇”的方案也只能停留在纸面上，只具有思想史的意义。

当孙中山策动李鸿章两广独立，章太炎游说刘坤一、李鸿章实行分镇的时候，湖广总督张之洞也有自己的考虑，他一方面与东南督抚一起签署

① 《光绪朝东华录》，第4523页。

② 章太炎：《与李鸿章》，《章太炎书信集》，第22页。

③ 孙中山：《离横滨前的谈话》（1900年6月上旬），中国社科院近代史研究所编：《孙中山全集》卷一，中华书局2014年版，第189页。

东南互保的协议，一方面密切观察北方的战局，寻找机会，制定一个两全其美的应对方略。

按理说，张之洞是慈禧太后一手提拔起来的亲信大臣，他对慈禧太后也确实长时期忠贞不二，在甲午战争、戊戌变法等一系列重大事件中，都坚定地站在慈禧太后一边。

然而，现在情况却不一样了。满族贵族在庚子初不顾中外反对执意立大阿哥之后，引发了空前的政治危机，特别是端郡王载漪出任总理衙门首席大臣后，更是连连失误，出台一系列愚蠢政策，弄得天怨人怒，危机四伏，只要端郡王载漪还在台上，谁也不知道这样的错误政策会将大清王朝引向何方。于是，张之洞对清廷不能不感到失望，他的责任心、道德感，在在迫使他在忠君和忠于国家之间做出抉择。他最终选择与两江总督刘坤一相同的政治立场，竭尽全力维护长江流域的政治稳定，并时刻准备着北上“勤王”，扮演更重要的角色。

张之洞选择与刘坤一同样的政治立场维护长江流域的稳定，与列强订立东南互保章程，同时，他较刘坤一等人还多了一个选择，那就是“勤王”。

“勤王”这个概念当然是由清廷“己亥建储”所引发的，真正付诸实践并作为一个政治口号号召天下的，还是流亡在海外的康有为、梁启超等所谓保皇党。

此时积极追随康有为昌言并推动保皇的弟子有唐才常。唐才常为湖南浏阳人，早年就读于长沙校经书院、岳麓书院，肄业于张之洞创办的武昌两湖书院，所以又算是张之洞的门生弟子。张之洞素有爱护门生弟子的美誉，所以唐才常又与张之洞有着不同寻常的师生之谊。

维新运动开始后，唐才常与谭嗣同在浏阳创办算学馆，提倡新学，在长沙参与创办时务学堂，负责编辑《湘学报》，创办《湘报》、南学会、群萌学会等，是湖南维新运动中一位非常重要的人物。

康有为、梁启超，特别是谭嗣同因出任军机章京北上后，湖南维新运动因新旧派别无端冲突日趋萎缩，心灰意冷之余，唐才常也于戊戌夏准备前往北京参与新政，而康、梁、谭嗣同在策划以武力解决新旧冲突时，也曾经毕永年提醒准备召唤唐才常前来北京予以协助，因为唐才常不仅敢于任事，而且也与绿林人物有很多关系。

唐才常收到谭嗣同电召后立即动身，不料行至武汉，康、梁行动计划不慎泄露，慈禧太后抢先动手，“1898年中国故事”终于落幕，“六君子”血染北京街头，唐才常被迫流亡，周游香港、新加坡、日本等地。

在日本东京，唐才常拜会正在那里流亡的康有为，与康、梁等共谋救国之策，大致接受康、梁所宣扬的保皇主张。光绪二十五年（1899），唐才常返回上海，主编《亚东时报》，抨击政治守旧分子，继续宣传变法维新，决心“树大节，倡大难，行大改革”。大约也就在这个时候，章太炎从日本返回上海，也很快参与了《亚东时报》编辑事务，与唐才常成为朋友。

光绪二十五年（1899）秋，唐才常专程赴日本拜会孙中山，共商在湘鄂及长江流域起义计划以及孙中山与康、梁系合作问题。

唐才常在会党中拥有重要地位，这是他敢于在湘鄂及长江流域发动起义的资本和底气，通过与孙中山、康有为两派主要人物梁启超、林圭、秦力山、吴禄贞等人沟通，唐才常决定以会党为起义的基本力量，夺取武汉为基地；委派林圭回国负责联络会党，组织起义军，康、梁在海外筹款接济，唐才常负总责。

是年（1899）冬，唐才常潜回上海，广泛联络各方人士，设立东文译社作为秘密机关。不久又发起成立“正气会”，以忠君爱国、反清灭洋为宗旨，并筹划武装勤王。庚子初，正气会更名为“自立会”，其武装定名为“自立军”，仿照会党建立山堂。数月间，仅长江流域及南方各省会党、农民，乃至清军官兵加入自立会的，就有十余万人。

在这十余万人的基础上，林圭选择大约两万人组建自立军七军，奉唐才常为总统兼总粮台，在汉口英租界设立指挥机关，显然是以两湖为活动中心。

唐才常是江湖领袖，也是文人雅士。当北方义和拳风起云涌越闹越大的时候，唐才常和一切关怀中国现实和前途的人一样，敏锐地意识到这是千载难逢的历史机遇，于是在上海邀集各方名流和志士，于光绪二十六年七月一日（1900 年 7 月 26 日）集会在英租界张园即愚园之南新厅，召开“中国议会”成立大会。寓居上海的各界名流容闳、严复、章太炎、文廷式、叶瀚、狄楚青、张通典、沈荩、龙泽厚、马相伯、毕永年、林圭、唐才常等八十多人出席了大会，可谓名流荟萃，群贤毕至。

叶瀚主持了此次会议，大家依次排列，北向而坐。叶瀚以主席身份“宣读今日联会之意：一、不认通匪矫诏之伪政府；二、联络外交；三、平内乱；四、保全中国自立；五、推广支那未来之文明进化”[①]。叶瀚动议将这个组织定名为“中国议会”，令大众议为然者举手。举手者过半，议遂定。

接着，投票选举正副会长，令人各以小纸条写上自己心中所欲选举的正副姓名，交给书记。书记收齐点数，凡举正会长以容闳最多，得四十二票；举副会长以严复最多，得十五票。于是，容闳、严复二位入座。容闳旋即向大会发表即席演讲，声如洪钟，意气风发，台下掌声雷动，兴奋不已。

章太炎是中国议会的积极参加者，但对第一次会议的三项决议持坚决反对立场。他在会后写了一个说帖，针锋相对批评这个决议，坚决反对以

---

① 孙宝瑄：《日益斋日记（节录）》，《戊戌变法》卷一，第 540 页。

扶持光绪帝重新执政为中国议会的政治目标，更反对以勤王作为中国议会的宗旨。按照章太炎的说法，中国议会的宗旨应该以拯救中国为根本目标，不能以拯救满洲贵族统治集团为目的；应该以振起汉族为宗旨，不能以振兴满洲为目的；应该以保全兆民为宗旨，不应该以保全一个皇帝为目的。

按计划，七月四日（7 月 29 日），中国议会在张园召开第二次会议，到者六十余人，在签到簿上签名的有五十多人。会长容闳命孙宝瑄及张元济当会计。不知什么原因，他们两人均不愿意干，遂改命孙多森、唐才常权理其事。又选定叶瀚、邱震、汪有龄担任书记。郑观应、唐才常、沈小沂、汪康年、汪剑斋、丁叔雅、吴彦复、赵仲宣、胡仲巽、孙仲玙等十人为干事。

中国议会第二次会议的重点仍然是讨论议会的宗旨，会议的主导意见似乎是：一、保全中国疆土与一切自主之权；二、力图更新日进文明；三、保全中外交涉和平之局；四、入会者专以联邦教、靖匪乱为责任，不承认现在通匪矫传之伪命。

与会者多数抱持这样三点看法，一是尊光绪帝；二是不承认端王、刚毅等；三是力讲明新政法而谋实施。虽然主张排斥端王、刚毅等满族贵族中的顽固派、守旧派和坚定的排外主义者，但这些人并不主张排满，更不会主张孙中山式的革命。所以他们主张在联军还没有打到北京的时候，设法将光绪帝救出来，以保障中国法统的完整性。至于怎样才能将皇上救出来，大家的意见就不一致了，有的主张借重张之洞的力量，如汪康年；有的主张联络英日两国，通过外交渠道解决，如文廷式；有的主张倚重翁同龢或陈宝箴，如唐才常；有的主张密召康有为，利用康党进行，如狄葆贤。

对于这些主张，章太炎很不以为然，他向与会者散发了一个说帖，建议中国议会必须严格拒绝满族人和蒙古人的加入。他的意思是将中国议会办成一个纯粹汉族人的新国会，是要诸位同人利用中外大乱的时机，重建一个汉族人的国家。章太炎在这个说帖中强调，中国议会的宗旨可以归结为三点：一、为拯救支那，不为拯救建虏；二、为振起汉族，不为振起东朝；三、为保全兆民，不为保全孤偾。[①] 很显然，章太炎的三点主张和与会者的主流思想差别太大，这已不是一般的改革，而是革命，是造反，与会的诸位同人谁也不敢追随附和，皆不以为然。

与会者的沉默与反对激怒了章太炎，“余谓才常，曰诚欲光复汉绩，不宜首鼠两端自失名义。果欲勤王，则余与诸君异趣。”[②] 道不同不相为谋，章太炎愤而退会，不再与各位一起玩了，大家各走各的路。

为了表达自己的决心，七月九日（8 月 3 日），章太炎“割辫与绝”，愤然剪掉了两百多年来标志着清朝顺民的大辫子，脱去了清帝国标志的长布衫，改穿西装。为了表达自己排满革命的坚定意志，章太炎还专门写了一篇《解辫发说》[③]，公开宣布与清帝国挥别，坚定不移走上了排满革命的路。

章太炎在庚子年政治动荡时期走上排满革命的道路具有相当偶然性。第一，这是因为以端王为首的新政府刻意与世界为敌，激怒了章太炎。我们知道，所谓中国议会就是因为北方的政局，就是清廷这个时候用端王替换了原来比较有柔性的政府，这个新政府盲目排外，煽动民族主义、民粹主义情绪，不顾民众利益和死活，悍然与世界为敌，以一国敌十一国。这实际上是国家的不负责任，是将一己之私利凌驾于国家、百姓利益之上。

① 章太炎：《请严拒满蒙人入国会状》，《中国旬报》第十九期，光绪二十六年七月十五日。

② 《近代史资料》1957 年第一期。

③ 《中国旬报》第十九期，光绪二十六年七月十五日。

这是章太炎愤怒的第一个理由。第二，中国议会诸公大约是受到康有为、梁启超的深刻影响，或者是中国议会诸公各自直接的感性认识，不认为端王的新政府代表了光绪帝的意思，皇上现在即便没有被完全废黜，可能实际上已经不再拥有权力，所以他们坚定地要求保皇，要求勤王，要求清君侧。而这一点，在章太炎看来，好像有点不着调。所有这些因素，终于促使章太炎在思想上发生一次剧烈变动，终于从一个政治上的改良主义者转变为排满反清的革命者。

根据章太炎的看法，中国议会诸公的政治诉求是矛盾的，光绪帝、端王还有那个大阿哥，与朝廷是一体两面，并不存在着利益上的冲突与矛盾，各位受到唐才常的蛊惑太重了，而唐才常又受到康有为的蛊惑太久了，总认为光绪帝代表着朝廷中的进步力量、健康实力，代表着中国的希望和未来。章太炎认为，这个判断可能是很有问题的，满人之对于汉人，其实就是一个阶级压迫着另一个阶级，满人从来没有把汉人当作自己人，戕虐贤俊，使汉人成为这个国家的二等公民。现在满族政府更过分，为了一己私利，横挑强邻，戮使掠贾，四维交攻，不把国家当国家，为了皇族阶层特殊利益，竟然拿国家作赌注，以一国挑战世界，违背《春秋》两国交战不斩来使的原则，违背现代国际交往准则，公然杀害外国公使，终于引来八国联军进攻中国进攻北京。章太炎强调，这是中国的危机，也是世界给中国的一个机会。中国议会应该利用这个难得的机会，推翻清政府，重建汉人国家。

事后想想，章太炎的判断是对的。端王也好，皇上也罢，他们之间的关系真的不是唐才常们所想象的那样，有什么不共戴天视若水火的仇恨，端王也并不是一个天生的、彻底的排外主义者，皇上也并不是一个什么英明领袖，更不是什么中国的未来和希望。在对待义和拳，对待外国，对待汉人等一系列问题上，他们立场一致步调一致，只是节奏不同，表现有异而已。稍后，唐才常策动的勤王运动竟然受到朝廷的迫害，年纪轻轻的唐才常因此而丧命。这也从一个侧面证明了章太炎预言的天才性。

章太炎转向革命是有足够思想准备的，这或许与他不久前与孙中山有过直接接触相关联。所以他在剪掉辫子发誓反清排满之后第五天，就给孙中山写了一封热情洋溢的信，详细介绍了自去年在横滨见面之后国内政治变化，以为现在国内的政治形势因满族贵族统治集团倒行逆施而岌岌可危，满族贵族统治集团狂妄自大，肆意妄为，与世界为敌，违背了基本的国家关系准则；八国联军发动进攻，将及国门；覆亡之兆，已清晰呈现，不待问卜，就知道中国形势到了怎样的危机状态。南方各省督抚为了自保，与列强签订了互保协议，我章炳麟也曾在这个时候上书刘坤一、李鸿章，希望他们顺应世界大势，明绝伪诏，自建帅府，然而他们根本不听。东南大局，亦复岌岌。

至于上海各界名流组织的中国议会，章太炎也向孙中山做了介绍。他认为容闳当然是一个天资聪明的第一流人物，但与会诸公由于各怀鬼胎，贤者以保皇为目的，不肖者以保爵位升官发财为依归，他们继续尊奉满族贵族统治集团为正统，不再计较九世之仇，不再顾忌满族还是汉人。在整个中国议会中，只有我章炳麟坚决反对满族人，昌言严拒满蒙人加入中国议会，诸公不以为然，我章炳麟也就只好移书退会，割辫与绝，以明我章炳麟不臣满族之志。现在我和孙先生终于成为一条战壕中的战友了，我们虽然在整个中国是少数，但是我章炳麟坚定相信，爱国家并不必然爱朝廷，推翻清政府，重建汉民族的国家，是这一代人的正义事业，一定能够成功。

章太炎的主动投效当然出乎孙中山的意料，因为孙中山在过去几年间，虽然做了许多工作，但真正的文化人即便在思想上认同孙中山的追求和主张，但却出于各种各样的原因，很少能够投身于这项看不见尽头看不到希望的正义事业。现在章太炎来了，而且是主动来的，这当然使孙中山喜出望外。章太炎的文名，章太炎在中国知识界的影响力，那可不是一般的了得。孙中山指示《中国旬报》将章太炎的这份来信全文发表，并在编者按语中称颂章太炎这篇文字是有清两百年来第一雄文：士气之壮，文字之痛，无与伦比。

七月二十日（8 月 14 日），联军开始向北京进攻；七月二十一日（8 月 15 日），两宫离开北京；七月二十八日（8 月 22 日），清廷下诏求直言。张之洞眼见大局底定，派兵包围武昌自立会机关，将准备勤王的自立军首领唐才常、林圭等二十余人抓捕，当夜处死。中国政治局面又面临着一次大逆转。

在这一系列复杂的政治局面中，章太炎已经真的成为重要的政治人物了，表征就是当自立军起义失败后，章太炎竟然先因参加中国议会受到第三次大约也是第一次真正意义上的通缉。紧接着，又因那本具有反满意思的小册子《訄书》的出版，受到第四次通缉。

接二连三的被通缉当然意味着章太炎的地位在提升，意味着其地位的重要，但其生活在这不断被通缉的过程中当然无法安宁，使他终日处在逃难、避难，躲避追捕的过程中。渐渐地，章太炎那点改良主义想法被消磨殆尽，他终于撕下脸皮，成为一个无比坚定的排满革命家。

章太炎的这些想法，在那个时代还是绝对少数，更多人，并没有从个人生活经验中，从世界大势中看出满族贵族统治集团的困局，看不出打破困局的出路。大家差不多依然沉迷在爱国家更要爱朝廷的狭隘传统爱国主义层面，以为国家的困难就是个人的困难，个人应该帮助支持朝廷渡过困难，走上坦途。辛丑（1901）春，流亡日本的梁启超鉴于中国困局，以为中国在西方因素东来后长时期陷入积贫积弱状态，举步维艰，改革艰难，不是政府无能，而是人民愚昧，是全体国民素质差，有奴性、愚昧、为我、好伪、怯懦、无动六大弱点。因此，中国要进步，就要启蒙，就要改造国民性。[①] 有什么样的人民，就有什么样的政府。

梁启超的观点开启了后来五四新文化运动中的国民性改造的先河，只是梁启超设定的问题并不简单在此，他这篇文章的主旨就是要为满族人开脱，就是要重建中国人对那位圣明君主光绪帝的信任，以为年轻的圣明君主忘身舍位，依然为中国开数千年未有之民权，非徒为民权，抑亦为国权。梁启超这篇文章论证的落脚点，就是康有为的保皇主张，就是想方设法支持光绪帝重新掌握朝廷大权，排除慈禧太后对权力的占有和垄断。

从保皇党人的立场上看，事情或许如此，但在已经转变了思想观念的章太炎看来，梁启超的这些理论就显得有点儿荒谬了，梁启超迫于愚昧的忠君理念，不及择音，而忘理势之所趋，因而使其说法显得格外偏颇。为了纠正梁启超的看法，章太炎写了一篇《正仇满论》[②]，不仅有力反驳梁启超忠君思想保皇理念，而且正面阐释自己的排满革命理想和预想中的实现途径。

章太炎指出，推翻清政府，重建汉人的国家，是这一代中国人必须完成的使命。这不是因为满洲人统治太无能，而是他们在进入中原的时候，就对汉人犯下了无法饶恕的罪行，屠刽之惨，焚掠之酷，钳束之工，聚敛之巧，这些虽然有些已经成为往事，但有些还在进行。汉人对满洲人仇视是无法根本消除的，排满革命不可避免，不得不如此。

至于梁启超和保皇党人对光绪帝的幻想，在章太炎看来其实是一种非常天真的自我想象，光绪帝与那个被视为“可恶的”那拉氏即慈禧太后在本质上没有任何区别，他们都是满洲利益的代表者，即便光绪帝取代那拉氏拥有全权，他也不可能牺牲满洲贵族的利益，不可能改变满洲贵族的统

---

① 梁启超：《中国积弱溯源论》，《饮冰室合集》文集之五，第12页。

② 《国民报》光绪二十七年六月二十六日。

治方式，更不可能为全体中国人着想。满洲人只是一个特殊的利益集团，任何统治者都必须为这个特殊的利益集团去服务。这就是问题的关键。所以在章太炎看来，指望一个小皇帝是没有用的，中国历史应该翻开新一页。此时的中国人无不切齿痛恨满洲贵族统治集团，无不思考着期待着顺天以革命。此时的仇满，不是一场简单的种族仇视或仇杀，而是满洲贵族所代表的清王朝作恶太多，无一事不足以丧我中国。

爱国家并不必然爱朝廷，当朝廷成为一个反动势力时，就只有打破它粉碎它。这就是章太炎在这篇文章中所得出的结论，这就是排满革命不得不然的理由。

从“革政”到“革命”，章太炎在短短几年的维新时代完成了思想的蜕变，这不仅是他个人史的一件大事，通过这件事，也折射了戊戌文人发生、分化与结局，极具案例意义。

第七章

罗振玉和他的朋友圈：戊戌时期

罗振玉（1866—1940）是近代中国政治史文化史上都值得注意的人物，在许多领域留下不可逾越的贡献，本章主要讨论他在戊戌前后的朋友圈，以此概见一个青年才俊初出道时的艰辛、机遇。

第一节　蒋黼、刘鹗与汪康年

人生道路无法提前预知，人生机遇也总是带有很多偶然性。罗振玉祖籍浙江上虞永丰乡，生于江苏淮安。他原本有一个相当不错的家庭背景，上虞罗氏经过上千年的发展演化，已经从小户人家发展成不错的殷实之家、官宦之家。罗振玉曾祖敦贤公字希齐，于嘉庆年间宦游盐河幕府，流寓江淮，遂寄籍江苏淮安府。敦贤公有子九人，第三子名鹤翔，字翼云，是为罗振玉生祖，以江苏候补布政司理问，历知泰兴、赣榆、高淳、江宁诸县事，终于高邮州知州，当官以干练著称，但年近四十三岁就去世了，甚为可惜。鹤翔公有子二，长名树勋，字尧钦，是为罗振玉父。[1]

罗振玉父尧钦公承父业定居在淮安城内，田产以外兼营质库“恒益典”，因自己不善经营，委托又不得人，不几年就弄得亏负累累，不能家

---

① 陈邦直：《罗振玉传》，“满洲”图画株式会社1943年版，第1页。

居，幸而捐过候补县丞，不得已避债出走，得署江宁县丞，后来又历署海州州判、徐府经历[1]、清河县丞，卒于光绪三十一年（1905）乙巳十月，年六十四岁。[2]

罗振玉祖母方氏出身于安徽桐城大家方氏，青年孀居，“治家严”[3]，“主家政，令一老仆司阍，凡事禀承，一门肃穆，不肃而严”[4]；然待人宽厚，集传统伦理、美德于一身，这对罗振玉有着很大的影响，终其一生受用不尽。

破落的贵族毕竟还是贵族。少年罗振玉并没有觉得家族衰败，他依然像那些贵族子弟一样受到良好教育，四岁发蒙，五岁入私塾，十五岁读完经书，中秀才，十六岁始作八股文。这一年（光绪七年，1881），尧钦公送罗振玉两兄弟返里应童子试，罗振玉此时八股文刚学，能做半篇，估计不会取中，参加考试也不过随去观场，积累经验，想不到的是，罗振玉竟然考了个第七名。[5] 可见，罗振玉从小受到比较严格的正统儒家思想的教育，原本应该在中国传统士人共有的道路上继续发展。

而且从个人性格看，罗振玉“自小生长春风化雨中，故性至驯顺，不为嬉戏”。就感到像个读书人，手不释卷，笔不停书，有着比较好的自学习惯、自学能力，“以多病，九岁始毕四子书，十三始竟《易》《诗》《书》

---

① 经历为金元时期开始设置的一种中阶文官官职，相当于宋代之前的参军，属于幕僚性质，清帝退位后废止。

② 罗继祖：《庭闻忆略：回忆祖父罗振玉的一生》，长春市政协文史资料研究委员会 1985 年版，第 1 页。

③ 罗振玉、罗继祖、王同策：《永丰乡人行年录》，罗继祖编：《罗振玉学术论著集》卷十二，上海古籍出版社 2010 年版，第 344 页。

④ 罗继祖：《庭闻忆略：回忆祖父罗振玉的一生》，第 2 页。

⑤ 罗振玉、罗继祖、王同策：《永丰乡人行年录》，《罗振玉学术论著集》卷十二，第 345 页。

三经。盖十岁后，病日有加，辍读之日多。是时初学为诗文及小论，师颇赏其有藻理。十四五读《礼记》《春秋》”[①]。孱弱的身体，繁重的学业，并没有影响罗振玉的兴趣爱好，喜篆刻，好金石，只是由于家境变化，并没有使他在少年时代有机会发展自己的爱好，有机会在传统士大夫的道路上轻松前行。

光绪七年（1881），也就是中秀才当年，罗振玉的父亲尧钦公受不了债家的追索，急于出门避债。正好得到补缺的好消息，就去应官上任。家里的事情交给罗振玉的母亲范太淑人掌管。考虑到长子佩南公为人太老实，怕应付不了，就叫弟弟罗振玉助理。罗振玉此时只有十六岁，“平日足不逾书塾，罕接外人，至是受事惶骇汗出，见司田租者如接大宾，几不知措词，久乃相习”[②]。童年的“春风化雨”成了遥远的美好记忆，沉重的债务几乎使他喘不过气来。尽管如此，罗振玉并没有放弃对学问的追求。“一日之中，既忙于应付债主，又为家中生活而奔走，晚饭后才得读书，每晚都要耗费两盏灯油，等油已烧尽，则已听到鸡叫天亮了。”[③]

光绪十六年（1890），二十五岁，罗振玉前往山阳刘氏任塾师[④]，开始教读生涯，一面读书，一面靠那微薄的收入补贴家用。他在繁忙的教学工作之余，总是挑灯夜读，以书为伴，书中取乐，增长知识，增长见闻。而且这个好古敏求的习惯终生保持，所以后来能够成为一代学术大师。

努力读书，并不意味着会考试。这几乎成为规律。饱学的罗振玉有真才实学，但他在科举的道路上委实不幸。中了秀才之后，尽管一直在苦苦

---

① 罗振玉、罗继祖、王同策：《集蓼编》，《罗振玉学术论著集》卷十一，第 19 页。

② 罗振玉、罗继祖、王同策：《永丰乡人行年录》，《罗振玉学术论著集》卷十二，第 346 页。

③ 罗继祖：《庭闻忆略：回忆祖父罗振玉的一生》，第 5 页。

④ 《罗振玉年谱》，罗振玉：《雪堂自述》，江苏人民出版社 1999 年版，第 190 页。

追求，点灯熬油，但他就是没有机会中举，这实在使他很难堪。这对罗振玉当然是很大的打击，不过这些打击也对他坚韧性格的养成起到重要作用。

科举道路上的不幸是没办法的。在晚清，几乎所有领域都腐败，只有这个当年的高考依然能够保持着清廉无瑕，保持着国家大典、大考的尊严，这在相关著述中已有很多描写。所以，考不上就是考不上，你无法怨天尤人，你只能边做事边复读，你有权一直考下去，只要你有这个信念，你的家庭有这个实力。只要不发生后来“废科举”这样的事情，可以想见罗振玉大概一定会在这条道路上走到底，严复、张謇等，可以举出无数多的例子，不论成功还是失败，尽管按照他的后人解释，罗振玉很早就不认同科举考试，“对科举考试不抱多大幻想，认为科举中不中完全操在人家手里，惟有潜心学问才是操之于己手，人家抢不去”[①]。这个说法有一定道理，但并不完全合乎事实，毕竟在科举制度笼罩下，底层社会的上升之路只有这一条，所谓学问更显得虚幻，不真实，罗振玉即便真有这样的解释，也是其成为学问大家之后，而不是其青少年时代。

在科举道路上的连连失败也不能说对罗振玉没有一点打击。罗振玉边工作边复读，一方面挣钱养家糊口，一方面将一半精力耗于经史考据之中，“自习训诂之学，不复骛制举”，他或许并没有完全放弃科举的希望，但生活的压力让他不能不现实些。稍后，他有一封写给汪康年的信描述那几年生活大致情形：“弟流庸淮浦，录录无寸长，行年三十，精力半耗于经史考据之中，比来憬然有悟，已有迟暮之慨。又淮阴僻壤，独学寡俦，二三同志，落落如星辰。风萧雨晦，索居尠欢，顾念时艰，坐起叹息，不但劳观骇怪，亦复自哂也。”其失落徬徨由此可见。

---

① 罗继祖：《庭闻忆略：回忆祖父罗振玉的一生》，第 5 页。

这些失落当然并不都是因没有“金榜题名”而造成的。不过在那时的考试过程中，如果留心，还是可以留下许多有用的人事资源，可以在一次又一次的考试中建立丰沛的人脉。

中日甲午战争后，国瘠民贫。光绪二十二年（1896），罗振玉“念农为邦本，古人不仕则农，于是有学稼之志。既服习《齐民要术》《农政全书》《授时通考》诸书，又读西法农书译本，谓新法可增收获，恨其言不详。本年春乃与蒋伯斧协商，于上海创学农社，购欧美日本农书，移译以资考究。至沪后，设农报馆，聘译人译书及杂志，自任笔削，伯斧总庶务”[①]。开始了艰难的创业过程。

蒋伯斧即蒋黼，名黼，字伯斧。黼有时也写作斧，称蒋斧。甚至有一说，其正名为蒋斧，别名为蒋黼。蒋黼为江苏吴县人，生于同治五年（1866）。蒋黼的父亲蒋清翊字敬臣，著有《纬学源流兴废考》三卷、《洪遵泉志集证》十五卷、《选泉丛说》四卷等。蒋黼为清诸生，历充两广总督岑春煊、两江总督端方幕宾。1903 年曾前往日本访书、考察教育。[②] 1905 年编著出版有《中国教育史资料》。有研究者认为这是中国学者赞助撰写的第一部本国教育史著作，1905 年连载于《教育世界》杂志上，后收入“教育丛书”第五集，并有教育世界社单行本。[③] 或许因为这个原因，蒋黼于 1906 年以二等谘议官入学部，为候补郎中，并在京师大学堂讲授音韵文字。不幸于 1911 年病逝。另外还著有《中国货币史》《续说文古籀

① 罗振玉、罗继祖、王同策：《永丰乡人行年录》，《罗振玉学术论著集》卷十二，第 357 页。

② 《蒋黼日记与日本大阪内国博览会》，《中国教育报》2010 年 8 月 15 日。

③ 陈祎鸿：《中国第一部教育史著作：蒋黼〈中国教育史资料〉探微》，《兰州交通大学学报》2007 年第五期。

补》《续许札记》《古今说文集说》等。[①]

蒋黼是罗振玉毕生好朋友，也是罗振玉事业的重要赞助人、合作者。罗振玉在为蒋黼撰写的“墓志铭”中强调：“予交君垂二十年，出处与共。方在淮安寓居，过从无虚日；在上海居比舍，日数见。当时贤达以人才询予者，必首举君以应。故予客粤中、客吴下皆与君偕，出则连较，居则接席。及君来京师，住于吾家者半岁。”由此可见两人交往之密切，他们不仅一同创办了农报馆、农学会、东文学社等，而且后来一起从事敦煌史地资料的收集、整理、保护与研究。[②]

据罗继祖说，蒋黼是罗振玉年轻时最好的朋友，不仅和罗振玉一起在上海创办学农社，而且罗振玉到广东参议学务和到苏州创办师范学堂都在一起。蒋黼后来在学部虽然没有补上郎中实缺，但和罗振玉一样授予二等谘议官。蒋黼的问题，或者说缺憾，在罗继祖看来只是“蒋先生为人谨饬有余，发皇不足，性又濡缓，著作都未能成书，仅祖父（罗振玉）给他印了《沙州文录》一卷”[③]。

在罗振玉、蒋黼合作共事的时候，蒋黼又经罗振玉介绍，与汪康年也是很好的朋友，有过一些来往和通信。“公车上书后，沪上志士鳞萃，学社报馆林立。时推钱塘汪穰卿康年所创《时务报》为翘楚，聘新会梁任公启超仕撰述。日以瓜分之说激励人心，启民智，伸民权。乡人禀尧钦公，谓穰卿与儿旧交《时务报》切中时弊，留心时事者不可不读，然亦虑当时号称志士者率浮华少实，异日为祸为福，未可逆知，志士过沪者无不署名

① 《汪康年师友书札》，第4190页。

② 罗继祖：《我的祖父罗振玉》，吉林文史出版社1987年版，第14页。

③ 罗继祖：《庭闻忆略：回忆祖父罗振玉的一生》，第8页。

农社，乡人顾黯然独立，不轻易竞逐也。”[①] 这段文字反映了罗振玉的谨慎、犹豫，但并没有真正反映罗振玉在甲午至戊戌时的真实想法。

那时的罗振玉在甲午战争和战后维新思想刺激下，办农报，振兴农业，实际上就是维新运动的一个部分。他一方面担心梁启超走得太远，另一方面也总想与汪康年、梁启超这些一线人物建立起密切的关系，何况罗振玉与汪康年有着特别的一层关系呢？所以，他这时介绍蒋黼给汪康年，一定都不觉得突兀：“兹有恳者，弟与同人每叹中国欲举一事，难若登天，穷而在下，则苦心力不齐；达而在上，则更沮挠百出。我辈日事空谈，毫无实效，愧孰甚焉。昨与敝友蒋伯斧参军议中国百事皆非措大力所能为，惟振兴农学事，则中人之产，便可试行。蒋君忻然，急欲试办，而购买机器，聘请农师，及仿行日本铁棒打井等法，非托诸东人、西人不可。兹专诚投前，拟先与尊馆翻译古城君议之，若西方学者，阁下交游中定不乏人，尚乞一言为介，俾得有成。至此事举办细章，仍乞示以指南，无任祷企。”

罗振玉信中请求汪康年帮助的，就是便中介绍几个懂振兴农学、懂得东西方新式农业的西方人或日本人，这个要求对交游广泛的汪康年来说当然不算什么大事。更详细的要求，将由蒋黼当面细谈。至于蒋黼，罗振玉在信中介绍道：“蒋君，当今志士，与弟夙好，每次尊报出，辄读之击节，赞叹不已，倾倒有素，敢为作缘，专此奉申，一切详细，由蒋君缕陈。”这种介绍，对于报馆主人来说，心里自然美滋滋的，至少不会讨厌。

更能吸引汪康年的是，罗振玉还在这封信中附笔表示愿意接替亲家刘鹗作《时务报》在淮安、徐州的发行代理，并表示要比先前增加十份：

---

① 罗振玉、罗继祖、王同策：《永丰乡人行年录》，《罗振玉学术论著集》卷十二，第357页。

"再者，前次阁下致云抟亲家函，已悉。渠现不在淮寓，因铁路事行踪颇无定所。淮地报张，除以前之报仍寄到刘宅外，兹再奉上三十元，乞添报十份，径寄淮安南门更楼东敝寓，此报即由弟分送。缘云翁既旅食在外，渠家中无人照料也。徐州之报，可由敝处转寄，所费有限，下次并交至敝寓可也。"①

其实，汪康年与罗振玉是老相识了，他们已经认识了好多年。光绪十四年（1888）秋，罗振玉"勉应试仍报罢"，但是一个意外收获，就是与汪康年相识并结交。几年过去了，罗振玉没有机会与汪康年联系，所以他在这封恢复联系的信中说了很多，尤其赞同《时务报》的理念："窃以中国千余年之积习，皆坐人心锢蔽，才智不出，今欲开锢闭，则兴学校为要图，而开学校之先声，则报馆为尤急。窃以阁下此举实握开风气之枢纽，为之惊喜欲狂。比报张出，得读伟论暨梁卓如先生诸议，辞理并优，三长兼擅，沉痛真挚，语语中肯，奇才奇才，能毋拜服。"

《时务报》创刊号出版于光绪二十二年七月初一日（1896 年 8 月 9 日），罗振玉这封信写于"十月朔"即十月初一日，也就是阳历的 11 月 5 日，而他之所以此时给汪康年写这封信，据他在这封信里说，是因为前一天与蒋黼有一番谈话，认为中国百事皆非措大力所能为，惟振兴农学事，则中人之产，便可试行，于是萌发他们要从农业。

罗振玉的亲家刘鹗也是汪康年的朋友。刘鹗是当时的名士，就是有名的"鸿都百炼生"，就是《老残游记》的作者，也是后来《铁云藏龟》的作者。刘鹗因母梦大鹏而生，乳名鹏鹏，名梦鹏，字云抟，亦作篔湍。谱名震远，后改名鹗，字铁云，又字公约。② 江苏丹徒人，生于咸丰七年

① 罗振玉：《罗振玉致汪康年函之一》，《汪康年师友书札》，第 3153 页。

② 刘蕙荪：《铁云先生年谱长编》，齐鲁书社 1982 年版，第 2 页。

(1857)，此时三十九岁，比汪康年大三岁，比梁启超大十六岁。1888年起，先后在河南巡抚吴大澂、山东巡抚张曜幕府任职，帮办治理黄河事宜，成绩显著，被保荐至总理衙门，以知府任用，上书自请承办芦汉铁路，所以罗振玉在信中说“因铁路事行踪颇无定所”。

按照刘鹗之孙刘蕙荪的研究，罗振玉与刘鹗几年前就互通书问，但得以见面，则在光绪二十年（1894）。刘蕙荪《铁云先生年谱长编》：光绪二十年（甲午，1894），“八月，日本帝国主义发动侵略战争。秋冬间，陷旅顺大连。始与罗振玉相见，订交”①。

据罗振玉《刘铁云传》回忆：“予之知有殷墟文字，实因丹徒刘君铁云。铁云，振奇人也，后流新疆以死。铁云交予久，其平生事实，不忍没之。附记其略于此。君名鹗，生而敏异，年未逾冠，已能传其先德子恕观察成忠之学，精畴人术，尤长于治河。故放旷不守绳墨，而不废读书。予与君同寓淮安，君长予数岁。予少时故已识君，然每于衢路，闻君足音辄梭巡避去，不欲与君接也。是时君所交皆井里少年，君亦薄世所谓规行矩步者不与近。已乃大悔，闭户敛迹者岁余。以岐黄术游上海，而门可罗爵，则又弃而习贾，尽倾其资，乃复归也。光绪戊子，河决郑州，君慨然欲有以自试，以同知往投效于吴恒轩中丞，中丞与语，奇之，颇用其说。君则短衣匹马，与徒役杂作，凡同僚所畏惮不能为之事悉任之。声誉乃大起。河决既塞，中丞欲表其功绩，则让与其兄渭清观察梦熊而请归读书。中丞益异之。时方测绘三省黄河图，命君充任提调官。河图成时，河患移山东，吾乡张勤果公曜方抚岱，方吴公为扬誉，勤果乃檄君往河东。勤果故好客，幕中多文士，实无一能知河事者。群议方主贾让不与河争地之说，欲尽购滨河民地以益河身。上海善士施少卿善昌和之，将移海内赈灾

① 《铁云先生年谱长编》，第31页。

之款助官力购民地。君至则力争其不可，而主束水刷沙之说，草《治河七说》上之，幕中文人力谋所以阻之，若无一难其说。时予方家居，与君不相闻也。忧当时之所以策治河者如是，乃著论五千余言，以明其利害。欲投诸施君揭之报纸以警当世，君之兄见而大讳之，录附寄君，君见予文则大喜，乃以所为《治河七说》者邮君之兄以贻予。且附书曰：君之说与予合者十八九，群盲方竞，不意当世尚有明目如公者也。但尊论文章渊雅，非肉食者所能解，吾文直率，如老妪与小儿语，中用王景名，幕僚且不知为何代人，乌能读扬马之文哉？时君之玩世不恭尚如此。”[①] 他们两人的交往，竟然是通过一场未见面的讨论，而且是关于黄河治理这样的大问题。两人虽不曾谋面，但以文会友，遂因文而成为很好的朋友，遂订交焉。刘鹗且为罗振玉的出处“言于勤果，勤果邀予入幕，以家事不能远游谢之”[②]。

仍据罗振玉《刘铁云传》，又过了几年，“岁甲午（光绪二十年，1894)，中东之役起，（刘鹗）君方丁内艰归淮安，余始与君见。与君预测兵事，时清军皆扼守山海关，以拱京师。予谓东人知我国事至熟，恐阳趋关门，而阴捣旅大以覆我海军，则我全局败矣。侪辈闻之，皆相非难。君之兄且引法越之役法将语谓旅大难拔以为之证。独君意与余合，忧旅大且旦夕陷也。乃未久竟验。于是同侪辈皆举余与君齿；谓二人者智相等狂亦相埒也”[③]。两人在重大政治问题上看法如此一致，他们走到一起成为很好的朋友，甚至结成亲家，也就在情理之中了。

刘鹗与汪康年和梁启超都应该是很熟悉的朋友，所以在《时务报》创

---

① 罗振玉、罗继祖、王同策：《五十日梦痕录》，《罗振玉学术论著集》卷十一，第174页。

② 罗振玉：《雪堂自传》，蒋逸雪：《刘鹗年谱》，齐鲁书社1980年版，第22页。

③ 罗振玉、罗继祖、王同策：《五十日梦痕录》，《罗振玉学术论著集》卷十一，第174页。

刊后，刘鹗就自愿或被动成为该报在淮安的发行代理。1897 年 3 月 23 日出版的《时务报》第二十一册刊载有梁启超写的《记江西康女士》[①]，介绍一位留美归来的二十五岁奇女子，引起刘鹗兴致，丧偶四载的刘鹗竟然自告奋勇致信汪康年、梁启超，毛遂自荐，请他们两人“为作冰上人”：“前日读卓如先生《康女士传》，神为之王，知其尚待字闺中也。三月初三《申报》又言之。已函托罗式如兄转求二公为作冰上人。鹗断弦已经四载，已有姬妾，子女年亦强仕，本不愿续，为思中国喜气锢闭已深，此奇女子有难以择配者，仕宦之家必多顾忌，则其才难于展布，不禁有毛遂自荐之意，亦所以成就卓如先生开中国女学之心也，未知高明以为何如？能行与否？均乞示之，或告式如兄转达亦可。”

这个“式如兄”，就是刘鹗的亲家罗振玉，罗振玉生于 1866 年，小刘鹗九岁，此时（1897）三十一岁，刘鹗四十岁。据相关资料记载，他们二人相识于 1894 年，遂订交，但他们究竟是怎样成为亲家的，还需要继续考订。不过，有一点可以肯定的是，他与罗振玉来往频繁，他先前替汪康年、梁启超承担的《时务报》发行代理也确实转给了罗振玉，汪康年就罗振玉创办“农务会”所给予的帮助，刘鹗似乎也很清楚，所以他在这封信中一再表达谢意：“去岁秋间，一聆尘教，忽已半载，每读大著，向往久之。正月间闻卓如先生有出洋之说，未知确否？已启行否？舍亲罗式如兄创农务会，蒙穰卿先生实左右之助，真不在禹下，四百兆人之大幸也。鹗都门泛迹，乏善足陈，本拟三月杪出京，兹又为事所羁，大约到沪总在端阳前后矣。”穰卿即汪康年，可见刘鹗与汪康年惺惺相惜，偶尔也相通信息，或互为招待。

至于《时务报》发行代理，刘鹗信中说：“再，淮安代售报二十分，

---

① 梁启超：《记江西康女士》，《时务报》之二十一，中华书局 1991 影印本，第 1390 页。

弟濒行时售出六分，已将原款送呈贵馆，其余十四分后亦陆续售出。今日接家信，方知其款尚未寄呈，弟五月到沪时如数清缴可也。”①

第二节　农学会的一批朋友

汪康年是一个热心而又负责任的人，刘鹗也是一个很有面子的人，所以当他收到罗振玉的第一封信，并与蒋黼当面交谈后，就将罗振玉、徐树兰、朱祖荣和蒋黼联名的《务农会公启》安排在《时务报》第十三册发表，时在光绪二十二年十一月初一日（1896 年 12 月 5 日）。所以刘鹗在信中格外感谢汪康年的帮助。

《务农会公启》是罗振玉后来振兴农学事业的起点和关键，大致反映了他为什么要创办这个学会的想法、办法及目标：

> 中国地处温带，气候和平，风雨时节，西人每叹为全球沃壤。秦汉以后，教稼明农，久置不讲，土宜不辨，嘉种不求，丰穰之岁，仅足事畜，一遇水旱，蟊贼束手坐叹，农民日贫，生计日蹙。近年西学大兴，有志之士锐意工商诸政，而于农学绝不讲求，未免导流塞源，治标忘本，蒙等不揣固陋，思招集同志，创设务农会，以开风气，以浚利源。然事繁任重，图始惟艰。兹拟就简要章程十条，如有未尽妥善之处，海内君子教之诲之，幸甚。
>
> 一、本会筹集款项在江浙两省地方购田试办，惟需款浩繁，尚冀四方同志解囊慨助，以成此举。所购之田即作为会中公产。
>
> 二、同志捐助之款，统由时务报馆代收，按旬登报以征

① 刘鹗：《刘鹗致汪康年、梁启超》，《汪康年师友书札》，第 2889 页。

信实。

三、拟聘请化学师一人辨别土宜，并酌购外洋机器、农具，为中国所不可少者，以佐人力之不逮。泰西人工极贵，故事事需用机器。中国工价甚廉，可不藉机器之力。然人力不胜之处，亦非机器不可。

四、农之为义，兼耕牧言。本会除树艺五谷外，博采中外各种植物，一一试种，兼及饲养牲鱼等事，以广利源。

五、每年收款，除开支薪水等项外，陆续添置田亩，翻译农书，并创刻农学报章，专译各国农务诸报及本会开办后一切情形，将来试办有效，即开设制造糖酒等厂，禀请设立农务学堂。

六、每年出入款项，汇录登入本报，以杜浮销。报章未行以前，则登《时务报》。

七、此举虽用西法，然耕植饲养，仍用本处农人，并不夺其固有之利。

八、海内同志愿入会者，请将台衔住址开寄时务报馆，以便遇事公同商酌。

九、试办之时，如有聪颖子弟情愿从学者，可至本会学习，不收束脩，自备饭食，将来学成即可派充各处分教习等职。西国农部各员无不由农学学堂出身者。

十、此系初拟简要章程，俟开办有期，再订细章。

上虞罗振玉　　会稽徐树兰

如皋朱祖荣　　吴县蒋　黼　　　公启[1]

---

① 罗振玉、徐树兰、朱祖荣、蒋黼：《务农会公启》，《时务报》之十三，第892页。

从这个简要章程看，罗振玉心目中的所谓“务农会”其实就是空手套白狼，就是登个广告募集资金，拿别人的钱办自己的事，他所公布的目标虽然远大，格调虽然堂皇，但并没有掩饰住其商业经营的本质。所以尽管他和蒋黼在刊登这个章程的时候，就在《时务报》上刊登两人为务农会捐银千元，但实际效果后来似乎并不理想。

精通商业之道的汪康年当然知道这些道理，只是在 1896 年这个“大开发”的背景下，经济过热，地价上涨非常快，不论城市里的商业用地，还是在农村的农业用地，都有很大的增值空间，所以汪康年在发表这份公启的同时，也为其写了一段“编者按”，以扩大务农会的名声：

> 按，农蚕种畜为我国自有之利，与商务之须求诸人者不同；又但须取材于地，与商务之与人争衡者亦不同。今有朱君阆樨、徐君仲凡、蒋君伯斧、罗君叔蕴，欲在上海创设务农会，斯实今日切要之举，特将公启附印报末，以俟同志。康年谨志。[1]

这大概有点姜太公钓鱼的味道，愿者上钩，成则国家之福、百姓之利，其功不在大禹之下。

公启署名第二的徐树兰也是当时一个非常有名的人物。徐树兰（1838—1902），字仲凡，号检庵，会稽人。光绪二年（1876）顺天乡试举人，官兵部职方司兼武库司行走，候选知府。后因母病告归。一生中最突出的贡献，就是 1897 年捐资创办绍兴郡中西学堂和古越藏书楼，是绍兴当地著名士绅，享有很高社会声望，也是蔡元培后来教育事业的重要推手。

不过，徐树兰此时思考的重心似乎是他的中西学堂，而不是什么务农

---

① 汪康年按语，《时务报》之十三，第 892 页。

会，他虽然买了汪康年和罗振玉等人的面子，在绍兴招募资金，但效果却非常不理想。这一方面是因为像他所说的那样，绍兴人的习惯使然，另一方面其实也是因为他的心思似乎不在此。他在1897年初致信汪康年说：

> 岁杪曾肃一简并附《中西学堂章程》，必彻笺掌。……农会吾乡竟少同志，弟逢人说项，应者寥寥，而解囊资助者尤不可得。或由《农报》未出，消息未通耳。然刻下弟在郡中创设学堂，刊印章程，散之八邑，亦绝无捐助者，盖吾乡风气然也。沪上地广人稠，有执事力为提倡，必易于集事。但不识广雅尚书亦肯扶掖不，若得此公登高而呼，则更妙矣。开馆出报近在目前，弟远在东浙，不能终使令于左右，良用歉然。窃愿时奉绪论，以增益其不能也。附呈刻本《学堂章程》一册，其第六条与去年所呈抄本章程小异，如蒙采入新年《时务报》，请照刻本为荷。敝学堂自元旦分散章程后，陆续挂号者已二十余人，深有人浮额溢之患，然无可如何也。荷蒙许赐已开学堂报册一分，具征嘉惠学堂之意。敝学堂准于二月朔日开学，如蒙赐报，祈连第一至第十七册一并颁赐，俾成全璧，尤为感荷，专此布臆，恭贺新禧。①

由这封信我们大致可以得到这样几点看法：第一，徐树兰虽然收到邀请成为务农会的发起人之一，但他的兴趣至少在此时主要还是在他刚刚开始的绍兴中西学堂方面，务农会只是他碍于朋友的面子帮忙而已；第二，他知道汪康年与张之洞有着特殊关系，所以他建议汪康年，如果真想将务农会搞大搞强，就应该借助于张之洞的势力和影响，最好请张之洞挂帅，登高一呼，一定是应者云集，也就不愁资金，不愁同志了，这显然是当时

① 徐树兰：《徐树兰致汪康年函之二》，《汪康年师友书札》，第1523页。

中国背景下利用高官募集资金的不二法门；第三，我们由此还可以知道汪康年此时对务农会是真的热心，他理想中的务农会似乎并不是一个简单的学术团体，而是带有经营性的商业机构。所以他在此前后所给出的建议，都是筹资、购地等方面的经营，所介绍的人脉也不是学术领域，而主要是商业方面的人物。这在后面我们就会看到。

至于发起人中的朱祖荣，也是与汪康年有着特殊关系的特殊人物。朱祖荣，生卒年不详，待考。如皋泛湖州人，泛湖州后来改称范湖州。泛湖州的朱姓是如皋望族，而朱祖荣就是这个家族中的佼佼者。朱祖荣，字阆樨，清廪生，学通古今，废科举后，曾就聘如皋师范学堂，教授历史舆地。

朱祖荣后来也是罗振玉的重要合作伙伴，对农业特别是农业技术革新有着浓厚兴趣，长时期致力于农业振兴、农业进步，其编著有多种农业技术方面的著作，根据相关书目著录，至少有《劝种洋棉说》《蚕桑答问》（二卷，续编一卷，光绪年间北洋官报局铅字排印本，光绪二十七年诸暨陈谔刊）、《通属种棉述略》（《农学报》第十七册，光绪三十二年）等。朱祖荣还是乡土文化的积极推动者，《如皋范湖州朱氏族谱》十六卷首一卷末一卷共十二册，据著录就是由他主持编撰，1920年铅印本，中国社会科学院历史所图书馆有藏本。

不过，当务农会创办前后，朱祖荣似乎还只是《时务报》的一位热心读者，他与汪康年有通信联系，也为《时务报》代理发行做过一些工作，务农会创办之初，他也曾出力募捐，只是他列名发起人公启可能还是罗振玉、蒋黼通过汪康年的关系硬拉进来的，并不是他从最初就参加了筹划。他在写给汪康年的信中说：

得所惠书，纵谈时事，均中流弊，有慨乎其言之慨，卓识闳才，殊足令人钦佩。窃谓今日之变，仍非真变，犹是前三十年之积习也，凡咫闻尺见之士，尚人人有用彝变夏之说，横亘胸中而未化，不知西人之事，与我中国古制多有暗合者，自非生此时者为之大声疾呼，不足以发聋振聩。祖荣拟撰《中西学通考》一书以解天下之惑，甫经草创，尚未讨论而修饰之，俟有成书，当呈润色，其许我否乎？蒋、罗二君附书，阅竟不禁雀跃三百，喜予志之不孤也。辱承不弃，自当敢殿公启之末。①

从这个意思看，大概是汪康年在致信朱祖荣的同时，也将罗振玉、蒋黼起草的《务农会公启》寄给了他，并请其列名发起，所以他有如此表示。

汪康年之所以找到朱祖荣列名发起，也不是没有原因的，至少在朱祖荣的思想意识中，他认为重振农学，拯救农业，是中国目前最为紧要的事情之一。他说：

故近今风尚，竟谭西学，而有志之士，皆思变法，以支危局，此亦运会使然，而不必震惊其变也。弟见今之洋务诸公所津津乐道者，动曰兴学堂、立公司、设制造机器诸局，则所以嘉惠天下之士，天下之商，天下之工者，有其兆矣。独农政不修，是亦缺事。祖荣拟倡兴农学会，请从下邑始，即就各乡之义塾、村塾改课中西农书，唯惜此种西书多未译出，只有《农学新法》《农事略论》两种，说固未备，而又多讲化学、肥田、机器、播种诸法，恐难骤语农家子也。敢请执事采访欧洲浅近农书之善本，如西国名花嘉卉，论之明白易晓者，译印多部，遍与农民，以开智慧，庶利源可复，亦富国之本也。整顿蚕务，尤为农学之第一义，惟蚕患有病，竟无药救，斯为遗憾。近读康发达《蚕务

① 朱祖荣：《朱祖荣致汪康年函之二》，《汪康年师友书札》，第222页。

图说》，得其二法，一为巴斯陡做蚕子分方法，一为日本检查蚕子法。皆足补中国蚕书之缺，爰亟为标出，著于论中，以广流传，不敢为枕中秘也。今以论中国宜广设检查蚕子局，拙稿敬请鉴定，可否附报？尚希察夺，幸勿阿好为祷。巴氏原书，当有传本，并祈代购，附便寄下。①

从这封信不难看出，朱祖荣是典型的科学技术派，期望以西方、东方日本先进的农业技术改造中国落后的农业技术，所以他后来积极参与务农会的活动，成为务农会中的技术派骨干和中坚。

《务农会公启》在《时务报》第十三册发表后，罗振玉似乎并没有与汪康年立即见面，但他们之间的书信来往开始增加，开始频繁。至少汪康年在这份公启发表前后给罗振玉回了两封信。他这两封信的详细情况我们不太知道，只是从罗振玉的复信中能够体会出一个大概。

或许是因为罗振玉在上次信中讲到在当时的中国，百事皆非措大力所能为，只有振兴农学事，成本小，比较容易，中人之产，便可试行。他和蒋黼交谈后急欲试办，所以他们向汪康年请求的帮助，也就是购买机器、聘请农师，特别是懂得日本铁棒打井技术的工程师。这个思路或者说意思，显然是要弄一块“新农村”的试验田，是要从事规模化的新式农业生产。

大概也就是根据罗振玉信中的请求，汪康年在回信时的重点似乎也是在想法帮助罗振玉等人弄块地，并向他介绍了马相伯等人起草的一个什么章程，介绍了上海经济大鳄徐润的判断或意见，这些看法和意见可能与罗振玉等人原先的期待差距太大，因为他们先前觉得所谓振兴农学，不过是一个中产家庭可以随便玩玩的事情，现在被汪康年、马相伯、徐润等人一忽悠，罗振玉发现远不是他想象的那回事，所以他于光绪二十二年冬月二

① 朱祖荣：《朱祖荣致汪康年函之三》，《汪康年师友书札》，第223页。

十五日（1896 年 12 月 29 日）明白回信汪康年，准备放弃振兴农业产业的计划，转而致力于投资少见效快影响大的农学：

> 两奉手书，敬聆种切。李君之信暨马相伯先生章程，并皆收到。鄞镇之间涨地，实为可遇不可求之机会，其函中所述十利，想不至虚诞。徐雨之观察言，须得大地，得此墺似乎已足试办矣。徐观察所试直是涨地，未得成效，由于土性未能改变，而土性未变之由，则因经费不敷，机器不全之故，此出于理之必然。今此会欲举行，诚如尊谕所谓经费难筹及无以取信两端。鄙意莫如先译书报，即求代为物色东文翻译（拟明春即举办），先为月报，并译农学各书，计一岁之需，不过二千金左右，当可敷衍。书报既出，消息可通，我辈今日所咨询于人而各执一词者，异日可自于所译书中得之，旁观者亦知会中人认真办事，庶几渐能自信。此事所费少，而见效速，高明以为何如？至鄞镇间涨地，欲筑堤开沟，谅非数万金不办，然地广至数十万亩，而费仅数十百分之一，尤不可不努力者。此地若能开垦，则农会根基已立，惟费重任艰，俟伯斧兄回淮再议如何办法，粗有头绪，再缕告左右，及与同会徐、朱诸君子公酌也。兹先拟复李君信稿一纸录呈，务乞尊酌，如可如此，即祈遣胥写复为感。相伯先生细章，业读一过，精密之至，惟此事尚无一定办法，饶须方能上报也，以为何如？晤相翁时，先祈代为致谢，随后同伯斧兄再作函谢，并有事须访询也。[1]

这位“李君”可能是向汪康年介绍在江浙鄞县有一块“涨地”可供开

---

① 罗振玉：《罗振玉致汪康年函之二》，《汪康年师友书札》，第 3154 页。

垦，因而吊起了罗振玉等人的胃口和兴致，所以罗振玉一方面思考将务农会的宗旨向学术一途规范，另一方面当然也不愿意放弃任何可能与机会，他迅即以蒋黼、徐树兰、汪康年、朱祖荣及他自己罗振玉的名义拟定一封回复“李君”的信稿寄给汪康年，请汪康年改定后再与“李君”联系：

△△先生大人阁下：

前奉惠简，垂教殷殷，具悉。心存利济，识量闳深，额颂之余，莫名钦慕。鄞镇之间，涨地既广，且民俗敦厖，宜于树艺，此难得之机，敝会同人所额手称庆者也。兹拟明春躬自投前，敬聆教雅，并履验大概，再拟如何筹款，何如兴办。以十余万亩之地，如能全行开辟，试种各种植物，将来成效既著，愈推愈广，利国利民，权舆于此，不仅尊乡获益，敝会有光也。肃此谨复，不尽区区，余容再陈。虔请文祺不宣。蒋、徐、汪、罗同顿首。

在这封信稿后面，罗振玉还有一句附笔，显然是写给汪康年的：

右复李君信稿，务求酌妥写寄，李君之字及渠住鄞县何处，便求示知为叩。①

据此，“李君”即便不是鄞县人，也是在鄞县为官的，他的信是通过汪康年转至的，或者就是写给汪康年的。他与汪康年是朋友，是熟人，而罗振玉、蒋黼等人似乎与“李君”并不相识，至少此时不相识。

争取划拨或购买土地的事并没有完全放弃，只是罗振玉等人筹办务农会的宗旨越来越明朗，越来越清楚地知道自己能力所长和所短，所以他们在积极筹划的同时，准备尽早赶到上海集中，尽早开张。光绪二十三年新正二十二日（1897 年 2 月 23 日），蒋黼、罗振玉从故乡联名致信汪康年：

---

① 罗振玉：《罗振玉致汪康年函之四》，《汪康年师友书札》，第 3156 页。

穰公我师阁下：

昨奉惠书，敬悉一一。日本农书已到，东文翻译已定藤田君，英法文翻译并已得人，壹是偏劳，甚慰甚慰。邮政举行以后，长江信件不免阻滞，以后寄报想亦不便，如何如何！弟黼准于月之廿七八日坐民船赴沪，弟玉于下月初七八又镇附轮赴沪，大约均须月半前后方能晤教。报馆一切应办之事，务求相宜办理，不必候弟等商酌。感泐之私，匪可言喻。肃此专复，余俟面陈。虔请筹安不一。任公先生均此不另。于蕃兄同此致候。弟蒋黼、罗振玉顿首。新正廿二日。①

可见，在此之前或之后，务农会和《农学报》的筹备工作虽然在罗振玉、蒋黼等人名下，但实际操办似乎都是汪康年和他的时务报馆。这里的“于蕃兄”即务农会的赞助人之一邱宪，有时也写作“丘宪”，前面已有介绍，此时似乎也在淮安故乡。

蒋黼、罗振玉大概都按照预定时间到达上海，很快与汪康年接洽，进入角色，由此也很快决定了务农会的发展方向，决定还是以振兴农学为第一要义，至于划拨一块官地，或者集资购买一块商业土地，在他们看来当然不应该放弃，只是不能将精力完全用于此。

大概从此之后，罗振玉等人才真正为他的务农会找对了方向和目标。这一变化也与发起人徐树兰的认知比较一致，似乎也合乎另一发起人朱祖荣的心情。务农会真的要成为一个纯粹的农学组织了。这样一来，先前的设想、章程乃至名称、组织架构似乎都有改正的必要的。1897年春，罗振玉、蒋黼、徐树兰、朱祖荣等人在汪康年的支持下对务农会进行重新定位，虽然没有明明白白地宣布改名，但还是羞羞答答地做了一些改变。光

① 蒋黼、罗振玉：《蒋黼、罗振玉致汪康年函之五》，《汪康年师友书札》，第3156页。

绪二十三年三月二十一日（1897 年 4 月 22 日）出版的《知新报》第十三册中刊载有修订后《务农会章》，这个会章的内容与先前在《时务报》第十三册上公布的那个简章相比差别很大，最重要的还是《知新报》的编者按语竟然将这个“务农会”说成“农学会”，所以后来有一些资料总是说务农会又称农学会。《知新报》的编者按说：

农学为富国之本，中土农学，不讲已久，近上海同志诸君创设农学会，拟复古意，采用西法，兴天地自然之利，植国家富强之原，甚盛举也。兹蒙寄到开办章程，谨登诸报，以供众览。

这里明确说成是“农学会”。至于章程的内容，根据这次新公布的有十二条，也较先前为多，文字差别也大，几乎是重新写过：

一、农居四民之一，虽与工商并称，然必地面生财饶裕，方能讲求工作，推广贸易，则弄实为工商之本。中国壤土之沃甲地球，乃汉唐以后，民趋末富，不究根源，致士夫不辨粟麦，农民贱于舆儓，土壤不辟，水利不修，耕畜之技日拙，收获之效逾微，使再阅数十年，将并从前之农法农理，尽失靡遗，可惧孰甚。中国患贫久矣，谋富者颇不乏人，要不出开矿、制造、经商等事，此固当务之急，然循流溯源，则农尤先务，同人不揣固陋，立会海上，讲求此事，将以广树艺，兴畜牧，究新法，浚利源，上以酬朝廷饥渴之意，下以尽草野芹暴之忱，海内贤达，尚同此怀。

二、农学门径广博，约举其要，厥有六端：曰农，曰圃，曰林，曰泽水产物及取水藻为肥料之类，曰畜牧豢养，曰畜及养鱼育蚕、养蜜之类，曰酿造造酒、制糖、榨油、焙茶、纺棉、剥麻、制果、割漆、制丝、熬樟脑、作染料之类，凡此诸端，皆所讲肄。

三、古人农事最重《周礼》，《地官》所载，任土辩物，理教粲然。后世以农为贱业，于是有农事无农学，一切辨土宜、兴水利、制肥料、防螟蟥等事，虽叩之躬亲南亩者，亦茫然不能措对，不知其法，遑论其理？今本会翻译欧美、日本各种农书农报，创立报章，俾中国士夫，咸知以化学考地质、改土壤、求光热，以机器资灌溉，精制造之法之理，所有办法，别具细章。

四、《易》占利泽，《诗》咏他山，凡兴大利，贵合众智众力，同人以蚊负之身，任鳌戴之重，所冀同志日集，共襄盛举，倘在遐方，亦可时惠尺书，遥商庶事，凡愿与会者，乞赐示衔名住址，俾得按先后登报。

五、本会应办之事，门类繁多，赀用甚巨，势难豫筹，兹先捐集款项，创立报章，其他各事俟创办时，酌订章程，先期登报，以期集事。

六、中国旷土，所在弥望，蒙满西藏等处无论矣，各行省内地，若山陕川粤未辟之利，随在皆是，即腹内各省，江皖湘鄂，人烟稠密之所，亦多弃地，盖因粤匪乱后，水利就湮，荒莱失治，又沿海沿江沿湖，涨地日出不穷，若皆理而治之，其利不可省计。本会拟筹款开辟各地，先自就近之地始，将来所辟之田，即为本会公产，以备兴办学堂等一切正用。

七、种植畜牧之法，土法之迂缓粗浅，泰西之灵捷精善，有识者共知之。然无征不信，共喻为难，本会俟得地后，相厥土宜，如沙地宜棉，坞地宜桑，下泽宜稻，高寒之土宜麦与高粱，草莱灌聚之地宜牧之类，悉用新法，试办一二年后，成效可观，旁观益知效法。又古法之区田、代田，本朝亦有试行者，得谷多寡，言人人殊，如能试办，亦资阅历。如会外之人，曾经以新法试办者，乞函示情形，受益无量。

八、中国农器，仍二千年之旧制，而日益苦窳。泰西所用机器，则皆精巧灵捷，有火力、马力、人力之别，火力所费不赀，且中国人工甚贱，视西国工值，迥不相侔。火器暂可不用，而马力、人力各器具，则不可少。如中国犁耕，仅及数寸，而西国之犁，则深至尺五，每具价不至十余元。凡是之类，不胜枚举。本会购买各种器具，试验果灵捷合宜，则如式仿造，以利民用。

九、农田得谷之多寡，纺织得丝之美恶，牛羊牧养之羸硕，固关人力，亦须先求善种。泰西凡农田所在之处，皆有售嘉种所。畜蚕之家，必先以显微镜视蚕身必无病者，方许传种。畜产亦先求善种，使之配合。本会一本西人成法，设售谷所、验蚕种处，及购求西国大马，与各畜种类之嘉者，俾得孳乳繁息，不匮于用。

十、俟树艺畜牧渐著成效，即设厂制造，如前项所述造糖酿酒各事，推广利源。

十一、事无巨细，非学不成。况农学事理繁赜，尤比开学肄习，讲求光热、图算、水化、动植物等，而化学、动植物尤要，必须聘化学师一人，化验土质；动植物学讲师一人，研究各物体性。先立一堂，日渐推广，必使农田所在，皆有学堂；负耒之民，咸知新理新法。所有细章，尚容续拟。

十二、泰西一艺一物之微，必有赛会，各操所业，以相比赛，褒勤警惰，厥意甚善。本会亦拟分种植、畜牧、制造各类，设赛会所，以验良苦，以求新理。[1]

应该承认，这个新修改的章程，较原章程更加细腻，更加规范，农学会的本职工作也愈益突出。不过，实事求是地说，这个新章程依然保留着旧的痕迹，或者说罗振玉等人似乎在将主要精力用之于翻译东西方农业技术书籍、创办报章的同时，依然不愿放弃筹款、募捐，以购买，或划拨一块土地作为试验田的想法。当然，此时的这个想法与最初时期类似于土地开发式的想法有了很大区别，不可同日而语。先前大概有土地增值的商业考虑，而此时似乎期待推广东西方近代以来在农业技术方面的新成果，从而使中国新知识分子知道“以化学考地质，改土壤，求光热，以机器资灌溉，精制造之法之理”，以及农产品的各种深加工技术和工艺等。

农学会无疑是时代的产物，它是甲午战败后中国人痛定思痛的结果，那时的中国人知耻而后勇，痛下决心，奋发图强，开始了一场先前三十年不曾有过的深刻改革，决心在制度层面为中国的未来发展提供保障。最直接的体现，就是开放言论，允许知识分子自由结社，谈论国事，探讨学问，于是国内的政治气氛自公车上书后就有了很大转变，公开组织各种各样的政治、学术类社团，已不再触犯政治忌讳，且成为新知识分子的时髦。罗振玉组织发起成立的农学会，就是这种时代的产物。

由于农学会并不仅仅只是重视农耕，而是兼及农、圃、林、泽、畜牧、酿造等方面，并注意改造土壤、农业工具以及育种等。同时，由于农学会注意引进西方农艺知识，聘用西方化学师、动植物师等，所以在它成立之后引起各地的普遍重视，各种形式的农学会先后在各地成立，有的还

---

① 《务农会章》，《知新报》（光绪二十年三月二十一日），上海社会科学院出版社 1996 年版，第 99 页。

自称是上海农学会的“分会”。[1] 像孙诒让虽然居住在瑞安，并没有到上海直接参与农学会的创办和经营，但他发自内心支持罗振玉等人的事业，并与黄绍箕、黄绍第发起组织农学支会于瑞安，筹款购地，试种湖桑瓯柑。集资创办蚕学馆，以中西新旧之法传授饲蚕植桑等农业新技术。

第三节　《农学报》

务农会或者说农学会的大致章程和工作思路确定之后，第一件要做的事情，也是罗振玉这一批知识分子最得心应手的事情，莫过于像汪康年、梁启超那样办杂志，做出版。所以，罗振玉等人很快就拟定出一份计划书，并于光绪二十三年三月初一日（1897 年 4 月 2 日）发布在《时务报》第二十二册上。

这份题名为《农会报馆略例》的计划书写道：

> 蒙等招集同志创设务农会，本拟开会以后再行设立报馆，惟现在经费未集，同志未多，旷日持久，殊非善策。兹拟先设农会报章以通消息，以广见闻，一俟同志日多，款项稍裕，然后详定会中章程，定期开办。今拟报馆略例如左：
>
> 一、本报之设以明农为主，兼及蚕桑、畜牧，不及他事。
>
> 二、本报用第三号字模，每月刊报两次，装订成册，每次约三十页。
>
> 三、本报专译东西农学各报及各种农书，将来开会以后，详载本会办事情形，如报章日多，即添人专译农书，不附报后，以期出书迅速。

---

① 汤志钧：《戊戌时期的学会和报刊》，台湾商务印书馆 1993 年版，第 383 页。

四、本报并无论说，如海内同志以撰述见教者，必有关农学者。当择优录登，以备观览。

右刊报凡例。

一、本馆设理事二人，一总理庶事，一润色书报，每月束脩各二十元。东文翻译一人，英法文翻译二人，每月束脩各十元。司账一人，每月束脩四元。写字一人，每月束脩四元。杂役二三人，每月约费三四元，并常川住局。

二、本馆开创伊始，用人务从简少，经费务期节省，将来报务日繁，或须酌量增添办事人等及束脩之处，临时再行议定。

三、本馆出入账目，每月清揭，每季附刊报末，以征信实。除馆中一应正用外，其余浮费不得列入。

四、馆中事务，凡捐资诸君任凭到馆稽查，如有更改章程等事，可公同会议，以期集益。

右办事规条。

一、本馆为农会最要之一端，会中诸事合先从报馆办起，惟每年馆中经费，约须四千元。兹会中捐款，约得二千元，不敷尚多。尚冀海内同志惠款佽助，襄成盛举。

二、本会银钱出入，统由汪君穰卿主政，凡诸君助款，请迳寄本馆，又本馆填给本会收条，并送请汪君签字，以昭凭信。

三、凡捐资百元以上者，按期送报，不再取资。

四、本报每册零售价洋一角三分，订阅全年者，每年二元六角，先收报费，当给收条为凭。

右筹款章程。[1]

---

① 《农会报馆略例》，《时务报》之二十二，第1521页。

可知，一、将要出版的报纸究竟叫什么名字，现在尚未最后确定。二、这份报纸肯定是有关农学的内容，也肯定是农学会的机关报。三、报馆肯定是按照商业原则进行运作，唯现在的资本金并不多，所以，还是要海内同志捐助。四、汪康年是将要创办的这个报纸的重要角色，或许是因为他的名气和他的信誉，他实际上成为这个将要问世的新报纸的经理人，掌握着实际的经营和经济权力。

鉴于《时务报》的影响力、汪康年的号召力，农学会在这短短的几个月中也募集了一点款项，增加了一些同志，根据汪康年光绪二十三年三月初一日（1897 年 4 月 2 日）在《时务报》第二十二册上的公布，农学会迄今共收到四笔捐款：

山阳邱于蕃捐银一百元；

会稽徐树兰捐规平银三百两；

丹徒刘味清捐银一百元；

仪征鹿柴居士捐银三百元。

山阳邱于蕃即邱宪，原名松生，字于蕃，号啬庵，山阳也就是淮安，与罗振玉同乡。清诸生。官直隶候补直隶州知州。与汪康年是不错的朋友，有书信往还。①

丹徒刘味清的情况还不太清楚，但估计应该与丹徒刘鹗有什么关系，也就是与罗振玉有什么关系。

仪征鹿柴居士即李智俦，曾官湖南龙山县知县，后充两江总督刘坤一幕宾。他与汪康年有着很深的关系，所以他对罗振玉等人创办的这个务农会不是一般的关心，而是寄予很大期望。光绪二十三年二月初二日（1897

① 《汪康年师友书札》，第 4045 页。

年3月4日），李智俦专门致信汪康年询问农学会的情况特别是报纸筹备情况，从口气上可感觉到他是站在罗振玉等务农会诸人一边请求汪康年帮忙，感谢汪康年帮忙：

农会诸君子到否？部署各事想均周妥，必已煞费心力矣。何日可以出报？附庸贵馆，尚望始终提挈，不仅农会诸人之幸也。

他还通过汪康年联系张謇，希望张謇能够将沙洲的地划拨一些给农学会，由此可见鹿柴居士李智俦的农学会主体立场很清楚：

张季直殿撰如至申江，请与商沙洲事，如能指拨少许与农学会，则有立足之地矣。[①]

二月十六日（3月18日），李智俦在答复汪康年的信中又问及农学会诸君子到齐否，何时出报。很显然，他虽然站在农学会的立场，没把自己当外人，但他与罗振玉、蒋黼等人似乎没有直接联系。他在获悉湖南沅江县有荒田可供出售时，也是通过汪康年转告农学会诸君子，表示农学会如有意获得，他可出面联系。[②]

或许正是因为与汪康年的这层关系，李智俦为务农会捐了一笔不小的款项，大概也是捐款之后，农学会的人才开始与李智俦有了直接联系，表示按例要将捐款者的名字登报酬谢。这时李智俦又致信汪康年表示不必，如果一定要登，也最好不要在报上登他的名字，“但称天放阁主人可矣。如已登报，则亦不必改也。”[③] 至此，李智俦与农学会建立了直接联系。不过，此后他大概忙于他事，似乎未再过问农学会的事务。

① 李智俦：《李智俦致汪康年函之一》，《汪康年师友书札》，第566页。

② 李智俦：《李智俦致汪康年函之二》，《汪康年师友书札》，第567页。

③ 李智俦：《李智俦致汪康年函之三》，《汪康年师友书札》，第568页。

正是有了这点捐款，再加上罗振玉、蒋黼最初提供的一些资金，罗振玉等农学会的中坚人物，决定至迟要在光绪二十四年（1898）四月出版第一期，并选定新马路梅福里作为农会报的报馆地址。同时决定由于经费有限，第一期不可能印很多，也不可能无偿分送，通过汪康年在《时务报》上作了一个免费的软广告，告知各位关心农业、农村和农民的人，如果希望得到这个刊物，请直接到报馆购买，或邮寄。[①] 农会报的一切准备工作都进入倒计时，万事俱备，只待开张。

当然，还是汪康年的关系，新办的报纸还没有开张，他们就邀请到如日中天的梁启超为这个待出的新报写了一篇序文，并在光绪二十三年三月十一日（1897 年 4 月 12 日）出版的《时务报》第二十三册发表。值得注意的是，梁启超的这篇序文仍然定名为《农会报序》，足见至少在此时，新出刊物的名字大概就是“农会报”，而不是正式出刊时的“农学报”。

在这篇序文中，梁启超继续重弹对过去三十年洋务政策的批评老调，以为洋务运动不仅忽视了政治改革，而且洋务运动过于强调商战，强调重商主义，从而加剧了近代中国农业的破产，使农业、农村和农民问题越积越深，越来越严重。文章追述西方农业技术进步带来的好处，批评中国数千年学者不农、农者不学的陋习，期待中国能够效法欧美、日本，重视农学，重振农业。其中的观点和论述的原则，大致反映了后来《农学报》的主旨和志趣。因此从某种程度上说，即便这篇序文出自梁启超的手笔，那也有可能有罗振玉等人提供基本素材，或者径由罗振玉等人准备底稿，梁启超略加修正。因为文中的语气不仅合乎罗振玉，意思与罗振玉等人起草的务农会章程相类似，而且其关于《农会报》未来版面的安排、构想，绝非一个旁观者所能够如此清晰表达：

---

① 汪康年：《汪康年启事》，《时务报》之二十二，第 1522 页。

通商数十载，海内之士抵掌谈洋务者项相望，综其言论，不逾两途：一曰练兵以敌外凌，二曰通商以杜内耗。百废不举而言练兵，平日则购所无之物于人以靡费，临事则馈所有致物于人以资敌。其明效大验，天下所共闻矣。劝商固今之急图也，然闻之万国商务赢绌之率，则恒视出口土货之多寡为差。工艺不兴而欲讲商务，土产不盛而欲振工艺，是犹割弃臂胫而养其指趾，虽有圣药，终必溃裂。今之言商务者，大率类是也。

地球抟抟，百物盱盱，人取其精，以食以居。愚者天陵，智者天媚。雍冀之间，古号天府。两京三都之所艳述，芳草甘木之所灌聚，今几不毛焉。红人宅墨洲数千载，全墨榛莽，舍隹蹄鸟迹外，更无长物。白人取而代之，仅四百年，遂以富庶甲天下，等一地也。而转移之间，荣瘁霄壤，则地力之尽与不尽也。中国今日，动忧人满，然以地之方积计，其每里所有人数，与欧洲英、法、德、哇、比诸国相比例，其繁盛未彼若也。西国地文学家谓尽地所受日之热力，每一英里可养至一万六千人。今以中国之地养中国之人，充类尽义，其货之弃于地者，岂可数计？蒙盟各部，奉、黑、吉各省，青海、西藏、苗、回、各疆，琼、澳各岛，其万里灌莽，未经垦辟者不必论，即湘鄂腹地，江南天府，闽粤泽国，以余所闻见，其荒而不治之地，所在皆是，乌在其为人满也。不宁惟是，即已治之地，亦或淤其沟洫，芜其隰岸，溉粪无术，择种不良，地中应有之利，仍十不得五，又乌在其为人满也。故西国推算中国今日之地，苟以西国农学新法经营之，每年增款，可得六十九万一千二百万两。见李提摩太所著《八星之一总论》。虽生齿增数倍，岂忧饥寒哉？

昔《管子·轻重篇》之篇，史公《货殖》之传，于种植、畜牧，视为重图，子舆氏以好辩闻天下，其言仁政，则必自五亩之桑，百亩之田始，乃至鸡豚狗彘，材木鱼鳖，靡纤靡巨，津津道之。盖信乎治天下之第一义，舍是末由也。

秦汉以后，学术日趋无用，于是农工商之与士，划然分为两途，其方领矩步者，麦菽犹懵，靡论树艺，其服袯襫，役南亩者，不识一字，与牛犁相去一间，安望读书创新法哉？故学者不农，农者不学，而农学之统，遂数千年绝于天下，重可慨矣。本会思与海内同志，共讲此义，遵丽泽之古训，仪合群之公理，起点海上，求友四方，将以兴荒涨之垦利，抉种产之所宜，肄化学以粪土疆，置机器以代劳力，志愿宏大，条理万端，经费绵薄，未克具举。既念发端经始，在开广风气，维新耳目，译书印报，实为权舆，故远发《农桑辑要》之规，近依《格致汇编》之例，去其门目，约有数端：曰农理，曰动植物学，曰树艺，麦果桑茶等品皆归此类。曰畜牧，牛羊驼蚕蜂等物皆归此类。曰林材，曰渔务，曰制造，如酒糖酪綮之类。曰化料，曰农器，曰博议，海内通人有贻书撰文论农务者皆附印报中，谓之博议。月泐一编，布诸四海，近师日本，以考其通变之所由；远摭欧墨，以得其立法之所自。追三古之实学，保天府之腴壤，其诸务本之君子，或有乐于是欤？①

毫无疑问，这篇署名梁启超的《农会报序》在《时务报》发表，极大加快了《农会报》的筹备出版进程，又经过大约一个月的紧张工作，由汪康年全面掌控、全力支持的《农学报》半月刊终于在光绪二十三年四月（1897年5月）在上海创刊。

① 梁启超：《农会报序》，《时务报》之二十三，第1531页。

按照约定，罗振玉、蒋黼等农学会及《农学报》主要创办人于1897年春天相继来到上海，他们在汪康年的指导和帮助下，很快将《农学报》的事情理出一个头绪。

汪康年在《农学报》的创刊和农学会的成立及发展方面贡献非常大，如果没有他的人际网络和经营理念的指导，《农学报》即便也会创刊，也会出版，但可能和当时许许多多的新刊物一样，默默出世，默默而终。这在罗振玉、蒋黼刚到上海不久写给汪康年的一个记事便条中可以清晰地感觉到：

> 连日知公大忙，故未趋谈，不知荣行何日？尚得暇畅叙否？奉托各事，写列数条，拜托拜托。即请穰公先生行安。弟黼、玉顿首。
>
> 一、抵津时，乞与陈锦涛、严又陵两君酌订《农学堂章程》。
>
> 二、前徐仲翁信言，湖南地事尚未作复。刻陈伯翁在此，可否先由公将农会觅地及拟在湘辟地情形向陈伯翁一谈，能否由官捐拨，黼等是否须往拜陈伯翁，亦俟示遵行。
>
> 三、农会事，仍须求作书请南皮提倡，报章印好，即须寄送一分，能写一信留下，以便同报章寄去，尤感。
>
> 四、子蕃兄本拟四月望前后到沪，前托渠带洋七百番来以济用，刻得渠信，渠有事一时不能动身，须下月望后。日前馆中经费甚绌，可否先由尊处通融三四百番？一俟款到，即奉完不误。
>
> 五、抵都以下，祈时赐书，以慰远念。[①]

大概在《农学报》将要出刊前夕，汪康年北上京师，这个便条应该写

① 蒋黼、罗振玉：《致汪康年函之六》，《汪康年师友书札》，第3157页。

于此时。从这个便条中，我们可以得出这样几点认识：一、在《农学报》创办过程中，汪康年几乎包揽了一切，不仅出主意想办法，而且有经济上的接济或周转；二、罗振玉、蒋黼始终放不下弄块地的想法，有机会就会去争取；三、罗振玉、蒋黼很会利用汪康年丰沛的人脉，尤其是利用官方背景进行营销；四、罗振玉、蒋黼在创办农学会、《农学报》的同时，还有创办农学堂的想法，他们想请陈锦涛、严又陵这两位教育家审定的就是《农学堂章程》。

便条中说的陈锦涛，为广东南海人，早年毕业于香港皇仁书院，留校任教，大约在1896年北洋西学学堂改制为北洋大学堂的时候，陈锦涛即转任北洋大学堂教习。此公1901年官费留美，民国时期出任财政部部长，是有名的财经高官。至于严又陵，就是大名鼎鼎的严复。便条中说的徐仲翁，就是前面多次提到的徐树兰，徐树兰字仲凡，所以他们信中尊称“徐仲翁”。至于便条中所说“前徐仲翁信言湖南地事”，见徐树兰致汪康年函，徐树兰这封写于光绪二十三年三月望（1897年4月16日）的信说：

昨枉书教，审禔躬清劭，感慰兼集。承示朱阆翁即可到申，召树兰与议农会事务。闻命本思即日戒徒［途］，无如公私填委，一时未克分身，唯有俟尘似稍清，于四月望后再图款睇，阆翁处乞致意道歉为荷。月前伯斧、叔蕴二兄来翰，谓农会总理，前已面请执事，不意辞逊甚坚，仅云经理银钱云云。窃谓农会为中国创举，非执事总其大纲，何以克济？万望俯从众请，勿复终辞，至祷至祷。吴筱村邑侯之贤嗣铁樵世兄，前在绍与树兰谈及洞庭湖滨有新涨沙田，官价亩三百文，由湖南藩司给照发卖。此田如可设法，请拨一二万亩归入会中购机垦种，似可为农会筑基，愿执事留意。[①]

朱阆翁即朱祖荣，朱祖荣字阆樨，所以徐树兰尊称“朱阆翁”。吴筱村即吴德潇（1848—1900），字季清，号筱村，自署双遣居士，四川达县人。同治十二年举人，考取咸安宫教习，大挑一等知县。寓京数年，与康有为、梁启超、黄遵宪、谭嗣同等过从甚密，曾参与上海强学会的活动，并与汪康年等一起创办《时务报》，1896 年后历任浙江山阴、钱塘、西安等县知县。此时大概正在山阴任上，所以与徐树兰相识相知。浙江山阴就是后来的绍兴，就是徐树兰的故乡。铁樵即吴樵，吴樵（1866—1897）字铁樵，吴德潇之子。吴樵早年随父游京师，入同文馆习算学数年，后又研究西方自然科学。与康有为、梁启超、谭嗣同等交好，也是上海强学会的重要人物，与汪康年关系密切。后受湖南巡抚陈宝箴召，赴湖南协办矿务，所以对湖南情形比较熟悉，他所传递的洞庭湖滨新涨沙田的消息也就比较可靠。

由此信可知：一、作为农学会、《农学报》的重要发起人，朱祖荣于三月望（4 月 16 日）前后从如皋故里到上海，汪康年为此事专门致信徐树兰，请他也于此时到上海一起商量农学会、《农学报》的相关事宜。不过，徐树兰因自己方面事务缠身没有答应此时前往，答应一个月后或许可以到上海与诸位见面。二、蒋黼、罗振玉二人到了上海很快就有信给徐树兰，报告到沪之后的情形，主要是关于农会总理职务的安排，蒋黼、罗振玉告诉徐树兰，他们当面诚挚邀请汪康年担任农会总理，但汪康年坚辞不就，最终答应帮助经理银钱。徐树兰闻讯仍劝汪康年从大局考虑担任总理，号召天下。三、就是罗振玉、蒋黼便条中说的“前徐仲翁信言湖南地事”。这个消息由吴樵告诉徐树兰，徐树兰转告汪康年，汪康年再转告罗振玉和

---

① 徐树兰：《徐树兰致汪康年函之四》，《汪康年师友书札》，第 1524 页。

蒋黼。罗和蒋对此事很上心，所以他们向汪康年请教，湖南巡抚陈宝箴的儿子陈三立正在上海，是否应该找他说说农会准备在湖南买地的事情呢？

在湖南觅地的事情并没有很快结束，罗振玉、蒋黼在向汪康年请示是否应该与陈三立面谈的同时，也直接致信"消息源"徐树兰，表示能够在湖南获得一块试验地对农会来说非常重要。而汪康年在收到徐树兰上封信后也迅即回复，对自己不能担任农会总理事的原因做了解释，似乎也提及湖南觅地的事情。

徐树兰于三月二十二日（4 月 23 日）收到汪康年的信，他对于汪康年的询问，也很快给予回复，由这封回复还可看出《农学报》当时的进展和所面临的问题：

> 穰卿仁兄世大人执事：
>
> 廿二日得环谕，敬悉一是。农会不总于执事，未免美犹有憾，何谦抑若是耶？昨接伯斧、叔蕴兄来书，亦深以辟地湖南为得计，唯此刻清丈未毕，无从下手。昨吴筱村过候谈及，亦深有欲得之意。据云王雪澄观察必亦购买，然则俟丈毕而后清拨，恐为捷足者所得。昨曾抵书叔蕴兄请其筹划，唯会中此刻经费支绌，欲办此事必先集款。若可秉请拨给，则只须垦辟之赀较易为力，究竟可拨与否，请烦鼎力一图。万一非尊章缴价不可，从此亦可商定之意，随机酌办，尊意以为然否？《农会报》得卓公文以序之，可为欣庆。特出报因译人未至，尚须改迟，未免令人想望。阆榉兄何尚不来？念念。敬请褆安。世愚弟徐树兰顿首。三十日。[1]

[1] 徐树兰：《徐树兰致汪康年函之五》，《汪康年师友书札》，第 1525 页。

这封信讲了好几层意思，第一，徐树兰对汪康年不愿担任农会总理依然感到遗憾，尽管汪康年有自己的解释。第二，蒋黼、罗振玉对在湖南辟地兴趣很大，但此时湖南方面正在清丈，无从下手。第三，吴德潇对此事也很关心，也认为农会应该设法获得这个机会。第四，王雪澄似乎认为应该立足于购买，因为一味等待官方无偿划拨，恐怕为捷足者先登。第五，根据这层意思，徐树兰已致信罗振玉等人从购买的立场积极筹款，当然他自己很清楚农会的经费不可能办成此事，所以他个人还是倾向于由政府划拨，这一点仍须汪康年出面与湖南方面联系。即便最后不能划拨，有了这层关系，价格上似乎也要更合算。第六，徐树兰对《农会报》迟迟不能出版稍有不满，不过对农会能够获得梁启超的序文也是很高兴的。

信中提及的王雪澄即王秉恩（1845—1928），字雪澄，晚号茶庵，四川华阳人。同治十二年举人。曾入两广总督张之洞幕府，协助创办广雅书院、广雅书局，后署理潮州知府，任廉钦兵备道、广东巡警道等。《时务报》创刊后，充湖北代收捐款者。因而与湖南、湖北官方关系密切，消息灵通。

《农学报》创刊后，同人对其经营及效益都非常关心，出主意想办法希望《农学报》早期能够以生财为急，希望尽快实现经济上的平衡，最好能够有回报有效益。只是这一拨知识分子办报在经营思路上大体一致，其中一个最重要的环节就是利用丰沛的人脉，利用地方大员的名头，尽量发文使用公款订阅。徐树兰在《农学报》出刊后专程去过一次上海，回到绍兴后即致信汪康年专谈这一点：

> 农会应办之事虽多，而刻下要以生财为急，广售报册亦生财之一大关键。弟临行曾托筱村中丞，俟杏荪京卿到沪，请其寓书各大府，引申筱中丞前书之意，以助其澜，今不知京卿到沪否

也？弟带回之《农报》，因随同《时务报》派去，仍多折回。现托吾绍太守遗书八属，饬其转劝绅耆购阅，然购者仍似寥寥，盖一时风气未易开也。①

促动官员特别是方面大员动用手中的权力公款订阅，以保证《农学报》的基本印数和基本利润，是当时农学会诸创办人共同关心的问题，他们想尽一切办法，动员一切力量，而更重要的就是利用汪康年与各方面的关系，特别是与张之洞不同寻常的关系，想方设法请张之洞撰文提倡，这在罗振玉、蒋黼在《农学报》创办之初留给汪康年的那份备忘录的便条中就有急切的反映，他们请求汪康年无论如何都要给张之洞写一封信，请张之洞能够为农学会撰文提倡，以利推广。②

其实，他们的这个思路大概也是跟着《时务报》学来的，《时务报》虽然经营不错，但其实最重要的营销渠道还是政府的订阅，特别是喜爱新学的张之洞这样的开明官僚的推许。这在《时务报》的研究中已有很多反映。而作为后来者，《农学报》在这方面走得更远，它在创刊后不惜拿出相当篇幅刊登各方面大员提倡农学甚至公开表彰《农学报》，为《农学报》做“软体广告”。

政府所有的促销命令都是《农学报》创刊之后不久的事，后来基本上没有再出现类似的情形，也就是说，后来的《农学报》靠着自己的经营能力特别是其丰富的内容吸引着读者，似乎并不需要先前这样来自官方的推广介绍乃至强制性的摊派。

在促动官员公款订阅的同时，农学会和《农学报》的募捐活动似乎也一直没有停止，《农学报》出刊后，募捐的机会实际上比先前还要多，毕

① 徐树兰：《徐树兰致汪康年函之六》，《汪康年师友书札》，第1525页。

② 蒋黼、罗振玉：《蒋黼、罗振玉致汪康年函之六》，《汪康年师友书札》，第3157页。

竟有自己的言论阵地。至于募捐的方式可能有多种，但大致上应该类似于后来的“传销”性质，还是一人对一人的进行。据徐树兰致汪康年信：

> 舍亲许进士在衡、章孝廉廷黻，均有志于明农，愿入学会。许进士捐银二百元，已汇交沪上福康钱庄，请饬纪前往划收，掣给收据，以便转交为荷。其履历另录呈上，请属刻入本报。[①]

由此可知，农学会大约实行的还是会员制，会员们的捐款类似于会费，他们似乎享有的权利为免费获取《农学报》，至于其大名、履历，也都在捐款后相应刊登在《农学报》上，所以说《农学报》出版后，农学会的募捐活动更加方便了。

《农学报》自 1897 年 5 月创刊，初为半月刊，第二年即 1898 年 1 月自第十九册开始改为旬刊，至 1906 年 1 月停刊，前后共出版三百一十五册。

第四节　推广新农学

除了编辑发行《农学报》，编辑出版“农学丛书”外，罗振玉和农学会还做了许多有意义的试验和尝试。比如，农学会成立不久，罗振玉等人似乎就有成立农学堂的考虑，并拟定了一份《农学堂章程》，请汪康年北上途经天津时请天津北洋大学堂教习陈锦涛、北洋水师学堂总监督严复帮助审定。[②] 只是可能因经费、人手等多方面的原因，农学堂的事情似乎一直没有能够确定下来，进入实际运作。这在徐树兰稍后致汪康年的一封信中就有反映，徐树兰似乎期待农学堂尽早成立。[③]

---

① 徐树兰：《徐树兰致汪康年函之七》，《汪康年师友书札》，第 1526 页。

② 蒋黼、罗振玉：《蒋黼、罗振玉致汪康年函之六》，《汪康年师友书札》，第 3157 页。

③ 徐树兰：《徐树兰致汪康年函之七》，《汪康年师友书札》，第 1526 页。

根据徐树兰的记述，农学会成立之初，就鼓励各地进行种子改良等各种试验。沈筠樵大概在上海辟地办理引进的外国棉花新品种试种，似尚认真，经过一段时间的试验，洋棉已出土成苗，惜当年下种太迟，恐其秀而难实。这个试验还遇到人工费用问题，根据徐树兰的说法，在上海，农民工人人懒而赀贵，效果不好，所以他计划在绍兴招募农民到上海工作，以减轻经费压力，提高工作效率。[①]

农学会、《农学报》的影响日益扩大，已经引起各方面的重视，甚至影响到1898年中国政治改革。1898年6月20日，总理衙门奉旨妥议提倡学艺农工矿业事宜。7月4日，清政府发布上谕，命各省督抚督饬各地地方官劝谕绅民兼采中西各法，切实振兴农业。上谕强调，讲究农政在中国已有久远的传统，这本是中国古代“劳农相劝”的意思，所以各地各级官吏对此要随时维持保护，实力奉行。如果哪个地方办得确有成效，准该督抚奏请奖叙。该上谕还称，听说罗振玉等人在上海创办了农学会，对于转移风气，促进农业的进步起到了很好的示范作用，命两江总督刘坤一查明上海农学会的章程，咨送总理衙门查核颁布，供各地参考。同时也希望各地注意外国农学图书的翻译与介绍，总期为农业的复兴提供帮助。

7月23日，出使美国、日本、秘鲁三国大臣伍廷芳也根据他对西方的了解，建议清政府加强对农业的重视，督促各地采用西方近代科学方法，搜集各国有裨农务的图书，广为传播，改革耕作技术和耕作制度，重视化学、水利等技术手段的运用，鼓励各省创办学堂或学会，加以奖励，多方诱掖，恢复农业在中国经济体制中应有的地位。[②] 8月2日，光绪帝再发

---

① 徐树兰：《徐树兰致汪康年函之六》，《汪康年师友书札》，第1525页。

② 《出使美国日国秘国大臣伍廷芳折》（光绪二十四年六月初五日），《戊戌变法档案史料》，第36页。

上谕，重申劝导绅民兼采中西各法，振兴农政，奖励工艺，强调以农为体，以工商为用，指示各省督抚一旦发现有能创制新法者必当立于优奖，期待各省督抚及各地官员皆当认真体察朝廷深意，悉心讲求，次第兴办，毋得徒托空言，一奏塞责，而应切实负起劝导、推广的责任。

以农为体，以工商为用的方针符合近代中国的基本国情，而中国农业的根本改观有待于中国能否切实改变中国千百年来的农业生产习惯，能否引进和采纳西方国家已经采用的那些行之有效的技术和手段。8 月 18 日，对农业生产并不熟悉似乎也没有多大兴趣的康有为向清政府呈递《请开农学堂地质局以兴农殖民而富国本折》，比较详细地介绍了东西方各国在农业生产方面的技术进步和技术手段，诸如农业的机械化、化肥、温室大棚等。他在奏折中提醒光绪帝和清廷其他决策者鉴观其精详，比较其得失，必将憬然动于心，而知东西方这些小国寡民之所以富强，而我中国土广民众之所以贫弱者，其关键只在于技术的发展与运用。所以，康有为真诚建议清政府下令各省府州县由政府提供必要的帮助，如酌拨官地、提供开办之初的必要经费，设立农学堂，创办农报，翻译东西方农业书籍；鼓励民众创办农会，以广见闻，交流心得；创办地质局，测定各地土壤条件，然后根据这些条件劝导民众种植适宜于本地环境以及有一定市场价值的农作物。并建议政府在各通商口岸尤其是像上海、广东这样的大城市设立地质总局，将各地测绘所得的数据，各地根据这些数据重新制订的种植计划及相关产品等陈列于各地质总局，供外国商界人士参考，庶几商业盛而流通广，农业并兴，地利溢出，而国可富。康有为在奏折中还建议，为了统筹全国的农业、商业，中央政府应该设立农商局，各省应该设立农商分局。

康有为这一切实可行的建议立即获得了清政府的回应和批准。8 月 21 日，光绪帝宣布中央政府设立农工商总局，委派端方、徐建寅、吴懋鼎三人负责，统筹全国农工商政策的制定与协调。要求各省府州县都应该设立农务学堂，广开农会，刊农报，购农器，由绅富之有田业者进行技术性试验，考求新法，精益求精，待取得经验后逐步推广，庶几农业兴而生殖日蕃，商业盛而流通益广，为国家富强提供坚实的基础。

农学会、《农学报》的名声越来越大，特别是由于中央政府的看重，更使那些封疆大臣对农学会和罗振玉发生了很大兴趣，以为罗振玉和农学会的工作重点确实抓住了中国问题的关键，农业不振肯定会影响到中国的各个方面。于是湖南巡抚陈宝箴保荐罗振玉参加清政府新设的特科考试，但罗振玉此时对官场的兴趣不大，婉言谢绝。

紧接着，湖广总督张之洞邀请罗振玉到武汉任职；而在中央政府层面设立的新机构京师农工商总局更是对罗振玉这样的专业人才另眼相看，主管此项工作的端方与罗振玉信件往还，讨教新农学、新农业应该如何下手，并盛情邀请罗振玉到中央政府做官。

对于各方面的邀请，罗振玉还没有来得及权衡和回应，1898 年秋中国政治发生了急剧变化，光绪帝主导的政治变革突然刹车，甚至连先前主张新思想新文化的学术团体也在这一事变后受到牵连，许多学会被查封，许多报馆被关闭，言论空间突然收窄，于是人心惶惶，许多人准备自动歇业。在这种情况下，罗振玉的重要合伙人蒋黼主张自行闭馆，暂停农学会和《农学报》的业务，无奈农学会和《农学报》因欠印刷费不能骤然停业，罗振玉不得已乃具呈两江总督刘坤一，请求刘坤一将农学会、《农学报》收归官办。

罗振玉等人的担心不是个别现象，这意味着在经过 1898 年秋天的政治变动之后中国的政治走向已经引起各方面的担心，已经引起各方面的疑虑。作为一个负责任有眼光的封疆大吏，这些担心、疑虑引起了刘坤一的注意，他认为，对于清政府 1898 年秋天之后严禁报馆、学会的谕旨，不能片面理解，以为朝廷之意，特指士大夫言，诚不宜动辄设报设会，以逞臆说而植党援。至于农学会、农学报；商学会、商学报之类的报馆、学会，实所以联络群情，考求物产，于农务、商务，不无裨益，似不在禁止之列。因此他建议清廷特旨准予设立类似的报馆与学会，以免农商有所疑畏。[①] 这是刘坤一对清政府的真诚建议。

因此，对罗振玉等人准备停业的请求，刘坤一自然不能同意。他告诉罗振玉，政府是对一些新社团进行了清理，但有关农业、农学的新社团、新报刊并不在清理之列，这些社团或刊物不涉及政治，翻译西书，传播科学文明，有益于民生，自然不能解散，不能停刊。至于罗振玉提及的经济困难，刘坤一也给予充分的照顾，指示上海地方政府应该帮助农学会、《农学报》渡过目前的困难。此后，上海道给农学会、《农学报》提供了一些经济上的补充，使罗振玉终于走出经济困境。不过，《农学报》所付出的代价是，自 1902 年始，刊头刚冠上“江南总农会”的字样，一个民营集资创办的新事业就很快被收归官办。

1900 年秋，罗振玉应张之洞的邀请来到武汉，出任湖北农务局总监兼农务学堂监督，将他先前几年在新农学、新农业的想法、见识运用于社会实践。只是这项工作罗振玉并没有坚持很久，两年后他就回到上海，此后更是踏上亦学亦官双肩挑的仕途，新农学、新农业和新农村，也就成为罗振玉个人脑海中的一个久远记忆而已。

---

① 《两江总督刘坤一折》（光绪二十四年十月初三日），《戊戌变法档案史料》，第 489 页。

第八章

“会能保国?”：戊戌知识人的集结

如果一定要说戊戌时代文化人与之前的中国文化人有什么不同，一个很重要的区别，就是戊戌时代的文化人不再是简单的个体抗争，而是结合成团体，合起来发声。这是中国历史的大转变，也是一个全新时代开启的新迹象。

第一节　新文化人登台

中国人自来不将结党视为正当生活方式，总是自觉不自觉将结党与营私结合在一起。中国人自来的道德伦理信条，是“无偏无党，王道荡荡；无偏无党，王道平平”①。似乎有了党，一定会影响政治稳定，因此中国政治伦理自来排斥结党、结社，群而不党，君子不党，都属于圣贤教诲，是中国人的伦理信条。《说文》：“黨，不鲜也，从黑尚声。”所以，党同伐异、结党营私、朋党比周、虎党虎侪、狐朋狗党、党坚势盛、党豺为虐、党同妒异、党恶佑奸、党邪陷正等，党总是与邪恶、非正义联系在一起。

但是到了近代，随着西方因素进入，中国社会经济不断发展，新的生

① 《尚书·洪范》。

产力因素逐步成长，社会结构模式发生了新的变化，于是中国人对政党政治的看法便自然而然地发生了根本性改变，开始认为政党政治是一个健康社会必不可少的现象。出使英法的公使郭嵩焘在实践中意识到西方政党政治的合理性有用性，“法人君党凡三，民党亦三，议论视他国犹繁。”[①] 他的关注点，其实也是薛福成等人都注意到的，即政党各自代表不同的群体利益，差异性让他们在君与民之间充当了重要的桥梁作用，而对于英国这样的君主制国家来说，“君与民相交维系”才是社会稳定、社会繁荣的必备条件、“立国之本”。[②]

同为出使大臣的薛福成也注意到，“英国有公、保两党。公党退，则保党之魁起为宰相；保党退，则公党之魁起为宰相。两党互为进退，而国政张驰之道以成。然其人性情稍静，其议论亦较持平，所以两党攻讦倾轧之风，尚不甚炽，而任事者亦稍能久于其位。”[③] 很显然，薛福成承认政党政治自有其政党政治的好处。

政党政治的基本功能之一，无疑如薛福成所认识到的那样，在于协调、稳定社会秩序尤其是政治秩序。但是，政党政治得以存在的基本条件无疑又在于市民社会、中产阶级发育、逐渐成熟，是与代议制的政治制度互为表里，而不是相互冲突。也就是说，中国的中产阶级不能成长起来，成为一个可以独立发声，有自己独特阶级利益、政治诉求的阶级，那么在君主专制体制下，政党就没有发生的必要，所以我们观察汉代的党锢之祸，明代的东林党人，一方面我们会对党人的处境充满同情，对专制体制义愤填膺，但是深究其背后的社会经济因素，探讨这些党人的政治立场、

---

① 郭嵩焘：《致李鸿章》（光绪十年），梁小进主编：《郭嵩焘全集》卷十三，岳麓书社2012年版，第417页。

② 郭嵩焘：《伦敦与巴黎日记》，岳麓书社1984年版，第407页。

③ 薛福成：《出使英法义比四国日记》，岳麓书社1985年版，第515页。

政治诉求，又会觉得党人也并不是那么回事，与迫害者相比，被迫害者不过是五十步笑百步。

只有到了近代，五口通商之后，非农业的收入大幅度增加，社会贫富差别分化，买办，以及那些不必再依存于土地讨生活的人大量出现，市民社会随着新的经济因素发生，早期资产阶级随着新经济增长而成长。中国早期资产阶级虽然带有严重的软弱性、妥协性，但毕竟他们是中国传统社会中所没有的新因素。也正是从这个意义上，才能理解郭嵩焘、薛福成等人对政党政治的新认识。

资产阶级的诉求，并不只是很狭隘的经济利益，当然有经济权益保护的意义在内。中国资产阶级和旧的统治阶级可能有过很多的勾兑，甚至合在一起成为很多历史罪恶的共同责任者。但是当社会成长到一定阶段，当资产阶级意识到他们的既得利益需要通过法律制度的调整给予保护时，政治上的博弈，才是政党政治发生的直接动因。郑观应说："窃谓中国病根在于上下不通，症成关格，所以发为痿痹，一蹶不振。今欲除此病根，非顺民情，达民意，设议院不可。有议院则捐苛禁，破障界，敦睦守，公黜陟；且借以收民心，筹捐款，实于国计民生两有裨益。"[①] 这里虽然依然表现为强烈的忧患意识，但其本质无疑在于以议院政治作为改革中国传统政治的工具，使中国政治尽快走上与社会经济发展同步的道路。

假如不是甲午战争以及此后一系列变故，中国早期资产阶级在洋务新政那样的历史条件下，也只能默默地发点财，作为社会转型期的阶级补充，不可能上升到一个有自觉意义的阶级。《马关条约》之前中国的先富阶级人数上也有一些增加，但除了几个具有思想意识的特别突出的知识人如郑观应、马建忠这些人，更多的其实都在浑浑噩噩满足于自己的先富，

---

① 郑观应：《答某当道设议院论》，《郑观应集》上，第 322 页。

并不可能让这个阶层成为阶级，更不可能由他们引领社会进步。甲午战争打碎了中国人不改变体制、社会机构而富强的梦想，先前几十年持续的经济增长让中国一度跻身世界第二，重现盛世辉煌，但是这个辉煌在东邻日本面前，就像一个纸糊的灯笼，局部的可控制的一个小的冲突，将清帝国打回了原形。几十年的增长如此不堪一击，问题究竟在哪里？先前静止一般沉醉于盛世辉煌的知识人、有产阶级不约而同开始思考，先前自信满满的统治阶级也在奇耻大辱面前坦诚认输，社会裂缝就在这个非常奇妙的瞬间打开，先前十分牛气的洋务新政，虚假自信，迅即成为明日黄花。

甲午战争让中国人蒙羞，是因为中国的综合国力并不比日本弱，中国完全有可能在这场战争中打出气势，获取胜利。然而，中国败了，且败得那样惨不忍睹。这不能不让中国人特别是年轻一代中国人义愤填膺，怒不可遏。

中国年轻一代的新知识人认为甲午之败不只是战术上的，更主要的是发展战略的失败，是中国先前几十年基本国策大政方针上的失败。先前几十年中国只是满足于自己的军事工业的发展，顽固坚持自己严重落后于时代的政治体制和政治架构，这才是中国失败的根源。在他们看来，先前几十年的洋务新政只治其表，不治其本，中国虽然在经济上获得了一些发展，但并没有使中国真正强大起来，中国问题的真解决有待于从根本上放弃旧体制。这就是梁启超《变法通议》中说的，前此三十余年洋务新政之言变，其实并不是真变，而是假变，是叶公好龙，是补苴罅漏，弥缝蚁穴，所以这个脆弱的发展成就一旦遇到风雨，遇到雷电，就必然原形毕露，同归于死亡。所以，在这批新知识人看来，中国只有彻底放弃旧体制，涤荡旧俗，冲决网罗，重建新制度新模式新文明，中国才有可能重建辉煌，报仇雪耻，重振雄威。

面对割地赔款的屈辱而做如此深刻反省，仅就感情而言未尝没有充分理由。然而问题的症结在于，洋务新政确实存在只治其表，不治其本的内在缺陷，但由此而让洋务新政承担甲午战争失败的全部责任，由此而全面怪罪中国既往传统和体制模式，似乎不仅于情理上很难说得通，而且事实上也超过中国社会承受力。不妨设想，如果没有洋务新政几十年力量积蓄，中国面对日本的侵略恐怕就不是不堪一击，而是全面沦为日本殖民地。事情的真相或许正如美国副领事毕德格当年所说的那样，日本对中国早有战略规划，甲午战争并非偶然，日本长时期进行战略准备，待时而动，而中国则向来以雄浑为量，平日里你可以说中国不将日本当作一回事，更不会将日本作为中国的假想敌，绝无疑虑日本有窥伺我中国的野心，从来对日本都是以友邦相待，以为近邻。谁知道日本人不这样想。日本人很久以来就向中国派遣了大量侦探，四处侦察中国情形，以为今日用兵张本。如中国早知日本素蓄此心，亦修战备，那么甲午战争的结果肯定会是另外一种样子。所以说，甲午战争的结果并不能从根本上说中国不如日本，更不意味着日本强中国弱。换言之，中国在甲午战争中的失败别有原因在，将之归咎于洋务新政并没有真正找到问题的症结，反而陷入了一种精神误区，是中国人的世纪末恐慌症。

世纪末恐慌是当时中国人的真切感受，他们也不是不能理解和不能接受清政府的议和条件和苦衷，而是有一种无可名状的亡国感、危机感和世纪末的毁灭意识。康有为后来曾对这些心态有过一番描述，他说，中国在甲午战争中的失败，朝鲜被迫脱离了中国，日本内犯，致使中国割地赔款。这场战争的具体损失相对于大清国而言并不是致命问题，问题在于这样的屈辱是大清国两百多年历史上不曾有过，更是中国数千年历史上所罕见。天下臣民从来没有受过这样的挫折，这样的屈辱，这样的委屈，所以也激起中国人从来没有过的心灵震动，发愤痛心。更要命的是，奇耻大辱并没有因为甲午战争而结束，而是因为这场战争打开了那个不应该打开的魔盒，列强纷纷觊觎中国，图谋瓜分，试图将中国划为他们各自的势力范围。中国由此土崩瓦解似乎也就在顷刻之间。这就是当时中国人特别是青年一代的毁灭感挫折感。[①] 很显然，康有为那一代人的恐惧并不是已有的现实，而是一种可怕的预测和预见，甚者如严复《论世变之亟》所疑惑的那样，难道是“运会”既成，中国的末日真的要来临了吗？[②]

光绪二十一年（1895）春，可怕的预感成为现实，从日本不断传来的消息令中国人忐忑不安。最先引起震动的当然是那些拥有最先知情权的统治层。4 日，直隶总督兼北洋大臣王文韶通过自己的渠道得知李鸿章在马关议和的大概情形，他虽然对日本政府向中国提出如此苛刻的索赔条件感到愤怒，但也深知中国拒绝日本政府提出的条件可能会出现的问题，中国实际上陷入两难的境地，对于日本提出的那些蛮横条件，不允则目前无以自强，允之则日后难以自立，忧愤交萦，殆难言状。[③] 在他看来，中国既不能接受日本要挟，也不能拒绝日本要挟。这是一种看法，内心充满疑惑与矛盾。

而另外一种则坚决反对。这一派以民族主义、国家主义为旗帜，以清流、无私自居，坚决反对任何妥协，不惜鱼死网破，同归于尽，根本不把人民的生命财产作为一个考量因素。翁同龢连续两次在朝廷御前会议中力陈台湾不可弃，否则天下散乱，人心尽失；给事中于联沅及翰林院编修丁立钧联名上奏，要求朝廷不要同意日本的议和条件，重整军备，再度开战，宁愿拼个你死我活，同归于尽，也不能这样受辱这样憋屈。

清流们的爱国意见确实动听，朝廷一度也被这些意见所打动，然而重

---

① 康有为：“上清帝第三书”，《康有为政论集》，第 139 页。

② 关于“运会”的说法也见于王文韶。他在 1895 年 4 月 16 日的日记中写道：“马关来电，和议已有成说，明日画押，目前暂可无事，此后则不堪问矣。运会所迫，夫复何言!”

③ 《王文韶日记》，第 880 页。

整军备，再度开战谈何容易，豢养几十年的清军望风而逃，比兔子跑得还快，指望这样的军队去与日本军队死磕，到头来连最后的本钱都得输掉。不当家不知柴米贵，朝廷和那些真正主事的人比谁都更清楚那些家底，说实话，他们内心比谁都累都痛苦，他们平时对内宣传成就辉煌，强大无比，其实那都是统治的需要。他们清楚知道，清军不是日本的对手，至少在朝鲜战场、在大东沟海战，已充分表明了这一点。所以，清流们的意见无法在朝廷成为主流，因为他们实在太不了解真相。朝廷在短暂欣慰之后还是大胆切割，割肉止损，减少损失，同意在《马关条约》上签字用宝。

《马关条约》签字消息传来，国内反对声浪较谈判时期更为高涨。最激烈的反应首先来自将被割让给日本的台湾。台湾巡抚唐景崧在和约签字前后连电朝廷，力言台湾不可割让，否则，中国将何以立国？台湾作为一个完整区域，一旦割让给日本，那么百万生灵如何处置？而且割让台湾必将在国内外引起连锁反应，即便列强不对中国再生瓜分之心，那么宇内亦将解体，朝廷的向心力凝聚力都将受到极大挑战。闽、广、江、浙，这些临近台湾的省份，必将从此开始进入一个扰攘不宁的动乱期。[①] 台湾民众在得知台湾将被割让的消息后，一时哭声震天，无可抚慰，惨不可言。他们现在算是知道了自己在大清眼里，那真是一个后娘养的，朝廷有难，不是让大家一块共担，而是首先抛弃了台湾，换取朝廷一日之安宁。台湾绅民挽留唐景崧领导他们坚守到底。台北罢市，绅民请英国驻台湾领事想办法，看看能不能将台湾抵押给英国，寻求英国保护。唐景崧被台湾民众诚挚的情感所感动，致电朝廷，表示台湾人民宁愿效死而不肯接受日本殖民统治，请求朝廷收回成命，重新考虑台湾前途。

唐景崧的请求以及台湾所发生的变化深深影响了朝廷内部看法。三月

① 《郑孝胥日记》，第 483 页。

二十五日（4 月 19 日），自战争爆发一直活跃的侍读学士文廷式与秦绶章、戴鸿慈、陈兆文等联名上奏，以为日本在谈判及已经签字的条约中要挟过甚，朝廷无论如何不能急于批准，以免木已成舟，生米做成熟饭，后悔莫及，请求朝廷展缓商议，多听听各方面意见，寻求新的解决途径。否则，中国若从此约，必将在各方面受制于日本，此后虽欲变法自强，也恐怕很难，更不知大清从此何以立国，凭什么与各国继续周旋。中国或许因此约获得暂时的安宁，但这种安宁可能根本不牢靠，中国或许从此将进入一个大动荡时期。①

四月初二日（4 月 26 日），文廷式授意其表弟汪曾武联络各省举人上书都察院，坚决反对与日本议和，全面反对《马关条约》中的相关规定，以为地不可割、中国土货不得改造、日本人不能享有在内地贸易的免税优惠，苏杭各口岸不可通商等。② 从这些反对意见看，他们虽然是在主张爱国，反对侵略，但实质上是在维护朝廷私利。

这些反对意见深刻影响了朝廷。三月二十九日（4 月 23 日），光绪帝在廷议时得知台湾民众宁死不从日本人的情形时，还是非常感动，比较深刻意识到割让台湾可能会导致天下散乱，人心皆去，那时才真的是国将不国，朕何以再为天下主？③由此萌发变法图存的想法，这对后来政治局势的发展变动起到相当微妙的作用。

清廷内部的讨论已经不再是孤立地进行，由于事关国家、民族和朝廷的命运，因此除了体制内官僚对这些事情极为热心，发表一系列不同意见外，体制外读书人也开始聚焦这些窗外事，以为这些窗外事和自己的利

---

① 文廷式著，汪叔子编：《文廷式集》，中华书局 1993 年版，第 63 页。

② 《文廷式集》，第 67 页。

③ 《翁同龢日记》卷五，第 2797 页。

益、自己的未来休戚相关。

当中日和谈刚刚开始的时候，各省举人正在逐步向京师集中，他们将在那里参加对自己未来前途最具有决定意义的科举考试。康有为及其弟子梁启超均在其中。

第二节　坐而言起而行：京沪强学会

康有为这批年轻读书人，已经远不同于传统中国社会的士大夫，他们可不是坐而论道的清谈家，而是强调坐而言起而行。他们坐而论道，但并不满足于论道，更热衷于实践，热衷于将自己的理想、主张变成整个社会的共识和行动。他们甚至并不满足于向朝廷递个折子，提点建议，而是期望能够在更大范围唤起民心，唤起民众的热情，以保障维新运动能够在全国范围内开展起来。

根据宋恕的日记，康有为、梁启超师徒二人前往北京参加科举考试，途经上海，宋恕曾前往康、梁下榻的旅馆看望，这是他们初次相识。[①] 宋恕时年三十三岁，有浙江著名学者孙诒让的背景，与俞樾、张之洞、李鸿章等都有不一般的关系，至于当时青年知识界，宋恕也具有领袖资格，与各方面关系都比较友好。

同月，在张之洞手下担负文化教育事务的汪康年也与宋恕往来密切，他们还与在上海的夏曾佑、钱恂、张焕纶、胡庸等人密切会商，讨论设立公会、创设报馆，以联络海内才士，畅发神州积弊。

大约也是根据这些讨论，或者是因为他们在讨论中很难达成一致，所以汪康年似乎不久就凭借自己的力量在武昌单干，于当年夏天在武昌召集

① 《宋恕集》，第935页。

邹代钧、陈三立、谭嗣同、吴德潇、吴樵、夏曾佑、叶瀚等人毫无顾忌地谈论怎样在全国范围推动变法图新，怎样将政治、经济、教育、文化等一切经国家、治人民的那些大经大法改弦易辙，根本改过。讨论的结果，就是想创设一个专门讲求中国之所以贫弱、西方近代国家之所以富强的“中国公会”，以作为推动变法维新的组织。

汪康年是张之洞门下具有维新思想的幕僚，与梁启超、麦孟华也有很深的交情。当他的这些想法大致成形或正在讨论时，他也正与京师的梁启超等人相商，以为我辈今日无一事可为，只有广联人才，创开风气，此事尚可半主。[①] 除了创办中国公会，汪康年此时还想创办一份《译报》，专门翻译介绍西方国家的动态和思想言论。这些想法和做法其实都与康有为的主张暗合。

在康有为等年轻一代知识分子推动下，《马关条约》签订后，在中国谈论政治谈论国事已经没有什么障碍和困难，随便一个什么人都可以提出自己的变法主张，这已经不再是违规违纪的事情，高阶层的官员、关心时局的知识分子开始以维新为时髦，在这种政治气氛下，组建维新团体，团结志同道合的人一起推动维新变法的开展，就成为最急迫的事情。于是有京沪强学会的相继建立。

京沪强学会是年轻一代知识分子在甲午战败刺激下成立的一个具有近代政党性质的政治团体，它的发起人和主要成员鉴于马关议和后国内政治形势的变化，已明确认识到要推动中国进步与发展，要唤醒国人觉悟与觉醒，就必须想法开风气、开知识，必须将国人尤其是新一代知识分子组织起来不可。

其实，早在万木草堂时代，康有为就已意识到：“凡讲学莫要于合群，

① 梁启超：《梁启超致汪康年函之四》，《汪康年师友书札》，第 1830 页。

盖以得知识交换之功，而养国体亲爱之习。自近世严禁结社，而士气大衰，国之日孱，病源在此。”[①] 因此，如欲改变中国人的风气，提升新一代知识分子的士气，就必须将这些人组织起来。

康有为指出，中国知识人向来散漫，士大夫鉴于明代集权政治高压摧残，自明末东林党失败后，基本上不敢相聚讲求，故转移风气极其困难。甲午战后，我大清经过痛定思痛的反省，社会风气稍有变化，但真正转移风气，就非大群不可，且“必合大群而后才能力厚”。合群非组织团体不可，而在外省组织团体，则一地方官足以制之，而结合士大夫及中高阶层的开明官僚在京师组织则不然，既得登高一呼应者云集四方响应的区位优势，又因成立于京师这样的政治中心，还可以避免守旧官僚不必要的怀疑与猜忌。[②]

基于这种认识，康有为在第四次上皇帝书被拒绝之后，并没有急于离开京师，返回故里，而是接受户部郎中陈炽、刑部员外郎兼总理衙门章京沈曾植等人的建议，留在京师筹划组织团体的事宜，他天天以“开会”之义号召于同志，其弟子梁启超等人也积极参与，日夜攘臂奋舌，与士大夫痛陈中国危亡朝不及夕之故[③]，宣讲组织学会的必要性、重要性和组织方式。

经过康有为、梁启超等人反复宣传，明白此中道理的人越来越多。在陈炽、沈曾植等人支持下，康有为组织了三次“游宴”活动，“频集同志，游宴鼓励。又三日一会于松筠庵，来者日众。”[④] 有意识组织士大夫到一起坐坐，喝点酒，聊聊天，交流一下看法，试图通过这种方式筹组一个团

① 梁启超：《康有为传》，《饮冰室合集》文集之六，第 62 页。

② 《康南海自编年谱》，第 30 页。

③ 梁启超：《保国会演说辞》，《饮冰室合集》文集之三，第 27 页。

④ 《文廷式集》，第 1500 页。

体，因为能到一个桌子上喝酒的，应该说是不错的朋友。

然而，或许是因为康有为的政治企图太过于明显，这三次"游宴"活动并不成功，筹组团体的工作并没有多少进展。但经过近两个月的宣传鼓吹，成立学会的舆论在官僚士大夫阶层已经获得越来越多的支持者。官僚士大夫阶层已从最初的惊恐中走了出来，他们终于听到自己从来没有听到的理论与见解，终于知道中国在当时世界格局中的实际地位，开始相信实行改革，创制新法的好处，逐步认同康有为、梁启超等人的呼吁。

在康有为等人影响下，组织学会的共识在新一代知识分子阶层中逐渐形成，一些开明官僚士大夫逐渐相信组织团体、设立学会有益于中国政治改革与社会进步，甚至当朝帝师翁同龢及孙家鼐等高官也开始暗中支持这些活动，期望能为大清政治改革寻找到一条通道。

在陈炽等人居中联络下，康有为等分头约请袁世凯、杨锐、丁立钧、沈曾植、沈曾桐等人参加宴会，商谈筹组京师强学会的事情。康有为为了壮大声势，争取当朝重臣的支持以减少不必要的麻烦，又通过沈曾植拉拢军机大臣李鸿藻的得意门生张孝谦参加。此次聚会解决了京师强学会成立的几个关键问题，一是参与者约定各出义捐，一举而得数千金，袁世凯当场认捐五百金；二是当场推举陈炽为提调，负总责，推举张孝谦协助陈炽；三是推举康有为负责起草强学会的成立宣言和章程，由康与其弟子梁启超拟定之后交给参与者讨论定稿。

参与筹备的丁立钧、张孝谦大约胆子太小了，或者生性畏谨，犹豫不定，康、梁负责起草的成立宣言与章程经数次讨论，都无法在丁立钧和张孝谦那里获得通过。康有为当然知道丁立钧等人这样谨小慎微是担心政治上的风险，是他们背后的大人物在起作用。时机不到，康有为也无法勉强，只好听之任之，迂回从之，慢慢等待机会。于是此后的宴会、集会较之先前更多，康有为利用这些场合宣传理想，构建人事网络。

筹设强学会的资金到位之后，他们就开始择地设置机关，在北京宣武门外后孙公园安徽会馆的一部分，即《万国公报》所在地设立会址，每十日集会一次，由康有为等人发表演说，宣传爱国自强主张。至此，北京强学会已粗具规模。

强学会的局面在初步打开之后，康有为开始利用这些条件进行更多的活动，他计划先开办一家图书馆，因为在强学会尚未正式定名之前，强学会又名为“译书局”，其自定的职责似乎也主要是翻译西学书籍。1895 年 10 月，强学会在琉璃厂成立了一家图书馆，除了接受各界捐赠的图书、仪器外，还委派麦孟华等人去上海采购新书。

如果条件允许，康有为还计划向国外派遣一批留学生，直接接受西方的近代教育，为中国的持久发展提供人才资源。

为了这些长远的目标，为了购置图书、仪器，强学会在开办之初继续向官僚士大夫阶层筹款、筹集捐物。他们经过多方活动，并发函给各省督抚，取得从中央到地方部分开明官僚的支持。户部尚书翁同龢答应每年从户部拨给若干资金进行资助，直隶总督兼北洋大臣王文韶、署两江总督张之洞及刘坤一也各捐五千金，提督宋庆、聂士成等也各捐若干金。李鸿章主动提出向强学会捐款两千金以入会，但强学会诸负责人考虑到他刚从日本议和回来，舆论上视他为卖国贼，所以婉拒了他的捐款。北京翰文斋书店向强学会赠送了大批图书，英美公使也向强学会表示愿意捐助一批西学图书和仪器设备。在华的英美传教士李提摩太、李佳白等人更是热衷于支持强学会，他们不时与强学会方面的人士相互宴请，宣传西学，不断发表关于中国进行政治改革的意见，双方时常就此进行讨论。[①]

参加强学会的人应该说成分比较复杂，主要来自这样几个方面：一是

① 《康南海自编年谱》，第 30 页。

以康、梁为首的维新志士，如麦孟华、汪大燮、王鹏运等，他们既是强学会的发起者，也是其政治上的设计者、倡导者和实际操作的人，他们忠实于强学会追求国家富强昌盛的宗旨；二是那些具有所谓帝党背景的人物，如陈炽、沈曾植、沈曾桐、文廷式等人，他们基本上同意强学会的宗旨，是强学会的同盟者，但他们的目的不是为了强学会自身的发展与强大，不是为了使强学会自身发展成为一支独立的政治力量，而是为了联合强学会的人物，壮大帝党的势力，利用强学会的活动能量、社会影响、新学知识和变法才干，通过某些改革以与后党争夺对中央政府的控制权力，他们的后台便是翁同龢。

从强学会主导力量方面说，他们太想利用翁同龢等人的力量壮大自己了，他们渴望能够通过翁同龢的支持、引见打开通往最高权力之路，得到光绪帝的直接支持，从而有助于他们实现自上而下的政治改革。从这个意义上说，强学会中坚人物愿意与翁同龢、陈炽等人合作，愿意接受他们的指导。然而，有所得必有所失，强学会后来之所以遭到封杀，遭到弹劾，其实也与强学会这些背景有着密切关联。

在强学会内部还有第三种政治势力，这些人大体上说来是那些具有一定开明意识的官僚政客，在统治阶层中一般地说来属于中下层年轻官僚，他们一方面对现实政治表现出某些不满，期望改革，但另一方面，他们的目的也不全在于推动政治改革，而是和自身利益特别是自身社会地位的变化密切相关，因而他们加入强学会虽然有其真诚的一面，但更多地则带有政治投机的成分，他们把参加强学会作为一场政治赌博，作为提升自己政治地位的捷径。这批人物主要有张孝谦、丁立钧、褚成博、张仲炘、袁世凯、徐世昌等。

除了上述三种政治势力外，在强学会内部还有一些人并没有明确的政治主张，而是游荡于各派政治势力之间，视各派政治势力的消长而决定自己的态度。

由于各派政治势力的政治主张不尽相同，因此在强学会成立后，便不可避免要发生一些内部的斗争和争论。

在强学会筹备成立之初，为了会名的问题各方之间曾经展开过交锋。康有为等人主张以“强学”为名，但反对者担心此名会引起争议和麻烦，咸欲避之，而代以他字，也有一些人认为不必改为其他名字，就“强学”两个字非常好，不会有什么问题。

名称的争论从表面上看可能仅仅是一个策略问题，实际上这反映了不同政治势力对强学会未来的不同期待，反对以“强学”为名也就是担心强学会宗旨与性质过于激进，他们所期待所愿意进行的只是点滴的渐进的改良，根本不敢其实也是根本没有想过采取什么激进手段进行强势改革。

然而，康有为似乎从一开始就倾向于激进的政治变革，他抱定宗旨，不肯退让。他强调之所以创办强学会，并没有真的指望这一机构能够对政治发生多么大的直接影响，只是期望通过创办强学会，将以破除数百年之网罗，而开此后之途径。正是由于康有为的坚持，“强学会”的名称才最终得以保住。①

在康有为等人坚持下，强学会得以成立，但在康、梁起草的强学会成立宣言及章程讨论过程中，又一次发生较为激烈的冲突。康有为在这篇宣言中分析了中国当时所处的国际环境，以为中国再不变法，必将亡国。他指出，俄、英、法、日诸强环伺中国，试图将中国瓜分成它们的殖民地，处四强邻之中而为中国，岌岌哉！况磨牙涎舌，思分其余者，尚十余国。辽台茫茫，回变扰扰，人心皇皇，中国再不思变，其灭亡只是时间问题。

① 梁启超：《康有为传》，《饮冰室合集》文集之六，第63页。

要挽救中国的危亡，在康有为看来，就在于开学会，讲求变法自强之道，徒以风气未开，人才乏绝，坐受陵侮。而开风气、培养人才，就要建学会，集群贤就新知旧学进行研讨。过去曾国藩、倭仁诸贤讲学于京师，与湘军将领罗泽南等讲练于湖湘，卒定拨乱之功，成同光中兴之伟业；而普鲁士也因有强国之会，终报法仇；日本有尊攘之徒，终成明治维新之治。盖学业以讲求而成，人才以摩厉而出，合众人之才力，则图书易庀；合众人之心思，则闻见易通。[①] 康有为在这篇宣言中强烈呼吁新知识分子和开明官僚积极参加强学会，为中国振兴贡献心智。

康有为的《强学会序》是一篇振奋人心的宣言，他痛陈亡国之后残酷之状，激励了不少的新知识分子和开明官僚加入强学会，在某种程度上促进了强学会的发展与壮大，许多读者在阅读这份宣言的时候，情不自禁为之泪下，热血震荡，民气渐伸。[②]

然而，也正是这样一篇宣言却在强学会内部引起不同派别的争论和不满，张孝谦、丁立钧等人对此始终持反对态度，这也是后来强学会分裂的根源之一。

强学会在成立之初就潜伏着分裂的种子，这其中的原因也很难说得清楚。不过有一点值得指出，康有为的强势做派特别是他在为强学会募捐资金中，自己捞了一些好处，从而引起一些人的不满。

政治上的反对加上经济上的怀疑，使康有为对许多事情有点说不清，这不仅激活了那些政治上的反对派，而且连维新阵营内部也感到了危机。守旧派扬言将康有为和强学会进行弹劾，于是陈炽、沈曾植连忙劝说康有为离开了北京。

---

① 康有为：《强学会序》，《康有为政论集》，第166页。

② 梁启超：《戊戌政变记》，《饮冰室合集》专集之一，第128页。

光绪二十一年八月二十三日（1895 年 10 月 11 日），康有为离京南下，京师强学会事务交给陈炽打理。但过了不久，却变成了陈炽、丁立钧、张孝谦、沈曾植四人为总董，而以张孝谦主其事。张孝谦的为人康有为等人并不看好，政治立场有点不坚定，做事也不太靠谱，并没有多少真本事，反而将强学会看作自家财产和政治资本，联合丁立钧排斥陈炽、沈曾植。于是强学会到了这个时候实际上是不散而散，与初建时很不一样了。稍后，再发生御史杨崇伊弹劾强学会，京师强学会也就在朝廷干预下改建重组官书局，不过这已经是翌年初的事情了。

康有为抵达上海，很快发现在这个相对更加自由的城市更适宜创办强学会那样的新组织。

上海是两江总督的地盘，而现在的两江总督为张之洞。为了获取张之洞的支持，康有为到上海的第三天就专程前往江宁拜访张之洞，游说张之洞出面组建强学会。

张之洞此时正以维新领袖自居，所以他对康有为的劝说颇为动心，他留康有为在江宁盘桓了二十多天，隔日一谈，每谈必至深夜，两人在许多问题上获取不少共识。张之洞同意康有为在上海重组强学会，并同意捐款五百两，划拨公款一千两。但是张之洞也当面批评康有为的孔子改制说，一再劝告康有为不要在此后鼓吹这个说法。康有为似乎当面答应了这个要求，但他稍后就反悔，因而也就与张之洞结下了梁子，导致了后来一系列问题。

有了张之洞的支持，上海强学会的开办就比较顺利。康有为和张之洞幕僚梁鼎芬、黄绍箕等一起回上海，很快在跑马场王家沙一号选定了地址，上海强学会正式挂牌。康有为专门撰就《上海强学会序》，然后以张之洞的名义先后刊布在《申报》《中外纪闻》及《强学报》上。康有为在这篇文章中重申和强化了他在北京《强学会序》中所陈述的观点，以为西方近代国家之所以走向富强昌盛的关键，就在于他们找到了“合群”的方式与方法，那就是开办学会，培养与积累人才。由此他认为，挽救中国的危亡在于开风气，在于人才的培养与积累，而开风气以及人才的培养与积累可以有多种办法，但在目前中国最有效、最便捷的办法就是讲学术，讲学术在合群，累合什百之群，不如累合千万之群，其成就尤速，转移尤巨也。因此，康有为在这篇文章中借张之洞之口号召人们积极参加学会的活动，以应天子侧席之意，而济中国之变，为我大清富强昌盛而共同奋斗。①

康有为在替张之洞撰写了《上海强学会序》之后不久，又发表了一篇《上海强学会后序》。他在这篇文章中依然重申先前组织学会有利于中国发展与富强的观点，并以中外历史教训作为例证，强调当前的世界一个最明显的趋势就是“兼弱攻昧”，就是弱肉强食。因此落后的中国要想避免继续落后，要想自立于世界民族之林，唯一的出路就是自强。自强之术有二，一是力强，一是智强。美国立国仅仅百年，但其之所以强大，在于美国人善于组织学会，其百年间著书立说多于希腊、罗马三千年，这就是智强。而智强的根本，不是一人逞智，而是群人共学，故一人独学，不如群人共学；群人共学，不如合什百亿兆人共学。学则强，群则强，累万亿兆皆智人，则强莫与京。这是包括美国在内的西方列强之所以走向富强的根本，而反观中国，在过去的一年里，中国之所以被弹丸小国日本打败，割地赔款，丧权辱国，其主要的原因就是因为中国散而不群，愚而不学之过也。今者思自保，在学之群之。因此，康有为希望凡吾神明之胄，衣冠之族，思保其教，思保其类者，都应该合群共学，学习西方及东洋的团队精

① 康有为：《上海强学会序》，《康有为政论集》上，169页。此序在《申报》《中外纪闻》《强学报》等报刊发表时，均署张之洞名。

神，结成一个强大的新民族，新国家。[①]

在进行舆论准备的同时，康有为也开始了组织上的准备与行动。在他与黄体芳、黄绍第、屠仁守、汪康年、邹代钧、梁鼎芬、黄遵宪、黄绍箕、左孝同、蒯光典、志钧、张謇、沈瑜庆、乔树枏、龙泽厚等十六人于1895年12月联名发表的公启中，公布了《上海强学会章程》，正式开始筹建上海强学会。

《上海强学会章程》规定上海强学会是专门为了中国的自强而设立的政治组织和爱国团体，鉴万国强盛弱亡之故，以求中国自强之道学；总会立于上海，以接京师，次及于各直省；上海强学会的基本方法，是聚天下之图书器物，集天下之心思耳目，略仿中国古代学校之规，及各家专门之法，以广见闻而开风气，上以广先圣孔子之教，下以成国家有用之才；专为联人心，讲学术，以保卫中国。《章程》规定上海强学会主要职能是办好四件事：

一、翻译和编印图书。欲令天下士人皆通西学，莫若译成中文之书，俾中国百万学人人人能解，成才自众，然后可给国家之用。

二、创办报纸。

三、创立图书馆。近年西政西学，日新不已。今之聚书，务使海内学者知中国自古有穷理之学，而讲求实用之意，亦未遽逊，正不必惊望而无极，更不宜画界以自封。上海强学会准备先购置一套四库全书，而先搜其经世有用者，再旁及西人政教及各种学术图书，以广考镜而备研求。

四、创立博物院。如有余力，上海强学会还计划设立学堂以培养人才；设立讲堂以传播孔教；派员游历西方、东洋及国内各地以考察地舆、矿务、风俗；设立养贫院以收容乞丐教以工艺技术；等等，显然充满着理

---

① 康有为：《上海强学会后序》，《康有为政论集》上，第171页。

想主义的色彩。

或许是鉴于京师强学会队伍不纯的经验教训，上海强学会在竭力吸引人才的同时，也较京师强学会规定了更为严格的入会条件，强调入会的成员应该是品行心术端正明白，不论名位学业，但有志讲求，概予延揽。对于那些入会后可能会别存意见，或诞妄挟议，及逞奇立异，或作奸犯科，致招物议的人，《章程》规定了严格的处理办法，即公议辞退。①

其实，上海强学会从一开始成立就有问题，主要是张之洞根本不能同意康有为的那些“异端邪说”，而康有为不知为什么却一定要坚持。于是，张之洞在上海强学会成立不久就下令强行解散。

第三节 “会能保国，岂不大善”

在京师，为便于立足并号召四方，强学会在成立之初不得不拉入一批权势人物以壮声威。强学会复杂的人事构成显然不便于开展工作，于是参与强学会的一批新知识分子及部分开明官僚紧接着又组织成立了更加松散的“强学小会”，规模只有数十人。② 可能是由于康有为已经离开京师，所以强学小会就没有将康有为列名，其主要骨干人物有梁启超、吴樵、夏曾佑、黄绍箕、陈炽、汪大燮、沈曾植、沈曾桐等。这些人物显然都是京师强学会的主要骨干。他们没有设立固定的会所，也没有固定的主题，但每

① 《上海强学会章程》，《康有为政论集》上，第179页。

② 闵杰：《戊戌学会考》，《近代史研究》1995年第三期。强学小会是否为真正意义上的维新社团还可讨论，李文海认为，所谓强学小会“其实不过是一些志同道合的京官士夫的不定期会晤，他们在一起讲学论政，却并没有说已经成立了什么组织，更无所谓强学小会之名”。参见李文海《戊戌维新运动时期的学会组织》，见胡绳武主编《戊戌维新运动史论集》，湖南人民出版社1983年版，第58页。

隔几天就在陶然亭聚会谈论朝政[①]，“相与讲论治平之道，亹亹勿绝”[②]。

光绪二十一年十二月初七日（1896 年 1 月 21 日），御史杨崇伊奏请京官创设强学书院植党营私请旨严禁：“据称近来台馆诸臣于后孙公园赁屋，创立强学书院，专门贩卖西学书籍，并抄录各馆新闻报刊印《中外纪闻》，按户销售，犹复借口公费，函索外省大员，以毁誉为要挟，请饬严禁。”从这个弹劾奏折看，杨崇伊的理由并不是政治，而是强学书院涉嫌经济问题。因而清廷毫不客气着都察院查明封禁。[③]

又过了十天，强学小会也随之而亡。[④] 不过，也就在强学小会自动消失的时候，光绪二十一年十二月十五日（1896 年 1 月 29 日），对强学会爱护有加的李鸿藻回到北京，他在翁同龢的策动下，建议清政府收回查禁强学会的成命，将强学会改为官书局。强学小会也因此而逃过劫难，继续开展活动，“相与讲求实学，惟日孜孜”，人数也逐步扩大，文廷式、徐世昌等开明官僚相继加入。后经总理衙门同意，由刑部主事、总署章京张元济主持，在琉璃厂设置固定场所，延聘通西文者数人，作为教习，每日皆有固定的课程，会中人每日咸集于此，彬彬济济。[⑤] 强学小会的继续演化，光绪二十三年一月十一日（1897 年 2 月 12 日），由张元济主持改名为通艺学堂[⑥]，招收二十余名学生补习外国语言文字。

康有为因为回到了南方，并没有参加强学小会的工作，待他光绪二十

---

① 张元济：《戊戌政变的回忆》，《戊戌变法》卷四，第 323 页。

② 梁启超：《会报叙》，《时务报》光绪二十三年八月十一日；又见《戊戌变法》卷四，第 377 页。

③ 《上谕之四》，《戊戌变法》卷二，第 2 页。

④ 吴樵：《吴樵致汪康年函之四》，《汪康年师友书札》，第 464 页。

⑤ 《学会彬彬》，《知新报》光绪二十三年五月初一日；又见《戊戌变法》卷四，第 381 页。

⑥ 梁启超：《会报叙》，《时务报》光绪二十三年八月十一日；又见《戊戌变法》卷四，第 377 页。

三年（1897）底因胶州湾事件及其他事务再返京城的时候，他便开始计划重续强学会之旧，与粤籍旅京人士二十余人于光绪二十三年十二月十九日（1898 年 1 月 11 日）在南海馆成立粤学会，意在团结粤籍维新志士。康有为又觉得各省会馆皆为各省京官会集的中心场所，因此值得在各省会馆中推广这一以地域方式命名的新学会，“乃草书交御史陈其璋上言，请将总署同文馆群书颁发各省会馆，以便各京官讲求，奉旨俞允。”[①] 正是在康有为粤学会的影响下清政府接受陈其璋的建议推动下，各省旅京志士纷纷成立区域性的维新团体，从而使百日维新前的新学会总数急剧上升。

光绪二十四年一月十日（1898 年 1 月 31 日），闽籍内阁中书林旭遍谒旅京乡先达鼓吹成立闽籍旅京人士参加的新学会，“一日而成”，闽籍旅京知名士大夫云集福建会馆，正式成立闽学会，中有张铁君等皆为之领袖。

稍后，由川籍内阁中书杨锐与川籍刑部主事刘光第等人发起，邀集旅京川籍同乡在北京四川会馆成立蜀学会，“集赀巨万，规模仓卒而成。”[②]

粤学会、闽学会、蜀学会后来都相继加入保国会，为保国会主要骨干、成员单位。

保国会成立之后，没有来得及在北京成立区域性维新团体的各省志士转而追随康有为之后，纷纷成立类似的组织，主要有保浙会、保滇会、保川会等，它们的发起者和主要成员均为各省旅京志士、开明官僚，成立的时间也大都在保国会成立之后。

在创办成立粤学会同时或稍前，康有为又与文焕、夏虎臣等满洲官员数人计划筹组“经济学会”，拟将京中八旗士大夫自亲王及各大臣以下集

① 《康南海自编年谱》，第 34 页。

② 梁启超：《戊戌政变记》，《饮冰室合集》专集之一，第 102 页。

中在经济学会的旗下，“讲求实学，可以为天下风气”。[①] 由于该会的组织构成以八旗贵族为主，故曾一度有“八旗学会”之称；[②] 又由于此会的主体为八旗士大夫，因此康有为等人计划邀请庆亲王奕劻主持，并将已经拟定的章程送呈奕劻，甚至已代奕劻草就序文。奕劻似乎原则上答应了康有为等人的请求，但对“经济学会”这一名称略有异议，坚持要删除“会”字。奕劻的意见也不为康有为等人所接受，“议不合，事遂已”[③]，经济学会胎死腹中。

经济学会虽然没有办成，但康有为办学会的想法正浓，于是他令丁叔雅协助满洲贵族弟子寿富创办“知耻学会”。知耻学会的筹设至少应在光绪二十三年（1897）八月底之前，因为那时出版的《时务报》第四十册上就刊载有梁启超的《知耻学会序》及寿富的《知耻学会后序》。梁启超在这篇文章中着重强调中国经过甲午战争的惨败，已经证明中国确实处在危机之中，中国人应该由此而觉悟，更弦易辙，知耻尔后勇。然而反观中国现实，官、士、商、兵、民，几无一真知中国所面临的真实处境，无一真知中国之耻。他指出，对于一个国家而言，偶然的失败并不可怕，但举国上下在失败之后而不知耻，则是更可怕的事情。日本在西方势力的压迫下，“君臣民耻劫盟而幡然维新，更张百度，遂有今日。若是者虽耻何害?而惜乎吾中国知之者尚少，方且掩匿弥缝其可耻者，以冀他人之不我知。而未闻有出天下之公耻，以与天下共耻之也”。所以他号召人们“自耻其耻，无责人之耻，贤者耻大，不贤耻小。人人耻其耻而天下平。自讳其耻，时曰无耻；自诵其耻，时曰知耻。启超请诵耻以倡于天下”[④]。

---

① 《湘报》光绪二十四年三月十六日。

② 闵杰：《戊戌学会考》，《近代史研究》1995 年第三期。

③ 《康南海自编年谱》，第 35 页。

④ 梁启超：《知耻学会序》，《饮冰室合集》文集之二，第 68 页。

从梁启超的这篇文章中还可以看出，知耻学会的发起者和实际主持人为寿富。寿富，字伯茀，又作百福，号菊客，满洲镶蓝旗人，礼部右侍郎宝延之子，曾受业于张佩纶、张之洞之门，光绪戊戌进士，入翰林，未散馆。其治经不拘汉宋，深忧世变，广交天下豪杰，力研新政，力主变法维新当以泯满汉之畛域为先。光绪二十一年（1895）秋，通过吴保初结识梁启超，从此二人“以大业相期许”。① 甲午战败对皇室出身的寿富无疑是极大的刺激，“奋然耻之，特标此义，立会以号召天下”，联络梁启超等人创设知耻学会。他在《知耻学会后序》中指出，中国在甲午战争中的失败，是中国有史以来的奇耻大辱，“思俄权及于东海，则我可耻；思英法开埠滇、粤，则我可耻；思粤使凌抗于禁廷，则我可耻；思德人拒我之使棹，则我可耻；思西人鄙我为生番，谓我为无教，则我可耻；瓜分之论，昌言无忌，病夫之喻，丑诋难堪，则我可耻”。② 正是基于这一系列刻骨铭心的强烈刺激，使寿富萌发成立知耻学会，以激励国人尤其是那些八旗弟子“察盛衰之所由，谋富强之攸在，通力合作，各奋其才，厚培本根，力开盘错”。③

知耻学会的内部组织及其活动情况和影响，由于史料阙如，现在都已不太清楚。有学者结合寿富的整体活动，认为该会的创设“在当时清朝官僚士大夫间颇有震动，对外地也有影响”④，而另外一些学者则根据梁启超的记载，以为知耻学会之设，“都人士咸以为狂，莫或应也”⑤，以为此会

① 梁启超：《饮冰室诗话》，《戊戌变法》卷四，第347页。

② 寿富：《知耻学会后序》，《时务报》光绪二十三年九月初一日。

③ 寿富：《与八旗诸君子陈说时局大势启》，《时务报》光绪二十三年四月二十一日。

④ 《戊戌时期的学会和报刊》，第373页。

⑤ 梁启超：《饮冰室诗话》，《戊戌变法》卷四，第347页。

的参加者寥寥无几，影响不大。①

在京师继知耻学会而成立的学会是关西学会。关西学会又称西学会②，成立于光绪二十四年一月十八日（1898 年 2 月 8 日）③，发起人为陕西、山西旅居京师的阎乃竹、宋伯鲁和李岳瑞等，“学会题名”者还有内阁中书渭南雷延寿、户部主事鄜王步瀛、户部主事咸宁王凤文、候选府经历渭南焦连城、举人咸宁张翰等。关西学会当时公布的成立缘起强调，该会的成立主要是基于甲午战败的刺激，欲组织学会，唤醒国人，更要唤醒沉睡已久的关中人民，“关中奥区神皋，天府四塞，庚甲役后，万目注视，拟为陪都。然士仅知耻而鲜声气之求，民知奉法而乏勇敢之气，土荒农惰，工窳商蹙，可恃之道，百无一二，失今不图，倏忽分裂，关门不闭，谁为丸泥之塞？秦帝已尊，孰亮蹈海之志？钟鼎金张之胄，流徙海隅，栾郤胥原之族，降在皂隶，波兰、突厥，曾何殊焉？”该会的成立宗旨就是要弘扬关中的学术传统，“远师希文忧乐之怀，近宏横渠胞与之旨，深怵亭林匹夫之责，相勖南雷待访之业，以绵我孔子二千余载坠地之教宗，酬我圣清二百余年涵濡之厚泽”。沟通京师与关中，互为声援，致力于中国的昌盛与富强。④

根据关西学会制定的学规，关西学会确乎为一学术性的维新团体，其目标为推动中国的变法维新运动，其方法则是从学术入手，“以经义言变法，为本原中之本原，当发明圣制，探讨微言，勿尚琐碎支离之汉学，勿鹜空谈无根之宋学”，而是致力于学习西方及日本的语言文字、自然科学等，“西欧民政，东瀛会社，皆彼中立国之本，贤者识大，尤当全力赴

① 李文海：《戊戌维新运动时期的学会组织》，《戊戌维新运动史论集》，第 61 页。

② 闵杰：《戊戌学会考》，《近代史研究》1995 年第三期。

③ 《康南海自编年谱》，第 37 页。

④ 《京师关西学会缘起》，《知新报》光绪二十四年二月十一日。

之”。对于外省的有识之士，关西学会也不拒绝其参加，愿入会者，不分畛域，一律延揽，所有会员，交会费二十金，享有会员的同等待遇，每星期聚会一次不少于四小时，各以读书所得，质疑辨难，会员若有著述，也可互相质证，以期相互提高。①

百日维新前在北京创办的学会多为政治性的维新团体，而在上海，或许是因为当地的社会风气使然，百日维新前虽然也创办了为数不少的学会，但除了康有为创办的上海强学会以外，更多的不是政治性团体，而是知识性、专业性学术团体。

在上海最新创办的学会现在看来可能是新学会，而新学会究竟成立于上海强学会之前还是之后，似乎还很难判断。光绪二十三年（1897）夏出版《新学报》第二册发表的《节录本报章程》称“数载以来，同人等本设有新学会，取《大学》新民、日新之意”。同年秋《新学报》第五册发表的《本学会谨启》在谈到新学会的创设宗旨时也指出，“本新学会之设，原为振兴教学、切磋人材起见，集中外通人，讲求天算、政法、兵学、医学、格致各种学术，总其名曰新学。”由此可知，新学会实际上是一个以研讨、传播新知识为宗旨的学术性团体，其主持人为江苏吴县人叶耀元，叶原为上海广方言馆生员。光绪二十三年（1897），新学会在上海创办《新学报》，开始成为上海比较活跃的一个学术团体。②

新学会内部原本就有研究、传播算学的人才和功能，然而似乎为了更强调算学的重要性等原因，光绪二十二年（1896），新学会出面在上海创办专门研讨算学、传播算学知识的算学会。③

在算学会成立的同一年冬，罗振玉、蒋黼、徐树兰、朱祖荣等人在汪

① 《京师关西学会缘起》附《学会略规》，《知新报》光绪二十四年二月十一日。

② 《戊戌变法史》，第203页。

③ 闵杰：《戊戌学会考》，《近代史研究》1995年第三期。

康年及时务报馆的支持下于上海发起成立农学会。农学会又称务农会，其宗旨是“采用西法，兴天地自然之利，植国家富强之原”，推广西方近代以来在农业技术方面的新成果，从而使中国新知识分子知道“以化学考地质，改土壤，求光热，以机器资灌溉，精制造之法之理”，以及农业产品的各种深加工技术和工艺等。[①] 光绪二十三年（1897）春，农学会创办有《农学报》半月刊[②]，罗振玉、蒋黼主编，主要从事翻译介绍各国农业发展的新技术和新知识，“近师日本，以考其通变之所由；远摭欧、墨，以得其立法之所自，追三古之实学，保天府之腴壤”[③]，并记载该会创办之后的一切发展情形。[④] 农学会还计划集资、筹款在江浙一带购置土地，以便用西方新式技术和新式方法进行实地试验。

由于农学会并不仅仅只是重视农耕，而是兼及农、圃、林、泽、畜牧、酿造等方面，并注意改造土壤、农业工具以及育种等，同时，由于农学会注意引进西方农艺知识，聘用西方化学师、动植物师等，所以在它成立之后引起各地的普遍重视，各种形式的农学会先后在各地成立，有的还自称是上海农学会的“分会”。[⑤]

在算学会成立的同一年，光绪二十二年（1896），邹代钧、汪康年、陈三立、吴德潇等人在上海成立了地图公会，设会址于上海四马路石路时务报馆内。邹代钧（1854—1908），字甄伯，又字沅帆，湖南新化人。他出身于一个舆地世家，其祖父邹汉勋是清代著名的舆地学者，曾协助魏源绘制过《海国图志》中的列国地图，并有地理学及地图绘制方法方面的著作传世。邹代钧自幼肆力于测地绘图之事，通晓历代疆域沿革，精于测绘

---

① 《务农会章》，《知新报》光绪二十三年三月二十一日。

② 《农学报》又称《农会报》，1898年起改为旬刊。

③ 梁启超：《农会报序》，《饮冰室合集》文集之一，第131页。

④ 《农学会公启》，《时务报》光绪二十二年十一月一日。

⑤ 《戊戌时期的学会和报刊》，第383页。

之学。光绪十一年（1885），经两江总督曾国荃的推荐，曾随刘瑞芬出使英、俄两国，在出使途中，邹代钧一面协助办理外交，一面利用一切可以利用的机会研究地学，所著《西征纪程》详细记录所经各国的地势、疆域、山川、海洋、政教及历史、风俗等。光绪十五年（1889）归国后一度出任会典馆纂修。光绪十七年（1891），湖北舆图局成立，邹代钧应张之洞之邀，出任舆图局总纂，主持湖北全省地图的测绘与编辑。光绪二十年（1894）完成测绘任务后转任武昌译书局海国地图编辑。光绪二十一年（1895）列名上海强学会，并且于此时在吴德潇、陈三立、汪康年等人支持下在武昌创办了一个名为“舆地会”的新社团。[①] 不久，邹代钧应邀赴湖南主持《湘学报》舆地门，在南学会主讲舆地学一门，似乎还曾出任过湖南时务学堂舆地学教习。

邹代钧的思想倾向介于新旧之间，他在总体上对当时中国的危机有清醒的认识，认为中国必须向西方学习，有所改变，否则不足以救亡图存。但是，他似乎也不赞成康、梁等人的政治解决方案，而认为中国问题的真解决应该从各个方面的细节做起，所以他虽然列名过强学会，但对这种只图政治热闹的事情并不太热心，他曾指出，“盖学会有甚难处，所讲之学，门径甚多，我辈数人自问所以，似不足以答天下之问难，且泰西学会无非专门，如舆地会等类是也。今欲合诸西学为会，而先树一学会之的，甚不容易。”[②] 所以，由邹代钧牵头成立专研地图的新学会，也就在情理之中。

在地图公会成立之前，以中文标识的世界地图已有数种，如《瀛寰志略》本、《海国图志》本、制造局的《地球图》本等，这些地图虽然都是

---

① 邹代钧在致汪康年函第十二通中说，“舆地会断不可入强学会”，似乎表明舆地会为后来地图公会的前身，也表明舆地会的成立应该与上海强学会同时或稍前。见《汪康年师友书札》，第2642页。

② 邹代钧：《邹代钧致汪康年函之九》，《汪康年师友书札》，第2639页。

照西文原图翻译，但辗转绘刊，不无差异。且前此地图的比例过小，山川形势等标记也不太清晰。而坊间所印的一些万国舆地图及中外地舆图说等，则错误更多。邹代钧计划将德国、俄国、英国、法国等比较权威的地图尽量照原图石印，以便为国人提供更加权威、更加实用的世界地理知识和地图。至于国内各省的地图，邹代钧“拟用胡文忠全图为底本，而以本会所藏近今中外测定各种新图”，“参订胡图，误者改之，略者增之。并不惜重赀，托友人于京师将各省业经咨呈会典馆图稿摹绘一分，以资参订，分省为图，其分率较外国图大倍之”①，大约可有六百余幅。

译印西文地图是邹代钧多年来的夙愿，在汪康年等友人的支持下，邹代钧在长沙组织了一批人似乎以“舆地会”名义或“舆地局”的名义进行了艰难的工作，他们大约用了一年的时间，就绘出国内各省地图近百张，极为精美。② 为了体现更好的印刷效果和提高绘制速度，邹代钧同意改变原来用石印的计划，准备引进日本的印制技术，改用铜版进行印制，光绪二十二年三月四日（1896 年 4 月 16 日），邹代钧从长沙致函汪康年说：“用铜板刻地图，甚佳，所费亦不甚贵，鄙意甚欲办此。（并乞询所估之价，图中之山系西式平视形否?）惟曾与铁樵约，属其在天津定石印，兹已缄招铁樵来湘，允三月底可到，俟伊到日，如石印未定，即一意定刻铜板，乞公告王君少待耳。现在绘事一日不敢荒废，今年必出图百张。若用铜板，绘事较易。祈询王君，所刻之山为西式平视形，若绘不精美，仅绘大致可行否？公会事，钧当力谋之。”③ 由此可知，后来成立的地图公会的酝酿大约就在此时，而动议者似乎为汪康年，大约汪觉得此事可行，遂提

① 《译印西文地图公会章程》，《时务报》光绪二十二年七月初一日。

② 邹代钧在致汪康年函第十九通中说：“敝图局刻下甚窘，然未尝一日停工，办事者已满十人，今年必出百张，以符原议。”见《汪康年师友书札》，第 2650 页。

③ 邹代钧：《邹代钧致汪康年函之十八》，《汪康年师友书札》，第 2648 页。

议邹代钧成立此会。

邹代钧对汪康年的建议似乎也有积极的回应，此后不久汪康年又致函邹代钧，就已经绘制完成的地图如何印制发行的事情与邹商量，并提出集资招股的建议。光绪二十二年六月十八日（1896 年 7 月 28 日），邹代钧致函汪康年，称“地图招股事，祈力谋之”。[①]

七月初一日（8 月 9 日），《时务报》第一册出版发行，其中刊载有邹代钧手拟的《译印西文地图招股章程》。由此可知，后来的所谓地图公会在其最初成立的时候又称“译印西文地图公会”，其创设的宗旨也只是为了招股集资出版邹代钧等人已经绘制完成和准备继续绘制的中西地图而已。

集资招股的方式缓解了邹代钧的资金困难，但汪康年对邹氏能否如约完成地图的绘制与出版似乎也并不是十分有把握，他似乎也不断向邹氏施加压力，希望邹不要失信于投资人，更不要失信于读者。对此，邹代钧似乎比较有把握，七月二十日（8 月 27 日），邹代钧又致信告诉汪康年：“地图已定刻铜，已寄样稿交王振夫，请其暂刻一纸，以定美恶。秋杪可绘毕百张。”[②]

当译印西文地图公会成立的时候，邹代钧仍在长沙参与湖南新政，并未来上海主持会务，该会的会址不仅附设在时务报馆内，而且一切会务似乎也都由汪康年代劳，所招集的股份，也由汪氏收存。他在此后不久致汪康年的一封信中说：“图股项不必寄下，即在报项扣除甚便。第一次图十月间必告成（言绘成也），再商铜刻事，振夫处样张尽可多印。此事万不致失信。今年移局（自鄂而湘，在湘又移数处。），稍有耽搁，祈放心，并

① 邹代钧：《邹代钧致汪康年函之二十一》，《汪康年师友书札》，第 2654 页。

② 邹代钧：《邹代钧致汪康年函之二十二》，《汪康年师友书札》，第 2657 页。

祈天下诸君放心。”①

据招股章程所附的邹代钧“附识”，译印西文地图公会由其发起成立，除了得到吴德潇、陈三立、汪康年三人的鼎力支持与合作外，还因三人介绍得到了华阳王雪城观察秉恩、满洲志仲鲁观察志均二人为之助。② 显然，译印西文地图公会在成立的最初时期人员并不太多。

译印西文地图公会成立于上海，但由于邹代钧个人主要在长沙协助陈宝箴办理矿务总局的新政事宜，所以绘制地图的工作也就主要在长沙进行，汪康年与邹代钧之间主要依靠通信进行联系。到了光绪二十二年（1896）秋，西比利亚、西域、蒙古等处的新图百余幅已经绘制完毕，邹代钧等人开始着手绘制中国内地的新图。③ 光绪二十二年十一月二十六日（1896 年 12 月 30 日），邹代钧收到汪康年寄来的印制地图合同，确定第一批百余幅地图在武汉印制，预定于光绪二十三年四月十五日（1897 年 5 月 16 日）前后出版发行，计划当年“七八月间又可接印第二批”。④ 从译印西文地图公会的组织结构及运作情况看，这类新学会虽然列名者不少，但真正从事此项工作的人并不多，这种专业性特强的学会事实上只是少数人的职业。

在上海，与译印西文地图公会相类似的新团体还有王仁俊（干臣）光绪二十三年八月一日（1897 年 8 月 28 日）创办的“译印中西书籍公会”，及由顾澗宾、黄尧圃等人于同年秋创办的上海印书公会，董康、赵元益等人于同年秋创办的译书公会等。⑤

---

① 邹代钧：《邹代钧致汪康年函之二十六》，《汪康年师友书札》，第 2666 页。

② 《译印西文地图招股章程》邹代钧附识，《时务报》光绪二十二年七月初一日。

③ 邹代钧：《邹代钧致汪康年函之三十》，《汪康年师友书札》，第 2670 页。

④ 邹代钧：《邹代钧致汪康年函之四十二》，《汪康年师友书札》，第 2694 页。

⑤ 参见闵杰《戊戌学会考》，《近代史研究》1995 年第三期。

译印中西书籍公会的发起人和实际日常事务的主持人王仁俊为《实学报》的总理，而《实学报》创刊于光绪二十三年八月初一日，王仁俊为总理，章太炎任总撰述，孙福保、项思勋、范祎、王季锴等任撰述，王斯源、朱树人等任翻译。大约在《实学报》创设的同时，王仁俊就在《实学报》下附设有“译印中西书籍公会”，“拟假实学报馆集股开办，托王君干臣综核庶务，厘定章程、详细办法”，以便利用各方力量，广译英、法、日等有关实学的著作，介绍东西方近代以来的新知识。[①] 由于该会为实学报馆集股创办，所以其会址也附设在上海英大马路泥城桥的实学报馆内。

光绪二十三年十月一日（1897 年 10 月 26 日），译印中西书籍公会在《实学报》第七册发布“告白”，称“本馆附办译印书籍公会现已集成资本，不复零兆芳散股，俟编定译印东西各种书目，即当约日出书，分售书票，以备诸君之购求。详细章程，再登报中。”[②] 显然，译印中西书籍公会经过两个月的筹备，似已略显规模，资金股本问题似乎也已解决。但中西书籍的翻译出版似乎并不太理想，至《实学报》终止，以实学报馆的名义出版发行的“实学丛刻”也只有十余种，而算得上翻译作品的更少，只有《格致古微》《中西政学问对》等寥寥数种。

上海译书公会由恽积勋、恽毓麟、陶湘、董康、赵元益等人发起，创办于光绪二十三年（1897）秋。先是，赵元益计划翻译出版法文地舆史学一大册，正当他集资兴办的时候，适有董康提议创办译书公会，双方遂合作兴办[③]，并邀集其他发起人共同发起，邀请章太炎等担任主笔，故其实际主持人为董康和赵元益。

---

① 《译印中西书籍公会启》，《实学报》（影印本），中华书局 1991 年版，第 67 页。

② 《本馆告白》，《实学报》（影印本），第 460 页。

③ 《译书公会章程》附志，《湘学报》（影印本），湖南师范大学出版社 2010 年版，第二十册。

在译书公会成立之前，西文及日文书的翻译在中国已有一段时间，但总数并不太理想，仅有四百种左右，而且无法包容近代西方的全部新知识，同文馆的翻译偏重于法律类，上海江南制造局、天津水师学堂的翻译则多为兵家之言，各在华教会也翻译了不少西文著作，但多偏重于宗教，而于西方国家政教之本，于一切农工商艺术却极少翻译。译书公会的成立，在某种程度上是要弥补先前翻译西文图书之不足。

译书公会的创办宗旨是为了翻译介绍近代西方与日本的新知识，“使中国识字俊民人人得窥泰西东国之由与致用之实”[①]，“以采译泰西东国切用书籍为宗旨”，延聘翻译高手，并与伦敦、巴黎等地各大书店相联系，及时将西方各国出版的有关政治、学校、法律、天文、舆地、矿务、农学、军事以及光、化、电、汽等诸种新学译介国中。[②] 章太炎更期望译书公会的成立，能使中国人接受西学的进度大大加快，“然则是译书会者，安知不如微虫之为珊瑚，与蠃蛤之积而为巨石也。呜呼！斯又夸父、精卫之志也。”[③]

按照译书公会同人的设计，该会最初集股二十份，每股规元银五百两，官利暂提周年六厘，三年后将所获赢余按股均分。在组织结构上，译书公会延聘总理一人，协理二人，英文翻译六人，法文翻译三人，德、俄、日文翻译各一人，西文总校一人，中文总校一人，另有一般工作人员若干。至于译书之法，译书公会规定，翻译能够兼通中西文者，由自己亲自笔译，否则如当时最流行的翻译办法，由一人口授，一人笔录，然后相互勘校。译书公会原本是要将西方和日本近代以来有用的自然科学和社会

① 屠寄：《译书公会序》，《译书公会报》光绪二十三年十月初一日。

② 《译书公会告白》，《译书公会报》光绪二十三年十月初一日。

③ 章太炎：《译书公会序》，《译书公会报》光绪二十三年十月初七日。

科学方面的新知识全面介绍到中国来，但从其第一批选译的书目看，仍然侧重于社会科学尤其是各国历史文化及典章制度，法文有《五洲通志》《东游随笔》《欧洲今世史》《国政制度字典》《拿破仑任总统及得国记》《俄帝王本纪》《英政府议院制》《欧洲通制》等；英文著作有《交涉纪事本末》《中日构兵记》《拿破仑失国记》《西事纪原》《维多利亚本纪》《英民使略》《各国和约》《欧洲人物志》《古今人物传》等；日文著作有“日新丛书”共七种，及《欧洲新政记》等。[①] 这些书籍的来源多为各国报刊上的连载作品，而翻译成中文后，也多先在译书公会的机关报《译书公会报》上发表，然后再视情况而决定是否单独成册出版。

译印中西书籍公会和译书公会虽然均具有商业的目的，但其宗旨无不为向中国输入西学和日本的经验，所以他们致力于翻译和印制西学书籍。而稍后于它们两家而成立的上海印书公会，虽然同样致力于印制图书，具有明显的商业目的，但宗旨不是为了扩大西学和日本经验的传播，相反却是为了寻找西学及日本经验在中国的同构关系，其成立启事称：“窃以中西异旨，明道各自，开天汉宋，分门通经，皆堪致用。昔湘乡文正谓平大难端赖章句之儒；今寿州尚书，因策自强，特设官书之局。惟是中华源派，拘守甚深，研微蹈虚，遂成积习。天回地转，大变在前。斡运之机，厥归学术。爰集同志，设局印书，取有用之师资，作辅仁之友会。须知光化电汽，《墨子》列于外篇，农商考工，管氏著有成法。知新必由温故，寻流可以溯源。全谢山之论明算，喜汶阳之田可归；阮仪征之诫造船，譬方头之靴难用。名言至理，取鉴在兹。考究重在本原，愿附昔人晁公武、陈直斋等作，校雠别有体例，请质当代。”上海印书公会的发起人为顾澗宾、黄尧圃等。其会址设在上海六马路格致书院东首，自备有全套的铜模

① 《译书公会告白》，《译书公会报》光绪二十三年十月初一日。

铅字和机器。印书公会的宗旨虽然以印制中国传统典籍为主，兼及“海内通人”尚未出版的著述，但在实际工作进程中似乎也不绝对拒绝“有市场”的西文翻译书籍，其启事称：“本会延请精于西文者，翻译各国专门之学，分类刊书，嘉惠士林。”显然是以经济效益为主要评判标准的团体。①

上海是具有浓厚商业气息的近代城市，它在百日维新之前成立的一批新学会，除了极个别的如强学会具有浓厚的政治气息外，更多地则为具有商业目的的专业性机构，他们在客观上为上海乃至全国的进步与发展做出了贡献，但在其发起人的本意也只是追随潮流、与时俱进地追逐商业效益而已。各新式印书机构还算具有相当的政治、文化追求，而更专门化的团体其商业目的似乎更加明显。

在百日维新开始之前，上海成立了不少专门化的学术团体，除了已经说过的农学会等外，仅医学类的团体就有医学善会、医学会等。

医学善会的创办人为吴以棨和龙泽厚。吴以棨字仲弢，又字子信，四川达县人，是戊戌时期重要人物吴德潇之子、吴樵之弟，也是梁启超的学生。乃父吴德潇字季清，为同治举人，寓居京师数年，与康有为、梁启超、黄遵宪、谭嗣同等过从甚密，曾参与上海强学会的活动，并参与创办《时务报》。吴以棨的兄长吴樵早年随乃父吴德潇寓居京师，入同文馆习算学，后又研习西方自然科学，与康有为、梁启超、谭嗣同等人也有很深的关系，在上海曾参与创办强学会和不缠足会，在武汉创办有《民听报》，在长沙，应陈宝箴之邀，参与湖南新政。“其智慧志气才力学行，皆一世所无也。咸以寻常微细、无足轻重之病，受庸医进毒剂，数日之间，痛楚

① 《上海印书公会启》，《求是报》光绪二十三年九月二十五日。

以死”[①]，时在光绪二十三年四月二十一日（1897 年 5 月 22 日），年仅三十一岁。吴樵去世的前一日，乃弟吴以棨抵达武汉，四月二十七日（5 月 28 日），主持吴樵的丧礼并料理完善后事宜之后返回上海。[②]

吴樵的英年早逝对乃弟吴以棨构成极大的打击，回到上海之后伤感无比，“悯兹学之废坠，悼厥兄之惨酷，发大心愿，欲采中西之理法，选聪慧之童孺，开一学堂，以昌斯道”。吴以棨将自己的想法向乃师梁启超透露，并请梁作一文章为之鼓吹，“以质诸天下”。此后不久，梁启超“在广座中慷慨哀激，论保种之道，次述仲弢之所志”，与会的龙泽厚（字积之）“忽从座起，涕泗长跽而言曰：此举若昌，某愿粉身碎骨相赞助。某家计虽淡泊，愿悉所有以其半养母，而散其半以就此事，以报先君于地下”。龙氏之举引起梁启超的震动，梁氏惊起长跪问其何故如此，龙氏解释道，其先君于客栈患痢疾，也为庸医所误，赍志以没，“积之方彻岁自怨艾，以未尝学医，为莫大罪，其痛心疾首，张目切齿，盖息息与仲弢有同心也”。于是龙泽厚与吴以棨联合发起成立上海医学善会，“开医会以通海内海外之见闻，刊医报以甄中法西法之美善，立医学堂、选高才之士，以究其精微，设医院、循博施之义，以济贫乏。”[③]

或以为医学善会虽为戊戌时期的学会，但其确立的主要依据似乎只是梁启超的那篇《医学善会叙》，而其成立之后实际活动在光绪二十三、二十四两年（1897—1898）多种报刊中都很少见到，于是有学者断定该会的“社会影响极小”。[④]

医学善会的实际活动很少见诸报刊或许是事实，但报刊不记载似乎也

---

① 梁启超：《医学善会叙》，《饮冰室合集》文集之二，第 71 页。

② 邹代钧：《邹代钧致汪康年函之五十五》，《汪康年师友书札》，第 2728 页。

③ 梁启超：《医学善会叙》，《饮冰室合集》文集之二，第 72 页。

④ 闵杰：《戊戌学会考》，《近代史研究》1995 年第三期。

不能断定其没有活动，吴以桊光绪二十三年底、二十四年初致汪康年函，不仅证明医学善会有不少活动，还可索隐出医学善会的参与者还有汪康年、黄春圃等人。吴以桊说：“医会桊与公原无意见，来示云有意见者，不过彼此求善之心太切耳。在申与黄春圃议论不合，实为学术二字稍有分别也。先开医院并设学堂，是行术之次第，无所谓学也。先开学堂而后辅以医院，是为学之先后也。吾华医向无学，遍地皆行术之人，欲挽积弊，非讲学译书不可。若云行术，虽善不过一隅之地，恐仍无补于大局，务望俯纳狂言，择善而从，至叩至叩。前示有入会之语，故论及之。黄公近始访得彼之所学，因在仁济医院卖药，阅历稍久，遂能治病，并非由学出身。此王铁背所云：熟读王叔和，不如临症多。若此之类，只能请之入会而不能请之讲学。如以之主持此事，窃恐不善，此实非桊与先生另立意见。缘申江之人多为此说，桊见似亦无学，故再陈之，现在做事总求实事求是，亦与慎终图始之意，违而不悖。明正到申，尚望互相维持，期于至善。”① 由此可知，吴以桊的方案是着力于医学的研讨与传播，而汪康年或其他一些人似乎更倾向于先办医院。

与医学善会的情况略有不同，与其成立时间大体相当的上海医学会其线索就比较清楚。上海医学会的创办人为孙直斋、王仁俊、沈敬学（习之），成立时间为光绪二十三年（1897）秋。其成立消息称：“中外通商历五十余载，凡西法之有裨于世者，我中国朝野上下无不次第仿而行之，独医术尚拘守成书毫不变通，……兹者孙直斋观察、王干臣太史诸君，议于上海创设医学会，遍邀同好，探流溯源。”② 由此可知，上海医学会的成立

---

① 吴以桊：《吴以桊致汪康年函之七》，《汪康年师友书札》，295 页。函中有“昨得农会电示，公已返沪，到东不及半月，何神如是?”而汪氏离日回国的日期为 1898 年 1 月 18 日，故可断定此函的日期为 1898 年 1 月下旬。

② 《申报》1897 年 10 月 17 日。

目的主要是为了介绍和引进西方近代的医学知识。该会成立之后，“广购书籍及西医各种器具，以备入会之人随时可以取阅试演。”① 上海医学会成立之后的主要活动有，一是从光绪二十四年四月一日（1898 年 5 月 20 日）起邀请一些名医在上海举办义诊；② 一是于光绪二十四年初在上海创设医学堂以培养人才，至是年秋粗具规模；③ 一是于光绪二十四年夏创办月刊《医学报》，广泛传播西方近代医学知识。④ 同年稍前，苏州仿设医学会后，上海医学会遂改称“上海医学总会”。⑤

从行业分布的角度说，百日维新前的上海除了医学类的专业学会外，教育类的新学会更多，主要有蒙学公会、中国女学会等。

蒙学公会的创办人为叶澜、曾广铨、汪康年及汪钟霖等，成立时间也为光绪二十三年（1897）冬。蒙学公会以“童幼男女，均沾教化”、“正蒙养，造人才”为宗旨。该会发布的《蒙会学报简章》阐述了其立会的理论依据和未来考虑，应该说是对中国传统的幼儿教育理论的超越。简章称：“本学报之设，专为蒙养说法。大凡幼孩自五岁至七岁为一界，自八岁至十二岁为一界，自十三岁至十八岁为一界，以上又为一界矣。今中国教法已弊，概不分别，而农工商业，亦不设专门之学，强就则贼性误用，则损智。本原既病，痿废终身，讵不痛哉！本会立报于养育幼孩执法，则重在五岁至七岁，以母仪为本，于启发童蒙之法，则重在八岁至十二岁，以师范为重，报中详列教法，备具图论，原本圣经，以尊教宗，广译各国新

① 《上海医学会》，《广智报》第三册。

② 《报纪医学总会送诊书以志喜》，《申报》1898 年 5 月 21 日。

③ 《上海医学总会定期送诊续招学生告白》，《申报》1898 年 5 月 20 日；《扩广医学》，《中外日报》1898 年 9 月 5 日。

④ 《上海医学总会告白》，《时务日报》1898 年 7 月 31 日。

⑤ 参见闵杰《戊戌学会考》，《近代史研究》1995 年第三期。

法，以资采择。”①

从蒙学公会的创办宗旨看，显然是要以西方近代以来的儿童教育学的理论和方法去改善或取代中国传统的幼儿教育理论和方法，这在很大程度上确实抓住了中国教育体制中所存在的问题，故而深得梁启超的兴趣。他说：“人莫不由少而壮，由愚而智。壮岁者，童孺之积进也；士夫者，愚民之积进也。故远古及泰西之善为教者，教小学急于教大学，教愚民急于教士夫。嗟夫！自中国道术废裂，舍八股、八韵、大卷、白折之外，无所谓学问。自其就傅之始，其功课即根此以立法，驱万万只得童孺，使之桎梏汩溺于味根串珠对偶声病九宫方格之中，一书不读，一物不知，一人不见，一事不闻，闭其脑筋，瘫其手足，窒其性灵，以养成今日才尽气敝之天下。斯义也，吾昔论学校幼学一编，既已重忧之而长言之矣。”故而梁启超格外强调：“今日变法，必自求才始，言求才，必自兴学始。然今之士大夫，号称知学者，则八股八韵大卷白折之才十八九也。本根已坏，结习已久，从而教之，盖稍难矣。年既二三十，而于古今之故、中外之变，尚寡所识，妻子、士宧、衣食，日日扰其胸，其安能教？其安能学？故吾恒言他日救天下者，其在今日十五岁以下之童子乎！”② 而蒙学公会的创办宗旨最合乎梁启超的意思，所以梁启超给予格外的关注和支持。

蒙学公会所从事的具体内容据其成立公启称有四：一曰会，即成立学会，“连天下心志，使归于群，相与宣明圣教，开通故蔽”；二曰报，即创办其机关刊物《蒙学报》，“立志广说新天下之耳目，而为蒙养之表范”；三曰书，即编写印制一批适合儿童阅读和使用的启蒙读物，“为图书歌诵论说，便童蒙之诵习而浚其神智”；四曰学，即设立童蒙师范学及幼童养

① 《蒙会学报简章》，《时务报》，第2905页。

② 梁启超：《蒙学报演义报合叙》，《饮冰室合集》文集之二，第56页。

育学两馆，并视条件改善，逐步扩大为中学专门之学，“端师范，正蒙养，造人才，必兼赅而备具”，“庶成才日多，上之可备国用，下之不失本业”。蒙学公会工作的起始之点，还是从汪康年等人最熟悉的领域开始，即从翻译、编辑印制书报开始，进而创办学堂，而以会学为其归宿。[①]

中国女学会又称上海女学会、中国女学堂、上海女学堂及女学会、女学堂等，成立时间为光绪二十三年（1897）秋冬之际，主创人为经元善。或许因为经元善在上海实业界具有举足轻重的地位，故会同创办或局外主持者多为上海绅商各界乃至京师政界及全国范围内的知名人物如严信厚、郑观应、施则敬、陈季同、康广仁、袁梅、梁启超、汪康年、康有为、张謇、沈敦和、周舜卿、赵凤昌、朱幼鸿、杨子萱及谭嗣同、文廷式、钟天玮、吴保初、狄葆贤、陈三立、曾广钧、麦孟华、吴德潇、徐勤、王修植、黄遵宪、江标、龙泽厚及西儒林乐知、斐理思、李提摩太等，给予支持的新闻界则有《苏报》《上海汇报》《文汇西报》《字林西报》《万国公报》等。

中国女学会初名为女学堂，其创办的宗旨，据经元善后来的叙述，显然是为了应对甲午战败之后的国际国内环境变化，也是当时国内舆论界兴办女学、重振民族雄风的必然结果。经元善说：“甲午后，创巨痛深，朝野之间竞言兴女学，今议开办女学以翼中国自强本计。”他认为，社会的构成本来就是男女两性，如果当中国人总数一半的女性无法接受教育，那么中国的自强也只能是一句空话，“使妇而无学，何以为劝勉之资乎”“感切世变，每以今日中国不振，归咎于二千年女学不开”[②]。所以中国的未来

① 《蒙学公会启》，《时务报》，第2904页。

② 经元善：《中国女学堂缘起》，虞和平编：《经元善集》，华中师范大学出版社1988年版，第184页。

出路就在于能否将占中国人口总数一半的女性的智慧开发出来。“中国人数号为四万万，而妇女因不读书，遂不能明天下之事，凡言论事功，皆依靠男子，则中国人去其一半矣。西人谓吾为半教之国，乍闻之必愤惊，然细思之，非半教而何也?”[①] 正是基于这样的认识，经元善遂邀集同志创办中国女学会。

光绪二十三年十月二十一日（1897 年 11 月 15 日），中国女学堂在上海一品香举行第一次会议，张謇、林乐知、斐理思、汪康年、吴保初等数十人出席了会议。会议宣布中国女学堂的筹备工作正式启动，会上还就一些具体问题做出规定。关于女学堂的经费，他们除了向政府当局申请资助外，主要的是依靠社会各界的捐助，并交给已经成立的上海不缠足会代为保管，凭经元善、康广仁、梁启超三人的签名字条支取，其收入支出状况按月在《时务报》及上海各日报上公布。会议还决定中国女学堂的堂址设在沪南桂墅里，校舍的建设争取在翌年三月完工，第一批计划招收三个班，约六十人。会议还就女学堂的未来进行了规划，认定“女学堂现虽创于沪上，亟宜造就师范人才，三数载后，得可以觉后觉者若干人即当勉力推广，先就助捐最多之处设起，循序渐进，毋始勤而终怠。苟得诸同志守愚公之定识定力，同心并胆，坚忍不挠，期以十稔，中国女学可遍寰宇”[②]。由此可见，中国女学堂的信心。

中国女学堂成立之初活动颇多，仅一周后，十月二十八日（11 月 21 日），女学堂发起人经元善、曾广钧、陈季同、严信厚、郑观应、施则敬、康广仁等出席了会议。这次会议比较详细地讨论了女学堂的情形，并留有详细的会议记录。郑观应在这次会议上说，西方近代以来对女性的教育高

---

① 经元善：《女学堂答杭垣友人书》，《经元善集》，第 207 页。

② 经元善：《沪上创办中国女学堂一品香会议第一集》，《经元善集》，第 187 页。

度重视，绅商的捐助甚为慷慨，多为数万至数十万不等，现在各位在上海倡议兴女学，以期各省闻风而起，自己也感到义不容辞，愿意追随各位之后为兴女学尽力，并同意在公禀上签名，寻求南洋大臣的支持。他表示，“若各省官绅筹款广设义塾，仿西例男女六岁以上俱得入塾读书，则民智开矣。”陈季同在发言中表示，他的妻子是外国女学堂出身，现在正在代女学堂拟定日课章程，他代其妻表达的意思是，女学堂的课程设置最好第一年先学习语言和女红，第二年起视各人情况再决定选择何种学问，如医学、算学、史学、舆地、乐律等。对此，经元善表示，中国女学堂不能完全照搬西方的成例，在吸收西方经验的同时，“不能不中西参合”。严信厚表示，当勉助开创置办银五百元，常年经费容极力另筹。其他与会者也分别谈了不少建设性的意见。[①] 十一月八日（12 月 1 日），中国女学堂参与创办者的太太小姐也在桂墅里集会，“公宴驻沪中西官绅女客”，就女学堂的发展各自表达了意见，强调“以堂堂之中国，而无一女学堂，耻孰甚焉。诸贤媛素蕴闺学，久著才名，力兴女学，他日者，弦歌雅化遍于中国，将颂诸贤媛等首善之功也”[②]。

经过一番紧张的筹备和会商，光绪二十三年十一月十一日（1897 年 12 月 4 日），中国女学堂发出公启，宣布于十一月十四日（12 月 7 日）“大会中西女客”，此公启的单行本署名“中国女学会”，而发表在《申报》上的文字则为“中国女学堂”，似乎表明此会的名称在此时已有了某些调整，也表明中国女学会的筹备工作已经基本完成。[③] 十一月十三日（12 月 6 日），中西女客一百二十二人在张园安垲第如期集会，讨论女学会的发展

① 经元善：《沪南桂墅里池上草堂会议第二集》，《经元善集》，第 196 页。

② 经元善：《内董事桂墅里会商公宴驻沪中西官绅女客第三集》，《经元善集》，第 197 页。

③ 经元善：《中国女学会大会中西女客启》，《经元善集》，第 199 页。

事宜，并讨论了女学堂提调沈瑛拟定了女学堂条规、传观。[①] 根据中国女学堂的章程规定，该学堂起先聘有专职教习四人，中文西文各半；堂中设提调二人，中西各一人，常驻学堂，负责处理学堂的日常事务，领取薪水；设不领薪水的外董事 12 人，皆以曾经捐款之人之子、若父、若兄弟为之，负责筹款及延聘教习、提调等学堂大事。女学堂在开办之初设有专门之学三科，即算学、医学和法学。三科之外，别设师范科，专门讲究教育童蒙之法。堂中功课，中西文各半，皆先识字、次文法，次读各门学问启蒙粗浅之书，次读史志、艺术、治法、性理之书。[②]

中国女学堂的创办，在当时引起了各方的高度关注，南洋大臣刘坤一予以褒奖，以为“此举有益，可开风气之先，并准刊用木质关防，以昭信守”[③]。经元善动员自己的家人率先认捐开办费 400 元、常年费 60 元。在他的带动下，上海各方人士的捐助也有不少，以为此举为当时应办之事，仅半年时间，就有 102 位女界人士捐款，筹集开办费 6130 元，常年费 575 元。[④]

经过几个月的紧张筹备，中国女学会主持的女学塾于光绪二十四年四月十二日（1898 年 5 月 31 日）在上海城南高昌乡桂墅里正式开办，沈瑛、魏瑛、李端惠、廖之华、刘靓、蒋兰等负责堂中诸务。[⑤] 第一期共招收女学生 20 余人。同年 8 月 17 日，秋季开学，就学学生日多，至是年底已达 40 余人，学堂遂于秋季开学时聘请美国人林梅芯为西文总教习，并于是年 10 月 31 日在城内淘沙场增设分塾，延请中西教习各一人。至光绪二十五

① 经元善：《内董事张园安垲第公宴中西官绅女客会议第四集》，《经元善集》，第 203 页。

② 经元善：《上海新设中国女学堂章程》，《经元善集》，第 228 页。

③ 经元善：《上海创设中国女学堂记》，《经元善集》，第 232 页。

④ 经元善：《经元善集前言》，《经元善集》，第 16 页。

⑤ 《中国女学会致侯官薛女史绍薇书》，《知新报》光绪二十四年六月初一日。

年（1899）春，中国女学堂的声名已远播四方，自愿入学者已达70余人。[①]“已亥建储”发生后，经元善因领衔发出上海绅商反对朝廷立储的通电而遭到清廷的通缉，不得已远走他乡，中国女学堂在随后不久而停办。

上海在百日维新之前成立的另一个专业团体为经济学会。光绪二十四年（1898）初，南汇县绅士奚世干（干臣）等“以时事关怀，为振兴学校，辅翼富强起见，集同志四五十人拟定章程”，准备设立上海经济学会。[②] 会址最初计划设于上海，后因某种原因暂设浦东召稼楼镇。[③] 得知奚世干准备设立上海经济学会的消息后，吴县叶耀元、沈敬学等，均愿意以各自所创办的并已有相当成效的算学、新学、医学等会加盟经济学会，“以期渐推渐广”。[④] 显然，这家新成立的经济学会在很大程度上是先前上海所创办的一些学会的联合体，至于其后来的活动目前尚不太清楚。[⑤]

江浙地区受上海的影响比较大，但在百日维新之前所成立的新学会中，江浙地区的并不像上海的新学会那样，只局限在专业的、非政治性的团体方面，江浙地区的一些新团体似乎像京师的团体一样，具有相当的政治倾向性。先看江苏的情况。

在江苏最先成立的是明通学会。该会的成立明显是受到甲午战败的强烈刺激。据该会的创办人金楙基自述：“中日一战，天地震荡，山渊反覆，阨塞不足以守险，船械皆以之赍敌。盖中国二千年来未有之巨创，五大洲不经见之奇辱。而士气不奋，异才不出，外彝罔笑侮弄，至侪诸非洲之族类睡国之喻，形于报章。瓜分之谭，不堪入耳。而我衿缨冠带之属，讵可

---

① 经元善：《上海创设中国女学堂记》，《经元善集》，第233页。

② 《益文录》1898年4月13日。

③ 《经济学会试办简明章程》，《时务日报》1898年7月21日。

④ 《益文录》1898年2月26日。

⑤ 闵杰：《戊戌学会考》，《近代史研究》1995年第三期。

有耳者辞聋，有目者诿瞽，有足者怡躄，有胸者养愚乎？圣君耻之，朝相耻之，疆将耻之，有司耻之。伍有耻兵，陇有耻农，府有耻工，市有耻商，学校有耻士。立庭以呼卧薪而旦，汲汲顾景挥以鲁戈。呜呼！人尽能耻，未有国运之不能转弱为强也。金子深耻中国之积弱，自发大心，欲为四万万人请命，于是慨然耻须眉丈夫之不立，而思创学会，……丙申之春，与陈君庆林结明通学会于里塾，考求当时之务。”① 丙申为光绪二十二年（1896），陈君庆林即陈去病，二人均为江苏吴县人。由此可知，明通学会为金楙基与陈去病合作于1896年春成立于江苏吴县。光绪二十三年（1897）12月，金楙基与陈去病将明通学会改组为雪耻会，“联络英俊，集思广益”，会员扩大为四十余人，其中有柳亚子的父亲柳念曾等。雪耻会后来一直延续到义和团运动兴起之后。

在江苏境内继明通学会之后、在雪耻会之前成立的是金陵测量会。金陵测量会是一个专业性极强的学术性团体。该会成立于光绪二十三年四月初一日（1897年5月2日），创办人主要有谭嗣同、杨文会、刘聚卿、黄子贞等，会址设于南京花牌楼杨文会的公馆。按照该会章程的约定，所有参加者均应向测量会提供自己所有的新式仪器，于是金陵测量会在成立之初就拥有不少新式仪器，如天文镜、子午仪、经纬仪、纪限仪、叠测仪、罗盘、测向仪、行船记里轮、陆地记里轮、水准钢练带尺、度时表、带佛逆之寒暑表、水银风雨表、空气风向表、燥湿表、量风器、量雨器，等等。当然，这些新式仪器虽为所有参加者自愿提供，但大部分还是该会的主要创办人杨文会从英国购置的。②

金陵测量会成立之后，所有参加者每日都到杨文会的公馆演习操练这

① 金楙基：《雪耻会叙》，《实学报》（影印本），第808、885页。

② 《戊戌时期的学会和报刊》，第388页。

些新式仪器，“个人专心考究一器，合之则成用。器余于人，则兼习数器，亦应此器既精而后及彼器。人余于器，则同习一器”[①]。经过一段时间的演习操练，各参加者都达到了专精一门的目的，如测立距、测平距、分测、会测、绘图、定尺、日记、著说等。金陵测量会成立之初人数有限，他们计划先由他们进行演习操练，熟悉之后再“徐图扩充”[②]，刻图出报，进而创立更大范围的测量工会，似乎并不愿仅仅限于金陵一地。

在江苏境内成立时间稍迟于金陵测量会的新学会为光绪二十三年（1897）夏季成立于苏州的苏学会，发起创办人为章钰、张一麐、孔昭晋等。苏学会的成立与明通学会一样，也是直接受到了甲午战败的强烈刺激，但它又与明通学会不同，而是在其宗旨中明确表示自己是纯学术的学术团体，而不是以议论朝政、改革政治为目的政治团体。其成立公启在谈到之所以成立这一学会的背景与宗旨时称：“自中东一役，吾华人士，稍稍知苟安之不可狃，而自强之不可迟也。读新会梁君之《变法通议》，则勃然以兴。读长白富君之《告八旗弟子书》，则又怅然以思。”“往者曾左诸公，既平大难，赞成中兴，汲汲焉讲求西法。”当此时，苏州思想家冯桂芬的《校邠庐抗议》“实开变法之萌芽”。进而求之，昆山顾炎武也曾“慨然以经世为己任”。这都是苏学的优良传统，值得继承与光大。“比者，国家广设学堂，力开风气，两湖两粤，皆兴学会，虽僻小郡邑，亦知自新，而吾吴省会之地，独阙如焉。讵非吾党之耻哉？惟事难创始，而效期于有恒。长州章钰、元和张一麐、吴县孔昭晋，今拟各集同志，量为醵赀，多购图书，以增智慧，定期讲习，以证见闻，不开标榜之门，方屏门

① 谭嗣同：《金陵测量会章程》，《谭嗣同全集》，第256页。

② 《学会彬彬》，《知新报》光绪二十三年五月初一日。

户之见，远师亭林有耻博文之宗旨，近法校邠采西益中之通论。”[①] 这就是苏学会的成立背景。但其发布的《苏学会简明章程》中，他们又标榜“本会专以学问相砥砺，凡非分所应为，不得干预，但当实心实力，讲究有用之学，储为经济，以报国家，勿议朝政，勿谈官常，庶可持久。至标榜倾轧诸习，尤为学者易犯，更当痛戒”。[②]

苏学会成立的具体目的，就是要以学会的名义进行筹资，然后再集中财力和精力，创办一新式学堂。至于学会、学堂的为学宗旨，他们参照京师官书局的办法，主张“以中学为主，西学为辅；中学为体，西学为用。中学有未备者，以西学辅之；中学有失传者，以西学还之。以中学包罗西学，不能以西学凌驾中学，此是立会宗旨。……本会即本此意，入会者宜各深体，勿误趋向”[③]。这种主张显然与后来张之洞所宣示的中体西用说绝对一致。

按照“定期讲习，以证见闻”的约定，苏学会成立之后大约每半个月集会一次。会中的管理人员如经理、协理、分理等，均由参加者公举，民主管理，不领薪水。苏学会与此时成立的其他新学会略有不同的地方是对会员规定有比较严格的纪律，如规定“会友均读书明理之人，应守身知耻，如有逾越规矩，不安本分，为经理察知，或会中人公同纠举，初次劝戒，二次出会，会费充公，至士子吸食洋烟，原干例禁，亦宜戒绝，以端志趣”[④]。这似乎是当时其他新学会所没有规定的。

苏学会成立之后，先是利用会友交纳的会费购置了一些图书，供会友借阅。待光绪二十四年（1898）初，又由苏学会经办张一鹏、蒋祖庚等在

---

① “苏州来稿”：《苏学会公启》，《时务报》，第 2265 页。

② 《试办苏学会简明章程》，《实学报》（影印本），第 207 页。

③ 《试办苏学会简明章程》，《实学报》（影印本），第 207 页。

④ 《试办苏学会简明章程》，《实学报》（影印本），第 210 页。

苏州设立一所中西学堂，添造洋式楼房，聘请英文教习，设置甚为详备，第一期招收学生三十人，后来又逐步增加到一百二十余人。学堂分小学、大学两院，小学毕业后即升入大学院。① 苏学会为苏州地区的教育发展做出了积极的贡献。

与江苏境内的新学会情况基本相似，浙江境内在百日维新运动开始前的新学会既有政治性的团体，也有专业性团体。同时，由于浙江是汪康年的故乡，因此浙江在此时的一些重要政治团体、学术团体，也差不多都与汪康年，或与汪康年的朋友有或多或少的联系。

在浙江境内最先成立的新学会是杨临主持的群学会。杨临字仲庄，浙江仁和人，杨文莹的次子，后曾官农商部主事。杨文莹（1838—1908）字粹伯，号雪渔，光绪三年（1877）进士，翰林院编修。光绪九年（1883）出任贵州提学使，三年后告归。维新运动时曾在杭州协助杭州太守林启创办养正书塾，任总经理。后充任浙江学海堂掌教。年长汪康年近二十岁的杨文莹似乎与汪氏家族有着某种亲戚关系，而其辈分似乎也比汪康年要低一辈。② 或许正是这种复杂的关系，使杨临在创办群学会的时候，首先想到找汪康年帮忙。光绪二十三年正月十五日（1897年2月16日），他致信汪康年报告将要成立的群学会的准备情况及成立宗旨，他说：“临才质陋劣，少不知学八股八韵，谬自谓旦暮风云，乃年复一年，不飞不鸣，半生坐误。读大著《时务报》论，及新会梁先生《变法通议》各篇，震雷发声，寐者使觉，不自禁愧汗之淋漓浃背也。里中风气渐开，文字语言几比于家弦户诵，鄙人舌强难调，自知于此事无可勉强。而天算一门，实为西

① 《苏学会章程二则》，《湘报》光绪二十四年八月二十日。

② 杨文莹在致汪康年函中自称“愚姪”，见《汪康年师友书札》，第3366页。

人化电制造各学所从出，因亦不揣固陋，集同志十余人共联一会”[①]，是即群学会之由来。他还告诉汪康年，群学会的会址设在杭州丰乐桥直街觉苑寺，并已请到慈溪承甫费先生出任会中掌教。他请求汪氏践行在《时务报》第十七册告白中的承诺，即各省学堂学会均可获得免费赠阅的《时务报》一册。

光绪二十三年二月初一日（1897 年 3 月 3 日），群学会如约正式开馆，第一期共招收学生十二人，住校者四人，其余的则隔日到校。按照该会拟定的《习算条例》规定，该会的基本宗旨是研讨中西算学，教学方法实际上介于传统的书院和新式学堂之间，掌教尽其所能进行讲述，而学生则逐日笔记，自行阅读，记录自己的研究心得，也可进行自由研讨，强调“中西两派殊途同归，各抒己见，正可互相发明，幸弗伐异同党，致开聚讼”[②]。

群学会开学之后，一切似乎都如计划一样进展顺利，“同志诸君日事讲求，所学已有门径”，但不料前请掌教费先生忽于二月十五日（3 月 17 日）因事辞职，不得已，杨临于三月六日（4 月 7 日）致信汪康年，请汪代为推荐一位“精通中西算学”的人接替费氏遗留下的空缺。[③] 汪康年是否如请推荐掌教，以及群学会后来的情况如何，史料阙如，不得而知。

按时间顺序，浙江境内在百日维新之前成立的第二家新学会为兴浙会。该会又称兴浙学会，时间大约为光绪二十三年（1897）春夏之交，参与创办的有董祖寿、连文澂，以及与汪康年有相当深关系的章太炎、宋恕、陈虬等。章太炎在《兴浙会序》中指出，浙江为中国东南地区最具优

---

① 杨临：《杨临致汪康年函之一》，《汪康年师友书札》，第 2416 页。

② 《群学会习算条例》，《汪康年师友书札》，第 2418 页。

③ 杨临：《杨临致汪康年函之二》，《汪康年师友书札》，第 2419 页。

良传统的省份，在浙江的历史上曾经出现过五位值得浙人自豪的英雄，即参与推翻蒙古统治“论功最高”的刘基，抗击蒙古军队而令“北虏震慄”的于谦，“学与政兼之”的大学者王阳明，“比迹箕子，以阐大同”“圣智靡虑”之黄宗羲和坚贞不屈、“功败身歼”而“后世尤悲其志”的抗清名将张煌言。这五位英雄为浙人树立了良好的榜样，他们之所以成立兴浙会，也就是要继承浙人的优良传统，振兴浙江，进而振兴中国、振兴亚洲。[①]

从兴浙会的宣言看，这一团体显然具有政治目的，而这一政治目的并不仅仅是为了改革政治，而是具有明显的反清诉求。因为从它所表彰的五位英雄的事迹看，至少兴浙会的参与者已渐渐地对清政府失去了信赖和信心，他们似乎已经不愿意继续扶持清王朝的变革，开始倾向于反对清王朝。[②]

根据兴浙会章程的约定，该会以研讨刘、于、王、黄、张五公的学问为职志，但也不排斥与会者博览群书，更不鼓励与会者墨守成规，独守五公之学，而是鼓励学者各从性情所近，研讨中国历史文化尤其是历代典章制度，“大抵以《周礼》、两戴记为最要，由训诂通大义，足以致用。史以三史、《隋书》《新唐书》为最要，所谓五世之庙，可以观怪。子以管、墨为最要，至荀子则入圣域，固仲尼后一人。持衡诸子，舍兰陵其谁哉?”盛赞管子、墨子及荀子的学说。至于经世之学，兴浙会的章程主张“法后王”，以为“虽当代掌故，稍远者亦刍狗也。格致诸艺，专门名家；声光电化，为用无限。而学者或苦于研精覃思，用心过躁，卒无所成。……大抵精敏者宜学格致，驱迈者宜学政法。官制、兵学、公法、商务，三年有

① 章太炎：《兴浙会序》，《经世报》第二册，经世报馆清光绪二十三年。

② 参见姜义华《章太炎思想研究》，上海人民出版社1985年版，第55页。

成，无待焠掌。且急则治标，斯为当务。若自揣资性与艺学相远，当亟以政法学为趋向。”将向西方学习视为当时中国最急迫的任务。

在具体的研讨内容上，兴浙会一如邹代钧的地图公会那样，格外强调舆地学的重要性，认为应该借鉴西方近代以来的地理学方法重新绘制中国地图，尤其是对浙江的地理环境更应该有新的认识，“方舆之学，中外共之。近如《地理全志》等书，胪列颇详，而阨塞险要所在，卒不可知。坤舆方图之属，徒著其形，未明其说，则阅者亦擿埴索涂尔。至中国舆图，殊鲜善本。文忠所刻，犹有讹舛；西人测绘，腹地未详。参伍考核，是在志士。然浙局所保，桑梓尤急。驰骋六合，嫥志一州，苟问以两浙战守之要而不知，则虽凌厉九州何益也?”强调兴浙会应该致力于浙江地理方舆之学的研究。此外，《兴浙会章程》还提出要设法研究和变化浙人的“文弱”气质，这一点似乎开了后来的“军国民教育”的先声，章程指出，“文弱之邦，惟体操足以变化气质。德国军制，寓兵于农，文武自将。吾党之责，不习体操，何以从事武备？天岂以熊经鸟伸，空言导引哉？奔命纾死，忧患同之，是固不容少缓矣”[1]。

兴浙会在成立之初，设会长一人，会董二人，皆以平等相待。会长必取博综古今、通达经济的学人担任，会董则必取敏练庶务、综核名实，具有极强办事能力的人担任。会董常驻省城，负责与遍布全省的会员进行联系和沟通，会员中凡有著述甚佳者，既经会中同人评议，复有会长同意，即由会董刊为报章，每月一册，此即后来兴浙会的会刊《经世报》之来历。会中的经费，一如当时其他团体一样，除了个别大额的捐赠外，主要依靠会员的会费。

据认为由章太炎负责起草的《兴浙会章程》末尾注明“丁酉五月同人

① 章太炎：《兴浙会章程》，《经世报》第二、三册，经世报馆清光绪二十三年。

拟定”，可知兴浙会的酝酿、成立应在光绪二十三年（1897）七月。与此同时，兴浙会同人章太炎、宋恕、陈虬等人创办的机关报《经世报》旬刊第一册在浙江省城杭州出版。兴浙会似乎处在正常的运转状态。不料到了当年九月中，《经世报》第八册却刊登出一篇《本馆告白》称：“本馆第二、三期报所登《兴浙会序》及《章程》，叠接友人来书，谓措词殊欠妥洽。遵即转致会中同人，属令改订。”① 而这个修改稿就是刊登在《经世报》第五、六册上的《续拟兴浙学会章程》。

在兴浙学会的归属定性上，《续拟兴浙学会章程》也放弃先前完全自己创办、自主管理的方案，而有意识地依靠浙省地方当局的支持，章程称：“会中撰述，择尤月印一册，名曰《兴浙学会文编》，末印入会姓氏，所印《文编》，拟请本省大宪札发各府州县书院、学堂购阅，以周知乡邦掌故。所入之费，除支用本会经费外，其余概储会中，以俟推广本会应办诸事，暂不侵蚀。惟所印书籍，当禀请有司衙门立案，他家不得翻印，以杜伪混。”这就将先前自主发起、自主管理的性质予以彻底改变。

光绪二十三年（1897）夏，浙江秀水人董祖寿在《经世报》第三册发表《学会兴国议》，对中国传统的教育体制进行了严肃地批评，提出兴学会以救中国的政治主张，他指出：“中国之危，岂惟将为壕而已哉！种类不久夷，教泽不久灭，四百兆生灵不久化为异物。何也？以彼群学于化电、光汽、声热、水矿、天地、动植、农商、工艺、制造，无所不学之国，视我一无所学，而徒学于八股、试帖、诂训、文词、酬应粉饰、趋跄议论之人，亦犹之乎以人类而视非人类。钜者如牛马，细者如虫蚁，强者如虎豹，弱者如鸡鹜而已矣。”他强调，中国自甲午战败之后，虽然变法维新的声音在国中此伏彼起，朝野俱有共识，但中国的教育体制却没有在这变法维新的声音中有真正的变革，“朝廷以八股试帖取士如故也，书院

① 《本馆告白》，《经世报》第八册，经世报馆清光绪二十三年。

以帖括词章课士如故也。所谓岁科乡试兼取算学格致时务者，不过考据而已；所谓书院添课算学格致时务者，不过皮毛而已。夫考据皮毛之西学，与帖括词章浮文空谈之学，相去几何？涉猎其藩篱，掇拾期端绪，剽掠其章句，不辨西学之一器一物，不习西学之一技一艺，而谓足以踵武泰西，富强中国，此西人谭笑之柄，而我华梦呓之境也。”那么，怎样才能使中国步入学习西方的正途呢？董祖寿的方案就是“非广兴学会不可”，他提出应该及早建立的学会至少有化学、农学、矿学、商学、电学、算学、博物等。至于化学学会，他的认识和规划是，“化学为一切格致工艺之本，不明此学，无以考万类之根源，各质之形性，凡农学、矿学、地学、电学、医学、动学、植学，均浮而不切，略而不详，堕于虚无影响，而莫可究。即他格致学，有必待化学而明者，亦无可措手。西人幼童入塾即授此业，良有以也”①。在他看来，化学为一切科学之基础，所以成立化学学会，集中同志研讨化学，是当时一切新学之急务。

由于有这样清醒的认识，所以董祖寿于光绪二十三年（1897）秋在杭州创设中国第一个化学公会，“联合同志，创兴斯学，购备器料，订期试验，上遵朋友讲习之经训，近采联邦公学之略例”②，先后加入该会的有33人。③

化学公会成立之后，暂设会所于经世报馆，并由该会创办人出资略备器料，先行试验，并采用当时其他学会的办法，由后来入会者量力集资，添置设备。该会由同人公举总理一人，主招集同志，收管银钱，及推广办理等事，不取薪水。④ 光绪二十三年十月十五日（1897年11月9日），化

① 董祖寿：《学会兴国议》，《经世报》第三册，经世报馆清光绪二十三年。

② 董祖寿：《化学公会缘起》，《经世报》第五册，经世报馆清光绪二十三年。

③ 题名见《经世报》第七至十四册连载的《化学公会题名》。

④ 《化学公会简明章程》，《经世报》第五册，经世报馆清光绪二十三年。

学公会举行第一次试验，并规定以后每月于农历初一日、十五日各举行一次试验。[①] 然而，或许由于经费方面的原因，化学公会也仅仅进行了一个月左右，创办人董祖寿就于光绪二十三年十一月二十五日（1897 年 12 月 18 日）在《经世报》发表启事，称“本会试验以来，稍有端绪，现议实力筹款，扩充开办，俟一切章程大定之后，在行增定试验日期，此时暂不试验也”[②]。其试验活动被无限期中止。与此同时，《经世报》也刊登《本馆告白》称：“本报登有兴浙学会、化学会两事，均系馆外人创议，托本报代登章程、告白，如何办法，本馆实未暇与闻。又，化学一事，为用甚溥，急宜联会讲求。本馆初为代登章程、告白，意甚愿与招同志，玉成美举，惟事在创始，必须确有实款，方足以谋开拓。本馆事繁地窄，已由创议人另设会所，徐图办法，合并声明。”[③] 似乎化学公会由此而不了了之。

除京师、上海、江浙外，百日维新之前的政治中心还有湖北，湖北在张之洞的治理下，对于新思想的吸收、新人才的引进相对说来也比较积极，但在维新运动正式开展之前，湖北境内成立的新学会却只有质学会一家。

质学会于光绪二十三年（1897）春成立于武昌，其宗旨意在劝学，务充质实，故名质学会。学会内部拟分经学、史学、法律、方言、算学、图学、天文学、地学、农学、矿学、工学、商学、兵学、格致学等 14 目，前六科为兼习之学，后八科为专门之学，习专门必兼六科，乃有体有用。强调“深之六经诸史，以植其体；达之中外古今，以拓其用”；“须知六经皆圣人经世之书，西国富强之术，不能出其范围”。[④] 这实际上也是张之洞

① 《化学公会告白》，《经世报》第七册，经世报馆清光绪二十三年。

② 《化学公会告白》，《经世报》第十五册，经世报馆清光绪二十三年。

③ 《本馆告白》，《经世报》第十五册，经世报馆清光绪二十三年。

④ 《武昌质学会章程》，《知新报》光绪二十三年六月二十一日。

的所谓“中体西用”思想指导下的新学会宗旨。由此可见，所谓质学会实际上是湖北境内一个综合性的新的学术团体，这也从另外一个角度说明为什么在湖北这样新人才甚多、新思想的引进也不少的地方只有一个新学会的原因。

按照质学会的章程规定，该会成立后的主要工作与当时的其他新社团大体相当，即利用社会资金和资源组建一新的图书机构，“广搜图书，以饷学友，中书而外，兼购西书，凡五洲史籍、格致专家，律例章程、制度政典，皆储藏赅备，用资他山”，而与会的学友之间交流的主要方式是依靠学会将创办的学报及将刻图书。但关于这些活动的详细情况，由于史料阙如目前不得而知。

与湖北的情况正好相反，湖南在百日维新运动正式开展之前新学会的发展情况由于有《湘报》和《湘学报》等刊物、报纸的记载，现在情况就比较明朗，除了我们在论述湖南新政时已经提及的南学会之外，湖南境内在百日维新运动开始之前的新学会还有湘学会、任学会、舆算学会、明达学会、群萌学会、公法学会、学战会、法律学会、致用学会、郴州学会、积益学会、延年会等。现以成立先后为序分述如下：

湘学会。湘学会又称校经学会或实学会，成立时间在光绪二十三年（1897）春夏间，发起及创办人为湖南学政江标。湖南省城长沙很早就有岳麓、城南两书院，历史悠久，为湖南全省士子、生童肄业之所，只是在过去的若干年里，这两所书院和全国的其他书院一样，着重于科举考试，对于入学生童、士子的教育，也只是教给怎样去应付科举考试，而根本不顾及不断传入中国的西方新知识。到了道光十六年（1836），湖南巡抚吴荣光在岳麓书院设湘水校经堂，议专课经史。且经义、治事、词章分科试士。咸丰二年（1852），太平军进攻长沙，岳麓书院受到极大的破坏，课业陷于停顿。待太平军退出之后，湖南当局重新规划，选调生员至校经堂学习，规模渐复。

经过几十年的发展，设置在岳麓书院之内的校经堂的规模已经无法满足湖南的社会发展需要，后经湖南新任学政张亨嘉的提议，并经巡抚张煦的批准，湖南当局决定在长沙湘春门外为校经书院建立新址。1890 年 12 月，校经书院新址落成，翌年 5 月，校经书院在新址重新开办，新增学生二十名，连同原来的四十四名，共计有学生六十余人。校经书院的经费由湖南当局同意向盐商募集。书院内分设经义、治事两斋，专课湖南全省通晓经史、熟悉掌故的青年知识分子，办学目的也略有调整，“务期多士沈潜向学、博达古今，养成有体用之才，以备他日吏干军谘之选”，已经开始注意适度放弃专门训练科举考试的方法，转而注意培养对地方发展有实际效用的人才，这对于湖南后来吸收外来的新思想，尤其是湖南新政的开展，无疑起到了一定的奠基作用。①

光绪二十年（1894），江标出任湖南学政后，为了扩大校经书院的办学规模，在书院原有的空地上建造了一所藏书楼，广购图书，并添置了天文、舆地、测量等学科所需要的实验仪器，并计划添设算学、舆地、方言、学绘诸科，创办《湘学新报》，专门讲述各种新学和艺学，以期学生在学习中国传统文化知识的同时，“开人知识”，“兼可知今”。② 对于校经书院的管理体制，江标也进行了一些改革，于光绪二十三年（1897）春夏间于校经书院设立校经学会，“为多士讲学之地”。③ 由此可知校经学会之由来。

校经学会与校经书院为二名一体，是典型的书院式学会，同时兼有对

---

① 参见湖南省志编纂委员会《湖南近百年大事记述》，湖南人民出版社 1959 年版，第 113 页。

② 江标：《请推广书院章程》，《湘学学报》光绪二十三年二月二十四日。

③ 《湖南学会林立》，《国闻报》光绪二十四年五月十一日。

全省教育的指导责任，所以校经学会又称为湘学会，或称校经书院学会。根据《校经书院学会章程》的规定，该会设有三门，即算学、舆地和方言。算学务求浅近实用之法，舆地须知测量、绘图之法，方言专习英文。三门各由学有专长的学长自行制定章程，自主招生，每类学额为四十名，报名逾额即分作前后两班课习。学会设有总理即监院一人，负责学会的日常管理。校经书院学会对学生的要求也比较严格，三年学习期限结束后成绩优异者由湖南当局会同学会保荐至总理各国事务衙门或南北大学，或直接任职，或继续深造。① 从这些情况看，校经书院学会虽然号称为学会，虽然也以湘学会而得名，但实际上只是湖南省内的最高学堂而已，其学会、社团的色彩甚少。

与湘学会的性质极为相似即具有书院或学堂色彩的还有谭嗣同等人创建的浏阳算学会，浏阳算学会实际上也是一所专门研讨算学的学堂，除了系统地对入学生员进行算学教育外，似乎对学堂之外并没有太多的影响。浏阳算学会成立于光绪二十三年（1897）春。

在浏阳算学会成立之后，在湖南乃至全国最有影响的新学会为湖南南学会。南学会成立于光绪二十四年二月一日（1898 年 2 月 21 日），发起人和主持人有谭嗣同、唐才常等。

南学会的成立和其初期活动在湖南乃至全国都有很大的影响，最明显的标志是继南学会之后，湖南乃至全国的新学会风起云涌，仅湖南境内，在南学会的影响下就成立有龙南致用学会、任学会、舆算学会、明达学会、群萌学会、公法学会、学战会和法律学会等。

龙南致用学会由江瑞清等人发起成立，并得到邹代钧的帮助和支持。②

---

① 《校经书院学会章程》，《湘学报》光绪二十二年四月初一日。

② 《龙南致用学会第二次议定章程》，《知新报》光绪二十四年二月十一日。

成立时间为光绪二十四年（1898）二月，会址最初设在龙南西竺山寺山门内。[①] 致用学会的宗旨为以合群延请算学老师教授本会同人子弟，强调“今之人才，动曰泰西以商战，不知实以学战也；商苟无学，何以能战？学苟无会，何以教商？故今日之中国，以开学会为第一要义”[②]。该会成立之后每月集会三次，探究学问，质疑问难，并依靠各方捐资购置了不少西学书目，供会友自由借阅。[③]

任学会于光绪二十四年（1898）三月成立于湖南衡州，发起人有陈为镒、杨概、萧邦恒、萧邦怿等，其成立宗旨为“立志在宏毅，以能力任艰巨为主”。任学会成立之后的初步计划与当时所成立的一些新式团体一样，不外乎设立藏书机构、刊刻相关丛书等。该会比较有特色的计划主要有设立报馆，以专门刊载新政方面的新闻及会中同志的相关著述；还计划在条件成熟的时候，设立新式学堂，进行新式教育；至于任学会的发展规模，任学会的创办者也有相当宏伟的计划，他们准备从衡州开始，逐步向外扩展，“海内同志愿与乐成，分立斯会者，本会即视同一会，必不以方域歧视”，犹如西方的宗教团体和红十字会等，甚至计划在经费更加充裕的时候，选派会中同志游历海外，开拓能力，考察各国天文、舆地、政治、商务、学校等。由于该会有如此大的野心，因此任学会自我要求“必须自练学问，物色英才，粤仿孔门四科：曰德行，曰言语，曰政事，曰文学。凡此四科，能精一义，即于本会有光。惟其人志不宏毅，识不坚凝，遇事作骑墙之见者，未便接入本会”。[④] 显然，任学会虽然具有新思想和新想法，但其手段和道德自律的标准还是更多地吸收和继承了传统文化中的优良

① 《龙南致用学会申定章程》，《湘报》光绪二十四年五月十七日。

② 《湖南龙南致用学会章程序》，《知新报》光绪二十四年正月二十一日。

③ 《龙南致用学会阅书章程》，《知新报》光绪二十四年二月二十一日。

④ 《衡州府开办任学会章程》，《湘报》光绪二十四年三月初四日。

成分。

舆算学会又称为郴州学会，由湖南郴州生员陈为镒、罗辉山、潘仁瑶、曹典球等二十余人于光绪二十四年（1898）三月创建于湖南郴州。该会以讲求舆地、算学两门学科为立会宗旨，以期“略去虚文，讲求实学”，强调“舆地以绘险要、究兵略为主，旁及农矿算学，以程功董役行军布阵制器为主，旁及天文，集资赁舍，广购图籍器具，延请海外通儒以为师范，义取兼综，实事求是”。郴州学会的创建人在拟定章程时强调要有平等的观念，所有加入学会的人，无论官阶科第，均以学问为序，平居无事，尤宜讨论中外古今盛衰之源，联合士气，互相师法，庶几合天下为一群，合一群以振中国。郴州学会较当时其他新式团体一个最大的不同是期望用自己的力量在郴州创设一所博物院，“即借公所庙宇先行陈列中国土产，凡花卉草木虫鱼泥沙有关考究者，无不可入。一面函知各省善堂书院首士商务会馆襄同料理，此事有益于各省商务，无不乐从，即用文行知各国领事、商会、教会，亦可立行捐送，事不畏难，立志开拓，断无不成之事。”显然，这里的所谓博物院实际上类似于现在的会展中心，是中国向外展示自己特殊物产的一个窗口，这也显然是中西交流之后应有之义。郴州学会的另一个特色是强调会友的体质锻炼，以为救亡之要务也应该包括中国人的体能方面，他们指出：“中国文士流于柔弱，均由不设体操，甚至因读书而成痨瘵，遑论办事?”所以他们计划设立体操场，对幼童及青年进行体育训练。郴州学会还格外重视师范教育的发展，是中国近代比较早地意识到师范教育重要性的一批启蒙者和实践家之一。他们在章程中称：“中国学问之庸杂，全在师范。不立偶议数字，便拥皋比。本会艺成各生，由教习首士考试，禀请宪台给予文凭，以为教习。如无文凭者，不得为教习，以免学途庸杂。”明确规定担任教习的人应该有比较正规的受教育经历。[1]

舆算学会为郴州地方性的学会，故而又称郴州学会，与此会成立时间相同，湖南常德也于光绪二十四年（1898）三月成立了明达学会。明达学会是由原来旧有的书院改组而来，因此具有相当浓厚的书院色彩，它一方面重视对新学和西学的吸收，另一方面也不忘对传统道德理论观念的弘扬，其章程指出，“圣人设教，最重乐群敬业，亲贤取友，孔门聚三千、七十子讲学，凡经世大业，以及一技一能，无不研习。盖学期实用，至治国平天下而止。今泰西政从学出，往往得圣经遗意，故人才盛而国运随之。中国自帖括盛行，旧学芜废。本会创设之意，实欲涤向来孤陋之习，储当世济变之才，本中国义理之学，参泰西富强之术，集众人之力，则事易举；联学者之心，则智日辟。可以保教，可以保种，而圣学宗风，且遍衍于地球各国，愿我同人研究斯义”。常德明达学会的设置仿时务学堂，分别聘请中西文教习各一人，愿入会者不限内外学，不限年岁，不限土籍客籍。至于课程的设置，他们基于中西交流、通商以来的事实和社会需要，强调不通语言文字则不能翻译西书，不通数学，不能明西学之精微，强调以译学、算学为入学之阶，以为致用之本。同时强调“本会所望于学者，非仅充翻译而已，欲其考察古今中外之故，天地人物之变，已成为匡时济世之材”。此为其西学教育的基本宗旨。

常德明达学会高度重视西学、新学知识的教育与普及，但它同时也受到旧式书院教育的深刻影响，并不格外强调中西学术的对立，而有一种中西学术互补的认识和倾向，他们在重视对学生进行新式西方知识教育的同时，也格外重视用中国的传统伦理价值观念对学生进行人生观的教育，所以在明达学会的课程设置中兼及中学之经史大义，并及掌故、舆地、兵

---

① 《郴州开办学会章程》，《湘学报》光绪二十四年二月初一日。

略，以中学端学生之人生趋向。[1] 这是常德明达学会与当时一些新学会明显不同的地方。总体上看，明达学会虽然号称为“学会”，实际上较少“学会”的色彩，而只是一新式教育机构而已。

在湖南境内继常德明达学会之后而成立的是光绪二十四年（1898）四月在浏阳成立的群萌学会，该会的发起人与浏阳算学会基本相同，即为谭嗣同、唐才常及黎宗鋆等人，但此会的成立宗旨显然是已经意识到浏阳虽然在近代中国最先从事变革，但浏阳至今尚没有真正意义上的学会。而此群萌学会就是为改变此一局面。谭嗣同在《群萌学会叙》中说：“合中国十八行省，上自朝廷，下逮草野、大夫庶士、缙绅先生、越百执事，至于氓隶，称东事之后，能大变其风气，联群通力，发愤自强，以治新学者，必首湖南。虽远在泰东、泰西，则亦云尔。而湖南合数十府厅州县，上自院司，下逮草野、大夫庶士、缙绅先生，越百执事，至于氓隶，称东事之后，能大变其风气，力倡联群通力，发愤自强，以治新学之说者，必首浏阳。虽远在外省，能稔习其端末者，则亦云尔。呜呼！此非有他故，马关之约初成，浏阳即有以书院改肄算学格致之请为少先耳。然而湖南省会，既大张新学，有若南学会，有若校经学会，有若时务学堂，有若武备学堂，有若方言学堂，有若课吏馆，有若保卫局，有若机器制造公司，有若旬报馆，有若日报馆，有若各书院之改课，骎骎乎文化日辟矣。独吾浏阳乃至今而不有学会。不有学会，是新学无得而治也。治而不能联群通力，犹不治也。”于是他们联合同志，创办群萌学会，“夫群者，学会之体；而智者，学会之用”[2]。此即浏阳群萌学会创办之由来。

根据群萌学会章程的解释，其命名的理由是：“本会以群萌为名，盖

---

① 《常德明达学会章程》，《湘学报》光绪二十四年二月二十一日。

② 谭嗣同：《群萌学会叙》，《谭嗣同全集》，第 430 页。

因群学可由此而萌也，他日合群既广，即竟称为群学会；”其命意则为：“本学会以辅仁益智为主义而兼敦友睦任恤之风，凡此皆非合群不为功也。”群萌学会的组织管理方式为推举在县城居住的年长者为会董，会中诸事归其主持，另有副董事数人予以协助。会中的经费来源一如当时的其他学会，基本上由同志数人捐助，并加收部分会费。至于群萌学会准备开始的工作以及其工作方式，也不外乎先从收藏图书做起，鼓励会友来会借书和交流。①

群萌学会成立之后曾致书南学会称：“泰西格致之学，若轮船、铁路、电线，大率起于百年以来，是皆统一地球之朕兆，而西人先我发之，况其时正当吾华考据风行之日，吾日以虚文梏其士，而彼日以实用昌其徒，骎骎乎有凌轹五洲之势，不独挟以傲我钳我也。支那人士，恼气最灵，资乃先导，深入其阻，未必不青胜于蓝也。”② 显然，群萌学会的成立宗旨不外乎提倡实学，以吸收西方新思想、新知识，建设湖南，发展湖南。

在浏阳群萌学会成立的同一个月，光绪二十四年（1898）四月，毕永年等人在省城长沙成立了公法学会，这是湖内境内当时真正具有近代“学会”意味的新式学术团体。公法学会的宗旨，顾名思义是研究国际公法，毕永年曾说过：“素王改制之精心，吾未知其一二，惟今朝政日圮，人心日涣，与外人交涉，且惊疑骇溃，以酿成种类之亡。吾耻之，吾之命悬祝宗忽忽至今者，徒以二三豪杰，力求自拔于茫茫苦海中，而心未死耳。爰与诸君子创立公法学会，期于古今中外政法之蕃变，和战之机宜，条例约章之条列，与中国所以不齿公法之故，一一甄明而切究之，而一归于素王

① 谭嗣同：《群萌学会章程》，《谭嗣同全集》，第432页。

② 《浏阳群萌学会致南学会书》，《湘报》光绪二十四年四月初六日。

改制之律意，以求转圜于后日，补救于将来。”[1] 这就是毕永年发起公法学会的真实用意。

基于这种认识，公法学会为自己确定的任务是：“本会专讲公法之学，凡自中外通商以来所立约章，以及因应诸务，何者大弊，何者小疵？何者议增，何者议改？皆须细意讲求，不可稍涉迁就，尤不可故立异同，庶为将来自强之本。”显然，按照这一指导思想进行下去，无疑是近代中国以民间的力量对中外交涉开始以来的全部问题进行一次最为全面、最为彻底的清理。

为了弄清中外交涉的问题之所在，不仅要关注、研究中外交涉的本身，而且应该弄清国际公约和各国之间相互交涉的大概情形。公法学会基于这种判断，要求其会友对各国互立之新旧约章亦须切实考究，会友各持日记一本，广泛搜集，仿中国传统史学中的“史表体”，在每个所搜集的约章目下详列其大弊、小疵、议增、议改四项内容。对内，会友可以相互交流，以广见闻；对外，可以为政府提供咨询和参考。[2]

在省城长沙与公法学会性质相类似且成立时间相同的还有学战会和法律学会。学战会的发起人有黄嵱、何廷藻、黄藻、阎克植等人。唐才常虽然没有参与发起该会，但似乎对该会给予很大帮助并具有很大的影响。学战会的成立时间也是光绪二十四年（1898）四月，会址设在岳麓书院笃志新斋。该会的发起人认为，甲午战后，湖南最先觉醒，新学大张，学会林立，民气振奋，实开全国风气之先，各种学会各有宗旨，各有侧重。但这些学会多注意兵战、商战等强国御敌之直接目的，而相对忽略了学战的意

① 唐才常：《公法学会叙》，《湘报》光绪二十四年闰三月初五日。

② 《公法学会章程》，《湘报》光绪二十四年闰三月初十日。

义，所以他们要与众不同地创设学战会[①]，取“兵战不如商战，商战不如学战之意”，“以联通群力，振兴新学为主，而以急变今日现情、发扬中国光荣为念”。至于办会的方法，该会强调参照“经济特科六事，勉为实学，听会友专门认习，或兼涉各学”。每年大会一次，每月小会一次。学战会成立之后的活动情况一如其他新式学会一样不太明了，只是长沙在此后有一家“学战公司”，似乎与学战会多少有点关联。[②]

法律学会的创建人有施文焱、李延豫、周焘、严毓清、金鼎春、李海寰、沈嗣衡、施文森、丰文达、吴文培、洪润等二十余人，该会的成立宗旨如其名称一样明朗，就是专心研讨法律问题，“本会各友，志在讲求法律，贯穿公理，浏览群书，洞识时务，以开拓胸襟，磨荡热力，善不耻相师，过不惜相纠，开诚布公，力除客气”[③]。显然，所谓法律学会实际上是一家既有专业性特征而又有传统讲习会道德自律性质的学术类团体，所以在该会成立之后不几天，就有发起人洪润等九人发表声明，强调法律学会成立之本意只是邀集同人相互切磋，并非是为了在湖南或全国广开风气，并以“入会者多系别业之人”、“品类不齐”，且有人在外散发章程，“日后必起招摇之渐”为由，遂决定“公议出会，以防未然”。[④]

继法律学会而在湖南境内成立的新学会还有积益学会。积益学会成立于光绪二十四年（1898）六月百日维新运动已经将要开始或正式开始的时候，其创办人有张礽、饶霈等，其宗旨是“讲求有用之学”，其方法是“以现设经济科六门为主，如会中诸君各有一得，相会时可参观互证，以

① 黄崿：《学战会启》，《湘报》光绪二十四年闰三月二十二日。

② 《戊戌时期的学会和报刊》，第611页。

③ 《法律学会章程》，《湘报》光绪二十四年闰三月二十四日。

④ 《申明法律学会》，《湘报》光绪二十四年四月初六日。

广闻见”，规定每月聚会三次。[①] 与会者“各就其所近者而深造之，各抒其所得者而参观之，合群策群力而交修之”[②]。由此看来，积益学会倒是真正意义上的新学会，只是其后来是否坚持下去，则不得而知。

光绪二十四年（1898）六月，湖南靖州会同县教谕潘学海（广文）与当地绅士罗子荫等一起筹备创设三江学会，至七月正式开办。[③] 三江学会以讲究时务为宗旨，规定会友每天必须阅读时务方面的图书二十页，由会长答疑一小时。[④] 显然，三江学会是具有地区特征的维新社团。[⑤]

在百日维新运动正式开始之前，湖南是全国新政治的中心，所以湖南的新学会、新报刊都远较他省兴盛，像广东省，虽为康有为、梁启超、孙中山等维新志士和革命志士的故乡，但在百日维新运动开始之前，也仅有新学会数家。以成立先后的时间为序，一是孙中山手创的农学会。早在光绪十六年（1890），孙中山就已意识到中国的富强除了发展近代中国外，应该像西方国家那样，高度重视农业的改进与发展，“道在鼓励农民，如泰西兴农之会，为之先导”。[⑥] 在这前后几年的时间里，孙中山不仅在自己的故乡采用西方的新知识与新技术进行农业改良方面的试验[⑦]，而且为郑观应起草《农功》专论，后被郑氏收入其名著《盛世危言》中。[⑧] 由此可见孙中山对农业的重视由来已久。1895 年 2 月，孙中山往来广州、香港

---

① 《积益学会章程》，《湘报》光绪二十四年五月十九日。

② 饶渊永：《积益学会叙》，《湘报》光绪二十四年五月十九日。

③ 《时务日报》1898 年 6 月 27 日。

④ 《拟兴三江学会醵金集款购置时务书等招徕学者讲求实用启》，《湘报》光绪二十四年四月二十三日。

⑤ 闵杰：《戊戌学会考》，《近代史研究》1995 年第三期。

⑥ 孙中山：《致郑藻如书》，《孙中山全集》，第 2 页。

⑦ 郑观应：《农功》，《郑观应集》上，第 737 页。

⑧ 其说详见《孙中山全集》卷一，第 3 页。

间，准备进行广州起义。同年 10 月 6 日，在广州双门底王家祠堂发起成立农学会，并在广州《中西日报》刊发成立宣言，称该会“首以翻译为本，搜罗各国农桑新书，译成汉文，俾开风气之先。即于会中设立学堂，以教授俊秀，早就其为农学之师。且以化学详核各处土产物质，阐明相生相克之理，著成专书，以教农民，照法耕植。再开设博览会，出重赏以励农民。又劝纠集资本，以开垦荒地”①，此即孙中山创设农学会的基本宗旨。

孙中山创立农学会的想法得到了广州官绅潘宝璜、潘宝琳、刘学询等数十人的支持和署名赞助②，康有为的弟子陈千秋在得到孙中山的邀请之后也“颇有意”于参加，只是后来碍于康有为的反对而未果。③

由于广州起义失败之后，孙中山流亡海外，其所创办的农学会当然也不会继续进行下去，而广东境内的新学会也一直没有什么进展。直到 1898 年春，方由梁肇敏、邓家仁、谭颐年、陈兆煌、陈芝昌、邓家让、陈国照、邓纯昌等发起成立了一家具有新式学堂性质的新学会即广州时敏学堂。时敏学堂成立的根据也是清政府降旨加试经济特科的精神而创办，其成立公启称：“今春明降谕旨，诏开经济特科，方闻之彦，应时而起，咸争自振厉，以期副国家需才之意，吾党二三志士，闵时艰之孔亟，惧儒术之寡效，首倡学会，各集同志，量为醵资，广购图籍，日有讲习，以扩见闻；日有课程，以抒心得。凡期人读有用之书，国储远到之器，诚谊举矣。”④ 显然是具有新式学堂性质的学会组织。

至于广东境内于光绪二十三年（1897）成立的群学会，虽有不少著作

① 孙中山（凤墀代笔）：《拟创立农学会书》，《孙中山全集》卷一，第 25 页。

② 《戊戌时期的学会和报刊》，第 664 页。

③ 冯自由：《戊戌前孙康二派之关系》，《革命逸史》（初集），第 47 页。

④ 《广州创设时敏学堂公启章程》，《知新报》光绪二十四年四月初一日。

著录，但其详细情况尚不得而知。[①]

康、梁等维新志士没有在自己的家乡建立相应的维新组织可能另有原因，但康有为于光绪二十三年（1897）初抵达广西桂林，与正在桂林主持广西一切的广西按察使蔡希邠及广西地方士绅唐景崧、岑春煊等人一起发起成立圣学会，并创办广仁学堂，刊行《广仁报》，在与广东比邻的广西传播维新思想的种子。

康有为之所以在广西筹建圣学会，主要是因为梧州通商以后，外国人云集，外国教会的势力在广西也相应有了很大的发展，而广西士大夫“乃不知独尊孔子以广圣教”[②]，听任外国宗教的传布，似乎已在很大程度上影响了中国正统意识形态的存在，所以他期望在广西成立圣学会以抵制外国教会势力的影响，“以尊孔教救中国为宗旨”。[③] 康有为的想法得到了蔡希邠及广西各界的支持，经过一番紧张的筹备，光绪二十三年二月五日（1897年3月7日），广西政界、学界及士绅200余人齐集桂林西华门爱经堂，举行隆重的圣学会成立典礼，宣布广西圣学会正式成立。

由于圣学会得到广西当局和士绅的广泛支持，因此具有明显的官方色彩，其经费来源比较充裕，其政治、文化色彩也趋于保守，它虽然不忘鼓励学习西方的科学技术，但其根本是要维护地方之安宁以及“发扬大道，激励后士”而已[④]，其所渴望达到的目的也只是“光宣大教，俾孔子于二千五百年后，道大光明”而已。[⑤]

尽管圣学会具有相当浓厚的保守色彩，但由于是新锐人物康有为发起

---

① 张玉法：《清季立宪团体》，北京大学出版社2011年版，第202页。

② 康有为：《两粤广仁善堂圣学会缘起》，《康有为全集》卷二，第620页。

③ 《圣学会开会》，《知新报》光绪二十三年四月十六日。

④ 蔡希邠：《圣学会序》，《时务报》光绪二十三年六月初一日。

⑤ 唐景崧：《圣学会后序》，《知新报》光绪二十三年五月初一日。

和主持，所以当时也引起国内舆论界的高度关注和期待，梁启超将之列为与强学会并行的两大新学基地，称“方今万国交通，新学大启，欧米条法，日益详明，于是中原志士，咸发愤而言变政，报馆学会，缤纷并起，北肇强学于京师，南开圣学于桂海，湖湘陕右，角出条奏，云雾既拨，风气大开”[①]。或以为“将来风气日开，见闻日广，桂地虽僻，有此会而士人藉以通知时务，讲求经济，他日人士之成，孔教之不坠者，官绅提倡之力也”[②]。总之，圣学会是一家具有官方背景、具有一定守旧色彩的维新组织。

依靠官方背景成立新的维新组织，是百日维新运动开展之前新学会的一个重要特征。在江西南昌，光绪二十四年（1898）春成立有奋志学社，其发起人就是“卸事回省”的“江西典史”李荣植（瑞庭），其成立背景也是感于清政府特设经济科之御旨，期望以此组织邀集同志，“专意讲求吏治时务实在学问”。[③]

与奋志学社成立的同时，在南昌由周鹿坪发起成立有励志学会。这个学会也具有深厚的官方背景，由南昌知府江讱吾亲自“主会”，“以昌孔教，讲实学，开风气，祛积习”为学会宗旨。由于当时清政府已经开始提倡变法维新，“迩来新政迭举，非洞达中外情形，深明措施本末，断难推行尽利”，因此具有维新宗旨的新学会实际上是在清政府的政策鼓励下所产生，已远非先前冒险成立的那些维新社团所能比，自然为各路官僚所欢迎和支持，“各大宪深为嘉许”。[④]

在四川，四川尊经书院院长宋育仁和杨道南、吴之英等人一起于光绪

---

① 梁启超：《日本横滨中国大同学校缘起》，《饮冰室合集》文集之四，第 79 页。

② 《桂林圣学会续闻》，《知新报》光绪二十三年八月十一日。

③ 《创设学社》，《湘学报》光绪二十四年四月十四日。

④ 《励志学会会约十章》，《知新报》光绪二十四年十二月初一日。

二十四年三月一日（1898 年 3 月 22 日）在成都创办的一家蜀学会，川省学界名流廖平等七十二人出席了成立典礼，宋育仁、易静山、吴之英、吕典桢、廖平等相继发表讲演，竭力鼓吹儒家伦理的现代意义。[①] 宋育仁指出，“孔子始言圣人之德，无加于孝”。而廖平更重申：“孝道自天子以至庶人，自圣人以至椎鲁，皆能行之”，孔子志在《春秋》，行在《孝经》。《春秋》的宗旨是外王，而《孝经》的主旨则是内圣。“内圣可以统外王，故《孝经》可以统万事，倘于孝字之外，别求一道，别定一名，万不能统一。”“人受天之气而生，人皆天之子也。第尊者得尊名，卑者得卑名。帝王者，天下之尊者也，故得其名。”[②] 就是这样一种极端守旧的伦理观念基本上支配了蜀学会的全部。

蜀学会的政治理念如此怪异也不足奇怪，它的成立背景实际上与江西等省的情况大体相似，都是带有响应清政府号召的意味，其章程称：“现在时事棘艰，各省振兴学校，以期储才备用，学使开济时艰，尤以振兴蜀学为念。本年正月，又奉明诏举行经济特科，因此约集同人，联为此会，期以通经致用为主，以扶圣教而济时艰。”按照其章程的规定，蜀学会仿照京师官书局及各省中西学堂而变通之，稍有不同的是，蜀学会“以集讲为主，推广学堂之意，即寓其中，各就本地措办，不动官帑”，坚守民间的立场。至于蜀学会政治倾向，多少隐含有地方自治和坚守传统伦理道德以抵抗西方思想文化的入侵等意味，它强调：“入会皆以忠信为本，孝悌为先，尤须讲求气节，忠君亲上，有勇知方，隐为朝廷干城。平时德业相劝，过失相规，患难相恤，务推《蓝田乡约》之义，自保其教”，“西人学业，专在实事求是，耐劳苦思。讲西学者，无取道听途说，恣为游谈，更

① 《蜀学会开会记》，《蜀学报》光绪二十四年闰三月望日。

② 《学会讲义》，《蜀学报》光绪二十四年闰三月望日。

不得非毁名教”，“此会以经训为主，与祖尚西人、专门西学者有别。至格物穷理，无分中外，临讲务求折衷至当，不得是彼非此，率相诋諆，致长轻浮”[①]。这种政治倾向尽管坚守民间立场，也不可能遭到官方的禁止。

蜀学会成立后大约每半个月就举行一次集会，参加者除川省的学术名流外，主要以尊经书院的学生为主，研讨的内容大体都以经训为主，围绕着儒家伦理的意义尤其是《孝经》中的一些问题而展开，因此多涉及中国古代礼制等问题，他们主张以孝道为立身治行之本，强调“唯孝为至德，五伦虽天下之达道达德，独孝为至”。所以蜀学会的研讨会气氛总是带有浓厚的复古主义色彩。蜀学会的研讨也曾涉及现实问题，诸如“当今之势如何变”，怎样选拔有用的人才，怎样改革学校制度，等等，但由于本章程明确规定他们的研讨是“以经训为主，与祖尚西人、专门西学者有别”，所以其结论不外乎“复古制”，而很少像康、梁等人那样从现实出发提供方案。从这个意义上说，蜀学会虽然名为学会，但其本质依然类似于旧式书院，与当时各省的维新社团明显不同。

蜀学会是四川在维新运动中的一个奇特现象，但四川省内在维新运动时期也曾创办过具有维新性质的新学会，即光绪二十四年（1898）在四川威远创办的威远农学会，其发起人为郭中元、袁光中、徐廷萃、胡执中、隆作栋等[②]，其宗旨为“始则约会讲求，继则择地试验，总以广树艺、兴畜牧、浚利源、究新法”[③]。

百日维新开始之前在各地成立的新学会，其宗旨及政治倾向总是因创办者、参加者的情况不同而有异，虽然同为边远省份的贵州，在此时却因

① 《蜀学会章程》，《蜀学报》光绪二十四年闰三月望日。

② 《威远创办农学会章程》，《蜀学报》光绪二十四年四月。

③ 郭中元：《威远创办农学会叙》，《蜀学报》光绪二十四年四月。

人事关系的特殊而成立有比较激进的政治性学会即仁学会。

仁学会的创办人吴嘉瑞，湖南长沙人，既是谭嗣同的同乡，也是谭氏的好友。谭嗣同光绪二十二年（1896）与康、梁在北京结识之后，遂奉父命以同知入赀为候补知府，分司浙江。他在南京候补的时候，闭户养心读书，潜心孔教、佛教义理，会通群哲之心法，著有《仁学》一书，阐发君民关系的新观念，深刻批判了君权神授的虚假性和中国传统伦理道德观念的荒谬。当此时，吴嘉瑞“说心法于上海”[①]，与谭嗣同交往密切，“谭以《仁学》示吴，吴录副而去”[②]。吴嘉瑞由此接受了谭嗣同的仁学思想。

大约光绪二十三年（1897）的时候，吴嘉瑞出任贵州贞丰州白层河厘金局总办，他遂与杨虚绍等人一起在贵阳文昌宫发起成立仁学会，先后加入该会的有三十余人，他们大事宣扬维新思想[③]，结合维新变法的思想讲解国内外政治时事，同时还讲授算学等新的知识[④]，“以为新学之渐”[⑤]，对贵州这一边远省份新思想的传播起到相当大的作用[⑥]。

在福建，自清政府颁布乡试及岁科试改时文为策论之后，福建境内的知识分子也纷纷响应，各书院纷纷按照新要求进行改革，并先后创办有新学会、实学会、闽学会、汇贤堂等新团体，以便互相观摩、相互促进。[⑦]但这几个新学会的详细情况诸如成立时间、人员状况等，目前尚不太

---

① 狄葆贤（平子）：《平等阁笔记》，凤凰出版社2015年版，第118页。

② 章士钊：《疏黄帝魂》，《辛亥革命回忆录》卷一，中华书局1961年版，第227页。

③ 《贵州革命散记》，中国科学院历史研究所第三所编：《云南贵州辛亥革命资料》，科学出版社1959年版，第74页。

④ 刘灿文等：《清末贞丰仁学会的成立及其影响》，《贞丰文史资料选辑》第一辑，政协贞丰县委员会文史资料研究委员会刊，第4页。

⑤ 饶焕彩：《贞丰县志·教育志序》。

⑥ 《戊戌时期的学会和报刊》，第662页。

⑦ 《振兴学会》，《湘报》光绪二十四年七月二十二日。

明朗。

百日维新运动正式开始之前的新学会当然不止这些，像成立于湖南的公理学会[1]、方言学会[2]，以及在各地都曾存在，且规模最大、数量最多的不缠足会及戒鸦片烟会、延年会，等等，虽然也应该算作百日维新运动正式开始之前的新学会，但毕竟过于偏重社会风俗的改良方面，故而不在此论述。

---

① 参见闵杰《戊戌学会考》，《近代史研究》1995年第三期。

② 李文海：《戊戌维新运动时期的学会组织》，《戊戌维新运动史论集》，第60页。

第九章

“南梁北严”：戊戌报人与报刊

职业报人，独立媒体，完全是近代中国的产物，是舶来品。古代中国的信息传递有自己的方式，朝廷声音的下达，在官僚阶层靠谕旨，类似于现在的讲话、红头文件；向民众传达主要靠邸报。至于民众的声音、诉求，如何传递至上层，其实主要依靠各级官僚的奏折，以及知识人的清议。在农业文明背景下，官少事简，没有独立于官僚体制之外的“第四权力”，中国的政治、社会生活，大致上依然可以按部就班地运转。所以当一些激进的知识人建议释放社会，放手媒体，甚至改革国家体制，重建议会架构，让上情下达，下情上达，君民不隔时，张之洞就很不以为然。张之洞认为，中国的制度安排已经解决了上下情沟通的问题，国家遇有大事，京朝官可以陈奏，其他官吏也可呈请代奏。方今朝政清明，果有忠爱之心，治安之策，何患其不能上达？如其事可见实行，故朝廷所乐闻者。但是建议在下，裁择在上，便可收群策之益，而无沸羹之弊，因而，独立的媒体，专门的议会，似乎都是多余的，是扰民，而不是保民。[①]

---

① 参见张之洞《劝学篇·内篇·正权第六》。

第一节 "南梁"：由北而南

中国人的认识论基础是上智下愚，先觉觉后觉，先知启后知，因而统治者素来有一种天生的智力优越感，遇到重大决策不愿与底层沟通，而是"顶层设计"，朝纲独断，因而对于一些体制外的议论一概视为妄议，视为捣乱。这也是近代中国早期媒体不发达的一个历史性原因。

假如不是西方因素进入，中国肯定不会释放社会，更不会允许出现与政治权力相抗衡的"第四权力"。西方因素进入，让中国传统统治方式逐渐失效，中国的第四权力也由此渐渐发生。

最早出现的新媒体并不是中国人自己创办的，而是外国人在中国境内创办的。据研究，"从 1815 年到十九世纪末，外国人在中国一共创办了近两百种中外文报刊，占当时我国报刊总数的百分之八十以上"①。严格意义上说，1815 年传教士创办的第一份中文刊物《察世俗每月统纪传》并不在中国本土编辑出版，但这份在马六甲出版的中文期刊，确实是后世中文报刊的开始。中国的历史就从这样的细节中改变。

《察世俗每月统纪传》的创办者、主编者为英国伦敦布道会的传教士马礼逊、米怜。"察世俗"三个字的意思，就是"勤考察世俗人道，致可能分是非善恶"②。每期五页，两千字左右，木版雕印，月刊，全部文字差不多都由马礼逊、米怜分别撰写。最初每期印五百册，后增加至一千册，其中一部分通过各种方式带进广州，分送参加科举考试的读书人。1821 年停刊，先后出版了八十多期。

---

① 方汉奇：《近代中国报刊史》，山西人民出版社 1981 年版，第 10 页。

② 创刊号序文，《察世俗每月统纪传》第一册。

这份在境外出版的刊物带给中国一个完全不一样的文化，广东人梁发就是因为帮助米怜他们编辑、刻印、发行《察世俗每月统纪传》，使自己的思想认识发生了巨大改变，不仅自己受洗入教，而且根据基督教教义编写了《救世撮要略解》《劝世良言》等小册子。谁也没有想到，就是梁发这些近乎旁门左道的小册子，后来却引发了落第士子洪秀全的思想震动，并以梁发的《劝世良言》为基础，创设"拜上帝教"，宣称自己是上帝次子，耶稣的弟弟，以此传教，征集教友，渐渐形成规模，遂有金田起义，有长达十四年、驰骋大半个中国的太平天国战争。马礼逊、米怜在编辑《察世俗每月统纪传》时无论如何都想不到一本杂志会有如此威力。刚刚迈进近代的门槛，中国就受到如此大的震撼。

早期传教士在中国创办的报刊沟通中西，将中国的情形介绍给了西方，将西方的思想文化社会情形介绍给了中国。这些报刊对于中国历史的改变意义重大，最具典范、指标意义的当属林乐知等传教士 1868 年在上海创办的《万国公报》。

《万国公报》原名《教会新报》（*CHURCH NEWS*），周刊，以林华书院的名义出版，由上海美华书馆印刷。林乐知为美国监理会传教士，早期刊物以传教布道为主。1874 年 9 月 5 日，《教会新报》出至 301 期时更名为《万国公报》（*THE GLOBE MAGAZINE*），内容也逐渐以非宗教为主，仍为周刊，出至 1883 年 750 期时因经济原因而停刊。1889 年，《万国公报》复刊，成为广学会的机关报，英文名字改为 *THE REVIEW OF THE TIMES*，并顺势改为月刊，仍由林乐知主编，李提摩太、丁韪良等外国传教士参与编撰工作，售量约为四千份。

更名后的《万国公报》虽然还是教会刊物，但其性质发生了巨大改变，由过去以传教为主演变为侧重于时事政治、文明交流，热衷于西学东渐，传播了大量西方新知识，因而有"西学新知之总荟"的美誉，知识人、开明官僚如欲了解西方新知识，无不以《万国公报》作为必读书目。在中国政治瞬息万变的甲午战争前后影响巨大，最高时发行接近四万份，成为朝野各界新知识源泉。李鸿章、张之洞等达官显贵长时期订阅《万国公报》；光绪帝也是《万国公报》的忠实读者。

中国在甲午战前几十年经济获得了巨大进展，西方化背景下的工业化、城市化、军事现代化都取得了很大成就，中国由两次鸦片战争带来的屈辱由于新经济的成长而得以缓解，中国在不改变政治架构、社会结构的前提下实现了历史性突变，因而也让许多中国人弄不清中西之间同与异究竟在哪儿。管束的中国社会，超强的国家主义让中国迅速实现了富强的初级目标，因而循此逻辑，中国在经济增长的同时并不愿意放松对社会的控制，不愿意见到中产阶级、资产阶级的成长，不愿意释放社会，让民众自治，当然更不愿意释放言论、文化空间，让民众自由思想，自由表达，更不愿意见到一个与政治权力并行的“第四权力”，所以在甲午战争之前，并不是完全没有中国人自己创办、主持的报纸杂志，而是这些报纸杂志并没有新闻，没有言论，更不要说与官方，与主流不一样的新闻、言论了。

假如不是发生甲午战争这样的大事变，我们当然也可以相信随着经济持续增长，社会一定也会逐渐改变，“第四权力”也会发生，只是不知何年何月。甲午战争将这些改革大幅度提前，或者先前信心满满以为不必改革的事情，现在也完全不一样了。释放社会，允许知识人自由结社，议论政治，谈论国家前途，迅即成为可能。一个与先前几十年发展理路很不一样的新时代，就在《马关条约》签订后迅即发生。

舆论总会是一个新时代的先导，没有舆论的自由讨论，就没有什么人为的新时代。甲午战争及其失败，为释放社会，允许“第四权力”发生提供了可能。于是，先前若干年一直深刻影响中国朝野的《万国公报》成为年轻一代知识人追慕、模仿的对象。光绪二十一年六月二十七日（1895 年

8月17日），康有为、梁启超等人“为提倡新学，开通风气起见”[①]，毫不客气“盗用”《万国公报》的报名，按期出版。

之所以出现这样的情形，自有其原因。康有为后来解释说：“以士大夫不通外国政事风俗，而京师无人敢创报以开知识，变法本原，非自京师始、非自王公大臣始不可，乃与送京报人商，每日刊送千份于朝士大夫，纸墨银二两，自捐此款，令卓如、孺博日属文，分学校军政各类，日腾于朝，多送朝士，不收报费，朝士乃日闻所未闻，识议一变焉。”[②] 康有为没有好意思说出是“借用”了《万国公报》的名字，但其之所以如此的用心已经讲得很明白了，就是士大夫阶层的愚昧无知，就是为了开官智。

报纸杂志新媒体原本就不是中国的文化式样，模仿、甚至借用并没有什么不可以，所谓“后发优势”原本就是“后发展国家”具有无须过多创造的优势，特别是不必进行低层次的重复性创造。从这个意义上说，仿制的《万国公报》达到了宣传变法维新主张的目的就够了，其最初的“原罪”、模仿、借用并不是太大的问题。至于这份刊物的更多细节，参与者梁启超在民国初年有一系统回忆：“当甲午丧师以后，国人敌忾心颇盛，而全懵于世界大势。乙未（1895）夏秋间，诸先辈乃发起一政社，名强学会者，今大总统袁公即当时发起之一人也。彼时同人固不知各国有所谓政党，但知欲改良国政不可无此种团体耳。而最初着手之事业，则欲办图书馆与报馆，袁公首捐金五百，加以各处募集得千余金。遂在后孙公园设立会所，向上海购得译书数十种，而以办报事委诸鄙人。当时固无自购机器之力，且都中亦从不闻有此物，乃向售京报处托用粗木板雕印，日出一张，名曰《中外日报》，只有论说一篇，别无记事。鄙人则日日执笔为一

① 《梁启超年谱长编》，第40页。

② 《康南海自编年谱》，第33页。

数百字之短文，其言之肤浅无用，由今思之，只有汗颜。当时安敢望有人购阅者，乃托售京报人随宫门钞分送诸官宅，酬以薪金，乃肯代送。办理月余，居然每日发出三千张内外。然谣诼已蜂起，送至各家门者，辄怒以目，驯至送报人惧祸，及悬重赏，亦不肯代送矣。其年十一月，强学会遂被封禁，鄙人服器书籍皆没收，流浪于萧寺中者数月，益感慨时局，自审舍言论外未由致力，办报之心益切。”① 这是梁启超成为近代著名报人的第一步。

套用广学会《万国公报》出版的新报，负责编辑、写稿的，除梁启超，还有麦孟华。麦孟华也是康有为万木草堂时期的早期弟子。他们两人按照康有为给的题目写稿、编辑，两天一期，委托京报房用雕版代为印刷，随《京报》免费赠送。

梁启超、麦孟华主持的《万国公报》出版两个月左右，李提摩太有机会与康有为直接会晤，不久，李提摩太甚至参加了京师强学会，并聘请梁启超担任他的临时中文秘书。当他发现梁启超、麦孟华这份《万国公报》是盗用广学会的名义时，便向康、梁提出了抗议，梁启超、麦孟华主持的这份《万国公报》被迫停刊。

《万国公报》每册有编号，无出版年月，其第一册出版于光绪二十一年六月二十七日（1895 年 8 月 17 日），前后共出版有 45 册。这是最初三个月的全套刊物，也是康、梁维新派在北京出版的第一份最有影响的刊物。它的大多数文章都是从上海广学会的《万国公报》上转载而来，自己组织撰写发表而未署名的文章，大都出自梁启超、麦孟华之手。这些文章主要是介绍西方先进国家富国、养民、教民之道，包括开矿、铸银、制机器、造轮舟、筑铁路、办邮政、立学堂、设报馆以及务农、劝工、惠商、

① 梁启超：《鄙人对于言论界之过去与将来》，《饮冰室合集》文集之二十九，第 1、2 页。

恤穷等内容，基本上是在发挥康有为在上清帝书中所提到的那些变法主张。《万国公报》先后刊发的重要文章有：《地球万国说》《地球万国兵制》《通商情形考》《万国矿务考》《万国邮政章程价值考》《学校说》《铁路情形考》《铁路通商说》《铁路改漕说》《铁路备荒说》《铁路便行旅说》《铁路兴屯垦说》《铁路工程说略》《佃渔养民说》《农学说略》《农器说略》《铸银说》《西国兵制考》《印俄工艺兴新富国说》《报馆考略》等。

《万国公报》所传播的新思想新知识引起了新知识分子的兴趣，唤起了他们的救国热情，但同时也激起了守旧势力的反感与嫉妒。守旧势力利用自己手中的势力探知《万国公报》竟然出自康、梁之手，于是“谤言乃大兴，人皆畏而避之，拒不收”。当新出的《万国公报》循例送给这些达官贵人时，他们再也不敢笑脸相迎，而是“辄怒以目，驯至送报人惧祸，及悬重赏，亦不肯代送矣”[①]。在这种政治高压下，共出版了45期的《万国公报》只好草草收场，被迫中断。

康有为离京南下之后，强学会的日常事务由其弟子梁启超负责，各项活动依然进行。1895年11月中，强学会更名为京师官书局，原强学会的政治、学术色彩逐步减少，而商业气息逐步加大，似乎真的要演变成一个纯粹商业性的出版机构，与康、梁等人最初创办京师强学会的宗旨越离越远。只是这批书生并不真的懂经营、会管理，反而使商业化越来越重的京师官书局的经营每况愈下，人心也开始涣散。[②]

官书局的经营状况不算太好，但梁启超、汪大燮、麦孟华等人还算卖力，他们经过一个多月的紧张筹备，终于把被迫停刊的《万国公报》改名为《中外纪闻》，于光绪二十一年十一月初一日（1895年12月16日）在

---

① 梁启超：《鄙人对于言论界之过去及将来》，《饮冰室合集》文集之二十九，第2页。

② 夏曾佑：《夏曾佑致汪康年函之七》，《汪康年师友书札》，第1319页。

北京继续出版。

《中外纪闻》的报馆仍然设在强学会的会址，报纸也仍如《万国公报》一样为双日刊，逢单日出版，木活字印刷，每册在中缝注明出版年月，无编号，竹纸印制，每册包括封面在内约有十页。封面“中外纪闻”四个字为紫红色，似出于康有为的手笔。每面十行，每行二十二字。这些方面似乎与《万国公报》没有太大的差别。但在编辑技术、栏目设置以及内容、篇幅上，《中外纪闻》对《万国公报》的做法有了很大的改进和增加。在经营方面，《万国公报》完全免费向京师官僚士大夫阶层赠送阅读，而《中外纪闻》则是在免费赠阅十天之后改为订阅或购阅。其不仅发行于京师，而且还向外地寄售。

在编辑方面，《万国公报》每期一般只有论说一篇，没有记事，而《中外纪闻》除了偶尔发表一些自撰的论文外，还有阁抄、译录英国路透社电、选译西报如《泰晤士报》《水陆军报》等，此外摘录各省新报如《直报》《沪报》《申报》《新闻报》《汉报》《循环报》《华字报》《维新报》《岭南报》《中西报》等，以及论考文章等栏目。

在《中外纪闻》之“译印西国格致有用诸书”栏中，曾经刊载或连载有《英国幅员考》《各国商船及海上贸易价额考》《普国矿利考》《西国铁路考》《各国驻华师船考》《英国度支考》《格致穷理论》《地球奇妙论》等，大都在文末附有简论，以简洁的文字启发读者思考。

《万国公报》改为《中外纪闻》后的影响日趋扩大，这一方面有助于新思想的传播，另一方面树大招风，自然引起批评反对，甚至查封。改名后仅仅一个月，光绪二十一年十二月初七日（1896 年 1 月 21 日）御史杨崇伊上了一个弹劾奏折，指责《中外纪闻》“按户销售，犹复借口公费，函索外省大员，以毁誉为要挟”①，请求朝廷命都察院查明封禁。以经济问

① 《上谕之四》，《戊戌变法》卷二，第 2 页。

题惩处政治倾向，这是中国政治最常用的手法。政治正确，不露声色，让被惩处者也很难说出口，让即便有心保其过关的光绪帝也不得不下令封禁。《中外纪闻》前后仅发行月余，共十八期。

上海强学会成立之后，即着手创办了《强学报》，以此作为上海强学会的机关报。其宗旨“专以发明强学之意”。内容以论说为主，要目有《开设报馆议》《孔子纪年说》《论会即荀子群学之议》《毁淫祠以尊孔子议》《变法当知本原说》《论回部诸国何以削弱》《欲正人心先修法度说》等。显然，《强学报》的政治观点较先前出版的《中外纪闻》更加鲜明和激进，但其要旨似乎都是康有为的观点。

《强学报》于 1896 年 1 月 12 日创刊，五日刊。担任该报主笔的是康有为背开张之洞而专门从广州调来的徐勤及何树龄。

徐勤、何树龄在政治信仰上自然听从康有为的指派，他们主编的《强学报》自然在政治倾向上接近康有为的激进政治主张，他们不顾清廷的规定，擅自公布清廷未经公开的“廷寄”，即光绪帝内发各省将军督抚议行十四条新政的上谕，此上谕已经遭到后党的反对和压制，明确不予实行，而《强学报》却把它公开于世，并附有短论称颂这份文件是清朝三百年来之“特诏”，是“中国自强之道基，臣民讲求时事之本”。甚至公然以为“破去拘牵之见，光大维新之命，化行风被，人人可以昌言新法”等[1]，以此鼓吹变法维新、救亡图强。凡此，显然都极易受到保守势力的攻击。

由于康有为在学术上反复论证孔子改制的理论，这对《强学报》的主编者有着很大的影响，因此在新创刊的《强学报》封面上，主编者徐勤等人有意将“孔子卒后二千三百七十三年”的所谓“孔子纪年”置于“光绪二十一年”之前，同时发表《孔子纪年说》，鼓吹使用“孔子纪年”以唤

① 《强学报》第一号。

起人们的改革激情。然而在实际结果方面，康有为等人这一做法的客观效果却恰恰相反，"见者以为自改正朔，必有异志"①，担心用孔子纪年取代清朝的纪年必将给强学会带来大祸，"会中一二俗士闻之，则舌挢汗下色变，惧祸将及己，汲汲请除名。曰是不奉今王之正朔也"②。不奉今王的正朔在当时帝制体制下可是杀头的罪名。于是发起人之一的梁鼎芬致函康有为，指责康不遵守发起人之间的约定，试图将《强学报》办成鼓吹自己的学术观点的私家刊物，"借局以行其经学"，已经违背了他们发起成立上海强学会、创办《强学报》的初衷，因此梁表示"欲登报除名停办"。

上海强学会另一发起人，也是张之洞亲信的黄绍箕在看到新出版的《强学报》之后，也立即致函已到广东的康有为，指责《强学报》用孔子纪年实违反了清朝的"国制"，并告知康有为他已经通知强学报社，停止出版新的报纸，并说他和其他的发起人正在考虑怎样结束上海强学会的事宜。③ 显然，《强学报》的并不太明智的政治举动实际上使它失去了相当多的支持者。

梁鼎芬、黄绍箕都具有张之洞的背景，他们的指责在某种程度上代表着张之洞的真实想法。张之洞既然从一开始就不同意康有为的孔子改制说，更不能容忍康有为等人不顾"国制"，一意遵行什么"孔子纪年"，因此当他发现康有为根本无意听从他的指挥，根本无法将其收编到自己的周围的时候，他唯一能够做的事情，就是断绝上海强学会的经济来源，甚者

---

① 梁启超：《与康有为书》，叶德辉编：《觉迷要录》卷四，沈云龙主编："近代中国史料丛刊"第三辑，台北文海出版社 1973 年版。

② 梁启超：《纪年公理下》，新民社辑：《清议报全编》卷四，台北文海出版社 1986 年版，第 78 页。

③ 黄绍箕：《致康有为书》，康有为等著，蒋贵麟编：《万木草堂遗稿外编》下，台北成文出版社 1978 年版，第 845 页。

动用自己手中的权力，强行解散上海强学会。而恰当此时，传来北京方面查封强学会的消息，于是张之洞趁机于1月26日委派专人致函上海各报馆，宣布强学会报章未经同人商议，遽行发刻，内有廷寄及孔子卒后一条，皆不合。现时各人星散，此报不刊，此会不办。[①] 上海强学会及其机关报《强学报》由此而正式结束。

当梁鼎芬、黄绍箕等人向康有为发难的时候，康有为正在广东，他虽然已经感到事态严重，但绝没有想到能够严重到被强行解散和强行停办的地步。他在1月26日致函徐勤及何树龄时尚称："彼有不办之心，我有必办之意"，他劝徐勤、何树龄二人要忍辱负重，坚守岗位[②]，又致电黄遵宪出面"力持"，争取不停办。但终究没有阻止张之洞的决心，《强学报》与上海强学会还是被张之洞扼杀了。

张之洞之所以那么匆忙地改变自己的主张，由上海强学会的支持者一变而为反对者，除了理论上他实在不能赞同康有为托古改制的学说外，更主要的是他对中央政局的把握与回应。他一开始支持康有为到上海创办强学会，并与康促膝对谈二十余日，是因为他觉得自京师而来的康有为或许有什么大来头，毕竟康在京师创办的强学会有那么多官员参加，所以他不仅不反对康有为在上海创办强学会，而且在某种程度上还是乐观其成。但是，当康有为在上海创办强学会不几天，中央的政治局面就发生了很大的变化，1896年1月20日，清廷接受御史杨崇伊的建议，发布上谕查封了京师强学会。这就难怪张之洞要保全自己，不仅要与强学会划清界限，而且要在自己的地盘里彻底禁绝这种可能给他带来极大政治风险的组织。[③]

---

① 《强学停报》，《申报》1896年1月26日。

② 康有为：《致何树龄、徐勤书》，《康有为全集》卷二，第206页。

③ 参阅《戊戌变法史述论稿》，第333页。

张之洞在下令停办强学会和《强学报》的同时，也为上海强学会和《强学报》预留了一定的空间，他要禁止的只是康有为的那些可能引起争议的学说，无意将具有维新思想的青年才俊驱逐出自己的辖地。所以，他在下令停办强学会和《强学报》之前就决定调汪康年到上海主持强学会的事务，试图从人事布局上掌控强学会。

汪康年是张之洞门下具有维新思想的幕僚，与梁启超、麦孟华也有很深的交情。当甲午战争正在进行的时候，他在京师与梁启超等人相商，“我辈今日无一事可为，只有广联人才，创开风气，此事尚可半主”①。这一见解实与康有为的主张暗合。中国在甲午战争战败后，汪康年与张之洞的幕僚中如郑孝胥一样，有迁都、拒和、联络英国和德国，进行变法的动议，这些主张虽然没有被张之洞全部接受，但部分地融入了张的政治主张中。1895 年初，汪康年有意于联络同人创办一份“译报”及中国公会，这个想法或许是与康、梁的想法的暗合，或许正是汪康年在京师时与梁启超等人商量的结果。在此后的几个月中，译报馆和中国公会的筹备工作在紧张有序地进行，只是由于汪康年的家事及其他人事原因的耽搁而迟迟未能公开成立，而北京的强学会则已成气候。

当北京的强学会初步成形的时候，康有为南下江宁，欲说服张之洞支持在上海创建强学会，经过二十余天的交谈，张之洞不仅同意康有为在上海创办强学会，而且建议康有为应将上海强学会与广东的强学会同时举办，并暗示上海方面的事务可以由汪康年主持，而广东方面则由康有为全权负责。张之洞的用意虽然不太清楚，但这一建议对康有为来说则欢迎之至。1895 年 11 月 16 日，康有为将张之洞的建议向尚在湖北的汪康年做了

① 梁启超：《梁启超致汪康年函之四》，《汪康年师友书札》，第 1830 页。

通报，欢迎汪尽快到上海接手强学会的事务。[①] 所以当张之洞下令停办强学会和《强学报》之前，下令由汪康年接管上海强学会的事务时，康有为不仅有充分的思想准备，而且期望汪康年的到来会为上海强学会带来新的希望。[②]

接到张之洞的命令及康有为的邀请信后，汪康年并没有像康有为所期望的那样离开湖北赶往上海，主持强学会的一切。他此时似乎无意于放弃自己一直在积极筹办的译报馆和中国公会，而且由于京沪两处强学会内部纷争的消息不断传来，使他和他的朋友都觉得介入康、梁系的内部矛盾之中并不是一件太合算的事情，不如留在武汉干自己的事情，与京沪两地“不即不离”，这或许是上策。[③]

汪康年离开武汉到上海接手强学会的会务，是因为他在武汉筹办译报馆与学会的事也遇到了不可克服的困难，而他刚到上海的时候，恰恰又遇到张之洞停办强学会与《强学报》的命令发布的时候，所以他一介入上海强学会的会务，不是为了强学会的发展，而是按照张之洞的意图进行强学会的善后事宜。

1896 年 4 月 23 日，上海强学会的善后事宜基本结束，那一天的《申报》刊登的《强学会收支清单》称已将强学会的余款交汪康年收存，上海强学会及《强学报》的事务至此应该说已完全结束。

汪康年在办理强学会善后事宜的时候，似乎就有意于利用强学会的结余款项作为他一直想办而没有办成的译报馆，为此他曾与张之洞进行过协商，但张之洞似乎并不赞成汪康年在上海另办新的报纸，所以张之洞对汪

① 康有为：《康有为致汪康年函之一》，《汪康年师友书札》，第 1664 页。

② 康有为：《致何树龄、徐勤书》，《康有为全集》卷二，第 206 页。

③ 吴樵：《吴樵致汪康年函之三》，《汪康年师友书札》，第 461 页。

康年办理强学会善后事宜的权限似乎也有所限制。按照《强学会收支清单》的说法，强学会共计收银 730 两，收洋 2247.42 元。支出洋 2172.7 元，实存银 730 两，存洋 75.14 元。另有一些自备的办公用品等。这里的余洋 75.14 元可能交给了汪康年，但存银 730 两可能已经按照张之洞的安排直接移交给了经元善①。

上海强学会的大笔余款由张之洞安排交给了经元善收存，汪康年准备利用强学会余款创办新报的想法并不能顺利实现，不过他对此也没有彻底灰心，而是将强学会原租房屋一年的租金追回了一半，得 350 元，又将强学会购置的办公用品、图书等加以变卖，得 200 余元。② 有了这笔钱作基础，汪康年继续进行他创办新报的准备。他计划以他手头控制的强学会余款作资本进行招股，以此为基础与由京师强学会改组的京师官书局合作，以其分局的名义在上海恢复分会，然后以上海分局的名义出版他构思已久的“译报”，并考虑在条件合适的情况下，与康有为等再度合作。

汪康年的计划遭到吴樵、汪大燮、沈曾植、叶瀚等人反对，他们既认为京师官书局“诸人大率非我族类，万万不便沾染”③，也觉得与康有为等人恐怕并不好合作，“近则见挤于康，退又贻诮于人”④，与其将来发生冲突，不如从一开始就谨慎从事。

朋友们的建议对汪康年甚有影响，他还接受朋友们的建议，与正在上海的黄遵宪商量进行办法。黄遵宪原本为强学会同事之人，对张之洞下令停办上海强学会本来就不满意，也一直试图设法重新振兴之。而汪康年的办报想法正与黄遵宪合，所以黄遵宪毫不犹豫地对汪康年的想法给予全力

① 《戊戌变法史述论稿》，第 357 页。

② 梁启超：《梁卓如孝廉述创办时务报原委》，《知新报》光绪二十四年八月十一日。

③ 汪大燮：《汪大燮致汪康年函之六十六》，《汪康年师友书札》，第 729 页。

④ 叶瀚：《叶瀚致汪康年函之十》，《汪康年师友书札》，第 2536 页。

支持。他自愿捐献一千元作为新报的开办费，并明确告诉汪康年："我辈办此事，当作为众人之事，不可作为一人之事，乃易有成；故吾所集款，不作为股书，不作为垫款，务期此事之成而已。"[①]

或许正是有了黄遵宪的大力支持，汪康年筹办新报的进展迅速加快。1896 年 4 月 23 日、24 日，汪康年连续两次致电在北京的吴樵等人，告知筹办报馆的事情已经有了眉目，"大有成局"，并催促梁启超尽快赶到上海，参与筹办的具体事务。[②] 梁启超对汪康年在上海筹办新报的事情早有所闻，他在 4 月 2 日致汪康年的信中就明确表示："兄在沪创报馆，甚善。此吾兄数年之志，而中国一线索之路，特天之所发，恐未必能有成也。若能成之，弟当唯命所适。"[③] 虽然对成功的可能性表示怀疑，但也保证只要创办成功，他将乐于合作。所以，他在收到汪康年催促南下的电报后，稍做准备就离开了北京，赶往上海，参与办报。

梁启超到了上海之后，因汪康年的介绍与黄遵宪相识，在他们三人的共同策划下，就办报宗旨、体例、内容等基本上达成共识，汪康年鉴于当时中国的政治环境，主张多翻译西方报纸的内容，因而继续倾向于他先前的"译报"构思，而梁启超基于自己的经验和体会，主张在新创办的报纸上要多刊发自己的论说，以扩大政治影响。而黄遵宪基于自己在官场上的经验及去年强学会被封的教训，采取了折中态度。[④] 于是汪、梁二人都同意论说可以增加，但不能有太多的"讥刺"的基本方针。

办报的基本方针定下来之后，《时务报》的名称也应该随之确定，于是他们以汪康年、梁启超、黄遵宪、吴德潇、邹代钧五人名义印制《公

① 梁启超：《梁卓如孝廉述创办时务报原委》，《知新报》光绪二十四年八月十一日。

② 吴德潇：《吴德潇致汪康年函之十三》，《汪康年师友书札》，第 394 页。

③ 梁启超：《梁启超致汪康年函之五》，《汪康年师友书札》，第 1831 页。

④ 黄遵宪：《黄遵宪致汪康年、梁启超函》，《汪康年师友书札》，第 2335 页。

启》一二千张分送各处同志，此《公启》有 30 条，为梁启超初拟草稿，由黄遵宪“大加改定”[①]，比较系统地反映了《时务报》的创办宗旨，详细介绍了《时务报》招股集资的方法与方式。

《公启》的发布获得了各地同志的响应，邹代钧在黄遵宪首认一千元之后，也认捐五百元。紧接着，各地的认捐的消息不断传来，湖南矿务局同意捐助四百元，并及时将这笔款项送交给汪康年[②]，而原本不太支持汪康年在上海办报的张之洞也终于同意将原上海强学会的余款转给汪康年作为办报的经费，这笔钱于 6 月 13 日由经元善派人送给汪康年，唯张之洞不愿就此出名，所以在《时务报》第三册公布各地捐款情况时，标明为“汪穰卿进士、梁卓如孝廉集银”。

光绪二十二年七月初一日（1896 年 8 月 9 日），《时务报》在上海正式问世。根据《时务报》第三册公布的时务报馆工作人员名单，该报的总理为汪康年，撰述为梁启超，另有英文、法文、日文翻译若干及具体办事人员等，黄遵宪、邹代钧、吴德潇等人可能因为其官方的身份背景，并没有归入报馆的工作人员中。《时务报》为旬刊，每月逢初一、十一、二十一日出版。第一册的主要栏目有“论说”、“谕旨”、“奏折录要”以及京外近事、域外报译等，这些栏目后来也有局部的调整，但大体上保持了第一册的栏目和风格。

《时务报》最值得看的，也是当时之所以风靡一时，成就梁启超大名的还是“论说”栏中的梁启超的文章，梁启超从第一册开始直到他离开

① 梁启超：《梁卓如孝廉述创办时务报原委》，《知新报》光绪二十四年八月十一日。

② 1896 年 8 月 27 日，邹代钧致信汪康年说：“伯纯前寄上千五百金，据来示，五处购书价约六百余元，是所余尚多。伯严原欲矿局以四百元银钱助时务报馆，祈即于此项内照提，可不必登报，亦不必向右丈道谢。缘此事均等仅商知伯严，尚未回明右丈耳。”参见邹代钧《邹代钧致汪康年函之二十二》，《汪康年师友书札》，第 2654 页。

《时务报》止，几乎每一期都有他那议论新颖、文字通俗、笔头常带感情的文章。在《时务报》第一册上，署名为梁启超的文章有两篇，一篇是《论报馆有益于国事》，一篇为从第二册开始连载的《变法通议》之自序。

前一篇相当于《时务报》的发刊宣言，梁启超在这篇文章中列举西方近代国家报纸的发达与政治进步的互动关系状况，他指出，报纸的发达有助于耳目喉舌，而起天下之废疾。不了解世界发展之大势，不了解国内之政情，就是无耳目，无喉舌，结果便是“上有所措置，不能喻之民；下有所苦患，不能告之君”，如此之上情不能下达，下情不能上达，就是废疾，就是一个不完整、不健康的社会。所以，要营造中国社会上下不隔的正常秩序，就要鼓励有识之士出来多办报纸，这样才能“去塞求通”，有助于社会的良性发展。

后一篇所序的《变法通议》是梁启超的成名作，这篇长文共有 13 节，除第一册发表的《自序》外，分别为：论不变法之害、论变法不知本原之害、学校总论、论科举、论学会、论师范、论女学、论幼学、学校余论、论译书、论变法必自平满汉之界始、论金银涨落、论变法后安置守旧大臣之法等。从这些目录中不难看出，梁启超的这篇文章对于中国当时将要到来的变法维新运动所可能涉及的问题都有所论述，他的这些观点虽然并不一定为当时所接受，但对于冲破旧思想的禁锢，对于新思想的传播还是起到过极其重要的积极作用。

《时务报》第一册出版发行之后，在国内立即引起强烈的反响。北京方面在官场或半官场的朋友如汪大燮、沈曾植、李岳端、王鹏运等对第一册的编排及内容都感到满意，但同时也劝告汪康年、梁启超诸主持人要谨慎从事，不要有意去触犯朝廷的禁忌，“不必作无谓之讥评”[①]，以免出征

① 汪大燮：《汪大燮致汪康年函之七三十》，《汪康年师友书札》，第 747 页。

未捷而身先死，再蹈强学会的覆辙。这是中国官场人士从来自我保护屡试不爽的规律。

从湖南方面传来的消息更是令人振奋，湖南巡抚陈宝箴的公子陈三立转达了黄遵宪对梁启超的称赞，称看了第一册《时务报》之后，确实感到梁启超真的是“旷世奇才”，并相信《时务报》如果能够坚持办下去，“必能渐开风气，增光上国”。陈三立还建议增加一些货价表之类的东西，以便使商人亦可购买阅读。[①] 邹代钧也从湖南致函告诉汪康年，他已经收到的一百份已经散发完毕，现在向他索要《时务报》的人很多，看样子在湖南省可以销售两百份，嘱汪康年尽快补寄来。至 11 月，仅邹代钧经手的在湖南就可达到四百份。[②] 至第二年即 1897 年底，邹代钧在湘的销售数已达七百册[③]，还不包括其不断加寄的一些合订本。

在湖北，黄绍箕致函汪康年称赞《时务报》“至美至美”，并表示愿意帮助扩大该报在湖北地区的发行。[④] 而张之洞的幕僚叶瀚在读到《时务报》第一册之后，也致函汪康年称赞梁启超“大才抒张”，为不可多得的办报天才[⑤]。郑孝胥在南京致函汪康年说：“《时务报》灿烂而出，如挈白日，照耀赤县，可谓杰哉！梁君下笔，排山倒海，尤有举大事，动大众之慨。”[⑥] 正在“重庆舟中”的吴樵在收到《时务报》第一册之后，“急读之下，狂舞万状，自始至终，庄诵万遍，谨为四百兆黄种额手曰：死灰复炽；谨为二百里清蒙气、动物、植物种种众生额手曰：太平可睹。我辈亦

① 陈三立：《陈三立致汪康年函之十三》，《汪康年师友书札》，第 1983 页。

② 邹代钧：《邹代钧致汪康年函之三十五》，《汪康年师友书札》，第 2683 页。

③ 邹代钧：《邹代钧致汪康年函之六十三》，《汪康年师友书札》，第 2749 页。

④ 黄绍箕：《黄绍箕致汪康年函之九》，《汪康年师友书札》，第 2306 页。

⑤ 叶瀚：《叶瀚致汪康年函之二十四》，《汪康年师友书札》，第 2560 页。

⑥ 郑孝胥：《郑孝胥致汪康年函之一》，《汪康年师友书札》，第 2971 页。

当互相称庆”[①]。总之，《时务报》的出版发行，在全国各地都获得了良好反应，大受欢迎，在不太长的时间里，销行达万余份，为中国有报馆以来所未有之盛况。

《时务报》的畅销可能还有其他原因，但梁启超的文笔与思想应该是《时务报》获得迅速发展的重要原因之一。在第一册之后的每一期里，梁启超除了连载他那篇具有变法纲领意义的《变法通议》外，他还发表了许多重要文章，如《波兰灭亡记》《古议院考》《戒缠足会叙》《论中国积弱由于防弊》《说群自序》《论君政民政相嬗之理》[②] 等，都对国人产生过振聋发聩的启蒙作用。在这些令人耳目一新的文章中，梁启超从西方近代政治理论的原则出发，强调中国之所以落后，是由于政治上没有办法，是政治体制上不如人，中国自秦王朝以来的两千年间，君主专制的政治体制越来越严密，皇帝的个人权力越来越大，越来越没有制约，历代皇帝为了独揽大权计，不惜对人民实行愚民政策，结果便是举国上下了无声息，人人自危。这是中国在政治上没有办法最典型的表现。而西方近代则不然，西方近代鉴于中世纪的黑暗，高度注意兴民权，开议院，人人有自由之权，国事取决于公论，人人有爱国之心。由此，梁启超强调，现在的中国虽然民智未开，不宜骤设议院，但由君权向民权逐步过渡，既是人类社会发展的大趋势，也是中国解决当前困境的唯一办法。

梁启超在《时务报》上的言论，给当时中国一度沉闷的政治格局中注入一股清新的气息，在传播新知、启发民智、宣传变法、主导舆论等方面都起到了莫大的作用，梁启超因此而“暴得大名”，《时务报》也因此而畅

---

① 吴樵：《吴樵致汪康年函之十八》，《汪康年师友书札》，第 500 页。

② 梁启超在《时务报》上发表的文章目录，见《戊戌变法史》，第 176 页。又见李国俊编《梁启超著述系年》，复旦大学出版社 1896 年版。

销，甚至连最初不太支持汪康年创办《时务报》的张之洞，在读过几期《时务报》之后，也致信梁启超，邀请梁在方便的时候到湖北一游，称有要事相商，并随信捐助银元五百元。[①] 与此同时，张之洞还下令湖北全省“官销”《时务报》，称“该报识见正大，议论切要，足以增广见闻，激发志气。凡所采录，皆系有关宏纲，无取琐闻；所录外洋各报，皆系就本文译出，不比坊间各报讹传臆造；且系中国绅宦主持，不假外人，实为中国创始第一种有益之报”[②]。

张之洞对《时务报》的支持应该说在此时是真诚的，作为清政府当时最有权势的封疆大吏之一，张之洞在甲午战败之后确实希望中国能够通过变法维新重新振作起来，从这个意义上说，不必怀疑张之洞对《时务报》的支持及对梁启超的赏识的真诚性。但是，张之洞的身份毕竟不同于汪康年、梁启超等人，他对《时务报》的支持是因为《时务报》的言论合乎他的主张，而一旦《时务报》的言论不再合乎他的主张，乃至侵犯了他的利益之后，再指望张之洞继续支持《时务报》显然也不太现实。

在张之洞“公费订阅”《时务报》的通知刚刚下发不久，梁启超却在《时务报》第五册发表他的《变法通议》之《论学校》一节中公开批评张之洞署两江总督时创建的“自强军”用高薪聘用洋人似乎有媚洋的嫌疑，又称满洲人为“彼族”，所有这些都引起了张之洞的极端不快，他一方面准备不再“公费订阅”《时务报》，另一方面也在考虑另外创办一报馆，专门批驳《时务报》之议论。[③]

张之洞的不满通过与张有密切关系的吴樵及时转达给了梁启超，但梁

---

① 张之洞：《张之洞致汪康年、梁启超函》，《汪康年师友书札》，第 1672 页。

② 张之洞：《咨行全省官销时务报札》，《时务报》第六册，光绪二十二年八月二十一日。

③ 吴樵：《吴樵致汪康年函之二十七》，《汪康年师友书札》，第 518 页。

启超对此似乎并不太在意。他在随后出版的第八册《时务报》中发表的《变法通议·论科举》中又对倭仁之反对西学的思想进行了严肃批判，在第十册发表的《变法通议·论学会》中对当时尚在思想文化界占主导地位的汉学及其首领纪晓岚进行了猛烈的抨击，以为正是以纪昀为首的汉学家的崛起遏制了中国学术团体的正常发展。梁启超的这两个观点今天看来并没有什么不妥，但在当时中国的政治背景下，无疑触犯了清廷的忌讳，时任张之洞幕僚的纪昀五世孙纪钜维"大怒"不已，张之洞看了之后也甚为不满，张立即授意其亲信梁鼎芬著文反驳。梁鼎芬是汪康年的朋友，他在著文反驳的同时，又致函汪康年进行规劝，反对梁启超对纪昀和倭仁的批评，告诫汪康年提醒梁启超在此后的文字中务必要小心才是。[①]

汪康年虽然在《时务报》创办之初与梁启超有某些意见分歧，但后来当他看到梁启超因《时务报》而名誉鹊起，也一度跃跃欲试，开始著文宣传维新变法的政治主张，甚至在某种程度上比梁启超的主张还要激进。在《时务报》第四册，汪康年发表《中国自强策》，在第九册又发表《论中国参用民权之利益》，公开宣传当时还比较忌讳的民权思想。他认为，中国在甲午战后之所以裹足不前，"庙堂无定策，中外无定议，旧弊未一除，新猷未一布"，其原因不在于中国之"无策"，也不在于中国人不明白中国积弱积贫之根源，而是在于中国在政治上一直没有办法，中国的政治体制出现了问题，这个问题就是"权无所归"。他举例说，现在清廷的执政大臣名曰军机大臣，人虽多而权不统一，但能唯诺于"上前"而不能坚持己见，但能"恭拟谕旨"而不能自发号令。所以，中国不变法则已，要变法就必须从政治体制改革始，必须使权有所归，权力统一。而要达到这一点，汪康年认为，就必须采用西方国家行之有效的议会制度，开议院以兴

① 梁鼎芬：《梁鼎芬致汪康年函之四十一》，《汪康年师友书札》，第1900页。

民权。显然，这些观点远较梁启超已经说过的还要激进。是《时务报》公开宣讲“议会”、“民权”的第一声。①

汪康年的想法或许是要建立自己报人及政论家的形象，不料他的这些激进的看法发表之后，立即引来张之洞一系的批评与反驳，叶瀚、梁鼎芬等在读过这些文章后纷纷致函汪康年，转达湖北方面一些政界要人的意见，劝他少发表这些容易引起争议的“伟论”②，“万万不可动笔”③，做好自己的报馆经理就行了，这样于《时务报》，于个人都有好处。在长沙的邹代钧也致函汪康年，劝其不必撰写文章，理由是：“报论卓如主笔极佳，甚明通又不为时人所诋。公此后万勿出笔，缘前次所撰，已为梁大痛斥，且公笔亦逊卓如，各用精神于所长，庶能有济。”④

武汉方面张之洞及其幕僚们的不满以及各方朋友的劝说，引起了汪康年的重视，为了使《时务报》能够生存下去，汪开始注意调整《时务报》的言论，对一些过去偏激的言论稍有矫正，另一方面，汪也接受武汉方面的告诫，更加注意对《时务报》人事、经济等实际权力的掌控。

当汪康年接受武汉方面的建议，对《时务报》进行局部调整的时候，梁启超请假 40 余日回广东省亲。在省亲期间，梁启超继续履行《时务报》主笔的职责，不时为《时务报》提供稿件。1896 年 11 月 17 日，梁启超致信汪康年，称由于《时务报》的影响不断扩大，广东方面原康有为一系的同门康广仁、何穗田等计划仿照《时务报》的体例在澳门创办一旬刊，并准备借用《时务报》的名气，取名为《广时务报》，又告诉康广仁、何穗田等人必欲得梁启超为新刊物的主笔，只是他并没有立即答应，而是同意

① 《戊戌变法史述论稿》，第 382 页。

② 叶瀚：《叶瀚致汪康年函之十八》，《汪康年师友书札》，第 2547 页。

③ 梁鼎芬：《梁鼎芬致汪康年函之三十五》，《汪康年师友书札》，第 1897 页。

④ 邹代钧：《邹代钧致汪康年函之三十五》，《汪康年师友书札》，第 2683 页。

待回到上海后视情况如何再做决定。[①] 25 日，梁启超又致信汪康年，对《广时务报》的情况做了更加详细的报告，强调之所以取名“广时务报”主要是基于两个意思，一是推广之意，一是谓广东之《时务报》。其“广”之法，约有数端，一是多翻译格致各书、各报以续《格致汇编》；二是多载京师各省近事，为《时务报》所不敢言者；三是报末附译本年之列国岁计政要，其格式一依《时务报》。梁启超还建议汪康年应尽量促成此事，“令彼知我实能办事，则他日用之之处尚多也”[②]。显然，梁启超此时虽然愿意全力支持《广时务报》的创办，但他的立场还是站在《时务报》方面，并没有离开《时务报》的丝毫想法。

对于梁启超关于《广时务报》的建议，汪康年在最初的阶段似乎并没有反对，《时务报》第十五册刊登的《广时务报公启》，基本上是梁启超对汪康年报告的那些内容，注明《广时务报》将由梁启超“遥领”，并称对于近事“不容已于言者”，也“拟抉择多载”，以言《时务报》所不敢言。

《广时务报公启》的刊登，立即引起各方面的注意，与《时务报》关系密切的吴德潇、邹代钧、吴樵等群起而反对。吴德潇的态度相对温和，他认为，《广时务报》的主笔，梁启超似乎可以兼领，但必须坐镇上海。以梁启超的才华，兼领几家刊物的主笔，当不是难事。然《时务报》为中国报馆之祖，汪康年、梁启超为祖馆之主，“万不可降而他适”，“祖馆两字无取于让，为祖者岂可他就?”[③] 吴樵认为，《广时务报》的办法极好，能言《时务报》所不能言，这样南北两刊相互呼应，应该是一个不坏的主意。“惟有一层极不妥，断不宜与《时务报》相连。惟其能言《时务报》

① 梁启超：《梁启超致汪康年函之十九》，《汪康年师友书札》，第 1845 页。

② 梁启超：《梁启超致汪康年函之二十》，《汪康年师友书札》，第 1846 页。

③ 吴德潇：《吴德潇致汪康年函之二十八》，《汪康年师友书札》，第 413 页。

所不能言，尤不可不如此。吾辈此时利在多营其窟，将来澳报必有大振脑筋之语，我堂堂大国于澳门只可瞠目而视，然《时务》必任其咎矣。"显然，这也是出于对《时务报》未来安全的考虑。对于梁启超可能兼任《广时务报》主笔的事，吴樵也不赞成，甚至对于"广时务报"之名，吴樵也建议汪康年函请广东方面更改报名，不要造成与《时务报》有关系的印象，"与其两败，毋宁慎之于始"[①]。对于吴樵的态度，谭嗣同致函汪康年解释道："铁樵深怪贵馆不当与广时务报馆粘连一片，恐一被弹而两俱废也。此其关键，甚微而甚大，高明宜早筹之。"[②] 邹代钧在致汪康年函中也对梁启超兼领《广时务报》的主笔表示不满，认为梁启超如执意留在澳门担任《广时务报》的主笔则是"大有阴谋"，[③] 他建议汪康年务必说服梁启超放弃这一想法。

反对《广时务报》与《时务报》发生联系，本是出于对《时务报》的爱护，他们的共同担心是处于殖民统治下的《广时务报》放言高论，虽然能够起到与《时务报》遥相呼应的效果，但总有一天会将《时务报》拖下水，这对正在进行的维新变法宣传活动显然是有害的。他们的真实想法，是各地的维新报刊各自另立门面，暗通消息，以成鼎足之势，而不必在表面上连为一体，以免一损俱损，对维新势力造成太大的伤害。[④] 应该说，这一主张是有理有利的。然而或许是由于沟通不够，或许是汪康年的解释对梁启超来说太缺乏说服力，《广时务报》虽然在后来接受汪康年等人的建议改名为《知新报》于 1897 年 2 月正式创刊，梁启超也只兼任一般的

---

① 吴樵：《吴樵致汪康年函之二十九》，《汪康年师友书札》，第 523 页。
② 谭嗣同：《谭嗣同致汪康年函之三》，《谭嗣同全集》，第 495 页。
③ 邹代钧：《邹代钧致汪康年函之四十四》，《汪康年师友书札》，第 2703 页。
④ 叶瀚：《叶瀚致汪康年函之三十五》，《汪康年师友书札》，第 2578 页。

撰稿人，但梁启超对汪康年的误解却由此而加深。[①] 两人关系的破裂只是时间问题了。

1897 年 3 月，梁启超从广东回到上海，在《时务报》工作的同门梁启勋、韩云台向梁启超汇报了在梁离开上海这段时间里的情况，并向梁抱怨汪康年在这段时间对他们多有不公正的举措，而馆中的用人甚至也对他们另眼相看。对于梁、韩的抱怨，梁启超当然不会高兴，他在随后写给黄遵宪的信中，也多少抱怨汪康年对这些问题的处理不尽妥当。黄本来就与汪康年稍有矛盾，在《时务报》筹办之初就不希望汪一人揽权，于是在他收到梁启超的信之后，立即致函汪康年，再次提出仿西方近代国家立宪政体，将立法、行政分开，设立报馆董事会，提议汪康年辞去时务报馆总理的职务，而改任总董，提议由吴樵或康有为的门人龙泽厚担任总理。[②]

梁启超致信黄遵宪或许仅仅是为了获得黄的同情而已，而黄致汪康年的信则使问题更加复杂化，梁启超认为，他自己虽然不太满意于汪康年的一些举措，但事情尚未闹到需要汪辞去总理职务的境地，时务报馆的总理在当时非汪康年莫属，于是他抱怨黄的建议实在是“卤莽不通人情”，反而梁启超自己在报馆中的处境更为尴尬。[③] 汪康年在收到黄遵宪的信之后当然很不高兴，他觉得黄遵宪与梁启超联手是在有意识地排挤自己。

黄遵宪的来信使汪康年与梁启超的矛盾几近公开，这对于刚有起色的《时务报》的未来发展极为不利，汪、梁的一些共同朋友如谭嗣同、张元济、夏曾佑、吴德潇、邹代钧等得知此事后也万分焦急，纷纷劝说他们以

① 梁启超：《梁启超致康有为函》，《梁启超年谱长编》，第 95 页。

② 黄遵宪：《黄遵宪致汪康年函之二十五》，《汪康年师友书札》，第 2348 页。

③ 梁启超：《梁启超致康有为函》，《梁启超年谱长编》，第 95 页。

大局为重，不要因正常的意见分歧而影响报馆的事务。①

在各方友人的劝说下，也正是出于对大局的考虑，梁启超主动与汪康年和解，他向汪解释说，这次矛盾之所以产生，主要是因为双方性格差异所致，相互之间又缺乏及时的沟通，至于黄遵宪的建议，也不应自从消极及权力一层去分析，黄的建议就其本质而言，也是为了《时务报》的未来发展所考虑，有其合理的成分在。他与汪康年共约，既然各自的意见都已讲明，从此以后，当“誓灭意见”，为《时务报》的未来贡献各自的心智。②

或许由于梁启超的大度，使梁、汪之间的冲突得以消解。然而这种消解并没有维持很久，他们之间却又因其他方面的问题再次冲突。梁启超回到上海重新主持《时务报》的笔政后，可能是因为刚从广东拜见乃师康有为回来的缘故，在此后所发表的文章中，他一反《时务报》创办之初的承诺，而热衷于宣传乃师康有为的“三世说”、“大同说”以及创立孔教等主张，在时务报馆中的梁启超同门甚至以康有为为“教皇”，“又目为南海圣人，谓不及十年，当有符命”，如此狂妄的说法当然激怒了也在时务报馆主笔政的古文经学干将章太炎的恼怒，章太炎借酒壮胆，大骂康有为为“教匪”，遂于 1897 年 4 月 14 日与康门弟子发生极不雅观的肢体冲突，章太炎愤而辞职，离开了时务报馆。③

章太炎是汪康年的浙江同乡，康门弟子与章太炎大打出手以及章太炎因此愤而辞职造成了极为恶劣的影响，外间纷传时务报馆“将尽逐浙人而

---

① 张元济：《张元济致汪康年函之十八》，《汪康年师友书札》，第 1704 页。

② 梁启超：《梁启超致汪康年函之三十一》，《汪康年师友书札》，第 1857 页。

③ 参见《章太炎自定年谱》及章太炎光绪二十三年三月十九日致谭献书；又见《忘山庐日记》，第 89 页。

用粤人”[①]，将报馆内部组成无形中划分出浙、粤两系人马的界限，这也势必增加两系人马的首领梁启超与汪康年之间的相互猜疑，梁启超离开《时务报》的想法也就越来越清晰。

当是时，梁启超的朋友吴德潇方署钱塘县令，计划在杭州西湖赁一屋，购书数千金，并聘请英、法教员各一人，遂邀请梁启超前往[②]。吴德潇的邀请对“数月以来，益困人事”的梁启超很有吸引力，他决意离开时务报馆，隐居西湖静心读书。[③] 1897 年 8 月 4 日，谭嗣同致信汪康年，对梁启超西湖读书的计划表示赞成，以为有助于缓解《时务报》的内部矛盾。[④]

梁启超隐居西湖读书的计划尚未成为现实，1897 年 8 月，黄遵宪奉调署湖南按察使路过上海，又将《时务报》的内部矛盾重新挑起。黄在上海的时候，再次提出设立《时务报》董事会的建议，梁启超赞成黄的建议，并劝说汪康年也赞成这种办法，与黄遵宪当面协商，寻求一致。[⑤] 汪康年或许并不赞成黄遵宪的主张，但出于对《时务报》大局的考虑，事实上他接受了黄的建议，成立了董事会。之后，汪、梁又进行一次深入的交谈，但双方之间的误解与矛盾并没有真正化解。

黄遵宪离沪赴湘之后，《时务报》的工作正常进行，不料黄遵宪抵湘之后，即闻湘中官绅有时务学堂之举，他遂向湖南方面主事者推荐由梁启超来湖南主持此事。1897 年 9 月 8 日，邹代钧致函汪康年透露这一消

---

① 梁启超：《梁启超致汪康年函之三十一》，《汪康年师友书札》，第 1855 页。

② 《梁启超年谱长编》，第 67 页。

③ 《梁启超年谱长编》，第 74 页。

④ 谭嗣同：《谭嗣同致汪康年函之十六》，《谭嗣同全集》，第 507 页。

⑤ 梁启超：《梁启超致汪康年函之三十五》，《汪康年师友书札》，第 1859 页。

息。[①] 第二天（9 日），黄遵宪也亲笔致信汪康年，正式提出这一建议，并明确主张梁启超担任时务学堂中文总教习的同时，可以遥领《时务报》的主笔[②]。

对于黄遵宪的建议，汪康年应该说是处于两难的境地，他既希望梁启超顺利地离开《时务报》而又不太伤害双方的感情，但对于梁启超在湖南继续遥领《时务报》主笔的建议，汪似乎并不能接受。所以，汪康年拒绝了黄遵宪的建议，不同意梁启超离开《时务报》前往湖南。

汪康年的拒绝使湖南方面极不高兴，熊希龄致函正在南京的谭嗣同称，湖南官绅已决计聘请梁启超为时务学堂总教习，也同意梁在湖南时可以兼顾时务报馆的事务，因此他让谭嗣同亲到上海向汪康年“哀吁”，如果汪康年执意不肯放行，那么他们将不惜与汪冲突而“豪夺以去”。谭嗣同据此致函汪康年，劝汪不如“自劝”梁启超往湖南任职，“则尚不失自主之权，而湘人亦铭感公之大德矣”[③]。

收到谭嗣同的劝说信之后，汪康年复信谭进行了解释，强调他之所以不愿放梁启超去湖南完全是出于对《时务报》未来发展的考虑，绝没有其他任何想法，并将自己心中的苦闷向谭一一道明。谭对汪的解释表示充分理解，在回信中建议汪康年“此后倘遇更有如嗣同与诸湘人之无理取闹者，愿公毅然决然不允所请，如谓公不放某人，即从此不放某人矣”[④]。

汪康年不愿梁启超离开《时务报》的想法只是一厢情愿，而在梁启超自身则出于多种原因而急于接受湖南方面的邀请，后经与汪康年反复协商，终于达成一致，梁启超如愿以偿，1897 年 11 月中旬赴湖南就任时务

---

① 邹代钧：《邹代钧致汪康年函之六十一》，《汪康年师友书札》，第 2743 页。

② 黄遵宪：《黄遵宪致汪康年函之三十四》，《汪康年师友书札》，第 2360 页。

③ 谭嗣同：《谭嗣同致汪康年函之二十一》，《谭嗣同全集》，第 511 页。

④ 谭嗣同：《谭嗣同致汪康年函》，《谭嗣同全集》，第 512 页。

学堂总教习的职务。

梁启超抵达长沙之后，继续兼任《时务报》主笔的职务，但他与汪康年之间的关系并没有因为距离的扩大而有所缓和，反而越演越烈，终于导致二人关系的彻底破裂。

汪、梁关系的破裂有一个渐进的过程，二人似乎都有责任。从梁启超方面说，他到湖南出任时务学堂总教习于公于私都不能说有什么错误，但他遥领主笔的身份寄回的几篇文章实在很难让汪康年满意，1897 年 11 月 22 日，梁寄回一篇，1898 年 1 月 16 日寄回两篇，而这三篇文章似乎也不是梁的认真之作，三篇文章的标题为《南学会序》《俄土战纪序》《经世文编序》，这三篇应景文章显然与“主笔”的身份不太相符，引起汪康年的不满也就在情理之中。当然，梁启超刚到长沙也确实很忙，他在写给汪康年的信中也一再说明“此间之忙，更甚于上海，真无可如何也”①。既然忙于时务学堂，又何必一定要遥领《时务报》的主笔呢？而且，由于梁启超已经无法安心为《时务报》作文，受到直接影响的还是《时务报》，《时务报》的发行量因没有了梁启超而急剧下降，这就迫使汪康年必须寻找能够代替梁氏的人，以便保持《时务报》的发行不致过分下滑。② 1898 年 2 月 16 日，也就是汪康年收到梁启超寄来最后一批稿件之后的整整一个月，汪康年与郑孝胥晤谈，欲请郑为《时务报》总主笔，改梁启超为“正主笔”，在编辑体例上，汪康年也准备将原来以梁启超为主的“论说”栏进行调整，“主选外来文字登之报首”。③ 这种改变实际上是汪康年的无奈之举，既然得不到梁启超那样的文字，则不如不要。

---

① 《梁启超年谱长编》，第 88 页。

② 陈庆年：《戊戌己亥见闻录》，《近代史资料》总第八十一号，中国社会科学出版社 1992 年版。

③ 《郑孝胥日记》卷二，第 643 页。

汪康年将他的计划及时通知了梁启超及在湖南的黄遵宪等人，并告诉他们自己将前往湖南面商《时务报》的困难，以便寻求解决之道。只是在这封信中，汪康年可能在谈及原因时对梁启超不能如约向《时务报》供稿也略有指责，这就引起了梁启超的大怒和彻底翻脸。1898 年 3 月 13 日，梁启超复信汪康年，对汪氏的指责予以反驳，他说：“弟文虽劣下，而作文亦尚非难事，所以屡愆期无以应命者，窃以为汪氏一人一家所开之生意，每月以百数十元雇我作若干文字，实所不甘耳。”梁启超的这个说法即便是他写信时的真实想法，但与其在离开上海时与汪康年之间的约定似乎也不符，否则何必继续保留主笔的名义呢？对于汪康年所说的《时务报》所遇到的经济困难，梁启超也予以指责，他说：“今以公论言之，销报至万份，而犹不免亏空，固不得不思变计。以弟私意言之，同为经理之人，同居董事之列，而去年一年，报馆新来之六七人，未尝一告”，显然是指责汪氏大权独揽造成《时务报》本该盈利而亏损。接着，梁启超还指责汪氏说：“公等在上海歌筵舞座中，日日以排挤、侮弄、谣诼、挖苦南海先生为事。南海固不知有何仇于公等，而造如此之形容刻画！”基于这种种理由，梁启超向汪康年明确提出，关于《时务报》的未来，一言以蔽之，非兄辞，则弟辞；非弟辞，则兄辞。请兄即与诸君子商定，下一断语，或愿辞，或不愿辞。如兄愿辞，弟即接办。如兄不愿辞，弟即告辞，再行设法另办此事。① 后经过一番交涉，再加上梁启超忙于其他更重要的事情，《时务报》继续由汪康年主持，不过由于梁启超的离开，《时务报》已经没有先前的气势，在思想理论界的影响也远不如以前了。

---

① 梁启超：《梁启超致汪康年函之二十九》，《汪康年师友书札》，第 1854 页。

第二节　“北严”:《直报》与《国闻报》

《时务报》的影响主要在南部中国，而在北部中国当时最具影响力，且与《时务报》齐名的有《国闻报》，而主持《国闻报》笔政的严复更是与梁启超齐名，有“南梁北严”之说。

严复原名宗光，字又陵，后改名为复，字几道，晚年自号瘉埜老人。福建侯官人，故学者又称侯官先生。严复是近代中国睁眼看世界，积极向西方寻求真理，以挽救中国于危亡、促进中国进步与发展的杰出代表。他翻译的《天演论》以及其他西方学术名著，第一次比较系统地把西方近代资产阶级的政治、经济、哲学等著作介绍到中国，在中国思想界发生了持久的重大影响，使近代中国人向西方寻找真理的活动达到了一个崭新的阶段。

严复早年入马江学堂学习海军，初步接受了西方文化的熏陶。1877年5月，被选派到英国继续学习海军，原本应该在清末创建的海军事业中一展身手，成为海军将领。可能是个人的习性使然，也或许是他的经历使然，总之，他在英国的那些年里，除了学习海军的必修课程外，更愿意接受西方近代以来的思想文化，从历史文化层面探讨西方之所以富强、中国之所以逐步衰弱的根源。1879年7月，严复奉调回国，充任母校马江学堂教席。又一年，调任北洋水师学堂，后升任北洋水师学堂总教习，在此奉献了凡二十年。

在北洋水师学堂的那些年，严复在尽心尽力办好学堂的同时，也密切关注着祖国的命运和前途，尤其是1894年的甲午战争，使北洋海军几遭灭顶之灾，这对北洋水师学堂的总教习严复来说，其刺激显然要比一般的中国人还要激烈、直接，因为在那些为国捐躯的北洋海军将士中毕竟有不少是他在英国留学时的同学或他在北洋水师学堂的学生。甲午战争唤醒了国人，更唤醒了严复，使严复由此深切地感到，中国的富强除了发展海军之外，可能还有许多更重要的事情要做。

在甲午战败的强烈刺激下，先前一度长时期消沉的严复愤怒了，1895年2月4日严复开始在天津《直报》上连载他的第一篇重要论文《论世变之亟》，此后一发不可收拾，相继在该报发表《原强》《原强续篇》《辟韩》等一系列振聋发聩的战斗檄文，不仅由此奠定了他在中国学术界尤其是早期传媒界的地位，而且唤醒了国人，为维新运动的蓬勃发展提供了最重要的西方思想资源，甚至在很大程度上促进了《直报》的发行和影响。

《直报》于甲午战争后创办于天津，它之所以很快在京津地区乃至全国范围内发生重大影响，应该承认主要得益于严复的这几篇重要论文。在这组文章中，严复认为中国已经到了一个非变不可的历史转折关头，并明确提出了自己的变法理论和变法主张，这些振聋发聩的言论是《直报》得以流传的原因之一。

除了严复极富个性色彩的政论外，《直报》得以广为流布的另一个原因是该报相对说来具有近代报刊客观公正的特征，它所刊载的政治、经济新闻，以及在当时言论许可的范围内对国内政治、经济状况的评述，尽量保持客观公正的政治立场，既详细报道维新势力的崛起及其活动，刊载维新势力要求进行变法的政治主张，也尽量给予反对变法的守旧势力发言的机会，也曾发表过不少反对变法的言论。甚至对于后来戊戌政变的发生，《直报》的报道与言论，也不是一味偏袒失势的维新党人，而是对维新党人的政治失误、极度的政治激进主义予以适度的批评。这样，《直报》自然在在吸引了左中右各色人等的眼球，成为戊戌维新时期北方的一家重要报纸。

严复的这一系列文章从文化背景、历史趋势等多角度分析中国在甲午战争中失败的原因乃至必然性。他认为，中国之所以在向西方学习了数十年之后不堪一击，是因为中国并没有从根本上学习、掌握西方的真精神，“夫与华人言西治，常苦于难言其真”。那么西方社会的真精神究竟是什么呢？根据严复对西方社会文化的体认，如果扼要而谈，西方的真精神“不外于学术则黜伪而崇真，于政刑则屈私以为公而已”。这两个问题，原本与中国社会发生之初所信守的道理没有多大的区别，但之所以在西方社会“行之而常通”，在中国行之而常病，其根本原因就在于“自由不自由异耳”。这就将中西之间的差异归结为东西方对“自由”这一根本要义的理解。

东西方对自由的理解既然不同，那么由此而产生的问题也就不一样，比如中国最重三纲，而西人首明平等；中国亲亲，而西人尚贤；中国以孝治天下，而西人以公治天下；中国尊主，而西人隆民；中国贵一道而同风，而西人喜党居而州处；中国多忌讳，而西人重讥评。其于财用也，中国重节流，而西人重开源；中国追淳朴，而西人求欢虞。其接物也，中国美谦屈，而西人务发舒；中国尚节文，而西人乐简易。其于为学也，中国夸多识，而西人尊新知。其于祸灾也，中国委天数，而西人恃人力。像这些差异，在严复看来，虽然难说其优劣，但确实由此确定了中西社会所走的不同路向，也由此决定了中国现在的结局。显然，严复的这些分析较康有为在甲午战后的那些分析更趋于理性，也就更为深刻。可以这样说，严复这一段对中西社会文化差异的分析，已成为近代中国人看待中西社会的经典看法。

正是基于这种判断，严复认为，中国目前的唯一出路，就是要学习西方，进行政治、经济、文化、军事、外交等方面的全面变革，使中国步西方之后，也能够坦然地走上富强之一途。舍此之外，留给中国的就是自绝于世界民族之林。[①] 为此，严复郑重提出颇具个性特色的“开民智、兴民德、鼓民力”的所谓“三民主义”。[②]

由于严复特殊的西学背景，他所强调的向西方学习显然已不是先前几十年洋务运动所致力的科学与技术，而是根据近代西方最新的思想学说即达尔文的进化论和斯宾塞的社会有机体论。

在严复看来，中国的危机之所以如此严重，是基于今日之西方国家已远非昔日中国所面对的那些“夷狄”，中国已经不可能再用过去那些传统的观点如以夷制夷、以夏化夷等去处理中国与西方的关系，现在的西方，“无法与法并用而皆有以胜我者”，主要在于西方人的思想观念在近代以来发生了很大的变化，这主要体现在这样几个方面：一、自其自由平等的立场观之，西方人则捐忌讳，去烦苛，决壅敝，人人得以行其意，申其言，上下之势不相悬，君不甚尊，民不甚贱，而联若一体者，是“无法”之胜也。二、自其官工商贾章程明备观之，西方人则人知其职，不督而办，事至纤悉，莫不备举，进退作息，未或失节，无间远迩，朝令夕改，而人不以为烦，则是以“有法”胜也。其“有法”与“无法”的有机结合，为西方社会建立了良性的循环秩序，不仅促成了西方的强大，而且推动了西方在“德慧术知”诸方面远较我中华民族领先。故所谓耕凿陶冶，织纫树牧，上而至于官府刑政，战斗转输，凡所以保民、养民之事，其精密广远，较之中国之所有所为，其相越之度，有言之而莫能信者。且其为事也，又一一皆本于学术；其为学术也，又一一求之实事实理，层累阶级，以造于至大至精之域，盖寡一事焉可坐论而不可起行者也。推求其故，严复认为，这主要的差别就在于西方社会的基本结构是“以自由为体，以民

① 严复：《论世变之亟》，《严复集》，第 4 页。

② 严复：《与梁启超书之一》，《严复集》，第 514 页。

主为用”。

将西方近代的社会精神概括为“以自由为体，以民主为用”，这在某种程度上说严复已触及中西社会差异的本质问题，也在根本点上为中国社会的前进指明了方向。中国不进步则罢，中国如欲向西方学习，步入近代国家的行列，就只能沿着“以自由为体，以民主为用”的道路前进，舍此则别无他途。① 显然，严复的这些观点已不是在中国旧有的观念中进行修补，而具有根本性的改革意义。

当严复在天津“突发高论”的时候，康有为、梁启超等人也正在北京谋组学会、创办报刊，鼓吹变法维新、救亡图存。严复与康、梁的思想见解在大方向上基本一致，但在细节上则有同有异，所以严复也很快与梁启超取得联系，探讨各自观念的异同。②

1896年春，梁启超应汪康年的邀请，离开北京来到上海，参与创办《时务报》。对于《时务报》的创办，严复虽然没有直接介入，但他出于与康、梁几乎完全相同的心情，曾经给予很多的支持。他在致汪康年、梁启超的信里对《时务报》称赞有加，以为“于此见神州以内人心所同”，此中消息甚大，不仅振聋发聩、新人耳目已也，还随信附寄汇票百元，以表其“乐于观成此事之心”。③

金钱的支持尚属其次，由于严复觉得与康、梁至少在此时算是志同道合的同志，于是他同意梁启超的建议，将自己去年已经在《直报》发表过的《原强》《救亡决论》等文章在《时务报》上重新发表。

《时务报》重新发表严复的《原强》《辟韩》等文章，自然扩大了影响

---

① 严复：《原强》，《严复集》，第14页。

② 王蘧常：《严几道年谱》，商务印书馆1936年版，第29页。

③ 严复：《与汪康年书之一》，《严复集》，第505页。

范围，引起强烈的社会反响。赞成者拍手称颂①，反对者则深恶痛绝，视为洪水猛兽，原本对严复一度尚有好感的张之洞竟然急令屠仁守撰写《〈辟韩〉驳议》，并强行要求刊登在《时务报》上。②

为梁启超主编的《时务报》供稿，只是严复在维新运动中所做贡献的一个方面，而真正确立严复在维新运动中的历史地位的工作，还是他与友人王修植、夏曾佑、杭辛斋等于 1897 年 10 月 26 日在天津租界所创办的《国闻报》，由杭辛斋、王修植主持，日出一张，计八开，用四号铅字排印，毛边纸，单面印，对折成四面，每日约八千至一万字。《国闻报》的栏目设置主要有上谕及直隶总督府的公文；路透电报；社论及全国性的重要新闻；地方新闻，首天津本地新闻，次京师新闻，次保定新闻，次山东、河南等北方各省新闻，次西藏等地新闻，次东南各省新闻；次外国新闻。

至于《国闻报》的办报目的和宗旨，《〈国闻报〉缘起》一文中强调以“求通”为其根本宗旨，而通之道有二：一曰通上下之情，一曰通中外之故。从国家的立场而言，必以通下情为治国之要义，下情不通，则有利而不知兴，有弊而不知去，若是则国必弱。而进入近代之后，世界经济日趋一体化，中国与世界的联系也日趋增多，不论从哪一个方面说，中国都不可能再如过去那样闭关锁国，独自发展，因此近代中国的最大问题之一，

---

① 《谭嗣同致汪康年书》，参见徐立亭《严复》，哈尔滨出版社 1996 年版，第 177 页。

② 据说张之洞企图借此迫害严复，只是由于郑孝胥出面解围，才使严复得免此难。而严复则始终认为屠仁守的《〈辟韩〉驳议》并不出自屠的手笔，而是张之洞自己撰写的。他在致其五弟的一封信中猜测道：“前者《时务报》有《辟韩》一篇，闻张广雅尚书见之大怒，其后自作《驳论》一篇，令屠墨君出名也。《时务报》已照来谕交代矣。”见《与五弟书》，《严复集》，第 733 页。

就是通外情，昧于外情则坐井而以为天小，扪籥而以为日圆，若是者则国必危。[①] 基于这两通的原则，《国闻报》当然以沟通上下之情和中外之情作为自己的奋斗目标，其根本宗旨就是强调民主，强调学习外国，改造中国，使国家富强起来。故而《国闻报》出版不久，就成为"北方报纸之最佳者"[②]。是戊戌维新运动时期与南方的《时务报》地位相埒的重要报刊之一。

在《国闻报》创刊出版的同时，严复等创办人感到日报的文章很难有深度，遂决定仿《泰晤士报》的先例，在办好《国闻报》日刊的同时，又于 1897 年 12 月 8 日创办出版旬刊《国闻汇编》，并由严复、夏曾佑负责主编。十日一册，约三万言。

《国闻汇编》的创刊宗旨显然是为了弥补作为日报的《国闻报》之不足，有意识地系统介绍西方的新知识和西方各国新闻的深度报道。其第一册所载《国闻汇编叙例》规定其内容为：译泰西名论第一，译俄国各报第二，译英国各报第三，译法国各报第四，译德国各报第五，译美国各报第六，译日本各报第七，述各国近闻第八，述盛京、吉林、黑龙江、蒙古、新疆、青海、西藏近闻第九。显然，《国闻汇编》的重点在翻译东西各国的一些重要言论和重要著作。

基于这样的方针，《国闻汇编》从第一册起连载严复翻译的西学名著《斯宾塞尔劝学篇》，从第二册起连载严复翻译的《天演论》。第一册还发表有伍光建的《欧洲政治略论》。各册的翻译作品多来自欧洲各大报如《泰晤士报》《中法新汇报》等，其内容多为各报对中国政治、经济等方面的分析和评述。

---

① 严复：《〈国闻报〉缘起》，《严复集》，第 453 页。

② 戈公振：《中国报学史》，三联书店 1955 年版，第 29 页。

《国闻汇编》共出版六册，1898 年 2 月 15 日终刊。《国闻汇编》的翻译作品在当时产生过一定的影响，但是该刊时间太短，在京津一带真正具有持久影响的还是《国闻报》和《直报》两大日报。

旬刊《国闻汇编》停刊后，所有人员集全力于日报。严复总其成，经常为这份报纸写社论，但往往不署名。

在前面的描述中我们已经知道，严复在《国闻报》充当当时中国最著名的政论家的同时，更注意利用自己的专业特长，致力于西方思想文化的翻译介绍，并由此而奠定了他在近代中国历史上的地位，其中最著名的译作就是《天演论》。

据考察，进化论首先传入中国是同治十二年（1873）由华蘅芳翻译的英国著名地质学家莱伊尔（又译赖尔、雷侠儿）的《地学浅释》（《地质学初步》《地质学原理》）。这部书比较详细地阐述了古生物的缓慢进化学说，指出从地层中间所保存的动物甲壳和骨骼以及绝种的植物的茎、叶和果实，证明了植物和动物进化的历史。这本译著的出版便把自然进化观念最早引进中国。此后如光绪三年（1877），傅兰雅主编的《格致汇编》所载《混沌说》；光绪七年（1881），益智书会出版的《地学指略》；光绪十七年（1891），格致书院出版的《格致汇编》刊载的《地学稽古论》等，均有关于介绍进化论的内容，只是没有明确提及达尔文或赫胥黎的名字而已。

比较详细地向中国介绍进化论的是美国传教士丁韪良（1827—1916），他的《西学考略》，不仅介绍了拉马克的物种变异说和赫胥黎的人猿同祖说，而且对达尔文的进化论做了比较详细和系统的介绍。

在华西人特别是传教士将达尔文的进化论传播给了近代中国人，但是由于当时特殊的历史条件及文化背景，他们介绍达尔文学说的主要目的不是为了向中国传播西方的近代科学观念，因而他们不可避免地曲解或者歪曲进化论的积极内容。只是到了严复向国人介绍达尔文及其进化论的时候，中国人对这一具有划时代意义的新学说才有比较正确的理解。就思想的文本而言，严复译介的进化观念，主要来源于达尔文，但严复从事翻译的底本，却是赫胥黎1894年出版的《进化论与伦理学及其它》（*Evolution and Ethics*）论文集。严复将之更名为《天演论》，而所译内容也只是赫胥黎原著的《导论》和《进化论与伦理学》两个部分。

严复向中国人译介进化论的时间在学术界一直存在争议，但大体上说严复开始翻译《天演论》的时间应该在甲午战后不久，因为现在已经发现有《天演论》1895年3月的陕西味经售书处重刊本，当然这个版本与后来的流行本有很大的区别，显然还不是严复的最后定本。[①] 此后，严复屡加订正，至1898年正式出版。

严复“煞费苦心”的翻译对进化论在中国的传播影响巨大，他的翻译使千百万中国人知道了“物竞天择”的道理，促进了中华民族的觉醒。[②] 因此，他在翻译的过程中，删除了原著中着重介绍的生物学方面的进化原理，同时结合中国社会实际情况，通过大量的按语发挥书中的论点，企图以此唤醒中国人保种自强，与天争胜，变法图存的政治意识。

第三节　《湘学报》与《湘报》

南学会的发生、发展及其与湖南旧势力的冲突，基本上都与《湘学报》及《湘报》有关，正是《湘报》对南学会的鼓吹尤其是其将南学会的演讲词刊登发表，使得湖南旧势力甚为恼怒，促成双方矛盾的紧张。

---

① 《严复集》，第1548页。

② 严复：《与五弟书》，《严复集》，第733页。

江标1894年出任湖南学政后，特别是当上海《时务报》出版发行之后，深感湖南如欲发展，就必须开通民智，传播外界的新思想、新文化，于是责唐才常、蔡钟浚门生取其同门诸生粗有所得之卮言汇为一编，冀以海内学界相交流，于光绪二十三年三月二十一日（1897年4月22日）创刊，每十天一册，取名《湘学报》，又名《湘学新报》。

《湘学报》创刊的目的在最初阶段并不是为了向外界散布湖南的思想文化，在很大程度上是为了湖南学界内部的交流，是为了促进湖南新思想、新文化的发展，其宗旨为“讲求中西有用之学，争自濯磨，以明教养，以图富强，以存遗种，以维宙合”。报首随时发表朝廷新近发表的谕旨及一切关于新学的奏章和消息，专从讲求实学起见，《湘学报》不谈朝政，不议官常，坚守为学术而学术的方向，设立史学、掌故之学、舆地之学、算学、商学、交涉等六门，每学首列总说一篇，小为答问，以疏通之。报末附有自然科学常识及各处电传要语等，以为研求物理，周知外国自然科学的最新进展为目的。对于儒家经学，《湘学报》原本应该专列一门，但鉴于当时康有为的所谓素王改制说盛行一时，而这一学说又每每与现实政治相关联，故为了避免不必要的麻烦，《湘学报》的主持者采取了暂时放弃的解决办法。①

《湘学报》出版发行之后，在最初阶段所发表的文字中大都是讲究经济及时务方面的内容，对于康有为、梁启超鼓吹的所谓素王改制说的宣传很有节制，所以《湘学报》很快就获得了湖南巡抚陈宝箴的支持，陈认为此报“指事类情，洵足开拓心胸，为学者明体达用之助”，于是他建议湖南省各州县都应积极订阅。② 而湖广总督张之洞在得读《湘学报》之后，

---

① 《湘学新报例言》，《湘学报》第一册，光绪二十三年三月二十一日。

② 《湖南抚院陈饬各州县订购湘学新报札》，《湘学报》第五册，光绪二十三年五月一日。

对其中有所谓“素王改制”一语甚为反感，以为“语意未甚明晰，似涉新奇”，遂责令湖南学政江标彻查。江标的解释是此为编辑一时失误所致，并非有意宣传康有为的学说。对于江标的解释，张之洞也表示理解，他从该报总的方面看，也认为该报刊登的内容基本上是教人讲究经济、时务等有益的东西，大体上属于“平正无弊”，有益而无害的刊物，所以他同意湖北各道府州县用公款订阅，并发给各书院诸生参考。①

江标的解释和张之洞的评价比较接近于历史真相，在《湘学报》的早期，确实没有着意于去宣传康、梁所信奉的孔子改制说，而在当时思想文化界所能承受的范围内，宣传和介绍了西方近代以来的思想学说，对于两湖地区维新运动的开展起到过积极的作用。《湘学报》早期文字多出于报馆主笔唐才常之手，他所发表的《公法定义》《外交论》《论中日通商条约》《史学论略》《使学要言》等数十篇文章，广泛征引各种资料，宣传和介绍了西方近代国家的发展史，介绍和肯定西方近代国家之所以走向富强，是因为他们有着一套与中国的政治体制几乎完全不同的制度，所以，中国要想摆脱贫困、落后而重塑民族的辉煌，就必须在政治上要有办法，要学习、模仿、借鉴西方近代国家政治经济制度，尤其是西方国家的议会制度，要改变中国几千年来的家天下的思想传统，转而信奉“天下非一人之天下”的民权观念，开通政学，发展资本主义工商业，壮大民族资产阶级的势力，逐步建立起君主立宪的政治体制，只有这样，中国的问题才能从根本上获得解决。这些政治主张虽然也比较激进，但大体上说来还能为当时的政界、思想文化界所接受，对于转移湖南守旧的学风起过一定的积极作用。

---

① 《两湖督院张咨会湘学院通饬湖北各道府州县购阅湘学报》，《湘学报》第十五册，光绪二十三年八月十一日。

在《湘学报》创刊的最初阶段，该报确实在坚守着传播新知识、新思想的既定立场，并没有介入一些容易引起争议的问题中。但是当梁启超于1897年11月到湘出任湖南时务学堂的中文总教习，特别是南学会成立之后，徐仁铸接替江标出任湖南学政，并从第二十四册起接办《湘学报》之后，《湘学报》的办刊宗旨确乎有所变化，最明显的特征是开始有意识地鼓吹康有为的孔子改制说，俨然站到了维新势力的一边了，这样就难免与守旧势力发生冲突。特别是1898年初，谭嗣同由湖北回到湖南，他的激进思想对湖南的维新势力起到积极重要的刺激作用，《湘学报》的言论也日趋激烈，遂引起张之洞的不满。1898年5月6日，张之洞明示《湘学报》不得再寄往湖北。5月11日，张又致信徐仁铸，批评《湘学报》的办刊方针已经偏移，“其中奇怪议论，较去年更甚，或推尊摩西，或主张民权，或以公法比《春秋》”，凡此，都与张之洞的思想观念存在根本的差异，“学术既不敢苟同，士论亦不敢强拂”，所以他要求徐仁铸此后不要再向湖北邮寄该报，禁止《湘学报》在湖北的传播。[①]

张之洞的指责与霸道言辞，在湖南学界激起了强烈的愤怒和反弹，激进如谭嗣同等人对张的指责甚为反感，直欲反抗和抵制，但作为《湘学报》的主持人，徐仁铸并不敢再一味对抗，“不敢不从”。[②] 此后的《湘学报》对于宣传康有为的改制说略有收敛，而且从第三十七册起，连续刊载张之洞的《劝学篇》，这除了有意与张之洞妥协外，可能也意味着徐仁铸的思想主张也开始偏离康、梁等人过于激进的思想了，而寻求与守旧势力妥协，守住中庸稳妥的办刊方针。他曾就与康、梁的关系向王先谦进行辩解称：“康某七、八年前曾见一面，并未深谈。至今对面，若不言明，犹

① 张之洞：《致长沙徐学台》，《张文襄公全集》卷三，中国书店1990年版，第736页。

② 谭嗣同：《谭嗣同致汪康年函之二十一》，《谭嗣同全集》，第512页。

不识也。其所著书，止见其最旧之《伪经考》并《改制考》，初未寓目。至于民权、平等之说，向所深绝。友人中有谈此者，从未附和一词。即去冬与吾丈晤谈，何尝及此等义哉？湘省士子之求新者，方虑其浮动无根，不能平实道地。清夜筹划，正欲得一善法，以遏其奔轶无范之端。”① 由此可以看出徐仁铸并不是湖南学界最激进的人物。

《湘学报》在江标、徐仁铸两人的先后主持下，虽然不自觉地传播了一些维新思想，对于湖南新政的发展、湖南民众的觉醒都起到相当大的作用，谭嗣同评价道：“诸新政中，又推《湘学报》之权力为最大。盖方今急务在兴民权，欲兴民权在开民智。《湘学报》实钜声宏，既足以智其民矣，而立论处处注射民权，尤觉难能可贵。”② 但从保守的方面说，由于当时湖南守旧势力的影响，特别是由于张之洞的控制，《湘学报》大体上说还是坚守了最初的办刊原则，更多地传播了一些自然科学知识以及西方国家的政治经济和社会情况，对于西方国家富国强兵方面的所谓实学，《湘学报》的兴趣远远大于对康、梁改制说的兴趣，它通过对西方国家这些实学的介绍，实际上是希望中国政府特别是湖南当局能够有所借鉴，有所仿效。所有这些，对于湖南学界、政界开阔视野起到了积极的作用。光绪二十四年六月二十一日（1898 年 8 月 8 日），《湘学报》停刊，前后共出版了四十五册。

1898 年 3 月 7 日，在谭嗣同等湖南维新人士的支持下，由唐才常主编的日报《湘报》在长沙创刊，同年秋天政变后的 10 月 15 日停刊，共出版一百七十七期。《湘报》的办报宗旨是为了弥补《湘学报》作为旬刊刊期太长，文字过于艰深，不能满足湖南日益高涨的维新运动的需要。另一方

---

① 徐仁铸：《徐仁铸复王先谦书》，王先谦：《葵园四种》，岳麓书社 1986 年版，第 881 页。

② 谭嗣同：《与徐仁铸书》，《谭嗣同全集》，第 270 页。

面，由于胶州湾事件之后，瓜分之说甚嚣尘上，“焚如之灾，迫于旦夕”，为了更快地向湘省内外传布救亡图存、维新富强的消息，谭嗣同、唐才常等人决定在同志中集资创办这张“专以开风气、拓见闻为主”的报纸。唐才常在《湘报序》中谈到创办报纸的宗旨时指出，只有报纸可以“一举而破二千余年之结习，一人而兼百人千人之智力，不出户庭而得五洲大地之规模，不程时日而收延年惜阴之大效”，他们之所以致力于办报，就是为了“使中国为极聪强极文明之国”。[①]

《湘报》创刊后，很快受到各方面的欢迎和支持，陈宝箴决定从省库每月补助二百两。其主要办事人员也为当时在湖南的一些具有维新倾向的知识分子，董事有蒋德钧、王铭忠、梁启超、李维格、谭嗣同、邹代钧、唐才常、熊希龄，撰述为戴德诚、梁启超、樊锥、何来保、谭嗣同、唐才常，西文翻译为李维格，总理兼总校为刘善涖、王兆元等。

《湘报》的栏目设计主要有：一、论说。主要刊登唐才常、谭嗣同等人关于变法维新的一些言论，他们在这个栏目下，发表了不少揭露清政府腐败，宣传爱国道理，主张变法维新救亡的言论，虽然其中也掺杂着一些陈旧的观念，但总体上说对于传播西方近代以来的政治社会学说，对于守旧势力的冲击，都曾起过积极的作用。二、奏疏。经陈宝箴的批准，《湘报》可以刊登湖南当局的政府文告及公牍，但对于政府当局正在讨论的一些计划、应当保密的一些事项，未经政府当局的准许，《湘报》也无权刊登。三、电旨。四、公牍。五、本省新闻。六、各国时事。七、杂事。八、商务。此外，《湘报》尽可能选登一些政学新书或其他报刊已经发表的内容。《湘报》上所发表文字，一部分由湖南政府当局提供，而另一部分则由报馆派员采访获得。《湘报》还附录各地物价行情，颇具近代报纸

① 唐才常：《湘报序》，《湘报》第一号。

的一般特色。

在唐才常的主持下，《湘报》集中了一批具有维新倾向的撰述人，其主张维新变法的政治倾向在一开始就极为明显。先后在《湘报》上发表文章的有梁启超、唐才常、谭嗣同、杨昌济、易鼎等，其中谭嗣同先后发表有20余篇，是《湘报》最主要的撰稿人之一。

《湘报》致力于宣传维新变法，并没有怎样受到守旧势力的责难，像梁启超的《论湖南应办之事》、唐才常的《辩惑》、樊锥的《开诚篇》等，都在湖南的维新运动中起到良好的作用。这些文章的主旨，不外乎指出中国自甲午战争以来，国势已弱，危机日重，列强对中国虎视眈眈，而中国内部却是依然腐败如故，专制如故。因此，拯救中国就必须变法维新，必须在政治上要有办法，必须学习西方国家富强的经验，建立新的良性的社会政治制度。对于湖南正在进行的新政，《湘报》有很高的期待，他们希望湖南的新政能够给全国做出一好的示范，以便推动全国范围的维新变法运动的开展。而湖南新政应该做到的事情，据梁启超的分析主要是这样三点，即开民智、开绅智、开官智。“此三者乃一切之根本，三者并举，则于全省之事若握裘挈领矣。”此三件事情办好了，其他一切事情都可以带动起来。反之，在一个愚昧、懵懂的人文环境中，执政者的想法再好、方案再严密，也难于实现。而要做到这三点，梁启超强调湖南应该对时务学堂进行改革，他认为，目前的时务学堂规模太小，无法满足湖南正在发展着的社会需要。他建议将时务学堂的学生分成二等，除每年培养一百二十名成就远大、各有专长的内课生外，另在各府州县加收一批外课附课生，对这批学生不必要求太高，只需向他们讲明政治之所以然的道理，使他们明白不改变中国之种种旧习就无法立国，就不足以保种，使他们知道中西不同历史发展道路的大概，明白变法维新的意义，这样就能有效地推动全省风气的转变，有利于化解湖南新政推行中的阻力。[①]

像梁启超这类建设性的意见在《湘报》上发表很受各方面的欢迎，他的这些建议后来也被政府当局所采纳。如果《湘报》坚守这样的立场，那么它肯定能够持续地发展下去。无奈《湘报》撰稿人的构成毕竟以具有激进思想的人为主体，所以它在提供一些建设性的方案的同时，也不时发表一些具有极端倾向的言论。《湘报》大量刊登南学会的演说文稿，大量报道省内外有关变法运动的新闻，尤其是3月29日出版的《湘报》第二十号发表了易鼎的《中国宜以弱为强说》，以极端偏激的言辞受到各方面的尖锐批评，并挑起了新旧势力之间的激烈冲突。易鼎在这篇文章中以为，中国如欲变成西方式的富强国家，就必须做到这样几点，一是"改法以同法"，就是西法与中法相参；二是"通教以绵教"，就是中教与西教并行；三是屈尊以保尊，即实行民权与君权两重。易鼎认为，君权过重，民气势必不伸；而民气不伸，则国势必因之而弱。他建议清政府仿效英、德等西方近代民主国家，"君民共主之法，利之所在，听民自兴之，害之所在，听民自去之"，政府只需坐享其成而已。四是"合种以留种"，即主张黄人与白人互婚以改变中国的人种结构。

易鼎这些激进的主张在当时可谓是空前的大胆，这就不仅引起守旧势力的反对，即便先前对《湘报》持支持态度的陈宝箴看了之后也很难接受，"骇愕汗下"，以为"过于偏激，惊世骇俗，非处士所宜言"，他授意其幕僚欧阳中鹄向《湘报》主持人打招呼，要求《湘报》必须杜绝这类偏激的言论。同时急告熊希龄设法将此文收回，复嘱其"著论救正"。

易鼎的这篇文字除了在湖南学界、政界引起激烈的反响外，在湖广总督张之洞那里也引起了相当大的风波，张之洞于1898年5月11日致电陈

① 梁启超:《论湖南应办之事》,《饮冰室合集》文集之三，第47页。

宝箴及黄遵宪，指责易鼎的这篇文章“直是十分悖谬”，声称“见者人人骇怒”，他指出，“此等文字，远近煽播，必致匪人邪士，倡为乱阶。且海内哗然，有识之士，必将起来指摘弹击”，指示陈、黄二人及早设法处理，以免由此引起混乱。①

由于《湘报》对维新思想的宣传过于激进，故而使其创刊不久不仅遭到陈宝箴、张之洞等官方人士的指责，而且引起湖南学界旧势力的普遍反感和攻击，王先谦、叶德辉对《湘报》极为反感，他们在对《湘报》进行批评的同时，甚至指使湖南籍的京官徐树铭、黄均隆向清廷密报《湘报》的激进主张。在多重压力下，《湘报》先是采纳黄遵宪转达的陈宝箴的指示，删除每期报首中议论文字，但采古今有关世道名言，效陈诗讽谏之名，既则自第六十六号起，不再发表谭嗣同、唐才常等人文章，并停止划拨湖南政府当局原先每月给湘报馆的两百两公款补贴，并开始有计划地追回湖南矿务总局先前借给湘报馆的款项，试图从经济上遏制湘报馆。据站在《湘报》对立面的邹代钧说：“《湘报》出事故甚多，大约以倡康教为宗旨，而擅操骂人之权。右丈属其停止，熊不顾也。再三言之，始允于明日停止。果停与否，尚难料也。即停止，渠必改换名目，另开报馆，将来不知作何狓猖也。矿款由熊划者，鄙人向熊索取，大受申斥（人苟无理取闹，则无法处之）。”②

《湘报》在失去陈宝箴等人支持后继续支撑了几个月的时间，戊戌政变发生后，湖南政府当局以《湘报》所刊登的言论过于庞杂与激进为由，对《湘报》进行了整顿，委派王笏等“承顶”接办，但也仅仅继续出版四期，《湘报》终于在10月15日寿终正寝。

---

① 张之洞：《致长沙陈抚台、黄臬台》，《张文襄公全集》卷三，第736页。

② 邹代钧：《邹代钧致汪康年函之六十九》，《汪康年师友书札》，第2758页。

第四节 不可忽视的各地小报

在百日维新正式开展之前，全国境内不仅维新性质的新学会、新团体林立，而且由这些新学会、新团体主持的新报刊也在各地纷纷创办。其中最重要的几种报刊如《强学报》《时务报》《国闻报》《湘报》《湘学报》等，我们已在前面相关部分专章讨论，下面分地区描述前面不曾提及的另外一些新报刊。

先看京师及其周边地区。在北京及其周边地区，在百日维新开始之前，除了康、梁系的《万国公报》与《中外纪闻》外，最具影响力的就是创办于天津的《国闻报》及《国闻汇编》与《直报》。

关于《国闻报》的创办及发展情形，我们前面已经有过描述，也曾提到过在《国闻报》作为日报创刊后其发起人感到日报的文章很难有深度，遂决定在办好《国闻报》日报的同时，又于光绪二十三年十一月十五日（1897 年 12 月 8 日）创办旬刊《国闻汇编》，并责严复主编。

《国闻汇编》的翻译作品在当时产生过一定的影响，但是该刊时间太短，在京津一带真正具有持久影响的还是《国闻报》和《直报》两大日报。

《直报》于甲午战争后创办于天津，它之所以很快在京津地区乃至全国范围内发生重大影响，主要得益于严复的几篇重要论文差不多都发表在该报上。在甲午战败的强烈刺激下，严复开始了自己的写作生涯，他的第一篇重要论文《论世变之亟》于 1895 年 2 月 4 日和 5 日在《直报》连载，之后不久，他又在该报连载过《原强》《原强续篇》《辟韩》《救亡决论》等。在这组文章中，严复认为中国已经到了一个非变不可的历史转折关头，并明确提出了自己的变法理论和变法主张，这些振聋发聩的言论是

《直报》得以流传的原因之一。

除了严复极富个性色彩的政论外，《直报》得以广为流布的另一个原因是该报相对说来具有近代报刊客观公正的特征，它所刊载的政治、经济新闻，以及在当时言论许可的范围内对国内政治、经济状况的评述，尽量保持客观公正的政治立场，既详细报道维新势力的崛起及其活动，刊载维新势力要求进行变法的政治主张，也尽量给予反对变法的守旧势力发言的机会，也曾发表过不少反对变法的言论。甚至对于后来戊戌政变的发生，《直报》的报道与言论，也不是一味偏袒失势的维新党人，而是对维新党人的政治失误、极度的政治激进主义予以适度的批评。这样，《直报》自然在在吸引了左中右各色人等的眼球，成为戊戌维新时期北方的一家重要报纸。

京津地区在戊戌维新的时代是中国的政治中心，但并不是文化尤其是新闻中心，当时真正具有近代意义的新闻、报业中心，还是受西方思想文化比较早、也比较深的上海及其周边的江浙地区。

在上海，戊戌维新时期，继《强学报》和《时务报》之后出现过一个办报热潮，先后涌现出的知名报刊就有三十余种，以创刊的时间为序，在百日维新运动正式开展之前主要有：

《通学报》。创刊于 1897 年 2 月。初为旬刊，后改为月刊，由任独（申甫）编辑。该刊为中国最早以学生为阅读对象的函授讲义性读物，中有历史、地理、物理、化学及英语、世界语等科目，前后出版共六年，1903 年终刊。

《集成报》。创刊于 1897 年 5 月 6 日。旬刊。陈念萱创办和主编。该刊为近代中国第一份以文摘为主要特征的刊物，其创刊背景是因为当时各地报业发展迅猛，报刊众多，日有日报，旬有旬报，月有月报，仅以日报计，每月不下几百张，各报虽然各有优点，但难免有长短，有是非，限于见闻，“纵观非易，遍购又难”，为了方便读者，也为了扩大销路，于是创办《集成报》“专集各报，节其所长，去其所短，取其所是，缺其所非，类聚群分，都为一册”。[①]《集成报》的取材范围相当广泛，据前14册的统计，所选择的报刊就有《万国公报》《博闻报》《时务报》《新闻报》《直报》《循环报》《循环日报》《福报》《汉报》《广报》《中外新报》《申报》《华报》《商务报》《指南报》《苏报》《苏海汇报》《官书局报》《官书局汇报》《知新报》《益闻报》《中西报》《星报》《富强报》《农学报》《湘学新报》《沪报》《汇报》以及《国闻报》《京报》等三十余种。其编排分类大致有军政、学校、商务、农桑、制造、交涉、医学、杂事、译论节要、译著连载、外报翻译、京外近事、各国近事等。除了摘录各报的文章外，《集成报》也首刊过一些重要的言论，“通人论说及奏折、函牍诸稿，择其切实有用者列于各报之前”[②]，如梁启超的《蒙学报演义报合叙》《倡设女学堂启》等，都是最先发表于《集成报》。从《集成报》前后所摘录及刊发的文章倾向看，确如其章程所定“以讲求时务为主，博采群言，期以精要”。[③] 再从其刊登的各地分售处的名单看，《集成报》的发行范围相当广泛，至少在北京、天津、汉口、苏州、嘉兴、扬州、芜湖、常熟、镇江、宁波、福州、湖州、安庆、汕头、绍兴、温州、淮安等地都有分售处，足见其影响遍及国中。

《富强报》。创刊于1897年5月21日。五日刊，程澍（1869—?）主编。程字甘园，安徽休宁人，光绪十七年（1891）举人，1894年由李鸿章推荐随黄遵宪出使德国，因德使不纳，乃入上海经济书局。1897年在上海

---

① 孔昭晋：《集成报叙》，《集成报》光绪二十三年四月初五日。

② 《集成报章程》，《集成报》光绪二十三年四月初五日。

③ 《重次集成报章程》，《集成报》光绪二十三年六月十五日。

某一大报的协助下出面创办《富强报》。《富强报》的创刊宗旨如其报名所昭示，是为了中国的富强与繁荣。该报强调，“从古圣人立国，未有不求富强而可致天下于太平者，亦未有不富不强而可奠国基于不败者”；“从来为治之道，随时势为变迁，无百年不变之时势，即无百年不变之治法”；“夫中国今日之时势，诚创五千年以来未有之奇局矣。既创五千年以来未有之奇局，诚宜行五千年以来未行之新法、未开之见识、未启之聪明，是非报纸之赖而谁赖哉?”① 《富强报》创办的唯一宗旨就是追求富强，追求变法维新。《富强报》的创办人不满意于洋务运动几十年来的举措，以为这些举措“名为流通货殖，而商情暗塞如故；名为推广见闻，而士习堕落如故；名为创修军械，而兵气颓靡如故”，所以该报竭力赞成清政府变法自强的政治主张，以为“祖宗无百年不敝之法，世运无一剥不复之机，殷忧所以启圣，蒙难乃以兴邦，欲兴利必先除弊，欲御侮必先自强。所谓变法亦变，不变法亦变，与其变法因人，不如以己变法”②，重新认同自龚自珍以来在中国知识界所流行的自变法认识，显然也是以变法维新为自己的宗旨，给自己规定的目标是：“广译西书，博稽达士，张弛缓急，因时制宜，必使朝端有切实下手之方，无骚扰纷更之弊，革除秕政，式炳新猷。”③

基于追求富强的宗旨，《富强报》所刊登的言论、消息无一不以中国富强为宗，无补于此旨者一律不予刊登，举凡朝廷公开宣布的政策以及大小臣工所上的奏折条陈，凡有关于富强者必录；西文报纸所刊登的讲求中外权利之处都系要紧关键，《富强报》也都委托专人进行翻译，予以刊布。

---

① 张文彬：《述本馆富强报缘起》，《富强报》光绪二十三年四月二十五日。

② 程澍：《富强报叙》，《富强报》光绪二十三年四月二十日。

③ 朱昀：《富强报后叙》，《富强报》光绪二十三年四月二十日。

对于那些訾议朝政，矫枉过正的言论，《富强报》予以拒绝。[①] 显然，《富强报》只以富强为唯一宗旨，故而其所发表的言论虽然竭力鼓吹变法维新、走向富强，但实际上反映了当时的官方意识形态，这从它大量刊载张之洞、谭钟霖、陶模等洋务官僚的奏折，就不难看出其政治倾向。

《富强报》原为上海某一大报创办的专业性极强的刊物，在创办之初似乎并没有准备由此赢利，而主要是奉送赠阅。但由于该报的内容在当时还算不错，所以出版发行之后获得了很大的影响，据该报自称《富强报》“实思为中国挽回贫弱，缘非因牟利起见，并缘本馆销场日广，印字无暇多印，以故初意每期以销五百册为止，再不添增。讵料自第二期奉送后，即承遐迩阅报诸公深加赞赏，纷纷来函按期订购，现除京师及各省各府州县外，外路如长江一带，上至四川，其余河南、山东、山西以及广东、福建等处，亦均驰书相订，几于应接不暇。本馆原定按期刊印五百册，实不足以赐顾，未免有负诸君雅意，不得已爰定于十一期始，招股印手，每期添印三百册，连前共印八百册，庶足敷远近之购阅”[②]。足见其创刊后的影响日益扩大。

由于《富强报》总体上说来还算比较正统，所以在创刊之后获得了稳定的发展，至戊戌政变后方停刊[③]，只是目前所能看到的只有一至十五册。

《农学报》。由罗振玉、蒋黼等人创建的农学会创刊于 1897 年 5 月，初为半月刊，后改为旬刊。其创设的最初宗旨是根据农学会翻译东西文农学书报的计划有关，计划通过若干年的努力，系统翻译出版东西方各国关于农学方面的一些重要著述，“近师日本，以考其通变之所由；远摭欧墨，

① 《富强报例言》，《富强报》光绪二十三年四月二十日。

② 《富强报附刊告白启事》，《富强报》光绪二十三年五月初五日。

③ 《汪康年师友书札》，第 4163 页。

以得其立法之所自；追三代之实学，保天府之腴壤”[①]。该报初创时拟名为《农会报》，有农学会机关报之意，后正式出版时命名为《农学报》。先后为《农学报》撰稿的除了创办人罗振玉、蒋黼外，还有梁启超、张謇、史念祖、马良、陈虬、谭嗣同、汪大钧以及张之洞、刘坤一、袁世凯等，担任翻译的有王丰镐、吴治俭、吴尔昌、朱树人、陈寿彭、胡浚康、沈纮、罗振常等。

《农学报》的栏目设置主要有奏折录要、各省农事、西报选译、东报选译、农会博议，以及农学入门、蚕桑问答、农学初阶、农具图说等。其论说栏先后发表有梁启超的《蚕务条陈叙》，张謇的《论农会书》，罗振玉的《农官私议》《论农业移殖改良》《垦荒私议》《德意志农会纪略》《闽中农语》，谭嗣同的《浏阳麻利述》《浏阳土产表叙》，汪大钧的《论农会书》，史念祖的《史抚军推广开垦折》以及马良、汤寿潜的《务农会条议》等。

《农学报》共出版三百一十五册，1906 年 1 月终刊，是近代中国最早的农学专门刊物。

《萃报》。当《萃报》创刊的时候，中国尤其是上海已经有了相对说来比较发达的报业，各种报纸琳琅满目，读不胜读，诚如梁启超所分析的那样，“中土嗜报之俗，既远不逮西国，报虽日增，而阅报之人，只有此数。其一人阅数报者，逮不数见。又报章体例未善，率互相剿说，杂采谰言，荒唐悠谬，十而七八。一篇之中，可取者仅二三策。坐是方闻之士，薄报章愈甚。而内地道路未通，邮递艰滞，每日一纸，芜词过半，阅者益希”。针对这种状况，梁启超时常思考创办一份文摘类型的报纸，“尽集群报，撷其精华，汰其糟粕，以饷天下。天下识时务知四国之士，其必有增

① 梁启超：《农会报序》，《饮冰室合集》文集之一，第 131 页。

益，而国家亦有所赖”。因此当1897年4月朱克柔在上海告诉他将要创办《萃报》的消息时，梁启超欣然命笔，为之作序。[①]

朱克柔（1871—1902）字强甫，浙江嘉兴人。清诸生。早年随乃父官湖北，屡试不第，遂注重新学。他在上海经过几个月的紧张筹备，于1897年8月22日正式出版发行周刊《萃报》。《萃报》的栏目设置主要有谕折、章程、中国要务、外国要务、路透电音以及中外新闻等，有时也刊载重要的“通论”，但也大都是国内外报纸上选录。《萃报》选录的报刊除国内出版的《苏报》《申报》《官书局报》《沪报》《汉报》《广州报》《闽言会报》等外，还有国外或香港等地出版的刊物。

由于朱克柔与张之洞的特殊关系，因此当《萃报》出版至第二十一册时，遂移武昌继续出版，时在1898年5月5日。至第二十五册时终刊。

《实学报》。创刊于1897年8月28日，旬刊。1898年1月3日出版最后一期，共出十四册。《实学报》创刊之始由王斯源、王仁俊等编辑，章太炎担任总撰述，其他撰述人有孙福保、项思勋、范祎、王季锴等，担任翻译的有王斯源、朱树人等。王仁俊在创办《实学报》时主张分天地人物为四纲，即天学，包括律历以及中西算理一切权衡度量之属；地学，包括山川形势、边防险要以及万国图志、五洲矿产之属；人学，包括圣贤教术、朝野掌故、中外制度约章因革异同以及礼乐兵刑工商之属；物学，即格致体用动植形性以及光化声气重力之属。总之，该报“以讲求学问，考核名实为主义，博采通议，广译各报，内以上承三圣之绪，外以周知四国之为，故名《实学报》”。王仁俊还刻意强调该报的纯学术性，以为该报虽首录一些上谕和奏折，但主要是涉及实学的内容，而对于现实政治，他强调该报严守不讥朝政、不议官常的原则，其一切琐事新闻概不登载。至

① 梁启超：《萃报叙》，《饮冰室合集》文集之二，第55页。

于该报发表的论说，他也颇为自负地声称，“本馆所聘皆学行俱优、才堪经世之士，所撰论说，无偏激、无迂腐，总蕲同志观摩，勉为有用之才，将以扶植世运，启牖民智。”① 由此可见王仁俊及《实学报》的政治倾向。

与王仁俊的政治倾向略有不同，担任该报总撰稿人的章太炎虽然也刻意强调纯学术的研究，但相对说来并不是不敢讥评朝政、议论官常，而是具有相当明显的政治倾向。他所撰写的《实学报叙》中严厉批评那些不忍攻苦、又不敢自认浅陋的所谓“高材之士”，以为他们往往道听途说，摭拾一二皮毛，就牵强附会，到处炫耀，“闻格致矣，以希腊、巴比伦之古教炫之；闻古教矣，以佛说炫之”，其实，“综其所论，以施之西学，则正负乱；以施之中学，则名实乱”②，这种态度和作风根本不足以实现“以扶植世运，启牖民智”的目标。由此不难感到章太炎与王仁俊在政治上、思想上的些微差别。

在王仁俊的主持下，《实学报》虽然以“实学”为标榜，以介绍西方新知识、新思想为主要内容，但它总是对《时务报》略存“敌意”，发表过不少反对新政、反对维新变法的守旧言论。在“实学评议”栏，先后发表有王仁俊的《民主驳议》《改制辟谬》，孙福保的《卫教》等，这些文章竭力维护儒家伦理的独尊地位，反对民主、变革及维新。他们担心，“闯然以民主为揭橥，君权不尊，民气嚣然，震旦恐从自不靖矣”；“今日言民主，则万万不可举，万万不可法”，于是他们从十个方面论证民主不可行于中国的理由。

《新学报》。《新学报》为半月刊，1897 年 8 月创刊于上海，并在苏州、北京、天津、陕西、广东、福州、厦门等地设立分销处，是当时闻名

① 王仁俊：《实学报启》，《实学报》（影印本），第 63 页。

② 章太炎：《实学报叙》，《实学报》（影印本），第 4 页。

遐迩的新报刊。《新学报》由叶耀元为总撰述。正如该刊的刊名所示，《新学报》的创刊宗旨就是为了向国人传播西方的新知识，开拓国人的视野，其创刊《公启》明确指出，自从鸦片战争以来，海疆多故，国日贫弱，论者莫不归咎于通商，而不知实际上皆由于中国教育兴衰之各异，人才虚实之不同所致。而要改变这种状况，《新学报》认为唯一的办法就是大力兴办教育，通过兴办教育，广聚人才，“苟非兴学，民不能立；苟乏人才，国不能自主”[①]。只有通过教育的兴盛，才能培养出一大批合乎时代需要的新人才，才能重振中华民族的雄风。从这个创刊宗旨看，《新学报》显然是立足于振兴教育的专门类刊物，并计划将重点放在算学、法政、医药、博物四个方面。

《求是报》。《求是报》为曾仰东与陈季同、陈寿彭兄弟合作创办的旬刊，1897 年 9 月 30 日创刊于上海，后来极负盛名的学者陈衍（石遗）主编。《求是报》的内容断自甲午，取各省紧要成案、各外国驻华使馆的档案，进行分类整理，编排出版。其内编分交涉、时事及附录，外编分西报、西律、制造、格致等门类，各类或附有论说。其译报分为各国新闻、格致学、律学和西人著述等门类。[②] 从该刊的构想与编排看，《求是报》比较侧重于介绍中西之间的交涉，注意中西社会、政治诸层面的差别，有意于引导国人开拓视野，建立近代观念。

《译书公会报》。《译书公会报》为当时上海比较有名的学术团体译书公会的刊物，1897 年 10 月 26 日创刊。译书公会的成立本计划系统翻译介绍欧美及日本等国关于政治、法律、教育、矿务、商务、农学、军制等最切合当时中国之需要的书籍，以此启发国人的近代意识。他们在准备系统

---

① 《新学报公启》，《新学报》第一册，1897 年 8 月。

② 《求是报章程》，《时务报》第三十九册，光绪二十三年八月二十一日。

翻译书籍的同时，着手创办了《译书公会报》周刊，选译西方各国及日本等国报纸杂志上的相关论述，并连载一些准备出版的翻译著作，“志在开民智，广见闻，故以广译东西切用书籍、报章为主，辅以同人论说”。[①]《译书公会报》由恽积勋、陶湘等任总理，董康、赵元益任主编，章太炎、杨模等人主笔，主要翻译人员有沈晋熙、胡濬谟、陈佩常、周传谋、胡惟志、张书绅、吴宗谦、张国珍、潘彦、施仁耀等。章太炎在《译书公会叙》中对译书公会的性质、任务以及当时中国所需要的何种新学都有比较详尽的分析。他指出，现在西方各国科学技术获得了突飞猛进的发展，各种新学理层出不穷，社会变化日新月异。中国如果不能及时获得西方国家的这些新知识，继续以中国文化为世界先进，甘做井底之蛙，画地为牢，故步自封，那么中国欲摆脱半个多世纪以来的落后局面，只能是一厢情愿，肯定无法成为现实。事实上，在章太炎看来，中国自鸦片战争之后，虽说五口通商给中国带来了不少的新知识，但在中国知识分子层“不治国闻，怀安饰誉”，其结果便是洋务运动经不起考验，中国在几十年的相对升平之后终于迎来了甲午战败的大灾难，中华民族蒙受了奇耻大辱，中国的士大夫阶层实际上应该承担相当重要的责任。基于这种考量，章太炎等人发起成立译书公会，创办《译书公会报》，就是为了推进变法维新，推动中国知识分子去积极地了解外国，推动中国的进步与发展，“以草莱数人，仅若稊米，而细紬五洲书藏之秘，以左政法，以开民智”[②]。这就是《译书公会报》的创刊宗旨。

《译书公会报》选译的东西方报纸杂志有英国的《泰晤士报》《律例报》《东方报》、法国的《非轧罗报》《勒当报》《国政报》、德国的《东方

① 《（译书公会）启事》，《译书公会报》第一册，光绪二十三年十月初一日。

② 章太炎：《译书公会序》，《译书公会报》第二册，光绪二十三年九月初七日。

报》、美国的《自立报》《纽约报》以及日本的《政策报》等数十种，分设的栏目主要有西报汇译、东报汇译、各国报译、外报选译、交涉纪事本末、各国人物、大事纪略、章程、文编等。从这些栏目的设置看，《译书公会报》实际上是一份外国报纸的中文选编，具有明显的文摘功能，对于开拓当时中国人的视野显然具有直接的帮助。

由于《译书公会报》是译书公会的刊物，因此该报在选译外国报纸杂志文章的同时，也注意系统地翻译和介绍东西方比较有系统、有体系的著作，曾经连载过的翻译著作有《交涉纪事本末》《拿破仑兵败失国记》《威灵吞大事记》《维多利亚载记》《英国史略》《五洲通志》《东游随笔》《中俄扬兵记》《万国中古史略》《各国金银铜三品货币表》《延寿新法》等。

1898 年 5 月 24 日，《译书公会报》停刊，共出版二十期。

《演义报》。《演义报》又称《演义白话报》，是目前学术界比较公认的近代中国最早的白话文日报，1897 年 11 月 7 日创刊于上海，章伯初、章仲和主编。该报的创刊宗旨显然是立足于民间，企图通过明白易晓的白话文，启发国人的觉悟。《演义报》分为时事、新闻两个门类，前者以感发人心为主，后者以增广见识为本。专栏则有“官场中情形”、“生意场中情形”等，用通俗易懂的白话文描写官场、生意场中的种种逸闻趣事，幽默曲折，深受一般读者的喜爱。尤其是该报的演义连载，主要刊登那些情节曲折、悬念重重的长篇小说，更是吸引许多痴情的读者翘首以待，开创了中国近代报业的新格局，对于新思想的传播、对于近代报业的发展，该报都起到相当重要的示范作用。由于《演义报》的主持者具有浓厚的市场意识，采用出版周期短的日报形态，故而时效性强，对于那些需要密切关注市场信息、物价信息、工商行情等方面的读者，就自然具有极强的吸引力，从而促使该报的发行量急剧上升，普及面急剧扩大，除了在上海具有广大的读者群外，《演义报》在北京、天津、南京、重庆、杭州等二十多个大中城市都拥有自己的分销处，拥有一批稳定的读者群。发行量的剧增使《演义报》获得良好的经济效益，良好的经济效益反过来又促使该报不断改善自己的编辑质量、编排印制质量，质量的提高反过来又进一步吸引更多的读者。因此，仅仅从报业经营的角度说，《演义报》就具有相当重要的研究价值，更何况其巨大的发行量在维新运动过程中理所当然地承担了重要的责任。

《蒙学报》。《蒙学报》为蒙学馆主办的一家旬刊，由叶瀚等人于1897年11月创刊。如刊名所示，《蒙学报》立足于启蒙教育，企图通过近代启蒙教育方法、理论的输入，改变中国旧的教育方式、教育理论。该刊所刊载的内容主要分为“母仪训仪之法”、“师教通便之法”两个方面，有时也翻译介绍一些外国通俗文学作品。《蒙学报》前后共出版三十期。

《求我报》。《求我报》是一种初等小学教科书式的半月刊，1898年2月创刊，薛绍元编辑。

《格致新报》。《格致新报》原为半月刊，由朱开甲、王显理等人于1898年4月创办，共出版十六期，之后与1878年创办的《益闻报》合并，更名为《格致益闻报》。《格致新报》的创刊宗旨主要是基于维新变法行将启动的契机，竭力介绍西方近代的新思想、新观念、新知识，以为国人变法图强的思想资源。该刊强调，格致的概念包罗甚广，比较浅显的诸如日常饮食也具有格致的意味，高深者则如富国强兵之类。基于这种认识，《格致新报》创刊之后致力于西方近代的新文化，栏目设置有学问源流、答问、校勘记、格致新议、格致初桄、时事新闻等，侧重于科学技术、学术探讨诸方面。力图通过对“道之大原”的介绍、探讨，辨明理之真伪，推动中国的进步与发展。

第十章

何来新旧：湖南戊戌维新纪

在甲午战败刺激下，维新思潮在京沪等中心城市迅速发展，并逐步影响内地，湖南及一些内陆省份在开明官僚主持下，迅速回应京沪等中心城市的维新思潮，在自己的辖地内进行维新变法的局部试验。

湖南是中国内陆地区最有特色的一个省份，在近代中国历史上，湖南向以保守而著称，但湖南深深介入了这场具有历史转折意义的甲午战争，战争结果深刻刺激了湖南人，所以在后来的变法维新运动中，湖南就总是走在时代前列。

第一节　创办湖南时务学堂

自从曾国藩创建湘军平定太平天国，湖南在中国政治舞台上一直居于重要位置。到了曾国藩去世，李鸿章的势力随着淮军的兴起而崛起，皖籍军人与政客一度在中央政权中取代湘籍军人与政客成为主导力量。从这个意义上说，中国在甲午战争前期的失败，并不是整个中国军队的失败，实际上只是淮系军阀与淮系政客的失败。所以在淮系军队一败朝鲜，再败辽东后，清政府并没有彻底失望，而是企图重温“中兴名臣名将”的旧梦，选派湘军将领领命出征，挽回败局。而时任湖南巡抚的吴大澂也有意于重振湘军昔日辉煌，因而主动请缨。清政府遂令湘军将领魏光焘、陈湜、李光久、余虎恩等招集兵勇，开赴前线，并令吴大澂募集湘勇北上。

有了清政府的命令，吴大澂在省内开设“求贤馆”延揽人才，而湖南士人也群情激昂，以为重振湘军昔日辉煌、打败日本犹如探囊取物。然而，湘军的辉煌毕竟是昔日的余晖，今日的日本也不是昔日的太平天国，吴大澂苦心经营的新湘军实际上只是一群未经训练的乌合之众，他们在训练有素的日本军队面前，毫无招架之力，一败牛庄，再败营口，三败田庄台。湘军的连连败绩震动了国人，更震动了一直处于虚骄状态的湘人，“湖南人始转侧豁寤，其虚骄不可向迩之气亦馁矣”[1]。

新湘军的失败是湖南人的奇耻大辱，但湖南人并没有在这次失败之后一蹶不振，而是很快形成一种寻求变革、追求进步的新风气，并与京沪等中心城市的维新思潮遥相呼应。1895 年 10 月，陈宝箴就任湖南巡抚，由于他的开明引导与鼓励，湖南维新运动较其他内陆省份更早发生。

陈宝箴向来推崇曾国藩、左宗棠、曾纪泽、郭嵩焘等湖南先贤的思想与事功，就任之初即以开化湖南为己任，锐意进取，致力革新。他以为湖南地处内陆，向以守旧闻名，拒斥西方新思想与新文化，所以湖南要想成为中国改革先锋，就必须在思想观念上进行彻底更新。他到任后，与湖南官绅反复磋商，寻求振兴湖南的根本办法。在经济上，陈宝箴主张彻底放开，以为只要是有利于湖南经济发展，有利于国计民生的新举措，都应该给予支持和扶植。为了开发湖南的矿产资源，以资源带动当地经济发展，湖南行政当局根据中央政府相关政策，大胆创新，成立有矿务总局，主持省内矿产资源的开发；又倡导修建湘粤铁路，希望以此给湖南吹进一股清新的风，推动湖南社会风气的根本改变。

---

① 谭嗣同：《浏阳兴算记》，《谭嗣同全集》，第 174 页。

在开发经济的同时，陈宝箴更注意文化观念的转变和教育制度的更新。他和 1894 年出任湖南学政的江标一起，提倡经世之学，以改变士风，开创新的社会文化风气为己任，着力整顿旧式书院，购置不少天文地理、物理化学等方面的书籍和实验仪器，设立舆地、算学、方言等学会，试图将旧式书院改造成培养新式人才的基地。陈宝箴、江标的思想认识和这些做法深深影响了湖南知识界，从而使湖南知识界很快形成一批具有维新思想、变革精神的新知识人群体，为后来湖南新政的顺利推行准备了有用人才。

与湖南官方倡导变革几乎同步而行的，是湖南民间势力的自发维新运动。1895 年 7 月，在外漫游多年、具有维新思想的湖南青年谭嗣同致函乃师欧阳中鹄，提出在湖南进行变法维新的系统主张，以为中国的变法必须先从改变中国知识人始，只有知识人的知识构成发生了大的变化，才能带动中国社会大变化；而要改变中国知识人的知识构成，又必须先从改变传统科举制度始，“从士始，则必先变科举，使人人自占一门，争自奋于实学”[①]。基于这种认识，谭嗣同建议欧阳中鹄及湖南学政江标先从一县进行改革试验，造就有用的人才。

根据谭嗣同的建议，欧阳中鹄在湖南积极筹备，准备将浏阳县原有书院改为习格致诸学，并以算学为入手，计划将南台书院直接改为算学馆，但遭到了反对。谭嗣同得知这些情况后，迅即邀请具有维新思想、并在湖南学界略有影响的唐才常、刘善涵等人联名禀请湖南学政江标[②]，希望转

① 谭嗣同：《上欧阳中鹄书》，《谭嗣同全集》，第 159 页。

② 谭嗣同认为，“算学者，器象之权舆；学校者，人才之根本……考西国学校课程，童子就傅，先授以几何、凭三角术，以后由浅入深，循序精进，皆有一定不易之等级。故上自王公大臣，下逮兵农工贾，未有不通算者，即未有通算而不出自学堂者。盖西国兴盛之本，虽在议院、公会之互相联络，互相贯通，而其格致、制造、测地、行海诸学，固无一不自测算而得。故无诸学无以致富强，无算学则诸学又靡所附丽”。见谭嗣同《上江标学院》，《谭嗣同全集》，第 181 页。

饬浏阳知县同意将南台书院改为算学馆。这一建议合乎江标的主张，江标遂于 1895 年 9 月批准了这一方案，决定在当年的乡试中“搜取试卷中之言时务者拔为前列，以为之招”①。但浏阳知县仍借故拖延拒不执行，南台书院改为算学馆的计划似乎并没有成为现实。

有了江标的支持，欧阳中鹄、唐才常等开始自行筹款，于浏阳文奎阁创办算学社，聘请新化晏孝儒为教习，开始讲授算学。最初入学者仅十六人。人数虽少，但这是湖南境内开始学习西方近代科学技术的最初起点。“省会人士始自惭奋，向学风气由是大开。”1896 年，浏阳算学社的规模继续扩大，欧阳中鹄等人遂将算学社改名为算学馆，制定章程规定公推七人主持馆务，馆中设山长一人，监院一人，负责管理学生的学习和生活。规定入学生员除学习规定的算学外，“余时温习经史，阅看外国史事、古今政事、中外交涉、算学、格致诸书及各新闻纸。其有心得及疑义，与夫应抄录以备遗忘者，即随时分类录入杂记。每日杂记，无论行楷，总需过百字。有分数可相比较者，列为图表。有变通可须发挥者，即作论说、杂著。”②

谭嗣同、欧阳中鹄等人创办算学馆、改革旧式书院的想法与做法既合乎当时的思想潮流，也合乎清政府的政策。从思想潮流方面说，在甲午战争之后，包括康有为、梁启超、谭嗣同在内的所有进步思想家在反省中国失败原因时，差不多都追因于中国旧式教育体制已远远不能满足时代需要，中国旧有传统书院体制已全面变质，当时现存的书院至十九世纪八十年代就已有人指出，有名无实者十居八九。③ 即便那些依然进行正常教学

① 谭嗣同：《浏阳兴算记》，《谭嗣同全集》，第 184 页。

② 谭嗣同：《浏阳算学记》，《谭嗣同全集》，第 178 页。

③ 潘衍桐：《奏请开艺学科折》，舒新城编：《中国近代教育史资料》上，人民教育出版社 1981 年版，第 30 页。

活动的书院，其所传授的内容已严重过时，“或空谈讲学，或溺志词章，既皆无俾时用，其下者专摹帖括，注意膏奖，志趣卑陋，安望有所成就?”[①] 所以梁启超在《论变法不知本原之害》中敏锐指出，“吾今一言以蔽之，曰变法之本，在育人才；人才之兴，在开学校；学校之立，在变科举”[②]。这就将改变科举制度、兴办新式学校的重要性提到了一个前所未有的高度。

在清政府高层中，也有一些人比较早意识到中国旧有教育制度必须改变，西方新式教育体制应有计划地引进。1896 年 6 月 12 日，刑部左侍郎李端棻上《请推广学校折》，向清政府建议令各省府州县设立学堂，在京师设立大学堂。7 月，山西巡抚胡聘之等奏请变通书院章程，主张书院教授天文、算学、格致等具有实用价值的新学科。8 月 11 日，清政府批准李端棻的建议，命各省推广学校，致力实学。8 月 21 日，孙家鼐议复开办京师大学堂办法六条。10 月，礼部议复整顿各省书院折。1897 年 3 月，安徽巡抚邓华熙奏请各省在省会另行设立格致等学堂。清政府同意了邓的建议，此后各省兴办新式学堂蔚然成风。这就是湖南时务学堂成立的大背景。

至于湖南时务学堂成立的具体背景和直接原因，还是湖南乡绅王先谦等人所从事的实业活动所促成的。陈宝箴就任湖南巡抚之后，对于湖南省的实业开发采取鼓励和支持态度。1896 年，王先谦联络黄自元等人，集股创办官督商办性质的宝善成机器制造公司。宝善成公司成立之初，购买有各种机器，且有小锅炉马力一具，铇床、车床各一台，计划制造电气灯、东洋车等，1897 年在长沙创设了湖南第一家发电厂，从此湖南省城开始有

① 胡聘之：《请变通书院章程折》，《中国近代教育史资料》，第 70 页。

② 梁启超：《变法通议》，《饮冰室合集》文集之一，第 10 页。

了电灯照明。

宝善成公司在经营实业的同时，也注意在文化教育事业上的投资，1896 年冬，王先谦、张雨珊、蒋德钧、熊希龄等公司负责人为了扩大公司业务规模，向陈宝箴申请三万两资助，陈在申请报告上批道："公极则私存，义极则利存。"这两句带有多重含义的批语使王先谦等人极不高兴，以为未办事而先受申饬，遂改为少用公款而多用民间资本。嗣后不久，参与其事的蒋德钧更觉得宝善成公司"迹近谋利"，不太合乎他们原先创办该公司的宗旨，于是提议在机器制造公司之下也即宝善成公司之下设立时务学堂，推广工艺。① 这大概是创办湖南时务学堂的最早动议。

蒋德钧提议创办时务学堂归属于机器制造公司即宝善成公司，这个学堂的创建目的似乎也只是为了推广工艺，计划招收二三十名学生，常住局中学习制造，计划聘请一位通重学、汽机等相关学科的老师主其事，"俾日与诸生讲解制造之理，并随时入厂，观匠人制造。"② 似乎带有为宝善成机器制造公司培训人才的意味。

机器制造公司创办学堂的计划，由公司负责人王先谦等领衔上报湖南巡抚陈宝箴，这一计划与陈宝箴的思路不谋而合，陈宝箴于 1896 年底将这个计划批准立案，并将之命名为"时务学堂"。此时务学堂的性质似乎也由此而变，因为陈宝箴在批准创办时务学堂的同时，还同意每年从湖南省矿务赢利中划拨三千两作为学堂常年经费，并经清廷批准，援天津、湖北武备学堂先例，每年于正款项下划拨一万二千两，酌充时务学堂和湖南武备学堂常年经费。③ 这样一来，时务学堂虽由王先谦等人动议创办于宝

① 熊希龄：《为时务学堂事上陈宝箴书》，熊希龄著，林增平、周积先编：《熊希龄集》上，湖南人民出版社 1985 年版，第 53 页。

② 邹代钧：《邹代钧致汪康年函之四十二》，《汪康年师友书札》，第 2695 页。

③ 陈宝箴：《湖南巡抚陈宝箴折》，《戊戌变法档案史料》，第 243 页。

善成机器制造公司之下，但现在实际上成为湖南省政府下的一个机构，享有与官办武备学堂同等的待遇。

第二节 办学方针的确立与改变

时务学堂收归政府主办后，在名分上仍是机器制造公司的下属机构，“开局之初，刊发关防，本以机器制造公司时务学堂为名，欲令教授学徒，俾通制造”。当时，除王先谦外，还有熊希龄、蒋德钧、张雨珊、陈程初一同受命负责，熊希龄因有他事，在最初阶段并没有到任，蒋德钧、陈程初参与过两三次会议，唯王先谦、张雨珊在一起主持其事约年余。在最初阶段，他们因商股难以招集，建议两江总督刘坤一将湖南的盐税略加提高，以此作为机器制造公司及时务学堂常年经费。他们的报告已写好，适蒋德钧有事前往上海，就决定由蒋德钧带着报告找刘坤一当面商量。不料，熊希龄擅自“改窜禀词，专以时务学堂为言”。所以，待刘坤一批准这一方案后，机器制造公司的各位主管就此发生了分裂。蒋德钧飘然入都，不再回湘。[①] 而熊希龄则以避免责成不专、互相推诿之敝为由，建议将制造公司中的轮船、制造、学堂三事分开，由熊希龄独自主持时务学堂。

熊希龄接手时务学堂的管理责任后，遂邀请谭嗣同、黄遵宪等人参与其事。黄遵宪为新任湖南按察使，他在刚到长沙时得知时务学堂的创办，即向巡抚陈宝箴、学政江标竭力推荐《时务报》主笔梁启超任时务学堂中文总教习、《时务报》翻译李维格任西文总教习。1897 年 9 月 9 日，黄遵宪致函《时务报》总理汪康年，称“学堂人师为天下楷模，关系尤重”，

① 王先谦：《与陈佩蘅》，《葵园四种》，第 929 页。

劝汪氏从维新事业大局考虑，同意梁启超、李维格二人来湘主持时务学堂，培养维新人才。[①]

与此同时，与梁启超、汪康年等人有着各种各样关系的湖南知识人谭嗣同、熊希龄、邹代钧等也纷纷“劝驾”，甚至声言如果汪康年不同意放梁启超、李维格到长沙主持时务学堂，他们不惜“蛮拉硬作”。在这些友人的反复动员下，汪康年同意梁启超、李维格赴湖南兼任时务学堂中西文总教习。

对于湖南方面的邀请，梁启超很有兴趣。其实早在北京强学会遭到封闭之后，他就有赴湖南开一片新天地的想法。他于 1896 年 4 月 2 日致信汪康年，称湖南居天下之中，士气最盛，极具改革思想的陈宝箴出任湖南巡抚，或许在陈的主持下湖南能够有一番作为，“或者天犹未绝中国乎?”他计划如果汪康年不能将《时务报》顺利创刊，他就只好转赴湖南，投奔陈宝箴，他恳请汪康年利用与湖南方面的密切关系，“望一为先容”，设法介绍点关系。[②]

汪康年或许按照梁启超的请求为之介绍湖南方面的关系，于是梁启超对湖南的政情动态更为关注。7 月 11 日，梁启超再次致信汪康年，对于湖南在中国未来政治中可能发生的作用有一很好的估计。他认为，在“十八行省中，湖南人气最为可用，惟其守旧之坚，亦过于他省，若能幡然变之，则天下立变矣”。对于汪康年的朋友江标督学湘省，梁启超亦寄予厚望，称“此君尚能通达中外”，建议汪氏利用这层关系致信江标，鼓励他着手改革湖南省内的考试制度，“令其于按试时，非曾考经古者，不补弟子员，不取优等。而于经古一场，专取新学，其题目皆按时事。以此为重

① 黄遵宪：《黄遵宪致汪康年函之三十四》，《汪康年师友书札》，第 2360 页。

② 梁启超：《梁启超致汪康年函之五》，《汪康年师友书札》，第 1832 页。

心，则禄利之路，三年内湖南可以丕变矣。此事关系大局非浅，望酌行之”①。对陈宝箴所主导的湖南新政寄予无限希望。

正因为有这样的思想基础，再加上自 1897 年初以来他就与汪康年在《时务报》内部的一系列问题上发生了分歧，关系略有紧张，所以当梁启超收到湖南方面的邀请后，便义无反顾地离开上海，出任时务学堂总教习。

在梁启超抵达长沙时，时务学堂在陈宝箴、熊希龄、黄遵宪等人的筹办下已经成立，常年经费也已落实，办学所需图书仪器或已购置，或正在置办，筹办工作已大体完成。在这种情况下，遂由陈宝箴出面发布《招考新设时务学堂学生示》，介绍时务学堂设立的原委，鼓励青年学子勇于报考。根据他在这篇文章中的说法，时务学堂计划招收一百二十人，均由各府厅州县学官绅士查报汇册考试。惟早一日开学，即早收一日之效，而建造学舍尚需要时间，所以第一年议定暂租衡清试馆开办，延聘中西学教习，择期开学，一面拓地建筑校舍，拟先行招收六十人入学，其余六十个名额俟校舍建筑略有头绪时再由各府厅州县录取选送。

在谈到学堂教学内容及学生未来出路时，陈宝箴强调，鉴于西方近代科学文化均有精微，而取彼之长，补我之短，必以中学为根本。惟所贵者不在务博贪多，而在修身致用。诸生入学三四年后，中学既明，西文既熟，即由省府负责选择数十名优等生，由政府提供经费，或送往京师大学堂继续深造，考取文凭；或公费送往国外，就水师、武备、化学、农商、矿学、商学、制造等专业进行深造。待这些学生学成归来，省府再按照每人的情况加以提拔使用。至于那些依然愿意由正途出身者，陈宝箴许诺他

---

① 梁启超：《梁启超致汪康年函之八》，《汪康年师友书札》，第 1834 页。

们可以作为同等学力，一体乡试，获取功名。① 这一举措在科举制度仅仅开始松动而并没有真正废除的条件下，应该说对于那些青年学子极具吸引力。

陈宝箴的“招考示”发布后，在湖南省境内各府厅州县获得了广泛反响，至 9 月 24 日正式考试时，诸生投考者至四千余人。② 经过较为严格的考试，最后录取了四十名，陈宝箴原计划第一批录取六十名并没有实现，似乎坚持了宁缺毋滥的原则。

当湖南时务学堂的招生正在紧张进行时，梁启超还没有离开上海，但他与熊希龄等人之间书信往还，就学堂设置、教学内容、教学方法及人员配置等问题进行了反复磋商，他根据自己追随康有为在万木草堂的经验及所知广雅书院、两湖书院的教训，坚持分教习必须由学堂总教习自主聘任，否则总教习与分教习发生分歧，或观念差别太大，势必影响学堂的教学质量。熊希龄等人接受了梁启超的建议，同意梁启超以总教习的身份聘任其同门好友韩文举、叶觉迈、欧榘甲三人为中文分教习。在教学方法上，梁启超认为新办的时务学堂应该兼容旧式书院和新式学堂二者的优点，兼学西文者为内课，用新式学堂的教学方法进行讲授；专学中学不学西文者为外课，用旧式书院的教学办法进行传授。他觉得既然准备在时务学堂花费一二年的日力心力，那么就应该尽量多培养出一些有用之才，所以在招生规模上，他主张尽量多地扩大招生规模，以为教授四五十人与教授一二百人所花费的日力心力相去不远，所以在招生数量上不必太保守，而应该多多益善。③ 梁启超的这些建议在后来的实践中逐步成为时务学堂

① 陈宝箴：《招考新设时务学堂学生示》，《中国近代教育史资料》上，第 147 页。

② 《时事杂志》，《知新报》第三十八册，光绪二十三年十一月初一日。

③ 梁启超：《梁启超致陈三立、熊希龄函》，《戊戌变法》卷二，第 592 页。

的主导思想。

1897年11月14日，梁启超偕韩文举、叶觉迈、欧榘甲及西文总教习李维格从上海抵达长沙，稍事准备，即于11月29日正式开学。

在梁启超尚未到长沙时，他就在上海参照康有为在长兴里和万木草堂的办学经验为时务学堂拟定了章程，到了长沙后，他又对这些章程进行了修改，正式公布《湖南时务学堂学约》共十章[①]，以此作为时务学堂的办学原则。这十章内容分别是立志、养心、治身、读书、穷理、学文、乐群、摄生、经世、传教。从形式上看，这个章程更多继承了传统儒家尤其是宋明儒学的讲学遗风，强调个人修养的“内圣”功夫，然后再以“内圣”开出“外王”，培养出合乎时代需要的人才。但在实际上，这个章程在继承儒家思想精华的同时，更多地强调了向西方学习，即便是在“经世”的层面，也强调学生在深通儒家六经制作之精意的同时，证以西人公理公法之书，以求治天下之理。显然，在梁启超的心目中，实际上是期望时务学堂能够成为即将到来的变法维新运动的人才基地。

对于时务学堂的功课，梁启超也有比较独特的设计。他将这些功课大体分为两类，一类是所有学生入学后半年必须修的博通学，也就是后来所说的通识教育，其中包括儒家经学、诸子学、公理学、中外历史地理以及比较浅显的自然科学基础等。这门课所用的教材主要有《孟子》《春秋公羊传》《礼记》《论语》《荀子》《管子》等儒家经典和先秦诸子。其教授方法，主要是指导学生反复研读这些经典，仔细体会其中的“微言大义”如《孟子》中的民权思想，然后指导学生用中外政治法律进行比较参证，使学生充分理解变法维新的历史必然性。经过大约六个月的所谓博通学的训练之后，学生将按照各自的志趣和特长选择不同的专门学，从而使之学有

① 梁启超：《湖南时务学堂学约》，《饮冰室合集》文集之二，第29页。

专长。专门学主要有公法学、掌故学、格致学及算学等。只是在学习专门学时，学生仍应就博通学中一些书目进行学习。

在要求学生所读书目中，由于种类太多，梁启超又将之分为“专精之书”和“涉猎之书”。专精之书由总教习或分教习负责全部讲授，循序渐进，仔细体会，认真研读，此类书约占每天学习时间的十分之六；涉猎之书，则由教习指导略加浏览，约占全部学习时间的十分之四。不论是专精之书还是涉猎之书，梁启超都要求学生随时札记，每日将所读之书，按照书名、篇名等详细注明，或写出自己的阅读心得，或抄录书中的内容。这些札记每隔五天上交一次，由总教习和各位分教习批阅评定。

梁启超刚到长沙时，受到湖南各界各方面的一致欢迎，到达当天，湖南巡抚陈宝箴的公子陈三立、湖南学政江标、湖南按察使黄遵宪、时务学堂代总教习皮锡瑞以及湖南官绅、社会名流邹代钧、熊希龄、唐才常等前往迎接，学堂全体师生更是齐集学堂门前燃放鞭炮予以欢迎。第二天，又在北门内左文襄公祠堂设宴为梁启超一行洗尘。在此后几天，梁启超的住处每天都是宾客盈门。湖南文坛大佬、乡绅领袖王先谦在梁启超刚到时，也是发自内心感到高兴，对梁尊礼有加，曾专门张宴唱戏，以示欢迎。[①]换言之，在梁启超初到湖南时，包括后来所谓旧派人物在内的湖南各界真诚欢迎，“诸人倾服，自是实事”。[②] 然而没过很久，情况却发生了很大的变化。

第三节　异端与正统的冲突

在《时务报》主持笔政时，梁启超就有意于宣传乃师康有为的孔子改

① 熊希龄：《为时务学堂事上陈宝箴书》，《熊希龄集》上，第52页。

② 皮锡瑞：《师伏堂未刊日记》，《湖南历史资料》1958年第四期。

制说和新学伪经说，只是受制于张之洞一系的压力以及与《时务报》创建诸人的约定，梁启超在宣传乃师主张上，还显得比较谨慎和克制。然而到了时务学堂，他觉得这些约束已不复存在，故而敢于放言高论，无所顾忌。他在重印康有为的《长兴学记》时，有意鼓吹康有为创立新孔教的意义，提出“推孔教以仁万国”[①]。在其所撰写的《读西学书法》中，梁启超认同康有为新学伪经的说法，强调学生应该知道孔子之为教主，应该知道儒家六经皆由孔子改定制度以治百世之书，应该知道东汉以来所畅行的所谓古文经学并不是儒家正宗，而是刘歆的伪造，应该知道东汉以来以训诂名物为基本特征而至乾嘉时代鼎盛一时的所谓汉学也非儒学正统，而是儒学的变异与无聊，应该知道三代以后中国君权日尊，民权日衰，是中国积贫积弱之根源，而导致这一恶果最有影响的人物则是秦始皇、元太祖、明太祖。凡此种种激烈言论，势必与正统学说发生冲突，开启所谓新旧势力之间的争论。

为了指导学生阅读《春秋公羊传》和《孟子》，梁启超在繁忙的教学之余著有《读春秋界说》和《读孟子界说》两篇文章，前者借用乃师康有为的观点，强调《春秋》为孔子托古改制而制作以教万世的著作，《春秋》为明义之书，非记事之书。《春秋》立三世之义，其目的就是为了明古往今来天地万物递进的道理。后者将孟子视为儒学正统，以为孟子所传的大同之义，都属于儒家思想最有价值也最有现实意义的内容。至于《孟子》中的民权思想，梁启超也做了极致发挥，以为与西方近代以来的民权思想具有相似或相近的地方。这显然也是康有为大同学说的翻版。

梁启超在湖南时务学堂更激烈的言论并不在自己写作的文章中，而是

---

① 梁启超：《重印长兴学记志》，康有为著，楼宇烈整理：《长兴学记》，中华书局 1988 年版，第 24 页。

体现在他所批阅的学生读书札记中。梁启超借鉴过去书院培养学生的经验，格外强调学生自学及写作札记，鼓励学生独立思考，大胆思考。

在梁启超的指导下，这些学生读过不少西方近代以来的政治、法律方面的书籍，受到过新思想新文化最基本的启蒙教育，培育了接受思想异端的基础，所以当他们再听到梁启超那些振聋发聩的大胆言辞和那些充满激情的启发式演讲，阅读梁启超那些具有异端倾向的文章之后，其思想中的共鸣、认同是显而易见的。这些学生在他们的读书札记中充分挥洒他们的思想火花，批判旧制度旧思想和旧文化，鼓吹新思想新文化。

学生们的异端表达还可以幼稚、不成熟作掩饰，而梁启超在学生札记中的批语却赤裸裸地借题发挥，发表许多在内地人看来不可思议不可接受的思想异端。比如在谈到民权问题时，梁启超在批语中强调西方的民权在中国具有深厚的土壤和实现的基础，因为儒家经典中的大同学说，其实就是东方的民权观念，与西方的民权思想具有相同意义。梁启超认为，中国古人的民权思想非常丰富，如果将六经中关于民权的文字汇集起来，肯定是洋洋大观，不输于西方。这显然与正统见解有很大差别。

有学生在札记中提及当时中国政治中还比较忌讳的议院制度和议会主张，梁启超也就此多有发挥，积极提倡。他认为，和民权思想一样，议院制度虽然创制于西方，但在中国古代思想传统中也多有类似或相近的意思，只是中国的君主专制时间太长，议院制度在中国就没有从思想转化为制度，转化为实践。这是非常可惜的，但这也表明中国社会有接受议会政治、议院制度的潜质与可能。

还有学生在札记中谈及中国礼仪制度的改革，建议废除不合乎时代的跪拜礼。梁启超对此深表赞同，甚至强调中国如欲变法维新，就应该从天子降尊始，这样如果不先废除跪拜礼仪，上下仍习虚文，就不仅为外国人所嘲笑，也无法建构合理的政治体制。这在跪拜仍是中国君臣之间交往的主要礼仪形式的时候，其异端的色彩显然比较浓厚，因而也就受到非常激烈的批评。

政治改革在当时的知识人中已经有人进行讨论，但政治改革的方向、范围，似乎并没有什么定论，改革后的大清王朝究竟是一种什么样子，其实谁也不清楚。于是有学生在札记中讨论这个问题时，借用中国古人的智慧，提出改正朔、易服色。改正朔、易服色在古代中国具有改朝换代的象征意义，这可是现实政治中的大忌，而梁启超在批语中并不回避，而是大笔一挥，直抒己见，不但将改正朔、易服色与即将到来的维新变法运动联系起来，声称“衣服虽末事，然切于人身最近，故变法未有不先变衣服者。此能变，无不可变矣”。由此引申，梁启超毫无顾忌声讨清兵入关后残杀汉人的野蛮行径，称读《扬州十日记》，“尤令人发指眦裂”①。这显然已不是帮助清政府“自改革”，而蕴含有推翻清廷、改朝换代的意味了。

梁启超的这些极端言论均在时务学堂内部发表，而由于时务学堂的学生全部住校，这些极端言论所发挥的作用也只在学堂的内部，学堂内部的空气日日激变，而学堂的外面并无人知晓。所以，在时务学堂开学后最初几个月里，湖南各界对时务学堂很恭维，比较一致认同梁启超对时务学堂的改革与改造，看到时务学堂在梁启超的操持下总算走上了正轨，教员比较卖力，学生也知道用功，官府和学生家长都比较满意。

然而到了春节放假时，来自全省各地的学生返回家乡过年，就在假期中这些学生将他们在时务学堂学到的这些异端思想用最快的速度传播出去了，家长震动，官府震惊，“全湘大哗”②，“引起很大的反动”③，甚至为

① 《翼教丛编》卷五，第 8 页。

② 梁启超：《清代学术概论》，《梁启超论清学史二种》，第 69 页。

③ 梁启超：《蔡松坡遗事》，《梁启超年谱长编》，第 84 页。

后来康、梁流亡，六君子被戮埋下了伏笔，留下了契机，提供了口实。

1898 年 3 月 3 日，梁启超因故暂时离开长沙。随着梁启超的离开，攻击时务学堂的流言蜚语开始在长沙知识界散布，或谓陈宝箴对梁启超已经有了意见，或谓陈宝箴将调王先谦取代熊希龄出任时务学堂总理，由叶德辉出任总教习[①]，或指责熊希龄不该聘请粤人出任分教习，更不该同意梁启超让学生读《春秋公羊传》，散布康有为的异端邪说，“议论纷纷，是非莫辨”[②]。流言蜚语对时务学堂构成了相当大的负面影响，再加上梁启超已不在长沙，学堂分教习韩文举、欧榘甲、叶觉迈三人对谣言的传布极为愤怒，相率辞职，后在唐才常再三挽留下，勉强留了下来，但心中的不满并没有平息。[③]

一波未平，另一波又起。6 月 30 日，岳麓书院学生宾凤阳、杨宣霖、黄兆枚、刘翊忠、彭祖尧等上书山长王先谦，以维护纲常名教、忠孝节义为名，肆意攻击黄遵宪、徐仁铸，主要目标对着时务学堂和梁启超。宾凤阳等人强调，湖南民风素来淳朴，本为一安宁的世外桃源，不料黄遵宪到湖南后，提倡什么民权之说，民风为之稍变；而自徐仁铸来后，肆意传播康有为的异端邪说，湖南风气为之大变；自熊希龄力邀梁启超主持时务学堂后，梁启超大畅师说，鼓吹什么孔子改制，什么新学伪经，深刻影响湖南学子，改变了湘湖文化原本纯正的学风。

宾凤阳等人在这封具名的检举信中还指出，梁启超等人所用以蛊惑人心的，不外乎什么民权、平等这些似是而非的口号，而中国及湖南目前所需要的并不是这些东西，“试问：权既下移，国谁与治？民可自主，君亦

① 唐才常：《唐才常致欧阳中鹄函》，湖南省哲学社会科学所编：《唐才常集》，中华书局 1980 年版，第 237 页。

② 熊希龄：《为时务学堂事上陈宝箴书》，《熊希龄集》上，第 51 页。

③ 唐才常、王佩良：《唐才常集》，岳麓书社 2011 年版，第 237 页。

何为？是率天下而乱也。平等之说，蔑弃人伦，不能自行，而顾以立教，真悖谬之尤者！”他们还搜集梁启超在时务学堂读书札记上所作的批语，专门挑选那些具有异端倾向的文字提供给王先谦，请求王先谦利用自己在湖南知识界的影响力，出面要求湖南行政当局对时务学堂严加整顿，辞退梁启超等教习，另聘品学兼优者。①

因为南学会等方面的原因，王先谦已经对梁启超等人肆意传播康有为的异端邪说有所不满，所以当他收到宾凤阳等人的检举信后，大为震惊。他强调，清政府鼓励开办新式学堂的目的是为了采纳西学，但并不是让中国人去信奉西教。西教的流行，在中国已有不可阻挡之势，但真正的西教也有其合理的地方。而康有为、梁启超等人今日所以惑人，自为一教，并非真的西教。其言平等，则西方国家也并没有完全做到平等；言民权，则西方国家或有君主，或有总统，也并不是将国家权力交给人民。王先谦说：“康梁谬托西教，以行其邪说，真中国之巨蠹，不意光天化日中，有此鬼蜮！今若谓趋重西学，则其势必至有康梁之学，似觉远于事情。且康梁之说，无异叛逆，此岂可党者乎？彼附和之者，今日学堂败露，尚敢自号为新党乎？”② 在王先谦看来，梁启超在湖南放肆鼓吹康有为的异端邪说，就不仅仅是思想学术论争，而是严肃的政治问题，关系到大清王朝的政治合法性和社会稳定等大问题。

基于这样的认识，王先谦联络湘籍士绅叶德辉、张祖同、孔宪教、刘凤苞、蔡枚功、汪概、黄自元、郑祖焕、严家鬯等人，于 6 月 10 日向湖南巡抚陈宝箴呈递了一封联名信，并附上宾凤阳等人写给王先谦的检举信，控告梁启超借充任时务学堂总教习之机“承其师康有为之学，倡为平

① 宾凤阳等：《宾凤阳等上王先谦书》，《葵园四种》，第 875 页。

② 王先谦：《复吴生学兢》，《葵园四种》，第 864 页。

等、民权之说”，“学子胸无主宰，不知其阴行邪说，反以为时务使然，丧其本真，争相趋附，语言悖乱，有如中狂。始自会城，浸及旁郡。虽以谨厚如皮锡瑞者，亦被煽惑，形之论说，重遭诟病。而住堂年幼生徒，亲承提命，朝夕濡染，受害更不待言。是聚无数聪颖子弟，迫使斫其天性，效彼狂谈，他日年长学成，不复知忠孝节义为何事。此湘人之不幸，抑非特湘省之不幸矣！”这封信除了控告梁启超，还涉及中文分教习韩文举、叶觉迈以及谭嗣同、唐才常、樊锥等，他们请求陈宝箴对时务学堂严加整顿，斥退主张异学诸人[①]。

王先谦等人的检举义正词严，似乎应该能够获得陈宝箴的同情和支持。无奈在这封检举信送达前，陈宝箴已获悉在长沙街头到处流传着署名宾凤阳等人的揭帖，此揭帖的内容除了王先谦等人检举信及所附宾凤阳的信件外，还有不少对时务学堂的污蔑不实之词，如称“学堂教席争风，择堂中子弟文秀者，身染花露，肆性鸡奸”等[②]，这就有点捕风捉影、不负责任了。结果，待王先谦等人的信件送达时，陈宝箴大为光火，觉得此揭帖“丑诋污蔑，直是市井下流声口，乃犹自托于维持学教之名，以图报复私忿。此等伎俩，阅者无不共见其肺肝。若出于读书士子之手，无论不足污人，适自处于下流败类，为众论多不齿耳”。陈宝箴在批示中指出，此等下流污蔑之语，对于被诽谤的学堂和学堂教席毫无所损，但其根本用意是为了解散时务学堂，阻挠新政推行，既违背了朝廷兴学育才之至意，又大为人心风俗之害。陈宝箴指示总理学堂事务布政司立即查明此事，彻底根究[③]。

---

① 王先谦：《王先谦等上陈宝箴书》，《葵园四种》，第 876 页。

② 王先谦：《附时务学堂禀词》，《葵园四种》，第 872 页。

③ 陈宝箴在时务学堂禀词上的批示，见王先谦《葵园四种》，第 873 页。

陈宝箴不仅没有同意王先谦等人辞退梁启超等人的要求，反而借此机会要求追究宾凤阳等人造谣惑众的事情。王先谦闻讯后极为恐慌，立即致函陈宝箴进行辩解，声称遍询诸人，均未见长沙城中有此揭帖，他认为此揭帖可能是那些不怀好意的“痞徒”乘机播弄是非，有意向宾凤阳及岳麓书院栽赃。他还向陈宝箴保证，宾凤阳是岳麓书院“品学俱端”的学生，决不会有此“造言恶习”。他甚至流露出自己的委屈，有意辞去岳麓书院山长的职务。

收到王先谦的这封辩解信后，陈宝箴心中的愤怒依然没有缓解，他在回复王先谦的信中指出，此揭帖中的下流污蔑之语虽不能遽然断定为宾凤阳等人所为，但也不能不令人怀疑。以理度之，如果为人假托，宾凤阳等如果品学皆端，见此等市井下流之词，俨然指为已出，必且面赤背汗，于心不安，即使不顾及受到诽谤的人与之为难，亦当考虑用什么办法进行辩白，有以自处，而宾凤阳等人却选择了持续沉默，这就不能不令人怀疑了。他劝王先谦相信事实总会调查清楚，既不要过于偏袒自己的学生，更不必因此而辞职。[①] 收到陈宝箴的复信后，王先谦第四次致函陈宝箴进行辩解，而陈宝箴也再复书坚持自己的看法。[②] 不过，陈宝箴还是给王先谦留足了面子，此事后来也就不了了之。

第四节　时务学堂终结

陈宝箴为王先谦留足了面子，但王先谦等人并没有就此停止对梁启超等人的攻击，他以岳麓书院山长的身份联络城南、求忠两书院，以三书院

---

① 陈宝箴：《陈宝箴复王先谦函》，《葵园四种》，第 877 页。

② 王先谦《四致陈中丞》及附陈宝箴复书，见《葵园四种》，第 879 页。

学生的名义邀请全省士绅出面订立所谓《湘省学约》，进一步攻击时务学堂和梁启超等人，声称湖南开办时务学堂，本为当务之急，凡属士民，无不闻风而起。但学堂用人不当，竟然聘请广东举人梁启超出任中文总教习，广东人韩文举、叶觉迈等为分教习，他们自命西学通人，实皆“康门谬种”，他们大张其师康有为之邪说，蛊惑湘人，无知之徒，翕然从之，其始在随声附和，意在趋时；其后迷惑既深，心肠顿改。考其为说，或推尊摩西，主张民权；或效耶稣纪年，言素王改制；更为严重的言论如谓何种以保种，中国非中国；且有臣民平权，君统太长等语。似此异端言论，背叛君父，诬及经传，光天化日之下，魑魅横行，是湖南之不幸，学界之大患。他们企图通过《学约》中所标明的正心术、核名实、尊圣教、辟异端、务实学、辨文体、端士习等内容以纠正康梁学说对湖南知识界的影响。

康梁学说在湖南确实已有相当大的影响力，已经形成一股不容忽视的势力，这个势力面对反对者的挑战也决不会不战而退，而是进行了顽强抵抗。当王先谦等人《湘绅公呈》送达陈宝箴之后的第三天即 1898 年 7 月 13 日，时务学堂总理熊希龄联合湘籍户部主事黄膺、翰林院庶吉士戴展诚、前广西知县吴獬、候选训导戴德诚等，向湖南巡抚陈宝箴呈递“整顿通省书院”的请求，针对全省书院的积弊，提出从七个方面进行整顿，即一、定教法，聘请纯正博学、兼通中西的著名学者编定教法章程；二、端师范，书院不再由庸陋之绅士占据山长位置，而是聘请明正通达之士担任；三、裁乾修，即将那些挂名的山长或出工不出力的山长，或不称职的山长，统统裁撤，至少要废除他们所领取的干薪；四、定期限，规定书院山长不能任意决定到院时间，凡山长住院每年以十个月为度，不得视书院为传舍，想来就来，想走就走，致负朝廷殷殷教育之至意；五、勤功课，厘定各书院课程，规定书院课程虽不能照新式学堂那样中西并学，亦须令学生每日必呈札记一条，由山长亲自评阅，不能再托人点窜；六、严监院，改革书院内部管理制度，废除由学生选斋长的办法，改为任命本地教官为监院，或以绅士充当，限令住院，申明条规，免滋流弊；七、速变通，从前山长多半守旧、不通时务之人，若听其主持书院，则不能适应时代发展需要，应仿江苏另延山长的办法，将本年束脩全行致送，另筹款项，邀请博学者主讲，以免旷时弛业，致误学生前程。[①] 这些建议不仅切中湖南各书院的弊端，而且其预设的攻击目标就是岳麓书院，而岳麓书院的山长就是王先谦。

熊希龄等人的绝地反击固然有助于湖南知识界新思想新文化的传播和新势力的增长，但湖南巡抚陈宝箴出于息事宁人、平衡大局的考虑，不仅对王先谦欲辞去岳麓书院山长的职务加以挽留，而且在事态基本平息后，竟然下令免除熊希龄时务学堂总理的职务，稍后又免去韩文举、叶觉迈、欧榘甲等人的分教习职务。这显然是为了慰抚王先谦等士绅。

时务学堂的人事调整，大致平息了因梁启超的异端言论而引发的所谓湖南新旧冲突，湖南知识界大致恢复到时务学堂创办前的均衡。湖南的维新势力特别是康有为、梁启超的影响力因此受到严重打击，据从维新阵营中分化出来的邹代钧致汪康年信说："鄙人为时务学堂事，竟与谭、熊为深仇，谭虽得保而去，熊则仍居此间，动辄以流血成河为言，且行同无赖，似难以计较。学堂事渠虽交出，费尽许多心血，实一言难罄。右丈委汪颂年与鄙人接办，而熊怒未息，其无状竟及于义宁乔梓矣。湘中万难相容，势必走附康门，求一出身也。公以恬退责我，我不受也。苟不恬退，谭、熊必以洋枪中我矣。此二人者，鄙人向引为同志，本有才，从前作事

① 熊希龄等：《为整顿通省书院与黄膺等上陈宝箴书》，《熊希龄集》上，第49页。

尚为公，一旦陷入康门，遂悍然不顾。吁！康徒遍天下，可畏也。”[①]

邹代钧与梁启超、汪康年、谭嗣同、熊希龄等人原本都是很好的朋友和维新的同志，一个湖南时务学堂的成立与解散，却使他们变成路人，变成仇人。这是非常惋惜的。

时务学堂因梁启超的离去、熊希龄的去职而基本结束了它在维新时代早期的使命，但其在维新运动史上的历史功绩和经验教训还是值得人们记忆的。

湖南时务学堂的开办，极大地刺激了湖南省内各府县开明士绅改革旧式书院、创办新式学堂的热情，在此之后不久，岳州府巴陵、平江、临湘、华容等县士绅郭鹏、姜炳坤、方傅鸾等仿照湘省校经书院章程，改岳阳书院课程为经学、史学、时务、舆地、算学、词章等六门；宝庆府武冈士绅陆孝达、王佐龙等将鳌山、观澜、峡江三书院，一律改课实学，课程分为经义、史事、时务、舆地、并发、算学、方言、格致等八门。浏阳士绅也计划将该县六个书院合并为一所规模较大的致用书院，后因县内守旧势力的阻挠没有成功，只能将南台书院辟为讲舍，进行新式教育。郴州士绅在新式教育影响下，也集资创办了经济学堂，致力于培养通达时务的新式人才。所以这些，都应该说是在时务学堂的影响下所发生的。

即便从时务学堂自身的办学成果看，也为湖南乃至全国培养了一批对西方近代以来的新思想、新学说有相当体会的新型知识人，为湖南和全国正在开展的维新变法运动输送了一大批人才。首批四十名学生在此后十余年间大半死于国事，在戊戌变法、自立军起义、辛亥革命以及后来的反袁斗争中都可以看到他们的身影，他们为这些政治变革立下了不朽功勋，有的人甚至为此献出了生命，如自立军起义时牺牲的林圭、秦力山，在反袁

---

① 邹代钧：《邹代钧致汪康年函之六十九》，《汪康年师友书札》，第2757页。

运动中的领袖人物蔡锷等。

就其经验教训而言，时务学堂在梁启超的主持下，改变了创办之初的宗旨，成为其宣传个人政治主张的阵地，激起了湖南正统学者的激烈反对，并引发了所谓新旧思想的冲突。梁启超等人的这些做法对于开通内陆省份湖南的社会风气，无疑具有很重要的作用，然而一百多年之后重新评估梁启超等人的这些言行，是否有可检讨之处呢？孔子两千多年前就说过，欲速则不达。近代中国启蒙者真诚可爱，他们不能容忍社会的不完美，他们总是期待中国在一夜之间换了人间，然而最后的结果却总是走向主观愿望的反面，甚者青山不在，柴火也就无处可寻了。

第十一章

废八股改科举：知识人的失望与希望

中国的科举到了清末已有上千年的历史，这一人才选拔制度如同其他制度一样，其创设的本意是好的，也确实解决了先前察举制度的问题。只是由于这一制度经过上千年的演化、发展，其外在的形式不断僵化，其内容日趋教条，日趋成为扼杀人才的机制，其实际效果慢慢地走上了其创设之初的反面。

科举制度的弊端早在1898年戊戌维新运动开始之前几十年就已有人提出，只是由于这项制度牵涉到众多人的利益，改革起来实在太难，因此多年来议论归议论，执行归执行，人人都说科举考试摧残人才，不利于选拔人才，可是人人也都在这条艰难的道路上跋涉。像张謇，从青年考到壮年，待到一登天子堂，他那心情的欢娱可想而知。至于康有为、梁启超，几乎那个时代的所有精英，除了章太炎这样极个别的另类外，没有谁不在这条艰辛的道路上跋涉。更具有典型意义的是严复，严复对西学的理解在当时中国无人能出其右者，他对中国文化的看法也相当独特，甲午战败之后他最早意识到中国的失败不是败在北洋，不是败在军事，而是败在中国文化上，败在扼杀中国人灵性的科举考试制度上。他在1895年发表的《救亡决论》中激烈批判科举考试制度，明确提出当今中国不变法则亡，而要变法则必须从废除八股科举考试制度始。虽然八股科举考试制度本身并不是国家衰亡的直接原因，但八股科举考试制度的直接后果是国家无可用之人才。所以他大声疾呼，中国要改革，要强盛，要自立于世界民族之林，莫要于痛除八股而大讲西学。严复的这个态度应该说是相当坚定和决绝的。然而在涉及自己的身份和出处时，已进入中年且饱学中西、盛名学界、誉满海军的北洋水师学堂总教习也只好一而再，再而三地参加那扼杀人灵性的科举考试，以便获得一个进士出身。所以，真要废掉科举考试这一人才选拔制度，也真是费思量。①

第一节　废科举方案的提出

以八股为主要内容的科举考试制度所存在的弊端在清廷最高决策层那里也不是一点都不知道，经过几十年的议论，这一制度所存在的问题是再明显不过了，但究竟应该怎样改革，是否可能一下子废除？在清廷最高决策层那里似乎很难下决心，因为这毕竟牵涉到无数青年才俊的出路，必须找到一个妥善的解决方案。所以，光绪皇帝在 1898 年 6 月 11 日宣布《明定国是诏》的时候，一是明确宣布创立京师大学堂，作为新知识教育的基地以及将来青年知识分子获取功名的培养基地，似乎期待以新学堂的创办去取代旧的教育体制；二是将以八股为主要内容的科举考试制度的弊端大体指出，但对是否废除科举考试、怎样改革科举考试，并没有提出明确的看法，似乎依然期待能够寻求一个最佳的妥善方案。

---

① 据梁启超在《戊戌政变记》中记述，他曾联合在京参加科举考试的各省举人百余人联署上书，请求政府废除八股取士这一制度。书达于都察院，都察院不代奏；达于总理衙门，总理衙门不代奏。当时各省在京参加会试的举人将及万人，皆与八股性命相依。当他们听说梁启超等人要求政府废除八股取士这一制度的消息后，极为愤怒，“嫉之如不共戴天之仇，遍播谣言者，几被殴击。”

清政府在涉及无数青年才俊前途的考试制度方面的改革取谨慎态度无疑是对的，以先立后破的方式着手创建京师大学堂和各地的新式学堂，以便为青年学子提供一个过渡期的缓冲带，无疑也是政府应该采取的审慎态度。

然而，清政府对科举考试制度模棱两可的暧昧态度激起了主张变法维新的青年一代知识分子的极端不满。据《康南海自编年谱》，6 月 16 日，他利用面见光绪皇帝的机会，直接向光绪皇帝当面指陈八股科举考试制度的危害，他说："民智不开之故，皆以八股试士为之。学八股者，不读秦汉以后之书，更不考地球各国之事，然可以通籍累至大官。今群臣济济，然无以任事变者，皆由八股致大位之故。故台、辽之割，不割于朝廷，而割于八股；二万万之款，不赔于朝廷，而赔于八股；胶州、旅大、威海、广州湾之割，不割于朝廷，而割于八股。"这就将中国之所以衰败的根本原因归罪于八股科举考试制度，这当然符合当时新知识分子群体的一般认识。

康有为的当面建议获得了光绪皇帝的高度认同，光绪皇帝也认为中国与西方国家目前最大的不同在于各自的教育制度，西方人所学的为有用的实学，而中国人所学则基本上是没有用的东西。这些没有用的东西当然是指以八股取士为主要内容的科举考试制度。

光绪皇帝的清醒认识激发了康有为的勇气，康有为请求光绪皇帝尽快发布废除八股取士的上谕，并自以为聪明地建议光绪皇帝不要将这份上谕提前交给大臣们讨论，否则，这些守旧的大臣们必将提出许多驳议，其结果很可能无法进行这样的改革。康有为这一策略性的建议也自然引起光绪皇帝的深思。

按照康有为的想法，他期望以皇上的一纸上谕废除沿袭数百年的八股考试制度，以雷厉风行的改革重建中国近代教育体系，彻底解决中国在人才培养上的问题，为中国的振兴提供源源不断的人力资源。为此，康有为在面见光绪皇帝表达自己的看法之后的几天里，连续写作几份要求清政府坚决废除八股考试制度的奏折，以便为清政府宣布废除八股科举考试提供舆论支持。面见光绪皇帝的第二天，康有为请其弟子梁启超以御史宋伯鲁的名义呈递一份奏折，要求清政府改八股考试为策论，强调八股取士的科举考试是大清王朝不断衰落的根本原因，现在采取的八股取士方式，一律不许用后世书、后世事，美其名曰清高雅正，实以文其空疏谫陋，其弊端已为天下人所共知。于是梁启超在这份奏折中竭力发挥光绪皇帝 6 月 11 日上谕中所蕴含的精神，强调应该令年轻一代的知识分子以圣贤义理之学为根本，又广泛采纳西方学术中切合时务的内容认真研讨。以救八股考试的空疏迂谬之弊，以成通经济变之才。梁启超在这份奏折中提醒清政府注意，科举为利禄之途，于今千年，深入人心，得之则荣，失之则辱，为空疏迂谬之人长时期以来的安身立命之所，对它进行任何改革的难度都势必很大。正因为如此，朝廷如果不能痛下决心改变旧有的科举考试制度，那么政府尽管设置诸如经济常科等变通的人才选拔方式，然天下士人谁肯舍素习之考卷、墨卷而别求所谓经济常科？为此，梁启超在康有为的授意下，在这份代宋伯鲁草拟的奏折中请求清政府特下明诏，宣布自庚子年(1900) 开始永远停止八股考试，自乡会试以及生童科岁一切考试，均改试策论，除去一切禁忌，考察义理以观察其知识背景和知识深度，考察时务以观其经世济世的能力。①

同一天（6 月 17 日），康有为又以自己的名义向清政府呈递一份奏折，以自己追求科举功名的痛苦经历痛斥八股科举考试制度的荒谬，强调中国在甲午战争中之所以失败，其后之所以被割去大片土地，之所以承担大量

① 宋伯鲁：《掌山东道监察御史宋伯鲁折》，《戊戌变法档案史料》，第 216 页。

的战争赔款，并不是朝廷无能，而根本的原因在于八股科举考试窒息了士人的性灵。他强烈要求清政府立下明诏，废除八股科举考试制度，从此中国知识分子内讲中国文学，以研经义、国闻、掌故、名物，则为有用之才；外求各国科学，以研工艺、物理、政教、法律，则为通方之学。他建议政府第一步废除八股考试内容，同时加快新教育建设的步伐，宏开学校，教以科学，等到学校尽开，第三步就是逐步废除科举考试制度。这样，以中国之大，人才之多，“庶几人士专研有用之学，其于立国育才，所关至大”，中华民族摆脱屈辱，重振雄风也只在反掌之间耳。①

6 月 18 日，康有为再上请停止弓刀石武科考试制度改设兵校折，就军事人才的培养提出建议，实际上也是对旧的教育制度进行批评，建议政府配合新教育体制的建立改用新式军事学堂训练将校。

6 月 19 日，康有为又上书建议政府商定教案法律，厘定科举文体。在这篇讨论设立孔教会的奏折中，康有为也不忘攻击八股取士制度。他指出，弱国之故，民愚俗坏，亦由圣教坠于选举，四书亡于八股为之。“故国亡于无教，教亡于八股。故八股之文，实为亡国、亡教之大者也。”② 因此康有为请求清政府尽快厘正科举文体，立变科举八股之制。

与此同时，梁启超也联络各省举人联署上书，请求清政府特下明诏，停止八股取士，推行经济六科，以育人才而御外侮，攻击沿袭数百年的八股取士制度“非徒无用而已，又更愚之”；“非徒愚士大夫无用已也，又并其农、工、商、兵、妇女而皆愚而弃之。”请求政府特下明诏，宣布天下，停废八股取士，改用经制六科，培养新式人才。③ 以参加科举考试者的身

---

① 康有为：《请废八股试帖楷法试士改用策论折》，《康有为政论集》，第 271 页。

② 康有为：《请商定教案法律，厘正科举文体，听天下乡邑增设文庙，谨写孔子改制考进呈御览，以尊圣师而保大教折》，《戊戌变法文献资料系日》，718 页。

③ 梁启超等人的奏折，《湘报》第一百零三号。

份呼应康有为等人废八股的建议。

第二节　想象中的守旧者

康、梁等人为呼吁清政府废除八股取士制度可谓费尽心机，制造了足够的舆论，然而自6月16日至此快一个星期过去了，光绪皇帝并没有像他当面答应的那样，“自下明诏，毋交部议。”废除八股取士制度似乎在朝廷中没有获得积极的响应，光绪皇帝似乎也忘记了这项新政之最要的事情。

经过一番详细的了解，康、梁等人自以为找到了问题的症结，他们按照新旧思维的固定范式将光绪皇帝不能“自下明诏”的责任完全推到他们所认为的那些“守旧礼臣”的身上。根据他们的了解，当6月17日光绪皇帝收到以宋伯鲁的名义呈递的要求废八股的奏折后，即命令枢臣拟旨，而总理衙门大臣刚毅则建议将此事交给负责这方面事务的礼部去讨论，而光绪皇帝则接受了康有为的忠告，明确告诉刚毅：“若下礼部，彼等必驳我矣。”而刚毅则认为，“此事重大，行之数百年，不可遂废，请上细思。”光绪皇帝闻言厉声斥责道：“汝欲阻挠我耶?”刚毅乃言不敢。及退朝，刚毅仍然提醒光绪皇帝此事重大，最好由皇上请示慈禧太后之后再做决定。刚毅的建议似乎也是一种审慎的选择，本身并没有什么过错。皇上也只好接受。但光绪皇帝要枢臣拟旨的消息不知何故传了出来，“京师哗然，传废八股，喜色动人。”[①] 这实际上都为重大决策的进行留下了隐患，只是康、梁等人当时不自觉而已。

刚毅的反对只是一种程序上的反对，作为一名军机大臣和总理衙门大

① 《康南海自编年谱》，第45页。

臣，他劝光绪皇帝对这已经实行数百年的重大制度进行改革时取审慎的态度，似乎也没有大错。但是，当时的康有为出于焦躁的心情当然无法理解刚毅等人的言行，他们认为刚毅对废八股的阻挠就是对新政的阻挠。当然，他们也不敢直接攻击刚毅，于是他们找到了与刚毅关系比较密切，且对废八股这一重大举措也持异议的礼部尚书许应骙作为攻击的目标，以期通过攻击许应骙而达到攻击刚毅的目的。6 月 20 日，康有为代山东道监察御史宋伯鲁、山东道检察史杨深秀草拟一封弹劾“守旧礼臣”的告状信，上书清廷点名指责礼部尚书、总理各国事务大臣许应骙守旧迂谬，阻挠新政，甚至不惜人身攻击，称许应骙品行平常，见识庸谬，妄自尊大，刚愎自用，贻笑邻使，身为文学之官，却对皇上准备进行的科举制度改革心怀不满，腹诽朝旨，在礼部堂上公开宣称政府已经决定设立的经济科之无益，甚至扬言务欲裁减其额，使之推广困难，就之者寡，然后其心始快。此外，该奏折还指责许应骙见有诏书关乎开新下礼部议者，其多方阻挠，亦大率类似。其接见门生后辈，辄痛诋西学；遇有通达时务之士，则嫉之如仇。皇上日患经济之才少而思所以养之，而许应骙日患经济之才多而思所以遏之。至于许应骙在外交方面的失误，更是笑话百出，不胜枚举。所以，该奏折建议清廷最高当局应该将阻挠新政的许应骙解除职务，既为守旧误国者诫，庶几内可以去新政之壅蔽，外可以免邻封之笑柄。[①]

许应骙的人品、见识是否如此低劣，我们不必完全相信康有为的指控，因为朝廷的内部决策环节决不可能像康有为所想象的那样简单。不过，待光绪皇帝收到康有为代拟的弹劾奏折之后极为愤怒，因为事实确乎验证了康有为的判断，不要将废八股的决定交给“部议”，否则他们就会利用自己的权力提出驳议。光绪皇帝在这份弹劾奏折上批道：“御史宋伯

① 宋伯鲁：《掌山东道监察御史宋伯鲁等折》，《戊戌变法档案史料》，第 6 页。

鲁、杨深秀奏礼臣守旧迂谬、阻挠新政一折，着许应骙按照所参各节明白回奏”，即要求许应骙对弹劾奏折所涉及的问题说说清楚。

弹劾奏折中所涉及的问题如前所说为两类，一是许应骙在礼部堂会曾经反对废八股，二是许应骙在外交活动中曾“贻笑邻使”。后者带有捕风捉影的性质，军机处在上报时似乎也不太相信，做了若干技术性处理。[①]而前者似乎确为事实，许应骙似乎确实在礼部的公开场合表示过对废八股体制的不满。如果从言论的责任上说，许应骙在政府决策的过程中而不是决定之后当然有权表示对一项重大决策的看法，或同意或反对都是他作为礼部尚书、总理各国事务衙门大臣的权力，但是当光绪皇帝真的动怒，要求他对这些事情说清楚的时候，许应骙也就毫无办法。于是他想到了皇族出身的军机大臣刚毅，因为刚毅也曾对废八股这样的重大决策表示过不同意见，他希望刚毅能在皇上面前美言几句以保护他过关，至少他也希望刚毅能够给他出出主意，怎样渡过这一难关。

刚毅对废八股确实也有自己的看法，他确曾当面建议光绪皇帝慎重考虑，所以他对许应骙的请求并不感到意外，在他力所能及的条件下，他也曾向光绪皇帝为许应骙“乞恩”。在他得知弹劾许应骙的奏折出于康有为之手之后，他也曾劝许应骙应该反守为攻，不要只急于辩白自己，更要敢于攻击康有为，他似乎对康有为始终没有好的印象。这便在事实上回应了康有为的指控，似乎清廷内部真的始终存在一个守旧的派别，他们专以新政为敌。戊戌年间的新旧党争于此终于拉开序幕，由此也注定了康、梁等人的结局。

新旧党争的态势当然不是光绪皇帝所期待的，作为清廷最高领导人，

① 这封奏折正副本并存于军机处，副录本对许在外交活动中的失误作了删节，盖不相信奏折中的指控是事实。见《戊戌变法档案史料》第6页编者按语。

他背后有慈禧太后作为支持，他当然期望他的所有臣僚都能够同舟共济，推动新政的顺利进行。因此当他收到弹劾许应骙的奏折后，心中自然很反感。他一方面要求许应骙明白回奏，一方面也充分考虑了刚毅的合理建议，在当天（6月20日）就废八股的问题专程赴颐和园向慈禧太后征求意见。①

废八股、改科举、兴学堂的舆论已经有若干年了，以八股为主要内容的科举考试制度积久成弊也确实到了不改不行的时候了，乾隆时就曾有人提出应该改变八股取士的体制，曾国藩也曾表示过对八股取士体制的不满，但是由于习惯势力的反对，也由于当时中国尚未面临后来如此严重的困难局面，也就不了了之。这若干年，特别是甲午战败之后的几年，国内舆论界在反思中国之所以失败的时候，除了种种细节与原因外，也总是归结于以八股为主要内容的科举考试制度扼杀了人才，是中国在甲午战争中之所以失败的根本原因。清廷重臣李鸿章、张之洞也曾议论过废八股的事情，以为改革科举体制已经成为变法维新的第一等要事。作为清廷实际上的最高领导人，慈禧太后对这些议论当然知道，她之所以在先前同意派遣幼童出洋留学、同意各地试办新式学堂，等等，似乎也有意在适当的时候对八股取士制度进行一些改革。在她的信条中，只要是有利于大清王朝长治久安的建议，她都不应该反对，因为她毕竟是大清王朝的最高领导人，从当时的法律观念说，大清王朝也只是她的私家产物，她理所当然地比任何人都更爱护它。所以，当她听了光绪皇帝的建议之后并没有表示反对。

康有为等人或许知道光绪皇帝将赴颐和园请懿旨，但慈禧太后的态度似乎并不为他们当时所获知，在康有为等人固有的新旧冲突既成观念中，慈禧太后总是站在守旧的一边，总是设法束缚光绪皇帝的手脚。所以，他

① 郭廷以：《近代中国史事日志》，中华书局1987年版，第1006页。

们为了给清廷当然主要是给慈禧太后继续施加压力，促成光绪皇帝尽快发布废除八股取士制度的上谕，6 月 22 日，康有为又代翰林院侍读学士徐致靖草拟一折，请求清政府立下明诏废八股，称时事艰难，国势危急，人才乏绝，廷臣条陈纷纷，多有请变科举、废八股者，而礼臣守旧拘牵驳议，致使皇上和政府依违不决。其实，认真反思中国自甲午以来的境遇，政府和皇上就应该痛下决心，废除八股取士这一制度。试想中国四万万人是欧洲十六国人口的总和，但是由于八股取士这一制度致使中国愚暗无才，虽是区区小国如日本，也敢对堂堂华夏之大国侮辱欺凌。中国地当温带，人民智慧，而愚暗无才至此者，推原其故，皆八股之累。这份奏折矛头直指那些“守旧礼官”，以为正是他们的阻挠致使中国的许多制度当变而不能变，这些守旧礼官“言科举不可变、八股不可废者，与为敌国作反间者无以异也”。奏折建议皇上不要再听信这些守旧礼官的驳议而贻误天下大计，特旨明谕天下，罢废八股，各级各类考试一律改用策论，庶几天下之青年一代皆改而致力于先圣之义理，以考究古今中外之故，务为有用之学，风气大开，真才自奋，皇上亦何惮而不为哉？所以，这份奏折反复强调的一个重要观点，就是废除八股取士制度是正在开展的新政之最要而成效最速的一件大事。①

康有为在奏折中所讲述的道理已经不必再说，但他对那些“守旧礼官”肆无忌惮地攻击实际上开启了戊戌年间的新旧党争，将那些原本并不怎样坚决反对新政的官僚用力推向了对立面，无形中增加了新政的难度。事实上，当 6 月 11 日光绪皇帝代表清政府宣布将要实行新政改革以来，改革已经成为清政府内部的主流意识，即便有些官僚对某些改革措施可能存在一些看法，但他们在清政府必须通过改革获得新的活力这一点上其实

① 康有为：《代徐致靖拟请废八股以育人才折》，《康有为政论集》，第 286 页。

都已经建立了共识。而康有为等人竭力渲染清廷内部的守旧力量，并通过各种方式向光绪皇帝不断灌输新旧不两立的意识，实际上是在自我设限，自己给自己树立对立面。也就是康有为代徐致靖拟折攻击那些“守旧礼官”的同一天（6 月 22 日），曾受康有为大肆攻击的礼部尚书、总理衙门大臣许应骙遵照光绪皇帝的指示“明白回奏”，对康有为代拟的弹劾奏折所提出的问题一一驳斥，并接受刚毅的建议反守为攻地攻击康有为。

在这份回奏中，许应骙对康有为代拟的弹劾奏折所指责的几件事情进行了全面辩解，按照他的辩解，没有一件可以成立。比如弹劾折指责他“腹诽朝旨，在礼部倡言经济科无益，务使裁减其额，使得之极难，就之者寡”一节，许的辩解是，“查严修请设经济科一折，系下总署核议，臣与李鸿章等以其延揽人才转移风气起见，当经议准复陈。若臣意见参差，可不随同画稿，何至朝旨既下，忽生腹诽？夫诽存于腹，该御史奚从知之？任意捏造，已可概见。”按照这种解释，许应骙不仅不是经济科的反对者，而且是最早的支持者。

至于原奏中指责许应骙在接见门生后辈时痛诋西学，遇有通达时务之士则嫉之如仇一节，许应骙也做了完全相反的解释。他强调他来自广东，洋务夙所习闻，数十年来讲究西法，物色通才，如熟悉洋务的华廷春、精炼枪队的方耀、善制火器的赖长等，均由他先后保奏朝廷，委以重任。方今时事多艰，需才愈急，凡有一技之长堪资实用者，他作为礼部尚书从来不愿失之交臂，即平日接见门生后辈，无不虚衷谘访，冀有所益，并勖以务求实际，无尚虚华，从来没有痛诋过西学、仇视过通达时务之士。

紧接着，许应骙谈锋一转，称原奏指责他仇视通达时务之士也不能说毫无依据，他回想之后认为这项指责可能是指他对康有为的态度。他解释道，康和他是同乡，稔知其少年时代即无行乡里，名声极坏。迨康有为通籍旋里，屡次与乡里人士发生冲突，为众论所不容。“始行晋京，意图倖达，终日联络台谏，夤缘要津，托词西学，以耸听观，即臣寓所已干谒再三，臣鄙其为人，概予谢绝。”此后，康在广东会馆私自立会，聚众至二百余人，“臣恐其滋事，复为禁止，此臣修怨于康有为之所由来也。”这是许应骙与康有为之间的私人关系，许应骙要借此说明康之所以要弹劾他，完全是因为他们二人之间的私人恩怨。

至于康有为的问题，许应骙在这份奏折中说得更多，他指责康有为是政治小人，狂妄至极。“比者饬令入对，即以大用自负，向乡人扬言，即奉旨充总理衙门章京，不无觖望。”显然，康有为果真如此，这可是中国官场最忌讳的。许应骙还借前协办大学士李鸿藻的话说，“今之以西学自炫者，绝无心得，不过借端牟利，借径弋名”。许应骙指出，现在康有为逞其横议，广通声气，袭西报之陈说，轻中朝之典章，其建言既不可行，其居心尤不可测。若不将康有为罢黜回籍，任其久居总署，必刺探机密，漏言生事；常住京邸，必勾结朋党，快意排挤，摇惑人心，混淆国事，关系非浅。①

许应骙反守为攻的攻击，应该说具有相当大的杀伤力。康有为当然并不像许应骙所指责的那样邪恶，清廷似乎也没有立即听取许的建议对康采取什么措施，但在那些久居官场的老政治家眼里，政治边缘人出身的康有为所从事的一切除了他的爱国真诚外，似乎也有着个人的不可估量的野心。凡此，都为康有为后来的政治处境埋下了伏笔。戊戌年间的新政之所以夭折，从这里多少可以获得新旧党争所带来的信息。

原本只是程序性的争议引起了无谓的党争，党争的直接后果是将废八股的决策尽可能地做了调和，以便各方都能接受。6 月 23 日，光绪皇帝在发布的废除八股取士这一制度的上谕中，既宣布废除八股取士制度，要求

① 《光绪朝东华录》，第 4100 页。

乡会试及生童岁科各试向用四书文者一律改试策论。同时又宣布这一改革并不从今年开始，而是三年之后正式施行，至于如何分场、命题、考试等一切详细章程，仍将由那些相关部门也就是康有为等人最厌恶的“守旧礼官”们尽快制定予以公布。[①] 这一调和的上谕顾及了存废两方的面子，存废八股的争议似乎至此可以结束。

第三节　适可而止：社会所能承受的改革力度

原本可以结束的争论并没有结束，因为康、梁等人虽然赢得了第一回合的胜利，光绪皇帝终于按照他们的期望发布了废八股的上谕，“海内志士额手为国家庆”。但是该上谕虽然明确宣布废八股，但时间定在三年之后的下科，至于详细章程，仍将由那些被康、梁视为守旧的礼部负责制定。即便仅仅从操作层面上说，该上谕也存在明显的问题，那就是将所有的改革都推到三年之后，届时的乡会试并不能获得足够的接受过新教育的生源，诚如康广仁所说，“士之数莫多于童生与秀才，几居全数百分之九十九焉。今但变乡会试而不变岁科试，未足以振刷此辈之心目。且乡会试期在三年以后，为期太缓，此三年中人事靡常。今必先变童试岁科试立刻实行然后可”[②]。康广仁主张，“罢制艺不必待下科，小试尤宜速改策论”[③]。

康广仁的分析应该说是很有道理的，乡会试的准备需要足够的时间，而下一次的乡会试的时间毕竟在三年后，这是没有办法的事情。问题在

① 《上谕之六十》，《戊戌变法》卷二，第 24 页。

② 梁启超：《康广仁传》，《戊戌政变记》，中华书局 1973 年版，第 96 页。

③ 文悌：《严参康有为折》，《戊戌变法》卷二，第 487 页。

于，三年之后的乡会试废八股改策论，而那些将在三年后参加乡会试的童生秀才们如果不从现在开始废八股改策论，那么怎么保证三年后的乡会试必能废八股改策论呢？

基于这些分析，康、梁等人度过了短暂的欢娱之后立即感到光绪皇帝“不彻底”的上谕实际上受制于守旧势力的包围，为了打破这些守旧势力的包围，他们觉得有必要立即开展一次立废八股的运动，以期由此突破守旧势力对光绪皇帝的包围和影响。6 月 30 日，康有为、康广仁、梁启超等人将讨论的结果起草成一折一片，以御史宋伯鲁的名义呈递。

在这份题为《请将经济岁举归并正科并各省岁科试迅即改试策论折》中，他们沿用中体西用的思路，提出培养通才的方式只能是立即废八股改策论，其理由是：“中国人才衰弱之由，皆缘中西两学不能会通之故。故由科举出身者，于西学辄无所闻知；由学堂出身者，于中学亦茫然不解。夫中学体也，西学用也，无体不立，无用不行，二者相需，缺一不可。今世之学者非偏于此即偏于彼，徒相水火，难成通才，推原其故，殆颇有取士之法歧而二之也。臣以为未有不通经史而可以言经济者，亦未有不达时务而可谓之正学者。教之方法既无偏畸，则取之之方当无异致，似宜将正科与经济岁科合并为一，皆试策论。论则试经义，附以掌故；策则试时务，兼及专门。泯中西之界限，化新旧之门户，庶体用并举，人多通才。且并两科为一科，省却无数繁费。不然，则岁岁举行乡会试，国家财赋断不能支。”[①] 将两科合一科的理由应该说还是足够的。

至于童岁科试立即改用策论的理由，他们认为，既然已经决定废八股改策论自下科始，那么现在的生童就应该立即废八股改策论，如果现在的

① 康有为等：《请将经济岁举归并正科并各省岁科试迅即改试策论折》，《康有为政论集》，第 294 页。

生童仍用旧的办法考八股、习八股，则明明为已废之制，灼然知其无益，且两年之后即将废弃，那么又何必让天下无数之生童白白浪费这两年的时光呢？所以，他们建议尽管乡会试废八股改策论自三年之后的下科始，但生童之岁科试无论如何应该立即废八股改策论，经史时务，两者并重，这样生童就不必为旧的考试制度分心而专心致志于讲求实学，为三年之后的乡会试储备足够的人才。

不管是否出于新旧党争的成见，应该承认这份以御史宋伯鲁的名义呈递的奏折所做的分析是有道理的，因此获得了清廷的高度重视，奏折呈递的当天，清政府即以光绪皇帝的名义发布谕旨，修正 6 月 23 日已经发布的三年后废八股改策论的谕旨，规定“岁举归并正科，生童岁科试一律改为策论”，并各省学政收到此谕旨后，即行一律改为策论，全面采纳了康有为等人建议。

废八股改策论的决策应该说有利于时务人才的培养，是戊戌年间最值得称道的一件大事，不过八股制艺毕竟流行了数百年，毕竟已经成为许多人的饭碗，骤然将这一维系着无数人生计的制度一旦废除，自然激起一部分人的反对。刚毅、许应骙等人如果真的对骤然废八股改策论有什么意见的话，估计也只是担心骤然采取这样的极端措施容易引起社会各阶层的反弹，引起社会的动荡不安而已。事实上，当废八股改策论的消息传开之后，社会的动荡已经有发生的征兆，因废八股而突然失业的大批士人对倡议废八股的康有为等人恨之入骨，据说直隶的一些士人甚至考虑采用极端的手段对康有为行刺。康身边的一些人也劝康有为请几个保镖，注意保重，深居简出，以免意外。由此可见废八股在当时确实不是一件小事，也不应该将所有的反对、反抗都一律视为守旧的势力。

今天看来，对废八股有不同的意见应该说是一种正常的反应，但在当事者康有为等人看来却不如此，他们认为这些反对一律来自守旧势力的挑拨，来自守旧势力对改革、对新政的敌视。所以，康有为等人在代御史宋伯鲁草拟将经济岁举归并正科并请求清政府在生童岁科试中立即实行的奏折的同时，又附在此折之后上了一片，题为《请废八股勿为所摇片》。[①]

在这份建议书中，康有为的描述与分析或许都有道理，但他对守旧势力的渲染，以及诱导光绪皇帝坚决与守旧势力做斗争，则未免将原本并不复杂的阵营复杂化，使戊戌年间的新旧党争更趋于明朗。康有为写道："臣闻之非常之原，黎民惧焉。八股取士行之千数百年，守旧之徒舍此无所为学，一旦改革，失所凭依，必有起而力争之者。臣窃谓以八股为不可废者，非自为衣食之谋，即为子孙之计耳。夫使其果有才也，则取士之法虽变，何难改其故步？自勉于实学以求入彀。若并此而不能改，不能学，则其才已可概见，国家亦何赖有此人哉？终身废弃不为过矣。故废八股者，国家之大利，而守旧无用之人所大不利也。大抵法之所以不能变，弊之所以不能除，由于恃旧法为生涯，以弊政求衣食之人充塞于天下，故一有兴革，群起而谣诼之，此新政所以难成也。臣风闻诏书既下，而守旧之徒相顾失色，有窃窃然议阻此举者。伏愿皇上持以毅力，勿为所摇，并申下谕旨，如有奏请复用八股试士者，必系自私误国之流，重则斥革降调，轻亦严旨申饬，庶几旧焰消沮，人心大定，而真才可以日出矣。"[②] 这种置改革措施于不容讨论之余地的武断态度，实际上开启了后来五四新文化运动中陈独秀激烈反传统主义之先河，它的结果不是化解矛盾，不是使那些一时间尚不明白改革意义的人逐步明白改革的意图与价值，而是用政治高压的办法迫使人们接受一种尚不熟悉的新举措。既然如康有为的分析，新的改革措施是对所有人都有好处的举措，那就应该让人们将不同的看法充

---

① 《康有为政论集》，第 296 页。

② 《康有为政论集》，第 296 页。

分表达出来，这样政策的制定者择善而从，通过辩论逐步说服人们接受新的改革举措。中国现代化的一再延误不是中国人没有意识到应改变或怎样变，而是中国任何一个当权者都迫不及待地要将自己的主张付诸实践，而不容任何人有不同的意见。凭借政治的威权去解决人们的思想认识，这是近代中国一切改革者都没有真正认识和真正解决的问题。

更有甚者，康有为等人在清政府已经宣布接受他们的建议，已经将生童岁科试改为策论之后，还不断在民间造势，通过其他各种活动在青年知识分子中制造声势，期望以此湮没所有的反对意见，其结果却激起了更多的反感，激起更加强烈的反弹。7 月 5 日，梁启超在康有为的授意下，联合各省在京已经参加完当年会试的举人共同上书，重申他们的要求，请光绪皇帝特下明诏，明令下科乡会试停止八股试帖，皆归并经制六科举行；其生童岁科试以经古场为经制正场，四书文为二场，并废八股试帖体格。[①]

就其内容而言，康、梁策动的这次公车上书并没有多少新意，且实际后果不仅使青年一代知识分子造成了分化，促使一部分原本并不激烈反对的人极端痛恨康、梁，“至有欲聚而殴之者，自是谣诼大兴，亦遍于天下”[②]。无形中增加了新政改革的阻力。

第四节　兼顾新旧的新科举方案

原本为新政中应有之义的废八股、改科举竟然闹得沸沸扬扬，天下不得安宁，这一方面说明旧的习惯势力很难轻易改变，另一方面也说明康有为的激进措施除了制造舆论的影响外，并没有为人们提供改革后的妥善保

---

① 梁启超等：《公车上书请变通科举折》，《湘报》第一百零三号。

② 《戊戌政变记》，第 26 页。

障，当人们并不清楚改革后的情形时，对改革的抵触乃至反对也就在情理之中。所以，八股取士的体制应当废除是一回事，如何废除则是另外一回事，这就不是康有为等人所能承担的了。

7月4日，以稳健著称的清廷重臣张之洞与湖南巡抚陈宝箴联名呈递《妥议科举新章折》，就废八股之后如何改进科举制度，如何保障青年知识分子的权益提供了全面的方案，比较务实地解决了废八股、改科举过程中所涌现出来的那些矛盾。

在张之洞、陈宝箴的方案中，依然坚持儒家伦理中的道德精义不可废除的原则，所谓中学为体就是要坚守住儒家伦理，坚守住历代帝王经天纬地之大政，至于八股的弊病，已为天下所共知，自当改革。但由于科举的体制为天下学术之所系，为国家治本之所关，所以任何改革都当慎之又慎，妥议方案。他们认为，八股科举考试的弊病可以从五个方面进行讨论，也就是说所谓改革也只是局限于这样五个方面：

一是正名。将多年来沿袭的所谓八股考试正名为四书义、五经义，以示复古，其格式大略如讲义、经论、经说；

二是定题。四书义出四书原文，五经义出五经原文，或全章，或数章，或全节，或数节，或一句，或数句均可，要不得删改增减一字，亦不得用其义而改其词；

三是正体。所有考试文章，以朴实说理，明白晓畅为贵，不得涂泽浮艳，作骈俪体，亦不得钩章棘句，作怪涩体；

四是征实。所有考试的作文准其征引历史事实进行陈说，博采群书，详加论证，应当鼓励，但不得违背经旨，更不得以无所顾忌的时文混入其中；

五是闲邪。若周秦诸子之谬论，释老二子之妄谈，异域之方言，报章之琐语，凡一切离经叛道之言论，都必须严加屏黜，不准阑入。

果能做到这样五个方面，张之洞、陈宝箴相信，所谓八股考试的格式虽然有所改变，但考试衡文的宗旨与要求，仍与清真雅正之圣训相符，这样自然也不会引起考生们的反对，因为毕竟没有从根本上废弃他们赖以发展的道路。

如此看来，张之洞、陈宝箴“妥议”的改革方案实际上只是稍微改变了八股取士的面目，并没有如康有为等人所要求的那样根本废弃八股取士的制度而改策论。但是，张、陈方案的好处是逐渐变革，是在保留旧的考试形式的前提下逐步变化其内容，这样自然比较容易被那些生员们所接受，引起的社会动荡就小好多。

至于考试的形式，张之洞、陈宝箴的方案仍主张三场定案，但对三场考试的内容与形式略有调整。他们指出，“顾犹有虑者，文人之能讲实学治古文者不多，改章之始，恐仅能稍变八股之面目，不免以时文陈言滥调敷衍成篇。若主司仍以头场为重，则二三场虽有博通之士，仍然见遗，与变法之本意尚未相符；若主司厌其空疏陈腐，趋重二三场，则首场又同虚设。其诡诞浮薄，骛趋风气者，或又将邪诐之说解释四书五经，附会圣道，必致离经叛道、心术不端之士杂然并进，其流弊尤多，为祸尤烈。”而且，政府已经明令设立各种新式学堂，而学堂肄业有成之士，未尝示以进身之阶，经济虽并入乡会场，而并没有讨论六科如何分别考试的细则，如果不是合科举、经济、学堂为一事，则以科目升者，偏重于词章，仍旧无法挽救迂陋无用之弊。以其他方式获得进身之阶的，自外于圣道，是足以为邪说暴行之阶。为了克服这些弊端，必须设计出一个体用一贯之法，求才不厌其多门，而学术仍归于一是，方为中正而无弊的新体制。

根据这种判断与认识，张之洞、陈宝箴对三场考试的形式与内容做了相当仔细的设计。根据他们的设计，大抵第一场的宗旨在于选出那些博学之士，第二场于博学中求通才，第三场于通才中求纯正。先博后约，先粗后精，这样所选拔的人才既无迂暗庸陋之才，亦无偏颇狂妄之弊。三场考试各有重点，前两场以中西经济时务之学为主，后一场侧重于考察这些生员对儒家伦理精义的认识与理解，范围限定在四书义、五经义。至于录取的顺序，他们建议不必等待三场考试全部结束，而是从第一场开始就进行淘汰，分场发榜，下第者先归，这样三场下来，考生越来越少，“寒士无候榜久羁之苦，誊录无卷多错误之弊，主司无竭蹶草率之虞”。一举三善，人才必多。

至于三场考试之后的殿试，张之洞、陈宝箴认为不仅不应废除，而且应该加强，应该加以改进，殿试的宗旨是由皇帝亲自考察人才，登进贤良，自宜求得正谊明道如董仲舒、直言极谏如刘蕡者而用之，所以断不宜继续以小楷优劣决定去取。实际上所有经过殿试的考生都将被授予相应的官职，他们日后的主要工作是以讲求实学实政为主，所以那些文艺小楷之类的内容无论如何都不应该在殿试中再出现，而应该以他们的政治见识、实际能力为依据，授予相应的官职，从而鼓励他们汲汲讲求强国御敌之方，以切于任官修政之急务。

当然，词章书法，润色鸿业，也是政治生活中不可或缺的人才，自亦不可尽废。不过，朝廷如果确实需要此类人才时，自可颁布特旨，偶一为之，不必列为常例，略如过去南书房等招考故事。

应该承认，张之洞、陈宝箴的设计在默认八股取士制度必须改革的前提下，对旧的考试制度进行了相当大的改革，这主要体现在内容上，至于形式，这个方案尽量不做大的调整，以免引起激烈的反弹，造成无谓的争论。所以这个方案，既迎合了新的潮流，又充分照顾了数百年来所形成的旧习惯，是一个新旧两宜的折中选择，诚如他们自己所评估的那样，“窃谓如此办法，博之以经济，约之以道德。学堂有登进之路，科目无无用之人，时务无悖道之患。似此切实易行，流弊亦少，此举为造就人材之枢纽，而即为维持人心世道之本原”[①]。

张之洞、陈宝箴“中正无弊”的新科举方案甚得清廷的重视，经过礼部、总理衙门等相关部门的讨论与认定，7 月 19 日，清政府以光绪皇帝的名义发布上谕，以为张之洞、陈宝箴的方案“剀切周详，颇中肯綮”，于是以张之洞、陈宝箴的设计为蓝本，颁布废八股之后的新科举方案。

新科举方案的乡会试仍定为三场，第一场考察生员的中国历史、国朝政治，论五题；第二场考察生员关于时务方面的知识与能力，专门五洲各国之政、专门之艺，策五道；第三场考察生员对儒家伦理的认识与理解，四书义两篇，五经义一篇。

至于录取方式，新方案参照张之洞、陈宝箴的建议，决定首场按中额十倍录取，二场三倍录取，取者始准试次场，每场发榜一次，三场完毕，如额取中。

参照乡会试的方式，新科举制度规定各省学政岁科两考生童亦以此例推之，先试经古一场，专以史论、时务策命题，正场试以四书义、五经义各一篇。

至于词章楷法等艺文类方面的人才选拔，新章程接受张之洞、陈宝箴的建议，根据朝廷及各级政府的实际需要，考试偶一举行，不为常例。由于此项专门人才的来源已经确定，所以此后的科举考试不再如过去那样以书法水平的高低决定录取，而是以讲求实学实政为主，以利硕学而黜浮华。[②]

8 月 19 日，清政府再以光绪皇帝的名义发布一道上谕，接受张之洞、陈宝箴的建议，停止朝考，并重申，“朝廷造就人才，惟务振兴实学，一

---

① 张之洞：《妥议科举新章折》，《戊戌变法》卷二，第 471 页。

② 《上谕之九十九》，《戊戌变法》卷二，第 41 页。

切考试诗赋概行停罢，亦不凭楷法取士，俾天下翕然向风，讲求经济，用备国家任使”[①]。至此，关于废八股、改科举的争论终于告一段落，由康、梁等人所竭力鼓吹的废八股运动却终于由张之洞等“稳健改革家”的“稳健方案”得到落实。

统观清政府采纳张之洞、陈宝箴的建议最终出台的新科举方案，我们不难看到这个方案虽然容纳了不少新的内容，诸如时务经济、五洲各国政治等，但不论其形式，还是其本质，这个方案都与先前主张改革旧的科举制度、废除八股取士体制的主张，特别是与康、梁的主张相差甚远，按照康、梁的主张，“以科举取士，必不能得人才也，故不惟八股当废，即科举亦当全废，而一切学级，悉自学校出，此乃正理也”。然而他们的理想为何没有实现？他们既然有光绪皇帝的坚决支持，又有与“守旧礼官”坚决斗争的精神，那么是什么原因阻止了他们的计划？据梁启超的解释，他们的计划此次之所以没有完全获得成功，“盖使数百万之老举人老秀才一旦尽失其登进之路，恐未免伤于激进，且学校生徒之成就，亦当期之于数年以后，故此数年中借策论科举为引渡，此亦不得已之办法也”[②]。这是梁启超后来的“不得已”之解释。事实上，在当时，康、梁等人并没有这样清醒的认识，康有为的弟弟康广仁曾经劝说康有为在废八股的问题上适可而止，不要一意孤行，因为废八股、改科举不仅来自那些以此为终身追求的老举人老秀才的反对，而且不可能获得政府高层的一致的坚定支持，清政府同意在一定程度上废除八股取士的旧有方式，改革者就应该适可而止，不要在这方面过多纠缠，“故常谓但竭力废八股，俾民智能开，则危崖上转石，不患不能至地。今已如愿，八股已废”，康广仁力劝康有为

---

① 《上谕之一百三十三》，《戊戌变法》卷二，第55页。

② 梁启超按语，《戊戌变法》卷二，第42页。

“宜速拂衣，虽多陈无益，且恐祸变生也”①。康有为当然也知道这番道理，但是他有自己的解释和理由，他执意要与旧势力斗争到底，执意要进行新旧党争，所以他在清廷已决定废八股的历史关头，乘胜追击，向刚毅、许应骙发难，而且其真正的目标似乎要对准他们背后的慈禧太后②，这就使得本可适可而止的改革最终退回到原有的起点，而新旧党争则从无到有，终于在康有为等人促动下正式开启。

废八股、改科举的活动在张之洞、陈宝箴等人的调和下终于不了了之，科举制度的改革还要留待未来若干年之后。这是康有为当时无论如何也没有想到的。

---

① 康广仁：《致易一书》，《康幼博茂才遗文》，国家清史编纂委员会编：《清代诗文集汇编》，上海古籍出版社2010年版，第609页。

② 据康广仁的说法，他曾对康有为明白地指出，当前的朝廷，“新旧水火，大权在后，决无成功，何必冒祸?”而康有为执意进行，其内心深处显然也有向慈禧太后问难的意思，这从他攻击刚毅、荣禄、许应骙的一些言行中也可以清楚地看到。

第十二章

戊戌关键：创办京师大学堂

1898年6月11日，光绪帝颁发《明定国是诏》，宣布即日起进行政治改革，然而通观这份被誉为1898年政治改革运动总纲领的重要文件，其实只说了一件非常具体的事：

> 数年以来，中外臣工讲求时务，多主变法自强。迩者诏书数下，如开特科，裁冗兵，改武科制度，立大小学堂，皆经再三审定，筹之至熟，甫议施行。惟是风气未大开，论说莫衷一是，或托于老成忧国，以为旧章必当墨守，新法必当摈除。众喙哓哓，空言无补，试问今日时局如此，国势如此，若仍以不练之兵，有限之饷，士无实学，工无良师，强弱相形，贫富悬绝，岂真能制梃以挞坚甲利兵乎？
>
> 朕惟国是不定，则号令不行，极其流弊，必至门户纷争，互相水火，徒蹈宋明积习，于时政毫无裨益。即以中国大经大法而论，五帝三王不相沿袭，譬之冬裘夏葛，势不两存。用特明白宣示，嗣后中外大小诸臣，自王公以及士庶，各宜努力向上，发愤为雄。以圣贤义理之学，植其根本，又须博采西学之切于时务者，实力讲求，以救空疏迂谬之弊。专心致志，精益求精，毋徒袭其皮毛，毋竞腾其口说。总期化无用为有用，以成通经济变

之才。

京师大学堂为各行省之倡，尤应首先举办，著军机大臣、总理各国事务王大臣会同妥速议奏。所有翰林院编检、各部院司员、各省武职后裔，其愿入学堂者，均准入学肄业，以期人才辈出，共济时艰，不得敷衍因循，徇私援引，致负朝廷谆谆告诫之至意。将此通谕知之。①

这个非常具体的事情，就是创办一所具有西学特征的京师大学堂。按照上谕中的精神，创办京师大学堂之所以如此重要，就是要为中国教育体制改革预做准备，因为一旦将来条件成熟废除科举制，能够有新的教育体制担负起科举制的功能，继续为国家担负起选拔人才的功能，期待以先破后立的方式进行教育改革，以期减弱改革的压力和阻力。所以京师大学堂的创办也就成为 1898 年政治变革中一件大事，朝廷和社会各界也都为此花费了很大精力，然而这件事情也成为当年所谓新旧冲突的关键点，新派人物指责旧派人物竭力阻挠，旧派人物指责新派人物别有用心，居心叵测，于是一件好事不仅没有做好，而且引发许多无谓的冲突。我们虽然不能说 1898 年政治改革失败应该归因于京师大学堂创办中各派政治势力的冲突与博弈，但是可以肯定地说，京师大学堂创办中各种势力的冲突，是那一年政治改革走向失败的一个重要因素。

第一节 现代新教育的提出

在中国建立新式教育体制的议论由来已久。1882 年出使归来的王之春就在《蠡测卮言》中详细介绍过西方近代学校教育制度，以为中国也应该

① 《上谕之四十五》，《戊戌变法》卷二，第 17 页。

像西方那样，进行教育体制方面的改革，以规模化、标准化的学校教育体制取代传统中国的书院教育、私塾教育，从而培养适应社会需要的新人才。[1]

1891年，正在西方公干的外交官薛福成直观感到西方近代教育体制有其优良之处，他甚至怀疑西方国家之所以走上强盛，其根本原因可能就在教育。反观中国教育体制，薛福成认为，传统的八股模式可能很有问题，天下数百千万青年学子长时间在这种无用的学问中消耗精力，其目标只是寻求个人出处，似乎与国家发展强盛关联不大。参照西方经验，薛福成认为，中国的改革必须从教育入手，要黜浮靡，崇实学，破积习，要培养大批新人才。而要培养大批新人才，就必须像西方近代国家一样，走规模化、标准化的近代教育之路。教育体制必须进行根本变革。中国只有在教育上有办法，才能培养出新人才。中国只要有大批新人才茁壮成长，就一定会改变中国的面貌。[2] 这就是薛福成的结论。

与薛福成具有相似思想认识的在那个时代还有不少，其中最为显赫影响最大的当数郑观应。郑观应是近代中国最著名的洋务思想家，其对中国问题的认识，对西方近代体制的推崇，都是那个时代的典型。他在《盛世危言·学校》中对教育问题有专门的深入讨论，以为中国事事不如人，主要是因为中国的教育还停留在“前近代”阶段，还没有向近代教育过渡。中国的传统教育体制虽然也讲究治国平天下，但其根本则是一种“内圣”的训练，是培养君子的体制。而进入近代，国家发展民族强盛，处处需要新人才新知识，所以原来的中国教育体制教育模式，显然已经不敷运用，

① 王之春：《蠡测卮言》第十三，氏辑：《各国通商始末记》卷十九，宝善书局光绪二十一年石印本。

② 《出使英法义比四国日记》，第291页。

无法满足社会对新人才的需求。郑观应建议，中国要发展要强大，必须从教育着力，必须在教育上下功夫动脑筋，必须参照西方已有的成功经验，最大范围最大限度广设新式学堂新式教育，以培养新人才，传播新知识。这才是中国目前治国的根本。以中国人所具有的聪明才智，以中国所具有的丰富资源，一旦中国人在教育上有了办法，中国就一定会重建辉煌，重回世界舞台中心。①

改造旧教育，创建新教育，特别是仿照西方经验，创办新式教育体制，至少在甲午战前已成为国人基本共识。又经过甲午战败强烈刺激，国内有识之士不约而同将批判锋芒对准中国传统教育制度，以为中国之败不是败在战场而是败在课堂，日本人学西方创建了自己的新式教育，培养了大批有用人才，中国人继续使用科举考试的规范，除了禁锢人们的思想，培养一批莫名其妙的雅士外，很难找到有用之才。

基于这种深刻的教训，变法自强的呼声在甲午战后逐渐强大，成为时代最强音。而变法自强的重要内容之一就是学西方学东方，进行教育制度改革，培养新人才，传播新知识。1895 年 7 月，具有新思想的广西按察使胡燏棻向朝廷提交了一份改革建议书，就中国将要进行的改革事项，大致排了一个顺序。

按照胡燏棻的理解，中国的改革毫无疑问是一个庞大的系统工程，涉及各个方面，遍及各个领域，大致归类，首在筹饷，次在练兵，而筹饷、练兵之本原又在敦劝工商，广设学校。既要像东西洋各国一样，创建全国教育新体系，建立大中小三级学堂，在京师和各省省会设立大学堂，在道府这个层级设立中学堂，在州县一级设立小学堂。除了这些普通教育普通学堂外，还要根据社会发展实际需要，设立各种各样职业学堂，诸如工、

---

① 《郑观应集》上，第 267 页。

农、商、医、武备等，在过去看来可能只是工匠，只是技艺，但在近代教育体制下，都应该进入学堂培训。此外，还应该注意女子教育和特种教育，诸如聋哑人、残疾人，都应该有合乎其特殊需要的新学堂。胡燏棻认为，中国如果能够做到这些，那么国无弃民，地无废材，富强之基由斯而立，还怕中国不能摆脱失败阴影，重拾信心，重建辉煌，报仇雪耻吗?①

第二节 创办京师大学堂的动议

兴学校在甲午战后一时间成了变法自强的关键。事实上，中国自洋务运动以来，也并没有少设具有近代特征的新教育机构，诸如同文馆、广方言馆、水师学堂、武备学堂、自强学堂、实学馆之类，那么究竟是什么原因使这些所谓新教育机构并没有如愿发挥理想效果，并没有在中国自强运动中成为一支重要力量呢？梁启超在 1896 年总结这一教训时指出，这些所谓新教育机构实际上只学到了西学的皮毛，言艺之事多，言政与教之事少。其所谓艺者，又不过语言文字之浅、兵学之末，不务其大，不揣其本，即尽其道，指望这样肤浅这样形式主义的教育去探究西方强大的根本，不是盲人摸象、缘木求鱼吗?

根据梁启超分析，洋务学堂之所以失败的原因有三：一是科举取士制度不改，青年一代读书人对西学没有兴趣，因为无论他们掌握多少西方学术，他们不能通过科举考试获取功名，就不可能步入官场，无法就业。不能有效解决新知识的出路问题，就不可能有更多的人愿意舍弃科举考试而学新知识。二是师范学堂不立，没有掌握近代教育知识的老师。三是专门

① 胡燏棻：《变法自强疏》，沈桐生辑：《光绪政要》卷二十一，江苏广陵古籍刻印社 1991 年版，第 1105 页。

之业不分，生员无法在一门科学领域中继续深造。所以，梁启超建议清政府为了富强，为了报仇雪耻，应该改变科举取士制度，应该投入足够经费，大力发展新式学校教育。①

新教育体制应该建立，新式学堂应该大规模推广，但是所有这些应该做的事情，究竟应该怎样做呢？在变法维新运动蓬勃兴起的1896—1897年间，各种各样的具体方案设计出来了，曾经出使日本，后又调赴俄德等国，对东西洋社会实况有直观了解的姚文栋参照东西洋各国经验提出在京师设立隶属于中央政府的新式学堂，以为人才总汇之所，并为全国教育楷模，举国则效。②

翰林院编修熊亦奇具有浓厚的维新思想，是强学会骨干，他在所上的《京师创立大学堂条议》中以为学校是天下之公器，东西洋各国先走一步，明白其理，创办各种各样大学堂，其国民素质大幅攀升，国民智慧也被大幅度激活，各种各样的创造发明层出不穷，其国家逐步强盛，人民逐步富裕。根据东西洋各国成功经验，熊亦奇建议清政府尽快在京师创建一所具有国立性质的大学堂，聘请东西洋各国一批有真才实学的大师，编印课本，自小学开蒙以次分门教育，坚持数年，必将风气大变，人才辈出，国家必将日趋强盛。③

中国人对新教育的期待非常强烈，但是要进入操作层面，确实还有许多事情要做。1896年6月12日，刑部左侍郎李端棻向清廷提交了一个奏折，就京师大学堂的创建以及全国新教育体制创建，提出一些具有操作指导意义的建议。李端棻认为，全国新教育体制是一个整体，不能孤立观

---

① 梁启超：《学校总论》，《饮冰室合集》文集之一，第14页。

② 甘韩辑，姚文栋：《京师学堂条议》，《皇朝经世文新编续集》卷五，商绛雪斋书局1902年版，第19页。

③ 北京大学校史研究室编：《北京大学史料》卷一，北京大学出版社1993年版，第12页。

察，更不能孤立进行，仅仅创办一个京师大学堂，而没有全国新教育体制相配合，那么京师大学堂生源从何而来，出路何在？这些都值得考虑。李端棻建议，京师大学堂与全国新教育体制必须统一规划，全面推开，自京师以至各省府州县都应该按照统一规制设立新式学堂，统一全国教育体制，规范各类各级生童入学就学年龄，规范各级各类学堂课程设置。对于京师大学堂，李端棻做了详细规划，建议在先前官书局基础上扩充，这样可以相对省力省时，事半功倍。京师大学堂的辅助工程和设施，李端棻提出要设立藏书楼、仪器院、译书局、报馆等，以为只有这些机构相互配合，才能相得益彰，取得实效。①

李端棻的建议具有很强的可操作性，因而受到朝廷高度重视，皇上下令总理衙门就李端棻的建议拿出具体方案。总理衙门以为这个建议其本质是对官书局的扩充，因而将李端棻的建议转至官书局管理大臣孙家鼐手中。

孙家鼐也是具有新思想的开明官僚，他在与相关方面进行两个月的调研讨论后，于1896年8月向朝廷提交了一份报告，对李端棻的建议作了充分肯定，以为创设京师大学堂为先前创办官书局应有之义，同意在官书局基础上创办京师大学堂。孙家鼐的报告还对京师大学堂宗旨、选址、分科、教习以及生徒等问题提出一个初步方案，大致描绘出京师大学堂美好愿景。

根据孙家鼐的规划，京师大学堂为中国唯一或至上的高等学府，以中学为主，西学为辅；中学为体，西学为用。中学有未备者，以西学补充；中学有失传不善者，以西学还之修改之。但他明确强调，以中学包罗西学

---

① 李端棻：《刑部左侍郎李端棻奏请推广学校折》，《时务报》第六册，光绪二十二年八月二十一日。

没有问题，但无论如何不会也不能以西学凌驾于中学之上。

对于京师大学堂校园规划与建设，孙家鼐也描绘出一幅优美图画，规划先设大学堂一区，堂之四周，多留空地，多植树木和花草。要为京师大学堂未来发展预留空间，因此京师大学堂的选址非常重要，要充分预计到未来发展的土地需求，诸如藏书楼、博物院等，都要预留空间，以备不时之需。

在学科设置、学堂管理、教师聘用、学生管理与激励等方面，孙家鼐都有详细考虑和规划。此外，孙家鼐还对全国教育系统重建提出一些有价值的意见。①

孙家鼐的报告是对李端棻建议的回应，也是清政府第一次明确提出创建京师大学堂。只是后来因为经费原因，因为人事原因，这个重要规划在此后两年还是被打入冷宫，冻结起来了。

两年后，也就是到了 1898 年初，江西道监察御史王鹏运旧话重提，于 2 月 15 日向朝廷递交了一份奏折，建议皇上克服困难，尽早下令开办京师大学堂。

王鹏运的建议等于临门一脚，酝酿有年的京师大学堂终于从方案进入实质性操作。皇上在批转王鹏运建议时表示，京师大学堂筹办已经酝酿多年，许多大臣都提出过类似建议，过去碍于各种各样的原因与借口无法实行，现在条件大致具备，准其建立，亟需开办。并责成军机大臣会同总理衙门提出详细方案和章程，早日将蓝图转化为实践。②

① 孙家鼐：《孙家鼐议复开办京师大学堂折》，《光绪政要》卷二十二，第 1191 页。

② 《光绪朝东华录》卷四，第 4041 页。

第三节 几份不同的创建方案

中国开明官僚创办京师大学堂的建议之所以最终受到朝廷重视，在某种程度上说也与那些“外来和尚”不断鼓吹督促有关。西方来华传教士对中国教育变革始终抱有极大兴趣，他们多年来向中国人传递了不少西方教育的新进展，期待中国在教育上能够尽早与西方接轨。美国传教士李佳白具有很高的学术素养，他在为《万国公报》撰稿时积极鼓吹变法，鼓吹自强，鼓吹教育改革，并向清政府提出创设京师大学堂的具体计划。这些“外来和尚”念的“经”似乎比那些本土和尚的动议更有说服力。

在李佳白的方案中有八点具体建议：一是设立总学堂的根本用意在于使各种学问荟萃一处，无论学问出自何人，来自何邦，但视于人有益，皆当采用，不使少有缺漏；二是总学堂应该尽可能多地设立各种学科，诸如中西文法文理、中西史鉴、政事学、律法学、富国策、地理学、地势学、算学、格致学、化学、天文学以及机器学、矿学、金石学、工程学、农政学、身体学、医学，乃至中西各等性理学、性灵学等，都应该兼收并蓄；三是总学堂虽备有各种学问，然一人之聪明才力势必不能兼学无漏，即使兼学某科，亦势必不能兼精。所以在总学堂之内应该再分设各种专门学堂，其对目前中国最要者有政事律法学堂、格致学堂、矿学堂、工程学堂、农政学堂、医学堂、博文学堂等，所有这些急需专业都应该挑选那些性之所近、学有所长的学生入一专门学堂研习，各尽心力以学之，务造其极而止；四是总学堂于各种专门学堂之外亦可以设立一大学堂，进行通才教育；五是设立总学堂务求尽美尽善，不可照搬西方诸国寻常办法，一定要有所创新。如果仅仅照搬西方诸国寻常办法，那么新设立的总学堂与中国先前已设各种学堂就无所区别，既不可谓之总学堂，复不可谓为尽美尽善之办法。倘若过去那些仿照西方设立的各种学堂只能使学生通西方语言而不能通其文艺，或能通算学、格致学之浅显学理而不能通其深邃奥秘，此不过蒙学、中学之程式，断不是他所期待的总学堂；六是在总学堂内应该大力倡导爱国精神，不论是中国人，还是总学堂聘用的外国人，都必须具备有益中国之心，成有益华民之学；七是在京师设立总学堂的根本目的是为各省提供示范，为各省新教育提供人才和经验，他日学成，或出而效用于各省，或出而教习于各地；八是在京师设立总学堂，不但能扩众人之才智，尊朝廷之体统，亦可扬国家之声名，使中国与世界同步，并最终使中国成为国际大家庭中负责任的一员，使西方诸国不致因中国不愿学习西方、不愿与世界同步而轻视中国。

根据这八点分析，李佳白认为在京师设立总学堂已刻不容缓，至于议论中的所谓开办经费问题，在李佳白看来根本不构成问题。他认为，设立总学堂一事，若能妥立章程，教以实在学问，既无流弊，款亦不多。朝廷决计举行，四方莫不相应。铁路尚不惜费，学堂何难筹款？况学堂之有益更非铁路之可同日语乎？[①] 李佳白竭力鼓励清政府克服困难早日创设具有近代特征的大学堂。

李佳白的方案主要是论证创设大学堂的必要性，而另一位美国传教士狄考文主要是参照各国经验提出具体下手处与应办之方。[②] 狄考文 1863 年来华传教，第二年就在登州开办了蒙养学堂，着力从教育上改变中国。1876 年，狄考文将蒙养学堂改名为文会馆，由小学升格为中学，1881 年开设大学预科，成为后来齐鲁大学的一部分。文会馆初办时虽然规模有

---

① ［美］李佳白：《拟请京师创设大学堂议》，于宝轩辑：《皇朝蓄艾文编》卷十四，学生书局 1965 年版，第 33 页。

② ［美］狄考文等：《上译署拟请创设总学堂议》，《皇朝蓄艾文编》卷十四，第 32 页。

限，条件有限，但这确是近代中国第一所真正意义上的大学。所以狄考文不是一般的传教士，而是具有丰富实践经验的教育家，他对于中西教育的本质与差异，都有很好的理解。因此，狄考文有关创办京师大学堂的建议，就受到朝廷格外重视。

毫无疑问，清政府最终决定创办京师大学堂，其动力是各种因素综合的结果，也是中国教育发展的必然趋势。朝廷1898年6月11日《明定国是诏》，也因此受到相当重视。只是由于中国行政效率实在低下，这份重要诏书如同其他文件一样，并没有在军机大臣和总理衙门那里迅速获得反响与回应。

大臣们的拖延推诿终于惹恼了皇上。半个月后，皇上于6月26日又发布了一道怒气冲冲的御旨，严厉批评军机大臣、总理衙门王大臣因循守旧，不思进取，责成他们必须尽快就怎样创办京师大学堂拿出具体方案和行动步骤，如果继续拖延，不能依限办妥，那么必将严惩不贷。①

皇上的震怒终于引起了官僚们的注意，但是要想让这些思想上毫无准备的大臣在很短时间里拿出详尽方案，也委实过于难为。军机大臣和总理衙门王大臣商量的结果，决定聘请西学名声正隆的康有为主持起草京师大学堂章程，而不凑巧的是，康有为那些天也实在太忙，就转请其弟子梁启超动笔。这中间自然又要拖延数日。

大约就在梁启超受命起草京师大学堂章程的同时，江南道监察御史李盛铎于6月30日上了一个奏折，就京师大学堂与中国整个教育体制的关系、选址原则、功课设定、款项筹措以及委派大臣出洋考察等提出具体建议，既及时缓解了军机大臣和总理衙门王大臣的压力，更对后来中国新教育的发展起到了相当重要的启迪意义。

---

① 《光绪朝东华录》卷四，第4104页。

李盛铎的建议共有五个要点，一是关于办学章程。李盛铎认为，根据各国经验，普通教育体制基本上都是由小学升入中学，由中学升入大学，所以各国大学章程一般较中小学章程简单，因为各种学术的详细规章在中小学已有规定。而中国实际情况是，中学、小学教育体制并没有建立，那么将要设立的大学堂就不能不统辖管理中小学，不能不在东西洋各国已形成的大学章程上有所损益有所变革，将中小学教育融会贯通，斟酌参考。待中小学教育获得充分发展后，大学堂还是应该回到大学创办的本意上来，以从事高等教育为自己的基本功能。所以拟议中的大学堂章程应该以发展的眼光充分考虑中国教育在未来若干年中会有突飞猛进的发展这一可能，既要考虑到目前中小学教育尚不完备的现实，又要考虑到大学教育的根本意义之所在。

关于办学章程拟定的第二项考虑，李盛铎以为是教育独立化的原则。他在介绍日本大学体制时，主张将要创办的大学堂应该参照日本经验，设立相对独立的评议会，以各科学长及教授为议员，由大学总长为议长。评议会的功能甚为完备，诸如各科设置、各种规制变更，学位授予等都应由评议会依据民主平等原则公议而后定。这样，政府除了负责向大学堂拨款外，不必对大学堂内部事务过多干预。

二是关于大学堂选址。李盛铎指出，各国大学规模都比较宏大，中国在创办之始，若稍存因陋就简之见，则以后的发展必将遇到很多困难。以中国本身固有学问说，如天算、舆地、律例等均属很重要的学科，断不可废；至于将要在大学堂引进的各种西学，更是门类繁多。有一种学问，必当立一专门之所，似不宜含混牵并，聊以充数。即如兵、农、工诸学，皆为今日之要务，但是开设兵学，须有操练演习的大操场；创办农学，须有新技术新手段的试验农场；至于工学，更需要有面积庞大的试验之区。此外，每一学堂中，要有图书馆、大礼堂、博物院等，凡此都是大学所不可或缺的设备。所以，李盛铎建议，在创办大学之初，决不能因一时困难稍存因陋就简之想，必须要有长远眼光、远大理想、久远规划，应该将大学选在城外空旷之地，以为将来的发展预留足够空间。即使各种学堂不能同时并举，其暂时缓办者，也应该有长远考虑，为未来正式创办预留地址，以便将来条件成熟时予以扩充。应该承认，李盛铎的这些提醒很有世界眼光，可惜后来的主事者并没有充分考虑这些意见。

三是关于大学堂的功课设置。李盛铎指出，各国大学的课程设置都比较繁密，从早到晚，都有相应计划与安排。中国的大学创办之初即或稍事变通，但也不能太过简单。大学堂设立后，除了录取 6 月 11 日诏书提及的那些部院在职人员外，举贡生监似可推广及之。但必须进行严格甄别录取，宁缺毋滥。大约已入仕获得相应工作经验者应该多习法科，因为他们已有相当实践经验；从未入仕者可以分别学习各种艺学，或者设立普通学科，以便使他们通过一定时间的学习，能够通达时务，成为有用之才。学生的年龄在三十岁左右者，应该要求他们阅读已翻译成中文的西方著作；其年仅二十岁左右者，精力有余，应该要求他们兼习各国语言文字，当然中文的要求对他们也不能降低。西方国家的大学每年春秋两季都安排一次大考，连续三次考试不及格者，则劝他们退学。至于不守学校规章制度或举止粗忽无礼者，或被开除，或被劝退。所以京师大学堂创立后，应该参照西方经验，尽快制定相应规则。至于选定教习，李盛铎建议，除了涉及所谓中学使用华人外，西学各门如华人确无专精者，可以考虑聘请日本人执教，日本的新学问最近若干年蒸蒸日上，人才辈出，几无不备。日本风气性情，亦易相习，当然日本学者的薪水也较西方国家为低。

第四个问题是关于筹款。李盛铎介绍了西方国家大学经费来源的主要渠道，强调东西洋各国对高等教育均极端重视，经费充裕。中国现在刚刚开始创办新教育，头绪万端，故不能很快将经费提升至东西洋各国水准。

然而政府必须高度注意大学堂及全国新教育经费的筹措，应该提供宽裕的筹资环境。如果经费太过紧促，比如学生的伙食太差，不要说那些部院人员不愿在职就学，即一般学子中有才有志者恐怕也未必愿意来就学，结果几年后肄业者皆平常无聊之人，与其少费而多滥竽充数之人，不如多费而得真才。或许有人认为现在国家经济状况并不是太好，经费筹措也不会太好，大学堂等新教育经费也不能有太高期望。这种说法在李盛铎看来是没有多少道理的。他指出，法国当年败给德国后，国家经济极端困难，但法国教育却在那些年获得了空前发展，法国人认为多费数千百万之帑，而多数十百人才，则取偿之数，固不可限量。现在中国政府既然将大学堂等新教育的发展视为“新政第一大举动”，那么其他方面的费用可以尽量节省，而教育经费独不可过于限制。中央政府及各省当局都应该设法为大学堂及各省将要创办的中小学大力筹措经费，开拓经费来源。

第五，李盛铎建议政府委派位尊望重大臣专门出洋考察教育，并具体建议先前曾奉旨管理官书局的协办大学士孙家鼐可以充任，并建议朝廷责令即将回国的出使大臣许景澄途经各国时仔细考察教育状况，广泛收集各国现行教育章程，以备参考。①

李盛铎的五项建议立意深远，构思宏大，具有极强的可操作性，因而在后来的实践中被广泛吸收，对于中国新教育的发展，对于大学堂的创办都起到了很大的促进作用。

有了李盛铎的规划，军机大臣和总理衙门大臣根据这些建议，并与各相关部门参照先前中外各家各种方案进行研究，就京师大学堂体制、规模以及所需人才、物质支持等方面于7月3日提出了一套比较完整的方案和

---

① 李盛铎：《江南道监察御史李盛铎折》（光绪二十四年五月十二日），《戊戌变法档案史料》，第257页。

详细章程，京师大学堂的筹备工作方才真正启动。

关于创办宗旨，总理衙门在 7 月 3 日的方案中强调，当中国更新之始，京师为首善之基，创兹巨典，必当规模宏远，条理详备，是足以隆观视听而育人才。根据这一宗旨，总理衙门提出创办京师大学堂四原则：

一是宽筹经费。总理衙门大臣指出，学堂养士数百，购置图书仪器等都需要大量款项，如果没有政府常年拨款，断难持久。而开办之初，所需费用更为巨大，经初步测算大约需要三十五万两，常年经费大约不能少于十八万两。这个数额孤立地看当然很大，但是与东西洋各国相比，尚不及人家在教育方面投资的千分之一。当然，东西洋各国教育经费的来源不止政府财政拨款一个途径，经费来源多样化多元化，也很值得我们效法。总理衙门建议朝廷决策层在经费筹集、划拨上应早有规划，尤其是常年经费更应早做安排。至于将来规模扩大后的费用，届时由管学大臣与相关部门协商。

二是宏建学舍。总理衙门以为由政府划拨官地进行新建筑当然是件好事，但目前时事日殷，需才孔亟，若待从容进行大规模基础建设，恐怕又要延迟不少岁月。根据东西洋各国经验，总理衙门提出一个变通办法，即由政府先划拨一处已有建筑作为京师大学堂临时校舍，命官选士，克日兴办。同时，由相关部门认真选址，由政府划拨官地，进行京师大学堂新校址建设。这样，既可保证京师大学堂规模宏大，又可立即兴办，举事不滞。根据这个原则，政府后来划拨地安门内一处空闲官邸作为京师大学堂临时校舍，略加修葺，准备招生。①

三是慎选管学大臣。总理衙门强调，任事需人，大学堂设于京师，以

① 奕劻等：《总理各国事务奕劻等折》（光绪二十四年六月初二日），《戊戌变法档案史料》，第 266 页。

为各省表率，事属开创，一切制度均需审慎精详，非有明体达用之大臣从事管理，不足以实现朝廷殷殷兴学理想。况且随着风气逐步开放，各省已逐步设立不少新式学堂，最近朝廷下令停试八股，讲求西学，各地随着这些情况变化，原来的书院等旧式教育机构都必然随之变化，新式学堂势必大规模增加，中央政府如果不及时建立统辖新教育的全国性专门机构，势必各分畛域，流弊无穷。总理衙门建议由政府委派一位博通中外学术的大员负责管理京师大学堂事务，同时委派这位大员负责节制各省所设新式学堂。这样，京师大学堂就具有双重功能，既是一所新教育实体，又是全国新教育管理机构。

四是简派总教习。总理衙门指出，命官既需郑重，而择师尤关紧要。现在中国大多数读书人学无本原，不通中国政教之故，徒袭西学皮毛，这样的人当然无法满足国家需要。为了转移风气，也为了京师大学堂确实能够培养出一批有用之才，总理衙门建议精选一位博通中西学术的大学者出任大学堂总教习。苟得其人，学术正而道艺兴；苟失其人，学术谬而道艺亦误。

按照总理衙门的设想，总教习综司大学堂功课，功能尤重，果能选拔到一位学赅中外的学者担任此职，京师大学堂的成功也就有一半以上把握了。[①]

第四节　创建方案越来越明朗

在总理衙门 7 月 3 日上报的京师大学堂办学方案中，还有一份京师大学堂章程。这份章程的执笔人是梁启超，他是代康有为起草的，而康有为又是受总理衙门正式委托的。

---

① 《遵筹开办京师大学堂折》，《戊戌变法》卷二，第 412 页。

这份章程共八章，第一章为“总纲”，规定大学堂性质、地位、功能、宗旨等。强调京师大学堂不仅为全国新教育表率，而且将统辖各省所有新式学堂；参照西方各国重视师范教育的经验，总纲规定大学堂必须格外重视师范教育，于学堂内专设师范斋，以便培养教习之才；总纲建议政府在上海等处开设一编译局，取各种普通学问及尽人所当习者编为小学、中学、大学三级教材，以供大学堂及各省将要创办的中小学堂使用；教材分类主要有中学及西学，中学荟萃经史子集之精要及与时务相关者，西学为翻译西方学堂所用之教材；总纲还规定大学堂拟创设一规模宏大的藏书楼，广集中西要籍，以供士林浏览而广开天下风气；创立一个仪器院，集各种天算、声光电化、农矿等机器制造、动植物各种学问之应用仪器于一院，以为实力考求之助；总纲既规定大学堂为各省新式学堂的管理机构，又规定大学堂生源将来自各省中学堂肄业生，因此总纲最后一条责成各省督抚要尽快创办中小学堂，务使一年内每省每府每州县皆有学堂，庶几风行草偃，立见成效。

京师大学堂章程第二章规定学堂功课。在这一章，章程对各省近年创办的新式学堂提出批评，以为这些新学堂并不符合维新变法的宗旨，这些学堂虽名为中西兼习，实则有西而无中，且有西文而无西学。除了让学生学了点外语外，对于西学其实根本就没有入门，反而将中学抛掷脑后。这种情况之所以发生，主要是因为中西学问确实难以沟通，确实难以贯通掌握。所以，那些稍稍熟悉西学的人，往往鄙视中国旧有学问为无用。各省学堂既以洋务为主义，即以中学为具文。其所聘中文教习大多不通西学，所知道的知识只是科举考试中的八股文之类，因此学生视中学为赘疣，对儒家义理之学全不讲究，对经史掌故更不愿意下功夫。这实际上是一种本末倒置。

章程强调，根据东西洋各国经验，从未有任何学校尽讲他国之学而完全舍弃本国之学者，亦未有绝不通本国之学而能通他国之学者。中国学者之大弊是治中学者绝不言西学，治西学者亦绝口不言中学，结果就是中西两门学问视若水火，相互诟病，无法形成一个学问总体，无法在中西学问基础上建构出一门新学问。针对这种情况，章程在这里刻意强调张之洞一直在鼓吹的中体西用，以为中学为体，西学为用，二者相需，缺一不可。如果不能深究中国自古以来圣圣相传儒家义理之学，则学无根底，其所浮慕的西学也只是得其皮毛，徒增习气，必无心得。京师大学堂一定要克服这一毛病，一定要在中西学术结合上下功夫。为此，章程提出课程设置的两大原则，一是中西并用，观其会通，不得偏废；二是以西文为学堂之一门，不以西文为学堂之全体，以西文为西学之发凡，不以西文为西学之究竟。明确将西文与西学判为二事，意在纠正先前几十年洋务运动中创建的那些新式学堂将西文视为西学，以是否掌握西方语言文字视为西学之高低的流弊。

根据这些原则，京师大学堂章程第二章为课程设置方案，将全部课程分为普通学与专门学两大类，前者要求每一个学生都应当通习，类似于今日的基础课；后者要求每一个学生各占一门，类似于今日的专业课。普通类基础课共设计了十门具体课程，有经学、理学、中外掌故、诸子学、初级算学、初级格致学、初级政治学、初级地理学、文学、体操等。要求每个学生在三年内掌握除体操外的九门普通课程，经考试合格方能毕业。至于外语，章程要求每一个学生都必须选择一门进行学习，所使用的教材应该是该语言国家的原本。外语考核与普通课程相同，不及格的也不能获得毕业资格。

至于专业设置，章程根据需要及可能，提出了十大专业，即高等算学、高等格致学、高等政治学（包括法律学）、高等地理学（包括测绘学）、农学、矿学、工程学、商学、兵学、卫生学（包括医学）。要求所有学生就性之所近、能之所及在此十种专门学问中选择一种或两种认真研习，其已习西文之学生尽量使用西文原本，以求获得该学科的精义。[①]

京师大学堂章程关于考试的规定也很有新意，它放弃中国传统书院含混不清的以文辞论高下的办法，而主张采用西方大学成例，实行学分制。但是又借鉴中国传统书院特别是梁启超在湖南时务学堂的经验，要求学生每天写读书心得交给老师进行考察。

章程第三章提出录取学生的一般标准，大体为在职读书的“干部进修”类和未曾入仕的一般学生，并提出在学生中选拔那些高才者作为师范生单独培养，以为新教育准备足够师资力量，待其学成后分发各省学堂充当教习，从根本上改变中国教育体制。

先前各省设立了不少新式学堂，但如实说来却很少培养出真正的人才，除了管理方法、教学方式等原因外，还有一个重要背景是这些学生无法在科举考试体制下获得真正的出身，所以那些具有一定天赋的学生不愿到这些新式学堂就学。这也是新教育在这之前无法有效推广的一个重要原因。

为了克服这样的问题，京师大学堂章程充分注意到新教育体制下成长起来的新一代的出身问题，第四章建议政府变通科举考试成例，参照东西洋各国经验，制定一个标准，给学堂学生一个正式体面的名分，从而鼓励更多青年学子接受新教育，而不是继续在科举道路上学非所用，浪费青春。[②]

大学堂章程出来后，总理衙门广泛征求各方面意见并重点与日本驻华

---

① 9月15日，出使日本大臣裕庚奏日本大学科目并初学功课，谓日本仿照西方设立大学，共分六科，即法科、医科、工科、文科、理科、农科。这对于京师大学堂专业的设置很有影响。见孙家鼐《管理大学堂大臣孙家鼐片》(光绪二十四年八月初四日)，《戊戌变法档案史料》，第309页。

② 《总理衙门奏拟京师大学堂章程》，《北京大学史料》卷一，第87页。

公使馆进行过沟通，希望日本方面能够提供帮助。7 月 20 日，总理衙门特别委派章京顾肇新、徐承焜到日本公使馆当面咨询，征询意见。林权助知无不言，言无不尽，提出许多有启发意义的观点。他认为，中国创设大学堂，最为现实要务，惟开办之初，章程原不能完备；将来有不妥之处，应随时酌改，期归尽善。

就现有章程论，林权助认为，章程规定大学堂以中国学问为根本，最为扼要，断无抛荒本国学问，专习外国学问之理。根据他的了解，各国新式教育大致都遵循这样的原则。

林权助建议，大学堂的学生应令统学英文，其有意学他国语言者，亦只可兼习。这是因为无论何国教习皆通英文，未必能通中文，若学生不习英文，彼此隔膜难以教授。

至于章程中所列各种学问，林以为以政治、矿学、工程三项为最紧要。中国现在急需此三项人才。卫生学亦是要务。至于兵学与文学不同，须另立学堂，不应列入大学堂内。

在谈到学生出身时，林权助说，鉴于中国实际情况，大学堂毕业的各科学生，只要学有成效，政府就应该颁发文凭，使之与正途出身的进士并重。这个意思应通过上谕的方式进行发布，令国内青年知识分子都知道这样举措，方能使年轻一代热衷于新教育。

关于教习薪水，林权助根据自己的经验建议说，如果每月三百两，恐怕外国上等教习不肯来。上等教习约需六百两。专门教习，不必专请西国人；如中国人有精通专门者，亦可令做教习。日本学堂开办之始，皆用西国教习。经过至今大约三十年的发展，现在日本国的大学教习，差不多都换成了日本人，因为这些日本教习已充分掌握了西洋知识，与西洋知识进程处于同步状态了，所以就不必重金聘请西洋人。至于中国，在新教育开办之处，肯定要聘请西洋教习，如果需要日本教习，林权助表示日本政府愿意帮助，可随时商量。

大学堂章程中也曾谈到学生的管理及经费补助等问题。林权助建议，按照日本学例，学生令自备资斧及日用伙食，购买书籍以及适量的学费等。对于那些非常贫穷的学生，学堂要想办法给予适当补助；对于那些学品兼优的上等学生，学堂要设置奖学金，给予适当奖赏，以激励学生的学习热情。从东西洋各国经验看，从来没有对于学生的学习费用、生活费用全部担负的先例，因为在这个教育阶段，学生学成之后，就业机会大增，收入标准也与入学前不一样，自己终身受益，因此不应在读书阶段完全依赖学堂免费供给。京师大学堂这样的普通教育，毕竟不是武备学堂之类的教育机构，专为国家出力，所以免去一切费用。

从后来的情况看，林权助的一些建议被充分吸收到大学堂章程的修订及实践中去了，为中国新教育发展做出了贡献。

第五节　对大学堂章程的不同意见

京师大学堂章程制定出来后，大学堂的筹建也就紧锣密鼓开展起来了，总理衙门尤其是管理大学堂大臣孙家鼐忙着为大学堂寻找合适地点建筑全新校舍，并委托出使日本大臣裕庚将日本大学堂建筑蓝图设法寄回，以便参考。

总理衙门指定将马神庙一处房产作为大学堂临时校舍后，由于修葺整理还需一段时间，因此孙家鼐于8月30日建议派大学堂办事人员李盛铎、李家驹、寿富、杨士燮等前往日本游历考察，将日本大学、中学、小学一切规制、课程并考试之法，逐条详查，汇为日记，缮写成书，以供参考。

孙家鼐之所以选定日本，主要是因为日本在创建新教育之初，曾选派博通之士分赴欧美各国进行考察，然后酌定规制，通国遵行，有力推动了日本现代教育的发展，学校如林，人才蔚起。现在京师大学堂章程略具，各省中学堂、小学堂已立者未能划一，未立者尚待讲求，均应由大学堂参核定议。即如同文馆与民间私塾、书院所习西文入门之书，传授各殊，文法深浅互异，故有二三年已通者，有三五年而尚未通者，虽然可能有学生资禀敏钝不同等各种各样复杂原因，但由于教学方法有善有不善，可能还是主要原因。基于此种考虑，孙家鼐等认为应该选派专人赴各国考察，以便制定统一的教育标准和教学方法。至于选派要员专赴日本的另外一个原因，毕竟中日一衣带水，同文同种，且往返需时需费都较欧美方便。①

京师大学堂紧锣密鼓准备开张，引起了各方面广泛兴趣，尤其是已公布的大学堂章程，有人赞成，有人反对，各种意见针锋相对。御史何乃莹就章程中的一些规定特别是考试策论、严加搜检等问题提出一些修正意见，建议在招考生员时援引乡试之例，二十取一，从严掌握，宁缺毋滥，保证大学堂教学品质和学生质量。至于章程建议大学堂毕业生授予进士、举人等名义，何乃莹认为没有必要，理由是科举考试所产生的进士、举人等已弊端丛生，新教育没有必要向旧体制靠拢。

何乃莹的建议引起了清廷重视。8 月 9 日的御旨要求孙家鼐对何乃莹的建议进行研究，给予答复。9 月 17 日，孙家鼐就何乃莹提出的问题做了解释，表示总理衙门原奏中规定大学堂学成者作为举人、进士使用，其主观目的是为了鼓励人才起见，其议亦未可尽非，但究竟如何办理，还可以再研究。此事关系甚重，议论各殊，在中国没有先例可循，他个人一个多月以来反复筹思，也未敢就此下一个绝对结论。所以，大学堂毕业生将来究竟授予何种学位，待进一步研究各国经验后再做决定。

① 孙家鼐：《管理大学堂大臣孙家鼐折》（光绪二十四年七月十四日），《戊戌变法档案史料》，第 276 页。

至于何乃莹以及其他一些人提出的问题，孙家鼐也有解释。他指出，有人建议将科举、经济、学堂的考试三合一，这个方法可能并不妥当。因为如果按照这个三合一的合并考试之法，非博览群书，难以入选。其得举人、进士也较难，其弊也则在于怀挟抄袭。学成卒业之法，普通学既熟，但专精一门即可入彀，其得举人、进士也较易，其弊则在于徇情滥举。今将通用科场考试，则学堂肄业诸生，必将分心于博览，无以致专一之功，于专门学业恐有窒碍。将不用考试，则所谓学堂出身也就流于形式。孙家鼐建议此后科场考试仍照张之洞等人建议的新方案办理；而学堂卒业诸生，果能屡试优等，学堪致用，即予以生员、举人、进士等名分，仿唐人分科举士之例。习化学者名曰化学举人、进士，习算学者名曰算学举人、进士；推之各科，皆冠以专门之名。将来何项需人，政府即按所习之科采择录用，如此则学堂之士可以争自濯磨，发奋学习。若虑徇情滥举，则应制定规则，一旦发现，严惩不贷，只要切实可行，便可以杜绝流弊。

至于何乃莹奏折中关于严搜检一节，孙家鼐认为，搜检之法系科举考试制度下的科场旧章，自当认真照办。这个制度虽然规定比较严厉，但每每变成具文形式主义，也自有其原因。其主要的原因，就是参加考试的人太多。现在的新体制，每次录取的差额不过一比十，且由各省学政严加甄别，这样每省每次参加考试的人数就能够大幅度减少。人数减少，当然有利于稽查，有利于严格考场纪律。一旦发现作弊，严惩不贷，罚其不准入场，取消当年考试资格，不复加以罪名，这样考生必能注意，不会随便冒险，搜检也就能够认真执行。[①]

从孙家鼐的奏折看，他的这些“筹思”也不过是在履行自己的协办职

① 孙家鼐：《协办大学士孙家鼐折》（光绪二十四年八月二日），《戊戌变法档案史料》，第239页。

责，并无康有为、梁启超等人后来所说的与维新势力斗智斗勇的丝毫迹象。

9月3日，给事中庞鸿书也对大学堂章程中的经学课程等一些规定提出了不同看法。9月9日，孙家鼐就这些问题进行了解释。孙家鼐认为，学堂之设，所以造就群才，以普通之学为初基，以专门之学为进境。创设规模，必求详备。至于课程设置中的经学问题，庞鸿书在奏折中称诸生往往皓首而不能通一经，现在学堂章程中所拟的功课，四书用朱熹集注本，五经遵用钦定义疏本，切要详明，易于卒业，不必以皓首难穷为虑。庞鸿书原奏中又称，凡诸生已熟读四书五经者，方准收入学堂，庶几略有限制。经学只须温习，不须另立一门。对此，孙家鼐解释道，将来开办学堂收考章程，自当以熟读群经者为上，专通数经及一经者次之。至普通功课，已奏请删并理学归入经学，删去诸子、文学归入各门，业已删繁就简，无可再减。况经学所以正人心、明义理，中西学问皆以此为根柢。若不另立一门，何以为造端之地？从这些争论看来，戊戌年间或者说整个维新时代的西学取向已引起主流意识形态的深深忧虑。

对于大学堂的专业设置，庞鸿书的奏折也提出了不同看法。他根据大学堂已将兵学归并到将来成立的武备大学堂为例，提出将农学、矿学、卫生学、医学等需要实验的学科剔除出大学堂，以待将来成立各种专门学校。他的理由是，农学、矿学皆当验诸实事，不容托之空言。农学各省异宜，当于省会设立学堂；矿学五金异用，已议于矿厂设学堂；卫生学、医学，不必兼普通学，且无关政治，算学中天文亦然。对于庞鸿书的说法，孙家鼐不以为然。他指出，大学堂所以统辖各省学堂，在于其规模既广，门类宜详。至于先前将兵学一门归入武备学堂，因陆军枪炮阵法，水师驾驶测量，堂中不便教习；而中西兵制，皆政治门应有之事，仍当讨论。矿学、农学、医学，皆与化学相表里，算学中之天文，凡方舆绘图、海道驾驶皆以天文之纬度为凭，需用尤巨，更不得谓为无关政治。凡此数端，均大学堂应设之专门，无可议减。

庞鸿书剥离农学、医学等学科的建议也不是没有引起孙家鼐的注意，事实上，在孙家鼐向清廷酌核具奏的同时，他也颇有犹豫地表示，医学一门所以保全生灵，关系至重。古者九流之学，医居其一。近来泰西各国尤重医学，都城皆有医院。现在农务、矿务，均已特派大员设立专门学堂。至于是否可以援例推广，另设医学堂，考求中西医学，即归大学堂兼辖？他个人并无一定之见，希望能够获得朝廷明确指示，然后再详拟办法，请旨施行。[①] 明显表现出一种动摇的心态。

孙家鼐设立专门医学堂的构想获得了清廷首肯，9 月 9 日上谕称医学一门关系至重，亟应另设医学堂，考求中西医理。归大学堂兼辖，以期医学精进。即命孙家鼐详拟办法具奏。根据这个指示，孙家鼐于 9 月 14 日进呈医学堂章程，决定在大学堂之下设立医学堂，并认为中西医学各有专长：考验腑脏，抉去壅滞，中不如西；培养根元，辨别虚实，西不如中。孙家鼐对中西医学差异的这种判断应该说深刻影响了后来者。在所设立的医学堂中，孙家鼐建议兼寓医院之制：凡来就治者，皆随时施诊，且酌施中西通用药品，以期保卫生灵。[②]

设立专门的矿务学堂、铁路学堂应该说是清政府一项既定政策，7 月 11 日上谕就指出，铁路、矿务为现今切要之图。造端伊始，亟宜设立学堂，预储人才，方可冀收实效。所有各处铁路扼要之区及开矿省份，应行增设学堂，切实举办之处，即命总理衙门大臣王文韶、张荫桓悉心筹议，

① 孙家鼐：《管理大学堂大臣孙家鼐片》（光绪二十四年七月二十四日），《戊戌变法档案史料》，第 286 页。

② 孙家鼐：《管理大学堂大臣孙家鼐折》（光绪二十四年七月二十九日），《戊戌变法档案史料》，第 298 页。

奏明办理。根据这些指示，路矿总局大臣王文韶、张荫桓于9月6日就举办铁路矿务学堂及其与大学堂的关系问题提出详尽建议，要求各铁路、各矿厂均应设法早日筹建自己的学堂，培养人才，并为大学堂普通学卒业后的一门专门之学进一步深造的场所。①

第六节　惹是生非的总教习权限

京师大学堂及其相关专门学堂的筹建是顺利的，各方面的共识也大体接近。然而由于在一些重大的权力架构上存在着分歧和争执，在大学堂筹建之初也发生许多不必要的争论，而这些争论主要围绕着京师大学堂章程中的一些规定进行。

我们知道，由梁启超主持草拟的京师大学堂章程是戊戌年间一份重要文献，也是新教育发展过程中一份比较好的规划图、路线图。按照这个规划认真执行，不出数年，中国教育面貌必将根本改观，教育形态多元化、教育理念多样性等，都将会有很好的体现。这是确定无疑的。

然而，中国的问题在于，处处事事总会有人事上的纠葛相牵制，一个原本很好的教育规划图结果却因人事纠葛化为泡影，而人事纠葛的关键不是为了教育发展，而是为了教育发展过程中的话语权、控制权。这是典型的东方特色。成功不必在我，功力必不唐捐。这是中国人的理想。理想，一般地说，都很难普及和实现。所以中国人更多时候，总是希望获得事务发展过程中的控制权、话语权。

梁启超拟定的这份章程从总纲至课程设置、学生出路等都没有什么问

① 王文韶等：《路矿总局王文韶等折》（光绪二十四年七月二十五日），《戊戌变法档案史料》，第288页。

题，所有阅读者也普遍表示认同，只是到了章程有关京师大学堂权力架构设计相关章节时，矛盾开始出现。

章程第五章、第六章是大学堂权力架构设计，专门规定总教习、分教习的聘用及权力限制。章程认为，先前的同文馆及北洋学堂等多以西人为总教习，这种制度设计或许有助于西学传入，但与京师大学堂宗旨似乎并不太符合。京师大学堂既然被定位为中西学术并重，所以不宜再聘用西人为总教习，因为华人中必有兼通西学者，而西人中必无兼通中学者。所以章程规定京师大学堂将聘请学贯中西、能见其大者的中国通人为总教习，并赋予总教习处理大学堂日常事务的全权。

如果仅从理论看，章程对京师大学堂总教习的规定应该是有道理的，西方学人确实无论怎样博通，但真的还没有像中国人那样深入研究过中国学术的，而中国人或许在西学根底上较西人略有差距，但学贯中西的中国通人在国内似乎还有那么几个。所以这一规定不仅有理论上的依据，而且也有其可行性。如果不了解中国人事纠葛的特殊性，我们不能不承认这些抽象的规定是正确无误的。

然而，中国的许多问题其实都不在理论和依据，而是由谁来做，谁主动，谁掌控。而恰恰在这一点上，章程的规定引起了风波，甚至由此导致康有为、梁启超一系人马出局，最终退出大学堂的管理事务和权力布局。

根据康有为的说法，京师大学堂的创建思路基本上是由他提供的，李盛铎的奏折、总理衙门的方案，也基本上合乎他的设想。而在大学堂权力部署上，康有为更是别出心裁让梁启超参照各国经验，设计了虚置管学大臣而由总教习掌管具体事务的权力架构，这实际上是因人而设计的一种方案。

当时的管学大臣为孙家鼐，孙与康有为相知甚久，在新政开始阶段，应该说孙家鼐还是比较看好康有为的，他曾真诚地对翰林院编修蒯光典说，当今朝野内外忠肝热胆而心通时务者，惟康某一人而已。我皇上发起新政，责我在教育文化领域中变法，我惟举康某人，我真诚相信康有为有真才实学，其学术眼光应该远在我孙家鼐之上。这大概是孙家鼐受命主持京师大学堂创建事务后，竭力推举康有为负责起草大学堂章程的重要背景。

孙家鼐为管学大臣是既成事实，而康有为可能出任京师大学堂总教习，也似乎是朝野内外的共识。李鸿章、廖寿恒、陈炽等人都曾向孙家鼐竭力举荐康有为，最重要的是孙家鼐本人真诚认为康有为兼通中西，是京师大学堂总教习的最佳人选。孙家鼐的理想大概是，他以管学大臣的身份遥控京师大学堂日常事务，康有为以总教习的身份代他主持具体事务，侧重于教学方面。康有为必须绝对忠诚于孙家鼐，这大概也是孙家鼐使用康有为的前提。这是中国传统政治体制中用人的一般原则。所以当孙家鼐还没有看到梁启超拟定的这份大学堂章程时，曾当面真诚邀请康有为出任大学堂总教习一职。这种真诚还表现在他甚至委托已内定出任大学堂总办的陈炽前去劝驾。

然而，当孙家鼐看到梁启超根据康有为的意思拟定的大学堂章程中关于总教习权力规定时，不禁勃然大怒。

根据梁启超的拟定，总教习拥有大学堂事务的全部权力，清廷命官管学大臣反而成为摆设和象征。对于这样的权力结构，管学大臣孙家鼐不愤怒肯定是不正常的，他相信张狂的康有为和梁启超之所以这样设计完全是别有用心，居心叵测。孙家鼐的愤怒引出很多新问题，甚至在很大程度上深刻影响了 1898 年中国政治走向。

或许是康有为觉得自己这样做可能有点过分了，开始意识到理亏；或许此时正当红的康有为对其他更高职务的获得抱有期待；或许由于康有为在其他许多事务比如《时务报》的归属等问题上还必须有求于孙家鼐。[①]总而言之，当他获悉孙家鼐的愤怒后，遂委梁启超转告孙家鼐，表示他康有为自己决不会插手大学堂任何事务，以此化解孙家鼐的心结，然而这一切都晚了，来不及了。[②]

如果仅就政治观点而言，孙家鼐不仅是当时比较有学识的开明官僚，而且是当时最具维新思想的大员之一，所以当京师大学堂开办之初，清廷就将这一重任交给了孙家鼐以管学大臣的身份全权负责。现在被康有为这样一搅和，孙家鼐的情绪肯定受到莫大影响。康有为通过梁启超的声明和表白，无法挽回孙家鼐对其信任。原本具有非常强烈维新思想的孙家鼐竟然被康有为推向反对的一派，而且越来越强烈。

也就是说，作为管学大臣，孙家鼐肯定先前就知道康有为的学术倾向和政治倾向，只是在他们惺惺相惜关系比较友好时，孙家鼐对康有为思想倾向、学术倾向中的问题不太计较，所有差异似乎都可忽略不计。但是，现在既然已经反目成仇，这些原本可以忽略不计的问题却成了大问题。而且，从孙家鼐身份、地位来说，他虽然恼怒梁启超的大学堂制度设计，但这个话题实在无法提上台面，于是事情的发展迫使孙家鼐从学术上去封杀康有为。

7 月 17 日，也即梁启超拟定的京师大学堂章程由总理衙门上奏之后半个月光景，孙家鼐向清廷呈递了一份举报康有为的奏折。孙家鼐在这份奏折中说，他最近仔细阅读了康有为的全部著述，其《中西学门径七种》一书稍有价值，其第六种《幼学通议》一条言小学教育方法，深合儒家经典

① 马勇：《近代中国知识分子的悲剧——试论〈时务报〉内讧》，《安徽史学》2006 年第一期；《维新运动中的“生意人”——〈时务报〉控制权争夺史》，《传记文学》2010 年第六、七期。

② 《康南海自编年谱》，第 48 页。

《学记》中立教之意，最有价值。但其第四种、第五种《春秋界说》《孟子界说》言《公羊》之学，及《孔子改制考》第八卷中《孔子制法称王》一篇，杂引谶纬之书，牵强附会，必证实孔子改制称王而后已，称《春秋》既作，周统遂亡，此时王者即是孔子。这个观点就很荒唐了，不要说孔子是历代中国人景仰的至圣先师，绝不可能有这种犯上作乱或僭乱之心，即便是后人有此推尊，亦何必以此事反复征引，教化天下？当今圣上正在奋发有为，康有为必欲以衰周之事行之今时，孙家鼐担心康有为以此为教，鼓吹人人存改制之心，人人谓素王可作。学堂的设立本是为了培养人才，而现在康有为却利用学堂宣传什么孔子改制，危言耸听，蛊惑民志，是导天下于大乱。因此孙家鼐建议清廷明降谕旨，将康有为书中凡有关孔子改制的内容一律删除。[①]

就当时的政治格局看，康有为在当时确实是一个极有争议的人物，不过既然是争议，就是有人肯定，有人否定，只是朝廷对康有为的真实态度如何，孙家鼐心中似乎并没有底，所以他在这封实际上是弹劾康有为的奏折中并没有完全抹杀康有为，并称康有为才气可用，以为宜如西汉文帝之对待贾谊那样，老其才折其气而后大用之。孙家鼐试图借助于行政力量遏制康有为的霸道。

康有为的《孔子改制考》确曾引起过学界的争论，但康有为将这部著作进呈后并没有在皇帝那里引起孙家鼐所担心的歧义，即认为康有为有意作教主，作民主，更没有孙家鼐所说的蛊惑民志、导天下于大乱的意思。所以，皇上在得到孙家鼐的奏折后，也就没有明降谕旨，下令康有为去删除《孔子改制考》中的内容，而是命军机大臣传旨孙家鼐，再令孙传旨康

① 孙家鼐：《奏译书局编纂各书请候钦定颁发并严禁悖书疏》，《皇朝蓄艾文编》卷七十二，第5页。

有为而已，似乎有意调解孙家鼐与康有为之间的矛盾或误会。

康有为在孙家鼐无端攻击的第一个回合中获得了初步的胜利，孙对康的反感与对立当然也没有因皇上调解而缓解，而是相反。

第七节　孙家鼐改定大学堂章程

孙家鼐不再信任康有为，他以为康有为通过梁启超的表白不过是惺惺作态，不值得注意。他按照自己的意志安排着京师大学堂的人事，主持着各项工作。大致上说，在那短短的时间里，进展还是比较顺利的。8月9日，孙家鼐向清廷报告了进展情形，并就若干未决事项请求进一步指示。

关于专业及课程设置。孙家鼐建议在大学堂内设立仕学院，专门招收那些进士、举人出身的京官，这些京官既有科甲出身，对中国传统学问当已通晓。因此不必再为他们设置中国传统文化方面的基础课程，重点放在西方近代以来的各种专门之学。这样就可以使他们在比较短的时间里补充实际工作进程中所需要的新学问。这大概类似于后来的干部进修班，在职培训：仕而优则学，以期经济博通。

除了干部进修之类补习班外，大学堂普通班还存在着学生出路问题。孙家鼐建议，凡大学堂肄业生，其已授有职务者，由管学大臣出具考语，然后由朝廷各就所长予以提拔使用；其作为进士之学生，亦由管学大臣严核品学，请旨录用。拟采取湖北巡抚谭继洵的建议，学政治者归吏部，学商务、矿务者归户部，学法律者归刑部，学兵制者归兵部及水陆军营，学制造者归工部及各制造局，学语言文字、公法者归总理衙门及使馆参随，终身迁转不出本衙门，以便使他们所学与所用相符，成为各个领域中的专门人才。在这项考评分配中，不难看出，管学大臣的权力不仅大，且非常有含量，每一个学生都必须经过他这一关。这才是真正的校长。

关于大学堂的中西学分科，当时也有一些争论。孙家鼐建议分门不宜太多，每门之下可再设子目，仿往昔科举体制下专经之例。至于学生能够学习几门学科，应该由学生根据自己的能力与兴趣进行选报。孙家鼐建议，宋明理学不必单独设科，可附在经学之下为一门；诸子、文学雷同理学，亦不必各自专立一门，子书中有关政治、经学的内容，可附入政治、经学专门。至于大学堂在最初规划中准备设立兵学一门，现在从各方面反映及各国经验看，似乎将兵学附在大学堂之中不太合适，建议参照各国惯例由总理衙门考虑创设专门的武备学堂，所以大学堂不再设立兵学一门。

关于大学堂毕业生的名分，一直存在很多争论，主要争论之点就是大学堂毕业生是否要向科举体制靠拢。清政府过去曾规定小学堂、中学堂、大学堂肄业生卒业后依次领取生员、举人、进士等学位，在国家鼓励人才时，原可不惜破格之奖，但冒充滥发等弊端似乎也非常严重，假学历假文凭似乎也非常严重。鉴于这种情况，孙家鼐建议政府似宜于鼓励之中仍示限制，由相关部门制定数额与考核的具体标准，以便把握和控制。

鉴于康有为版本的大学堂章程中总教习职权引发的争执，孙家鼐建议分设中文总教习与西文总教习。西文总教习负责大学堂西学的总体设计及执行，并设西文分教习具体负责。如果政府同意设立西文总教习这一职务，孙家鼐郑重推荐美国传教士丁韪良担任。丁韪良是当时首屈一指的中国通，1865 年开始担任同文馆教习，1869 年至 1894 年任总教习，具有非常丰富的教育经验，对于西学的引进与传播做出了巨大贡献，是西文总教习最合适的人选。清政府稍后接受了这个建议，聘请丁韪良出任京师大学堂总教习。①

孙家鼐的这些建议对于京师大学堂的发展起到过重要作用，也是他指

---

① 孙家鼐：《孙家鼐奏覆筹办大学堂情形折》，《北京大学史料》卷一，第 48 页。

导一大批专门人才比较深入研究了东西洋各国成功经验后的心得，因此获得清廷的重视，京师大学堂的筹建由此获得迅速推进。至 1898 年秋，尽管中国政治发生了巨大转折，但京师大学堂并没有因此受到太大影响，因而许多学者咸称京师大学堂是戊戌年政治变革留下的唯一纪念品。

由孙家鼐主导的京师大学堂在迅速发展，但在筹建过程中依然潜藏着两个派系之间的较劲和冲突。这些冲突很难说是新与旧，但要说是权力的冲突、利益的冲突，可能还比较接近历史的真实。

第八节　新知识中的“生意”

按照最初规划，京师大学堂是 1895 年强学会留下的官书局基础上的扩充和重建，待京师大学堂筹备完成后，原来的官书局以及新设的译书局等大约都又划归给京师大学堂，成为大学堂的附属机构。

设立译书局专司译书事务似乎是康有为的意思，也似乎是康有为戊戌年间整体布局尤其是人事布局中的一个重要环节。6 月 1 日，康有为代山东道监察御史杨深秀拟了一份奏折，建议清政府设立译书局，专译日本典籍。他的理由是最近几十年世界各国来往密切，西方诸国在学术文化方面突飞猛进，政治、学术、理财、练兵、农工、商矿，一切技艺，日出精新，皆有专门之书，而这些著作许多都没有译成中文，这是非常可惜的。康有为指出，过去中国人言变法，言革新，但囿于见闻，也只是在筑炮台、购兵船、买枪炮、练洋操等形而下方面打转转，并不知道在政治、学术等方面进行研究。现在，各地督抚特别是以直隶为先，纷纷渐知创设新式学堂的重要性，东西洋各国盛行几十年的新知识渐渐引起了中国人的高度关注。

中国人知道了西学的重要性，但究竟什么才是西学的本质或根本，中国人似乎还不甚了了。康有为指出，大多数中国人错误地以为西学其实就是西文，于是所谓学习西方就是学习西方的语言，就是学习英语。这显然是不对的。中国之所以在学西方几十年之后依然落后，主要就是中国人没有弄明白西方语言文字与西学的真正关联。从已设立的学堂看，这些学堂仅教学生学习西方语言文字，五六年之后始能通其文字，语言尚未通，其政治等学问则必在十年之后方有可能问津。而今世变甚急，朝不及夕，岂能从容待之十年？其不在学堂之人，及任官之士大夫，尤为今日所倚重，指望他们学习外文，直接阅读西书更不可能，他们无从了解世界发展变化的大趋势，不明西方政治、经济、工商等学，指望这样的官僚去治理国家，变法维新，又有什么用呢？

基于这种判断，康有为在这份奏折中认为，言学堂而不言译书，亦无从收变法之效。几十年前，曾国藩先识远见，创设制造局，首译西书，为中国了解西方学习西学开创了先例。然而奉行者不通本原，只将精力用在兵学、医学等技术科学层面图书的翻译上，而对于政治、经济等制度层面的西学著作，则甚少翻译。[①] 这是过去几十年中国学西方的一个最大失误。

针对过去的失误，康有为建议政府要加大翻译西书的力度，要在数量、质量上超过往昔。不过，他同时强调，西方的语言文字确实比较难，不是那么很容易就能够掌握，所以江南制造局自开局至今数十年，所译西书不满百种。这就是中国多少年来一直有人鼓吹变法鼓吹革新，而始终不得其法的根本原因，这也为后来的政治发展特别是政治困难预留了许多问题。

鉴于这种困难，康有为在这份奏折中建议政府开辟一条翻译捷径，那就是先向东然后再向西，通过日本了解西方学习西方。康有为的理由是，

---

① 杨深秀：《山东道监察御史杨深秀片》（光绪二十四年四月十三日），《戊戌变法档案史料》，第 447 页。

日本自明治维新开始学习西方已有几十年时间，日本人在明治维新之初即已高度重视西学著作的翻译，据说日本人现在已将西方国家的主要著作差不多都翻译为日文。而日本与中国同文同种，其文字亦来自中国而稍加修改或创新，大致与中国文字相同，只是文法稍有颠倒，中国读书人用几个月的时间就能够比较顺利掌握日文。所以，中国如果改从日文翻译西方书籍，必能事半功倍，人人可操日文译书。如果政府拿出一笔资金，多养通才，则不要一年时间，就可以从日文转译西学著作数十种。若筹款愈多，养士愈众，那么不用几年时间，便可将西方诸国主要学术名著悉数通过日文转译成中文，从而使中国士人及官僚士大夫，都能够通过这种方式了解西学大致和根本，势必可以大幅度提升中国政治、学术的品质。

康有为通过杨深秀提出的这个建议当然是戊戌年间比较重要的一个政策选择，也是当时国内有识之士比较一致的看法。在康有为通过杨深秀提出这个建议仅仅几天时间，江南道监察御史李盛铎于6月6日也向清廷提交了一份报告，建议政府参照乾隆年间开设四库全书馆的经验，设立专门机构，大规模翻译东西各国学术名著和各种文献。李盛铎指出，现在世界大通，中外交流越来越多，中西政治虽然具有不同的表现形态，但大体上说来在本质上是一致的。而中西学术文化可能具有很多差异，西方日新月异，发展迅猛，言理财不考究农工商矿无以明白其究竟，无法弄清养民富国之根本。所以，中国要富强要发展，就必须从学术层面弄清西方成功之所在，而不能再像过去几十年徒袭西学皮毛，而不知其真精神。要弄清西学的真精神，对于大多数中国人来说，当然要凭借翻译，要由懂得西方语言文字的人将西书译成中文。现在中国人能够凭借的西书中译差不多还是几十年前同文馆和江南制造局翻译的那几十种，内容陈旧，无法反映西方学术文化的最新进展，当然也就无法满足现代中国人的需要。鉴于此，李盛铎建议清政府仿四库全书馆开译书局，并建议多从日本转译。[①] 他的理由与康有为代杨深秀起草的奏折中所说非常一致。

杨深秀、李盛铎的建议是否存在私下的协调，由于史料原因现在还很难下断语，但是这个建议确实合乎清廷此时的需要和判断，所以清廷很快发布御旨责成总理衙门拿出创办译书局的具体方案。

清廷的决定大约很快就传出来了，康有为获悉后遂于6月13日与梁启超合拟了一份保荐"维新救时"人才折，以翰林院侍读学士徐致靖的名义上报，折中推举康有为、黄遵宪、谭嗣同、张元济、梁启超等人为维新救时人才，恳请朝廷特旨破格委任。并非常具体明确保荐梁启超或到大学堂任职，或到译书局主事。奏折称赞广东举人梁启超英才亮拔，志虑精纯，学贯天人，识周中外，其所著《变法通议》及《时务报》诸论说，风行海内外，如日本、南洋岛及泰西诸国并皆推服。湖南巡抚陈宝箴礼聘梁启超主讲时务学堂，订立学规，切实有用，若蒙皇上召置左右，以备论思与讲新政，或置诸大学堂令之课士，或开译书局令之译书，必能措施裕如，成效神速。[②] 这就将拟议中的译书局或译书馆与梁启超的工作安排联系起来了。

然而不知事出巧合，还是事出必然，就在康有为、梁启超借用徐致靖的名义自我保荐的同一天（6月13日），掌陕西道监察御史黄均隆上了一份奏折，指责湖南巡抚陈宝箴近年来学行西学，徒务虚名，毫无实际，其资人口实，有不能为其讳者。在黄均隆指责的诸多罪状中，其中最重要的一条就是陈宝箴支持时务学堂，纵容梁启超大放厥词：梁启超在时务学堂

① 李盛铎：《江南道监察御史李盛铎奏请开馆译书折》（光绪二十四年四月十八日），北京大学编：《京师大学堂档案选编》，北京大学出版社2001年版，第15页。

② 徐致靖：《保荐人才折》（光绪二十四年四月二十五日），《戊戌变法》卷二，第337页。

不是老老实实教育学生学习西学精髓，而是大讲特讲什么民主政治、议院政治等。在梁启超的蛊惑下，原本纯正的湖南学风被严重污染，湘中士大夫起而效尤，大放厥词，甚至有好事之徒鼓吹什么改正朔、易服色等乌七八糟的东西，骇人听闻，不一而足。至于陈宝箴主持，由翰林院庶吉士熊希龄、前国子监祭酒王先谦、江苏候补知府谭嗣同以及梁启超等人参与的南学会，更是荒谬绝伦，几乎成了煽动社会动乱的讲坛。[①] 黄鋆隆的这个奏折，几乎将以徐致靖名义保荐的“维新救时人才”逐一否定。这显然不是偶然巧合。

黄鋆隆的弹劾给清廷出了一个不大不小的难题，不过从当时的政治需要来说，以徐致靖名义保荐人才更合乎新政时期的总体需求，所以清廷当天发布御旨，虽然没有否决黄鋆隆的指控，但依然如徐致靖奏折所请，明谕主事康有为、张元济预备召见；道员黄遵宪、知府谭嗣同送部引见；举人梁启超由总理衙门查看具奏。[②]

创设译书局翻译西方学术著作的建议，以及推举维新救国人才的建议，不管背后有多少利益关切，但其政治诉求无疑都是光明正大，合乎维新时代的精神的，因而获得清廷高度赞同。6 月 28 日，总理衙门对这些建议做了审慎研究，提出了筹办方案，表示筹款开馆翻译西书，以开民智而造人才，自系当务之急，亟应及时举办，以开风气之先。总理衙门同意李盛铎的建议，翻译事宜自当应该委派重臣主持，鉴于当时的政治构架，翻译西书实与京师大学堂的创办互为表里，所以建议由管学大臣一并管理。

至于梁启超的工作安排，总理衙门在议复中也有建议，以为梁启超先

① 黄鋆隆：《掌陕西道监察御史黄鋆隆折》（光绪二十四年四月二十五日），《戊戌变法档案史料》，第 253 页。

② 《军机大臣奏片》（光绪二十四年四月二十五日），《戊戌变法档案史料》，第 160 页。

前有在上海工作的经验，不妨任命他管理上海译书局事务，其基础就是梁启超与同人先前在上海创办的译书局，现在只要进行“官督商办”的公有化改造，就可立即开馆。

总理衙门认为，上海为华洋总汇，所购外国书籍甚为便利，印刷工本亦相对比较便宜。由梁启超经理译书事务，可收事半功倍之效。至于经费，总理衙门建议由政府每月拨给译书局二千两。如果仍不敷支出，可以准许译书局召集股份，以竟其成。

至于需要翻译的图书，总理衙门建议应先从各国政治、法律、历史文化等方面入手，以观其治乱兴衰之故，沿革得失之迹。稍后逐步扩展其兵制、医学、农矿工商、天文地质、声光电化等方面，以收实用。既然由政府出资，既然由政府委派官员管理，那么译书局翻译的图书也应该首先进呈御览及分送各省新设学堂、学会、藏书楼，当然也可以由译书局进行商业销售，待译书局经营上轨道并有赢利后，可以考虑停止划拨常年经费。①

总理衙门的规划获得了朝廷认可，由此也就确定了梁启超在当时政治格局中的位置。② 7 月 1 日，总理衙门遵旨传梁启超到署面谈，大臣们一致认为梁启超志趣远大，学问淹通，尚属究心时务的有用之才，同意任命其前往上海将先前筹设的译书局进行公有化改造，建议更名为译书官局，由梁启超经理负责。③

根据总理衙门的考察和推荐，皇上于 7 月 3 日召见举人出身的梁启

---

① 奕劻等：《总理各国事务奕劻等折》（光绪二十四年五月初十日），《戊戌变法档案史料》，第 449 页。

② 奕劻等：《总理各国事务奕劻等片》（光绪二十四年六月二十三日），《戊戌变法档案史料》，第 454 页。

③ 奕劻等：《总理各国事务奕劻等片》（光绪二十四年五月十三日），《戊戌变法档案史料》，第 160 页。

超，听取他对新政等各方面的建议。按照梁启超的说法，依照清朝成例，四品以上的官员才能获得皇上召见，皇上召见官品低下的小臣自咸丰以后四十余年从未有过。很显然，梁启超对自己仅以举人身份获得召见，还是非常感激非常自豪的，以为“我大清朝”数百年所仅见。①

梁启超和乃师康有为一样未能免俗，也将这次毕生中唯一的一次召见看得很重。然而关于这一次召见过程及详细情形，梁启超不似乃师康有为那样有详细追忆，只是说此次召见后，皇上令他将先前发表的《变法通议》一书呈递上来，并任命他以六品衔负责译书局的筹办和主管。至于其他细节，梁启超不愿多说，因而这次召见的真实情况就成了人们争相猜测的故事。

与梁启超有过密切往来的王照认为，梁启超之所以不像乃师那样张扬这次召见，主要是因为梁启超没有在这次召见中获得皇上的赏识和器重，更没有获得所期待的职务。按照清朝惯例，皇上召见举人虽然不多，但只要蒙获召见，一般是赐予翰林，最下也应该赏给一个内阁中书职务。按照梁启超当时在知识界的名声，他自信应该突破清朝历史上已有成例，谁料到不仅没有突破，甚至连成例都不如，仅仅赐给一个六品顶戴，甚至由此所获得的译书局职务，其实还是孙家鼐感到梁氏实在有点委屈，请托各方而获得的，其地位也与梁启超先前《时务报》主笔差不多，甚至可以说根本没有进入正式官场。这不能不使梁启超失望，这也是梁启超不愿多说这次召见的原因。

至于梁启超为什么没有获得重用，王照并没有进行恶意猜测，而是依据当时传闻，说梁启超官话太差，不习京语，与皇上的对话词不达意，皇

① 《梁启超年谱长编》，第 126 页。

上没有听懂他的意思，他也没有真正明白皇上说的什么。[①]

王照的分析有一定道理与根据，但其实都不是根本原因。康有为没有因召见而获得更高职务，是他木秀于林，风必摧之，名声太大，反而引起他人警觉；而梁启超没有获得进入官场的入门券，是因为他的文人气质与文人的名声太大，清廷即便有意重用他，也只能用其所长，而不能用其所短，让他去办译书局，后来又让他去办报，实际上都是用其所长。梁启超误会了清廷的期待，从另外一个方面也说明康、梁等人的功名心太盛，根本不是一个成熟的政治家。更何况，让梁启超出任译书局负责人，也是先前保荐书中所动议的呢？

大约在召见梁启超并授权他筹组译书局的同一天（7 月 3 日），皇上面谕军机大臣，称京师大学堂指日开办，亦应设立译书局以开风气，至于如何筹款，如何兴办，责成总理衙门王大臣一并妥议具奏。在皇上看来，既然授权梁启超筹组译书局翻译西书，那么将要开办的京师大学堂自然不能忽视对西书的编译，所以才有这一指示。不过这一指示深深启发了总理衙门王大臣，他们在随后的议复中索性将梁启超将要筹组的译书局与京师大学堂的译书局合二为一，以免两局同时并译，不相闻问，易致复出，徒费无益。且书中一切名号、称谓等均须各局一律，以方便读者阅读和使用，并提议由梁启超负责主持，始能措置得宜。但考虑到上海地处华洋要冲，购买外国书籍，延聘翻译人才等都较北京方便，故将两局合一之后并不撤销梁启超设在上海的翻译机构，而是将上海官译局归并到京师大学堂翻译局，成为京师大学堂翻译局的下属机构。梁启超本人也可根据实际需要，随时往来京沪两地。至于编译局的功能，总理衙门建议除了着力于翻译西学著作外，还可以考虑授权该局整理中国经史等书，编成各种教材，以供

① 王照：《复江翊云兼谢丁文江书》，《戊戌变法》卷二，第 573 页。

各省新式学堂使用。①

总理衙门的建议应该说是一可行性非常强的建议，因此这一建议应该很容易地获得批准并及时告知梁启超，梁启超获知这一消息后的必然反应是更加乐观，因为他的职权范围及活动空间都比先前授权更大。一个足以证明的事实是，大约半个月之后，梁启超就译书局开办情形向总理衙门做了详细汇报，就译书局的组织机构、经费预算、章程条例以及翻译、编译规划等提出详尽的计划，并同时进呈了拟就的译书局章程十条，定于六月初一日（7月19日）开局。梁启超还在这份报告中就经费、关防等问题有所请示，以为开局之初，唯购书籍、置机器、建房屋等项决不可少，约需开办银四万两乃可集事。至于关防，梁启超认为，此局既由官设，可否援各局之例，颁发木质关防一颗？

对于梁启超的请求及所递章程，总理衙门很快进行研究，并提出方案，以为梁启超所拟译书局章程尚属妥洽；至于梁启超请求开办费四万两，总理衙门认为应该如其所请，以便译书局能够按照计划准时开办。总理衙门还发文南洋大臣及江海关道，请他们就近在出使经费项下划拨译书局开办经费。至于关防，总理衙门认为应该颁发，以昭信用。8月10日，清廷批准了这个方案，译书局开张指日可待。②

总理衙门根据皇上京师大学堂也要设立译书局的指示，建议将梁启超将要主持的上海译书局与京师大学堂译书局合二为一，并建议在京师设立分局。根据这种架构，梁启超在向总理衙门请求上海译书局开办费等事宜稍后，可能又向管理大学堂大臣孙家鼐提交了办理京师大学堂译书局的报

---

① 《请京师编译局并归举人梁启超主持片》（光绪二十四年五月十五日），《戊戌变法》卷二，第413页。

② 奕劻等：《总理各国事务奕劻等片》（光绪二十四年六月二十三日），《戊戌变法档案史料》，第455页。

告及章程，并申请再补助一万两开办费。孙家鼐据此向清廷做了报告，清廷于8月16日批准了这个方案。清廷认为，译书局事务前经派令梁启超办理，现在京师设立大学堂为各国观瞻所系，应需功课书籍，尤应速行编译，以便肄习。梁启超所拟章程十条切实可行，望依议执行。至于开办经费，清廷认为不成问题，并强调此事创办伊始，应先为经久之计，必须宽筹经费，方不致草率迁就，致碍规模。现在购置机器及中外书籍所费不赀，所请开办经费银一万两，尚恐不足以恢扩，建议再增加一万两，以便措置裕如。其常年费用亦应该比较宽裕，比较优待，因此建议在原定每月经费一千两外，每月再增加两千两，以备博选通才，益宏搜讨。以上各款，清廷责成户部即行筹拨。以后每月应领经费，也必须预先筹措，不得延迟。① 清廷不仅全部满足了梁启超的请求，而且同意划拨的开办费、经常费均远远超过梁启超的请求，这在戊戌年间各项新政请费中是极为罕见的。

清廷的决定及优待极大地鼓舞了梁启超。稍后，梁启超再上一书，建议设立编译学堂，培养翻译人才，推动中国大规模引进西学，并请予毕业生徒学生出身。为了推广译书局的出版物，梁启超还于8月26日上书清廷，建议政府援各国通例，通饬各海关、各厘局，将一切书籍报章概准免纳厘税，以为免除这些厘税，国库不过少收入数百金，而这数百金用在翻译事业上，却是影响深远。② 梁启超的这些建议大都获得了政府同意。这个结果使梁启超感到非常兴奋，他在后来所著《戊戌政变记》中依然兴奋地表示，按照中国传统的科举制度，过去的生员必须经各省学政考试才能获得正式正规出身，学校生徒向来没有正式名分，所以不足以鼓励人才。

---

① 《上谕之一三一》，《戊戌变法》卷二，第54页。

② 梁启超：《梁启超呈》（光绪二十四年七月初十日），《戊戌变法档案史料》，第456页。

只是到他梁启超请求清政府给编译学堂学生一个名分，这个问题才获得解决。这实在是中国四千年历史之创举。

梁启超的兴奋可能为时尚早，总理衙门在同意由梁启超主持译书局事务稍后，又于8月21日向清廷上了一个折子，以为现在上海设局编译东西各书，实为讲求新政之要。不过，如果能够在外国就近购译，可能更有利于见闻弥广。且外国议院每议一事，辄刻成卷帙，分送使馆。而中国驻外使臣若罗丰禄、伍廷芳、庆常等于英法两国语言文字素所谙练，宜令就西政、西艺各种西书由使馆组织翻译成中文，再由这些谙练外国语的出使大臣详核润色，每半年汇寄一次，这样可能比单纯依靠新设的译书局更有效。总理衙门的建议引起了清廷重视，这无疑是从译书局的工作份额中分走了一大块。①

由梁启超主持的译书局后来并没有开张，就因政治变动而随着京师大学堂一起中止，大约又过了两年，京师大学堂的创办重新提上日程，只是此时梁启超和康有为都是朝廷钦犯，再也没有资格介入京师大学堂及译书局的事务了。

① 奕劻等：《总理各国事务奕劻等片》（光绪二十四年七月初五日），《戊戌变法档案史料》，第456页。